大学赤本シリーズ

534

同志社大学

全学部日程

教学社

は　し　が　き

おかげさまで，大学入試の「赤本」は，今年で創刊70周年を迎えました。

これまで，入試問題や資料をご提供いただいた大学関係者各位，掲載許可をいただいた著作権者の皆様，各科目の解答や対策の執筆にあたられた先生方，そして，赤本を使用してくださったすべての読者の皆様に，厚く御礼を申し上げます。

以下に，創刊初期の「赤本」のはしがきを引用します。これからも引き続き，受験生の目標の達成や，夢の実現を応援してまいります。

本書を活用して，入試本番では持てる力を存分に発揮されることを心より願っています。

編者しるす

＊　＊　＊

学問の塔にあこがれのまなざしをもって，それぞれの志望する大学の門をたたかんとしている受験生諸君！　人間として生まれてきた私たちは，自己の欲するままに，美しく，強く，そして何よりも人間らしく生きることをねがっている。しかし，一朝一夕にして，この純粋なのぞみが達せられることはない。私たちの行く手には，絶えずさまざまな試練がまちかまえている。この試練を克服していくところに，私たちのねがう真に人間的な世界がはじめて開かれてくるのである。

人生最初の最大の試練として，諸君の眼前に大学入試がある。この大学入試は，精神的にも身体的にも，大きな苦痛を感ぜしめるであろう。あるスポーツに熟達するには，たゆみなき，はげしい練習を積み重ねることが必要であるように，私たちは，計画的・持続的な努力を払うことによって，この試練を克服し，次の一歩を踏みだすことができる。厳しい試練を経たのちに，はじめて満足すべき成果を獲得できるのである。

本書は最近の入学試験の問題に，それぞれ解答を付し，さらに問題をふかく分析することによって，その大学独特の傾向や対策をさぐろうとした。本書を一般の参考書とあわせて使用し，まとはずれのない，効果的な受験勉強をされるよう期待したい。

（昭和35年版「赤本」はしがきより）

挑む人の、いちばんの味方

1954 年に大学入試の過去問題集を刊行してから 70 年。赤本は大学に入りたいと思う受験生を応援しつづけてきました。これからも，苦しいとき落ち込むときにそばで支える存在でいたいと思います。

そして，勉強をすること，自分で道を決めること，努力が実ること，これらの喜びを読者の皆さんが感じることができるよう，伴走をつづけます。

そもそも赤本とは…

受験生のための大学入試の過去問題集！

70年の歴史を誇る赤本は，500点を超える刊行点数で全都道府県の370大学以上を網羅しており，過去問の代名詞として受験生の必須アイテムとなっています。

なぜ受験に過去問が必要なのか？

大学入試は大学によって問題形式や頻出分野が大きく異なるからです。

赤本の掲載内容

傾向と対策

これまでの出題内容から，問題の「**傾向**」を分析し，来年度の入試に向けて具体的な「**対策**」の方法を紹介しています。

問題編・解答編

- 年度ごとに問題とその解答を掲載しています。
- 「**問題編**」ではその年度の試験概要を確認したうえで，実際に出題された過去問に取り組むことができます。
- 「**解答編**」には高校・予備校の先生方による解答が載っています。

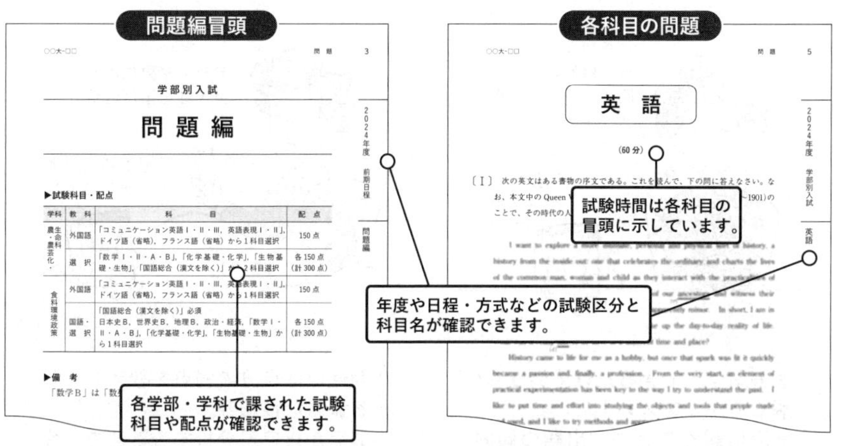

他にも，大学の基本情報や，先輩受験生の合格体験記，在学生からのメッセージなどが載っていることがあります。

掲載内容について

著作権上の理由やその他編集上の都合により問題や解答の一部を割愛している場合があります。なお，指定校推薦入試，社会人入試，編入学試験，帰国生入試などの特別入試，英語以外の外国語科目，商業・工業科目は，原則として掲載しておりません。また試験科目は変更される場合がありますので，あらかじめご了承ください。

受験勉強は

過去問に始まり，

STEP 1

なにはともあれ

まずは解いてみる

しずかに…
今，自分の心と
向き合ってるんだから

ムーン

それは
問題を解いて
からだホン!

過去問は，**できるだけ早いうちに解く**のがオススメ！
実際に解くことで，**出題の傾向，問題のレベル，今の自分の実力**がつかめます。

STEP 2

じっくり具体的に

弱点を分析する

分析の結果だけど
英・数・国が苦手みたい
スリー
必須科目だホン
頑張るホン

間違いは自分の弱点を教えてくれる**貴重な情報源**。
弱点から自己分析することで，**今の自分に足りない力や苦手な分野**が見えてくるはず！

合格者があかす
赤本の使い方

傾向と対策を熟読
（Fさん／国立大合格）

大学の出題傾向を調べるために，赤本に載っている「傾向と対策」を熟読しました。

繰り返し解く
（Tさん／国立大合格）

１周目は問題のレベル確認，２周目は苦手や頻出分野の確認に，３周目は合格点を目指して，と過去問は繰り返し解くことが大切です。

過去問に終わる。

STEP 3

志望校にあわせて

苦手分野の重点対策

明日からはみんなで頑張るよ！
参考書も！ 問題集も！
よろしくね！
呼んだ？
なにを!?
どこから!?
グッ
グッ

参考書や問題集を活用して，苦手分野の**重点対策**をしていきます。**過去問を指針**に，合格へ向けた具体的な学習計画を立てましょう！

STEP 1 ▶ 2 ▶ 3

サイクルが大事！

実践を繰り返す

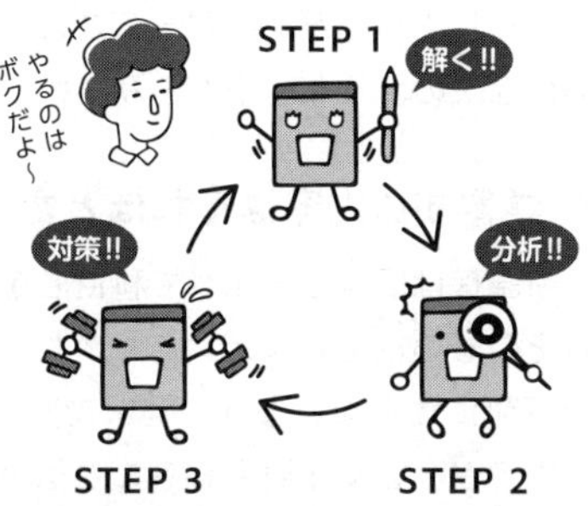

STEP 1～3を繰り返し，実力アップにつなげましょう！
出題形式に慣れることや，**時間配分を考えること**も大切です。

目標点を決める
(Yさん／私立大合格)
赤本によっては合格者最低点が載っているので，それを見て目標点を決めるのもよいです。

時間配分を確認
(Kさん／私立大学合格)
赤本は時間配分や解く順番を決めるために使いました。

添削してもらう
(Sさん／私立大学合格)
記述式の問題は先生に添削してもらうことで自分の弱点に気づけると思います。

新課程入試

2022年度から新しい学習指導要領（新課程）での授業が始まり，2025年度の入試は，新課程に基づいて行われる最初の入試となります。ここでは，赤本での新課程入試の対策について，よくある疑問にお答えします。

Q1. 赤本は新課程入試の対策に使えますか？

A. もちろん使えます！

旧課程入試の過去問が新課程入試の対策に役に立つのか疑問に思う人もいるかもしれませんが，心配することはありません。旧課程入試の過去問が役立つのには次のような理由があります。

● 学習する内容はそれほど変わらない

新課程は旧課程と比べて科目名を中心とした変更はありますが，学習する内容そのものはそれほど大きく変わっていません。また，多くの大学で，既卒生が不利にならないよう「経過措置」がとられます（Q３参照）。したがって，出題内容が大きく変更されることは少ないとみられます。

● 大学ごとに出題の特徴がある

これまでに課程が変わったときも，各大学の出題の特徴は大きく変わらないことがほとんどでした。入試問題は各大学のアドミッション・ポリシーに沿って出題されており，過去問にはその特徴がよく表れています。過去問を研究してその大学に特有の傾向をつかめば，最適な対策をとることができます。

出題の特徴の例	・英作文問題の出題の有無 ・論述問題の出題（字数制限の有無や長さ） ・計算過程の記述の有無

新課程入試の対策も，赤本で過去問に取り組むところから始めましょう。

Q2. 赤本を使う上での注意点はありますか？

A. 志望大学の入試科目を確認しましょう。

過去問を解く前に，過去の出題科目（問題編冒頭の表）と 2025 年度の募集要項とを比べて，課される内容に変更がないかを確認しましょう。ポイントは以下のとおりです。科目名が変わっていても，実際は旧課程の内容とほとんど同様のものもあります。

英語・国語	科目名は変更されているが，実質的には変更なし。 ▶▶ **ただし，リスニングや古文・漢文の有無は要確認。**
地歴	科目名が変更され，「歴史総合」「地理総合」が新設。 ▶▶ **新設科目の有無に注意。ただし，「経過措置」（Q3参照）により内容は大きく変わらないことも多い。**
公民	「現代社会」が廃止され，「公共」が新設。 ▶▶ **「公共」は実質的には「現代社会」と大きく変わらない。**
数学	科目が再編され，「数学 C」が新設。 ▶▶ **「数学」全体としての内容は大きく変わらないが，出題科目と単元の変更に注意。**
理科	科目名も学習内容も大きな変更なし。

数学については，科目名だけでなく，どの単元が含まれているかも確認が必要です。例えば，出題科目が次のように変わったとします。

旧課程	「数学 I・数学 II・数学 A・数学 B（数列・ベクトル）」
新課程	「数学 I・数学 II・数学 A・**数学 B（数列）・数学 C（ベクトル）**」

この場合，新課程では「数学C」が増えていますが，単元は「ベクトル」のみのため，実質的には旧課程とほぼ同じであり，過去問をそのまま役立てることができます。

Q3. 「経過措置」とは何ですか？

A. 既卒の旧課程履修者への対応です。

多くの大学では，既卒の旧課程履修者が不利にならないように，出題において「経過措置」が実施されます。措置の有無や内容は大学によって異なるので，募集要項や大学のウェブサイトなどで確認しておきましょう。

〇旧課程履修者への経過措置の例

- 旧課程履修者にも配慮した出題を行う。
- 新・旧課程の共通の範囲から出題する。
- 新課程と旧課程の共通の内容を出題し，共通範囲のみでの出題が困難な場合は，旧課程の範囲からの問題を用意し，選択解答とする。

例えば，地歴の出題科目が次のように変わったとします。

旧課程	「日本史Ｂ」「世界史Ｂ」から１科目選択
新課程	「**歴史総合**，日本史探究」「**歴史総合**，世界史探究」から１科目選択※ ※旧課程履修者に不利益が生じることのないように配慮する。

「歴史総合」は新課程で新設された科目で，旧課程履修者には見慣れないものですが，上記のような経過措置がとられた場合，新課程入試でも旧課程と同様の学習内容で受験することができます。

新課程の情報は WEB もチェック！
より詳しい解説が赤本ウェブサイトで見られます。
https://akahon.net/shinkatei/

科目名が変更される教科・科目

	旧課程	新課程
国語	国語総合 国語表現 現代文A 現代文B 古典A 古典B	現代の国語 言語文化 論理国語 文学国語 国語表現 古典探究
地歴	日本史A 日本史B 世界史A 世界史B 地理A 地理B	歴史総合 日本史探究 世界史探究 地理総合 地理探究
公民	現代社会 倫理 政治・経済	公共 倫理 政治・経済
数学	数学Ⅰ 数学Ⅱ 数学Ⅲ 数学A 数学B 数学活用	数学Ⅰ 数学Ⅱ 数学Ⅲ 数学A 数学B 数学C
外国語	コミュニケーション英語基礎 コミュニケーション英語Ⅰ コミュニケーション英語Ⅱ コミュニケーション英語Ⅲ 英語表現Ⅰ 英語表現Ⅱ 英語会話	英語コミュニケーションⅠ 英語コミュニケーションⅡ 英語コミュニケーションⅢ 論理・表現Ⅰ 論理・表現Ⅱ 論理・表現Ⅲ
情報	社会と情報 情報の科学	情報Ⅰ 情報Ⅱ

目　次

2022年度 問題と解答

解答用紙は，赤本オンラインに掲載しています。

https://akahon.net/kkm/dsh/index.html

※掲載内容は，予告なしに変更･中止する場合があります。

基本情報

沿革

1875（明治 8）　官許同志社英学校開校

- 1884（明治 17）彰栄館（同志社最初の煉瓦建築）竣工
- 1886（明治 19）礼拝堂（チャペル）竣工
- 1887（明治 20）書籍館（現・有終館）開館
- 1894（明治 27）クラーク神学館（現・クラーク記念館）開館

1912（明治 45）　専門学校令による同志社大学開校

1920（大正 9）　大学令による同志社大学の開校。文学部，法学部を設置

1944（昭和 19）　文，法の 2 学部を法文学部 1 学部に縮小

1946（昭和 21）　学部を復旧し元の 2 学部に

1947（昭和 22）　文学部神学科が神学部となる

1948（昭和 23）　新制大学開校。神，文，法，経済学部を設置

1949（昭和 24）　商学部，工学部を設置

1950（昭和 25）　短期大学部（夜間 2 年制）を設置

1954（昭和 29）　短期大学部を発展的に解消，2 部（4 年制）を設置（文，法，経済，商，工各学部）

1975（昭和 50）	創立 100 周年
2004（平成 16）	政策学部を設置
2005（平成 17）	社会学部，文化情報学部を設置
2008（平成 20）	生命医科学部，スポーツ健康科学部を設置。工学部を理工学部に改組再編・名称変更
2009（平成 21）	心理学部を設置
2011（平成 23）	グローバル・コミュニケーション学部を新設。国際教育インスティテュートを開設
2013（平成 25）	グローバル地域文化学部を設置

校章

正三角形を 3 つ寄せたこのマークは，国あるいは土を意味するアッシリア文字『ムツウ』を図案化したものです。考案者の湯浅半月は，同志社が生んだ詩人（代表作『十二の石塚』）であり古代オリエント学者でもありました。制定された当時，半月は同志社神学校教授でした。制定以来，知・徳・体の三位一体あるいは調和をめざす同志社の教育理念をあらわすものと解釈されています。

 学部・学科の構成

（注）学部・学科および大学院に関する情報は 2024 年 4 月現在のものです。

大　学

●**神学部**　今出川校地
　神学科
●**文学部**　今出川校地
　英文学科
　哲学科
　美学芸術学科
　文化史学科
　国文学科
●**社会学部**　今出川校地
　社会学科
　社会福祉学科
　メディア学科
　産業関係学科
　教育文化学科
●**法学部**　今出川校地
　法律学科
　政治学科（現代政治コース，歴史・思想コース，国際関係コース）
●**経済学部**　今出川校地
　経済学科
●**商学部**　今出川校地
　商学科（商学総合コース，フレックス複合コース）
●**政策学部**　今出川校地
　政策学科
●**グローバル地域文化学部**　今出川校地
　グローバル地域文化学科（ヨーロッパコース，アジア・太平洋コース，アメリカコース）

●**文化情報学部** 京田辺校地

文化情報学科

●**理工学部** 京田辺校地

インテリジェント情報工学科

情報システムデザイン学科

電気工学科

電子工学科

機械システム工学科

機械理工学科

機能分子・生命化学科

化学システム創成工学科

環境システム学科

数理システム学科

●**生命医科学部** 京田辺校地

医工学科

医情報学科

医生命システム学科

●**スポーツ健康科学部** 京田辺校地

スポーツ健康科学科

●**心理学部** 京田辺校地

心理学科

●**グローバル・コミュニケーション学部** 京田辺校地

グローバル・コミュニケーション学科（英語コース，中国語コース，日本語コース） ※日本語コースは外国人留学生を対象としたコース

大学院

神学研究科／文学研究科／社会学研究科／法学研究科／経済学研究科／商学研究科／総合政策科学研究科／文化情報学研究科／理工学研究科／生命医科学研究科／スポーツ健康科学研究科／心理学研究科／グローバル・スタディーズ研究科／脳科学研究科／司法研究科（法科大学院）／ビジネス研究科（ビジネススクール）

大学所在地

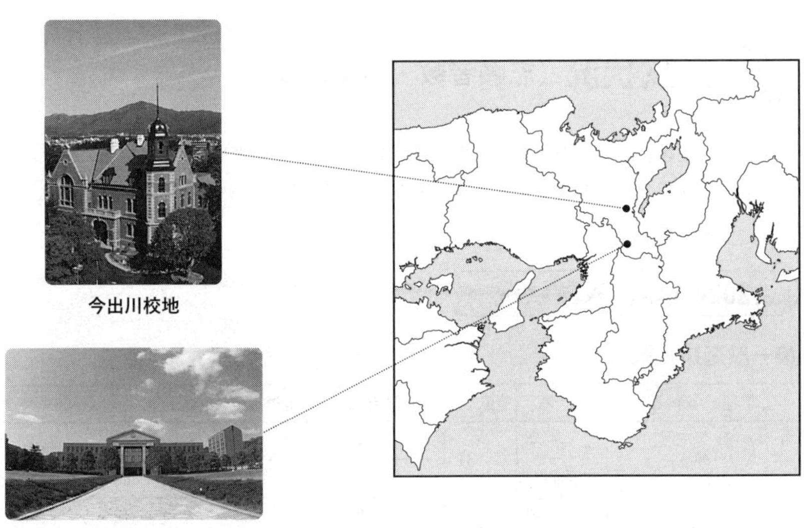

今出川校地　〒602-8580　京都市上京区今出川通烏丸東入

京田辺校地　〒610-0394　京田辺市多々羅都谷１－３

入試データ

入試状況（志願者数・競争率など）

○競争率は受験者数（個別学力検査等を課さない場合は志願者数）÷合格者数で算出。
○大学入学共通テストを利用する入試は１カ年のみ掲載。

2024 年度 入試状況

●一般選抜入試

学部・学科等		日　程	募集人員	志願者数	受験者数	合格者数	競争率
神		全学部	31	64	62	16	3.9
		学部個別		220	209	63	3.3
文	英文	全学部	185	520	507	212	2.4
		学部個別		784	764	331	2.3
	哲	全学部	48	239	229	78	2.9
		学部個別		310	298	102	2.9
	美学芸術	全学部	49	213	208	64	3.3
		学部個別		248	236	78	3.0
	文化史	全学部	76	380	373	164	2.3
		学部個別		451	435	161	2.7
	国文	全学部	79	327	316	104	3.0
		学部個別		396	378	149	2.5
社会	社会	全学部	51	206	199	46	4.3
		学部個別		728	690	161	4.3
	社会福祉	全学部	54	149	143	27	5.3
		学部個別		663	635	144	4.4
	メディア	全学部	53	178	173	33	5.2
		学部個別		499	482	91	5.3
	産業関係	全学部	47	36	35	12	2.9
		学部個別		446	436	201	2.2

（表つづく）

学部・学科等		日　程	募集人員	志願者数	受験者数	合格者数	競争率
社　会	教育文化	全学部	42	128	125	49	2.6
		学部個別		310	297	121	2.5
法	法　律	全学部	380	1,343	1,286	481	2.7
		学部個別		2,177	2,070	801	2.6
	政　治	全学部	104	212	207	81	2.6
		学部個別		579	546	226	2.4
経　済		全学部	510	2,135	2,045	655	3.1
		学部個別		3,679	3,524	1,087	3.2
商	商学総合	全学部	344	919	885	257	3.4
		学部個別		2,126	2,032	586	3.5
	フレックス複合	全学部	75	180	176	43	4.1
		学部個別		467	441	127	3.5
政　策		全学部	204	737	709	145	4.9
		学部個別		1,820	1,729	377	4.6
文化情報		全学部（文系）	130	309	289	72	4.0
		全学部（理系）		282	266	88	3.0
		学部個別（文系型）		488	465	159	2.9
		学部個別（理系型）		304	285	126	2.3
理　工	インテリジェント情報工	全学部	23	519	498	172	2.9
		学部個別	23	464	427	138	3.1
	情報システムデザイン	全学部	23	546	524	170	3.1
		学部個別	23	526	475	163	2.9
	電気工	全学部	27	324	311	167〈 26〉	1.9
		学部個別	27	321	301	148	2.0
	電子工	全学部	29	512	494	260	1.9
		学部個別	29	376	353	173	2.0
	機械システム工	全学部	37	745	725	412	1.8
		学部個別	32	649	614	277	2.2
	機械理工	全学部	27	489	467	266	1.8
		学部個別	23	426	399	181	2.2
	機能分子・生命化	全学部	26	595	581	274	2.1
		学部個別	27	616	575	268	2.1

（表つづく）

学部・学科等		日　程	募集人員	志願者数	受験者数	合格者数	競争率
理　工	化学システム創成工	全学部	26	527	512	261	2.0
		学部個別	27	516	485	232	2.1
	環境システム	全学部	16	430	413	192〈 9〉	2.2
		学部個別	17	399	377	166	2.3
	数理システム	全学部	11	237	223	89	2.5
		学部個別	13	297	279	121	2.3
生命医科	医　工	全学部	30	288	271	144	1.9
		学部個別	36	380	358	192	1.9
	医情報	全学部	30	199	191	106	1.8
		学部個別	36	179	165	88	1.9
	医生命システム	全学部	17	520	503	196	2.6
		学部個別	24	534	509	198	2.6
スポーツ健康科		全学部（文系）	90	320	303	94	3.2
		全学部（理系）		134	130	52	2.5
		学部個別（文系型）		403	386	105	3.7
		学部個別（理系型）		138	130	53	2.5
心　理		全学部（文系）	79	377	368	109	3.4
		全学部（理系）		100	93	25	3.7
		学部個別		512	483	149	3.2
グローバル・コミュニケーション	英語コース	全学部	50	210	202	46	4.4
		学部個別		381	366	103	3.6
	中国語コース	全学部	26	56	55	21	2.6
		学部個別		146	138	54	2.6
グローバル地域文化	ヨーロッパコース	全学部	46	175	172	67	2.6
		学部個別		268	256	93	2.8
	アジア・太平洋コース	全学部	37	114	109	40	2.7
		学部個別		187	179	62	2.9
	アメリカコース	全学部	31	109	107	25	4.3
		学部個別		235	231	59	3.9
合　計			3,480	40,731	38,923	13,964	—

（備考）理工学部電気工・環境システム学科においては，全学部日程において第2志望合格を実施した。合格者数の〈　〉内は第2志望合格者で外数。競争率は第1志望合格者数より算出している。

●大学入学共通テストを利用する入試

学部・学科等			募集人員	志願者数	合格者数	競争率
神			2	42	7	6.0
文	英文	A方式	25	141	42	3.4
		B方式	10	414	215	1.9
	哲		3	117	40	2.9
	美学芸術		3	125	35	3.6
	文化史		5	200	49	4.1
	国文		4	244	63	3.9
社会	社会		5	144	27	5.3
	社会福祉		5	78	8	9.8
	メディア		5	69	23	3.0
	産業関係		5	23	1	23.0
	教育文化		5	255	60	4.3
法	法律		20	964	426	2.3
	政治		10	170	76	2.2
経済			27	1,673	543	3.1
商	商学総合		25	754	202	3.7
政策	3科目方式		30	399	72	5.5
	4科目方式		5	163	60	2.7
文化情報	A方式		20	187	34	5.5
	B方式		10	676	220	3.1
理工	インテリジェント情報工		5	209	40	5.2
	情報システムデザイン		5	245	59	4.2
	電気工		5	106	36	2.9
	電子工		5	215	73	2.9
	機械システム工		2	155	15	10.3
	機械理工		2	175	19	9.2
	機能分子・生命化		5	202	40	5.1
	化学システム創成工		5	201	40	5.0
	環境システム		2	243	41	5.9
	数理システム		2	116	27	4.3
生命医科	医工		5	135	39	3.5
	医情報		3	51	13	3.9
	医生命システム		2	181	30	6.0

（表つづく）

学部・学科等		募集人員	志願者数	合格者数	競争率
スポーツ健康科	3 科 目 方 式	5	250	67	3.7
	5 科 目 方 式	10	276	100	2.8
	スポーツ競技力加点方式	15	185	88	2.1
心理		5	300	69	4.3
グローバル地域文化	ヨーロッパコース	2	68	14	4.9
	アジア・太平洋コース	2	47	10	4.7
	アメリカコース	2	45	10	4.5
合計		313	10,243	3,033	—

2023 年度 入試状況

●一般選抜入試

（　）内は女子内数

学部・学科等		日　程	募集人員	志願者数	受験者数	合格者数	競争率
神		全学部	31	86(45)	85(45)	23(10)	3.7
		学部個別		210(99)	206(97)	61(26)	3.4
文	英文	全学部	185	543(309)	530(299)	216(122)	2.5
		学部個別		843(487)	822(476)	348(198)	2.4
	哲	全学部	48	177(69)	171(67)	77(34)	2.2
		学部個別		264(108)	256(104)	107(43)	2.4
	美学芸術	全学部	49	161(122)	154(116)	52(41)	3.0
		学部個別		242(188)	231(181)	71(51)	3.3
	文化史	全学部	76	449(208)	437(204)	131(57)	3.3
		学部個別		583(262)	569(260)	165(69)	3.4
	国文	全学部	79	302(190)	295(188)	101(61)	2.9
		学部個別		377(237)	365(230)	129(87)	2.8
社会	社会	全学部	51	256(151)	250(149)	52(35)	4.8
		学部個別		890(387)	853(375)	164(83)	5.2
	社会福祉	全学部	54	81(60)	78(57)	22(18)	3.5
		学部個別		356(175)	350(171)	141(61)	2.5
	メディア	全学部	53	162(110)	160(108)	33(21)	4.8
		学部個別		442(278)	433(272)	114(65)	3.8
	産業関係	全学部	47	77(38)	72(36)	10(4)	7.2
		学部個別		839(283)	809(279)	174(59)	4.6
	教育文化	全学部	42	124(76)	120(73)	39(25)	3.1
		学部個別		385(216)	362(205)	99(62)	3.7
法	法律	全学部	380	1,300(533)	1,256(513)	462(195)	2.7
		学部個別		2,122(829)	2,014(790)	744(309)	2.7
	政治	全学部	104	209(82)	197(78)	77(29)	2.6
		学部個別		582(193)	550(181)	204(75)	2.7
経済		全学部	510	2,094(477)	2,006(460)	692(177)	2.9
		学部個別		3,581(941)	3,423(899)	1,158(316)	3.0

（表つづく）

学部・学科等		日　程	募集人員	志願者数	受験者数	合格者数	競争率
商	商学総合	全 学 部	344	1,026(399)	991(386)	219(92)	4.5
		学部個別		2,626(868)	2,513(836)	547(191)	4.6
	フレックス複合	全 学 部	75	196(60)	187(57)	42(15)	4.5
		学部個別		424(136)	408(127)	111(38)	3.7
政策		全 学 部	204	421(141)	411(137)	188(56)	2.2
		学部個別		1,176(462)	1,140(446)	514(198)	2.2
文化情報		全 学 部(文　系)	130	261(133)	252(129)	75(32)	3.4
		全 学 部(理　系)		181(58)	175(57)	75(29)	2.3
		学部個別(文系型)		433(211)	404(195)	148(79)	2.7
		学部個別(理系型)		291(72)	275(71)	139(36)	2.0
理工	インテリジェント情報工	全 学 部	23	612(45)	593(44)	227(10)	2.6
		学部個別	23	508(35)	482(32)	178(10)	2.7
	情報システムデザイン	全 学 部	23	541(66)	526(61)	155(19)	3.4
		学部個別	23	617(64)	583(56)	191(13)	3.1
	電気工	全 学 部	27	307(16)	300(13)	178(　7)〈　8(　0)〉	1.7
		学部個別	27	202(　7)	196(　5)	103(　1)	1.9
	電子工	全 学 部	29	506(24)	492(22)	261(10)	1.9
		学部個別	29	403(12)	389(11)	191(　4)	2.0
	機械システム工	全 学 部	37	874(65)	845(62)	430(30)	2.0
		学部個別	32	764(43)	721(39)	302(14)	2.4
	機械理工	全 学 部	27	465(26)	453(24)	251(15)〈 16(　1)〉	1.8
		学部個別	23	372(20)	346(17)	184(　7)	1.9
	機能分子・生命化	全 学 部	26	460(165)	446(160)	268(103)	1.7
		学部個別	27	489(143)	459(134)	248(78)	1.9
	化学システム創成工	全 学 部	26	505(144)	494(143)	299(89)	1.7
		学部個別	27	460(115)	441(110)	252(68)	1.8
	環境システム	全 学 部	16	410(84)	396(84)	183(38)〈　9(　0)〉	2.2
		学部個別	17	390(70)	369(67)	164(27)	2.3
	数理システム	全 学 部	11	216(18)	205(15)	87(　6)	2.4
		学部個別	13	237(21)	218(19)	113(10)	1.9

(表つづく)

学部・学科等		日　程	募集人員	志願者数	受験者数	合格者数	競争率
生命医科	医　工	全学部	30	281(84)	274(84)	157(55)	1.7
		学部個別	36	305(83)	286(78)	160(45)	1.8
	医情報	全学部	30	263(85)	256(82)	108(35)	2.4
		学部個別	36	257(53)	237(48)	100(14)	2.4
	医生命システム	全学部	17	499(297)	476(277)	184(103)	2.6
		学部個別	24	386(224)	366(213)	148(78)	2.5
スポーツ健康科		全学部（文系）	90	274(96)	259(90)	72(30)	3.6
		全学部（理系）		145(32)	138(30)	54(19)	2.6
		学部個別（文系型）		371(123)	348(116)	97(37)	3.6
		学部個別（理系型）		145(31)	140(30)	54(16)	2.6
心　理		全学部（文系）	79	431(267)	410(257)	114(80)	3.6
		全学部（理系）		93(39)	85(35)	23(　9)	3.7
		学部個別		607(372)	576(356)	164(103)	3.5
グローバル・コミュニケーション	英語コース	全学部	50	178(94)	174(92)	42(25)	4.1
		学部個別		338(179)	321(173)	88(47)	3.6
	中国語コース	全学部	26	58(46)	58(46)	27(20)	2.1
		学部個別		143(94)	142(94)	65(42)	2.2
グローバル地域文化	ヨーロッパコース	全学部	46	243(164)	241(163)	66(45)	3.7
		学部個別		391(250)	384(248)	88(64)	4.4
	アジア・太平洋コース	全学部	37	133(104)	131(102)	33(25)	4.0
		学部個別		262(197)	258(195)	73(51)	3.5
	アメリカコース	全学部	31	82(40)	81(40)	25(14)	3.2
		学部個別		162(84)	160(84)	62(31)	2.6
合　計			3,480	40,157 (13,914)	38,565 (13,405)	14,026 (4,647)	―

（備考）理工学部電気工・機械理工・環境システム学科においては，全学部日程において第２志望合格を実施した。合格者数の〈　〉内は第２志望合格者で外数。競争率は第１志望合格者数より算出している。

2022年度 入試状況

●一般選抜入試

（　）内は女子内数

学部・学科等		日　程	募集人員	志願者数	受験者数	合格者数	競争率
神		全学部	31	58(28)	56(27)	18(10)	3.1
		学部個別		172(65)	160(60)	50(19)	3.2
文	英文	全学部	185	513(295)	499(286)	209(126)	2.4
		学部個別		801(477)	776(466)	351(216)	2.2
	哲	全学部	48	190(62)	186(60)	60(16)	3.1
		学部個別		275(109)	265(105)	91(37)	2.9
	美学芸術	全学部	49	186(148)	184(147)	52(43)	3.5
		学部個別		236(190)	231(185)	80(63)	2.9
	文化史	全学部	76	330(152)	321(149)	145(72)	2.2
		学部個別		470(222)	457(217)	200(102)	2.3
	国文	全学部	79	389(240)	371(229)	106(61)	3.5
		学部個別		525(321)	510(313)	135(90)	3.8
社会	社会	全学部	51	211(127)	207(123)	55(28)	3.8
		学部個別		702(300)	679(293)	177(96)	3.8
	社会福祉	全学部	54	125(87)	123(85)	26(19)	4.7
		学部個別		564(275)	548(269)	143(76)	3.8
	メディア	全学部	53	163(117)	162(117)	31(25)	5.2
		学部個別		460(279)	453(276)	101(64)	4.5
	産業関係	全学部	47	46(22)	45(21)	7(3)	6.4
		学部個別		606(196)	598(194)	211(60)	2.8
	教育文化	全学部	42	118(77)	111(72)	52(35)	2.1
		学部個別		268(150)	252(140)	111(69)	2.3
法	法律	全学部	380	1,376(510)	1,329(492)	411(153)	3.2
		学部個別		2,370(851)	2,251(811)	705(253)	3.2
	政治	全学部	104	199(65)	192(65)	67(29)	2.9
		学部個別		669(209)	633(203)	203(78)	3.1
経済		全学部	510	1,957(394)	1,880(382)	663(144)	2.8
		学部個別		3,529(798)	3,390(768)	1,187(251)	2.9

（表つづく）

学部・学科等		日　程	募集人員	志願者数	受験者数	合格者数	競争率
商	商学総合	全学部	344	836(299)	802(288)	250(90)	3.2
		学部個別		2,146(703)	2,049(673)	633(197)	3.2
	フレックス複合	全学部	75	102(42)	94(39)	35(12)	2.7
		学部個別		242(81)	232(77)	78(31)	3.0
政策		全学部	204	509(191)	495(188)	158(52)	3.1
		学部個別		1,319(544)	1,278(530)	397(174)	3.2
文化情報		全学部(文系)	130	194(74)	188(69)	76(30)	2.5
		全学部(理系)		142(38)	134(33)	61(16)	2.2
		学部個別(文系型)		320(152)	303(147)	102(52)	3.0
		学部個別(理系型)		211(46)	200(43)	108(26)	1.9
理工	インテリジェント情報工	全学部	23	705(57)	680(55)	243(14)	2.8
		学部個別	23	572(43)	529(41)	185(14)	2.9
	情報システムデザイン	全学部	23	559(70)	540(66)	194(17)	2.8
		学部個別	23	489(60)	452(56)	202(15)	2.2
	電気工	全学部	27	286(12)	274(11)	158(7) 〈 12(1)〉	1.7
		学部個別	27	228(9)	213(9)	104(5)	2.0
	電子工	全学部	29	404(18)	384(17)	225(12)	1.7
		学部個別	29	343(6)	329(6)	155(3)	2.1
	機械システム工	全学部	37	775(56)	746(54)	426(37)	1.8
		学部個別	32	673(39)	636(36)	301(13)	2.1
	機械理工	全学部	27	405(21)	394(20)	237(14)	1.7
		学部個別	23	299(12)	278(11)	168(5)	1.7
	機能分子・生命化	全学部	26	446(152)	438(151)	247(74)	1.8
		学部個別	27	388(131)	366(127)	185(57)	2.0
	化学システム創成工	全学部	26	515(142)	508(141)	290(68)	1.8
		学部個別	27	461(110)	439(108)	248(59)	1.8
	環境システム	全学部	16	409(98)	394(93)	172(42) 〈 9(3)〉	2.3
		学部個別	17	339(66)	313(56)	137(24)	2.3
	数理システム	全学部	11	242(33)	227(30)	97(11)	2.3
		学部個別	13	227(22)	210(19)	107(5)	2.0

（表つづく）

学部・学科等		日　程	募集人員	志願者数	受験者数	合格者数	競争率
生命医科	医　工	全 学 部	30	276(82)	262(75)	138(45)	1.9
		学部個別	36	349(79)	322(70)	177(42)	1.8
	医 情 報	全 学 部	30	224(90)	215(85)	113(40)	1.9
		学部個別	36	216(68)	207(64)	104(33)	2.0
	医 生 命 システム	全 学 部	17	388(240)	372(234)	153(93)	2.4
		学部個別	24	338(199)	311(185)	134(80)	2.3
スポーツ健康科		全 学 部（文 系）	90	252(89)	245(87)	68(27)	3.6
		全 学 部（理 系）		104(19)	99(17)	36(9)	2.8
		学部個別（文系型）		371(117)	355(112)	104(35)	3.4
		学部個別（理系型）		100(17)	94(16)	39(8)	2.4
心　理		全 学 部（文 系）	79	411(257)	402(252)	111(72)	3.6
		全 学 部（理 系）		74(31)	69(28)	22(8)	3.1
		学部個別		571(353)	550(345)	163(102)	3.4
グローバル・コミュニケーション	英 語 コ ー ス	全 学 部	50	172(95)	166(92)	37(24)	4.5
		学部個別		366(206)	358(202)	88(41)	4.1
	中 国 語 コ ー ス	全 学 部	26	46(39)	46(39)	20(16)	2.3
		学部個別		85(57)	83(55)	45(30)	1.8
グローバル地域文化	ヨーロッパ コ ー ス	全 学 部	46	172(112)	170(110)	59(40)	2.9
		学部個別		293(173)	286(168)	101(54)	2.8
	アジア・太平洋コース	全 学 部	37	121(104)	117(100)	43(33)	2.7
		学部個別		203(165)	198(161)	79(65)	2.5
	アメリカ コ ー ス	全 学 部	31	88(52)	83(50)	26(17)	3.2
		学部個別		212(123)	199(118)	63(36)	3.2
合　計			3,480	37,726 (12,860)	36,203 (12,414)	13,570 (4,368)	—

（備考）理工学部電気工・環境システム学科においては，全学部日程において第２志望合格を実施した。合格者数の〈　〉内は第２志望合格者で外数。競争率は第１志望合格者数より算出している。

合格最低点（一般選抜入試）

●合否の目安

合否の判定は3教科の合計得点により行われる。

合格最低点は以下に示すとおりであるが，**法・経済学部の英語については基準点(80点)** が設けられており，英語が79点以下の場合，3教科の総得点が合格最低点を上回っていても不合格となる。

●選択科目間の得点調整について

両日程・全学部において，選択科目間の得点調整が実施されている。計算式は以下のとおり。

150点満点の場合

$$\text{調整点} = \frac{\text{得点} - \text{当該科目の平均点}}{\text{当該科目の標準偏差}} \times 15 + \text{選択科目全ての平均点}$$

200点満点の場合

$$\text{調整点} = \left[\frac{\text{得点} - \text{当該科目の平均点}}{\text{当該科目の標準偏差}} \times 15 + \text{選択科目全ての平均点} \right] \times \frac{200}{150}$$

ただし，調整点＜0の場合，調整点は0点。また，調整点＞150（200）の場合，調整点は150点（200点）。なお，当該科目の得点が0点または満点の場合，得点調整は行われない。

●全学部日程

学部・学科等		満点	2024	2023	2022
神		500	347	365	365
文	英文	500	338	357	358
	哲		348	355	367
	美学芸術		348	365	364
	文化史		353	372	367
	国文		353	361	373
社会	社会	500	373	387	384
	社会福祉		350	358	361
	メディア		371	374	382
	産業関係		339	373	363
	教育文化		353	369	364
法	法律	500	351	371	374
	政治		348	375	374
経済		500	345	368	359
商	商学総合	500	353	379	368
	フレックス複合		353	379	368
政策		500*	355	383	406
文化情報		文系500	344	354	354
		理系550	309	296	300
理工	インテリジェント情報工	550	350	332	335
	情報システムデザイン		350	334	329
	電気工		①301 ②308	①300 ②301	①305 ②310
	電子工		317	304	313
	機械システム工		301	305	295
	機械理工		304	①300 ②303	301
	機能分子・生命化		318	297	297
	化学システム創成工		320	296	303
	環境システム		①321 ②337	①315 ②330	①322 ②339
	数理システム		352	342	347

（表つづく）

<table>
<tr><th colspan="2">学部・学科等</th><th>満点</th><th>2024</th><th>2023</th><th>2022</th></tr>
<tr><td rowspan="3">生命医科</td><td>医工</td><td rowspan="3">600</td><td>316</td><td>311</td><td>314</td></tr>
<tr><td>医情報</td><td>308</td><td>320</td><td>301</td></tr>
<tr><td>医生命システム</td><td>358</td><td>350</td><td>350</td></tr>
<tr><td colspan="2" rowspan="2">スポーツ健康科</td><td>文系
500</td><td>319</td><td>344</td><td>345</td></tr>
<tr><td>理系
550</td><td>260</td><td>279</td><td>273</td></tr>
<tr><td colspan="2" rowspan="2">心理</td><td>文系
500</td><td>356</td><td>375</td><td>372</td></tr>
<tr><td>理系
500</td><td>314</td><td>312</td><td>319</td></tr>
<tr><td rowspan="2">グローバル・コミュニケーション</td><td>英語コース</td><td>550</td><td>407</td><td>425</td><td>424</td></tr>
<tr><td>中国語コース</td><td>500</td><td>340</td><td>359</td><td>358</td></tr>
<tr><td rowspan="3">グローバル地域文化</td><td>ヨーロッパコース</td><td rowspan="3">500</td><td>358</td><td>391</td><td>376</td></tr>
<tr><td>アジア･太平洋コース</td><td>357</td><td>377</td><td>370</td></tr>
<tr><td>アメリカコース</td><td>364</td><td>370</td><td>374</td></tr>
</table>

（備考）理工学部の①は第 1 志望合格者の最低点，②は第 2 志望合格者の最低点を示す。

＊2023・2022 年度は 550 点満点。

●学部個別日程

学部・学科等		満点	2024	2023	2022
神		500	351	376	338
文	英文	500	327	367	360
	哲		337	365	369
	美学芸術		340	372	364
	文化史		343	381	370
	国文		342	370	376
社会	社会	500	372	395	377
	社会福祉		347	359	352
	メディア		369	380	374
	産業関係		335	378	349
	教育文化		349	375	354
法	法律	500	340	357	371
	政治		337	360	371
経済		500	334	357	359
商	商学総合	500	366	394	344
	フレックス複合		366	394	344
政策		500	371	356	373
文化情報		文系型 500	353	360	367
		理系型 550	328	324	303
理工	インテリジェント情報工	450	267	273	253
	情報システムデザイン		263	272	240
	電気工		235	240	236
	電子工		248	257	246
	機械システム工		244	258	235
	機械理工		244	250	229
	機能分子・生命化		233	241	223
	化学システム創成工		235	248	228
	環境システム		246	259	231
	数理システム		257	260	248
生命医科	医工	500	303	276	268
	医情報		290	288	259
	医生命システム		334	308	298

（表つづく）

学部・学科等		満点	2024	2023	2022
スポーツ健康科		文系型 500	339	349	349
		理系型 550	307	302	288
心理		500	369	393	351
グローバル・コミュニケーション	英語コース	550	396	414	425
	中国語コース	500	325	339	354
グローバル地域文化	ヨーロッパコース	500	370	405	360
	アジア・太平洋コース		369	392	352
	アメリカコース		375	384	357

募集要項（願書）の入手方法

大学案内・入試ガイドは6月に発行される予定です。一般選抜・大学入学共通テスト利用入試の入試要項の発行時期については大学ホームページ等でご確認ください。郵送をご希望の方は，大学ホームページよりお申し込みください。テレメールでも請求できます。

問い合わせ先

同志社大学　入学センター入学課
〒602-8580　京都市上京区今出川通烏丸東入
TEL　075-251-3210〔直通〕
FAX　075-251-3082
ホームページ　https://www.doshisha.ac.jp
E-mail　ji-nyugk@mail.doshisha.ac.jp

同志社大学のテレメールによる資料請求方法

スマホ・ケータイから　QRコードからアクセスしガイダンスに従ってご請求ください。

パソコンから　教学社 赤本ウェブサイト(akahon.net)から請求できます。

気になること、聞いてみました！

在学生メッセージ

大学ってどんなところ？ 大学生活ってどんな感じ？
ちょっと気になることを，在学生に聞いてみました。

以下の内容は 2020～2022 年度入学生のアンケート回答に基づくものです。ここで触れられている内容は今後変更となる場合もありますのでご注意ください。

メッセージを書いてくれた先輩 ［文学部］ R.O. さん ［法学部］ 小野倫敬さん 安東賢信さん

大学生になったと実感！

大学からは自分で時間割を作成することができます。また，科目は自分の興味があることに応じて選ぶことができます。アルバイトやサークルをするのも自由です。しかし，高校までとは違い，進路などを考えるときには自分から説明会やインターンシップに足を運ばねばなりません。受け身ではいつまでも貴重な情報を得ることができないのが大学という場所だと思います。ですが，あらゆる面で，束縛されずにアクティブに活動できるのは大学生のいいところだと思います。（安東さん／法）

大学生活に必要なもの

大学生として必要なものはパソコンです。パソコンは授業中に調べものをしたり，レポートを作成したり，さらには履修登録をするために使用したりと必須アイテムです。大学にもパソコンがありますが，自分のパソコンを持っていないと自宅や授業で使用する際に困る場合があるので，自分のパソコンを用意することをおすすめします。また，Wi-Fi などのインターネットが使える環境の準備も必要です。（小野さん／法）

この授業がおもしろい！

文化史学科日本史コースの必修科目である日本文化史演習。少人数で行われる漢文講読の授業で，学生それぞれに漢文史料が割り振られて，それについて調査して発表を行うことを主としている。他の人の発表を聞くと，自分の力ではわからなかった新たな発見があってとてもおもしろい。（R.O. さん／文）

おもしろい授業は外交論についての授業です。歴代日本首相のアメリカとの外交について学ぶことができる授業です。この授業では，メディアに多数出演されている有名教授の話を聞くことができ，日米関係についての理解を深めることができます。戦後公開された映画「ゴジラ」のゴジラは何を表しているのか，亡くなった日本兵なのか，アメリカ人なのか，など身近な題材を基にした話もあり，教授の研究に引き込まれました。（小野さん／法）

部活・サークル活動

演劇のサークルに入っている。年に4回ほど新町キャンパスにある小ホールで公演を行っており，それに向けた稽古が主な活動内容となっている。同志社大学には演劇のサークルが複数あり，他にも多種多様なサークルがあるので，自分に合ったサークルを選択することができる。（R.O. さん／文）

私は2つのサークルに所属しています。1つ目は野球のサークルで，週に1回程度，集まって野球をしています。私は野球初心者ですが楽しく活動しています。2つ目はキャンプのサークルで，子供たちが夏休みにキャンプをする際にボランティアをするサークルです。子供たちと川遊びをしたりご飯を作ったり，かけがえのない思い出をつくることができます。（小野さん／法）

交友関係は？

入学式で話しかけてくれた人と仲良くさせてもらっている。また，少人数クラスで席が隣の人に話しかけると仲良くなれると思う。積極的に話しかけることが大切。先輩とはやはりサークルを通じて交流することがメインだと思う。交友関係を広げるためには積極性は不可欠だと感じている。（R.O. さん／文）

いま「これ」を頑張っています

現在，高校からやっているギターを猛練習しています。軽音サークルにも入っているので1曲でも多くの曲を上手に弾けるようになれたらと思っています！　サークルの中では，自分の知らないバンドや曲のことを共有できるのでいい刺激になっています。（安東さん／法）

おススメ・お気に入りスポット

大学の図書館。蔵書数も多く，落ち着いた雰囲気で勉強や読書に集中できる。また，古書特有の独特な香りが漂っている書庫も気に入っている。中には史料がたくさんあり，レポートや発表資料の作成に非常に役立つ。(R.O. さん／文)

大学周辺のお気に入りスポットは鴨川です。鴨川周辺は夏でも涼しいので散歩をするのに快適です。その他にも自転車で 20 分くらいの場所に河原町があるので買い物ができますし，地下鉄に乗れば 10 分程度で京都駅に行けるので，学校の立地がとてもいいです。(小野さん／法)

入学してよかった！

同志社大学に入学してよかったと思うことは，自分に刺激を与えてくれる友人が多いことです。中国語検定 1 級を持っている友人や，弁護士を目指して必死に勉強している友人など，尊敬できる友人は多岐にわたります。そのような友人たちとの出会いを通して自分の世界観を広げることができました。(小野さん／法)

高校生のときに「これ」をやっておけばよかった

受験英語だけでなく，英会話など実践的な英語にもっと触れておけばよかったと痛感している。同志社大学は外国人留学生も多く，また英語教育にも力を入れているため，英語が苦手で受験英語の勉強しかしてこなかった自分にとって，ついていくのが難しいという状況になってしまっている。(R.O. さん／文)

合格体験記

みごと合格を手にした先輩に，入試突破のためのカギを伺いました。
入試までの限られた時間を有効に活用するために，ぜひ役立ててください。

（注）ここでの内容は，先輩方が受験された当時のものです。2025 年度入試では当てはまらないこともありますのでご注意ください。

・アドバイスをお寄せいただいた先輩・

N.M. さん　文学部（美学芸術学科）
全学部日程 2024 年度合格，愛媛県出身

試験前日は新しい問題に取り組んでわからないと焦ってしまうかもしれないので，今まで取り組んできたインプットを繰り返しました。自信にもつながりますし，基礎が大切な同志社大学では最後まで戦力を高められました。

T.Y. さん　法学部（法律学科）
全学部日程・学部個別日程 2024 年度合格，茨城県出身

周りに流されるのではなく，自分のレベルや現状に合わせて，試験日までに淡々とこなしていくことです。

M.Y. さん　政策学部
全学部日程 2024 年度合格，三重県出身

私は浪人生でした。毎朝同じ時間に起きて同じ時間に予備校に行って勉強するというサイクルを習慣化させました。早寝早起き朝ごはんを徹底していたので風邪をひくこともなかったです。人より早く予備校や学校に行って勉強するなどのちょっとした差が後々大きな差を生むことになると思います。受験期間は自分のやりたいことを我慢して勉強漬けの毎日になるとは思いますが，勉強だけの生活で自分が壊れてしまわないように，日々の中にちょっとした娯楽を入れることも大切です。

その他の合格大学　立教大（観光），國學院大（観光まちづくり），名城大（法），愛知大（地域政策〈共通テスト利用〉）

S.K. さん　理工学部（インテリジェント情報工学科）
学部個別日程 2024 年度合格，神奈川県出身

最後まで諦めないことです。わからなくても，わかることを最後まで諦めずに書き続けることが肝心です。私はそれで合格最低点＋ 8 点で滑り込みました。

その他の合格大学　明治大（理工〈情報科〉），立命館大（情報理工〈共通テスト利用〉）

T.U. さん　スポーツ健康科学部
全学部日程（文系）2024 年度合格，滋賀県出身

とても基本的なことですが，睡眠時間をしっかりと確保して，栄養バランスのよい食事をし，適度にランニングなどの運動をしたりして，健康的な生活を続けたうえで，勉強していました。特に適度に運動することはとてもよかったと思っていて，ちょっと体を動かすだけでむしろその 1 日の自分の調子がよくなって，勉強により集中して取り組めました。

その他の合格大学　近畿大（経営〈経営〉），京都産業大（経営）

A.N. さん　社会学部（教育文化学科）
全学部日程・学部個別日程 2023 年度合格，兵庫県出身

合格のポイントは，正確に，確実に問題を解けるように練習したことです。同志社大学は標準レベルの問題が出題されますが，標準的な問題だからこそ他の受験生が取れるような問題を落としてはいけません。特に，英語や国語では 1 問の配点が高い問題が多くあり，その問題の出来で合否が変わる可能性が十分にあります。練習すれば必ず高得点を狙える実力を手に入れることができます。また，記述問題の対策も合格するために必要です。しっかりと自分の答案を解答用紙に表現できるように頑張ってください。

その他の合格大学　立命館大（経済〈共通テスト利用〉），関西大（経済，社会）

H.S. さん　生命医科学部（医生命システム学科）
全学部日程 2023 年度合格，広島県出身

合格するために最も大切なのは，本番の精神力だと思います。私は，本番では物理と数学で苦戦し，過去問と比べても全然できませんでした。絶望的でしたが，得意の英語で持ち直し，英語では 8 割を取ることができました。本番ではいかに気持ちをコントロールして，最後まで粘れるかが重要だと思います。また私は，本番に弱いタイプだとわかっていたので，どんなに緊張してもある程度の力は出せるよう，たくさん演習しました。本番で精神を安定させるための準備も大切だと思います。受験勉強や本番の試験で，つらいこと，焦ることはたくさんあると思います。それでも，私のように絶対に不合格だと思っても受かることはあるので，最後まで諦めないで頑張ってほしいです。

その他の合格大学　立命館大（薬〈共通テスト利用〉）

N.I. さん　商学部
学部個別日程 2021 年度合格，兵庫県出身

英単語を 2 年生の間にある程度覚えておいたことが，後々とても役に立ったと思います。英文を読んだときに知っている単語があると，スラスラ読めてモチベーションも上がるからです。なので，受験生の方は早めに英単語を覚えておくことをおすすめします。

その他の合格大学　同志社大（法，経済，政策）

入試なんでもQ&A

受験生のみなさんからよく寄せられる，
入試に関する疑問・質問に答えていただきました。

Q 「赤本」の効果的な使い方を教えてください。

A 志望校を決定した高3の4月に赤本で一通り問題形式を確認しました。1年の学習の指針を立てるためにも早めに一度目を通しておくべきです。本格的に取り組み始めたのは10月頃でした。周りは8月頃から取り組んでいたので焦りはありましたが，きちんと基礎ができてから取り組めたので，結果としては正解でした。同志社大学の英語は問題形式が同じなので，英語は志望学部にかかわらず全部解きました。

(N.M. さん／文)

A 最新年度の問題は，自分のレベルや志望校との距離を測るために，すぐに解きました。解き終わったら，何が足りなくてどうすればよいのかといった分析，次につなげる対策，そして解いた年度の過去問の復習をしっかりしました。その後に第一志望の学部以外の赤本も解くことで，形式に慣れたり，問題集として利用したりしました。最後に，時間配分の確認や本番当日と同じ時間割で解くといった仕上げとして残りの年度の問題を解きました。

(T.Y. さん／法)

1年間のスケジュールはどのようなものでしたか？

A 　高２の12月くらいから英文法や古典文法，単語などの基礎をやり始めて，文法事項に関しては夏休みまでにはほぼ完璧にしました。単語に関しては受験直前まで１個でも多く覚えようと継続してやりました。理想としては単語も夏休みまでに完璧にできれば強いと思います。僕は３科目受験だったので，とにかく配点の高い英語に一番勉強時間を割きました。現代文は，毎日継続して文章を読むように努力すれば感覚が染みついてきます。社会は，僕は始めるのが少し遅くて本格的には夏休みから始めたのですが，もう少し早く取りかかっておけば受験直前での仕上がりがよかったんだろうなぁと少し後悔しています。けれど，社会は最後の最後まで粘れば成績は伸びます！　受験直前に自分の思う完成度じゃなかったとしても，諦めずに最後まであがき続けてください。

（T.U. さん／スポーツ健康科）

Q　どのように学習計画を立て，受験勉強を進めていましたか？

A 　１カ月の目標や終わらせたい参考書から逆算して１週間の計画を立てていました。計画はある程度の余裕をもたせて立てました。また，２カ月に一度，共通テスト模試を受けていたので，それで基礎が不足している苦手科目や分野を特定し，３科目の勉強時間を調節していました。

（N.M. さん／文）

A 　英文法が苦手だったので，予備校の授業で習ったことをしっかり復習しました。全然身についていないなと思ったら毎日連続で復習し，定着してきたなと思ったら３日置きに復習するなど間隔を空けていきました。前日に次の日にすることをメモして，次の日にすぐ勉強に取りかかれるようにしました。うまく進まない日もあるので，そんな日のために何も予定を入れない予備日も作っておきました。日本史は最後のほうに近現代史が残ってしまわないように，10月くらいまでには一通り終わらせました。

（M.Y. さん／政策）

学校外での学習はどのようにしていましたか？

A　家ではあまり勉強に集中できなかったので，休日や長期休暇は1日中塾にこもっていました。朝は10時からの開校でしたが，それまでは家ではあえて勉強しませんでした。塾に行くまでの時間は，軽くランニングをしたりニュースを見たりなど，なるべく遊び過ぎずに勉強以外のことをするように意識していました。電車で塾に通っていたので，電車に乗った瞬間にその日の勉強はスタートです。電車に乗っているときは，ひたすら単語を覚えまくりました。正直なところ，僕の受験勉強のなかで一番頑張ったなと思うのは，この時間です。座ってしまうとどうしても眠くなって全く頭に入っていないことに気づいてからは，意地でも立って単語帳を開いていました（笑）。往路は英単語，復路は古文単語などとすることを分けると，より集中力が上がった気がします。これを毎日，受験本番まで続けました。　（T.U. さん／スポーツ健康科）

時間をうまく使うためにしていた工夫があれば，教えてください。

A　キッチンタイマーを使って時間を計り，45分勉強したら15分休憩（スマホも漫画もOK）ということをしていました。これならモチベーションも保てるし，かなり効率よく勉強することができます。また，英語などの暗記科目は電車やバスの中で取り組みました。家から高校まではバス・電車で片道1時間半程度で，往復しっかりと勉強すれば約3時間近くの勉強時間を手に入れることができました。　（S.K. さん／理工）

Q 同志社大学を攻略するうえで，特に重要な科目は何ですか？

A 英語です。配点が高いのと，得点調整がなくそのまま反映されるので，重要です。同志社大学は語彙力が大切なので，単語帳は『英単語ターゲット 1400』と『同 1900』（旺文社），『速読英単語 上級編』（Z会），『システム英単語』（駿台文庫）の4冊を使いました。また，文法力も重要なので『Next Stage 英文法・語法問題』（桐原書店）で強化しました。そして何よりも長文に慣れる必要があるので，『やっておきたい英語長文』シリーズ（河合出版）や他大学の過去問を解きました。英作文は，実際に第三者に見てもらい添削してもらうことが大切です。日本語の微妙なニュアンスが英語に訳せていなかったりするのは自分ではなかなか気づけないので，私の場合は家庭教師の先生に添削してもらいました。

（N.M. さん／文）

A 数学です。理系であれば配点も高いですが，高難度のため「途中点をガッツリ取る」ということを心がけなければなりません。私は，赤本でわからなかった問題の解答例と自分の解答を見比べながら，考え方の違いを整理したり，赤本の解答例通りに自分で解答を作成してみたりということを繰り返しました。このようにすると自ずと合格につながる解答の書き方のコツが見えてくるのではないかと思います。他の同傾向の過去問を解いてみるのもよいでしょう。 （S.K. さん／理工）

Q 苦手な科目はどのように克服しましたか？

A 私は国語がとても苦手でした。特に現代文のできるときとできないときの波が激しかったです。しかし，予備校の授業を受けて，教えてもらったことを徹底的に身につけたおかげで，本番でも緊張することなく力を発揮できました。同志社大学の国語には記述問題がありますが，現代文の解き方がしっかり身についていれば何も怖くありません。また，古文は単語が重要だと思います。早いうちに覚えてしまいましょう。助動詞などの古文文法もしっかりとやるべきです。 （M.Y. さん／政策）

**Q 併願をするうえで重視したことは何ですか？
また，注意すべき点があれば教えてください。**

A 私は後悔しないように，受けるか迷った大学は基本受けました。ただし，3日連続受験することは避けました。自分でも気づかないうちに精神的にも体力的にも疲れます。また，大学の出題形式によって向き不向きが多少あります。過去問を見ていて，自分と相性が悪すぎると思うなら，併願校を変えてみてもいいかもしれません。たまに本命しか受けない人がいますが，それはあまりおすすめしません。1校だけでも練習として受けておくと本命大学の受験のときに，あまり緊張せず，力を発揮できると思います。 （M.Y. さん／政策）

**Q 試験当日の試験場の雰囲気はどのようなものでしたか？
緊張のほぐし方，交通事情，注意点等があれば教えてください。**

A 試験当日は，ほぼ確実に緊張します。僕は，なるべく気持ちを落ち着かせるために，受験勉強を始めたときからずっと続けてきて一番長い時間一緒にいたであろう単語帳を静かに見返していました。あれこれ見るのではなく，何か1つだけ自分のお気に入りの参考書などを試験会場に持って行って，じっくりとそれを読むのが一番緊張がほぐれるような気がします。また，僕は試験会場に着く時間を意識しました。8時半から試験会場に入室可能だったので，なるべく早めに自分の席についてイメトレをしていました。よい結果を出すには，もちろんそれまでの勉強の頑張りも必要だけれど，当日の自分のコンディションをよくして最大限のパフォーマンスをすることも必要です。当日に自分でできるあらゆる準備をしたうえで試験に臨むとよいと思います。あとは，周りには賢そうな受験生がたくさんいますが，あまり気にしてはいけません。あくまで自分との戦いです。試験中に自分のできることにだけ集中すればよい結果は望めるはずです。 （T.U. さん／スポーツ健康科）

受験生へアドバイスをお願いします。

A　失敗したと思った科目があっても最後まで諦めず，とりあえず力を出し切って答案は全部埋めましょう。私は当日，英語の試験の手応えがなくて絶対ダメだと思い，すぐに帰りたい気持ちにさえなりましたが，なんとか残りの国語や日本史の試験も終えました。正直言って合格発表まで合格している自信はありませんでしたが，得点開示を見てみると国語や日本史だけでなく，英語も英作文や和訳を諦めずに書いたことで得点がもらえていました。あなたが一生懸命に書いた答案はきちんと採点者に見てもらえます。最後まで頑張ってきた全力を出し切りましょう。

(N.M. さん／文)

科目別攻略アドバイス

みごと入試を突破された先輩に，独自の攻略法やおすすめの参考書・問題集を，科目ごとに紹介していただきました。

英　語

とにかく語彙力を強化しましょう。同志社大学の英語は単語単体で問われることもあるなど，何かと語彙が必要です。　(N.M. さん／文)

おすすめ参考書　『速読英単語　上級編』（Z会）

同志社大学の英語はさまざまな分野の専門的話題から出題されることが多いですが，多くが選択式の問題ですから，単語さえわかれば雰囲気はつかめるのではないでしょうか。私は『リンガメタリカ』の文章と単語・熟語を何周も口に出して大きな声で音読し，頭に叩き込んでいきました。

(S.K. さん／理工)

おすすめ参考書　『話題別英単語リンガメタリカ』（Z会）

日本史

日本史は時代の流れをしっかり攻略することが大切です。「いつ，どこで，どうしてそのような戦いが起こったのか？」「なぜ〇〇の輸出が増えたのか？」など，教科書に書かれている前後関係をしっかり把握しておきましょう。同志社大学の日本史は記述問題もあります。日頃から漢字を書く練習をして本番で頭が真っ白にならないように気をつけてください。

(M.Y. さん／政策)

おすすめ参考書　『実力をつける日本史 100 題』(Z 会)
『詳説日本史』(山川出版社)

世界史

年号は必ず覚えておいてください。語呂をつかって覚えると速く覚えられると思います。また，用語だけではなくて背景も知っておくと，正誤判定問題で役に立つと思います。 (N.I. さん／商)

数　学

同志社大学の文系数学はとても難しい問題が出題されることがありますが，それにくじけないことです。また，記述式の問題が 2 題あり，その問題では解答のプロセスをわかりやすく，また理にかなったものを書くことを心がけて解答を作成することです。 (A.N. さん／社会)

おすすめ参考書　『理系数学の良問プラチカ』(河合出版)

物　理

いかにも基本をきちんとおさえて応用問題につなげられるかがポイントです。

(H.S. さん／生命医科)

おすすめ参考書　『実戦 物理重要問題集 物理基礎・物理』(数研出版)

国　語

設問の趣旨をしっかり把握することです。問われていることに答えないと，せっかく書いた答案も点数がつかなくなります。　（T.Y. さん／法）

現代文の正確な解き方を身につけることがポイント。古文単語，古文助動詞は早いうちに覚えましょう。　（M.Y. さん／政策）

おすすめ参考書　『つながる・まとまる古文単語 500PLUS』（いいずな書店）

『望月光　古典文法講義の実況中継①・②』（語学春秋社）

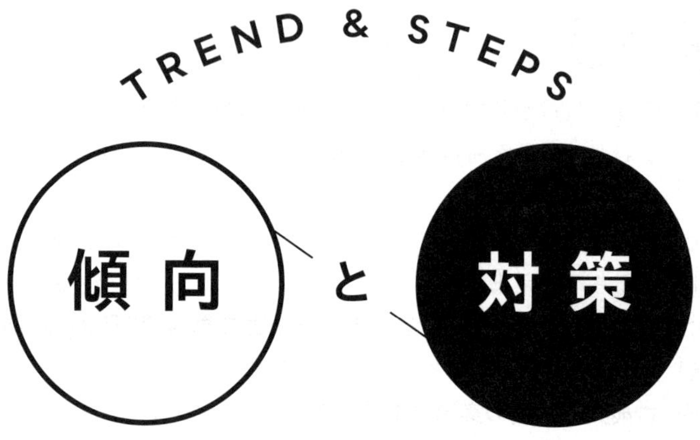

科目ごとに問題の「傾向」を分析し，具体的にどのような「対策」をすればよいか紹介しています。まずは出題内容をまとめた分析表を見て，試験の概要を把握しましょう。

注　意

「傾向と対策」で示している，出題科目・出題範囲・試験時間等については，2024 年度までに実施された入試の内容に基づいています。2025 年度入試の選抜方法については，各大学が発表する学生募集要項を必ずご確認ください。

英　語

年度		番号	項目	内容
2024	文系	〔1〕	読解	空所補充，同意表現，語句整序，内容真偽
		〔2〕	読解	空所補充，同意表現，語句整序，内容真偽，英文和訳
		〔3〕	会話文	空所補充，和文英訳
	理系	〔1〕	読解	空所補充，同意表現，語句整序，内容真偽
		〔2〕	読解	空所補充，同意表現，語句整序，段落の主題，内容真偽，英文和訳
		〔3〕	会話文	空所補充，和文英訳
2023	文系	〔1〕	読解	空所補充，同意表現，語句整序，段落の主題，内容真偽
		〔2〕	読解	空所補充，同意表現，語句整序，内容真偽，英文和訳
		〔3〕	会話文	空所補充，和文英訳
	理系	〔1〕	読解	空所補充，同意表現，語句整序，内容真偽，英文和訳
		〔2〕	読解	空所補充，同意表現，語句整序，内容真偽
		〔3〕	会話文	空所補充，和文英訳
2022	文系	〔1〕	読解	空所補充，同意表現，語句整序，内容真偽
		〔2〕	読解	空所補充，同意表現，語句整序，内容真偽，英文和訳
		〔3〕	会話文	空所補充，和文英訳
	理系	〔1〕	読解	空所補充，同意表現，語句整序，内容真偽
		〔2〕	読解	空所補充，同意表現，語句整序，内容真偽，英文和訳
		〔3〕	会話文	空所補充，和文英訳

読解英文の主題

年度		番号	主題
2024	文系	〔1〕	共通の趣味を受け継ぐこと
		〔2〕	自転車にやさしい都市をめざして
	理系	〔1〕	環境保護のための昆虫食
		〔2〕	質の高い睡眠をめざして

年度	系統	番号	内容
2023	文系	〔1〕	社会的比較によって自分を成長させる方法
		〔2〕	進化による象の牙の消失
	理系	〔1〕	退役予定の ISS の落下が地球に及ぼす影響
		〔2〕	楽観的な考え方が健康増進へ与える影響
2022	文系	〔1〕	手で書くことが脳を活性化させる
		〔2〕	コーヒー豆の伝播の歴史
	理系	〔1〕	DNA 分析によるマンモスの系統の確定
		〔2〕	氷が溶ける南極大陸とグリーンランド

バランスのとれた長文読解力が必要
構文・語彙力を充実させ，柔軟な作文力を

01　出題形式は？

文系・理系とも，長文読解問題 2 題，会話文問題 1 題，計 3 題の出題で，試験時間は 100 分である。長文読解で英文和訳 1 問，会話文で和文英訳 1 問が記述式で問われるほかは，すべて選択式となっている。配点は，長文読解問題 2 題で計 150 点，会話文問題 1 題で 50 点となっている。

02　出題内容はどうか？

長文読解問題は，構文的にはそれほど難しいものはなく，論理展開の明快な文章が多い。標準的な読解力があれば記述式の英文和訳についても十分対応できる。ただ，語彙的にはかなり難しいものもみられ，注のついているものもあるが，その他は前後関係から理解することが求められている。英文量は設問も含めるとかなりの量であり，ある程度の速さで，しかも設問に沿った形で内容を押さえながら読むという，速読力と正確な読解力が求められる。設問はおおむね素直な問題が多いので，文章全体の論旨を押さえて読むように心がけよう。紛らわしい選択肢があっても，前後関係から正解を見つけ出してほしい。空所補充，同意表現については，標準的な単語や熟語を知っていることはもちろん，文章の論旨に着目し，文脈を正確に押さえながら読むことが大切である。

会話文問題は，特別な口語表現が問われることは少なく，話の流れが理解しやすいものが多い。会話の流れを把握し，基本的な会話表現の知識さえもっていれば，空所補充問題は比較的容易に解答できるであろう。和文英訳は，会話文中の和文を英語に直す形であるが，基本的な語彙・構文が身についているか，また，それらを正しく使うことができるかどうかが問われている。

03 難易度は？

2024 年度も，例年と同じ，標準的なレベルであったと考えられる。試験時間 100 分に比して英文量が多く，文脈をしっかり押さえる必要のある設問が多いので，大量の英文を読む過程で実戦的な読解力を養うことが求められる。時間配分は読解問題 2 題で 70～75 分，会話文問題 25～30 分が目安となるだろう。

対策

01 長文読解力の養成

長文読解の占める割合が多く，読解力の養成は必須である。内容真偽・同意表現・空所補充の問題では，文脈を正確に把握し，知識を駆使して問題に当たる必要がある。単語の意味がわからなくても，前後の文脈から判断したり，消去法で答えを見つけ出したりするなど，粘り強く英文を読む意志が求められている。学校の教科書だけでは不十分で，数多くの長文問題を解いて，大量の英文を読む訓練が必要であるが，読み慣れないうちは，まずは 1 文 1 文を丁寧に読む精読に時間をかけるとよい。

文構造の把握や英文解釈には，構文集や英文解釈の問題集が有効である。これは例年 1 問出題されている英文和訳にも役立つ。『入門英文解釈の技術 70』『基礎英文解釈の技術 100』（いずれも桐原書店）や，『大学入試 ひと目でわかる英文読解』（教学社）がおすすめである。トピック・ジャンル別に編纂された長文問題集は，「環境問題」「異文化理解」といった頻出するトピックに関して，最低限必要な語彙や熟語，知識をまとめてあることが多く，活用すると効果的である。

02 文法・語彙・語法

文法問題集，単語や熟語の問題集の演習を通して，文法力を向上させ，語彙や語法の力を伸ばすことが重要である。正確な文法力は英文解釈に大いに関係があるので，文法参考書に何度も目を通し，総合問題などで演習を重ねてほしい。たとえば，受験生が間違えやすいポイントを完全網羅した総合英文法書『大学入試 すぐわかる英文法』（教学社）などを手元に置いて，調べながら学習すると，効果アップにつながるだろう。

03 英作文

英文を書く訓練をすることが望ましい。作文力を養おうと努力すれば，語彙力が向上し，語法に対する感覚が養われ，英文読解にも役立つという相乗効果が得られる。作文力をつけるには，語彙・重要構文を身につけるとともに，難しい日本語を自分の知っている単語を使ってわかりやすく言い換える訓練も必要である。また，書いた英文を学校の先生などに添削してもらえば，自己の弱点を把握でき，ライティングの力を伸ばすのに非常に有益である。

04 過去問の活用

例年，出題形式・量ともだいたい一定している。本書や『同志社大の英語』（教学社）を活用して過去の問題に積極的に取り組み，実力を伸ばすことを心がけてほしい。本番の試験時間と同じ時間，同じ条件で問題を解き，解答と照らし合わせ，さらに，全訳により，英文の解釈を確認することが非常に有効である。

日本史

年度	番号	内　容	形　式
2024	〔1〕	原始・古代の文化・政治 ⊘史料	選択・記述
	〔2〕	「本佐録」「政談」「世事見聞録」―江戸時代の社会・政治 ⊘史料	選択・記述
	〔3〕	「岸田劉生随筆集」「摘録劉生日記」―近代の文化・政治 ⊘史料	記述・選択
2023	〔1〕	古代・中世の文化，政治 ⊘史料	選択・記述・正誤・配列
	〔2〕	「御触書寛保集成」「社倉私議」―江戸時代の文化，政治，社会経済 ⊘史料	記述・選択
	〔3〕	近代の文化，政治	選択・記述
2022	〔1〕	原始・古代の遺跡，文化，政治	選択・記述
	〔2〕	「三毛作」「惣掟」「正長の徳政一揆」ほか―中世～近世初めの社会，文化，政治 ⊘史料	選択・記述
	〔3〕	近世～近現代の政治	選択・記述

傾向　教科書を中心に正確な筆記を心がけた学習を

01　出題形式は？

例年大問3題，解答個数は60個前後である。解答形式は記述法と選択法の併用であり，記述法と選択法の比率はおおよそ半々か，やや選択法が多い程度である。2023年度は，4文の正文の数を答える問題や，4文による配列問題が出題された。配点は，2022年度は〔1〕〔2〕が各45点，〔3〕が60点となっていたが，2023・2024年度は〔1〕が60点，〔2〕〔3〕が各45点となった。試験時間は75分。

なお，2025年度は出題科目が「日本史探究」となる予定である（本書編集時点）。

02 出題内容はどうか？

時代別にみると，近代史から半数近く出題される年度もあれば，前近代史からの出題が半数を超える年度もあり一定しないが，最近は前近代史からの出題の比重が比較的大きい。2022 年度〔1〕でかなりの比重で出題された原始からの出題が，2023 年度はなかったが，2024 年度は再び出題された。近代史の出題もしばしばみられるが，戦後史の比重は小さく，出題のない年度もあり，2023・2024 年度は出題されなかった。扱われるテーマ次第で多少の偏りがみられるが，基本的にはできるだけ広い時代を扱おうとする意図がうかがえるので，今後も全範囲の出題に備えた学習が必要である。

分野別では，複数の時代にまたがるテーマ史や，特定分野の人物に関する出題が多く，どのテーマ・人物に焦点をあてるかで，比重が大きくなる分野がおのずと変化するので注意したい。2024 年度は，〔3〕で岸田劉生の書き残した書物が取り上げられた。また，2022 年度〔1〕では科目（教科）横断的出題がみられた。この点は今後も注意したい。

史料問題は，2024 年度は〔1〕〔2〕〔3〕で，2023 年度は〔1〕〔2〕でリード文中に史料からの引用がみられた。2022 年度は〔2〕のすべてが史料からの出題であった。史料問題は学部個別日程でもよく出題されているので，今後も出題される可能性は高いと考えておく方がよいだろう。

03 難易度は？

全般的には教科書に即した標準的な問題であるため，教科書掲載の用語を正確に漢字で書く力を身につければ，高得点も狙えるであろう。しかし，年度によっては詳細な知識を要する設問もみられる。よって，用語集，教科書の脚注やコラム，図版などの視覚資料や史料集の説明文レベルの項目にも目を配った学習が必要である。試験本番では，基本～標準的な問題についても見直す時間を確保できるよう時間配分し，取りこぼしがないようにしたい。

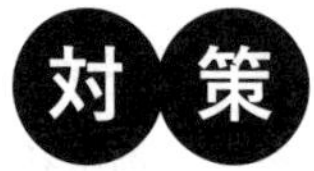

01 教科書を中心に歴史の流れを整理しよう

教科書を十分読み，内容をきちんと整理して徹底的にマスターしたい。教科書に即した出題とはいえ，求められている歴史用語は本文中で太字になっている重要用語とは限らず，むしろ，脚注・口絵・図表・史料・コラムなど，細部からの出題で得点差がつくことを肝に銘じてほしい。また，特定の年の出来事を選ぶ問題や，西暦年代や元号に関する問題も出されており，こうした出題に対応するには，漠然と歴史用語やその内容を覚えるのではなく，「いつ」起こった出来事なのかを意識して，歴史事象どうしの「因果関係」や「流れ」を理解するよう努めていくことが重要である。

02 テーマ史・人物史の対策を

全学部日程に限らず同志社大学では，古代通史，中世通史がテーマを変えて出題され，また近世は特定の分野に絞った出題，近現代は分野別人物史の出題が多い。こうした傾向からみて，日頃からテーマ史を意識した学習が効果的であろう。たとえば図説を利用することで，一定のテーマ史的整理が確認できる。また，テーマ史問題集を活用して知識の整理・定着をはかるのも有効である。さらに人物史の出題にも備えて，系図や政党，文化各部門の人脈（師弟関係など）を整理しておきたい。

03 歴史用語の正確な筆記を

漢字での記述も要求されているので，教科書掲載の歴史用語はすべて正確に書けるようにしておくこと。その際には，用語集の活用が便利である。『日本史用語集』（山川出版社）では赤字で記載されているものを中心に，書いて覚えよう。同時に赤字以外の用語にも注意しながら学習することで，知識量を増やしていくとよい。なお，誤字・当て字は全く得点にならないものと覚悟しておくこと。

04 史料集・図説の活用を

2022・2024 年度は大問レベルでの史料問題が出題され，出典名を問う設問もあった。日頃から教科書収載の史料を読みこむ史料学習は必須である。その上で，より徹底した史料学習として，『詳説日本史史料集』（山川出版社）などを使用して，史料中の用語の理解力・読解力を養成しておきたい。また，図説を用いた学習を求める問題や，文化史の系統的な知識を問う問題も見受けられる。図説を日常的に使用し，歴史地理的出題や絵画・工芸・建築に関わる出題も見越して具体的イメージをふくらませておきたい。その際は『新詳日本史』（浜島書店）などの使用をすすめる。

05 過去問研究は必須

各学部の出題形式が似通っている。また，出題される分野・時代も同様である。類題が出題されることも多いので，全学部日程はもちろん，各学部の個別日程の問題も研究して傾向を知ることは非常に有益である。本シリーズを活用し，複数学部の問題に取り組むように心がけてほしい。

世界史

年度	番号	内　容	形　式
2024	〔1〕	古代文明の都市	選択・正誤・配列・記述
	〔2〕	近世のイスラーム諸国家	選択・記述・正誤
	〔3〕	近代のヨーロッパ	選択・記述・正誤
2023	〔1〕	南京からみた中国史	選択・記述・正誤
	〔2〕	中世のヨーロッパ	選択・正誤・記述
	〔3〕	ヴィクトリア朝期のイギリス	記述・正誤・選択
2022	〔1〕	フランク王国とローマ=カトリック教会	選択・記述
	〔2〕	朝鮮社会と儒教	選択・正誤・配列・記述
	〔3〕	帝国主義時代から 1920 年代のアジア	選択・記述・配列・正誤

正誤法・文化史に注意

01 出題形式は？

例年，大問 3 題の構成となっている。各大問 50 点ずつの配点で，合計 150 点。試験時間は 75 分。解答個数は 60 個前後である。

選択法，正誤法，記述法が中心で，年度によっては配列法も出題されている。正誤法に特徴があり，複数の短文の正誤を判定させる問題や正文の数や組み合わせを答えさせる問題がある。2023 年度は 3 文の正誤を判定する設問が多く出題された。出題形式に工夫がこらされており，年度によって形式の変化がみられる。また，2024 年度は資料の読み取りなど，いわゆる思考力を問う問題が出題された。

なお，2025 年度は出題科目が「世界史探究」となる予定である（本書編集時点）。

02 出題内容はどうか？

〈地域別〉 大問数が 3 題と少ないため，やや地域に偏りが出やすい出題傾向となっている。欧米地域では，2023 年度の中世ドイツ，近代のイギリスなどのように一国史を中心とする大問と，2022 年度のフランク王国とキリスト教のように広く欧米全体を対象とした大問から出題されている。アジア地域では，2022 年度は朝鮮半島史の大問，2023 年度は中国史の大問が出題された。2022 年度の帝国主義のようにアジア，ヨーロッパなど複数地域を対象とした大問もみられる。2023 年度〔3〕・2024 年度〔1〕もアジアとヨーロッパにまたがった大問であった。

〈時代別〉 古代から現代までそれほど偏らないように出題されている。比較的長い時代（通史）を問う大問と比較的短期間の時代を問う問題が混在している。

〈分野別〉 政治・外交史が中心であるが，文化史もよく取り上げられている。2023 年度はそれほど多くなかったが，2022 年度は朝鮮半島の儒教が扱われており，引き続き注意が必要である。また，学部個別日程も含めて伝統的にキリスト教関連史についての出題が多くなっており，2022 年度〔1〕はその典型的な大問であった。

03 難易度は？

例年，ほとんどの問題は教科書の知識に沿った標準レベルで作問されているが，正誤法など手間のかかる問題形式が多く出題される年度もある。2022 年度は教科書学習だけでは対応が難しい知識が問われるなど難化したが，2023 年度は易化し，2024 年度も同様であった。

時間配分に関しては，出題形式に応じて柔軟に対応したい。正誤問題はすべての選択肢を吟味する必要があり，時間がかかる。正誤問題が多く出題されている大問に時間をかけられるよう，記述問題や空所補充問題から取りかかるのがよいように思われる。

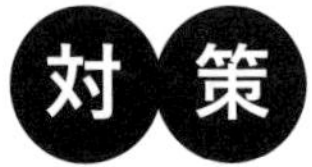

01 教科書の徹底理解を

まず，古代から現代まで教科書を通読し，歴史の流れをしっかり把握することが基本となる。過去の問題もおおむね教科書レベルの事項が中心であり，高校世界史の学習で対応できる基準で作問されている。例年，正誤問題では教科書記述に準拠した問題が散見されるので，教科書を十分に読み込んでおきたい。教科書学習をある程度終えたら，用語集などを用いて重要事項に付随する内容を確認していくようにしよう。2022 年度では難化しており，地図や用語集を利用した学習がより必要となった。『世界史用語集』（山川出版社）は必ず利用したい。

02 系統立てた理解を

教科書に沿って手作りの整理ノートを作り，歴史事項を年代順に系統立てて整理しておくと，知識の定着率が高まる。また市販のサブノートや問題集などの利用も効率的である。『詳説世界史学習ノート（上・下）』（山川出版社）や『体系世界史』（教学社），『時代と流れで覚える！世界史用語』（文英堂）などは体系的に整理されており，利用価値がある。

03 地理と年代に強くなろう

地理的知識を必要とする設問が出されることもあるので，教科書や資料集などに記載されている歴史地図を使って，地域や都市の位置，時代による国家・民族の領域の変遷などを確認することが大切である。学習の際には地図上で位置を確認する姿勢を身につけよう。また，年代に関する設問も頻出している。特に 19～20 世紀の近現代史では，ノートやカードなどを利用して詳しく年代を整理しておきたい。細かい年代を覚えていなくても，大体の時期をつかんでおくことは判断に迷ったときなど助けとなる。世界史年代暗記法の本を活用するのもよい。

04 文化史の対策を

教科書はもちろんのこと，用語集も活用して哲学・文学・美術・音楽・科学・宗教・学問上の業績・著作などを詳細に学習しておきたい。授業で使用している資料集にまとめられている図表などの利用も効率的である。特にヨーロッパと中国の文化史は掘り下げた学習が望ましい。

05 現代史の対策

対策が後回しになりがちな現代史については，決して手を抜かず第二次世界大戦後まで学習しておく必要がある。現代史は教科書どおりに学習すると非常にまとめにくい時代であるが，地域史・テーマ史としてまとめ直すとわかりやすくなる。特に，第一次世界大戦と第二次世界大戦前後の国際政治は要注意分野である。また，アメリカやロシア（ソ連）の歩み，東西冷戦などのテーマ史も整理しておきたい。

06 過去問の研究を

すべての文系学部においてほぼ同様の形式で出題されているため，各学部の個別日程の過去問も参照しておくことが望ましい。特に正誤判定問題は，個別日程の過去問にも当たり，実際に解いてみると実戦力が鍛えられるだろう。

政治・経済

年度	番号	内　容	形　式
2024	〔1〕	私的自治，臓器移植法，消費者保護立法	記述・正誤・選択
	〔2〕	中小企業の現状と創業支援	記述・選択・正誤
	〔3〕	第二次世界大戦後の日本経済	記述・選択・正誤
2023	〔1〕	国際法	記述・選択・正誤
	〔2〕	第二次世界大戦後の日本経済	記述・選択・正誤
	〔3〕	日本における貧困問題と福祉・労働政策	記述・計算・選択・正誤
2022	〔1〕	経済活動の自由と企業独占	記述・選択・正誤
	〔2〕	日本の公害と廃棄物問題	記述・選択・正誤
	〔3〕	日本の選挙制度	記述・選択・正誤

多様な観点からの難易度に差のある出題
関連の法律の内容や動向などで発展的な内容も

01　出題形式は？

例年大問３題の出題で，解答個数は 60 個程度，うち半分弱が記述法で，残りが選択法や正誤法で出題されている。全体的に空所補充形式の問題が多い。また，計算問題や，年代順を問う配列問題も出題されることがある。配点は，各大問 50 点ずつとなっている。試験時間は 75 分。

02 出題内容はどうか？

従来は比較的バランスのとれた出題構成であったが，2024 年度は純然たる政治分野の出題はみられず，経済分野の出題の比重がかなり大きかった。2024 年度〔1〕に憲法その他の政治分野の出題はあったが，全体として融合問題になっている。政治分野と経済分野（特に国民福祉）の内容をミックスさせ，関連知識も自己決定権から臓器移植や消費者保護に関するものまで多岐にわたっていた。

近年の出題傾向として，多様な観点からの難易度に差のある出題が多い。基本的な事項の理解を問う一方で，関連の法律の内容や動向などで発展的な内容もみられる。また，2022 年度以降，日本国憲法関連の出題は少なくなり，代わりに経済生活や福祉・労働関連の法制，国際法や選挙制度の内容を問う出題が増えている。また，2023 年度〔2〕・2024 年度〔3〕と戦後日本経済の動向を問う出題が続いた。

なお，2021 年度までの政治分野では，条文の穴埋めを始めとして日本国憲法関連の出題が多く，丁寧な憲法学習が求められた。基本事項を確実にした上での憲法学習・発展学習の成果が問われる出題であった。少なくなったとはいえ，大問の中心であることは変わりないので留意しておこう。

経済分野では，一つのテーマに沿った出題であっても，広範な経済知識や論理的な考察力，時事問題などを絡めた出題が特徴である。「日本史」や「世界史」の素養が求められる設問もある。積極的な発展学習を怠らないことが肝要である。2023 年度は〔3〕設問 2 で計算問題，〔2〕設問 8・設問 9 および〔3〕設問 2・設問 3 において統計的な知識が出題された。過去には，基本概念に加えて論理的な考察力が問われるケースもあった。

03 難易度は？

教科書レベルの基礎的・標準的な知識を問う出題がベースであるが，やや詳細な事項に及ぶ出題もみられる。全体の難易度は標準からやや難のレベルである。大問，設問ごとに難易度に幅をもたせた出題の仕方であるから，実力相応に得点差がつくと思われる。まず問題全体をひと通り確認し，答えられるものや取り組みやすいものを落とさず確実に解答していくなど，時間配分にも工夫が必要であろう。

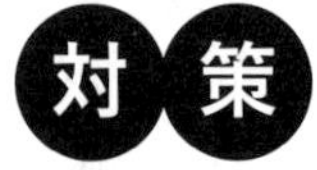

01 教科書・授業を重視

基本事項の理解を完全にしておくことが第一。そのためのベースを授業と教科書で確立しよう。また，重要な人名や語句を漢字で書けるように訓練しておくことが大切である。日本国憲法の条文については，条文の読み込みが重要である。重要な箇所を覚えるとともに，その理解をさまざまな法制や原理的な用語，社会問題との関わりから深めておくことが大切である。できれば「公共」の教科書にある政治・経済に関わる部分についても目を通しておこう。

02 発展学習

用語・事項を，適切にポイントをつかんで正確に覚えることが決め手である。教科書のほかに資料集も活用すること。高度で専門的な知識にも対応できる資料集として『政治・経済資料』(とうほう) を薦める。ぜひ手元において活用したい。一般的な事例学習のほか，歴史的資料や関連の条約・法制的知識などを補強し整理しておきたい。『政治・経済用語集』(山川出版社) などの用語集も活用しよう。統計に関する知識が出題されることが多いので，教科書の関連資料として最新の『日本国勢図会』『世界国勢図会』(いずれも矢野恒太記念会) にも目を通しておこう。

03 時事問題

統計図表や近年の法制も含めて時事的な動向には十分な関心をはらうべきである。現実社会への強い問題意識をもって，時事的な生きた知識を不断に求める工夫をすること。たとえば，日頃からテレビ・新聞などの解説を見聞きする習慣をつけよう。不明な点が出てきたらすぐにインターネットや資料集などで調べる姿勢をもちたい。なお，受験本番が近づく前にこれまでの時事動向を踏まえて重点事項を整理しておいたほうがよい。

04 過去問研究

これまでに出題された問題（他日程も含めて）を解いてみること。大学としての傾向を知り，共通の観点からの出題に対処することが効果的である。どの観点から出題されやすいか，あるいはどの単元が頻出するのか，というポイントを押さえた学習が高得点につながるだろう。

数　学

▶文　系

年度	番号	項　目	内　容
2024	〔1〕	小問4問	(1)三角形の面積 (2)定積分と微分法の関係 (3) n 進法 (4)対数関数のグラフの平行移動と対数不等式
	〔2〕	数列，対数，微・積分法	3次関数のグラフと接線で囲まれた部分の面積
	〔3〕	ベクトル	交点の位置ベクトルと線分の長さの比　⊘証明
2023	〔1〕	小問3問	(1)三角関数の合成 (2)さまざまな数列の和 (3)不定方程式の整数解
	〔2〕	微分法	3次方程式が相異なる3つの実数解をもつ条件　⊘図示
	〔3〕	ベクトル	ベクトルの内積と三角形の外心の位置ベクトル　⊘証明
2022	〔1〕	小問4問	(1)条件を満たす4桁の整数の個数 (2)対数不等式の解 (3)三角形の面積，直線と放物線で囲まれた部分の面積 (4)定積分で表された関数
	〔2〕	数列	数列の和と一般項の関係と漸化式
	〔3〕	微分法	曲線外の点を通る接線の本数とそれを満たす条件

▶理　系

年度	番号	項　目	内　容
2024	〔1〕	小問2問	(1) n 個のさいころを同時に投げたときの目の積を4で割ったときの余りに関する確率 (2)複素数平面上の軌跡
	〔2〕	ベクトル	交点の位置ベクトルと三角形の面積比
	〔3〕	図形と方程式，微・積分法	点の軌跡の長さと線分が通過する領域の面積
	〔4〕	数列，微・積分法	条件を満たす自然数の個数，定積分を用いた不等式　⊘証明
2023	〔1〕	小問2問	(1)さいころの目の出方によって得点を得る確率 (2)複素数平面上の回転移動と三角形の形状
	〔2〕	積分法	放物線と直線で囲まれた図形の面積，回転体の体積と最小値
	〔3〕	ベクトル	直線と球面の接点の軌跡
	〔4〕	微分法	微分と方程式の実数解，変曲点の存在条件

年度	番号	項目	内容	
2022	〔1〕	小問2問	(1)硬貨の表裏の出方によって番号のついたカードを取り出す確率 (2)複素数平面上の原点回りの回転移動と平行移動	
	〔2〕	2次曲線	双曲線の媒介変数表示と漸化式の利用	⊘証明
	〔3〕	ベクトル	線分上を動く複数の動点を結んだ線分の最小値	
	〔4〕	微・積分法	周期関数の定積分の性質	⊘証明

出題範囲の変更

2025年度入試より，数学は新教育課程での実施となります。詳細については，大学から発表される募集要項等で必ずご確認ください（以下は本書編集時点の情報）。

	2024年度（旧教育課程）	2025年度（新教育課程）
文系	数学Ⅰ・Ⅱ・A・B（数列，ベクトル）	数学Ⅰ・Ⅱ・A・B（数列）・C（ベクトル）
理系	数学Ⅰ・Ⅱ・Ⅲ・A・B（数列，ベクトル）	数学Ⅰ・Ⅱ・Ⅲ・A・B（数列）・C（ベクトル，平面上の曲線と複素数平面）

標準的な問題を中心に丁寧・確実な学習を

01 出題形式は？

文系学部：試験時間は75分で，例年，大問3題である。3題中1題は空所補充問題，他の2題は記述式である。解答用紙は，B4判大1枚の表に空所補充問題を含めて2題を，裏に残りの1題を解答するようになっている。

理系学部：試験時間は100分で，例年，大問4題である。4題中1題は空所補充問題，他の3題は記述式である。解答用紙は，B4判大2枚の表と裏にそれぞれ1題ずつ解答するようになっている。

02 出題内容はどうか？

文系学部：微・積分法は出題頻度の最も高い分野で，例年大問として出題されている。他の分野では，数列も出題頻度が高い。また，空所補充問題の小問もここ数年は3問以上が出題されている。今後も出題される分野が変動することが予想されるので，幅広く学習しておく必要がある。2023年度は図示問題と証明問題が，2024年度は証明問題が出題されたので今後も注意したい。

理系学部：微・積分法中心の出題であるが，ベクトル，確率，数列なども出題頻度は高い。また，他の分野との融合問題が多く，全体としては幅広い分野から出題されている。また，証明問題についても出題されなかったのはここ数年では2023年度のみで，他の年度は必ず出題されている。

03 難易度は？

文系学部：空所補充問題は教科書の例題レベル，他の問題は教科書の章末問題レベルの標準的な問題である。教科書をしっかりマスターし，標準レベルの入試問題集で時間をかけて問題演習をしっかりやっておかなければ対応は難しい。〔1〕の空所補充問題に時間を取られすぎると記述式の問題や見直しにかけられる時間がなくなる恐れがある。最初にすべての問題に目を通し，解きやすい問題から手をつけるのがよいだろう。

理系学部：空所補充問題は理系の入試問題としては標準的な問題であるが，ここ数年，レベルはやや上がっている。また，記述式の問題は微・積分法が中心で，どちらかといえば思考力よりも計算力が要求される。特に，微・積分法の問題はレベルが高い。計算力が要求される問題は，答案の作成に時間を要するため，空所補充の〔1〕をいかにすばやく片付けられるかが重要となる。目安としては，〔1〕は20分以内に終わらせることを目標として，記述式問題は，解きやすいものから，腰を据えて取り組みたい。

対策

01 基礎学力の充実

まず教科書に載っている基本公式や定理を整理して，基本事項の徹底理解をはかること。次に，教科書の例題と教科書傍用の問題集を繰り返し解いて基礎学力を確実にすること。文系学部・理系学部とも例題や練習問題はすぐに解法が思いつくようになるまで繰り返し練習しておきたい。そのためには，公式や定理が導かれる過程をしっかり理解しておくことも大切である。

02 計算力の強化

少々面倒な計算にも対処できるように，解答の方針や方程式を立てるだけでなく，最後の数値を出すまで丁寧に問題演習を行い，確かな計算力をつけておくこと。

03 記述問題の練習

文系学部は，大問〔2〕の解答スペースがそれほど広くない。解答の要点を手際よくまとめて，過不足のない答案を作成する練習をしておきたい。理系学部の解答スペースは比較的余裕があるが，要点を手際よくまとめる工夫は必要である。たとえば，積分法の計算などは，計算過程をすべて解答用紙に書くと冗長になるので，必要な部分だけを的確に判断して書けるように練習を積んでおきたい。

04 柔軟な思考力の養成

試験で問題集にない新しいタイプの問題が出題されても，問題の本質を見抜き，的確な解法が見つけられるように，柔軟さと根気を養っておきたい。また，一見標準的に見える問題でも，数学的な考え方がしっかりできているかどうかを試すような工夫された設問となっている。つまり，自分の力で考えることが要求されるので，日頃の問題演習で解法が見つからない場合でも，すぐ解答を見るのではなく，さまざまな角度から考える習慣をつけておくことが大切である。

文系学部では『チャート式基礎からの数学（青チャート）』シリーズ（数研出版），理系学部では『チャート式数学（赤チャート）』シリーズ（数研出版）や『Focus Gold』シリーズ（啓林館）などで十分な問題演習をしておきたい。

同志社大「数学」におすすめの参考書

✓『チャート式基礎からの数学（青チャート）』シリーズ（数研出版）
✓『チャート式数学（赤チャート）』シリーズ（数研出版）
✓『Focus Gold』シリーズ（啓林館）

物　理

年度	番号	項　目	内　容
2024	〔1〕	力　学	2次元衝突と重心から見た相対速度　⊘描図
	〔2〕	電 磁 気	コンデンサーとコイルを含むブリッジ回路と交流回路
	〔3〕	熱 力 学	気体の状態変化とばね付きピストン　⊘描図
2023	〔1〕	力　学	衝突で動き出した台車にばねでつながれた小物体の運動
	〔2〕	電 磁 気	電場と磁場による物体の3次元運動
	〔3〕	波　動	ガラス球での光の屈折
2022	〔1〕	力　学	連星の運動
	〔2〕	電 磁 気	コンデンサーの極板間距離の変化を用いた極板にはたらく力の考察
	〔3〕	波　動	円筒に続く球状容器での共鳴

傾向　現象を把握する力と深い知識・理解が必要

01　出題形式は？

例年，大問3題で構成されており，全体の問題量にも大きな変化はない。試験時間は75分である。空所補充問題が中心で，2024年度は3年ぶりに描図問題が出題された。空所補充の大半は計算結果のみを解答するものである。また，年度によっては数値計算が必要な設問もある。

02　出題内容はどうか？

出題範囲は「物理基礎・物理」である。

2024年度は力学1題，電磁気1題，熱力学1題，2022・2023年度は力学1題，電磁気1題，波動1題で構成されていた。

03 難易度は？

標準的なレベルの設問もあるが，近年，設定が複雑で状況の把握に注意深い考察を必要とする問題が多くみられる。特に2024年度は例年よりやや難化した。設問の文章を読み解き，対応する知識と結び付ける力が必要であり，物理量の定義や導出過程，公式の適用条件などがしっかり身についていないと手が出ない。さらに手際よく処理していかないと試験時間内に全問解答することが難しい。グラフの作成には定量的な取り扱いが必要である。

いずれの大問も難度に大きな差はないため，最初に各大問に目を通し，前半35～40分ほどで得点できる問題を確実に解いた後，残りの問題に着手するとよいだろう。

対策

01 教科書を中心にして，イメージをとらえる学習を

まず，教科書を中心にして，基本事項を理解し，法則の適用条件などを整理し，公式は自ら導出できるようにしたい。教科書で取り上げられた各題材については，正確な物理的イメージをとらえた理解を心がけて学習することが大切である。特に電磁気や波動の分野のイメージは，きっちりと身につけておきたい。そのための参考書として，『物理のエッセンス』シリーズ（河合出版）をすすめたい。

02 流れをつかむトレーニングを

空所補充の問題では，設問の流れを正確に把握することが大切である。重要な考え方や式変形の指示など，問題文中の随所にヒントがあり誘導されているので，問題文をしっかり読み取り，おおまかなイメージの把握から細部の検討を進めていくことを心がけたい。本シリーズを活用して，他日程を含めた過去問で十分にトレーニングを積んでおくことが必要である。

03 描図・グラフの作成の練習を

まず，教科書で取り上げられているグラフや図の示している内容をしっかりと理解し，自ら描図できるようにしておくことが大切である。さらに，設定条件を変化させたときの図やグラフの変化の様子を考えてみるなどして，理解を深めるようにしたい。特にグラフは定性的な把握だけにとどまらず，できるだけ数式に基づいた描図を心がけたい。

化　学

年度	番号	項　目	内　容
2024	〔1〕	構造・変化	ハロゲンの性質と反応，塩化物イオンの定量，塩化セシウム型結晶 ⊘計算
	〔2〕	変化・状態	化学平衡の移動，緩衝液の性質，凝固点降下 ⊘計算・論述
	〔3〕	有機･高分子	アルケンの反応と構造決定，陽イオン交換樹脂の反応，ビニロンの合成 ⊘論述・計算
2023	〔1〕	無機・変化	酸化剤と還元剤の強さ，金属陽イオンの分析，固体を含む化学平衡 ⊘論述・計算
	〔2〕	理　論	気体の溶解度，溶液の濃度と性質，指示薬の電離平衡 ⊘計算
	〔3〕	有　機	アルコールの酸化，カルボニル化合物と還元，エステル合成と油脂 ⊘計算
2022	〔1〕	理論・無機	鉄の単体と化合物の構造・反応 ⊘計算・論述
	〔2〕	状態・変化	炭化水素の熱化学・蒸気圧，炭酸の電離平衡 ⊘計算
	〔3〕	有　機	付加反応と脱離反応の法則性，有機化合物の酸化反応 ⊘計算

標準レベルの問題中心
計算問題に注意が必要

01　出題形式は？

例年，出題数は3題，試験時間は75分である。形式は記述式を中心に，計算問題や，論述問題も出題されている。計算問題は結果のみが求められている。

02　出題内容はどうか？

出題範囲は「化学基礎・化学」である。

例年，理論化学，無機化学，有機化学がバランスよく出題されており，理論では気体，気液平衡，反応速度や化学平衡，無機では物質の工業的製法が頻出となっている。有機は炭化水素から天然高分子化合物，高分子化合物まで幅広く出題されている。

03 難易度は？

基本から標準程度の知識問題や計算問題が中心で，応用問題も出題されているが，設問文の指示や題意がつかめれば解答できるようになっている。また大問中で問題の難易度に易→難の傾斜がつけられているので，解答しやすい。

問題の分量に対して試験時間に余裕があるため，見直しをしっかりして，高得点をねらいたい。

対策

01 基礎事項の整理

理論化学では重要法則・化学用語，無機・有機化学では物質の名称と化学式・性質，化学反応式など，基礎的な暗記事項をよく整理して覚えておこう。これらの多くは空所補充問題として出題されているが，論述問題として出題されたこともあるので，化学現象に関する重要法則については「なぜその法則が成立するのか」，また，化学反応式については「なぜそのような変化が起こるのか」を考えながら整理していくとよい。

02 理論分野

よく出題されるテーマは，化学反応と物質量計算，結晶格子，気体，溶液，気体の溶解度，反応速度，化学平衡，電離平衡，緩衝液，溶解度積，熱化学，酸・塩基，酸化・還元などと多岐にわたっている。計算問題も含めて特別な難問が出題されているわけではないので，基本～標準レベルの問題演習を積んでおけばよい。ただし，計算力は必須で，苦手な分野をつくらないことも重要である。

03 無機分野

理論と組み合わされて出題されることが多い。よく出題されるテーマは気体の製法・性質，主要な単体・化合物の性質，沈殿生成反応，沈殿の溶解反応，イオンの検出反応，無機化学工業などである。学習に偏りがないようにしておこう。

04 有機分野

炭化水素，アルコール関連化合物，ベンゼン誘導体など主要な化合物の構造式・性質・反応はしっかり覚えること。また，官能基の特性や重要な検出反応もよく整理しておくこと。異性体や構造決定の問題が出題されることもある。糖類，タンパク質とアミノ酸を中心に高分子まで，未習分野をつくらないような対策が必要である。

05 その他

計算問題・論述問題は頻出である。単なる知識を問う問題ではなく，基礎・基本的な知識を活用し，化学的な思考力・考察力が身についているかどうかを見極めるための問題である。また，実験操作の意味や化学現象に関する詳しい考察が出題されたこともある。このような問題に対応するには，普段から化学に対する深い洞察力を養い，化学を暗記ものとしてではなく，思考の対象としてとらえる必要がある。それには，実験操作の理解や実験結果の考察，身近な現象や最新のトピックスなどに対する化学的興味や理解などが有効である。自分なりの考えをノートなどにまとめ，よく整理しておきたい。

なお，教科書の内容よりもう少し詳しく学習して，論述問題などの対策をする際は，『理系大学受験　化学の新研究』（三省堂）の熟読をすすめたい。

生　物

年度	番号	項　目	内　容
2024	〔1〕	遺伝情報，動物の反応	刺激の種類，中枢神経系での情報処理，神経系のはたらきと動物の行動（50字）　⊘論述
	〔2〕	総　　合	個体群と環境，個体間の相互作用，遺伝子頻度とその変化のしくみ，生物多様性とその意味（50・60字）　⊘計算・論述
	〔3〕	生　態，進化・系統	バイオームとその分布，窒素循環，植生の遷移，動物の分類（75字）　⊘計算・論述
2023	〔1〕	代　謝，動物の反応	ATPの生成と消費，タンパク質のエネルギー消費，筋収縮（75字）　⊘計算・論述
	〔2〕	遺伝情報	メンデル遺伝と遺伝子の連鎖，遺伝病遺伝子の同定，遺伝子変異（45字）　⊘論述
	〔3〕	総　　合	南極大陸の生態，進化と系統，植物の応答，富栄養化，オゾン層
2022	〔1〕	総　　合	イネ科植物の分類，系統と進化，生態，反応と調節　⊘計算
	〔2〕	総　　合	糖とタンパク質の構造，細胞間結合，刺激と受容の仕組み（30字）　⊘計算・論述
	〔3〕	総　　合	免疫の種類と仕組み，マクロファージの分化に関する遺伝子と代謝（40字）　⊘計算・論述

標準的な問題が中心
論述や計算など多様な力が必要

01 出題形式は？

大問は3題出題され，生物学用語などの記述問題，選択問題，計算問題，論述問題など多様な問題が出題されている。試験時間は75分。

02 出題内容はどうか？

出題範囲は「生物基礎・生物」である。

全体を通して基本的な現象や原理を問う問題が中心だが，実験考察問題も多い。「動物の反応」「体内環境」「生態」「遺伝情報」からの出題が比較的多いが，数年単位でみると，幅広い分野から出題されている。

03 難易度は？

2024 年度は，2023 年度と比べて設問数が少し増加した。また，考察問題では遺伝に関するやや難しい問題が出題されたが，全体としては 2023 年度よりやや易化した感がある。難問は含まれるものの標準的な問題も多い。また，例年詳細な知識問題も出題されるが，そういった問題に惑わされず，そのほかの問題を解き切ることが大切である。解答できる知識問題を確実に解き，考察問題や論述問題に時間を多く割くとよい。論述問題は制限字数の少ないものが多いので，限られた字数で解答を作成する練習が必要である。

対策

01 教科書レベルの問題演習を

教科書に準拠した問題集などで問題演習を行おう。特に，「動物の反応」「体内環境」「生態」「遺伝情報」などの頻出分野は入念に演習しておこう。「細胞」「タンパク質の構造とはたらき」「生殖・発生」などに関しても例題や基本的な問題を一通り演習しておくこと。問題演習を行うときは演習用のノートを作ると，書くことによって覚えられ，誤字をなくす効果も期待できる。また，正解できなかった問題の知識，例えば語句の意味や現象のしくみなどをまとめるノートやカードを作っておこう。入試だけでなく実力試験や模擬試験などの前には必ずこのノートやカードを見て，曖昧な知識を確実にしておくことが大切である。

02 論述する力をつけよう

論述する力は文章を書くことで伸びていくので問題集を利用して演習を重ねておこう。最初のうちは文章にならなくても，思い出した単語だけでもよいので，とりあえず書いてみよう。単語さえも書けないときは，解答を写すことから始めてもよいだろう。その際，解答のなかでキーワードやキーセンテンスにあたるものをチェックしておくこと。時間があれば，小さなノートやカードに簡単な問題内容と解答を書き出し，キーワードから覚えていくと，やがてキーワードをつないで文章にできるようになる。先生に解答の方向性や表現を添削してもらうと，上達が速い。

03 過去問を演習しよう

出題や解答の形式に慣れてきたら，時間配分や解答するスピードを確認するために，時間を計って過去問を解いてみよう。さらに，似たような内容が出題されることもあるので，できなかった問題に関係する事柄を教科書や資料集などを用いて調べておくとよいだろう。

国　語

年度	番号	種　類	類別	内　容	出　典
2024	〔1〕	現代文	評論	空所補充，内容説明，内容真偽 記述：内容説明（40字）	「創造と継承」 松尾浩一郎
	〔2〕	古　文	注釈	語意，内容説明，口語訳，文法，内容真偽 記述：内容説明（30字）	「簠簋抄」
2023	〔1〕	現代文	評論	空所補充，内容説明，内容真偽 記述：内容説明（40字）	「民俗学入門」 菊地暁
	〔2〕	古　文	物語	語意，口語訳，内容説明，文法，内容真偽 記述：内容説明（30字）	「うつほ物語」
2022	〔1〕	現代文	評論	空所補充，慣用表現，内容説明，内容真偽 記述：内容説明（40字）	「食を聴く」 藤原辰史
	〔2〕	古　文	説話	語意，口語訳，内容説明，文法，内容真偽 記述：内容説明（30字）	「古今著聞集」 橘成季

現代文は長文への集中力がカギ
現・古ともに記述問題がポイント

01 出題形式は？

現代文・古文各１題の計２題で試験時間75分となっており，現代文90点，古文60点という点数配分である。設問は選択式が主体で，記述式は現代文・古文ともに各１問，それぞれ40字と30字で，主題の理解に関わる内容説明を求めている。解答用紙は横長のＢ４判大で，選択式の解答欄は用紙の左側にまとめられており，記述式の２問のみ用紙の右側に書くようになっている。

02 出題内容はどうか？

〈現代文〉 例年，評論が出題され，主題は教育，政治・経済，文化・芸術，科学など多様である。論点の多様性，内容の重層性に特徴がある。それらを整理して論旨の本筋を把握する読みが必要である。設問は内容説明が主体で，総括的な内容真偽問題なども含まれるが，無理のない素直な選択肢である。記述式の内容説明（40 字）が必出で，指定字数にまとめる表現力が問われる。書き取り・読み・文学史など知識系の設問はみられないが，空所補充の設問で，慣用表現や四字熟語などの知識の有無がポイントになることがある。

〈古　文〉 2024 年度は珍しい出典からの出題であったが，中古・中世のよく知られた物語や説話から出題されることが多い。選択式の設問は，語意・口語訳・内容説明・文法のほか，全体についての内容真偽問題がある。必出の記述式の内容説明（30 字）は，問題文全体の流れを押さえながら，指示された内容を簡潔にまとめる問題であることが多い。読解には，中古・中世の生活習慣の知識が欠かせないので，この点も意識して古文の学習に取り組みたい。重要古語の知識が決め手になることも多い。

03 難易度は？

現代文はかなりの長文であるが素直な選択問題が中心なので，標準的な難易度である。古文は記述式を除いて標準的である。総合すれば，標準レベルとみられる。時間配分としては，古文に 30 分，現代文に 40 分ぐらいを目安とし，余った時間を見直しにあてればよいだろう。ただし，現代文・古文とも，記述には 10 分程度かけるつもりでいた方がよい。

01 現代文

①**長文の評論に取り組む**　設問は標準的であるとはいえ，問題文が長文

なので，長文の重圧に負けない自信と気力，そして集中力を身につけてほしい。また，2022・2023年度のように，出典の別の部分から引用し，その内容説明を問う設問が出題されることもあり，文章を読みこなす粘り強い姿勢が求められる。これらは，平生の学習量に応じて養われるものではあるが，意識的に持久力を高めるための鍛練も欠かせない。長文問題集に積極的に取り組む，新書などの章・節を中断せず通読して内容を把握する，新聞の論説を終わりまで集中して読み通し要約する，など自分に合った方法を工夫すべきである。要約の練習は，集中力とともに記述力の養成にも効果がある。

②**積極的な読書**　テーマにはあまりこだわらなくてよいが，現代評論から興味のある分野を中心に，新書・選書・文庫類の読書に努めよう。読書を通じて，文化の特質や多様性を理解し，それらを考察する態度・方法などに慣れておくと，どんな問題文にも対応できるようになる。読解の目標としては，論点の核心をとらえることを主眼に，全体と部分の関連を押さえる読み方を意識して実行するようにしたい。

③**参考書・問題集の活用**　例年，評論から出題されているので，評論の読解力をつけることが中心となる。『高校生のための現代思想エッセンス ちくま評論選』（筑摩書房）や『体系現代文』（教学社）などの解説つきアンソロジーや問題集でさまざまな評論を読み，読解力を養おう。解答にあたっては，選択式・記述式を問わず，まず設問の意図を十分に確認し，それに焦点を合わせて解答の方向性を決めることが大切である。その上で，選択式では選択肢の差異を注意深く読み取ろう。記述式の問題にも積極的に取り組んで，わかりやすく無駄のない表現力を身につけることを心がけたい。その際，解答に必要なキーワードを単語，もしくは短い語句でチェックすることが大切である。

02 古　文

①**授業中心の学習**　古文の学習機会として，最も重要でかつ効率的なのは授業である。その授業を大切にしなければ，対策の立てようがない。常に自分の能力いっぱいの予習をして授業に臨み，授業内容を理解するとともに，文法・重要古語・古典常識などを自分のものにしていく学習を実践

することが基本であり，それが読解の底力となる。

②**応用的学習**　授業で基礎をつくり，その上でより応用的・発展的な学習を考えよう。そのためには，問題集・参考書を活用して，教科書以外の作品に触れ，授業で培った実力をもう一段伸ばす努力をすることが大切である。現代とは違う当時の習慣や行動パターンを前提とした読み取りが必要になることも多いので，そういった前提知識を身につけるためにも，『大学入試 知らなきゃ解けない古文常識・和歌』（教学社）などの問題集を使って，古文の世界の常識を身につけておくとよいだろう。古人の思想や感情とその表現をより深く理解すれば，授業と相まって古文の力を高めることができる。

③**記述問題**　古文の記述問題は例年 30 字で，現代文よりも短いが，入れるべき要素は多いので，より凝縮した表現が必要となる。あらゆる機会を生かして言語感覚を磨き，平明で簡潔な表現力を身につけよう。

03 過去問の活用

現代文・古文ともに，本シリーズで過去問に当たり，形式・内容に慣れ，解き方に習熟しておきたい。各学部の個別日程の出題もほぼ同一傾向なので，なるべく多くの過去問に取り組むとよいだろう。その他では，共通テストの過去問（評論文・古文）がよい教材となる。評論は比較的長文であり，テーマや選択肢の構成などの面で共通点が多い。また古文も，長さを含めて出題傾向が似ているので，ぜひ活用したい。

同志社大「国語」におすすめの参考書

- ✓『高校生のための現代思想エッセンス ちくま評論選』（筑摩書房）
- ✓『体系現代文』（教学社）
- ✓『大学入試 知らなきゃ解けない古文常識・和歌』（教学社）

2024年度

問題と解答

全学部日程（文系）

問題編

▶試験科目・配点

●神，文，社会，法，経済，商，政策，文化情報，スポーツ健康科，心理，グローバル・コミュニケーション（中国語コース），グローバル地域文化学部

教　科	科　目	配　点
外　国　語	コミュニケーション英語Ⅰ・Ⅱ・Ⅲ，英語表現Ⅰ・Ⅱ	200 点
地歴・公民・数学	日本史Ｂ，世界史Ｂ，政治・経済，「数学Ⅰ・Ⅱ・Ａ・Ｂ」から１科目選択	150 点
国　　語	国語総合，現代文Ｂ，古典Ｂ	150 点

●グローバル・コミュニケーション学部　英語コース（英語重視型）

教　科	科　目	配　点
外　国　語	コミュニケーション英語Ⅰ・Ⅱ・Ⅲ，英語表現Ⅰ・Ⅱ	250 点*
地歴・公民・数学	日本史Ｂ，世界史Ｂ，政治・経済，「数学Ⅰ・Ⅱ・Ａ・Ｂ」から１科目選択	150 点
国　　語	国語総合，現代文Ｂ，古典Ｂ	150 点

▶備　考

- 法学部および経済学部は英語について基準点（80 点）を設けている。したがって英語が 79 点以下の場合，３教科の総得点が合格最低点を上回っていても不合格となる。
- 「数学Ｂ」は「数列」および「ベクトル」から出題する。

＊同日実施の共通問題（100 分，200 点満点）を使用し，配点を 250 点満点に換算する。

英 語

(100分)

〔I〕 次の文章を読んで設問に答えなさい。[＊印のついた語句は注を参照しなさい。](71点)

It's fair to say Alasdair Friend didn't always picture himself as a beekeeper. But when a diagnosis of motor neuron disease* meant his father was no longer able to tend to his hives, Friend resolved to carry on his passion. He was not without doubts at first: "I remember driving back with this actively buzzing box of 40,000 bees and thinking, what have I signed up for?"

Now the proud owner of no fewer than 10 beehives, Friend, 57, who is a teacher in Edinburgh, still has the descendants(a) of the bees he brought home two years ago. "Although they are pretty feisty* at times and cause me moments of panic, I love carrying on with his traditions," Friend says. "Each year I take the hives to the Cairngorms to collect heather* honey to exactly the same place he brought his hives."

How we spend our free time matters: research suggests that having hobbies can enhance(b) mental and physical well-being and offer greater life satisfaction. From team sports to crafts classes, they can also be a means to meaningfully connect with others. And for some, having an interest in common offers a way to feel close to a loved one, (X) they still practice it together.

Friend says his father seems "really pleased" that he has carried on with his hobby. "He's still very interested — there's an element of him doing it through me(ア). I've met some great people and I've had a lot of fun, as well as moments of extreme discomfort when I've been stung and moments of terror when they start swarming." "It's great to feel he's passed on this bee baton to me and I've run with it. There are lots of things I've shared with my dad — he taught me how to love the hills and climbing mountains. Keeping bees is another thing later in life [through which] I've been able to have a connection with him."

For Ayumi Christoph, 28, it was crochet* that gave her a closer connection to her grandmother, (あ)(い)(う)(え)(お)(か) between them. Over lockdown, Christoph, who works for a consultancy, revisited the craft her gran* had taught her as a young child. "I remember sitting at my grandmother's dining table in Japan, eating *mikan* [mandarin oranges]. (イ)It was a world free of worry. When she brought out the crochet I just saw the magic happen in front of my eyes. She was making something beautiful out of nothing, really."

Christoph now lives in Scotland, while her mother is in Spain, and her grandmother in Japan. She regularly shows them her creations over Zoom. "Practicing the craft handed down to me so lovingly makes me feel connected to them, (Y) we're so far apart. The crochet and all of these things that my nana* taught me are wonderful reminders that I got to be close to her and that she will always continue to live on in me."

Working with (c)textiles also offers Christoph, who sews and knits too, an opportunity to reflect on her family history. Her great-grandmother was born into a kimono merchant family, and became a kimono seamstress* to support her family after becoming widowed. "My family has this long line of incredibly strong women who lived very long and fulfilling lives. What an incredible honor just to say that that's where I come from."

Inheriting his parents' passion for birdwatching has given James Argles, 51, a (d)deeply rewarding relationship with the natural world. "It was my dad mostly — his knowledge was very (e)infectious," says Argles, a London-based council officer. While growing up in the Lake District, his parents bought him and his two siblings binoculars*. "The three of us fought, so it was a wonderful way of stopping that," he says. "There was a silent communal* feeling of sharing the joy of watching nature. The click as binoculars met spectacles, followed by a satisfied 'uh-huh' of recognition, remains one of me and my siblings' clearest aural* childhood memories."

His father's love for birdwatching was wrapped up in a wider love of wildlife. "Dad was very keen on us appreciating nature and doing it respectfully. He taught us there was beauty in the world if you look at it a bit closer. I think we've all taken that on in life." It has left him with powerful memories; he recalls spotting a family of great northern divers* on a childhood holiday in Iceland: "It was like someone had thrown diamonds on their backs. I remember my dad pointing a quivering(f) finger at them and we got chills — we realized we were seeing something rare."

These days, Argles (ウ)is more likely to be found spotting "little brown birds" near his home in north London. Taking in the natural world this way has made him feel connected to his parents. "They transmitted(g) a passion and I feel it's paying back to me every single day. If I'm walking through the park, I'll identify a goldfinch* by its song."

For others, shared interests bring together all ages: once a month, three generations of Jenny Johnson's family go orienteering* together. Spurred on(h) by her father, the 44-year-old charity worker began practicing the outdoor sport as a young child. "When my sister and I were little, my mom used to take us round the course, sometimes with a pushchair*!" she says, explaining that she began completing courses alone at the age of nine.

When it came to deciding on where to study, Johnson, from Sheffield, says she picked Durham University because it offered a year abroad in Sweden, the "home of orienteering." She even met her husband there at an orienteering training camp. "We've both competed in world championships," she says, adding that he also came from a family that practiced the sport. Johnson says she now does it "for fun" and has enjoyed seeing the development of urban(i) orienteering.

Their son, 10, has also recently started competing in the sport, and the family get out their maps and compasses every weekend; both sets of her son's grandparents join them every few weeks. "I'm sure it's made us closer as a family," she says. "We're quite Yorkshire — we don't always talk about our feelings, but it's nice to have a shared hobby (Z) we talk about them [through] orienteering."

(By Clea Skopeliti, writing for *The Guardian*, March 8, 2023)

［注］ motor neuron disease　運動ニューロン疾患（筋萎縮性側索硬化症）
feisty　元気な
heather　ヒース（ツツジ科の植物）
crochet　かぎ針編み
gran　おばあちゃん（口語）
nana　おばあちゃん（口語）
seamstress　お針子
binoculars　双眼鏡
communal　共有の
aural　聴覚の
great northern divers　ハシグロアビ（鳥の一種）
goldfinch　ヒワ（鳥の一種）
orienteering　オリエンテーリング（アウトドアスポーツの一種）
pushchair　乳母車

I－A　空所(X)～(Z)に入るもっとも適切なものを次の１～４の中からそれぞれ一つ選び、その番号を解答欄に記入しなさい。

(X)　1　as for　　2　from when
　　3　having said that　　4　whether or not

(Y)　1　and so　　2　before

3 during 4 even though

(Z) 1 although 2 because 3 until 4 whereas

I－B 下線部 (a)〜(i) の意味・内容にもっとも近いものを次の1〜4の中からそれぞれ一つ選び、その番号を解答欄に記入しなさい。

(a) descendants

1 memory 2 nests 3 offspring 4 survivors

(b) enhance

1 decrease 2 improve 3 justify 4 start

(c) textiles

1 books 2 designs 3 fabrics 4 models

(d) deeply rewarding

1 long awaited 2 much involved

3 often competing 4 very satisfying

(e) infectious

1 confusing 2 transferable 3 unknowable 4 yearning

(f) quivering

1 disturbing 2 dominating 3 tracing 4 trembling

(g) transmitted

1 cherished 2 conveyed 3 felt 4 restrained

(h) Spurred on

1 Encouraged 2 Forced 3 Tested 4 Warned

(i) urban

1 active 2 fashionable 3 metropolitan 4 modern

I－C 波線部 (ア)〜(ウ) の意味・内容をもっとも的確に示すものを次の1〜4の中からそれぞれ一つ選び、その番号を解答欄に記入しなさい。

(ア) there's an element of him doing it through me

1 his skills as a beekeeper are improved thanks to his father

2 his wish for his father's recovery motivates him to tend to bees

3　his father is very curious about what he learns as a beekeeper

4　his father experienced the joy of beekeeping secondhand

(イ)　It was a world free of worry.

1　Everything seemed impossible there.

2　Her grandmother allowed her to eat what she liked.

3　She felt perfectly content at that time.

4　There was little regulation during her childhood.

(ウ)　is more likely to be found spotting

1　regularly tends to observe

2　prefers to extensively feed

3　rather comes to visit

4　tries to carefully raise

I－D　二重下線部の空所(あ)～(か)に次の１～７から選んだ語を入れて文を完成させたとき、(あ)と(う)と(お)に入る語の番号を解答欄に記入しなさい。同じ語を二度使ってはいけません。選択肢の中には使われないものが一つ含まれています。

For Ayumi Christoph, 28, it was crochet that gave her a closer connection to her grandmother, (あ)(い)(う)(え)(お)(か) between them.

1　being　　2　despite　　3　miles　　4　of

5　that　　6　there　　7　thousands

I－E　本文の意味・内容に合致するものを次の１～８の中から三つ選び、その番号を解答欄に記入しなさい。

1　Alasdair Friend decided to change his job to a beekeeper like his father, although Friend had not been passionate about bees from childhood.

2　Alasdair Friend was happy to take over his father's hobby, not only for what he learned but also because it brings them psychologically closer.

3 The family members of Ayumi Christoph live in various places in the world but they often meet online and she feels that the craft connects them.

4 Ayumi Christoph's great-grandmother sold kimonos to make a living after she divorced, but her life was very satisfactory and she lived for a long time.

5 James Argles's childhood memories are closely connected with the sound of the birds he observed and analyzed in nature with his father.

6 James Argles's father taught him how to analyze the natural world since he felt the need to watch it carefully to understand the perils hidden in nature.

7 While she studied at university, Jenny Johnson met her future husband, who was like herself born into a family practicing orienteering.

8 Both Jenny Johnson's and her husband's parents are not able to come to watch the competition of her little son, but they talk about the hobby.

〔Ⅱ〕 次の文章を読んで設問に答えなさい。[＊印のついた語句は注を参照しなさい。](79点)

Since the onset* of the COVID-19 pandemic, we have seen shifts in how and where people travel. Low vehicle volumes during initial lockdowns showed what city streets could look like without traffic: spaces for walking and cycling, play, and outdoor gatherings. However, fewer cars on the road also invited reckless driving and speeding, which have wrought havoc* on many streets — pedestrian deaths were significantly higher in 2021 and 2020 than in past years. Many cities have committed to making permanent temporary cycling infrastructure implemented during the pandemic, which has supported large increases in cycling and additional commitments to improve cycle lane networks.

We know that building and redesigning cities to work well for cyclists and pedestrians instead of cars not only reduces harmful emissions which contribute to climate change, but fundamentally prioritizes our most resilient* and adaptable forms of transport. While building more connected, protected lanes for all people to cycle safely is (ア)a critical piece of the puzzle, another, perhaps more challenging piece must be addressed: changing the (a)narrative about who uses bicycles and for what purpose.

In many cities, bicycles are seen as "for" young, able-bodied men because this group tends to make up the largest share of riders, particularly in recreational cycling. Assuming all cyclists are young, middle-to-high income, fit men overlooks the fact that women, older adults, and families with children also rely on bicycles to get around. (X), these groups would use bicycles for more trips if safer, calmer spaces were available to ride and more types of bicycles (like e-bikes) were easier to access and afford. Policy does not (b)impact all people equally, which is why designing for all groups and their specific needs will enable cities to better adapt to, and support, a diverse range of cyclists.

While bicycles and, often, bikeshare systems provide opportunities for outdoor recreation, they should not be solely viewed and planned for as recreational devices. (Y) personal transport, bicycles have been used by informal street vendors for decades, and are increasingly used for local commercial deliveries. As demand for e-commerce grows, higher volumes of goods present logistical* challenges for delivery companies; that's why large corporations like Fed-Ex and DHL are piloting(イ) the use of e-cargo bikes for delivery from local warehouses to final destinations, avoiding traffic congestion* and reducing greenhouse gas emissions. When roads were blocked with debris* and power was disrupted(c) following a massive earthquake in Mexico City in 2017, people turned to bicycles to make essential trips and distribute supplies to support the recovery effort. In response to the COVID-19 pandemic, grassroots networks in Gugulethu, South Africa; Semarang, Indonesia; several Indian cities; Mexico City and New York City, among others, used bicycles to deliver medicine, groceries, meals, and other supplies to vulnerable(d) populations. We can infer(e) that these bicycle-generated relief efforts could reach more people if safer cycle lanes were in place.

Additionally, bicycles support the entire sustainable transport network by filling in gaps between modes(ウ). Often, bicycles provide first- and last-mile connections, or simply connections between transit modes that would otherwise be very long on foot. (Z), in Jakarta, Indonesia cycle lanes that enable a 15-minute bicycle trip to the Harmoni BRT station make that station accessible to 400% more people than the population within a 15-minute walk. Easier, more reliable access to public transport means more people can consider using it for more trips.

Understanding that many different types of people use bicycles for many purposes is important, but how can cities actually start to shift perceptions around cycling? Here are four quick ways to implement(f) cost-effective actions:

Car free days have been successful in cities like Guadalajara, Kigali, and Jakarta (あ)(い) people of all ages and abilities to come out on the street and (う)(え)(お) in a relaxed, safe (か).

Bikeshare expands access to bicycles for those who do not own their own, and helps accelerate demand for more and safer spaces on the street to ride. Evidence suggests that bikeshare users cycle more often, and that bikeshare use can be a catalyst* for purchasing a personal bicycle. Some bikeshare operators are even offering different rental options that work better for delivery workers.

Quick-build cycle networks in cities like Seville, Bogota, and Buenos Aires quickly change the experience of everyday cycling and shift the priority (if only slightly) away from motor vehicles. Because low-cost, moveable materials are often used at first, there is flexibility for adaptation and adjustment if data and feedback indicate issues. Pop-up cycle lanes (エ) that connect to transit hubs* can help more people consider alternatives to driving for longer trips.

Social marketing helps raise awareness about cycle projects and initiatives, as well as their impact on people's lives. Taking part in regional or global campaigns, like India's national Cycles4Change* challenge or ITDP's Cycling Cities, which aim to improve cycling conditions as a way to combat major societal challenges like air pollution or climate change, can help build momentum (g) towards longer term behavior change.

(From ITDP, Institute for Transportation and Development Policy, January 19, 2022)

［注］ onset 始まり

wrought havoc (wreak havoc 大きな損害をもたらす)

resilient 弾力のある

logistical 物流の

traffic congestion 交通渋滞

debris　がれき

catalyst　触媒、きっかけ

transit hubs　乗り継ぎの中心地

Cycles4Change　キャンペーンの名称

Ⅱ－A　空所(X)～(Z)に入るもっとも適切なものを次の1～4の中からそれぞれ一つ選び、その番号を解答欄に記入しなさい。

(X)　1　At the moment　2　In fact　3　Remotely　4　Unfortunately

(Y)　1　Aside from　2　Not for　3　Originated from　4　Solely for

(Z)　1　Alternatively　2　By the way　3　For example　4　Undoubtedly

Ⅱ－B　下線部(a)～(g)の意味・内容にもっとも近いものを次の1～4の中からそれぞれ一つ選び、その番号を解答欄に記入しなさい。

(a)　narrative

1　atmosphere　2　conflict　3　secret　4　story

(b)　impact

1　affect　2　assist　3　betray　4　introduce

(c)　disrupted

1　claimed　2　cut　3　promised　4　reconstructed

(d)　vulnerable

1　at-home　2　at-risk　3　bilingual　4　wealthy

(e)　infer

1　announce　2　conclude　3　fix　4　modify

(f)　implement

1　analyze　2　coincide　3　execute　4　ignore

(g)　momentum

1　moment　2　monument　3　movement　4　mountain

Ⅱ－C　波線部 (ア)～(エ) の意味・内容をもっとも的確に示すものを次の１～４の中からそれぞれ一つ選び、その番号を解答欄に記入しなさい。

(ア)　a critical piece of the puzzle

1　an important place to be visited

2　a crucial aspect of the issue

3　a new sort of difficult struggle

4　a much criticized opinion

(イ)　piloting

1　giving up as a result of a transportation experiment

2　introducing widely before doing any experiments

3　doing as an experiment before introducing more widely

4　operating various kinds of machines to create a new model

(ウ)　filling in gaps between modes

1　changing what goes in and out of fashion

2　creating a new difference between styles

3　bridging different types of transportation

4　calculating the average commuting time

(エ)　Pop-up cycle lanes

1　Multi-use cycle lanes

2　Permanent cycle lanes

3　Raised cycle lanes

4　Temporary cycle lanes

Ⅱ－D　二重下線部の空所(あ)～(か)に次の１～７から選んだ語を入れて文を完成させたとき、(い)と(う)と(か)に入る語の番号を解答欄に記入しなさい。同じ語を二度使ってはいけません。選択肢の中には使われないものが一つ含まれています。

Car free days have been successful in cities like Guadalajara, Kigali, and Jakarta (　あ　)(　い　) people of all ages and abilities to come out on the street and (う)(え)(お) in a relaxed, safe (か).

1 experience 2 encouraging 3 gain 4 environment
5 due 6 at 7 cycling

Ⅱ－E 本文の意味・内容に合致するものを次の1～8の中から三つ選び、その番号を解答欄に記入しなさい。

1 After the outbreak of COVID-19, though there were fewer cars on the road, pedestrians couldn't feel safe because of dangerous driving practices.

2 The creation of more useful cycle lanes for all people is a more dominant concern than who uses them and for what purpose.

3 Even if roads were safer, it would be unlikely that older people or children begin to use bicycles more widely.

4 In times of natural disasters and epidemics, bicycles can be more useful than motorized vehicles.

5 Bicycles cannot be functionally used as complementary vehicles to conventional railway systems.

6 Bikeshare systems are a good way to get people to use bicycles more widely and they may encourage users to buy their own.

7 Although there has not yet been any real-world experiment to make provisional cycle lanes, this project holds great promise.

8 There are indeed some companies which are trying to improve cycling conditions, but such efforts provide no definite gain for the environment.

Ⅱ－F 本文中の太い下線部を日本語に訳しなさい。

Easier, more reliable access to public transport means more people can consider using it for more trips.

〔Ⅲ〕 次の会話を読んで設問に答えなさい。(50点)

(*Two friends run into each other in the street and Bibi notices that her friend has not been well lately.*)

Bibi: Hi Sue.

Sue: Bibi, what a surprise running into you here!

Bibi: How have you been? ＿＿＿(a)＿＿＿

Sue: Oh, is it that obvious?

Bibi: No, it's just that you don't quite seem like your usual jolly self. Is work really busy at the moment?

Sue: It's not so much work. I am having some problems with my back.

Bibi: Did you injure yourself?

Sue: It's an old sports injury. I had an accident several years ago. ＿＿＿(b)＿＿＿ I think it's to do with sitting at the desk for many hours a day. It appears to make it worse.

Bibi: Oh, I'm really sorry to hear this. Are you getting treatment for it?

Sue: ＿＿＿(c)＿＿＿ Usually this works really well, but at the moment I just can't seem to find the time.

Bibi: I think you should see a doctor about this. It sounds serious.

Sue: I don't really want to go to a doctor. ＿＿＿(d)＿＿＿ And they will probably just prescribe me medication. But these tablets are quite strong and I feel like they do me more harm than good.

Bibi: Yeah, I see what you mean. They do that a lot.

Sue: What I would like to find instead is alternative medicine. Some kind of natural treatment.

Bibi: Have you tried acupuncture or *hari* treatment?

Sue: Is that the one with the needles?

Bibi: Yes, that's based on Traditional Chinese Medicine. They use needles to stimulate energy points in your body.

Sue: Oh gosh, yeah I have. ＿＿＿(e)＿＿＿

Bibi: Really? Why not? Do you have a fear of needles?

Sue: No, it's not the needles. I tried it once before, but I was in so much pain, I am really scared to go back there.

Bibi: Maybe you went to the wrong practitioner.

Sue: I doubt it. She was highly recommended to me by two different friends. And she clearly hit the right points when she set the needles. ＿＿＿(f)＿＿＿ I respond really well to it.

Bibi: That actually sounds pretty promising.

Sue: The problem was that I responded a little too well. Even she said that she needs to stop setting more needles now, because I clearly couldn't take it anymore.

Bibi: But if you responded so well, maybe it's worth trying it again. After all, it's only 20 minutes.

Sue: ＿＿＿(g)＿＿＿ And if it was just the 20 minutes I could put up with the pain. The problem was that I felt acute stings of pain for a whole week after she removed the needles. That really frightened me.

Bibi: Oh, yeah, well that would scare me too.

Sue: So I would like to find something less aggressive.

Bibi: Have you ever tried a *shiatsu* massage?

Sue: No, I never have. What's that?

Bibi: It is based on the same principles as acupuncture. So the notion is that you have energy lines, called meridians or *tsubo*, that run along your body. And by stimulating certain pressure points, it helps your body heal itself.

Sue: [それはまさに私がずっと探している種類の治療のように聞こえます。] You wouldn't happen to know of a therapist here in Kyoto?

Bibi: I do actually. I tried it once. ＿＿＿(h)＿＿＿ It seems to work really well for me. But I thought the *shiatsu* massage was a pleasant and gentle alternative. If you find the needles too aggressive, you would probably quite like this treatment.

Sue: I definitely want to try this out. Do you have the therapist's contact details?

Bibi: I have to see whether I still do, but I am sure I still have her card somewhere. In any case, I can find out the information for you. Her practice is near a temple, so it shouldn't be hard to find the information on the internet.

Sue: Thanks, Bibi. I really appreciate it.

Bibi: No problem. Hope you feel better soon!

Ⅲ－A　空所 (a)〜(h) に入るもっとも適切なものを次の１〜10の中からそれぞれ一つ選び、その番号を解答欄に記入しなさい。同じ選択肢を二度使ってはいけません。選択肢の中には使われないものが二つ含まれています。

1 I am trying to keep it under control by doing core muscle exercises.
2 I have gone many times before, but they always say the same thing.
3 Personally, I prefer acupuncture.
4 You look a little tired and worn out.
5 That's what I thought.
6 I am not a fan of that either though.
7 Every now and then it seems to flare up again.
8 I thought you liked acupuncture.
9 Apparently, I am the ideal candidate for this treatment.
10 It's no good being in pain all this time.

Ⅲ－B　本文中の［　　　］内の日本語を英語で表現しなさい。

それはまさに私がずっと探している種類の治療のように聞こえます。

日本史

（75分）

〔Ⅰ〕 次の（1）～（7）の文章を読んで、【設問ア】～【設問コ】の解答を解答欄Ⅰ－Aに記せ。また【設問a】～【設問o】の解答を、［語群］から選んで、その番号を解答欄Ⅰ－Bに記入せよ。 （60点）

（1） 下記は、通称として「魏志倭人伝」と呼ばれる邪馬台国に関する史料の一部であり、当時の外交について述べている。

景初二年六月、倭の女王、大夫難升米等を遣し郡に詣り、天子に詣りて朝献せんことを求む。……その年十二月、詔書して倭の女王に報じて曰く、「……今汝を以て親魏倭王と為し、金印紫綬を仮し、装封して帯方の太守に付し仮授せしむ。……」と。 （原漢文）

【設問a】この史料が含まれる中国の正史の名称を［語群］から選んで、その番号を解答欄Ⅰ－Bに記入せよ。

【設問ア】この時、倭の女王・卑弥呼が授かったと考えられる鏡として、景初3年の銘文を有する島根県神原神社古墳出土鏡の例がある。この鏡の名称を、解答欄Ⅰ－Aに漢字6字で記せ。

（2） 5世紀に成立した中国の正史には、下記のように、建武中元2年に倭国の使者が都の洛陽におもむいて光武帝から印綬を受けたと記されている。また永初元年に倭の国王が生口（奴隷）を献上したとある。

建武中元二年、倭の奴国、貢を奉じて朝賀す。使人自ら大夫と称す。倭国の極南界なり。光武、賜ふに印綬（イ）を以てす。安帝の永初元年（c）、倭の国王帥（師）升等、生口百六十人を献じ、請見を願ふ。桓霊の間、倭国大いに乱れ更相攻伐して歴年主なし。 （原漢文）

【設問b】この史料が含まれる中国王朝の正史の名称を［語群］から選んで、その番号を解答欄Ⅰ－Bに記入せよ。

【設問イ】下線部イに関連して、印は1784年に福岡県志賀島で発見された金印と考えられている。その印面に印刻されていた文字を漢字5字で、解答欄Ⅰ－Aに記せ。なお綬は印に通し身につけるための紐をいう。

【設問c】下線部cの「永初元年」は西暦何年にあたるか。適切な西暦年を［語群］から選んで、その番号を解答欄Ⅰ－Bに記入せよ。

（3）日本人が倭人として登場する下記の史料からは、中国の王朝が朝鮮半島においた四郡の一つに定期的に朝貢していた国があったことがわかる。

夫れ（　ウ　）海中に倭人有り。分れて百余国と為る。歳時を以て来り献見すと云ふ。（原漢文）

【設問ウ】空欄（　ウ　）に入る郡名を、解答欄Ⅰ－Aに漢字2字で記せ。

（4）朝鮮半島南部をめぐる外交・軍事上の立場を有利にするために、5世紀初めから約1世紀近くのあいだ、倭の五王があいついで中国の南朝に朝貢している。中国王朝の正史には、下記の倭王武（下線部エ）の上表文が載せられている。

興死して弟武立つ。自ら使持節都督倭・百済・新羅・任那・（　オ　）・秦韓・慕韓七国諸軍事安東大将軍倭国王と称す。

順帝の昇明二年（下線部e）、使を遣して上表して曰く、「封国は偏遠にして、藩を外に作す。昔より祖禰躬（みずか）ら甲冑を擐（つらぬ）き、山川を跋渉（ばっしょう）して寧処（ねいしょ）に遑（いとま）あらず。東は毛人を征すること五十五国、西は衆夷を服すること六十六国、渡りて海北を平ぐること九十五国……」と。（原漢文）

【設問d】この史料が含まれる中国王朝の正史の名称を［語群］から選んで、その番号を解答欄Ⅰ－Bに記入せよ。

【設問エ】下線部エの倭王武にあたるとされる天皇の名を、解答欄Ⅰ－Aに漢字で記せ。

【設問オ】空欄（　オ　）に入る適切な語句を、解答欄Ⅰ－Aに漢字で記せ。

【設問e】下線部eの「昇明二年」は西暦何年にあたるか。適切な西暦年を［語群］から選んで、その番号を解答欄Ⅰ－Bに記入せよ。

（5）中国が隋によって統一され、東アジアに大きな影響力を及ぼすようになると、朝鮮外交を有利に展開しようと第1回遣隋使が派遣された。下記の記事は、わが国の歴史書『日本書紀』にはみえないものである。

開皇二十年（下線部f）、倭王あり、姓は阿毎（あめ）、字は多利思比孤（たりしひこ）、阿輩雞弥（おおきみ）と号す。使

を遣して闕(みかど)に詣(いた)らしむ。上(しょう)(カ)、所司をしてその風俗を訪わしむ。　(原漢文)

続いて上記の史書には下記のように記される。

大業三年、其の王多利思比孤、使を遣して朝貢す。使者曰く、「聞くならく、海西の（　キ　）天子、重ねて仏法を興すと。故、遣して朝拝せしめ、兼ねて沙門数十人、来りて仏法を学ぶ」と。其の国書に曰く、「日出づる処の天子、書を日没する処の天子に致す。恙無きや、云云」と。帝、之を覧て悦ばず、（　g　）卿に謂ひて曰く、「蛮夷の書、無礼なる有らば、復た以て聞する勿れ」と。　(原漢文)

【設問f】下線部fの「開皇二十年」は西暦何年にあたるか。適切な西暦年を［語群］から選んで、その番号を解答欄Ⅰ－Bに記入せよ。

【設問カ】下線部カの「上」は、隋の皇帝を指す。この皇帝の名を、解答欄Ⅰ－Aに漢字で記せ。

【設問キ】空欄（　キ　）に当てはまる適切な語句を、解答欄Ⅰ－Aに漢字2字で記せ。文中の「（　キ　）天子」は、仏教に帰依して大乗仏教の戒を受けた皇帝を意味する語である。

【設問g】空欄（　g　）に当てはまる適切な語句を、［語群］から選んで、その番号を解答欄Ⅰ－Bに記入せよ。なお（　g　）卿は役職名であるが、わが国では（　g　）館として外国使節接待の施設の名称に使用されている語句である。

【設問ク】大業3年の遣隋使のことは、『日本書紀』に「(推古天皇15年) 秋七月庚戌、大礼小野臣妹子を大唐に遣はす。鞍作福利を以て通事とす。」(原漢文)とみえる。文中の鞍作福利は通訳であるが、同名氏族に鞍作鳥がいる。鳥が造った作品が法隆寺金堂に安置されている。その作品の名称を、解答欄Ⅰ－Aに漢字5字で記せ。

（6）遣唐使(ケ)は、舒明天皇2年8月に犬上御田鍬らを派遣したのを最初として、約20回の任命があった。遣唐使の組織は時期によって規模・内容を異にするが、大使・副使・判官・録事などの外交官の使節や船乗りだけでなく、多くの留学生や留学僧の若者たちが含まれていた。

8世紀の半ばになると朝鮮半島の国との外交関係が悪化したことにより、

日本からの遣唐使は、比較的安全な朝鮮半島沿いの（　h　）路を避け、東シナ海の荒波を乗り越えて、九州から直接中国をめざして航海しなくてはならなくなった。その航海では、多くの人々が命を失った。また、唐の地で没して葬られる場合(i)もあった。運よく帰国を果たして大陸の先進文化を伝えることができた人々(j)は、日本の政治・文化に大きな影響をあたえることもあった。

例えば732年に出発した遣唐使は4隻とも翌年に無事到着するが、帰国に際しては東シナ海を渡る経路をとり暴風雨にあった。大使の船は幸いにも種子島に漂着したが、ベトナム南部の崑崙（こんろん）国に漂着した船の人々は、平群広成らわずか4人だけが生き残った。そしてかろうじて平群広成らは崑崙国から唐に戻ることができた。彼らの日本帰国にさいして、（　k　）のとりなしで、今度は（　l　）国経由で帰国するルートの許可を得た。この国は727年以来日本との間にたびたび使節の往来をしていた友好国であり、その王に遣日本使節の派遣を早めて、広成らは日本に送り届けてもらうことになった。しかしこの船も災難にあうが、広成はなんとか出羽国に到着できた。

【設問ケ】下線部ケに関連して、遣唐使一行が渡航・帰航に乗った船は、編成される隻数から、『万葉集』にはその数を反映した呼び名がみえる。この呼び名を、解答欄Ⅰ－Aにひらがなで記せ。

【設問h】空欄（　h　）に入る適切な語を、［語群］から選んでその番号を解答欄Ⅰ－Bに記入せよ。

【設問i】下線部iに関連して、2004年に西安市でみつかった墓誌には、遣唐使の一員として717年（養老元）に唐に渡った人物が、皇帝から官職・位階をあたえられ、この地で亡くなり葬られたことが記されていた。この人物の名を、［語群］から選んでその番号を解答欄Ⅰ－Bに記入せよ。

【設問j】下線部jに関連して、702年に遣唐大使として大宝律令をもって唐に渡り、則天武后に謁見し、唐人から「よく経史を読み、属文を解し、容止温雅なり」と評された人物はだれか。この人物の名を、［語群］から選んでその番号を解答欄Ⅰ－Bに記入せよ。

【設問k】空欄（　k　）に入る人物は、留学生として唐に渡り勉学し、優秀さが認められ、玄宗皇帝に気に入られて政府の高官にまでのぼって活躍したが、帰国を果たせなかった。この人物名を、［語群］から選んでその番号を解答欄Ⅰ－Ｂに記入せよ。

【設問ｌ】空欄（　ｌ　）には、727年（神亀４）に日本に使節を派遣して国交を求め、奈良時代を通じて親密な使節の往来が行われた国の名が入る。適切な国名を、［語群］から選んでその番号を解答欄Ⅰ－Ｂに記入せよ。

（7）　遣唐使は、（　ｍ　）の中止以後、派遣されることはなくなった。しかしこの後も商人の来航は盛んであった。やがて10世紀末になると、天台山や（　コ　）への巡礼を目的とする僧には渡航が許され、奝然が呉越商人の船で宋に渡った。日本の朝廷としては、宋の皇帝に拝謁させ、朝貢ではない形式で国交を通じようという意図があったと推測されている。奝然は986年（寛和２）７月に宋商人の船で帰国する[n]。11世紀半ばの（　ｏ　）も、宋の商船を利用して大陸に渡り、1072年（延久４）に浙江省杭州に上陸、天台山に登り、ついで（　コ　）を巡礼、汴京で宋の皇帝神宗に謁し、日本のことを奏上した。

【設問ｍ】空欄（　ｍ　）に入る適切な西暦年を、［語群］から選んでその番号を解答欄Ⅰ－Ｂに記入せよ。

【設問コ】空欄（　コ　）には、山西省東北部にある仏教の聖地の名が入る。ここに入る適切な語句を、解答欄Ⅰ－Ａに漢字で記せ。

【設問ｎ】下線部ｎに関して、帰国に伴いもたらされた釈迦如来立像を祀る寺院の名称を、［語群］から選んでその番号を解答欄Ⅰ－Ｂに記入せよ。

【設問ｏ】空欄（　ｏ　）に入る適切な語句を、［語群］から選んでその番号を解答欄Ⅰ－Ｂに記入せよ。

［語群］

1．57年	2．107年	3．239年	4．266年
5．413年	6．443年	7．478年	8．600年
9．603年	10．607年	11．630年	12．663年
13．884年	14．894年	15．901年	16．旧唐書
17．新唐書	18．漢　書	19．後漢書	20．三国史記

21. 三国志	22. 南斉書	23. 梁　書	24. 隋　書
25. 宋　書	26. 宋　史	27. 高麗史	28. 東大寺
29. 延暦寺	30. 清凉寺	31. 園城寺	32. 南　島
33. 南	34. 北	35. 鑑　真	36. 玄　昉
37. 成　尋	38. 空　海	39. 道　慈	40. 薬師恵日
41. 井真成	42. 吉備真備	43. 阿倍仲麻呂	44. 粟田真人
45. 小野篁	46. 石上宅嗣	47. 藤原清河	48. 大伴古麻呂
49. 百　済	50. 高句麗	51. 新　羅	52. 渤　海
53. 鴻　臚	54. 客　院	55. 東　寺	

〔Ⅱ〕 次の（1）～（3）の史料は、近世日本における社会・政治のあり方をめぐって書かれた書物から引用したものである。これらを読んで、以下の【設問ア】～【設問ツ】に答えよ。なお、史料の引用にあたり、一部表記をあらためたところがある。（45点）

（1） 百姓は天下の根本なり（a）。是を治むるに法あり。先（まず）一人ひとりの田地の境目をよく立て（b）、扨（さて）壱年の入用作食（さくじき）をつもらせて、其余を年貢に取るべし（c）。百姓は財の余らぬやうに、不足になきやうに治る事道也。毎年立毛（たちげ）の上をもつて納る事、古の聖人の法也（d）。かくの如く収むる時は過不及なし。又九月十月のあいだに、国の内の道橋を造営して、往還の煩なきやうにすべし。入用は公儀より扶持（ふち）すべし。此外に少しも民を仕ふべからず。又田地になき米を取り、横役（よこやく）にかけて百姓つかるる時は、田に糞（こえ）を捨る力なし。田をかへす事も半作（はんざく）成に依て、物成（ものなり）あしく、此故につかれ民亡び、天下国家の費、一倍二倍にあらず（e）。

（「本佐録」『日本思想大系28』岩波書店より）

【設問ア】この史料は、17世紀後半頃、徳川家康の側近・本多正信に仮託して書かれたものとされる。次のうち、徳川家康の説明として誤っているものを一つ選び、その番号を解答欄Ⅱ－Bに記入せよ。

1．豊臣政権下では、前田利家・毛利輝元・宇喜多秀家・上杉景勝らとともに五大老となった。

2．関ヶ原の合戦において石田三成が率いる西軍に勝利したのち、1603年に江戸に幕府を開いた。

3．1615年、大坂の陣において豊臣氏を滅ぼしたのち、征夷大将軍として武家諸法度を定めて幕藩体制を確立した。

4．死後、朝廷から東照大権現の神号が勅諡され、駿河久能山に葬られたのち、日光に改葬された。

【設問イ】下線部 a に関して、江戸時代の百姓の説明として誤っているものを一つ選び、その番号を解答欄Ⅱ－Bに記入せよ。

1．年貢・諸役を負担して、村の主要な構成員となった百姓を一般的に本百姓と呼ぶ。

2．年貢・諸役を負担しない無高の百姓は、水呑・水呑百姓などと呼ばれた。

3．江戸時代の村には、有力な本百姓の家に隷属する名子や被官と呼ばれる人びとがいた。

4．村を構成する百姓の家は、直系の男性のみが代々相続した。

【設問ウ】下線部 b に関して、領主は自らの所領を把握するため、田畑・屋敷地の面積・石高・等級・耕作者などを調査したが、その結果を村の土地ごとにまとめ、年貢賦課の基準となった土地台帳を一般的に何と呼ぶか。解答欄Ⅱ－Aに漢字 3 字で記せ。

【設問エ】下線部 c に関して、江戸時代の村・百姓の負担に関する説明として誤っているものを一つ選び、その番号を解答欄Ⅱ－Bに記入せよ。

1．本途物成として、田・畑・家屋敷の貨幣価値の約40～50％を領主に納めた。

2．山野河海の利用や農業以外の副業など、本途物成のほかにかかる雑税を小物成という。

3．街道沿いの村々は、一般的に公用交通のために人足や馬を提供する必要があった。

4．本途物成以外に村高に応じて賦課された負担として高掛物がある。

【設問オ】下線部 d は、毎年作柄を調べてから税率を定めることを意味する。一般的にこうした徴税法を何と呼ぶか。解答欄Ⅱ－Aに漢字3字で記せ。

【設問カ】下線部eの解釈として誤っているものを一つ選び、その番号を解答欄Ⅱ－Bに記入せよ。

1．領主は、百姓たちの生活水準の維持に顧慮する必要はない。

2．領主は、所領から恣意的に年貢などを徴収するべきではない。

3．田畑への肥料の投入が充分ではないと、年貢を充分に徴収することができない。

4．年貢が充分に徴収できないことは、国家の疲弊につながる。

（2）国にしまりを付くる事、（…）畢竟の処、武家を知行所におかざれば、しまりの至極に非ず(f)。それのみならず、武道を再興し、世界の奢りをしずめ、武家の貧窮を救う仕形、この外さらにあるべからず。

まず第一、武家御城下*にあつまり居るは旅宿也(g)。諸大名の家来も、その城下に居るを、江戸に対して在所とはいえども、これまた己が知行所にあらざれば旅宿也。その子細は、衣食住初め箸一本も買い調えねばならぬ故、旅宿也。故に武家を御城下に差置く時は、一年の知行米を売り払うて、それにて物を買い調え、一年中に使い切る故、精を出して上へする奉公は、皆御城下の町人のためになるなり(h)。これによりて御城下の町人盛んになりて、世界次第にあしくなり、物の直段次第に高直になりて、武家の困窮、当時に至りてはもはやすべきようなくなりたり。（『政談』岩波書店より）

(注) * ここでは江戸のことを指す。

【設問キ】この『政談』は、享保期（1716-36）に江戸幕府の将軍の諮問に応えて荻生徂徠が上呈したとされる幕府政治に関する意見書だが、この将軍とは誰か。解答欄Ⅱ－Aに漢字4字で記せ。

【設問ク】古文辞学派を創始した荻生徂徠が、江戸茅場町に開いた私塾を何と呼ぶか。解答欄Ⅱ－Aに漢字3字で記せ。

【設問ケ】下線部fに関して、江戸時代に大名の家臣や幕府の旗本などに対して領地を与えて、その領民支配を認める制度を一般的に何と呼ぶか。解答欄Ⅱ－Aに漢字5字で記せ。

【設問コ】下線部gに関して、江戸時代の参勤交代の説明として誤っているものを一つ選び、その番号を解答欄Ⅱ－Bに記入せよ。

1．参勤交代は幕府による大名統制策の一つである。

2．参勤交代の制度化によって、江戸は一大消費都市としての性格を持つようになった。

3．参勤交代によって、すべての大名は国元と江戸とを1年交代で往復することとなった。

4．参勤交代による藩財政の負担は大きかった。

【設問サ】下線部hに関して、江戸時代の城下町・町人の説明として誤っているものを一つ選び、その番号を解答欄Ⅱ－Bに記入せよ。

1．江戸時代の城下町では、町人・職人などの多くが屋敷地に掛けられる地子を免除された。

2．江戸時代の城下町では、武家や町人などの身分ごとに居住地が分かれていた。

3．江戸や大坂などでは、町などと呼ばれる居住者たちの自治組織が存在した。

4．長屋などに住む借家・店借は、地代や店賃を負担することで町の運営に参加した。

【設問シ】この史料で主張された幕政改革の方策としてもっとも適切なものを一つ選び、その番号を解答欄Ⅱ－Bに記入せよ。

1．貨幣経済は商業を活発にするので、幕府は積極的に推進するべきである。

2．兵農分離のあり方は弊害が多いため、武士は都市を離れて帰農するべきである。

3．幕府財政の悪化を解消するために、産業と貿易を重視した重商主義の政策をとるべきである。

4．万人が生産活動に従事することが理想であるから、武士による農民の支配は止めるべきである。

（3）一体村役人なるものは(i)、よく小前百姓を育て上ぐるやうに致すべき役意なるに、今は小前の難儀を厭はず、あるいは家の潰るるも構はず、親妻子散々(ちりぢり)

になり果つるをも心に入れず、我が方へ取るべきものは少しも用捨なく取る事なり。右体の振り合ひ故、近年は何方も（　あ　）莫大に懸かり、ことにより年貢よりも余計に懸かる風情にて、小前百姓の難儀、以前に倍せり。

一体右にいふ如くの福有は、元はみな小前百姓より絞り上げたるものにて、他所より取り得たる福有にはあるべからず。その上、右体自身耕作も致さぬものなれば、己が骨肉より繰り出したる有余にもあらず。みな工夫差略にて、愚昧を相手にして強欲非道を行ひ、その土地の潤沢を拾ひ上げ、あるいは金銀を貸して高利を取り、質地を取り、わづかの金銀を貸し置きて年来利に利を積みて、つひにその地所を我がものとするとか、人の身上を見る儀をもつぱらとするなり。右体犯しあつめたる余情を以て福有者となり、後には他所へも運び出して、身の栄花を尽すなり、これらの年々に潤沢を締め上げて、常に奢りを極め、そのき（原文ママ）に誇り、また他所にも持ち出すに依つて、自然とその土地衰微するなり。これその土地の大罪人なり。大盗人なり。

（『世事見聞録』岩波書店より）

【設問ス】下線部ｉに関係して、江戸時代の村役人の説明として誤っているものを一つ選び、その番号を解答欄Ⅱ－Ｂに記入せよ。

1．江戸時代の村役人には、一般的に庄屋（名主・肝煎）・組頭（年寄）・百姓代があり、これらを村方三役（地方三役）と総称する。

2．村役人のなかには寺子屋を運営し、読み・書き・そろばんなどの日常生活に役立つことを教えるものもいた。

3．村役人は村政の構成員である本百姓たちが領主に直接年貢を納入することを監督する役目があった。

4．江戸時代の村々は村役人らが中心となり、村法などに基づいて運営がなされていた。

【設問セ】空欄（　あ　）には、村を自治的に運営するために村人から徴収された経費を指す用語が入る。この用語を解答欄Ⅱ－Ａに漢字３字で記せ。

【設問ソ】下線部ｊの空欄（　あ　）のあり方などをめぐって起きた、小前百姓による村役人などの不正糾弾の運動を一般的に何と呼ぶか。解答欄Ⅱ－Ａに漢字４字で記せ。

【設問タ】下線部kに関して、江戸時代後半以降、農村部の商品経済の進展に伴って地主として土地を集積し、村々の流通・金融において大きな影響力を持つようになった富裕な農民（富農）を一般的に何と呼ぶか。解答欄Ⅱ－Aに漢字2字で記せ。

【設問チ】この史料が書かれた時代には、都市の問屋が農村部の有力百姓と連携し、村々の百姓たちに資金や原料を貸与して綿製品などの特産品を生産する方式が見られるようになったが、こうした生産方式を一般的に何と呼ぶか。解答欄Ⅱ－Aに漢字7字で記せ。

【設問ツ】この史料で主張されていることとして誤っているものを一つ選び、その番号を解答欄Ⅱ－Bに記入せよ。

1．そもそも、村役人は零細な小前百姓の経営の維持に配慮するべき存在である。

2．近年、村役人などの富裕な有力百姓に富が集まっているが、これは零細な百姓から搾り取られたものといえる。

3．村役人たちは自らの贅沢・豪奢のために、富を地域外から取り入れており、「大罪人」「大盗人」として非難されるべき存在である。

4．近年の地域の衰微の主要な要因は、領主と百姓の関係性にではなく、村役人らと小前百姓たちの関係性のあり方にある。

〔Ⅲ〕 岸田劉生（1891〔明治24〕年～1929〔昭和4〕年）は、画家としての活動のかたわら、多くの文を書き残したことでも知られ、それらは全集10巻にまとめられるほどである。彼の文章から選んだ（1）から（5）までの文章を読んで、下記の【設問a】～【設問r】に答えよ。なお、出題のため、一部表現を改めた箇所がある。また［　］は、原典にない注釈を示す。（45点）

（1） 岸田劉生は、新聞記者から転じて実業家として成功していた岸田吟香の四男として銀座に生まれた。長じて後、彼は自らが育った頃の銀座を回顧したエッセイを1927（昭和2）年の『東京日日新聞』夕刊に連載する。

「私は明治二十四年に銀座の二丁目十一番地、丁度（ちょうど）今の服部（はっとり）時計店のところで生れて、鉄道馬車の鈴の音を聞きながら青年時代までそこで育って来た。だから銀座のうつりかわりは割合にずっと見て来ている訳（わけ）であるが、しかし正確なことはもとよりわからない。が、「煉瓦（れんが）」（a）と呼ばれた、東京唯一の歩道時代からのいろいろのうつりかわりにはまた語るべきことも多いようである。いろいろの思い出やら、変り行く世の姿から思い起す批評などとりとめもなくかいてみようと思う。

御承知の方々も多いと思うが私の生家は目薬の精錡水（せいきすい）の本舗であって、岸田の楽善堂（がくぜんどう）というよりも精錡水といった方が通る位の店であった。父（吟香（ぎんこう））（b，c）の道楽から店を半分に切って一方を薬房、一方を書房とし、書房では支那［中国］の筆墨硯紙（けんし）その他文房具風のものや、書籍などを売っていた。［中略］

私の家の隣には勧工場（かんこうば）があって私たち兄弟たちは毎日のようにそこへ行った。何でも私の家の家作（かさく）であって、南谷という人がやっていた。［中略］勧工場も日露戦争後、デパートメント・ストーア（d）の流行とともにだんだんとすたれて、今は殆（ほとん）どなくなったようだが、当時は少し人出の多い盛り場には必ず一つや二つはあったものだ」。（「新古細句銀座通（しんこざいくれんがのみちすじ）」（1927年）、『岸田劉生随筆集』、岩波文庫）

【設問a】銀座煉瓦街は、1872（明治5）年、銀座、築地一帯を焼き払った「銀座大火」の後に、耐火性のある煉瓦を建材として建設されたもので、その設計は、イギリス人土木技術者、トーマス・ウォートルスによってなされた。

ウォートルスのように、明治初期に西洋の学問・技術を導入するために日本の政府機関などによって抱えられた欧米人たちは、何と通称されたか。解答欄Ⅲ－Aに記せ。

【設問b】岸田の父、吟香は、幕末に横浜居留地で、あるアメリカ人が当時編纂していたローマ字の和英辞典『和英語林集成』の助手を務めた。その編纂者は誰か。下記の人物名から選び、その番号を解答欄Ⅲ－Bに記入せよ。

1．フルベッキ　2．クラーク　3．ヘボン　4．モース

【設問c】岸田吟香は、1873（明治6）年に東京日日新聞（現・毎日新聞）に入社し、翌年には、日本初の従軍記者として海外に赴いた。彼が従軍したのは、明治政府によるはじめての海外派兵であった。その派兵先の場所はどこか。下記から選び、その番号を解答欄Ⅲ－Bに記入せよ。

1．朝　鮮　2．台　湾　3．華　北　4．満　州

【設問d】日本の近代的百貨店は、1905（明治38）年に、ある呉服店がさまざまな商品を陳列販売する小売形態を採用して、全国主要新聞各紙に「デパートメントストア宣言」を掲載したことにはじまると言える。この、江戸の老舗呉服店にはじまる百貨店の名前は何か。下記から選び、その番号を解答欄Ⅲ－Bに記入せよ。

1．白木屋　2．東　横　3．三　越　4．阪　急

（2）岸田は長じて生家を離れてからも銀座によく足を運んでいたようで、後に東京随一の盛り場となった銀座の様子も描写している。

「足が一歩銀座(e)に入ると実にモダーンである。何かいい材料にと思ってポカンとしている前をつばめの如く、断髪(f)の美女がかすめて通る。一(ひ)と昔(むかし)前の女性とは種類がちがうかのようにその足が早い。サッサッと歩いて行く。また向うから三人づれ位の美人が来る。実に女が多い。昔は外へ出ても婦人に会うことは稀(まれ)であったが、この頃は実に婦人が多い。みな別に用事のある風はない、しかし皆サッサッと歩いている。

このモダーンガール(g)というものの好みの審美的考察は如何(いかん)、ともかくその美しさの種類は、「洋風」の美しさが基本となっている。洋服はかえって少く和服がなかなか多いが、しかし、そのあらわしている「美」の感じ

は洋風の美を基本としている」。(前掲『岸田劉生随筆集』)

【設問e】銀座は、第一次世界大戦後の時代の洋風化、近代化による新しい都市文化を代表する盛り場であった。そこには路面電車が走り、百貨店や劇場、喫茶店などが軒を並べて、当時の消費社会の中心となった。そうした文化を主に支えていたのは、「ホワイト・カラー」といわれる会社員、銀行員、公務員など、俸給によって生活する中産階級であった。そうした階層を何と称するか。解答欄Ⅲ－Aに漢字4字で記せ。

【設問f】ここで言われている断髪とは、第一次世界大戦頃にヨーロッパから日本にはいってきて流行した女性の髪型であるが、一方で大多数を占める日本風の髪型にも明治中期から変化は訪れ、洋髪を日本風にした、簡単に結えて衛生的な髪型が流行した。「二百三高地」や「庇髪」などを含むその髪型を総称して何というか。解答欄Ⅲ－Aに漢字2字で記せ。

【設問g】「モダーンガール」とは、昭和初期に現れた近代的な女性を、多少揶揄を込めて呼んだ言葉であるが、その中には第一次世界大戦中から戦後の経済発展のなかで職を持つようになった女性も少なくなかった。そうした女性たちは何と呼ばれたか。解答欄Ⅲ－Aに漢字4字で記せ。

(3) 画家としての岸田は、その短い生涯のなか、東西のさまざまな様式を参考にしながら、はげしく自身の様式を変えていったことで知られるが、その出発点となったのが、初期の雑誌『白樺』で紹介されていた同時代のヨーロッパの前衛芸術からの影響であった。

「『白樺』(h)をはじめて買ったのは第二巻か三巻の四月号だったと思う。丁度その頃印象派というものが解り出していてそれに興味を持っていた。その号の『白樺』にルノアールの事とその作品が載っていたので興奮して買ったのを覚えている。[中略] 丁度その年の秋、赤坂の三会堂で『白樺』主催の版画の展覧会があった。その頃僕はまだ葵橋(あおいばし)の洋画研究所へ時々は行っていて、清宮(せいみや)[彬(ひとし)]とは前からの友達だ。岡本帰一君とも仲がよかった。[中略] 清宮がその前から柳(やなぎ)[宗悦(むねよし)](i)と知り合いだったので僕たち三人はよくその展覧会へ行った。そしてはじめて見る版のいい西洋の新らしい〔原文ママ〕美術(j)の複製に肝(きも)をうばわれた」。(「思い出及今度の展覧会に際し

て」(1919年)、前掲『岸田劉生随筆集』)

【設問h】『白樺』は、武者小路実篤、志賀直哉、有島武郎などの学習院出身者を中心とした若者たちが集まって発刊した雑誌で、その同人たちは、「白樺派」と呼ばれ、従来の日本文学とは異なる ＿＿ を掲げた。 ＿＿ にもっともよく当てはまる言葉を下記から選び、その番号を解答欄Ⅲ－Bに記入せよ。

1．人道主義　　2．自然主義　　3．耽美主義　　4．写実主義

【設問i】『白樺』同人のひとり、柳宗悦は、名もなき民衆が作った工芸品に関心を寄せ、濱田庄司や河井寛次郎とともに、 ＿＿ という新たな言葉を作りだして、そうした工芸品の美を評価した。 ＿＿ に当てはまる言葉を解答欄Ⅲ－Aに漢字2字で記せ。

【設問j】『白樺』は、同時代のヨーロッパにおける最先端の美術の動向を紹介したことで、日本近代美術史上、重要な存在である。1910年代から20年代にかけては、ヨーロッパの同時代美術に刺激を受けた芸術家たちが、アカデミックで権威的な文部省美術展覧会（文展）から離れ、次々に新たな美術団体を起こしていく。その先駆けのひとつとも言える、1914年に文展を離脱した洋画家たちが立ち上げた団体の名称は何か。下記から選び、その番号を解答欄Ⅲ－Bに記入せよ。

1．白馬会　　2．二科会　　3．国画創作協会　4．日本美術院

（4） 岸田は、1916（大正5）年に肺結核を患い、療養のために翌年、神奈川県の鵠沼海岸に移住する。鵠沼時代の岸田は、1920年に30歳を迎えたことをきっかけに日記をつけはじめ、それは彼の死まで続けられた。以下は白樺派にも関係が深かったイギリス人陶芸家、バーナード・リーチが帰国のための暇乞いに鵠沼を訪れた日の日記である。

「〔1920（大正9）年〕六月二十一日（月）　曇夜雨

今日はリーチの来る日、朝おきたれどねむいので座敷で横になる。それから日記や手紙の返事など書いて、椿［貞雄］をさそって<u>藤沢［駅］</u>(k)にリーチを迎えに行ったが、一時十八分の汽車では来なかった。神田写真館に寄って今日来てもらう事にして一(ひ)と先(ま)ず鵠沼に帰り、椿の家で椿が今度か

いた脚本読んでもらう。それから鵠沼停留所までリーチを迎えに行ったら丁度来合わせた電車(l)に乗って来た。一分で汽車に乗りおくれたのだといっていた。椿の家に寄り、椿の画など見る。牡丹の画や妹の素画に感心していた。それより三人で家に来る。［中略］十一時過ぎまで話し、椿帰り、リーチは二階に寝、余は階下に皆と寝る。リーチの上に幸を祈る。余も英国に行って見たくなった。志賀（しが）［直哉（なおや）］(m)から電報で明日十二時新橋ステーションに集合、ロダンを見に行くとの事、行く事にする」。(『摘録 劉生日記』岩波文庫)

【設問k】1872年（明治5）に新橋駅～横浜駅間で開業した日本の官営鉄道は、1887（明治20）年には神奈川県の国府津駅まで延伸されて、その途中にあった藤沢駅も開業することになった。最終的には1889（明治22）年に東京の新橋と神戸をつなぐ鉄道線ができあがり、1895（明治28）年にその名称が正式に定められることとなる。その鉄道線の名称は何か。解答欄Ⅲ－Aに漢字4字で記せ。

【設問l】リーチを乗せて鵠沼停留所に来た電車は、1902（明治35）年に開業した江之島電気鉄道（現・江ノ島電鉄）であるが、それに先立ち、1895（明治28）年に日本ではじめて開業した路面電車はどの都市で運行されたか。解答欄Ⅲ－Aに漢字で記せ。

【設問m】小説家・志賀直哉は、『白樺』の同人であり、岸田とは旧知の仲であった。この時期の志賀は、その生涯のなかでもっとも創作に充実した時代であり、『白樺』のほか、さまざまな媒体に小説を発表していた。下記の小説のうち、志賀直哉の作品ではないものは何か。その番号を解答欄Ⅲ－Bに記入せよ。

1．『暗夜行路』　2．『和解』　3．『城の崎にて』　4．『或る女』

（5） 1923年9月1日に起こった地震は、マグニチュード7.9に及び、震源から離れた鵠沼でさえ多くの被害を与えた。岸田は、日記に被災の様子を克明に記録している。

「〔1923（大正12）年〕九月一日（土）　雨後晴

今日という日は実に稀有（けう）の日である。恐らく安政以来の大地震(n)ともいうべき大地震があって、湘南、横浜東京を一もみにつぶしたのである。〔中略〕十二時少し前かと思う。ドドドンという下からつきあげるような震動（o，p，q）を感じたのでこれはいけないと立ちあがり、蓁（しげる）〔劉生の妻〕もつづいて立って玄関から逃（のが）れようとした時は大地がゆれてなかなか出られず蓁などは倒れてしまった由、ともかく外へ出るとつなみの不安で、松本さんの方へかけ出そうとすると照子〔劉生の妹〕が大地になげつけられ松の樹で眼をやられたとて蓁がかかえて血が流れている。ああ何たる事かと胸もはりさけるようである。家はもうその時はひどくかしいでしまった。もう鵠沼にもいられないと思ったがすぐ、これでは東京も駄目か、大へんな事になってしまったと思う。[中略] やっとのがれて、藤沢の遊行寺（ゆぎょうじ）（r）か、武相へ行こうとしたら途中石上の御百姓家へ呼びこまれる。非常に親切な家で、実に助かった」。(前掲『摘録 劉生日記』)

【設問ｎ】安政年間には、日本各地で大きな地震が連続して発生し、それを総称して「安政大地震」と呼ぶが、その中で1855年（安政２）に起きた直下型地震は、江戸に大きな被害をもたらした。その地震によって、水戸藩の徳川斉昭の側用人を務めていた人物が、自邸の崩壊で圧死した。藩政改革を行い、『弘道館記述義』を執筆、また水戸学者として尊皇攘夷思想を説いたその武士の人物名は何か。下記から選び、その番号を解答欄Ⅲ－Ｂに記入せよ。

１．佐久間象山　２．藤田東湖　３．佐藤信淵　４．平田篤胤

【設問ｏ】1923（大正12）年９月１日発生のこの地震は何と呼ばれているか。解答欄Ⅲ－Ａに漢字５字で記せ。

【設問ｐ】地震の後の混乱のなか、流言飛語によって住民たちの組織する自警団により多数の朝鮮人などが殺害された他、憲兵の手によってある無政府主義者とその妻、甥が殺害された。その無政府主義者であり、評論家であった人物は誰か。その人物名を下記から選び、その番号を解答欄Ⅲ－Ｂに記入せよ。

１．幸徳秋水　２．荒畑寒村　３．堺利彦　４．大杉栄

【設問ｑ】地震の後、灰燼と帰した東京を復興するため、当時の内閣は、帝都復興院を設置して都市計画に基づいた復興を計画した。その総裁に任じられた人物は誰か。この人物は、植民地・台湾の民政局長を勤めた他、満鉄総裁、

鉄道院総裁、逓信相、内相、外相、東京市長も歴任した。その人物名を下記から選び、その番号を解答欄Ⅲ－Bに記入せよ。

1．後藤新平　　2．山本権兵衛　3．児玉源太郎　4．平沼騏一郎

【設問ｒ】遊行寺は、正式には清浄光寺といい、1325年（正中2）に創建された古刹で、ある浄土信仰系の宗派の総本山として、今でも崇敬を集めている。遊行上人、捨聖とも呼ばれるその宗派の開祖は誰か。その人物名を解答欄Ⅲ－Aに漢字2字で記せ。

世界史

(75分)

〔Ⅰ〕 次の文章を読み，設問1～11に答えなさい。 (50点)

「都市」という言葉には近代的なイメージがあるが，(1)都市それ自体は既に古代において世界各地に成立し，文明の発展と密接に関わってきた。そこでの様々な活動が，人類の歴史に大きな影響を与えたのである。しかし，都市とは何か，という問いに答えるのは思いのほか難しい。時代や地域によってその特徴も異なるであろう。そこで，都市の起源の一つである古代の西アジアやヨーロッパに焦点を当て，その原初的な形態から，都市の一側面を考えてみたい。

(2)メソポタミア地方南部では，農耕・牧畜の定着にともなって，前4千年紀後半から都市が現れる。都市を中心に都市国家が形成されると，それを基盤に都市文明が発展していった。メソポタミアにおいて都市文明はシュメール人によって始まったとされる。彼らは，メソポタミア南部に（ **a** ）などの都市を建設した。その後には，他の多くの民族も都市国家を形成し，互いに交流・衝突しながら歴史が展開した。その結果，前1千年紀には（ **b** ）など，メソポタミアのみならずエジプトを含むオリエント全体を支配下に収める帝国が現れるが，その支配下でも都市は存続し，国家の支配や人々の生活の基盤として重要であり続けた。

ヨーロッパでは，前2千年紀初め頃エーゲ海周辺に，メソポタミアやエジプトの影響を受けて都市文明が登場した。それらは前12世紀にいったん崩壊し，多くの都市も放棄されたが，前8世紀に新たな都市文明がみられるようになる。その文明を担ったのがギリシア人であった。ギリシア人は，ギリシア本土のみならず，地中海各地に（ **c** ）などの植民市と呼ばれる都市を建設した。ポリスと呼ばれた都市およびそれを中心とした都市国家は，前4世紀までに800を超えていたと言われ，前2世紀にローマによって支配されるまで，それらを統一する国家は現れなかった。

そのローマもまた，都市から始まった国家である。イタリア半島には都市ローマ（以下，ローマ市と表記）の建設以前に，エトルリア人やギリシア人の都市国家もあったが，ローマはそれらを前3世紀までに勢力下に組み込んだ。その後，地中海に進出したローマは，前2世紀にはギリシアなど東方にも拡大し，前1世紀までには（　**d**　）などの地域を属州として，大帝国を築き上げた。その大帝国の支配を支えたのが，都市であった。首都たるローマ市は，最盛期には100万の人口を抱えたとも言われる大都市であった。また，辺境の属州では，ローマ人が建設した都市からローマ風の文化が広まった。こうしたローマ文化を受け入れた人々が実質的に各都市を統治したことで，都市は帝国統治の下部組織として機能した。

メソポタミアとギリシア・ローマの両文明は，言語や文字のみならず宗教や世界観などそれぞれ異なる特徴を有していたが，それらの基盤となった都市には共通する点も多い。例えば，両文明とも都市には必ず公的な目的の建築物が造られた。その最たるものが，神殿である。シュメール人の諸都市ではまず神殿が築かれ，それを中心に都市域が発展したとされている。(ア)これらの神殿に付随して聖塔が建てられることもあり，巨大なその塔は都市のランドマークとなった。バビロンのそれは，旧約聖書に登場する「バベルの塔」のモデルともなったと言われている。ギリシア・ローマでも，中心的な都市域の丘の上に神殿が置かれた。アテネでは，アクロポリスと呼ばれた丘の上に元々あった神殿がペルシア戦争で破壊された後，(イ)同じ場所に女神アテナの神殿が再建された。その神殿は現在復元され，ギリシアの観光名所の一つとなっている。

また，都市域には意図的に整備された広場があることも共通点である。ギリシアではアゴラ，ローマでは(ウ)フォルムと呼ばれる広場が，都市域の中心に置かれた。そこは，(3)市場が開かれる商業地であると同時に，集会が開かれる政治的な場でもあって，市民生活の中心的な空間であった。アテネでは，神殿が置かれたアクロポリスの北西麓にアゴラが広がっている。その周縁には(4)長い年月の間に様々な建物や施設が建てられ，現在でもその一部が残されている。特に目を引くのは，広場の東側にある「アッタロスのストア」と呼ばれる列柱館で，2階建ての建物が完全に復元されている。これは，小アジアにあったペルガモン王国の王アッタロス2世が寄進したもので，当時は店舗が連なるショッピングモールのような場所であった。広場の西側には，地縁的な部族制への改革によって500人評議会が創設されると，その開催場所として「会議場」が新設された。商業施設や議場の他に，市民の生活に欠かせない人工的な水場もあった。現在も貯水槽が確認できる「南東の泉場」は，アテネを支配していた僭主の一族によって設置されたものであり，水を汲みに来る人々の社交の場でもあった。アゴラの中央部での建築物の建設は禁じられていたが，のちに別の場所に新しいアゴラが建設されると，本来のアゴラの中央部にも建物がみられるようになる。その代表例が，初代ローマ皇帝の右腕として活躍した将軍が寄贈した「アグリッパの音楽堂」である。

ローマ人が各地に建てた都市においても，目抜き通りが交差する都市の中心に広場と神殿が置かれることが多かったが，帝政期に入って都市の自治機能が低下すると，広場の政治的意義も薄れていった。その代わり，(5)円形闘技場や公共浴場といった娯楽の場が市民の集まる社交の場となっていった。これらの建築物は，ローマ風の都市の特徴といえる。

他方メソポタミアでは，最古の都市の一つとして知られる北シリアのハブバ＝カビラにもみられるように，都市の城門近くに広場がおかれ，外部の商人たちと取引が行われる市場が立っていたとされる。しかし，王が支配したメソポタミアの諸都市では，広場がギリシア・ローマのような政治的な機能をもつことはなかった。その代わり，王の居館であり行政施設でもあった(6)宮殿が，メソポタミアの諸都市の特徴といえる。宮殿は，オリエントの影響を強く受けたクレタ島のクノッソスや，ギリシア本土の（　**e**　）などの都市にもみられるが，前8世紀以降のギリシア・ローマではほとんどみられない。

以上のような(エ)様々な建築物や施設を含む都市域が城壁で囲まれていることも，メソポタミアとギリシア・ローマの共通点である。多くの民族が入り乱れ，王朝が次々に交代したメソポタミアでも，多くのポリスの間で頻繁に衝突が生じていたギリシアにおいても，城壁は都市の安全にとって必要不可欠な設備だった。ローマ市でも王政期に築かれたとされる城壁があったが，発展に伴ってその外にも都市域が広がっていった。その新しい都市域を囲む形で，ある皇帝が新たな城壁を築いた。その城壁は彼の名をとって(7)「アウレリアヌスの城壁」と呼ばれ，現在でもその一部を確認できる。

城壁や神殿，広場の存在は，都市が当時の人々を惹きつける特徴を備えていたことを示す。しかし，多くの人々が各地から集まり，共に暮らすことで，都市には様々な問題が生じることになった。その一つが，(8)衛生問題である。特に排水の処理は，人々が集まって暮らす都市では必要不可欠だった。ハブバ＝カビラでも，アテネでも，そしてローマ市でも，排水のための設備が整えられていた。しかし，膨大な人口を抱えるようになったローマ市では，大量の生活用水が排水され，周囲の衛生環境を悪化させた。また，ローマの諸都市では，近くの沼沢地を発生源とする(9)伝染病がたびたび流行し，多くの人々の命を奪った。その他，過剰な人口密度と騒音，建築物の過密さとそれに伴う火災の危険性など，都市には特有の様々な問題があった。

人々が集まる場所であることが都市の特徴だとすれば，このような欠点を孕むことは都市の宿命であった。しかし，それ以前の小規模な集落では考えられなかったこうした問題に対処せざるを得なかったことで，都市ではさまざまな「革新（イノベーション）」が生み出された。決して快適とは言えない都市だとしても，「革新」に基づく最先端の文化や技術が生まれる場所は，人々を惹きつけ，あるいは無視できない存在となったのである。これが，単なる人口密集地ではない，都市のもう一つの特徴と言えるだろう。

設問１　文中の（　a　）～（　e　）に入る語句として**最もふさわしくないもの**を，次の選択肢１～４のうちから一つ選び，解答欄Ⅰ－Ａに記入しなさい。

(a)　１．ウル　２．ウルク　３．ニネヴェ　４．ラガシュ

(b)　１．アケメネス朝　２．アッシリア　３．カッシート　４．マケドニア

(c)　１．カルタゴ　２．シラクサ　３．ネアポリス　４．マッサリア（マッシリア）

(d)　１．エジプト　２．ガリア　３．シチリア　４．ダキア

(e)　１．ティリンス　２．トロイア（トロヤ）

3．ピュロス　　4．ミケーネ

設問2　下線部(1)に関連して，世界各地の古代文明の特徴についての記述あ〜うと，その文明を代表する遺跡X〜Zとの組合せとして正しいものを，次の選択肢1〜6から一つ選び，番号を解答欄Ⅰ－Bに記入しなさい。

世界各地の古代文明の特徴

あ　大河の下流域に形成され，水田稲作がさかんであった。

い　大河の定期的な氾濫によって豊かな農業がおこなわれ，神（神の子）とされる王が強大な権力を持った。

う　計画的に建設された都市には沐浴場が備わり，動物と未解読の文字が刻まれた印章が多くみられる。

文明を代表する遺跡

X　アマルナ（テル＝エル＝アマルナ）

Y　河姆渡

Z　ドーラーヴィラー（ドーラー＝ヴィーラー）

1．あ―X　い―Y　う―Z　　2．あ―X　い―Z　う―Y

3．あ―Y　い―X　う―Z　　4．あ―Y　い―Z　う―X

5．あ―Z　い―X　う―Y　　6．あ―Z　い―Y　う―X

設問3　下線部(2)について，メソポタミア地方南部における都市の成立の背景となった農業の記述として正しいものを，次の選択肢1〜4から一つ選び，番号を解答欄Ⅰ－Bに記入しなさい。

1．雨水にたより，肥料を用いない農業がおこなわれた。

2．黄土が堆積した土地でアワが栽培された。

3．人為的に水を供給する農業で麦が栽培された。

4．トウモロコシやジャガイモが栽培された。

設問 4　下線部(3)について，世界史上の都市と商業についての記述として正しいものを，次の選択肢１～４から一つ選び，番号を解答欄Ｉ－Ｂに記入しなさい。

1．アテネでは，ペイシストラトスが商工業を奨励した。

2．イスラーム世界では，都市の中でマドラサと呼ばれる市場が栄えた。

3．唐末以降，中国では城内に草市と呼ばれる商業地が現れた。

4．マンチェスターは奴隷貿易が行われる港町として栄えた。

設問 5　アテネのアゴラに建てられた建築物や施設について，下線部(4)と同じ段落の文章を参考にしながら，古いものから年代順に正しく配列したものを，次の選択肢１～８から一つ選び，番号を解答欄Ｉ－Ｂに記入しなさい。

1．「アッタロスのストア」→「アグリッパの音楽堂」→「南東の泉場」→「会議場」

2．「アッタロスのストア」→「南東の泉場」→「アグリッパの音楽堂」→「会議場」

3．「会議場」→「アッタロスのストア」→「アグリッパの音楽堂」→「南東の泉場」

4．「会議場」→「南東の泉場」→「アグリッパの音楽堂」→「アッタロスのストア」

5．「会議場」→「南東の泉場」→「アッタロスのストア」→「アグリッパの音楽堂」

6．「南東の泉場」→「アッタロスのストア」→「アグリッパの音楽堂」→「会議場」

7．「南東の泉場」→「アッタロスのストア」→「会議場」→「アグリッパの音楽堂」

8．「南東の泉場」→「会議場」→「アッタロスのストア」→「アグリッパの音楽堂」

設問 6　下線部(5)について，世界史上の社会と娯楽の関係の記述として正しいものを，次の選択肢１～４から一つ選び，番号を解答欄Ⅰ－Ｂに記入しなさい。

1．イスラームが広まらなかったジャワ島では，ワヤン（ワヤン＝クリ）のようにインド古典の影響を強く受けた文化が発達した。

2．支配下の文化に寛容であった元朝の下で，『西廂記』や『聊斎志異』に代表される戯曲（雑劇）が流行した。

3．18世紀のイギリスでは，貧しい労働者の集まるコーヒーハウスが社交の場となって，新しい文化や制度が生み出された。

4．民主政下のアテネでは，市民が集まる祭典で，悲劇や喜劇が競演された。

設問７ 下線部(6)について，世界史上の宮殿の記述として正しいものを，次の選択肢１～４から一つ選び，番号を解答欄Ⅰ－Ｂに記入しなさい。

1．オイラトのエセン＝ハンが黄帽派のチベット仏教に帰依したことで，ダライ＝ラマの宗教的権威が高まり，ラサにはポタラ宮殿が建てられた。

2．堅固な城塞のある王宮が，クレタ文明の特徴である。

3．清朝では，イエズス会士によってヨーロッパの文化が持ち込まれ，西洋式宮殿が円明園に建てられた。

4．ムラービト朝の下で建てられたグラナダのアルハンブラ宮殿は，イベリア半島の代表的なイスラーム建築である。

設問８ 下線部(7)が築かれたのは，各地の軍団が擁立した皇帝が短期間に交替する時代だった。この時代のローマ帝国の記述として正しいものを，次の選択肢１～４から一つ選び，番号を解答欄Ⅰ－Ｂに記入しなさい。

1．ゲルマン人やササン朝ペルシアの侵入を受けた。

2．「内乱の１世紀」とよばれる政治的混乱の時代であった。

3．ローマ市民権が帝国の全自由人に付与された。

4．ローマ市民権を求めて，イタリア半島の同盟市がローマに反乱を起こした。

設問9　下線部(8)について，医学の発展に関する記述あ・いと，世界史上の伝染病と社会に関する記述X・Yを読み，内容が正しい記述の組合せを，次の選択肢1～4から一つ選び，番号を解答欄Ｉ－Ｂに記入しなさい。

医学の発展

あ　ジェンナーが種痘法を開発した。

い　パストゥールやコントが細菌学を発達させ，公衆衛生にも寄与した。

伝染病と社会

X　14世紀のヨーロッパでは，黒死病（ペスト）がたびたび流行したことが一因となって農業人口が減少し，領主に対する農民の地位が低下した。

Y　ヨーロッパから持ちこまれた伝染病が，アメリカ大陸の先住民の人口減少の一因となり，代わりにアフリカの黒人奴隷がアメリカ大陸で使役されるようになった。

1．あ―X　　2．あ―Y　　3．い―X　　4．い―Y

設問10　下線部(9)の伝染病についての次の資料Ａ・Ｂに関する文W～Zを読み，内容が正しい文の記号の組合せを次の選択肢1～16から一つ選び，番号を解答欄Ｉ－Ｃに記入しなさい。

A

> 前430年の夏になるや，ペロポネソス同盟軍はアテネの領土に侵入し，国土を荒らし始めた。それからまもなく，あの疫病がアテネで初めて発生したのである。（中略）伝聞によれば，この疫病はエチオピアから始まり，北アフリカへ，さらにペルシア帝国の大部分へも広がり，それからアテネに襲来した。（中略）この病気そのものの苦しみに加えて，人々をさらに困窮させたのは，戦争に備えた田園から都市域への集団移住で，特に住むべき家もない移住者が苦しめられた。（中略）都市の内部では人々が疫病で死んでいき，都市の外では敵によって土地が荒らされた。このとき，スパルタ人に下った

神託のことが話題に上がった。スパルタ人がデルフォイの神託を司る神に開戦すべきか伺ったところ，「力を尽くして戦えば勝利するし，神自ら助けるだろう」と告げられた。人々は，現状が神託と符合していると考えた。開戦後すぐに疫病が起こり，さらにスパルタには広がらず，特に蔓延したのはアテネと，他の最も人口稠密な諸地域であったからだ※。

（トゥキュディデス『歴史』２巻47－54節より要約。）

※敵国であるアテネで特に疫病を流行らせたことが，神託にある神の助けとみなされた，ということ。

B

ところが，まもなくローマ帝国は，戦勝の喜びが瞬く間に冷めるような状況に陥った。東方に遠征したローマ軍兵士たちが疫病にかかり，彼らの帰還とともに病気が帝国全土に広がったからである。（中略）

疫病はローマ市に到達したのち，ライン，ドナウ両河川沿岸属州やエジプトにも広がった。ローマ帝国は，完全にパンデミック（世界的規模での感染症の流行）状態となったのである。この疫病流行に関して，『ローマ皇帝群像』「ルキウス※伝」には次のように記されている。

「帰途に通過した諸属州に，そして最後には首都ローマにも，疫病を持って帰ったように思われたのは，彼［ウェルス］の不運であった。この疫病は，バビロニアで発生したが，そこにあったアポロン神殿で一兵士が偶然開けた金の小箱から，疫病の瘴気が出たのだといわれている。（中略）」

（南川高志『マルクス・アウレリウス――『自省録』のローマ帝国』岩波書店，2022年，100－103頁より引用。）

※マルクス＝アウレリウス＝アントニヌスとともに皇帝として共同統治に当たったルキウス＝ウェルスのこと。「ルキウス伝」の引用文中の「[ウェルス]」も同様。

W　資料Aの伝染病の流行は，アテネの指導者ペリクレスの命を奪った。

X　資料Bの伝染病が広まったきっかけは，当時ローマ帝国の東方にあったササン朝との戦争であった。

Y　資料A・Bともに，伝染病はアテネやローマ市よりも先に，エジプトに広まったと伝えている。

Z　資料A・Bともに，伝染病の流行には同じ神が関わっているという理解を伝えている。

1．W	2．X	3．Y
4．Z	5．W・X	6．W・Y
7．W・Z	8．X・Y	9．X・Z
10．Y・Z	11．W・X・Y	12．W・X・Z
13．W・Y・Z	14．X・Y・Z	
15．W・X・Y・Z	16．なし	

設問11　波線部(ア)〜(エ)に関する次の問いに対する答えを解答欄Ⅰ－Dに記入しなさい。

(ア)　波線部(ア)の聖塔は何と呼ばれるか。カタカナで答えなさい。

(イ)　波線部(イ)の神殿のアテナ女神像を製作した人物の名前を，カタカナで答えなさい。

(ウ)　波線部(ウ)の中でも，元老院が置かれたローマ市の広場が代表例として知られている。その広場の遺跡の名前を，カタカナで答えなさい。

(エ)　波線部(エ)に関連して，現在確認されている中国最古の統一王朝は，城壁に囲まれた都市の連合体であった。こうした都市は何と呼ばれるか。漢字で答えなさい。

〔Ⅱ〕「近世イスラーム帝国」の歴史に関する以下の文章を読み，設問１～10に答えなさい。（50点）

日本における歴史学研究では，(1)16世紀から18世紀にかけての時代を「近世」と呼ぶことが多い。この時代の特徴の一つに，世界の各地において，国家の統治がより緊密になっていったことがあげられる。この時代に，東地中海地域，西アジア，南アジアのムスリム（イスラーム教徒）たちを治めたオスマン帝国，サファヴィー朝，ムガル帝国は，イスラーム教を統治の理念に掲げつつ，常備軍や官僚制を整備し，様々な民族が暮らす広範な地域を支配した。ここでは，これらの国々を「近世イスラーム帝国」と呼ぶ。

このうち，オスマン帝国は，1453年に（　**a**　）を攻略すると，その町を都として東地中海地域のほぼ全域に支配を広げていった。16世紀前半から中葉にかけて君主の座にあった（　**b**　）の治世には，東方でサファヴィー朝を破って（　**c**　）を獲得し，北方ではオーストリアの（　**d**　）家の本拠地であったウィーンを包囲するなど，軍事的に最盛期を迎えた。

一方，サファヴィー朝は，(2)神秘主義教団が，トルコ系遊牧民の軍事力によってイランとその周辺地域を平定して成立した（　**e**　）派の国家である。サファヴィー朝の統治は，それまでのイランにおける政権と同様に，軍の中核をトルコ系の遊牧民が占め，行政や財務は(3)イラン系の官僚が担う体制であったが，16世紀後半から17世紀前半にかけての（　**f**　）の治世に，様々な民族からなる君主直属の常備軍や銃兵軍を拡充した。

南アジアにおいては，16世紀前半に，中央アジアの（　**g**　）朝の王族が北インドに入り，それまで同地を支配していた（　**h**　）朝を破ってデリーを占領し，ムガル帝国の礎を築いた。16世紀半ばから17世紀初頭にかけて君主の座にあった（　**i**　）の治世に，検地による徴税制度の改革と，中央集権的統治体制の整備が進められた。また，人口の多数派を占めるヒンドゥー教徒との融和が図られ，(4)非ムスリムに課される人頭税の徴収が停止されるとともに，（　**j**　）制と呼ばれる国家の支配制度に，ヒンドゥー教徒の有力者たちも取り込んだ。

イスラーム教以外の様々な宗教を信仰する人々を統治下に置いたことは，オスマン帝国とサファヴィー朝も同様であった。例えば，オスマン帝国においては，［　A　］。「近世イスラーム帝国」は，イスラーム教に則った統治を理念とし，ムスリムの君主を戴きながら，イスラーム教以外の様々な宗教を奉じる人々を柔軟に取り込むことで，比較的安定した社会と繁栄した経済，(5)多様な文化を享受したとも言える。しかし，イスラーム教とムスリムの優位は維持され，ムガル帝国では，（　k　）の治世に，非ムスリムからの人頭税の徴収が再開された。

こうした「近世イスラーム帝国」の隆盛は，16世紀から大きく進展した「世界の一体化」と連関していたと考えられる。「世界の一体化」とは，(6)15世紀末に始まる西欧諸国の海洋進出によって，ユーラシア・南北アメリカ・アフリカを結ぶ経済関係が形成され，アジアや(7)インド洋で展開していた交易網も，そうした世界規模の経済活動の影響を大きく受けるようになったことである。(8)ここで「近世イスラーム帝国」と呼んでいる諸国家も，それぞれの支配領域に進出してきた西欧諸国と様々な関係を持ち，西欧諸国との関係が国内の政治・経済・文化に大きな影響を及ぼすようになっていった。

設問１　空欄（　a　）～（　k　）に入る最も適切な語句を次の語群より選び，その番号を解答欄Ⅱ－Aに記入しなさい。

【語群】

1．アウラングゼーブ　2．アクバル　3．アグラ
4．アッバース１世　5．アドリアノープル（エディルネ）
6．イスマーイール　7．イラク　8．ウマイヤ
9．カイロ　10．カージャール
11．コンスタンティノープル　12．サイイド
13．サウード　14．シーア　15．シパーヒー
16．シリア　17．スコラ　18．スレイマン１世
19．スンナ　20．セリム１世　21．チュニジア
22．ティマール　23．ティムール　24．トゥグルク
25．ハプスブルク　26．バーブル　27．バヤジット１世
28．ハルジー　29．ハンガリー　30．ブルボン

31. ホーエンツォレルン　32. ホラズム＝シャー
33. マムルーク　34. マンサブダール（マンサブダーリー）
35. マンスール　36. メッカ　37. メフメト２世
38. ラージプート　39. ロディー　40. ワッハーブ

設問２　下線部(1)に関連して，16〜18世紀に存在した国家・政権として**当てはまらないもの**を，次の１〜４から一つ選び，番号を解答欄Ⅱ－Ａに記入しなさい。１〜４の全てが当てはまる場合は，数字の５を記入しなさい。

１．清　２．李朝（大越）
３．アユタヤ朝　４．テューダー朝

設問３　下線部(2)に関連して，イスラーム教の神秘主義の修行者のことを何というか，解答欄Ⅱ－Ｂにカタカナで記入しなさい。

設問４　下線部(3)に関連して，イラン系官僚から宰相となり，歴史書を編纂した人物としても知られるラシード＝アッディーン（ラシード＝ウッディーン）について，彼が編纂した歴史書と彼が仕えた国家の組合せとして正しいものを，次の１〜４から一つ選び，番号を解答欄Ⅱ－Ａに記入しなさい。

１．『歴史序説』― セルジューク朝　２．『集史』― イル＝ハン国
３．『歴史序説』― イル＝ハン国　４．『集史』― セルジューク朝

設問５　下線部(4)に関連して，ムスリムの統治下において非ムスリムに課された人頭税を何というか，解答欄Ⅱ－Ｂにカタカナで記入しなさい。

設問６　空欄［　Ａ　］に入る文として，最も適当なものを，次の１〜４から一つ選び，その番号を解答欄Ⅱ－Ａに記入しなさい。

１．宮廷などに様々な宗教や言語を持つ人々が集まり，そうした多様な人々の共通語としてウルドゥー語が用いられた
２．バルカン半島出身者によって組織された，キリスト教徒の騎兵軍団で

あるイェニチェリが活躍した

3．様々な地域から様々な宗教を信仰する商人・職人が集まる首都が，「世界の半分」と讃えられた

4．ユダヤ教徒やキリスト教徒の共同体に自治が認められた

設問7　下線部(5)に関連して，16世紀前半のインドで，ナーナクが，イスラーム教の影響を受けたヒンドゥー教の改革として創唱した宗教を何というか，その名称を「～教」という形式で，解答欄Ⅱ－Bに記入しなさい。

設問8　下線部(6)に関連して，ポルトガルが，進出の拠点として，1510年にインド西海岸に確保した都市の名前を，解答欄Ⅱ－Bにカタカナで記入しなさい。

設問9　下線部(7)のインド洋交易とその影響に関する記述として正しいものを，次の1～4から一つ選び，番号を解答欄Ⅱ－Aに記入しなさい。

1．アラブやイランのムスリム商人は，ジャンク船を用いてインド洋を航海した。

2．スマトラ島に成立したシュリーヴィジャヤは，多くの港市国家を従え，交易によって繁栄した。

3．アフリカ東部のインド洋沿岸地域においては，アラビア語と現地の言語が混合したコイネーが共通語となった。

4．東南アジアにおいては，インド洋を渡ってきたムスリム商人との交易をとおしてイスラーム教が広まり，マジャパヒト王国の王がイスラーム教に改宗した。

設問10　下線部(8)に関連する記述X～Zについて，内容が正しい文の記号の組合せを，次の1～8から一つ選び，番号を解答欄Ⅱ－Aに記入しなさい。

X　サファヴィー朝は，スペイン人をペルシア湾のホルムズ島から追放した。

Y　オスマン帝国がフランスなどの商人に与えたカピチュレーション（キャピチュレーション）は，19世紀になると不平等条約のもとになった。

Z　18世紀にムガル帝国の統治が弱体化するなかで，スペイン継承戦争と連動して起こったプラッシーの戦いにおいて，イギリス東インド会社がフランスとベンガルの地方政権の連合軍を破った。

1．X　　2．Y　　3．Z　　4．X・Y
5．X・Z　　6．Y・Z　　7．X・Y・Z　　8．なし

〔Ⅲ〕 以下の文章を読み，設問１～３に答えなさい。 (50点)

ナポレオンによるヨーロッパの支配が終結し，1814～1815年に一連の戦争の戦後処理のため，ヨーロッパ諸国の代表者が参加する［　あ　］が開かれた。このころには，国際分業体制におけるイギリスの覇権が，事実上確立した。圧倒的な生産力をもつイギリスは，製品の輸出市場や原材料の供給地を海外に求め，広大な<u>植民地帝国</u>(A)を確立した。1837年に［　い　］が即位してからのおよそ半世紀間，イギリスは経済的にも軍事的にも，他国を圧倒した。1851年に（　**a**　）で開催された第１回万国博覧会（以下，万博）は，いち早く<u>産業革命</u>(B)を達成した「世界の工場」の技術力を国内外に誇示することになった。30万枚ものガラスを使用した「水晶宮」が目玉の一つとなった万博は，人々の関心を大いに集めた。（　**a**　）に続いて，1853年に始まった［　う　］戦争の影響などで準備が遅れるも，1855年と<u>1867年</u>(C)には（　**b**　）でも万博が開催された。1873年にウィーンで開催された万博には明治政府も正式に初参加し，工芸品など日本の文化が紹介された。ここで紹介された日本文化から<u>印象派</u>(D)も影響を受けることになった。

万博は近代産業の発展状況を示したことはもちろん，植民地の拡大にまい進する国々が国威をアピールし，植民地の人々が「展示」される場ともなり，来場者が<u>新しい世界認識</u>(E)を得る空間になっていった。加えて万博は，都市生活の変化も示した。1900年の（　**b**　）万博電気館は「電気の世紀」の開幕を告げるものだ

った。電化をはじめとする便利で快適な都市の生活環境の進展は，農村から都市への人々の移動を加速させ，首都や中小都市の人口増をもたらした。

19世紀後半になると，列強諸国の首都は近代化の成果や国家の威信を示すために，近代技術や土木工学を結集して上下水道を普及させ，都市計画によって道路や都市交通網を整備し，大都市文化の誕生の環境を整えた。［　え　］の治世である第二帝政期にセーヌ県知事オスマンによって進められた（　**b**　）改造や，ウィーンの都市計画はその代表的事例であり，古い街区や城壁を取り壊し，近代的建築や街路を整備して，他都市のモデルとなった。また，（　**a**　）では最初の地下鉄が開通し，近代的都市交通が始まった。

この時期，欧米では国が主導して科学技術の開発が進んだ。（　**c**　）のファラデーが発見した電磁誘導の法則が，（　**d**　）のジーメンスによる発電機とモーター，電車の製品化につながり，同じく（　**d**　）の［　お　］とディーゼルによるエンジン（内燃機関）の発明が，交通機関の革新をもたらした。このように，重化学工業・電機工業・石油産業を中心とする新しい産業が誕生し，これを南北戦争後のアメリカ合衆国と統一後の（　**d**　）が牽引することになった。これに対して，それまで産業革命をリードしていたイギリスは，この産業構造の転換に立ち遅れることになった。新産業は巨額の設備投資を必要としたので，(F)産業資本と銀行資本が結びついた金融資本の役割が増大し，市場の独占も進んだ。欧米列強は1870年代半ば以降，不況に伴う経済問題・社会問題の解消を目指し，海外への膨張政策を強引に推し進め，武力で海外市場を獲得しようとする動きが強まった。(G)科学技術の進歩で，武器・通信手段・医療が発達し，植民地の征服が容易にもなった。

19世紀末からは長期の低成長期も終わり，ヨーロッパ諸国は好景気に支えられて繁栄期を迎えた。この時代は「ベルエポック（すばらしい時代）」と呼ばれ，都市では百貨店も開店し，消費文化が花開いた。博物館・美術館・コンサートホールなどの文化施設・娯楽施設の拡充も進み，成熟した市民文化の成果を示す場ともなった。第一次世界大戦前の半世紀間，列強間の紛争や対立の場が，ヨーロッパの中心部ではなく，(H)アジア・アフリカ地域，(I)バルカン半島などのヨーロッパの周辺部に限定されていたことも，こうした繁栄の背景をなしていた。

設問1　文中の（　**a**　）～（　**d**　）に入る最も適切な語句を次の語群から選び，番号を解答欄Ⅲ－Aに記入しなさい。なお，aとbには都市名が，cとdには国名が，同じ記号には同じ語句が入る。

【語群】

1．アイルランド	2．アンカラ	3．イギリス
4．イタリア	5．オーストラリア	6．シカゴ
7．ドイツ	8．トルコ	9．ニューヨーク
10．パリ	11．フランクフルト	12．フランス
13．ブリュッセル	14．ミラノ	15．メルボルン
16．ロンドン		

設問2　文中の［　あ　］～［　お　］に入る適切な語句を，解答欄Ⅲ－Bに記入しなさい。

設問3　下線部(A)～(I)に関連する次の記述(a)(b)について，(a)(b)ともに正しい場合は数字**1**，(a)のみ正しい場合は数字**2**，(b)のみ正しい場合は数字**3**，(a)(b)ともに正しくない場合は数字**4**を，解答欄Ⅲ－Cに記入しなさい。

(A)　イギリス植民地帝国について。

(a)　アヘン戦争後に，清は天津条約でイギリスに香港島を割譲した。

(b)　イギリスは，コンバウン朝との戦争で，ビルマ全土をインド帝国に併合した。

(B)　産業革命について。

(a)　ジョン＝ケイが，飛び杼を発明した。

(b)　スティーヴンソンが，蒸気機関車を製作した。

(C)　1867年について。

(a)　この年に，プロイセンを盟主とする北ドイツ連邦が成立した。

(b)　この年に，オーストリア＝ハンガリー帝国が成立した。

(D)　印象派について。

(a)　印象派の画家たちは，光や色彩の表現を重視した。

(b)　印象派の絵画「ムーラン＝ド＝ラ＝ギャレット」は，ミレーの作品である。

(E) 新しい世界認識について。

(a) ダーウィンが『種の起源』で唱えた自然淘汰と適者生存の理論は，聖書の人間観を揺るがした。

(b) スペンサーが唱えた社会進化論（社会ダーウィン主義）は，劣等と見なされた民族・人種への迫害を正当化する論理につながった。

(F) 産業資本・金融資本による市場の独占について。

(a) 大銀行を中心とする巨大な企業集団をカルテルと呼ぶ。

(b) アメリカ合衆国では，1890年にトラストを規制する法が制定された。

(G) 科学技術の進歩について。

(a) 無線電信は，ドイツのマルコーニによって発明された。

(b) アメリカのライト兄弟が，動力飛行機による初飛行に成功した。

(H) アジア・アフリカ地域について。

(a) 南アフリカ戦争により，ケープ植民地はトランスヴァール共和国とオレンジ自由国に併合された。

(b) イギリスはインド人傭兵の反乱を機にムガル皇帝を廃し，藩王国も全廃した。

(I) バルカン半島について。

(a) 1878年のサン＝ステファノ条約で，ルーマニア，セルビア，モンテネグロの独立が認められた。

(b) 1878年のベルリン条約により，ブルガリアは領土を拡大した。

政治・経済

（75分）

〔Ⅰ〕 次の文章を読み、下の設問（設問1～設問10）に答えよ。（50点）

ⓐ私的自治の原則によれば、個人は、みずからの意思によって自由に法律関係を形成できるものとされる。ⓑ自己決定権は、多様な場面で問題となるが、私的自治の原則を補強する役割を果たしていると解する見解もある。

私的自治の原則から派生する原則として、（　ア　）の原則がある。この原則の下、個人は、ⓒ契約の内容や契約を締結するかどうかを当事者の合意で決定できるとされる。しかしながら、これを無制限に認めると、ⓓ消費者と企業間の契約のように、契約の当事者間に情報量や交渉力において差がある場合、これを利用して経済的強者が自分に有利な契約を経済的弱者に押しつけることも可能となる。そこで、さまざまな法律により、弱者保護の観点から、私的自治の原則および（　ア　）の原則に制限が加えられている。

【設問1】文中の（　ア　）に入る最も適切な語句を、解答欄Ⅰ－甲のアに記入せよ。

【設問2】下線部ⓐに関連して、次の文章の（　イ　）・（　ウ　）に入る最も適切な語句を、解答欄Ⅰ－甲のイ・ウに記入せよ。

近代市民社会の成立とともに、私法における重要な原則として、私的自治の原則のほか、すべての人は、年齢や地位などに関係なく、平等に権利を有し義務を負うという権利能力平等の原則、正当な経済活動によって得られた成果は、その人の固有の財産として保護されるという（　イ　）の原則が確立された。

過失がなければ責任を負わなくてよいという過失責任の原則は、私的自治の原則から派生する原則であるが、製造物責任法は、消費者保護のため、一定の場合に無過失で責任を負わせることを認めている。これにより、証明が難しかった企業側の過失の有無に関係なく、製造物に（　ウ　）があれば、消費者は、企業に対して責任を問うことができるようになった。それでも消費者側の立証の負担は重く、欧米諸国の製造物責任法のように「（　ウ　）の推定」を導入すべきであるといった意見もある。

【設問３】下線部ⓑに関連して、次の文章の（　エ　）・（　オ　）に入る最も適切な憲法上の語句を、解答欄Ⅰ－甲のエ・オに記入せよ。

日本国憲法第13条は、すべての国民を個人として尊重し、「（　エ　）、自由及び幸福追求に対する国民の権利」を保障し、これらの権利については、「公共の福祉に反しない限り、（　オ　）その他の国政の上で、最大の尊重を必要とする」と定める。自己決定権は、この幸福追求権のあらわれであるともいえる。

【設問４】下線部ⓑに関連して、次の文章の（　カ　）に入る最も適切な語句を、解答欄Ⅰ－甲のカにカタカナで記入せよ。

患者の自己決定権の観点から、医療行為にあたり、医師が患者に対し治療法などについて説明をしたうえで、患者から同意を得ることを必要とする（　カ　）の重要性が指摘されている。（　カ　）は、医師による十分な説明に基づく患者の同意という意味でも用いられる。

【設問５】下線部ⓑに関連して、次のａ～ｃの記述について、臓器移植法の内容として**正しいものには数字の１を、正しくないものには数字の２**を、解答欄Ⅰ－乙のａ～ｃに記入せよ。

a．2009年の臓器移植法の改正前は、提供の意思表示が可能な年齢は15歳以上とされていたが、改正後は13歳以上と定められている。

b．2009年の臓器移植法の改正前は、提供者の臓器提供の意思表示については、臓器提供意思表示カードのように、本人の意思表示が必要であった。これに対して、改正後は、本人の意思が不明な場合でも、家族が承諾すれば提供が可能となった。

c．2009年の臓器移植法の改正後も、提供者の秘匿性が維持されており、優先的に親族や知人に対して臓器提供をするといった意思表示をすることはできない。

【設問６】下線部ⓒに関連して、次の文章の（　ｉ　）・（　ii　）に入る最も適切な語句の組み合わせを、下の１～６のうちから１つ選び、その番号を、解答欄Ｉ－乙に記入せよ。

契約は、原則として、（　ｉ　）成立する。契約の当事者は、契約上の権利を行使する一方で、契約上の義務を果たす義務を負う。契約違反の場合には、裁判によって、契約の相手方に対し、（　ii　）を請求したり、強制的に契約内容の執行を求めたりすることができる。

1．（　ｉ　）書面での意思表示によってのみ（　ii　）課徴金
2．（　ｉ　）書面での意思表示によってのみ（　ii　）罰金
3．（　ｉ　）書面での意思表示によってのみ（　ii　）損害賠償
4．（　ｉ　）口頭での意思表示であっても（　ii　）課徴金
5．（　ｉ　）口頭での意思表示であっても（　ii　）罰金
6．（　ｉ　）口頭での意思表示であっても（　ii　）損害賠償

【設問７】下線部ⓓに関連して、アメリカ合衆国のケネディ大統領が特別教書で示した「消費者の４つの権利」として**正しくないもの**を、次の１～４のうちから１つ選び、その番号を、解答欄Ｉ－乙に記入せよ。

1．知らされる権利　　2．選択できる権利
3．集団で訴える権利　　4．意見が聞きとどけられる権利

【設問8】下線部ⓓに関連して、次の文章の（　A　）～（　G　）に入る最も適切な語句を、下の語群から1つ選び、その番号を、解答欄Ⅰ－乙のA～Gに記入せよ。

（　A　）は、2000年の改正により、1976年に制定された（　B　）から法律の名称を変更したもので、通信販売などの特定の方法で商品を購入した場合のトラブルから消費者を保護することを目的としている。この法律で定められているクーリング・オフ制度により、消費者は、みずからが締結した契約を、一定期間中であれば、一定の条件の下で（　C　）ことができる。

（　D　）もまた、2000年に成立した法律であるが、消費者と事業者間の契約について、消費者の誤認や困惑による契約を消費者が取り消すことや、消費者の利益を一方的に害する不当な条項を（　E　）ことを定めたものである。

また、認知症など判断能力が低下した人が契約する際に、本人に代わって契約の締結などができる（　F　）が設けられている。

さらに、約款については、2017年の（　G　）の改正により規定が新設され、この規定により、約款が不当に消費者の利益を一方的に害する場合、このような約款は、合意しなかったものとみなされる。

[語群]

1．割賦販売法　　2．消費者基本法　　3．消費者契約法
4．無限連鎖講防止法　　5．民法　　6．消費者保護基本法
7．訪問販売法　　8．消費者安全調査委員会
9．特定商取引法　　10．無効とする　　11．解除する
12．有効とする　　13．国民生活センター　　14．成年後見制度
15．消費者被害救済制度　　16．特定適格消費者団体
17．執行する

【設問9】下線部ⓓに関連して、次の文章の（　キ　）・（　ク　）に入る最も適切な語句を、解答欄Ⅰ－甲のキ・クに記入せよ。

（　キ　）制度とは、消費者被害の発生・拡大の防止を図るため、一定の消費者団体が裁判により消費者に代わって事業者の不当な行為の差止めを請求できる制度である。その後、2016年に施行された消費者裁判手続特例法に基づき、（　ク　）制度が導入され、多数の消費者に共通して生じた財産的被害について、一定の消費者団体が原告となって事業者を訴え、勝訴確定後に個々の被害者が裁判手続に加わり、損害賠償を求めることができるようになった。

【設問10】下線部ⓓに関連して、多重債務問題に関する記述として最も適切なものを、次の１～４のうちから１つ選び、その番号を、解答欄Ⅰ－乙に記入せよ。

1．政府は、貸金業規制を大幅に強化するため、2006年に利息制限法を改正し、グレーゾーン金利を撤廃した。
2．ヤミ金融とは、貸金業法に基づき登録をしながらも、高金利で融資をし、悪質な取り立てをおこなう業者を指す。
3．借り過ぎ、貸し過ぎを防ぐために設けられた総量規制とは、貸金業者からの借入総額を年収の３分の１以下に制限するものである。
4．借主は、みずからの責任で借金をした以上、裁判所にみずからの破産を申請することはできない。

〔Ⅱ〕 次の文章を読み、下の設問（設問１～設問10）に答えよ。 (50点)

日本の中小企業は、ⓐ企業数や従業者数において多くの割合を占めている。日本では、高度経済成長期に国内総生産や就業者の構成比でみた産業の中心が、第一次産業から第二次産業へ、さらにⓑ第三次産業へと移行し、（　ア　）の高度化が進んだ。また消費者ニーズも多様化するなかで、中小企業は機動性を活かし、ⓒ新しい事業分野を切り開くなど、日本経済の発展や雇用を支えるうえで重要な役割を果たしている。中小企業のなかでも、ⓓ製造業の中小企業では、一般に町工場とよばれるような小規模の工場が全体の工場数の約７割を占めており、部品や素材の供給網を意味する（　イ　）を支えるなど、日本のものづくり産業を下支えしている。しかし、それらのなかには、原材料費の高騰や後継者不足などさまざまな経営課題に直面している中小企業も少なくない。また小売業の中小企業では、その数は多いが、2000年に（　A　）が廃止されたことで、大型ショッピングセンターが郊外に次々と誕生していく一方で、それに対抗することができない中小商店も多く、街中や駅前の商店街が「（　B　）」と形容されるなど、その活気の喪失が問題となっている。

中小企業を取り巻く問題は、1990年代に入ってから顕著化した。バブル経済が崩壊し、不良債権が増大したことで金融機関の貸し出し姿勢が極端に慎重になる（　ウ　）が生じ、より健全な中小企業であっても資金調達に困窮するようになった。また新規に開業する割合の低迷も深刻化した。1999年にはⓔ中小企業基本法が改正され、「独立した中小企業者の自主的な努力」の助長と「その（　エ　）で活力ある成長発展」をはかることが基本理念とされ、基本的施策の１つに創業の促進が掲げられた。さらに2006年には（　オ　）法が施行され、ⓕ最低資本金規制（最低資本金規定ともいう）が撤廃された。このように、開業する割合を高めるための、ⓖ創業（ないし起業）を支援する政策が展開された。

【設問１】文中の（　ア　）～（　オ　）に入る最も適切な語句を、解答欄Ⅱ－甲のア～オに記入せよ。ただし、イはカタカナで記入せよ。

【設問２】文中の（　A　）・（　B　）に入る最も適切な語句を、次の語群からそれぞれ１つ選び、その番号を、解答欄Ⅱ－乙のA・Bに記入せよ。

［語群］

１．大規模小売店舗法　　２．中心市街地活性化法
３．大規模小売店舗立地法　　４．都市計画法
５．ショッピング・モール　　６．産業空洞化
７．シャッター通り　　８．アウトレット・ショップ
９．スマートシティ

【設問３】下線部ⓐに関連して、2014年の中小企業庁の資料による、中小企業の企業数および従業者数（４人以上）の割合として、最も適切な組み合わせを、次の１～４のうちから１つ選び、その番号を、解答欄Ⅱ－乙に記入せよ。

１．企業数99％、従業者数70％　　２．企業数99％、従業者数50％
３．企業数70％、従業者数70％　　４．企業数70％、従業者数50％

【設問４】下線部ⓑに関連して、次の文章の（　カ　）に入る最も適切な語句を、カタカナ３文字で、解答欄Ⅱ－甲のカに記入せよ。

日本では、1973年の石油危機を境に、重厚長大といわれる大規模装置産業に対して、情報産業・サービス業・レジャー業などの第三次産業の割合が増加し、生産販売の面でも、開発・デザイン・情報・管理など、付加価値が高く、技術集約度の高い分野が重要視された。このように、技術革新や情報化の進展などにより、モノの生産を中心とした経済から、サービスの生産を中心とした経済へ移行することを、経済の（　カ　）化という。

【設問５】下線部ⓒに関連して、こうした中小企業のうち、高い専門性や技術力を発揮して、成長を続けている中小企業をベンチャー企業（あるいはベンチ

ャー・ビジネス）とよぶが、ベンチャー企業のさらなる成長を促すために投資をおこなう個人投資家を何というか。カタカナ５文字で、解答欄Ⅱ－甲に記入せよ。

【設問６】下線部ⓓに関連して、製造業における中小企業の定義に該当する資本金と従業員数として、最も適切な組み合わせを、次の１～４のうちから１つ選び、その番号を、解答欄Ⅱ－乙に記入せよ。

１．資本金１億円以下、従業員数100人以下
２．資本金１億円以下、従業員数300人以下
３．資本金３億円以下、従業員数100人以下
４．資本金３億円以下、従業員数300人以下

【設問７】下線部ⓔに関連して、次の文章の（　キ　）・（　ク　）に入る最も適切な語句を、それぞれ漢字４文字で、解答欄Ⅱ－甲のキ・クに記入せよ。また（　C　）に入る最も適切な語句を、下の語群から１つ選び、その番号を、解答欄Ⅱ－乙のCに記入せよ。

1963年に制定された中小企業基本法は、中小企業に設備増強などの促進を意味する近代化と、大企業との間にみられる生産性などの諸格差の是正を目標とした。地場産業などにもみられるように、中小企業は職人の技能などを活用した生産方式が多いことから（　C　）集約的な製品を製造するが、一方で、大企業は生産能力の高い施設や設備をもつなど従業員１人あたりの資本設備（有形固定資産）額を意味する（　キ　）率が高いことから、中小企業と大企業との間で生産性に格差が生じる。この企業規模間の生産性ないし賃金などに存在する諸格差は、日本経済の（　ク　）として問題となった。

［語群］

１．労働　　２．資本　　３．情報　　４．設備

【設問８】下線部ⓕに関連して、**適当でないもの**を、次の１～４のうちから１つ選び、その番号を、解答欄Ⅱ－乙に記入せよ。

1．株式会社の最低資本金は、1,000万円であった。
2．有限会社の最低資本金は、500万円であった。
3．2006年以降、有限会社の新設が廃止された。
4．2006年以降、資本金が１円でも株式会社を設立できるようになった。

【設問９】下線部ⓖに関連して、創業して間もない企業に対して、経営面で国や地方公共団体などが支援・育成をおこなう、もともとは「卵がかえること」を意味することを何というか、カタカナ９文字で、解答欄Ⅱ－甲に記入せよ。

【設問10】下線部ⓖに関連して、次のａ～ｄの記述について、**正しいものには数字の１を、正しくないものには数字の２を**、解答欄Ⅱ－乙のａ～ｄに記入せよ。

ａ．創業（起業）支援には、既存企業の業種転換の支援が含まれる。
ｂ．創業（起業）支援がおこなわれるようになってから、製造業の起業よりも、情報通信、教育・学習支援、医療・福祉関係といった分野での起業が増えている。
ｃ．医療・福祉関係では、20～30歳代の起業家が急速に増えている。
ｄ．起業教育の内容には、新しい企業を誕生させることだけでなく、その企業を存続させるための事業の創造やマネジメントも同時に求められる。

※設問10．ｂについては，創業数を比較する客観的根拠が高等学校教科書等に記載されておらず，正答が導けない状況になっていたため，全員正解とする措置が取られたことが大学から公表されている。
ｃについては，この年代の起業家数の変化を示した客観的根拠が高等学校教科書等に記載されておらず，正答が導けない状況になっていたため，全員正解とする措置が取られたことが大学から公表されている。

〔Ⅲ〕 次の文章を読み、下の設問（設問１～設問４）に答えよ。 (50点)

第二次世界大戦後、日本では連合国軍最高司令官総司令部（ＧＨＱ）の指令で、経済民主化政策がおこなわれた。民主化の柱は、（　ア　）、労働の民主化、財閥解体の３つである。

（　ア　）は自作農を創出するための政策だった。不在地主の貸付地全部、在村地主の貸付地の１町歩（北海道は４町歩）を超える部分を政府が買い上げ、（　イ　）農に売り渡した。これにより自作農が増加し、農家の収入が増大した。

労働の民主化とは、治安維持法などによって禁止されていた労働組合運動（ⓐ）が公認され、労働三法などにより、労働者の権利が保障されたことである。これにより、多くの労働組合が結成された。

財閥解体とは、（　ウ　）整理委員会によって（　ウ　）を解散させ、独占禁止法と過度経済力集中排除法の制定によって、少数の企業による過度な市場支配と不公正な取引を禁止した政策である。

政府は、限られた資金と資源を、石炭や鉄鋼、肥料などの基幹産業に重点的に配分する（　エ　）方式を採用した。また、物資の不足と通貨の増発によって深刻化した（　オ　）を収束させるため、ＧＨＱは、1948年に経済安定九原則（ⓑ）を示した。さらに、1949年には、（　カ　）といわれる財政引き締め政策がとられた。このため（　オ　）は収まったものの、日本経済は不況に陥った。

しかし、1950年に（　キ　）が勃発すると、アメリカ軍が調達する大量の物資やサービスによって特需が発生し、日本経済は活気づいた。特需景気によって経済成長の足掛かりをつかんだ日本経済は、1955年頃から1973年頃まで高い経済成長率が続く高度経済成長期（ⓒ）となった。

【設問１】文中の（　ア　）～（　キ　）に入る最も適切な語句を、解答欄Ⅲ－甲のア～キに記入せよ。ただし、オ・カはカタカナで記入せよ。

【設問２】下線部ⓐに関連して、次の文章の（　ク　）～（　コ　）に入る最も適切な語句を、解答欄Ⅲ－甲のク～コに記入せよ。また、（　A　）～

（　D　）に入る最も適切な語句を、下の語群から1つ選び、その番号を、解答欄Ⅲ－乙のA～Dに記入せよ。

第二次世界大戦後の労働の民主化政策のなかで、日本国憲法第28条に規定された勤労者の（　ク　）権、団体（　ケ　）権、団体行動権の労働三権を具体的に保障するために、労働組合法と労働関係（　コ　）法が制定された。また、憲法第27条に記された労働条件を具体的に規定する労働基準法が制定された。これら3つの法律によって、日本の労働関係の近代化が進んだ。

民主化政策とその後の高度経済成長のなかで、大企業を中心に労働組合運動が拡大した。1950年にはナショナルセンターとして（　A　）が結成され、毎年恒例の賃金闘争である（　B　）、合理化反対運動、平和運動を担った。1964年には、（　A　）に対抗して、（　C　）が結成され、労使協調路線で労働条件の改善を目指した。

高度経済成長期が終焉すると、賃金上昇率が低下し、労働組合組織率も急落した。このような困難な状況を背景に、（　A　）と（　C　）は、1989年に（　D　）に統合された。（　D　）は、労使協調、労働時間短縮、技術革新への労働者教育の重視など、現実路線をとってきた。

［語群］

1．春闘　　2．サボタージュ
3．ストライキ　　4．全国産業別労働組合連合（新産別）
5．全国労働組合総連合（全労連）
6．全国労働組合連絡協議会（全労協）
7．全日本労働総同盟（同盟）　　8．中立労働組合連絡会議（中立労連）
9．日本労働総同盟（総同盟）　　10．日本労働組合総評議会（総評）
11．日本労働組合総連合会（連合）
12．ロックアウト

【設問3】下線部ⓑに関連して、次のa～cの原則のうち、「経済安定九原則」

に**当てはまるものには数字の1**を、**当てはまらないものには数字の2**を、解答欄Ⅲ－乙のa～cに記入せよ。

a．財政拡大　　b．徴税強化　　c．価格統制廃止

【設問4】下線部ⓒに関連して、次の文章の（　E　）～（　G　）に入る最も適切な語句を、下の語群から1つ選び、その番号を、解答欄Ⅲ－乙のE～Gに記入せよ。

1956年の『経済白書』は「もはや『戦後』ではない」という言葉で、戦後復興による経済成長が終わったという認識を示した。戦後復興に代わって日本経済は1973年頃まで、優秀な労働力の安定的供給、活発な設備投資、国民の高い貯蓄率などによって、高度経済成長が続いた。この間、1960年に池田勇人首相は社会資本の充実などを目的とし（　E　）を発表した。1960年代前半までは、好景気のため輸入が増えると外貨不足から貿易が停滞する（　F　）にしばしばぶつかった。1960年代後半には、自動車や家電製品など耐久消費財の需要が増大し、設備投資が拡大した。1968年には日本の国民総生産（GNP）が（　G　）を抜き、資本主義国でアメリカ合衆国に次いで第2位となった。

[語群]

1．イギリス　　2．ソビエト連邦　　3．西ドイツ
4．フランス　　5．構造改革　　6．国際収支の均衡
7．国際収支の天井　　8．国民所得倍増計画　　9．日本列島改造論
10．貿易障壁　　11．貿易摩擦　　12．量的緩和政策

数　学

（75 分）

〔Ⅰ〕次の ☐ に適する数または式を，解答用紙の同じ記号の付いた ☐ の中に記入せよ。

(1) 平面上の△ABCにおいて，$\angle\mathrm{BAC}=\dfrac{2}{3}\pi$，$\angle\mathrm{ABC}=\dfrac{\pi}{4}$，$\mathrm{AB}=3$ である。△ABCの面積は ア である。

(2) 正の実数 c に対して，t の1次式で表された関数 $f(t)$ は等式 $\displaystyle\int_c^x tf(t)dt=x^3+cx^2-c^3-5c^2$ をみたしている。このとき，定数 c の値は $c=$ イ である。したがって，$f(t)=at+b$ とおくと，定数 a，b の値はそれぞれ $a=$ ウ，$b=$ エ である。

(3) 例えば，自然数100を2進法で表すと $1100100_{(2)}$ であり，3進法で表すと $10201_{(3)}$ である。3進法で $210210_{(3)}$ で表される自然数を9進法で表すと オ となる。p を3以上の自然数とする。p 進法で表すと6桁の数 $222222_{(p)}$ となる自然数を，p^2 進法で表すと3桁の数 $888_{(p^2)}$ となるとき，$p=$ カ である。q を3以上の自然数，また s を $1\leqq s\leqq q-1$，かつ，$s\leqq 9$ をみたす整数とする。q^2 進法で4桁の数 $7777_{(q^2)}$ となる自然数が，q 進法で8桁の数 $ssssssss_{(q)}$ となった。このとき $q=$ キ である。

(4) $f(x)=\log_8(2x-3)$，$g(x)=\dfrac{1}{3}\log_2 x$ とおく。xy 平面において，$y=g(x)$ のグラフを x 軸方向に A，y 軸方向に B だけ平行移動すると $y=f(x)$ のグラフに重なる，すなわち，$f(x)=g(x-A)+B$ が成り立つような定数 A，B の値は $A=$ ク，$B=$ ケ である。不等式 $3\log_8(2x-3)\leqq 2+\log_2 5+\log_{0.5}x$ をみたす x の

値の範囲は，［ コ ］である。

〔 II 〕 $f(x) = x^3 - 4x + 2$ と，xy 平面上の曲線 $C : y = f(x)$ を考える。n を自然数，a を正の実数とし，2つの数列 $\{a_n\}$，$\{S_n\}$ を (i) から (iii) のように定める。

(i) $a_1 = a$ とする。

(ii) 曲線 C 上の点 $\mathrm{P}_n(a_n, f(a_n))$ における C の接線を ℓ_n としたとき，点 $\mathrm{P}_{n+1}(a_{n+1}, f(a_{n+1}))$ は，曲線 C と直線 ℓ_n との共有点のうち，点 $\mathrm{P}_n(a_n, f(a_n))$ と異なる点である。

(iii) S_n は，ℓ_n と C に囲まれた部分の面積である。

このとき，次の問いに答えよ。

(1) 曲線 C 上の点 $\mathrm{P}_1(a, f(a))$ における C の接線 ℓ_1 の方程式を求めよ。

(2) a_{n+1} を a_n の式で表せ。

(3) 自然数 n に対して，S_n を a を用いて表せ。

(4) $a = 2$ のとき，S_n が 10^{100} を超える自然数 n のうち，最小のものの値を求めよ。ただし，$0.301 < \log_{10} 2 < 0.302$，$0.477 < \log_{10} 3 < 0.478$ である。

〔 Ⅲ 〕 s, t を 2 つの正の実数とする。ただし，$s=1$ と $t=1$ が同時に成り立つことはないとする。平面において，△OAB は，1 辺の長さが 1 の正三角形である。2 点 C，D は $\overrightarrow{\mathrm{OC}}=-s\overrightarrow{\mathrm{OA}}$，$\overrightarrow{\mathrm{OD}}=-t\overrightarrow{\mathrm{OB}}$ をみたす。線分 AC の垂直 2 等分線と線分 BD の垂直 2 等分線の交点を E とおく。さらに，線分 AD，線分 OE，線分 BC の中点をそれぞれ L，M，N とおく。このとき，次の問いに答えよ。

(1) 実数 x に対して，$\overrightarrow{\mathrm{OA}}\cdot(\overrightarrow{\mathrm{OA}}+x\overrightarrow{\mathrm{OB}})=0$ のとき，x の値を求めよ。

(2) 線分 CD の長さを s，t を用いて表せ。

(3) $\overrightarrow{\mathrm{OE}}$ を $\overrightarrow{\mathrm{OA}}$，$\overrightarrow{\mathrm{OB}}$，$s$，$t$ を用いて表せ。

(4) 線分 CD の長さが 1 のとき，s，t の値にかかわらず，L，M，N は，同一直線上にあることを示せ。また，CD の長さが 1 であり，かつ，$s=\dfrac{1}{\sqrt{3}}$ のとき，線分 LM と線分 LN の長さの比の値 $\dfrac{\mathrm{LM}}{\mathrm{LN}}$ を求めよ。

5　宮中の寝殿では、蛇と蛙の戦いによって火災が起こった。
6　安倍の童子は帝から、時節の呼び名にちなむ「清明」の名を賜った。

(七)　傍線――――について、「博士」に任じられた理由を説明せよ（三十字以内、句読点を含む）。

（以上・六十点）

感嘆して手を拍った。

3　安倍の童子が櫃の中身を占う様子を見聞きした誰もが、鳥の鳴き声を理解したことを不思議と言い、驚いて手を拍つどころではなかった。

4　鳥が櫃の中身を知らせる様子を見聞きした誰もが、安倍の童子が鳥と会話ができたことを不思議と言い、盛んに感嘆して手を拍った。

5　安倍の童子が櫃の中身を占う様子を見聞きした誰もが、中身が詳しく説明されたことを不思議と言い、驚いて手を拍つどころではなかった。

㈤　傍線――「取りたらん」の「ん」と文法的意味・用法が同じものを、次のうちから一つ選び、その番号を記せ。

1　御幸をなし参らせんと思ふはいかに。

2　何事をか奏すべかんなる。さないはせそ。

3　都へのぼり候ひなば、西八条へぞ参り候はんずらん。

4　さのみながらへて、おのれにうき目を見せんも我身ながらつれなかるべし。

5　事にふれて奇怪のふるまひどもがありけんなれば、俊寛をば思ひもよらず。

㈥　本文の内容に合致するものを、次のうちから二つ選び、その番号を記せ。

1　安倍の童子は他の童子たちに頼まれて小蛇を受け取った。

2　人間世界に戻った安倍の童子は、竜宮で処方された鳥薬を耳に塗ってみた。

3　鹿島明神の拝殿に、東西から二羽の鳥がやって来た。

4　敵対する都の鳥と東国の鳥は、互いにだまし合っていた。

子に伝えた。

㈢　傍線――イ「竜宮、「不思議の望みなるかな、もつとも出だすべし」と、すなはち給ふ」の解釈として適当なものを、次のうちから一つ選び、その番号を記せ。

1　竜宮は「千金よりも石の匣がよいとは意外な望みであるな、なるほど、そうであれば出してやろう」と言って、すぐさま安倍の童子にお与えになる

2　竜宮は「秘蔵の石の匣の中身を知って所望するとは怪しい望みであるな、なるほど、そうであれば追放してやろう」と、その時、安倍の童子におっしゃる

3　竜宮は「石の匣の中身が見たいとは思いがけない望みであるな、思う存分、中身を取り出せばよい」と言って、すぐさま安倍の童子にお与えになる

4　竜宮は「誰も知らないはずの石の匣を所望するとは意外な望みであるな、とりわけそう申すのであれば出してやろう」と言って、すぐさま安倍の童子に差し上げる

5　竜宮は「千金に目もくれず石の匣を欲しがるとは思いがけない望みであるな、とりわけそう申すのであれば出さなくてはならない」と、その時、安倍の童子に差し上げる

㈣　傍線――ウ「諸人、これを見聞き、不思議の由を申し、手を拍つことはかりなし」の説明として適当なものを、次のうちから一つ選び、その番号を記せ。

1　烏が櫃の中身を知らせる様子を見聞きした誰もが、櫃の中に隠したものを烏が言い当てたことを不思議と言い、驚いて手を拍つどころではなかった。

2　安倍の童子が櫃の中身を占う様子を見聞きした誰もが、外からは見えないものを言い当てたことを不思議と言い、盛んに

設　問

㈠　傍線――a・bの意味として適当なものを、次のうちからそれぞれ一つ選び、その番号を記せ。

a　参籠申し
1　大勢で寺社に参拝し
2　かごに乗って寺社に参詣し
3　寺社にこもって祈願致し
4　決まった時刻に寺社に赴き申し
5　様々な寺社を巡礼し

b　丑寅
1　東西
2　南東
3　南西
4　北東
5　北西

㈡　傍線――ア「そのゆゑに礼述をなし、竜宮へ請はる」の説明として適当なものを、次のうちから一つ選び、その番号を記せ。

1　鹿島明神の化身である美女は、安倍の童子が命を助けてくれたことに感謝するとともに、竜宮からの招待の意向を安倍の童子が遣わした使者に伝えた。
2　竜宮の弟女は、安倍の童子が死相を避ける誓願を立てたことへの竜宮からの感謝を述べるとともに、竜宮からの招待の意向を安倍の童子が遣わした使者に伝えた。
3　竜宮の弟女は、安倍の童子が自らの正体を秘密にしてくれたことに感謝するとともに、竜宮からの招待の意向を安倍の童子に伝えた。
4　鹿島明神の化身である美女は、安倍の童子が多くの童子を集めてくれたことへの感謝を述べるとともに、竜宮からの招待の意向を安倍の童子に伝えた。
5　竜宮の弟女は、安倍の童子が自らを救ったことへの竜宮からの感謝を述べるとともに、竜宮からの招待の意向を安倍の童すなはち都へ登り、「天下無双の博士」と札を出す。
あるとき、臣下大臣これを聞き、大きなる車櫃（くるまひつ）に蝮（まむし）をあまた入れ、用意あつて、かの博士を召し出だし、「櫃の中を占ひ申せ」との仰せなり。その内に、はや鳥、鹿島にてさへづるが如く、櫃の中の様子をさへづるを聞き、占ひぶりをして、「櫃の中には蝮あるべし」とつぶさに占ひ申し上ぐるなり。諸人、これを見聞き、不思議の由を申し、手を拍（う）つことはかりなし。
すなはち、大臣公卿殿上人、集まり合ひありて、天皇のご悩を占はせ給ふなり。もとより博士は、鹿島にてより鳥のさへづりを聞き得たるゆゑに、右の様子つぶさに言上す。そのゆゑに寝殿の丑寅の礎の下を穿ち見給ふに、博士申す如く、蛙・蛇、これあるを取り捨つるに、ご悩も少し平癒の色あるゆゑ、いよいよ博士に「御祈祷つかまつれ」の由、綸言これあり。ゆゑに種々精誠をぬきんで、公卿大臣はさまざまの政をなし給ふによりて、ご平癒、厳重なり。
そのときの博士を御殿に召され、をりふし清明の頃なるゆゑに、かの博士を「清明」と綸言あるによりて、すなはち博士の名を「清明」と号するなり。「清明」とは三月の節名なり。その時、「かれ程の博士、余にこれなし」と綸言ありて、「博士」の詞を給ふ。

（『簠簋抄』）

注　かの童子　安倍の童子。
　　化来　超自然的なはからいによって出現すること。
　　閻浮　人間世界。

二　次の文章を読んで、後の設問に答えよ。

かの童子も化来の人なるゆゑに、年積もり鹿島の明神に百日参籠申し、そのうち万事死相を見るべからざる由、誓願す。しかるに九十九日目に、童子あまた集まり小蛇を殺さんと引き回すを、安倍の童子見、「死相見るべからざる」の誓ひなるゆゑに、かの蛇を買ひ放つなり。

その徳のゆゑに、百日満ずる日、美女、宮内に来たり申すやう、「我こそ昨日の蛇なり。我はこれ、竜宮の弟女(おとひめ)なり。そのゆゑに礼述をなし、竜宮へ請はる。早く至り給へ」といふ。安倍の童子、もつとも参詣申すなり。しかるに使ひのひめ、語りていはく、「竜宮において重宝の四寸の石の匣(はこ)あり。千金は給はるとも、かれは得ず。汝、乞ひ取るべし」と教訓す。ほどなく竜宮へ至る。宮中にて仰せ、「まことにわがひとり弟女を、昨日助け給ふこと、言語に足らず」。千金の礼をもつて述べ給ふに、これを請けず。「宮海において四寸の石の匣あるべし。かれを給へ」と望むゆゑに、竜宮、「不思議の望みなるかな、もつとも出だすべし」と、すなはち給ふ。

閻浮に帰らんと暇を乞ふをりふし、竜宮にて烏薬を耳に付け給ふ。ほどなくもとの鹿島に帰り、諸鳥のさへづりを聞くに、よく聞き知るなり。しかるに何ごころなく拝殿に居す。東西より烏二つ来たり、宮上にて一の烏さへづるやうは、「汝は何方の烏ぞ」と問ふ。また一つの烏さへづりて、「我は都の烏」と云々。都の烏がいはく、「汝は何方の烏ぞ」といふ。「我は関東の烏」といふ。重ねてまた東方の烏がいはく、「都には何事かあるや」といふ。西方の烏がいはく、「都にはこの程は、王位のご悩、もつてのほかなり」といふ。東方の烏がいはく、「そのゆゑ如何」と問ふ。西方の烏がいはく、「去年、ご寝殿作り給ふ。その丑寅の柱の礎の下に、生きたる蛙と蛇とを築き籠むる。蛇は蛙を飲むべしとす。蛙は飲まれじと戦ふ。その炎上がつて、天皇、ご悩おはしますといふなり。かの礎を穿ち、蛙と蛇を取りたらんには、ご悩すなはち平癒あるべし」とさへづるを聞きて、

3　人間の創造力によって芸術や産業を発達させることが都市の活性化につながるとする創造都市論は、都市における文化産業を発展させてきたが、社会が激変する中で、都市の未来を文化の創造に賭けることが難しくなっている。
4　芸術文化と産業経済を媒介する創造性を引き出す空間が都市だとする創造都市論は、豊かな文化の都市開発に寄与しているが、空間の価値を高める道具として芸術文化が再開発に使われた場合、無個性な景観が産出されるおそれがある。
5　人間の創造力と寛容さによって、クリエイティブ階級の先進的な技術が駆使できる都市環境へとつくり変えようという創造都市論は、芸術文化に力を注ぐ地域づくりの構想に貢献しているが、現実では資本が尽きて未開発に終わる危険がある。

(六)　本文の内容に合致するものを、次のうちから二つ選び、その番号を記せ。
1　未来の風景を思い浮かべるとき、一般的に人は具体的な場所をイメージしがちだ。
2　高層ビルが林立しロボットが多数存在する映画の中の都市は、陰鬱なイメージのものが多い。
3　漫画『メトロポリス』で描かれる空間は、SF小説で描かれる未来都市の典型の一つであり、似たような例が散見される。
4　都市が生産の場であるという古来から存在する考え方に対して、筆者はジェイコブズの論を引き合いに出し、懐疑的な立場を示している。
5　フィッシャーの理論は、もとは都市社会の理論として、シカゴ学派都市社会学の理論を参照しつつ構築されたものである。
6　フロリダが主張する3つのT理論は、ジェイコブズの論を批判的に継承したもので、都市論として筆者は高く評価している。

(七)　傍線―――について、「時間軸における広がりのなかでも、都市は結節点となる」といえるのはなぜか、説明せよ（四十字以内、句読点を含む）。

（以上・九十点）

㈣　傍線――――Cについて、「文化の創造には都市という環境を必要とするのである」の説明として適当なものを、次のうちから一つ選び、その番号を記せ。

1　集積経済の空間となった都市において、イノベーションの結果として玉石混交のマイナーな文化が生産されることが社会的な分業・分化を促して下位文化が普及するように、文化を創造する上では都市という空間が不可欠である。
2　接触可能な人口量が非常に多い都市においては、マイナーな文化に関与する人であっても同好の士と出会える機会が多くなり、都市という土壌で下位文化も育つチャンスがあるように、都市の多様性は文化の創造と関わっている。
3　イノベーションの孵卵器として都市が機能しマイナーな文化が強化されるとともに、非通念的な発明が都市生活に普及することで下位文化が進展するように、都市の多様性が創造的な文化を促進させている。
4　都市では異質な大量人口が高密度で集まるため、下位文化間での対抗が強化されて大小の文化集団が形成されるので、多種多様な企業が活動できるようになり、多様な文化が都市という空間で創造される。
5　集積を生かした生産の増大を特徴とする都市においては、多様な下位文化が増大するため、先駆的な下位文化理論を展開させることが可能となるので、都市の多様性と文化の創造の関係を解きほぐすことができるようになる。

㈤　傍線――――Dについて、「創造都市の先にある未来には、矛盾をはらんだ難問が見え隠れしている」とはどういうことか。適当なものを、次のうちから一つ選び、その番号を記せ。

1　都市・文化・創造の結びつきに着目し、人びとがもつ行動力と経済力を鍵とする創造都市論は、世界中の都市開発を先導しているが、低未利用地区の再開発事業においては、名ばかりの芸術空間となる可能性がある。
2　人と社会の潜在的な力を刺激し、新しい文明を進化させる創造性にあふれた地域づくりを求める創造都市論は、さまざまな分野からの関心を集め多様に展開されているが、未来においても価値あるものとして生き延びる保証はない。

つつある」の説明として適当なものを、次のうちから一つ選び、その番号を記せ。

1　政治経済をはじめとする諸領域での中枢管理機能が都市に集積されるようになってきたため、グローバル化の進展は強まったが、人びとは都市と未来の関係性に限界を見出すようになった。

2　激しい都市化の時代では都市と未来はイコールで結びつけられていたが、人びとが空間感覚や場所感覚を喪失したことにより、都市はいずれ消えてなくなる存在だと捉えられるようになった。

3　都市のイメージはさまざまな媒体をとおして描かれ流布してきたが、今日ではインターネットが生活のあらゆる局面にまで浸透したため、具体的な場所とは関係しないほかの次元の風景が主に描かれるようになってきた。

4　都市はつねに変貌し新しいものが生み出される空間であったが、サイバースペースの影響により、今日では空間と時間の関係が揺るがされ、人が集まり共存する場としての都市のあり方の根幹が問いなおされるようになった。

5　人びとは自分の生活や人生に新しい何かを求めようとするとき都市へ向かう傾向にあったが、今日では座標や距離の概念から解き放たれたため、電子メディアで未来を先取りするようになり、都市化の奔流が落ち着くことになった。

(三)　傍線――――Bについて、「これまでの都市」で「未来なるものが存在してきた」といえる例として適当なものを、次のうちから一つ選び、その番号を記せ。

1　新奇で壮麗なデザインを競った建築家が実現させた建造環境は、新社会の偉大さを表現する機能を果たした。

2　メタボリズムを標榜する建築家や都市計画家たちの手で、地形に適した建築による新しい都市が実現された。

3　博覧会は、経済成長の具体像をさし示す力を遺憾なく発揮するためのイベントとして、都市でデザインされた。

4　都市計画に影響を与えた機能主義の建築によって、国家や宗教の名のもと、社会の原理を表現する都市が建設された。

5　確固とした世界観のもとでなされた、社会主義・共産主義国家における都市の建設では、理想社会の輪郭が見られた。

さらにいえば、構想され創造されるものは必ずしも未来であるとはかぎらない。「いま・ここ」には存在していないさまざまなものが、かたちを与えられることを待っている。それが過去であってもなんら不都合はない。

空間と時間の関係性に焦点を当てた都市論を展開したケヴィン・リンチは、「過去と未来は、選ばれた出来事を用いてつくられた想像の創作物である。私たちは、それを拡大する方法を学ぶことができる」のだと述べている。

過去は未来のように新たにつくれるものなのだろうか。もちろん時間はもとには戻せないが、あらためて過去を想起し再解釈を試みることもできるし、過去のイメージを利用して新しいことを進めていくこともできる。エリック・ホブズボームらが論じたように、伝統の創造をすることもできるのである。

創造都市の発想やジェントリフィケーション的な構造が、過去にフォーカスすることもある。歴史をテーマとした空間づくりや都市再開発の事例を世界中にみることができる。

（松尾浩一郎「創造と継承」）

注　イコライザー　均一化するもの。

設　問

㈠　空欄〔　　　〕に入る語句として適当なものを、次のうちから一つ選び、その番号を記せ。

1　似て非なり　2　言わずもがなである　3　逆もまた真である　4　事実は小説よりも奇なり
5　火を見るよりも明らかである

㈡　傍線――――A「未来のエージェントであることをアイデンティティのひとつとしていた都市は、次第にその地位を手放し術文化に力を注ぐ都市開発や地域づくりが行われている。このことは都市の文化をよりいっそう豊かなものとするのに一定の寄与をしているだろう。

D しかし、創造都市の先にある未来には、矛盾をはらんだ難問が見え隠れしている。創造都市をつくろうとする再開発は、ジェントリフィケーションそのものになりかねないのではないだろうか。

ジェントリフィケーションとは、都心の低未利用地区やいわゆる低所得者居住地区などに資本が流れ込み、そこが商品価値の高い空間へとつくり変えられていく一連の開発の流れのことをいう。

ジェントリフィケーション型の再開発事業のなかで、空間の価値を高めるための道具として芸術文化が使われるとき、そこで芸術文化の創造性や潜在力、そして多様性は生き延びることはできるだろうか。名ばかりの芸術文化のフレーバーで装われた、世界中の再開発地区のどこにでも見られるような無個性な景観が産出されるかもしれない。多様性どころか、むしろフランセスク・ムニョスのいう「時空間のイコライザー」としても機能してしまうかもしれない。

これまでみてきたように、未来を構想し創造していこうとすることは、すぐれて都市に特徴的な営みであった。それは、「いま・ここ」には存在していないものを、眼前の空間に投影しようとすることであった。都市とはこのような試みがなされていく場でもあった。

都市は「いま・ここ」からはじまる時空間の広がりのなかの結節点のようである。世界都市仮説やグローバル・シティ論が論じたように、また、統合機関理論や結節機関理論が論じたように、都市はほかの都市と空間の隔たりを超えて結び合っていく。このことと相似形をなすように、時間軸における広がりのなかでも、都市は結節点となるのである。

若林幹夫は「都市は、『来るべき未来』を先取り的に示す場所であるだけでなく、『かつて未来としてイメージされたもの』が堆積してゆく場所でもある」と述べている。このように、都市空間の「現在」には、「過去の未来」がないまぜになっている。

化の創造を都市環境の効果によるものと位置づけ、それが展開していくプロセスを明らかにした。都市では多様な文化が百花繚乱する。そこで生まれる下位文化は玉石混交かもしれないが、こうした環境のなかで、玉となるよう磨かれていく機会を得られることの効果はきわめて大きい。つまり、文化の創造には都市という環境を必要とするのである。

都市・文化・創造の結びつきに着目した議論は、フィッシャー以降も、さまざまな分野で多様に展開されている。なかでもとくに多方面からの関心を集めたのは、チャールズ・ランドリーやリチャード・フロリダらによる創造都市（creative city）の議論である。

ランドリーは未来に向けた新しい都市の発展を構想するなかで、その鍵となるのは芸術文化であると主張した。芸術にはあふれる創造性がある。それは人と社会の潜在的な力を刺激しうる。文化産業が発達する余地も生まれてくる。ひいては産業経済全般も含めた都市の活性化につながるのだという。芸術文化と産業経済を媒介するのは創造性である。激変のただなかにある現在から未来を構想しそれに向けて行動しようとするとき、必要なのは創造的な問題解決力だからである。こうした意味で、未来は創造都市にあるのである。

創造都市を論じるなかで、とりわけ人びとのもつ能力のあり方に注目したのはフロリダである。彼が主張するところでは、技術や芸術のイノベーションを生み出し、産業を発展させ、新しい文明を進化させるのは、人間の創造力である。そしてそれを引き出すのが都市という空間なのである。フロリダはこの考え方を3つのT理論と呼んでいる。都市環境の寛容さ（Tolerance）が、クリエイティブな才能（Talent）をもつ人びと、つまりクリエイティブ階級を引き寄せ、その人びとが先進的な技術（Technology）を駆使して活躍する。こうしたクリエイティブ階級の働きが経済の発展を先導していく。ここで鍵となるのは芸術・文化・多様性である。

創造都市論は現実の都市政策・都市開発を動かしている。文化の創造に都市の未来を賭けようとする政策である。世界中で芸ェイコブズが説明したのは経済活動におけるイノベーションについてであるが、ほかのさまざまな領域での創造的な営為一般にも同じようなことが当てはまりそうである。

ジェイコブズの先駆的な議論からほどなくして、都市の多様性と文化の創造の関係を解きほぐす画期的な社会学理論が提唱される。クロード・S.フィッシャーの下位文化理論である。フィッシャーはシカゴ学派都市社会学、とくにルイス・ワースのアーバニズム理論を継承するという問題設定から、都市環境がどのような社会的効果をもたらすのかについての理論的探究を試みている。ここでフィッシャーが主張したのは、人口の集中は、下位文化（サブカルチャー）の多様性を増大し、下位文化を強化し、下位文化間の普及を促進させることで、都市生活に浸透している逸脱や発明などの非通念性（unconventionality）を生み出している、というものであった。

フィッシャーの理論には、下位文化の増大、強化、普及という3つのポイントがある。①下位文化の増大が生じるのは、異質な大量人口が高密度に集まるために社会的な分業・分化が促されることによる。②下位文化が強化されるのは、マイナーな文化であっても、都市では一定の人数が集まりやすくその拠点を形成できるからであり、また、その結果として周囲に対照的・対抗的な別の文化集団が存在し、それらと互いに関わり合い際立たせ合う効果が生じるからである。そして、③下位文化の普及というのは、少数派の文化集団であっても、ほかの多くの人口と接触する機会があるため、その文化がほかに採用される可能性が高まるということである。

簡単にいえば、接触可能な人口量が非常に多い都市の社会においては、マイナーな文化に関与する人であっても同好の士と出会える機会もそれだけ多くなるということである。また、そうして撒かれた下位文化の小さな種も、都市という土壌であれば、根を下ろして大きく育っていけるチャンスがある、ということである。

下位文化理論はもとは都市社会の理論として構築されたものだが、やはり文化の理論でもあった。ここでフィッシャーは、文博覧会のようなイベントもその例として挙げることができる。たとえば1970年に開催された大阪万博（日本万国博覧会）は、日本での高度経済成長を背景として、その空間的・時間的な延長線上に人類の未来を描こうとする意欲的なメガイベントとなった。6400万人にも達した数多くの来場者に対し、展示という装置をとおして、イメージすべき未来の具体像を積極的にさし示す力を遺憾なく発揮した。2025年にふたたび大阪で開催される万博（日本国際博覧会）は、フォーカスをより鋭く未来へと絞り込み、万博という「未来社会の実験場」において「いのち輝く未来社会のデザイン」を提示することをテーマとして掲げている。

未来のイメージに具体的なかたちが与えられる機会は、都市建設やメガイベントにかぎられることではない。激しい変動のただなかにある都市において日々未知なるものと遭遇することや、都市的生活様式が可能にした過去にはありえないような経験をしていくことは、人びとに未来なるもののたしかな先触れを感じさせることであろう。

要するに、新しいものが生み出されること、つまり、創造のプロセスこそが、人びとに未来の実体を感じさせる社会的基礎となるのである。

古来から都市は創造の場であった。経済面に着目して都市を捉えるならば、まず何よりそれは集積経済の空間であり、とりわけ集積を生かした生産の増大に特徴づけられるが、都市はイノベーションの孵卵器（ふらんき）（incubator）として機能することも重要である。このことに早くから気づいていたのはジェイン・ジェイコブズである。彼女が論じるところでは、大小の多種多様な企業が活動できるという意味での都市の多様性こそが、イノベーションを生み出す原因であり、また、イノベーションの結果としてさらに進展していくものなのである。

ジェイコブズのアイディアでとくに重要なのは、都市経済の核心的要素のひとつであるイノベーションが、文化の次元とも深く関わる多様性という要因に規定されていると捉えた観点であろう。この観点は容易にさらに展開させていくことができる。ジとをアイデンティティのひとつとしていた都市は、次第にその地位を手放しつつある。その先にはいったいどのような未来が待っているのだろうか。

未来とは、いまだ来らぬ存在である。いま、私たちがなんらかの未来をイメージしているとしても、それは現在になされている行為である以上、未来そのものとはいえない。イメージとしての未来が、個々人の想像を超えて社会的に存在するためには、より具体的な実体をもつ別の何かとの結びつきをもち、それをとおして「いま・ここ」に現れ出ることが重要になる。

B これまでの都市ではどのように未来なるものが存在してきたか。イメージとしての未来にどのようなかたちが与えられてきたか。

まず挙げられるのは建築や都市計画である。建築行為とその成果としての建造環境は、都市の未来像を物理的に表現するのに重要な役割を果たしてきた。建築家は新奇で壮麗なデザインを競い、未来社会の設計者として、世の人びとにビジョンを語りかけてきた。たとえば、機能主義を追求した白く輝く建築で知られるル・コルビュジエは、20世紀モダニズムの尖端に堅固なかたちを与える設計者として世界に君臨し、いくつもの都市建設プロジェクトに影響を与えてきた。高度経済成長期日本においては、新陳代謝を意味するメタボリズムを標榜する建築家・都市計画家たちのムーブメントが巻き起こり、地形の改変をも厭わないようなメガストラクチャーによるまったく新しい都市が構想された。

物理的な側面に限られない広い意味での都市の建設が、国家や宗教などの名のもとに力強く推し進められるときにも、人びとはそこに未来の理想社会の輪郭を見出すことになった。その典型となるのは、社会主義・共産主義国家における都市の改造や建設である。旧社会の残滓を破壊し、新社会の原理である社会主義・共産主義の合理性や先進性、そして偉大さを表現する建築・モニュメントが、確固たる世界観のもとで計画的に配置されていく。都市は社会主義・共産主義が約束する理想的な未来を実現させていくためのショーケースとなったのである。

〔　　　　〕。人が都市に目を向けるとき、そこにさまざまな意味での未来を見出そうとすることも、これまでごくふつうに行われてきた。レイモンド・ウィリアムズが指摘するように、人びとは田舎に過去を、都市に未来を見てきたのである。イメージだけでなく実際にも、都市は未来に近い場所であり続けてきた。20世紀は激しい都市化の時代であった。都市は変貌することを常態としており、そこではつねに新しいものが生み出されていた。「20世紀から今日まで、都市という場所はその中に『未来』が先取り的に現れるような場所として存在してきた」（若林幹夫）のである。人びとも、自分の生活や人生に新しい何かを求めようとするとき、しばしば都市へと向かった。

都市という空間と、未来という時間は、ともに分かちがたく結びついていた。未来へと続く時間の流れそのものは、本来的には見ることも触ることもできない。しかしそれを可視化し、あるいは手触りのある何かへと変換させる装置として、都市の空間は大きな役割を果たしてきたのである。

とはいえ今日では、都市と未来をイコールで結びつけるような考え方は、もはや自明のものではなくなっている。都市と未来の関係性はさまざまに切り崩されている。とくに近代において都市に「成長」をもたらした都市化の奔流はすでに落ち着いている。また、20世紀末から急速に世界中を覆うようになったサイバースペースの影響は大きいだろう。サイバースペースはさまざまな先鋭的な事象の舞台となり、空間と時間の関係を揺るがしていった。電子メディアは場所感覚の喪失（no sense of place）を引き起こすと論じたのはジョシュア・メイロウィッツであるが、インターネットが生活のあらゆる局面にまで深く浸透した今日では、座標や距離の概念からも解き放たれる空間感覚の喪失（no sense of space）さえ生じているようにも思われる。

もちろん都市が消えてなくなることは考えられない。政治経済をはじめとする諸領域での中枢管理機能が大都市に集積する状況は、グローバル化の進展とともにますます強まっているともいえる。しかしそうであっても、人が集まり共存する場としての都市のあり方、都市という社会のあり方は、その根幹から問いなおされざるをえなくなっている。A未来のエージェントであるこ

国語

（七五分）

一　次の文章を読んで、後の設問に答えよ。

未来を思い浮かべるとき、あなたのまぶたの裏にはどのような風景が映るだろうか。それは輝かしい未来なのかもしれない。あるいは陰鬱な未来なのかもしれない。すべてが一変しているかもしれないし、これまでと何も変わっていないのかもしれない。もしかしたら世の終わりを見出した人もいるかもしれない。

あなたが思い描いた風景がどのようなものだったかについて、もう少し尋ねさせてもらいたい。その風景は、都市のものであったただろうか。あるいは、都市とは違う別の場所の風景をイメージしただろうか。それとも、具体的な場所とは関係しないような、何かほかの次元の風景をイメージしただろうか。

一般的にいって、人が未来を想像するとき、それを都市という空間に見出そうとすることが、これまでのひとつの定番となっていた。たとえば、手塚治虫が１９４９年に発表した漫画『メトロポリス』が描いた未来は、上海テレビ塔（東方明珠塔）をも思わせるデザインの高層ビルが林立し、そのあいだの空中を乗り物が飛びかい、たくさんのロボットが活躍するような大都市であった。このような未来都市のイメージは、ＳＦ小説や映画などのさまざまな媒体をとおして、数えきれないほど多く流布されてきた。

解答編

英語

A. (X)－4　(Y)－4　(Z)－2

B. (a)－3　(b)－2　(c)－3　(d)－4　(e)－2　(f)－4　(g)－2　(h)－1　(i)－3

C. (ア)－4　(イ)－3　(ウ)－1

D. (あ)－2　(う)－1　(お)－4

E－2・3・7

全訳

《共通の趣味を受け継ぐこと》

[1]　アラスデア＝フレンドは必ずしも自分を養蜂家と考えていなかったと言ってもよいだろう。だが，運動ニューロン疾患という診断が，彼の父親がもはやミツバチの巣箱の世話ができないことを意味したとき，フレンドは父親の情熱を継続していくことを決意した。最初，彼は疑いがないことはなかった。つまり，「私は，この盛大にブンブンと羽音を立てる４万匹のミツバチの箱を車で持って帰ったことや，私はどんなことに関わったのかと考えたことを覚えている」。

[2]　今や，10個ものミツバチの巣箱の誇らしげな所有者であり57歳のフレンドは，エジンバラで教師をしているが，２年前に自宅に持って帰ったミツバチの子孫をまだ飼っている。「ミツバチは時として相当元気になり，つかの間のパニックの原因となるけれども，私は父親の伝統を続けていくことが好きである」と，フレンドは言う。「毎年，ヒースのハチミツを集めるために，私はカーンゴームへミツバチの巣箱を持っていく，父親が巣箱を持っていったまさに同じ場所に持っていくのだ」

[3]　私たちが自由時間をどのように過ごすかが重要である。すなわち，趣味

を持つことは，精神的肉体的な幸福感を高揚させ，より大きな人生の満足感を与えることができると，研究は示している。チームスポーツから手芸のクラスまで，趣味はまた他の人たちと意味のある結びつきをするための手段になる可能性がある。そして，何人かの人たちにとって，興味を共有することは愛する人に親しみを感じる手段を提供してくれるのだ，まだそれを一緒にしていようと一緒にしていまいと。

4　自分が父親の趣味を続けたので，父親は「本当に喜んでいる」ように思われるとフレンドは言う。「父親はまだとても興味があるのだ――私を通して父親がそれを行っているところがいくぶんかある。私は何人かのすばらしい人たちに会ってきた。そして，ミツバチに刺されたときの極端な不愉快さの瞬間やミツバチが群れてきたときの恐怖の瞬間ばかりでなく，とても楽しかったこともあるのだ」「父親がミツバチというこのバトンを私に渡し私がそれを持って走ってきたと感じることはすばらしい。私が父親と共有してきたことが多くある――父親は丘をどのように好きになるのかということや，山に登ることを私に教えてくれた。ミツバチを飼うことは人生の後になってからのことであり，それを通して，私は父親と結びつきを持つことができた」

5　28歳のアユミ＝クリストフにとって，彼女と祖母の間には何千マイルもあったにもかかわらず，祖母とのより密接な結びつきを与えてくれたのはかぎ針編みだった。ロックダウンの間に，コンサルタント会社で働いているクリストフは，幼い子どもの頃おばあちゃんが教えてくれた手芸を再び取り上げた。「私は日本の祖母のダイニングテーブルについてミカンを食べたことを覚えている。それは悩みのない世界だった。祖母がかぎ針編みを取り出してきたとき，私はまさに手品が目の前で起こっているのを見た。実際，祖母は無から美しいものを作っていた」

6　クリストフは今スコットランドに住んでいて，一方，彼女の母はスペインに，祖母は日本にいる。彼女はZoomによって定期的に彼らに作ったものを見せている。「たとえ私たちがとても遠く離れているとしても，そんなにも愛情をこめて私に伝えられた手芸をすることによって，私は彼らとつながっていると感じている。おばあちゃんが私に教えてくれたかぎ針編みやこういったことの全ては，私が祖母の身近にいるようになったということと祖母はいつも私の中で生き続けるだろうということをすばらしく思

い出させてくれる」

7　クリストフはまた縫い物や編み物もするのだが，織物を取り扱うことはまた，クリストフに家族の歴史に思いをはせる機会を与える。彼女の曾祖母は着物商人の一家に生まれて，未亡人になった後で家族を養うために着物のお針子になった。「私の家族は，非常に長い充実した人生を送った信じられないほど強い女性たちという長い家系を有している。それが私の根源だと言えるとは，なんと信じられないほどの名誉だろう」

8　バードウォッチングへの両親の情熱を受け継ぐことは，51歳のジェームズ＝アーグレスに，自然界との非常に価値のある関係を与えてきた。「たいてい，それは私の父親だった――父親の知識はとても伝染性があった」と，ロンドンを拠点とする議会議員のアーグレスは言う。湖水地方で成長している間に，両親が彼と2人の兄弟に双眼鏡を買ってくれた。「私たち3人がけんかをしていたので，それを止めるすばらしい方法だった」と彼は言う。「自然を眺める喜びを共有するという沈黙の共有の感情があった。双眼鏡が眼鏡に触れたときのカチッという音とその後の満足した『ああ』という認識は，私と兄弟たちの子ども時代の最も明晰な聴覚の記憶の一つだ」

9　バードウォッチングへの父親の愛は，高じて野生動物へのもっと広範囲な愛へ広がっていった。「父親は私たちが自然の真価を認めて尊敬の気持ちをいだいて自然に対処することに非常に熱心だった。もしもう少し綿密に世界を眺めるならば世界には美しさがあることを彼は私たちに教えた。私たちは皆人生でそのことを理解したと私は思う」 それは彼に強力な記憶を残している。彼はアイスランドでの子ども時代の休暇で，ハシグロアビの一家を見つけたことを思い出す。「それは誰かが鳥たちの背中にダイヤモンドを投げつけたようだった。父親が震える指で鳥たちを指さしたことを覚えている。そして，私たちはゾクゾクした――私たちは珍しいものを見ていることに気がついたのだ」

10　近頃では，以前よりももっと，アーグレスは北ロンドンの自宅近くで「小さな茶色の鳥」を見ている姿を目撃されているらしい。このように自然界をじっと見ることは，彼に両親とつながっていると感じさせてきた。「両親は一つの情熱を伝えて，その情熱が毎日私に戻ってきていると私は感じている。もし私が公園を歩いているならば，歌声によってヒワを特定

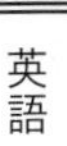

するだろう」

11 ある人たちにとって，共通の興味は全ての年齢の人たちを一緒にする。たとえば，月に一度，ジェニー＝ジョンソン一家の3世代は一緒にオリエンテーリングに出かける。父親に促されて，44歳の慈善活動家は幼い子どもの頃その戸外のスポーツをし始めた。「私の妹と私が幼かったとき，母がよく私たちをコースに連れて行ってくれたものだ，時には乳母車も一緒だったわ！」と彼女は言い，9歳のときにはひとりでコースを終了し始めたと説明する。

12 どこで勉強するかを決定することになったとき，シェフィールド出身のジョンソンは，ダラム大学が「オリエンテーリングの母国」であるスウェーデンへの1年の留学を提供してくれるので，ダラム大学を選んだと言っている。彼女は，そこでのオリエンテーリングの訓練キャンプで夫に出会いさえした。「私たちは2人とも世界選手権で競争したことがある」と彼女は言い，彼もまたそのスポーツをする家族出身であったと付け加えている。ジョンソンは，今も「楽しみのために」オリエンテーリングをするし，都市で行うオリエンテーリングの発達を見て楽しんできたと言っている。

13 10歳の彼らの息子も最近そのスポーツに参加し始めた。そして，家族は毎週末に地図とコンパスを持ち出している。息子の2組の祖父母は両方とも数週間ごとに彼らに加わっている。「そのことが私たちを家族としてより身近にしてきたことを確信している」と彼女は言う。「私たちはヨークシャー人そのものだ――私たちは必ずしも自分の気持ちについて話すとは限らない。でも，共通の趣味を持つことはいいことだ。なぜならば私たちはオリエンテーリングを通して自分の気持ちについて話すからね」

解説

A. (X) 空所に4の whether or not「～であろうとなかろうと」を入れると，「まだそれを一緒にしていようと一緒にしていまいと」となり，前半部分の「興味を共有することは愛する人に親しみを感じる手段を提供してくれる」の補足的意見としてうまくつながる。for some は for some people「何人かの人たちにとって」という意。have ～ in common は「～を共有する，共通点を持つ」などの意の定型表現。feel close to ～「～に親しみを感じる，親近感をいだく」 a loved one「愛する人」 1の as for「～に関して」は前置詞句であり，後に名詞や名詞相当語句が来るので，ここでは文法上空所に入らない。2の from when「～のときから」は意味の上で空所に入らない。3の having said that は形の上では分詞構文と思われるが，この文の主語が having an interest in common「興味を共有すること」なので，文法上空所に入らない。

(Y) 空所に4の even though「たとえ～だとしても」を入れると，「たとえ私たちがそんなに遠く離れているとしても」となり，この文の前半部分と意味上つながる。handed down to me so lovingly「そんなにも愛情をこめて私に伝えられた」は直前の craft「手芸」を修飾する。hand *A* down to *B*「*B* に *A* を伝える」 1の and so「だから」と2の before は，意味上空所に入らない。また，空所の後が SV 構造の文であり，3の during は前置詞で名詞や名詞相当語句が後続するので，文法上空所に入らない。

(Z) 空所の前の部分の「私たちはヨークシャー人そのものだ──私たちは必ずしも自分の気持ちについて話すとは限らない。でも，共通の趣味を持つことはいいことだ」という意見の根拠は，空所から後の部分「私たちはオリエンテーリングを通して自分の気持ちについて話すからね」である。よって，空所に2の because を入れる。Yorkshire「ヨークシャー」は英国の地域名であるが，ここではその地域に住む人々を示していると考えられる。not always「必ずしも～とは限らない（=not necessarily)」は部分否定。a shared hobby「共通の趣味」

B. (a) descendants は「子孫」という意の名詞で，これに最も意味が近いのは，3の offspring「子孫」である。1.「記憶，思い出」 2.「巣」 4.「生存者，生き残った人たち」 no fewer than ～ は「～もの（多くの)」と数が意外に多いことを表す。

(b) enhance は「～を高揚させる，高める」という意の他動詞で，これに最も意味が近いのは，2の improve「～を向上させる，改善する」である。1.「～を減少させる，減らす」 3.「～を正当化する」 4.「～を始める」 下線部を含む文で，matter は自動詞で「重要である」という意で，主語は How we spend our free time「私たちが自由時間をどのように過ごすか」である。well-being「幸福，福祉」 offer は「～を与える，提供してくれる」という意の他動詞で give とほぼ同意。

(c) textiles は「織物，布地」という意の名詞で，これに最も意味が近いのは，3の fabrics「織物」である。2．「デザイン，設計」 4．「模型，模範，モデル」 work with ～「～を取り扱う」 reflect on ～「～に思いをはせる，～をよく考える」

(d) deeply rewarding は「非常にする価値のある」という意味である。この表現に最も意味が近いのは4の very satisfying「非常に満足のいく」である。1．「長く待ち望まれていた」 2．「大いに関わって」 3．「しばしば矛盾する，しばしば両立しない」 passion for ～「～への情熱」 relationship with ～「～との関係」

(e) infectious は「(気持ちなどが) 人に伝わる，(病気が) 伝染性の，感染性の」という意の形容詞で，この意味に最も近いのは，2の transferable「容易に移動できる」である。1．「困惑させる，混乱させる」 3．「知ることのできない」 4．「切望している」

(f) quivering は「震える」という意の形容詞で，quiver「震える」という動詞からの派生語である。これに最も意味が近いのは，4の trembling という形容詞である。trembling も動詞 tremble「震える」の派生語である。1．「心をかき乱す」 形容詞で動詞 disturb の派生語。2．「優勢な，主要な」 形容詞で動詞 dominate「～を支配する，優位を占める」の派生語。3．「トレース，追跡」という意の名詞。「追跡して」という意の動詞の現在分詞。

(g) transmitted は「～を伝えた」という意味である。これに最も意味が近いのは2の conveyed「～を伝えた」である。1．「～を心にいだいた」 4．「～を制限した」

(h) Spurred on は「促されて，激励されて」という意味である。直前に Being が省略されている分詞構文である。spur *A* on「*A* を促す，激励する，はっぱをかける」 下線部に最も意味が近いのは1の Encouraged「勧められて」である。2．「強制されて」 3．「試験されて」 4．「警告されて」

(i) urban は「都市の」という意の形容詞で，urban orienteering で「都市で行うオリエンテーリング」となる。この単語に最も意味が近いのは3の metropolitan「大都市の，大都市にある」である。1．「活発な，積極的な」 2．「流行の」 4．「現代的な」

C．(ア) 波線部は「私を通して父親がそれを行っているところがいくぶんかある」という意味である。element には「要素，要因，元素，分子，悪天候」などに加えて，an element of＋名詞という形で「いくぶん，少量，気味」という意味がある。him doing it「父親がそれをすること」ここでは名詞の代わりに，him を意味上の主語とする動名詞 doing が用いられている。it は前文の his hobby を受け，具体的には養蜂（ミツバチを飼うこと）を意味する。よって，波線部の意味・内容を最も的確に示すものは，4の「彼の父親は養蜂の喜びを間接的に経験した」である。secondhand「間接的に，また聞きで，中古で」 1.「養蜂家としての彼の技能は父親のおかげで向上している」 thanks to ～「～のおかげで」 2.「父親の回復への望みがあるので彼がミツバチの世話をする気になる」 motivate *A* to *do*「*A* に～する気にさせる」 tend to ～「～の世話をする」 3.「彼の父親は，養蜂家として彼が学ぶことについてとても関心がある」 be curious about ～「～について関心がある，知りたがっている」

(イ) 波線部は「それは悩みのない世界だった」という意味である。free of ～「～がない」 波線部の意味・内容を最も的確に表しているのは，3の「彼女はその時まったく満足していた」である。content は「中身，内容，目次」という意の名詞もあるが，この文の content は「満足して」という意の形容詞。at that time「その時」 1.「そこでは全ては不可能に思われた」 2.「祖母は彼女が好きなものを食べるのを許してくれた」 allow *A* to *do*「*A* が～するのを許す」 4.「彼女の子ども時代には規則がほとんどなかった」

(ウ) 波線部は「以前よりももっと～を見ている姿を目撃されているらしい」という意味である。be likely to *do*「～するらしい，～する傾向が大である」 more「以前よりはもっと」 be found spotting は元の基本形 find *A* *doing* を考えてみればよい。「*A* が～しているのを見つける，している姿を目撃する」などという意で，VOC という構造である。よって，波線部の意味・内容を最も的確に表しているのは，1の「～を定期的に観察する傾向がある」である。tend to *do*「～する傾向がある」 2.「～にひろく餌をやるのが好きである」 prefer to *do*「～するのが好きである」 feed「～に餌をやる」は food の動詞形である。3.「～にむしろやってくる」 4.「～を注意深く育てようとする」

D. まず，二重下線部の前半部分は it was ～ that … の強調構文であることに注意。選択肢を見て，3と4と7から，thousands of miles「何千マイルも」という組み合わせができることに気がつく。次に，文末 between them「彼女と祖母の間に」があるので，between them の直前の空所に thousands of miles を入れ，「彼女と祖母は何千マイルも離れている」という状況ではないかと見当をつける。さらに，despite「～にもかかわらず」があるので，「2人は何千マイルも離れているにもかかわらず」という状況だと推測する。despite は前置詞なので，名詞か名詞相当語句が後続する。選択肢に入りそうな名詞がないので being が動名詞，there が動名詞の意味上の主語ではないかと考えて，despite there being thousands of miles「何千マイルもあったにもかかわらず」という語順を得る。もう少しわかりやすくするために There were thousands of miles. を考えてみよう。『Longman 英英辞典』には，文頭の there は代名詞だという記述がある。There were thousands of miles. で，代名詞の there が形式主語であり，真主語は miles と考える。この文に接続詞 though「～だけれども」を接続させると，though there were thousands of miles「何千マイルもあったにもかかわらず」となる。名詞か名詞相当語句が後続する despite を使って，この文を書き直すと，were を being という動名詞に変え，there を意味上の主語として動名詞の前に置き，despite there being thousands of miles を得る。以上より，(For Ayumi Christoph, 28, it was crochet that gave her a closer connection to her grandmother,) despite there being thousands of miles (between them.)「28歳のアユミ＝クリストフにとって，彼女と祖母との間には何千マイルもあったにもかかわらず，祖母とのより密接な結びつきを与えてくれたのはかぎ針編みだった」となる。

E. 1.「アラスデア＝フレンドは子ども時代からミツバチについて熱心でなかったけれども，自分の仕事を変えて父親のような養蜂家になることに決めた」

「自分の仕事を変えて」という記述は本文になく，第2段第1文（Now the proud owner …）に「現在は教師である」と記されているので，本文の内容と矛盾する。

2.「アラスデア＝フレンドは父親の趣味を引き継いで嬉しかった。自分が学んだことのためばかりでなく，そのことが心理的に彼らをより近くにするためでもある」 take over ～「～を引き継ぐ」 not only *A* but also *B*「*A* ばかりでなく *B* も」

「父親の趣味を引き継いで嬉しかった」は，第２段第２文（“Although they are pretty …）の内容と一致する。pretty「かなり」という意の副詞。at times「時々」 carry on with ～「～を引き継ぐ」「自分が学んだことのためばかりでなく，そのことが心理的に彼らをより近くにするためでもある」は，第４段第３～最終文（I've met some great … a connection with him.”）の内容と一致する。

３.「アユミ＝クリストフの家族の人たちは世界のさまざまな場所に住んでいるが，彼らはしばしばオンラインで会い，手芸が皆を結びつけていると彼女は感じている」

第６段第１～３文（Christoph now lives in … we're so far apart.）の内容と合致する。while「一方」 creations「作ったもの，創作品」は，複数形なので「創造」という抽象名詞ではなく一般名詞である。over Zoom「Zoom によって」の Zoom は，パソコンやスマートフォンを通して他の人たちと話をしたり会議に参加したりするためのアプリである。

４.「アユミ＝クリストフの曾祖母は離婚した後生計を得るために着物を売った。だが，彼女の人生はとても満足のいくもので，長い間生きた」 make a living「生計を得る」

この文章の後半部分は第７段第３文（“My family has …）と一致しているけれども，この文章の前半部分は第７段第２文（Her great-grandmother was born …）と矛盾する。「離婚した後」ではなく「未亡人になった後」であり，「着物を売った」のではなく「着物のお針子になった」のである。line「家系，系譜」 lived very long and fulfilling lives「非常に長い充実した人生を送った」 fulfilling「充実した，達成感を与える」という意の形容詞。lives は life の複数形で同族目的語であることに注意。例：live a happy life「幸せな人生を送る」

５.「ジェームズ＝アーグレスの子ども時代の記憶は，父親と一緒に自然の中で彼が観察し分析した鳥の鳴き声と密接に結びついていた」

第８段最終文（The click as binoculars …）に，「双眼鏡が眼鏡に触れたときのカチッという音とその後の満足した『ああ』という認識は，私と兄弟たちの子ども時代の最も明晰な聴覚の記憶の一つである」と記されているので，本文の内容に矛盾する。この文は，followed の前に being を補い，分詞構文と考えるとよい。follow は多義語で，ここでは「～の後に続く」という意の他動詞である。簡単な例を出すと，The stew was followed by a cheese cake.「シチューはチーズケーキによって後を続かれた」，つまり「シチューの後にチーズケーキが出た」という意味である。
6.「ジェームズ＝アーグレスの父親は自然界を分析する方法を彼に教えた。なぜならば彼は自然の中に潜む危険を理解するために注意深く自然界を観察する必要を感じていたからだ」
　本文には，「自然の中に潜む危険」という表現やこれに類似した表現は見当たらない。よって，この文は本文の内容に矛盾する。
7.「大学で勉強していた間に，ジェニー＝ジョンソンは未来の夫と出会った。彼は，オリエンテーリングをする家族に生まれた彼女自身に似ていた」
　第12段第1～3文（When it came to … that practiced the sport.）に記された内容と一致する。when it comes to *doing*「～するということになると」 decide on ～「～を決める」 pick「～を選ぶ（＝choose）」
8.「ジェニー＝ジョンソンの両親と彼女の夫の両親は両方とも，ジェニーの幼い息子の競争を見に来ることはできないが，その趣味について話をしている」
　最終段第1文（Their son, 10, …）に記された内容と矛盾する。「両方ともジェニーの幼い息子の競争を見に来ることはできない」ではなく「2組の祖父母は両方とも数週間ごとに彼らに加わっている」とある。get out ～「～を持ち出す」 every few weeks「数週間ごとに」

A. (X)－2　(Y)－1　(Z)－3
B. (a)－4　(b)－1　(c)－2　(d)－2　(e)－2　(f)－3　(g)－3
C. (ア)－2　(イ)－3　(ウ)－3　(エ)－4
D. (い)－2　(う)－3　(か)－4
E－1・4・6
F. 全訳下線部参照。

全訳

《自転車にやさしい都市をめざして》

1　新型コロナウイルス感染症の世界的流行の始まり以来，どの方法でどこに人々が旅行するかに関して変化がおこってきた。最初のロックダウンの間の交通量が少ないことは，車の行き来がなければ都市の通りがどのように見えるのかを示してくれた。つまり，散歩と自転車，遊び，戸外の集まりのための空間になる。しかしながら，道路上に車が少なくなったことはまた，無謀運転と速度違反を招いた。そして，そのことが多くの通りに大きな損害をもたらした――歩行者の死亡が過去の年より2021年と2020年に著しく多くなった。多くの都市がパンデミックの間に臨時の自転車のインフラを施行することを約束した。そしてそれが自転車の大きな増加と，自転車専用レーンのネットワークを改善するという追加の約束を支持したのである。

2　車の代わりに自転車に乗る人と歩行者にとって，うまく機能するように都市をつくり再設計することは，気候変動の原因となる有害な排出物を減らすばかりでなく，私たちの最も弾力のある対応できる形の交通手段を基本的に優先することにもなる。全ての人たちが安全に自転車に乗るためにもっと接続され保護された専用レーンを作ることはパズルの重要なピースであるが，一方，別のおそらくもっとやりがいのあるピースに取り組まなければならない。すなわち，誰がどんな目的のために自転車を使うのかについての見方を変えることだ。

3　多くの都市で，自転車は若い身体的に健全な男性「向け」とみなされている。なぜならばこの集団は特にレクリエーションとしてのサイクリングにおいて乗り手の最大の部分を構成する傾向があるからだ。自転車に乗る人全てが若くて中から上の収入がある健康な男性であると仮定することは，女性や年配者や子どものいる家族もまたあちこち動くために自転車に依存しているという事実を見過ごしている。実際，もしもっと安全でもっと静かな場所が自転車に乗るのに利用できるならば，そして，もっと多くの種類の自転車（電気自転車のような）をもっと簡単に使用して買う余裕があるならば，このようなグループはより多くの移動のために自転車を使うだろう。政策は全ての人たちに平等に影響を与えるとは限らず，そんなわけで，全ての集団と彼らの具体的な必要性のために設計するならば，都市は多様な自転車に乗る人たちにより良く対応し彼らを支援することができるだろう。

4 自転車としばしばバイクシェアのシステムは，戸外でのレクリエーションの機会を提供してくれるが，一方，レクリエーション用の道具として単に考えられ計画されるべきではない。個人的な交通手段は別にして，自転車は何十年もの間街頭の小規模業種の物売りによって使われてきたし，地元の商用配送のためにますます使われている。電子商取引の需要が増加するにつれて，より多量の品物が配送会社にとっての物流の課題を提示している。そんなわけで，Fed-Ex と DHL のような巨大企業は，地元の倉庫から最終的な目的地への配送のために，電動カーゴバイクの利用を試しに行って，交通渋滞を回避し温室効果ガスの排出物を減らしている。2017年のメキシコシティでの巨大地震の後で道路ががれきでふさがり電力が中断されたとき，人々は必要な移動をするために，そして物品を配って復旧活動を支援するために，自転車に頼った。新型コロナウイルス感染症の世界的流行に対応して，南アフリカのググルスで，インドネシアのセマランで，いくつかのインドの都市で，そしてとりわけメキシコシティとニューヨークシティで，草の根のネットワークは，薬や食料品や食事や他の物品を危険な状態にある人たちへ配達するために自転車を利用した。もっと安全な自転車専用レーンの環境が整っているならば，これらの自転車が生み出した救援活動がもっと多くの人たちに届くだろうと，私たちは推測することができる。

5 さらに，手段の間のギャップを埋めることによって，自転車は持続可能な交通手段のネットワーク全体を支援する。しばしば，自転車は最初と最後の1マイルの接続を提供し，あるいは単に，そうでなければ徒歩でとても長くなるような交通手段の間の接続を提供する。たとえば，インドネシアのジャカルタで，ハーモニ BRT 駅までの 15 分の自転車での移動を可能にする自転車専用レーンは，歩いて 15 分以内に住んでいる人たちより400%多くの人たちにその駅をアクセス可能にしている。公共交通機関へのもっと簡単なもっと信頼できるアクセスは，より多くの人たちがより多くの移動のために公共交通機関を使うことを考えることができることを意味する。

6 多くの異なったタイプの人たちが多くの目的のために自転車を使うのを

理解することは重要であるが，都市は実際どのように自転車に関する認識を変え始めることができるのか？　ここに費用効率の高い行動を行うための４つの素早い方法がある。

7　自動車乗り入れ制限日は，グアダラハラ，キガリ，ジャカルタのような都市で，全ての年齢と能力の人たちに通りに出てリラックスした安全な環境で自転車に乗ることの経験を得るように勧めることに成功してきた。

8　バイクシェアは，自分自身の自転車を持たない人々に自転車へのアクセスを拡大し，通りで乗るためのより多くのより安全な場所への要求を強めるのに役立つ。バイクシェアのユーザーはもっと頻繁に自転車に乗り，バイクシェアの利用は自分の自転車を購入するきっかけとなりえることを示す証拠がある。バイクシェアの経営者の中には配送業者にとってもっとよく機能するさまざまなレンタルの選択肢を提供しさえしている業者もいる。

9　セルビア，ボゴタ，ブエノスアイレスのような都市でのクイックビルドの自転車のネットワークは，毎日の自転車に乗る経験を急速に変え，優先度を（たとえ少しでも）自動車から移動させる。コストの低い，移動できる材料がしばしば最初に使われているので，もしデータとフィードバックが問題を示すならば，適応と調整には柔軟性がある。乗り継ぎの中心地と結合する期間限定の自転車専用レーンは，より多くの人たちがより長い移動のための自動車に代わる代替案を考えるのに役立つことができる。

10　ソーシャル・マーケティングは，人々の生活への影響に関する意識ばかりでなく，自転車のプロジェクトと新たな取り組みに関する意識も高めるのに役立つ。インドの国内の Cycles4Change や ITDP のサイクリング都市のような地域や世界規模の運動は，大気汚染や気候変動のような主要な社会的な課題と戦う方法としての自転車を取り巻く状況の改善をめざしているのだが，このような運動に参加することは，より長期的な行動変容に向けた推進力を構築するのに役立ちうる。

解説

A. (X)　空所の前文の後半部分で「女性や年配者や子どものいる家族もまたあちこち動くために自転車に依存している」と述べられている。続いて，空所の直後の「このようなグループはより多くの移動のために自転車を使うだろう」という記述によって，前述の内容を補強している。よって，空所に２の In fact「実際」という定型表現を入れると，うまく話が流れていく。1．「現在，ただ今のところ」これではうまく話が通じない。3の「遠く離れて，よそよそしく」と4の「不幸にも」は，否定的な意味を示し，空所に入れることは難しい。

(Y)　空所を含む文の意味を考えて，空所に1の Aside from「～は別にして」を選ぶ。他の選択肢を入れても意味がつながらない。2．「～のためではなく」　3．「～から始めて」　4．「ただ～のために」

(Z)　空所の前文の後半部分で，徒歩で行けばとても長くなる距離も自転車を活用できると述べられている。空所の後でその具体例が述べられているので，空所には3の For example「たとえば」を選ぶ。cycle lanes「自転車専用レーン」 bicycle trip「自転車による移動」 the population within a 15-minute walk「歩いて15分以内に住んでいる人たち」 1．「あるいは，その代わりに」　2．「ところで」　4．「疑いなく，確かに」

B．(a)　narrative は「物語，話」という意の名詞である。この意味に最も近いのは，4の story「話」である。1．「雰囲気，大気」　2．「衝突，紛争」　3．「秘密」

(b)　impact は「影響，衝撃」という意の名詞もあるが，本文では「～に影響を与える」という意の他動詞である。この意味に最も近いのは，1の affect「～に影響を与える」である。2．「～を助ける」　3．「～を裏切る」　4．「～を紹介する，導入する」 not all「全て～だとは限らない」は部分否定である。which is why「そんなわけで」 which は前にコンマがあるので非制限用法で，先行詞は前文であることに注意。書き換えると and it is why となる。enable *A* to *do*「*A* が～するのを可能にする」 adapt to ～「～に対応する，適応する」と support「～を支援する」は並列関係にあり，前の to と後の a diverse range of cyclists「多様な自転車に乗る人たち」と連結する。diverse「多様な」と range「範囲」をまとめて a diverse range of ～「多様な～」とする。

(c)　disrupted は「～を崩壊させる，中断させる，粉砕させる」という意の他動詞 disrupt の過去分詞である。block *A* with *B*「*A* を *B* でふさぐ」 power「電力」 following は「～に引き続いて，～の後で」という意の前置詞であることに注意。turn to ～「～に頼る」 make a trip「移動する，旅をする」 よって，下線部の意味に最も近いのは，2の cut である。1．「主張されて」　3．「約束されて」　4．「再建されて」

(d)　vulnerable は「危険な状態にある，弱い，傷つきやすい」という意の形容詞である。下線部の意味に最も近いのは，2の at-risk「危険な状態にある」である。at risk「危険な状態で」という定型表現を基にして，ハイフンで結合した形容詞である。1．「在宅して」 3．「2カ国語を話す」 4．「豊かな，金持ちの」 in response to ～「～に対応して，反応して」 among others「とりわけ」

(e)　infer は「～を推測する，推察する」という意の動詞である。よって，infer に最も意味・内容が近いのは，2の conclude「～と結論づける」である。1．「～を告げる」 3．「～を修理する」 4．「～を修正する」 relief efforts「救援活動」 in place「環境が整って」

(f)　implement は「～を行う，実行する」という意の他動詞で，この単語に最も意味が近いのは，3．execute「～を実行する」である。1．「～を分析する」 2．「同時に起こる，一致する」という意味の自動詞。4「～を無視する」 cost-effective「費用効率の高い」

(g)　momentum は「推進力，はずみ」という意の名詞で，これに最も意味が近いのは，3の movement「運動，動き」である。1．「瞬間，時」 2．「記念碑」

C. (ア)　波線部は「パズルの重要なピース」という意味である。critical は「重要な」という意味に加えて，「批判的な，危険な，危篤の」という意味のある多義語である。波線部の意味を最も的確に示すものは，2の「問題のきわめて重大な面」である。1．「訪問するべき重要な場所」 3．「新たな種類の困難な闘争」 4．「非常に批判された意見」 波線部を含む文で，文頭の While は「～である一方で」という意の対照を示す接続詞である。more connected, protected lanes「もっと接続され，保護された専用レーン」 名詞を修飾する形容詞が2つあるときはこのようにコンマを間に用いることもある。for all people to cycle safely「全ての人たちが安全に自転車に乗るために」 いわゆる for *A* to *do*「*A* が～するために」という形である。address「～に取り組む」

(イ)　波線部 piloting は「～を操縦する，案内する，～の評判を試す」という意の動詞 pilot の現在分詞形である。文脈を基にして are piloting the use of e-cargo bikes は「電動カーゴバイクの利用を試しに行っている」という意味だと考える。よって，波線部 piloting は「～を試しに行って」

として理解する。この波線部に意味が最も近いのは，3の「もっと広範囲に導入する前に実験として行って」である。introduce「導入する」 1.「交通手段の実験の結果としてあきらめて」 give up「あきらめる」 as a result of～「～の結果として」 2.「実験をする前に広く導入して」 do an experiment「実験をする」 4.「新しいモデルを作るためにさまざまな種類の機械を動かして」 波線部を含む文で，文頭のAsは「～するにつれて」という意味である。通例becomeやgrowやgetなどとともに用いられ，後続する主節に比較級の構文が来る。demand for～「～の需要，要求」 present「～を提示する」という意の他動詞。that's why～「そんなわけで～」 avoiding traffic congestion～は分詞構文。greenhouse gas「温室効果ガス」 emissions「排出物」

(ウ) 波線部は「(交通の) 方法の間のギャップを埋めること」という意味である。fill in～は「～を埋める」という意。よって，波線部の意味を最も的確に示すものは，3の「さまざまなタイプの交通手段をつなぐこと」である。bridgeは「～に橋をかける，～（みぞなど）を埋める，～を克服する」という意の動詞。1.「流行して廃れることを変えること」 go in fashion「流行する」とgo out of fashion「流行遅れになる，廃れる」が結合して，go in and out of fashion「流行して廃れる」となる。2.「形式の間の新たな違いを生み出すこと」 4.「平均的な通勤時間を計算すること」 commuting time「通勤時間」

(エ) 波線部は「期間限定の自転車専用レーン」という意味である。pop-upは「ポンと飛び出す方式の，期間限定の」という意の形容詞。よって，波線部の意味を最も的確に示すものは，4の「一時的な自転車専用レーン」である。1.「多目的の自転車専用レーン」 multi-useは「多目的の，さまざまな目的で使用する」という意の形容詞。2.「永久的な自転車専用レーン」 3.「作られた自転車専用レーン」 raise「～を作る，建築する」 help more people consider～「より多くの人たちが～を考えるのに役立つ」はhelp *A* (to) *do*「*A*が～するのに役立つ」という形である。an alternative to～「～に代わる代替案」

D. まず，空所(い)の後のpeople of all ages and abilities to come out on the streetに注目しto comeという不定詞を基にして，選択肢のencouragingを空所(い)に入れてencourage *A* to *do*「*A*に～するように勧

める」という形ではないかと見当をつける。この流れで空所(う)にも動詞が入り to come と並列的に接続するのではないかと推測する。「通りに出て自転車に乗るように」というおおまかな流れだろうと考え，experience に「～を経験する」という意の動詞があるので，空所(う)に入れることを考える。しかし，experience の目的語として cycling のみが考えられ，空所が(え)・(お)の２カ所あるので，この場合は不可と推測する。次に，空所(う)に動詞 gain「～を得る」を入れると仮定すると，目的語として(え)に experience を，experience の後置修飾として(お)に cycling を選ぶことができる。よって，空所(う)には gain が入ると確定する。次に，空所(か)には，直前の a relaxed, safe「リラックスした，安全な」と接続可能だと思われる environment「環境」を入れる。最後に空所(あ)には前の have been successful と接続が可能な at を入れ，be successful at *doing*「～することに成功する」という形だと考える。succeed in *doing*「～することに成功する」との関連から通例 be successful in *doing* という形で in がよく用いられるが，この例のように at が使われることもある。以上より，(Car free days have been successful in cities like Guadalajara, Kigali, and Jakarta) at encouraging (people of all ages and abilities to come out on the street and) gain experience cycling (in a relaxed, safe) environment.「自動車乗り入れ制限日は，グアダラハラ，キガリ，ジャカルタのような都市で，全ての年齢と能力の人たちに通りに出てリラックスした安全な環境で自転車に乗ることの経験を得るように勧めることに成功してきた」となる。

E. 1.「新型コロナウイルス感染症の突発的発生のあと，道路に車の数が少なくなったけれども，危険な運転行為のために歩行者は安全だと感じることができなかった」 because of ～「～のために」 practice「行為」

第１段第３文（However, fewer cars …）の内容と合致する。

2.「全ての人たちにとってもっと有用な自転車専用レーンを作ることは，誰がどんな目的のためにそれらを使うのかよりもっと主要な関心事である」

この文は第２段最終文（While building more …）の内容と矛盾する。最終文の前半部分で「全ての人たちが安全に自転車に乗るためにもっと接続され保護された専用レーンを作ることはパズルの重要なピースである」

と述べられているが，後半部分で「もっとやりがいのあるピースは誰がどんな目的のために自転車を使うのかについての見方を変えることだ」と述べられている。

3．「たとえ道路がより安全になったとしても，年配者や子どもたちがもっと広範囲に自転車を使い始めることはありそうにないだろう」 even if ～「たとえ～だとしても」 it is unlikely that ～「～はありそうにない」

第3段第3文（(　X　), these groups …）と矛盾する。「実際，もしもっと安全でもっと静かな場所が自転車に乗るのに利用できるならば，そして，もっと多くの種類の自転車（電気自転車のような）をもっと簡単に使用して買う余裕があるならば，このようなグループはより多くの移動のために自転車を使うだろう」と述べられている。these groups「このようなグループ」は，前文の women, old adults, and families with children「女性や年配者や子どものいる家族」を受ける。

4．「自然災害と伝染病の時代には，自転車は自動車よりももっと役に立つ可能性がある」

第4段第5文（In response to …）の内容と一致する。in response to ～「～に対応して，反応して」 grassroots networks「草の根のネットワーク」 among others「とりわけ」

5．「自転車は従来の鉄道システムの補足的な乗り物として実用的に使うことができない」 complementary to ～「～に補足的な」

このような記述は本文に見当たらない。

6．「バイクシェアの制度は，人々がもっと広範囲に自転車を使うようにさせる良い方法である。そして，その制度はユーザーに自分の自転車を買うように勧めるかもしれない」 get *A* to *do*「*A* に～させる」 encourage *A* to *do*「*A* に～するように勧める」

第8段第2文（Evidence suggests that …）の内容と一致する。

7．「暫定的な自転車専用レーンを作る現実世界での実験はまだないけれども，このプロジェクトは大いに有望である」

第5段第3文（(　Z　), in Jakarta, …）と矛盾する。すでに作られている自転車専用レーンの状況が記述されている。

8．「実際，自転車を取り巻く状況を改善しようとしているいくつかの会社はあるが，そのような努力は環境にとっての明確な利点はない」 gain

は「得ること，利点，利益」という意の名詞。

この文は，最終段最終文（Taking part in regional…）と矛盾する。「そのような努力は環境にとっての明確な利点はない」とは逆に，最終文の一部には「大気汚染や気候変動のような主要な社会的な課題と戦う方法としての自転車を取り巻く状況を改善することをめざしている」と記されている。

F． 文全体は，access を主語，means を述語動詞とする SVO 構文である。access to ～「～へのアクセス」 public transport「公共交通機関」 consider *doing*「～することを考える」 trip「移動」

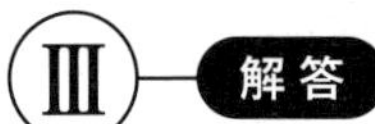

A． (a)－4　(b)－7　(c)－1　(d)－2　(e)－6　(f)－9　(g)－5　(h)－3

B． 〈解答例1〉It sounds just like the kind of treatment that I have been looking for.

〈解答例2〉It seems that it is exactly the sort of treatment that I have been seeking.

全訳

《腰痛を改善する方法を探して》

（2人の友だちが通りでばったり出会う。そして，ビビは最近友だちの調子がよくないと気づく。）

ビビ：こんにちは，スー。

スー：ビビ，ここであなたとばったり会うなんて驚いたわ！

ビビ：どうしていたの？　少し疲れて疲弊しているように見えるわ。

スー：あれ，そんなに明らかなの？

ビビ：いいえ，ただいつもの陽気なあなたのようにあまり見えないというだけなの。今，仕事がとても忙しいの？

スー：そんなにたくさんの仕事はないわ。腰にいくらか不調があるの。

ビビ：ケガをしたの？

スー：昔のスポーツのケガよ。数年前に事故にあったの。時々，それが再び急に悪化するの。それは1日に何時間も机についていることと関係があると思う。それでケガがより悪くなっているようなの。

ビビ：それを聞いて本当に気の毒に思うわ。そのための治療を受けているの？

スー：主要な筋肉の運動をすることによって，それを抑えようとしているの。通常は，これは本当に効果があるの。でも，今はただその時間を見つけられそうにないのよ。

ビビ：このことについて医者に診てもらうべきだと思うわ。深刻なように思えるから。

スー：あまり医者に行きたくないのよ。以前に何回も行ったことがあるけれど，いつも同じことを言うのよ。そして，おそらくただ薬を処方してくれるだけでしょう。でも，錠剤は相当強くて，役に立つよりは私には害になるように感じるわ。

ビビ：そうね，あなたが言いたいことはわかるよ。そんなことはよくあるわ。

スー：その代わりに，私が見つけたいと思っているものは代替医療なの。ある種の自然の治療よ。

ビビ：あなたは鍼療法を試してみたことがある？

スー：それは鍼を使った治療なの？

ビビ：そうよ。それは伝統的な中国医学に基づいているの。体のエネルギーの点を刺激するために鍼を使うのよ。

スー：あらまあ，ええ，試してみたことがあるわよ。でも，鍼療法も好みではないわ。

ビビ：本当に？　なぜ？　あなたは鍼に対して恐怖感をもっているの？

スー：いいえ，鍼ではないわ。以前に一度鍼療法をやったのだけれど，とても痛かったので，そこに戻っていくのが本当に怖いのよ。

ビビ：おそらくあなたは間違った施術師のところに行ったのでしょう。

スー：さあ，どうかな。2人の異なる友だちが私にその人を強く推薦してくれたのよ。そして，その人は鍼を打つとき，はっきりと正しい場所に打ってくれたの。明らかに，私はこの治療の理想的な志望者よ。その治療の効果が本当によく現れるのよ。

ビビ：それは実際かなり有望のようね。

スー：問題は私に効果が少し現れ過ぎることなのよ。その人でさえ，それ以上鍼を打つのを止める必要があると言ったのよ。なぜならば私が明らかにもう鍼を受け入れることができなかったから。

ビビ：でも，そんなに効果が現れるなら，もう一度試してみる価値があるかもしれないわ。結局，たった20分でしょう。

スー：私もそう考えたわ。そして，たった20分なら，痛みに耐えることができたでしょう。問題は，彼女が鍼をとった後，まる1週間ひどい痛みを感じたことなのよ。本当に怖かったよ。

ビビ：まあ，そう，ええっと，私も怖いわ。

スー：だから，私は強くないものを見つけたいのよ。

ビビ：指圧を試してみたことはある？

スー：いいえ，ないわ。それって何？

ビビ：それは，鍼と同じような原理に基づいているの。その考えは，体中に通っている経絡もしくはツボと呼ばれるエネルギー線があるということなのよ。そして，いくつかの圧覚点を刺激することによって，体が治るのを助けるの。

スー：それはまさに私がずっと探している種類の治療のように聞こえます。ひょっとしたらここ京都の指圧師について知っている？

ビビ：知ってるわ。一度指圧を試したことがあるの。個人的には，私は鍼のほうが好きだわ。鍼が私にはとてもよい効果があるようなの。でも，指圧は楽しくて優しい代替案だと思ったわ。もし鍼が強すぎると思うなら，おそらくあなたはこの治療方法をかなり気に入るわね。

スー：ぜひ試してみたいわ。その指圧師の連絡情報をもっている？

ビビ：まだもっているかどうか調べなければならないけど，きっとどこかに彼女の名刺をまだもっていると思う。いずれにせよ，あなたのためにその情報を見つけることができるわ。彼女の診療所はあるお寺の近くにあるから，インターネットでその情報を見つけることは難しくないはずよ。

スー：ありがとう，ビビ。本当に感謝するわ。

ビビ：何でもないよ。すぐによくなるといいわね！

解説

A. (a)　空所の直前の「どうしていたの？」というビビの発言を基にして，4の「少し疲れて疲弊しているように見えるわ」を入れると，空所の直後の「あれ，そんなに明らかなの？」というスーの発言，さらには，ビビの「いいえ，ただいつもの陽気なあなたのようにあまり見えないというだけなの」という発言とうまくつながる。worn out「疲弊して，疲れ切って」 that obvious「そんなに明らかな」 that は「そんなに」という意の副詞で，形容詞や副詞を修飾する。it's just that ～「ただ～だけ」 not quite ～「あまり～ではない」

(b)　空所の直前の「昔のスポーツのケガよ。数年前に事故にあったの」というスーの発言があるので，7の「時々，それが再び急に悪化するの」を入れると，腰の痛みの理由として述べられた「それは1日に何時間も机についていることと関係があると思う」という発言とつながる。have an accident「事故にあう」 every now and then「時々」 every を省略することもある。flare up「急に悪化する，ぱっと燃え上がる」 it's to do with ～「～と関係がある」

(c)　空所の直前で「そのための治療を受けているの？」とビビが尋ねている。その発言に対して，1の「私は主要な筋肉の運動をすることによって，それを抑えようとしているの」を空所に入れると，空所の後のスーの「普通は，これは本当に効果があるの。でも，今はただその時間を見つけられそうにないのよ」という発言とうまく合う。keep *A* under control「*A* を抑える，管理する」 work「効果がある，うまくいく」 at the moment「今，現在」

(d)　空所の直前に「本当は医者に行きたくないのよ」という発言がある。また，空所の直後に「おそらくただ薬を処方してくれるだけでしょう。でも，錠剤は相当強くて，役に立つよりは私には害になるように感じるわ」という発言がある。do *A* harm「*A* に害になる」 do *A* good「*A* に役に立つ」 スーは空所の前後で，医者に対する嫌な気持ちを表現している。よって，空所にも同様の表現が入ると想定されるので，2の「以前に何回も行ったことがあるけれど，いつも同じことを言うのよ」を入れる。

(e)　空所の前で，スーは「あらまあ，ええ，試してみたことがあるわよ」と発言している。I have は，2つ前のビビの Have you tried acupuncture or *hari* treatment?「あなたは鍼療法を試してみたことがある？」という質問に対する返事である。or「すなわち」 また，空所の後で，ビビは「本当に？　なぜ？　あなたは鍼に対して恐怖感をもっているの？」と言い，それを受けて，スーは「いいえ，鍼ではないわ。以前に一度鍼療法をやったのだけれど，とても痛かったので，そこに戻っていくのが本当に怖いのよ」と答えており，鍼療法によい印象をもっていないことがわかる。so ～ that …「たいへん～なので…」 この文では that の代わりに，コンマが使用されている。このような状況を考えて，空所に6の「でも，鍼療法も好みではないわ」を入れると，会話の筋がとおる。that は *hari* treatment を指す。文末の though は，「だが，しかし」という意。

(f) 空所の直前で「そして，その人は鍼を打つとき，はっきりと正しい場所に打ってくれたの」と言っている。また，空所の直後に「私にはその治療の効果が本当によく現れるのよ」という発言がある。この2つの発言をつなぐものとして，9の「明らかに，私はこの治療の理想的な志望者よ」を空所に入れると，うまく会話が流れる。right points「正しい場所」 鍼を打つときの「ツボ」のこと。respond to ～ は，通例「～に答える，反応する」という意味でよく使われるが，ここでは「～の効果を現す，～に好反応を示す」という意。

(g) 空所の前で，ビビが「もう一度試してみる価値があるかもしれないわ。結局，たった20分でしょう」と言っている。be worth *doing*「～する価値がある」 after all「結局」 空所に5の「私もそう考えたわ」を入れると，空所の後の「そして，たった20分なら，痛みに耐えることができたでしょう。問題は，彼女が鍼をとった後，まる1週間ひどい痛みを感じたことなのよ」とうまくつながる。put up with ～「～に耐える，我慢する」 The problem is that ～「問題は～である」

(h) 空所の前に「指圧を一度試したことがある」というビビの発言がある。空所には3の「個人的には，私は鍼のほうが好きだわ」を選ぶ。ビビは指圧と鍼とを比較した結果，鍼のほうがよいと言っている。prefer「～のほうが好きである」は2つ以上のものを比較する場合によく使われる。そして，3は空所の後の「それが私にはとてもよい効果があるようなの」ともうまく合う。work「効果がある」

B. 英訳する際に，文法的な間違いをしないように注意し，自分が自信をもって使える表現や文構造を用いて英語に直すこと。そのためには，難しい単語を使わずに，よく知っている単語やイディオムを使うことが望ましい。「まさに」は just とする。exactly でも可。「ずっと探している」は look for ～「～を探す」という定型表現を利用し現在完了進行形を使って have been looking for とする。あるいは seek「～を探す」を用いて

have been seeking とする。try to find や search for ～ を使ってもかまわない。「種類の治療」は the kind of treatment とする。kind の代わりに sort や type でも可。「～のように聞こえる」は it sounds like ～ とするか,「～のように思われる」と考えて it seems that ～ とする。

講評

2024 年度も例年通り，やや長めの長文読解問題が 2 題，会話文の問題が 1 題の計 3 題の出題であった。

Ⅰ 「共通の趣味を受け継ぐこと」に関する論説文。A は空所補充問題であり，B は同意表現を問うて語彙力や文脈把握力を試す問題である。C は，B と同様に同意表現を問う問題であるが，問われている箇所が長い。D は語の並べ替えを問う語句整序問題である。この問題で there をどこに入れたらよいか悩んだ受験生もいたかもしれない。E は本文の内容に合致するものを選ぶ内容真偽問題である。

Ⅱ 「自転車にやさしい都市をめざして」に関する論説文。A は空所補充問題であり，標準的である。B は同意表現を問うて語彙力や文脈把握力を試す問題である。C は，B と同様に同意表現を問う問題であるが，問われている箇所が長いのは，大問Ⅰと同様である。D は語の並べ替えを問う語句整序問題である。E は本文の内容に合致するものを選ぶ内容真偽問題である。F は英文和訳問題であった。難しい語句や構文が使われていないので，スムーズに解答できた受験生が多かったのではないか。

Ⅲ 「腰痛を改善する方法を探して」という 2 人の会話文問題である。A の空所補充は，2023 年度の会話の空所補充問題と同様に，8 カ所の空所に 10 個の選択肢から選んでいく標準的な問題であった。B の和文英訳は標準的な問題。綴りや文法的なミスなどのケアレスミスに注意して，正確な英文を作成したい。

全体としてみると，出題傾向はほぼ例年通りであり，難易度の点では 2023 年度と同様であると考えられる。例年同様，受験生に高い英語力が求められる内容であるので，英語の基礎をしっかり身につけ，問題集や過去問演習などで十分に対策をとって臨んでほしい。

日本史

設問a. 21　**設問ア**. 三角縁神獣鏡
設問b. 19　**設問イ**. 漢委奴国王　**設問c**. 2
設問ウ. 楽浪　**設問d**. 25　**設問エ**. 雄略天皇　**設問オ**. 加羅
設問e. 7　**設問f**. 8　**設問カ**. 文帝（楊堅）
設問キ. 菩薩　**設問g**. 53　**設問ク**. 釈迦三尊像
設問ケ. よつのふね　**設問h**. 34　**設問i**. 41　**設問j**. 44
設問k. 43　**設問l**. 52　**設問m**. 14　**設問コ**. 五台山
設問n. 30　**設問o**. 37

解説

《原始・古代の文化・政治》

設問a. 21. 三国志が正解。中国の正史である『三国志』の一つである『魏書』の「東夷伝倭人条」を，一般に「『魏志』倭人伝」と呼んでいる。『三国志』は，3世紀に晋の陳寿によって編纂された。

設問ア. 三角縁神獣鏡が正解。問題文中「卑弥呼が授かったと考えられる鏡」,「漢字6字で記せ」から，三角縁神獣鏡を想起したい。景初3年は西暦239年である。

設問b. 19. 後漢書が正解。『後漢書』は，5世紀に范曄（はんよう）が書いた。

設問イ. 漢委奴国王が正解。「委」を「倭」としないように注意すること。

設問c. 2. 107年が正解。史料文中「建武中元二年」は西暦57年。

設問ウ. 楽浪が正解。楽浪郡は，紀元前108年に漢の武帝によって，朝鮮半島に設置されたが，313年，高句麗によって滅ぼされた。

設問d. 25. 宋書が正解。5世紀末頃，沈約（しんやく）が完成させた。「夷蛮伝」倭国の条が，一般に『宋書』倭国伝とされている。

設問オ. やや難。加羅が正解。史料の空所補充問題なので，同じ地域名を指す「加耶」としてはいけない。

設問カ. やや難。文帝（楊堅）が正解。607年の遣隋使時の皇帝，煬帝と間違えてはいけない。

設問ク. 釈迦三尊像が正解。問題文中「法隆寺金堂に安置されている」で正解を想起できる。法隆寺金堂釈迦三尊像は，北魏の造像様式を受けており，杏仁形の眼，仰月形の唇が特徴である。また，日本最古の仏像とされる飛鳥寺釈迦如来像（飛鳥大仏）も，鞍作鳥の作とされている。

設問ケ． 難問。よつのふねが正解。8 世紀には，遣唐使は 4 隻の船に乗って渡海したことから，「四つの船」と呼ばれた。

設問h． 34．北が正解。問題文中「東シナ海の荒波を乗り越えて，九州から直接中国をめざ」す航路を南路という。

設問 i． 難問。41．井真成（せいしんせい）が正解。717 年に唐に渡った人物には，玄昉・吉備真備・阿倍仲麻呂らがいるが，井真成の日本名は不明とされている。

設問 j． 難問。44．粟田真人が正解。問題文中「よく経史を読み，属文を解し，容止温雅なり」とは，教養が高く，身だしなみもきちんとしており，立ち居振舞いも穏やかで上品であるという意味である。

設問k． 43．阿倍仲麻呂が正解。問題文中「玄宗皇帝に気に入られて政府の高官にまでのぼって活躍」から，唐の最盛期をつくり出した玄宗皇帝の開元の治（713～741 年）の時期とも合致する阿倍仲麻呂（717 年の遣唐使）を想起できる。47．藤原清河（752 年の遣唐使）は時期が合わない。

設問 l． 52．渤海が正解。日本は，新羅と対抗関係にあったため，渤海が 10 世紀前半に契丹（遼）に滅ぼされるまで親交をもった。

設問n． 30．清凉寺が正解。本問は選択問題だが，「凉」の字に注意すること。

設問o． 37．成尋（じょうじん）が正解。元々正式な外交使節以外の日本人の渡航は律によって禁止されていたが，巡礼を目的とする僧は許可されることがあった。奝然（ちょうねん）と成尋については，それぞれの時期（10 世紀末と 11 世紀半ば）に注意して覚えよう。

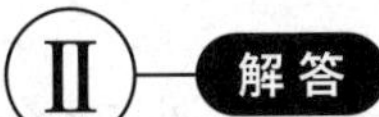

設問ア． 3　**設問イ．** 4　**設問ウ．** 検地帳
設問エ． 1　**設問オ．** 検見法　**設問カ．** 1
設問キ． 徳川吉宗　**設問ク．** 蘐園塾　**設問ケ．** 地方知行制　**設問コ．** 3
設問サ． 4　**設問シ．** 2　**設問ス．** 3　**設問セ．** 村入用
設問ソ． 村方騒動　**設問タ．** 豪農　**設問チ．** 問屋制家内工業　**設問ツ．** 3

解説

《江戸時代の社会・政治》

設問ア. 3が誤り。1615年の武家諸法度（元和令）は，徳川家康が南禅寺の金地院崇伝に起草させ，2代将軍（征夷大将軍）の徳川秀忠の名で発布した。このとき徳川家康は征夷大将軍ではないので誤り。

設問イ. 4が誤り。戸主が死亡した場合などでは，その妻が戸主に準ずる地位を得ることもあった。

設問エ. 1が誤り。本途物成は，（貨幣価値ではなく）石高の約40～50％を米穀や貨幣で領主に納めた（四公六民や五公五民という）。3は，伝馬役のこと。

設問オ. 検見法が正解。田の一部を刈り取り（坪刈り），収穫状況を確認して，その年の税率を決めた。領主側は収入が不安定になり，不正も発生しやすいため，幕領では，享保期以降，一定期間は税率を変えない定免法を採用した。

設問カ. 1が誤り。史料の読み取り問題である。年貢の徴収が十分にできなければ，国家の疲弊につながるので，年貢を納める側の百姓たちが疲弊するようなことはしてはいけない。よって，百姓たちの生活水準の維持を考えなければならない。

設問ク. 蘐園塾（けんえん）が正解。江戸茅場（かやば）町の茅も蘐園塾の蘐も，訓読みで「かや」で，屋根を葺くのに用いる植物の総称を意味する。

設問ケ. 地方知行制（じかたちぎょうせい）が正解。次第に大名による領内一円支配が進み，17世紀半ばには多くの藩で，地方知行制は見られなくなり，藩が徴収した年貢を家臣に支給する俸禄制度がとられるようになった。

設問コ. 3が誤り。「すべての大名」が誤り。関東の大名は半年交代であり，遠国の対馬藩は3年，松前藩は6年に1回であった。また，水戸藩は参勤交代を行わず江戸に定府した。

設問サ. 4が誤り。借家・店借は，地代や店賃を負担すること以外に多くの負担はないが，町の運営には参加できなかった。

設問シ. 2が正文。史料の読み取り問題。荻生徂徠は『政談』で，参勤交代の弊害や，武士土着論を説いた。

設問ス. 3が誤り。年貢は，村の責任で一括納入された（村請制）。

設問ソ. 村方騒動が正解。近世の農村では，小百姓らが村の公正な運営を求めて村役人らを追及する村方騒動が頻発した。

設問ツ． 3が誤り。史料の読み取り問題。「富を地域外から取り入れて」が誤り。村役人が，小前百姓から富を搾り取っていると非難している。

Ⅲ　解答　**設問a．** お雇い外国人（御雇外国人）　**設問b．** 3
設問c． 2　**設問d．** 3　**設問e．** 新中間層
設問f． 束髪　**設問g．** 職業婦人　**設問h．** 1　**設問i．** 民芸
設問j． 2　**設問k．** 東海道線　**設問l．** 京都　**設問m．** 4
設問n． 2　**設問o．** 関東大震災　**設問p．** 4　**設問q．** 1
設問r． 一遍

解説

《近代の文化・政治》

設問b． 3．ヘボンが正解。問題文中の「ローマ字」で，ヘボン式ローマ字を想起したい。

設問c． 2．台湾が正解。問題文中「明治政府によるはじめての海外派兵」でわかる。1871年，台湾で琉球漂流民殺害事件が発生したが，清国が責任を負わないと表明したため，1874年，明治政府は初めての海外派兵となる台湾出兵をおこなった。

設問d． 3．三越が正解。「江戸の老舗呉服店」とは，1673年，三井家によって開かれた越後屋呉服店である。

設問e． 新中間層が正解。都市中間層ともいう。

設問f． 束髪が正解。明治中期頃からの束髪に対し，第一次世界大戦頃に伝わった髪型を断髪という。

設問g． 職業婦人が正解。具体的にはタイピストや電話交換手・バスの車掌などである。

設問h． 1．人道主義が正解。2．自然主義は，フランスやロシアの自然主義文学の影響を受けた近代文学の思潮の一つで，社会の暗黒面を写し出し，日露戦争前後に文壇の主流になった。主な作家に，島崎藤村・田山花袋などがいる。3．耽美主義は，反自然主義の中の一つの思潮で，官能的な美を追求した。主な作家に，谷崎潤一郎・永井荷風などがいる。雑誌『スバル』を発刊した。4．写実主義は，日本の近代文学の誕生ともいえる思潮で，坪内逍遙は評論『小説神髄』で，人間の内面や社会を客観的・

写実的に表現することを提唱した。言文一致体で書かれた『浮雲』(二葉亭四迷の作)は，そのような逍遙の提唱を文学作品として結実させた。主な作家に，尾崎紅葉・幸田露伴がいる。

設問 i. やや難問。民芸が正解。柳宗悦(やなぎむねよし)は，1936年に日本民芸館(東京都目黒区)を設立した。

設問 j. 2．二科会が正解。1．白馬会(1896～1911年)は，日本初の西洋美術団体である明治美術会(1889～1901年)から，黒田清輝らが独立して創立した。3．国画創作協会は，1918年に土田麦僊らによって結成され，1928年からは国画会と名称変更して現在に至っている。4．日本美術院は，東京美術学校を辞した岡倉天心が，1898年に結成した美術団体で，この団体が主催する展覧会は院展(1914年～)と呼ばれて現在に至っている。

設問 k. 東海道線が正解。1872年，日本で初めて開業された鉄道は，工部省が中心となり，イギリス人の技術者モレルの指導の下でなされた。陸(おか)蒸気(じょうき)といわれ人気を博した。

設問 m. 4．『或る女』の作者は，有島武郎(白樺派)。

設問 n. 2．藤田東湖が正解。問題文中「水戸藩の徳川斉昭の側用人」で想起できる。1．佐久間象山は，信濃松代藩士で幕末の開国・公武合体論者。「東洋道徳，西洋芸術(技術)」を説いたが，1864年，攘夷派に暗殺された。3．佐藤信淵は，出羽出身の思想家・経済学者。『経済要録』(1827年)で，産業の国営化と貿易の展開による重商主義を説いた。4．平田篤胤は，秋田出身の国学者。儒教や仏教に影響されない復古神道を大成した。

設問 o. 関東大震災が正解。死者・行方不明者は10万人以上とされ，東京・神奈川には戒厳令が施行された。

設問 p. 4．大杉栄が正解。甘粕事件のことである。妻は女性運動家の伊藤野枝。甥は橘宗一。憲兵の甘粕正彦は，軍法会議で懲役10年の判決を受けたが，のちに満州事変に関わると大きな権力をもった。

設問 q. 1．後藤新平が正解。問題文中「植民地・台湾の民政局長」で想起できる。2．山本権兵衛は，関東大震災時の内閣総理大臣。3．児玉源太郎は，後藤新平が台湾の民政局長だったときの台湾総督。

設問 r. 一遍が正解。鎌倉仏教に関する基本問題。一遍は，善人・悪人や信心の有無にも関係なく，すべての人が念仏によって救われると説いた。一遍の教えを時宗といい，一遍に従う人々は，時衆と呼ばれた。清浄光寺は，時宗の中心寺院である。

講評

Ⅰ 2023年度は，3年連続で出題されていた原始からの問題がなかったが，2024年度は復活し出題された。設問キ・設問gは，同じ史料中の空所補充問題ながら，記述と選択に分けて答えさせている。記述で答えられるように準備することがポイントとなる。西暦年を解答する設問は全問選択問題であった。教科書のレベルを超える難問が数問出題されたが，教科書レベルの問題で取りこぼしをしなければ問題ない。

Ⅱ 選択問題が9問出題されたが，8問が誤文選択であったため，受験生は取り組みやすかったはずである。難問はなく，標準的な問題であったため，漢字の書き損じや，ケアレスミスなどでの取りこぼしは避けたい。

Ⅲ 明治の代表的画家岸田劉生に焦点をあてたもので，同志社大学ではよく出題される形式であった。18問中10問が文化に関するものであった。

Ⅰ～Ⅲを通して基本的には教科書の内容をしっかりと理解して，漢字で解答できることが重要であり，教科書レベルの問題での取りこぼしを最小限にすることが合格へとつながるだろう。

世界史

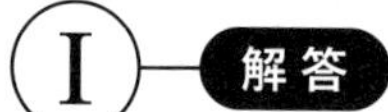

設問1．(a)－3　(b)－3　(c)－1　(d)－4　(e)－2
設問2．3　設問3．3　設問4．1　設問5．8
設問6．4　設問7．3　設問8．1　設問9．2　設問10．7
設問11．(ア)ジッグラト　(イ)フェイディアス　(ウ)フォロ＝ロマーノ　(エ)邑

解説

《古代文明の都市》

設問1．(a)　3．誤り。ニネヴェは図書館の存在で知られるアッシリアの首都。

(b)　3．誤り。問題文に前1千年紀にオリエント全体を支配したとあり，前16～前12世紀にバビロニアのみを支配したカッシートは時代に合わない。

(c)　1．誤り。カルタゴはフェニキア人が建設した植民市。

(d)　4．誤り。問題文に前1世紀までの属州とあり，2世紀にローマの属州となったダキアは時代に合わない。

(e)　2．誤り。問題文にギリシア本土とあり，アナトリアにあったトロイアは場所が合わない。

設問2．あ．大河の下流域，水田とあるので，長江流域の河姆渡遺跡と判断できる。い．定期的な氾濫，神とされる王から，ファラオが支配した古代のエジプトと判断できる。う．計画的な都市，未解読の文字，印章からインダス文明と判断できる。

設問5．難。「アッタロスのストア」はペルガモン王国との関連が述べられている。ペルガモン王国は前3～前2世紀のヘレニズム国家の1つ。「会議場」は地縁的な部族制との関連が述べられているので，前6世紀末のクレイステネスの時代となる。「南東の泉場」は僭主の一族との関連が述べられているので，前6世紀のペイシストラトスの時代となる。「アグリッパの音楽堂」は初代ローマ皇帝アウグストゥスの時代との関連が述べられているので，紀元前後となる。

設問7．3．正文。18世紀にイエズス会宣教師のカスティリオーネがバ

ロック式の円明園の設計に参加した。なお，円明園はアロー戦争で英仏軍に破壊された。

設問8. 設問文に「各地の軍団が擁立した皇帝が短期間に交替する」とあるので，軍人皇帝時代と判断する。

設問9. い．誤文。細菌学を発展させたのはパストゥールやコッホらである。コントは社会学者。

X．誤文。黒死病による人口減少で農民の地位は向上した。

設問10. 難。X．誤文。Bの資料はマルクス・アウレリウスとあるので，2世紀と判断できる。ササン朝の成立は224年なので，年代が合わない。

Y．誤文。Aの資料には「この疫病はエチオピアから始まり，北アフリカへ」とあるので，アテネよりもエジプトで先に広まったと判断できる。しかし，Bの資料では，「ローマ市に到達したのち…エジプトにも広がった」とあり，ローマが先と判断できる。

Z．正文。資料Aのデルフォイにはアポロン神殿がある。

設問11. (イ) フェイディアスはペリクレスのもとで，パルテノン神殿の再建工事にたずさわった。

(エ) 現在確認されている中国最古の王朝である殷は，大邑の商を中心とする邑の連合体であった。

Ⅱ 解答

設問1. **a**－11　**b**－18　**c**－7　**d**－25　**e**－14　**f**－4　**g**－23　**h**－39　**i**－2　**j**－34　**k**－1

設問2. 2　**設問3.** スーフィー　**設問4.** 2　**設問5.** ジズヤ

設問6. 4　**設問7.** シク教　**設問8.** ゴア　**設問9.** 2　**設問10.** 2

解説

《近世のイスラーム諸国家》

設問1. **a.** コンスタンティノープルはオスマン帝国のメフメト2世によって陥落し，以後，イスタンブルと呼ばれた。

b. スレイマン1世の時代には，ハンガリーの征服や，プレヴェザの海戦でヨーロッパ勢力を破るなど，オスマン帝国は全盛期を迎えた。

e. サファヴィー朝ではシーア派の十二イマーム派が国教とされた。

f. サファヴィー朝はアッバース1世のもとで軍制改革を進め，「世界の半分」と称えられたイスファハーンに遷都した。

g・h． ティムールの直系であったバーブルは，デリー＝スルタン朝のロディー朝をパーニーパットの戦いで破り，ムガル帝国を建国した。

i． ムガル帝国第3代皇帝のアクバルは，自らヒンドゥー教徒と結婚するなど融和策を進めた。

k． ムガル帝国はアウラングゼーブのもとで最大領土となるが，ジズヤを復活させ，ヒンドゥー教徒の反発を招いた。

設問2． 2．誤り。ベトナムの李朝は11世紀に宋を撃退して自立した。

設問5． 非ムスリムはジズヤを払うことでミッレトを構成し，自治を認められた。

設問6． 1はムガル帝国に関する文，2はオスマン帝国を説明しているが，イェニチェリは歩兵なので誤文，3はサファヴィー朝のイスファハーンに関する文。

設問7． ナーナクが創始したシク教は，パンジャーブ地方で勢力を保持した。なお，この地域はシク戦争でイギリスに服属した。

設問9． 2．シュリーヴィジャヤはマラッカ海峡を支配し，海上交易で繁栄した。

設問10． X．誤文。サファヴィー朝のアッバース1世がホルムズ島から追放した勢力はポルトガル人。

Z．誤文。プラッシーの戦いは七年戦争と連動しておこった戦争。

Ⅲ　解答

設問1． **a**－16　**b**－10　**c**－3　**d**－7

設問2． **あ．** ウィーン会議　**い．** ヴィクトリア女王　**う．** クリミア　**え．** ナポレオン3世　**お．** ダイムラー

設問3． (A)－3　(B)－1　(C)－1　(D)－2　(E)－1　(F)－3　(G)－3　(H)－4　(I)－2

解説

《近代のヨーロッパ》

設問1． **b．** 1889年，フランス革命100周年で開催された第4回パリ万博では，エッフェル塔が建設された。

d． 電力と石油を新動力とする第2次産業革命は，アメリカ合衆国やドイツが中心となり，両国はやがて工業生産でイギリスを抜いた。

設問2． **あ．** ウィーン会議で成立したウィーン体制下，ヨーロッパ諸国が

保守反動体制の維持に努めている間に，イギリスは世界各地で市場拡大を進めた。

い. ヴィクトリア女王のもとでイギリスは繁栄期を迎え，パクス＝ブリタニカとよばれた。

う. フランスはオスマン帝国とロシアによるクリミア戦争に，イギリス，サルデーニャとともにオスマン帝国側で参戦した。

え. フランスはナポレオン３世による第二帝政期に威信を高めるため，クリミア戦争，アロー戦争など海外出兵を繰り返した。

お. ダイムラーはガソリン＝エンジンを，ディーゼルはディーゼル＝エンジンを開発した。

設問３. (A)　(a)誤文。アヘン戦争後の講和条約は南京条約。天津条約はアロー戦争の講和条約。

(D)　(b)誤文。「ムーラン＝ド＝ラ＝ギャレット」はルノワールの作品。ミレーは「落ち穂拾い」で知られる自然主義の画家。

(F)　(a)誤文。大銀行を中心とする巨大な企業集団はコンツェルン。カルテルは独占の一形態で，価格などで協定を結ぶ企業連合。

(G)　(a)誤文。無線電信はイタリアのマルコーニが発明した。

(H)　(a)誤文。南アフリカ戦争の結果，ブール人のトランスヴァール共和国，オレンジ自由国はケープ植民地に併合され，1910年に南アフリカ連邦が成立した。

(b)誤文。イギリスはインド大反乱後，ムガル皇帝を廃したが，各地の藩王国は温存するなど分割統治を行った。

(I)　(b)誤文。ベルリン条約において，ブルガリアの領土はサン＝ステファノ条約よりも縮小した。

講評

I　例年，大問Ⅰは古代，中世のヨーロッパから出題されていたが，2023年度はオーソドックスな中国史となった。2024年度はオリエントや地中海世界など古代文明の都市をリード文としているが，設問で扱われる時代や地域は幅広くなった。また，リード文の内容や資料の内容を読み込んで解かせる，いわゆる探究型の設問が新たに出題され，「世界各地の」,「世界史上の○○」,「医学の発展」など共通テストのような設問も多くみられた。単純な一問一答形式の設問もあるが，資料の読解などこれまで以上に時間がかかり，難易度も高い大問となった。

Ⅱ　オスマン帝国，サファヴィー朝，ムガル帝国と近世のイスラーム国家について問われた。リード文中の空所にあてはまる文を答えさせる設問など新たな傾向の設問もあったが，語句選択は易しく，全体としてはオーソドックスで難易度も平均的であった。完答をねらえる大問であり，取りこぼしは避けたい。

Ⅲ　2023年度と時代が同じで，近代ヨーロッパについて問われた。語句選択や語句記述は基本問題であったが，設問3の正誤問題は文化史，社会経済史を含んでいたため，やや難しい設問もあった。

Ⅰはアジアとヨーロッパの融合で古代をメインに，Ⅱは近世でアジア，Ⅲは近代でヨーロッパとなり，現代史を除いてバランスよく出題された。難易度としては，Ⅰは難しいが，Ⅱ，Ⅲは易しいため，全体としては例年並みのレベルといえる。

政治・経済

I 解答

設問1．ア． 契約自由

設問2．イ． 所有権絶対　**ウ．** 欠陥

設問3．エ． 生命　**オ．** 立法

設問4．カ． インフォームド＝コンセント

設問5． **a**－2　**b**－1　**c**－2

設問6． 6　**設問7．** 3

設問8． **A**－9　**B**－7　**C**－11　**D**－3　**E**－10　**F**－14　**G**－5

設問9．キ． 消費者団体訴訟　**ク．** 被害回復

設問10． 3

解説

《私的自治，臓器移植法，消費者保護立法》

設問1．ア． 契約自由の原則は，近代法における私的自治の原則から契約は当事者の自由な意思に任せ，国家はこれに干渉してはならないとする原則である。

設問2．イ． フランス人権宣言第17条は，所有権絶対の原則について，「所有権は，…神聖で不可侵の権利である」と表現している。近代市民社会では，所有権の絶対性を通じて保障される私的所有（財産権）はその人の固有の権利として保護された。

ウ． 製造物責任法でいう「欠陥」は，「製造物が通常有すべき安全性を欠いていること」をいう（製造物責任法第2条2項)。同法では，企業の賠償責任の要件を「過失」から「欠陥」へと転換した。しかし，欠陥と消費者側の損害について，その立証責任が消費者にあることに変わりはない。製造物について十分な知識や情報を持たない消費者にとって，製造物責任の「欠陥」を立証することは依然として困難である。それ故，欧米諸国レベルの「欠陥の推定」の原則を導入し消費者側の立証負担の軽減を求める意見がある。

設問5．a． 誤文。現在でも15歳以上でなければ臓器提供の意思表示は有効とされない。

b．正文。改正臓器移植法の最大の変更点とされる内容である。

c．誤文。親族が移植希望登録をしており，臓器提供者が親族への優先提供の意思を書面により表示し，かつ医学的な臓器提供の適合条件を満たせば親族への優先提供ができる。ただし，親族提供を目的とした自殺を防ぐため，自殺した人からの親族への優先提供は行われない。なお，知人への優先提供は認められていない。

設問6． 6が適切である。民法第522条の内容から，契約は口頭の意思表示であっても成立する。また，民法第415条，416条の内容から，契約違反の場合には契約の相手方に対して損害賠償を請求できる。

設問7． 3は誤り。「集団で訴える権利」ではなくて「安全を求める権利」が正しい。1962年にケネディ米大統領が特別教書で宣言した「消費者の4つの権利」は，その後の消費者保護行政の指針となった。

設問8． **A・B．**特定商取引法への法改正は，従来の訪問販売法にあった指定商品制の抜け道，詐欺的な悪質業者の横行，被害者救済の不備などに対処する意図があった。同法は，消費者トラブルを生じやすい訪問販売・通信販売・連鎖販売取引（マルチ商法）など7つの取引類型を対象に，事業者が守るべきルールと消費者を守るルールとを定めている。

C．「解除する」とは，消費者の意思表示によって，成立している契約を初めからなかったものにすることである。現行のクーリング・オフ制度では，マルチ商法は20日間以内なら解除，キャッチ・セールス，アポイントメント商法といったその他の悪徳商法について，8日間以内なら解除できる（店舗販売や通信販売を除く）。

D・E．消費者契約法は，契約手続き・契約条項の適正化が基本になっている。消費者は，この法律に基づいて，嘘を言われたり（不実告知），不利になることを言われなかった（不利益不告知）契約を取り消したり，一方的な不利益を与えるような契約条項の一部またはすべてを無効にできる。

F．成年後見制度は，知的障害のある成年や意思決定能力の衰退した高齢者に対して，家庭裁判所に後見人を選任してもらい不利益を被らないようにその法律行為を保護・支援する制度である。判断能力に応じて本人の法律行為は弾力的に認められるので，従来の禁治産制度とは異なる。この制度は，介護保険法に合わせて2000年から施行された。

G．民法の大きな改正が2017年に120年ぶりに行われた（施行は2020年から)。改正民法第548条の2第2項によれば，定型約款（保険やネット通販など不特定多数の利用者との契約を処理するため予め定型的に定められた契約条項）を契約内容とする旨の表示があれば個別の条項に合意したものとみなすが，信義則（民法第1条2項）に反して相手方の利益を一方的に害する条項は合意しなかったものとみなされる。

設問9．キ． 消費者団体訴訟制度は，内閣総理大臣が認定した消費者団体が，消費者に代わって事業者に対して訴訟等をすることができる制度をいう（消費者庁ホームページ)。この制度では，個々の消費者では訴訟を遂行する能力が十分でなく，また同種のトラブルを繰り返させないために，消費者団体に特別な権限を付与している。

ク． 被害回復制度は，「不当な事業者に対して，適格消費者団体の中から内閣総理大臣が新たに認定した特定適格消費者団体が，消費者に代わって被害の集団的な回復を求めることができる制度」（消費者庁ホームページ）である。

設問10． 3．適切。2006年の貸金業法の改正により，総量規制が導入された（貸金業法13条の2)。貸金業者は返済能力を超えると認められる借入総額（年収の3分の1）を超えた貸付をしてはいけないというのがその規制内容である。

1．不適切。グレーゾーン金利は，利息制限法で定める上限金利（借入の元本残高により年率15%～20%）は超えるものの，出資法で定める上限金利（年率29.2%）は超えない金利をいう。2010年施行の貸金業法および出資法改正により，利息制限法が定める利率により算出した部分を超える利息は無効となった。

2．不適切。ヤミ金融には貸金業登録をしないで貸付を行う業者も含まれる。

4．不適切。債務の返済ができなくなった個人（借主）は裁判所にみずから自己破産の申立て（申請）を行うことができる。

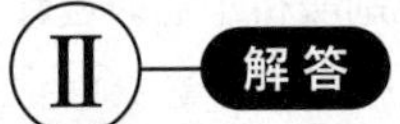

設問1．ア． 産業構造　**イ．** サプライチェーン
ウ． 貸し渋り　**エ．** 多様　**オ．** 会社

設問2． A－1　B－7

設問3． 1　**設問4．** ソフト　**設問5．** エンジェル　**設問6．** 4

設問7．キ． 資本装備　**ク．** 二重構造　**C**－1

設問8． 2

設問9． インキュベーション

設問10． **a**－1　**b**－※　**c**－※　**d**－1

※設問 10. bについては，創業数を比較する客観的根拠が高等学校教科書等に記載されておらず，正答が導けない状況になっていたため，全員正解とする措置が取られたことが大学から公表されている。
cについては，この年代の起業家数の変化を示した客観的根拠が高等学校教科書等に記載されておらず，正答が導けない状況になっていたため，全員正解とする措置が取られたことが大学から公表されている。

解説

《中小企業の現状と創業支援》

設問1．イ． サプライチェーン（Supply Chain）は，日本では部品や素材の供給網の意味で使われることが多い。広義には，原料調達から始まって商品やサービスを顧客に届けるまでの一連の流れである。

ウ． 貸し渋りは，金融機関による貸し出しの審査が厳しく借り手の資金調達が難しい状況をいう。1993 年以降，膨大な不良債権をかかえた各銀行は BIS 規制（国際業務に従事する銀行は貸付金に対する自己資本比率を８％以上にしなければならないという国際決済銀行〔BIS〕の課した取り決め）に苦しみ，それが銀行の中小企業などに対する貸し渋りの原因になっていた。

エ． 中小企業基本法第３条は，基本理念として，中小企業の「多様で活力ある成長発展が図られなければならない」としている。

オ． 2006 年に，従来の会社に関する法律（商法の第２編）を再編して，会社の設立・運営・清算などのルールや手続を定める会社法が施行され，会社設立に必要な資本金額を定めた最低資本金制度が撤廃された。

設問2．A． 大規模小売店舗法（大店法，1973 年制定，翌年施行）は，中小商店を保護するためにデパートやスーパーマーケットなどの大規模小売店の出店を規制する法律である。1993 年の改正により，出店調整期間の短縮化，売場面積の基準拡大などの大型店出店への規制緩和が進められた。2000 年の大規模小売店舗立地法（大店立地法）の施行にともない，大店法は廃止された。

B． シャッター通り（シャッター街ともいう）は，営業をやめてシャッターを下ろしたままの状態にある店舗が目立つ商店街のことである。

設問5． エンジェル（エンジェル投資家）は，創業間もないスタートアップ企業の株式を取得するとともに経営のノウハウを伝授したり必要に応じて融資を行うことが多い。

設問6． 中小企業基本法第2条（1999年改正）によれば，製造業における中小企業の定義は資本金3億円以下，又は従業員数300人以下である。

設問7． **キ．** 資本装備率は，生産性向上のために機械化や設備投資にどれだけ投資をしているかということをはかる目安になっている。

ク． 経済の二重構造は，近代化された分野とそれにとり残された分野とが，お互いに補完的な関係を保ちながら，一国の経済の中に並存する状況である。大企業と中小企業との間については，賃金，生産性，資本装備率，労働条件などで格差が存在する状況を指している。

C． 1．適切。労働集約的であるとは，生産要素（労働・資本・土地）に占める労働への依存度が高いことを意味する。きめ細かなサービスを必要とする商業やサービス業，職人の技能に依存する傾向が強い地場産業（伝統産業）など，中小企業には労働集約的な産業が多い。

設問8． 2は誤文。有限会社の最低資本金は，300万円であった。

設問9． インキュベーション（Incubation）は，アメリカで1950年代に生まれた創業支援を意味する表現である。ビジネス面での資金調達や事業ノウハウの伝授などの創業支援・育成を「卵がかえること」になぞらえている。欧米各国では国や自治体によるその土壌がいち早く形成されてきたが，日本ではその歴史は浅い。インキュベーション事業としては経済産業省所管の独立行政法人中小企業基盤整備機構（中小機構）によるスタートアップ支援事業「FASTER」，東京都が主催する創業・成長支援プログラム「NEXs Tokyo」が知られる。

設問10． **a．** 正文。創業支援は既存業種でもよい。既存業種の事業継承をきっかけとして新たな取り組みを始める第二創業に創業支援が行われている。

d． 正文。起業教育には，起業のノウハウだけでなく，経営や事業存続のノウハウ，起業後のリスクマネージメントも同時に求められる。

Ⅲ　解答　**設問1．ア．**農地改革　**イ．**小作　**ウ．**持株会社
エ．傾斜生産　**オ．**インフレーション（インフレ）
カ．ドッジ＝ライン　**キ．**朝鮮戦争
設問2．ク．団結　**ケ．**交渉　**コ．**調整　**A**－10　**B**－1　**C**－7
D－11
設問3．a－2　**b**－1　**c**－2
設問4．E－8　**F**－7　**G**－3

解説

《第二次世界大戦後の日本経済》

設問1．ウ．持株会社は，傘下の会社の株式を独占的に保有することで企業グループ全体の中核となる会社である。戦前の財閥本社が典型的である。戦後の財閥解体においては，1946年に持株会社整理委員会が発足し，持株会社を解散させ，財閥家族の持ち株を売却した。以後，持株会社は独占禁止法によって禁止されていたが，1997年に同法の改正により解禁された。

エ・オ．傾斜生産方式は，原材料不足から生ずる生産力低下を克服するために，石炭・鉄鋼などの基幹産業に重点的に資金と資源を投入して，その効果を全体の生産回復に及ぼそうとする生産方式である。傾斜生産方式に要する資金調達などを目的として復興金融金庫が設立されたが，その資金源が赤字公債の日銀引き受けであったため復金インフレと呼ばれるインフレを招いた。

カ．ドッジ＝ラインは，経済安定九原則の実施策である。GHQ財政顧問のドッジの名にちなんでこう呼ばれる。超均衡財政と単一為替レートの設定を中心にしていた。超均衡財政は，赤字公債と価格差補給金の停止，及び増税による極端な財政引き締め政策である。それはインフレを収束させるデフレ政策であり，インフレ収束時に安定恐慌を引き起こした。

キ．朝鮮戦争（1950～53年）は，北朝鮮軍が38度線を越えて韓国に侵攻したことから始まった戦争である。朝鮮戦争によってもたらされたアメリカ軍のドルによる物資やサービスの買い付けを朝鮮特需といい，これにより特需景気と呼ばれる好景気が発生し，国際収支が改善された。当時の日本では外貨が工業原料の輸入に不可欠であったから，特需景気により日本経済は高度成長への足がかりをつかんだ。

設問2．A． 日本労働組合総評議会（1950〜89年）の略称が総評である。官公庁や大企業の労働組合を中心に結成され，本格的なナショナルセンター（労働組合の全国組織）となった。日本社会党との結びつきが強く，労働組合の力を結集して政治運動や平和運動を担った。

B． 春闘は，毎年春に全国的に行われる賃金闘争で，1956年から始まったと言われる。ベースアップと呼ばれる平均賃金引き上げの方式によって「春闘相場」が形成され，それが全国に波及した。

C． 全日本労働総同盟（1964〜87年）の略称が同盟である。民間企業の労働組合を中心に結成され民主的労働運動を掲げた。民主社会党（後に民社党に改称）との結びつきが強く，穏健な労使協調路線をとった。

D． 日本労働組合総連合会の略称が連合である。1989年までに総評，同盟，中立労連，新産別の労働4団体が結集して誕生した。厚生労働省の調査によれば，2022年の加盟組合員数は約680万人で，日本最大のナショナルセンターである。近年の連合は，雇用の確保．賃上げのみならず，ワーク＝ライフ＝バランスなどの実現も要求している。

設問3． 経済安定九原則は，日本経済の早急な安定と自立化のために取るべき施策として提起された。列記すると，予算の均衡，徴税強化，資金貸出制限，賃金安定，物価統制，貿易改善，物資割当改善，増産，食糧集荷改善の9項目である。

a．財政拡大は，九原則の項目にある予算の均衡に反し不適切である。

b．徴税強化は，九原則の項目にあり適切である。

c．価格統制廃止は，九原則の項目にある物価統制に反し不適切である。

設問4．E． 国民所得倍増計画は，実質国民総生産を10年以内に2倍にすることを目標とする長期経済計画である。実際には7年間で達成したと言われる。その計画に沿って電力事業や新幹線・高速道路の建設，コンビナートの構築，インフラ整備の充実などを積極的に進め日本経済の高度成長を軌道に乗せた。

F． 国際収支の天井は，景気が拡大すると輸入の拡大から経常収支が赤字となり，外貨準備が不足して経済活動を抑制せざるを得ない状況を指している。

G． 西ドイツは，戦後，他の西欧近隣諸国より経済復興が遅れたが，その後，「経済の奇跡」と呼ばれる急速な経済成長を成し遂げた。1968年に日本に抜かれるまではアメリカに次ぐ経済大国であった。

講評

大問ごとにみると，Ⅰが私的自治と国民生活（融合問題），Ⅱが中小企業，Ⅲが戦後の日本経済に関連した出題であった。Ⅰ・Ⅱについては，基本的な事項を問う一方で，関連の法律の内容や動向などで発展的な内容がみられ難度がやや高い。Ⅲは2023年度に引き続いての出題でオーソドックスでほぼ教科書レベルである。全体として従来の出題との大きな違いは，経済分野に大きく比重が傾いていたこと，また国際政治・国際経済に関する出題がなかったこと，そして以前は伝統的にみられた日本国憲法関連の突っ込んだ出題がなかったことである。

Ⅰ 一見政治分野の出題だが，消費生活などに関連した私法の領域の出題が多く内容的に経済分野の出題が多い。設問5．ｃは臓器移植法の運用に関して細かな基準を判定する必要がある。設問9・設問10．1・3は消費者保護立法で改正された内容を扱っている。いずれも専門性が高く難しい。

Ⅱ 中小企業に関してベーシックな出題であるが，かなり発展的な知識も問われている。設問5・設問9はいずれも専門性の高い用語である。

Ⅲ 戦後の日本経済は最もよく出題される箇所であり，問われている知識もほぼ基本的な事項である。教科書を丁寧に学習していれば高得点が見込める。

数　学

I 解答

(1)**ア.** $\dfrac{9}{4}(3+\sqrt{3})$

(2)**イ.** 5　**ウ.** 3　**エ.** 10

(3)**オ.** $723_{(9)}$　**カ.** 3　**キ.** 6

(4)**ク.** $\dfrac{3}{2}$　**ケ.** $\dfrac{1}{3}$　**コ.** $\dfrac{3}{2}<x\leqq 4$

解説

《小問 4 問》

(1)　正弦定理により

$$\frac{\mathrm{BC}}{\sin\frac{2}{3}\pi}=\frac{3}{\sin\frac{\pi}{12}}\quad\cdots\cdots①$$

$$\begin{aligned}\sin\frac{\pi}{12}&=\sin\left(\frac{\pi}{4}-\frac{\pi}{6}\right)\\&=\sin\frac{\pi}{4}\cos\frac{\pi}{6}-\cos\frac{\pi}{4}\sin\frac{\pi}{6}\\&=\frac{\sqrt{2}}{2}\times\frac{\sqrt{3}}{2}-\frac{\sqrt{2}}{2}\times\frac{1}{2}=\frac{\sqrt{2}(\sqrt{3}-1)}{4}\end{aligned}$$

であるので，これを①に代入すると

$$\mathrm{BC}\times\frac{\sqrt{2}(\sqrt{3}-1)}{4}=3\times\frac{\sqrt{3}}{2}\ \text{より}$$

$$\mathrm{BC}=\frac{6\sqrt{3}}{\sqrt{2}(\sqrt{3}-1)}=\frac{3\sqrt{6}}{\sqrt{3}-1}$$

これより，△ABC の面積を S とすると

$$\begin{aligned}S&=\frac{1}{2}\times3\times\frac{3\sqrt{6}}{\sqrt{3}-1}\times\sin\frac{\pi}{4}\\&=\frac{9\sqrt{3}}{2(\sqrt{3}-1)}=\frac{9}{4}(3+\sqrt{3})\quad\to\text{ア}\end{aligned}$$

(2)　$$\int_c^x tf(t)\,dt=x^3+cx^2-c^3-5c^2\quad\cdots\cdots②$$

②において，$x=c$ を代入すると，$\int_c^c tf(t)dt=0$ であるので

$$c^3+c^3-c^3-5c^2=0$$

$$c^2(c-5)=0$$

$c>0$ であるので

$c=5$ →イ

また，②の両辺を x で微分すると

$xf(x)=3x^2+2cx=3x^2+10x$ より

$$f(x)=3x+10$$

これより，$f(t)=at+b$ とおくと

$a=3$，$b=10$ →ウ，エ

(3) $210210_{(3)}=2\times3^5+1\times3^4+2\times3^2+1\times3$

$$=2\times\{3\times(3^2)^2\}+1\times(3^2)^2+2\times(3^2)+3$$

$$=(6+1)\times9^2+2\times9+3$$

$=723_{(9)}$ →オ

次に，$222222_{(p)}=888_{(p^2)}$ であるとき

$2\times(p^5+p^4+p^3+p^2+p+1)=8\times\{(p^2)^2+(p^2)+1\}$ より

$$2\times\{p(p^4+p^2+1)+(p^4+p^2+1)\}=8(p^4+p^2+1)$$

$$(p+1)(p^4+p^2+1)=4(p^4+p^2+1)$$

両辺を p^4+p^2+1 (>0) で割ると

$p+1=4$ $\therefore$ $p=3$ →カ

さらに，$sssssss s_{(q)}=7777_{(q^2)}$ であるとき

$s\times(q^7+q^6+q^5+q^4+q^3+q^2+q+1)=7\times\{(q^2)^3+(q^2)^2+(q^2)+1\}$ より

$$s\times\{q(q^6+q^4+q^2+1)+(q^6+q^4+q^2+1)\}=7(q^6+q^4+q^2+1)$$

$$s(q+1)(q^6+q^4+q^2+1)=7(q^6+q^4+q^2+1)$$

両辺を $q^6+q^4+q^2+1$ (>0) で割ると

$$s(q+1)=7$$

q は3以上の自然数であるので

$s=1$，$q+1=7$

よって

$q=6$ （これは $1\leqq s\leqq q-1$ かつ $s\leqq9$ を満たす） →キ

(4)　$f(x)=\log_8(2x-3)=\dfrac{\log_2(2x-3)}{\log_2 8}$

$$=\frac{1}{3}\log_2\left\{2\left(x-\frac{3}{2}\right)\right\}$$

$$=\frac{1}{3}\left\{\log_2 2+\log_2\left(x-\frac{3}{2}\right)\right\}$$

$$=\frac{1}{3}\log_2\left(x-\frac{3}{2}\right)+\frac{1}{3}\quad\cdots\cdots③$$

$$=g\left(x-\frac{3}{2}\right)+\frac{1}{3}$$

と変形できるので

$A=\dfrac{3}{2}$，$B=\dfrac{1}{3}$　→ク，ケ

次に，不等式 $3\log_8(2x-3)\leqq 2+\log_2 5+\log_{0.5}x$ において，真数は正であるので

$2x-3>0$　かつ　$x>0$

よって　　$x>\dfrac{3}{2}$　……④

与えられた不等式の左辺を③を用いて変形すると

$\log_2\left(x-\dfrac{3}{2}\right)+1\leqq 2+\log_2 5+\log_{\frac{1}{2}}x$ より

$$\log_2\left(x-\frac{3}{2}\right)-\frac{\log_2 x}{\log_2\frac{1}{2}}\leqq 1+\log_2 5$$

$$\log_2\left(x-\frac{3}{2}\right)+\log_2 x\leqq\log_2(2\times 5)$$

$$\log_2\left\{\left(x-\frac{3}{2}\right)\times x\right\}\leqq\log_2 10$$

底の 2 が 1 より大きいので

$$\left(x-\frac{3}{2}\right)\times x\leqq 10$$

$$x^2-\frac{3}{2}x-10\leqq 0$$

両辺を 2 倍して　　$2x^2-3x-20\leqq 0$

$$(x-4)(2x+5)\leqq 0$$

$\therefore\quad -\frac{5}{2} \leqq x \leqq 4$　……⑤

④，⑤の共通範囲を求めて

$\frac{3}{2} < x \leqq 4$　→コ

Ⅱ　解答　(1)　$f(x)=x^3-4x+2$ より　$f'(x)=3x^2-4$

よって，$f'(a)=3a^2-4$ となるので

l_1 の方程式は，$y-f(a)=f'(a)(x-a)$ より

$y-(a^3-4a+2)=(3a^2-4)(x-a)$

$\therefore\quad y=(3a^2-4)x-2a^3+2$　……(答)

(2)　(1)の結果から l_n の方程式は，$y=(3a_n{}^2-4)x-2a_n{}^3+2$ となる。

よって，a_{n+1} は方程式 $x^3-4x+2=(3a_n{}^2-4)x-2a_n{}^3+2$　……①　の a_n 以外の解である。

①を解くと

$x^3-3a_n{}^2x+2a_n{}^3=0$

$(x-a_n)^2(x+2a_n)=0$

$x=a_n,\ -2a_n$

これより　$a_{n+1}=-2a_n$　……(答)

(3)　ここで，$g_n(x)=(3a_n{}^2-4)x-2a_n{}^3+2$ とすると

$f(x)-g_n(x)=(x-a_n)^2(x-a_{n+1})$

と変形できる。

また，$a_1=a>0$ と(2)の結果より

(Ⅰ)　n が奇数のとき

$a_{n+1}<0<a_n$ であり

$a_{n+1} \leqq x \leqq a_n$ において，$f(x) \geqq g_n(x)$ となるので

$S_n=\int_{a_{n+1}}^{a_n}\{f(x)-g_n(x)\}dx$

(Ⅱ)　n が偶数のとき

$a_n<0<a_{n+1}$ であり

$a_n \leqq x \leqq a_{n+1}$ において，$f(x) \leqq g_n(x)$ となるので

$$S_n=\int_{a_n}^{a_{n+1}}\{g_n(x)-f(x)\}dx=\int_{a_{n+1}}^{a_n}\{f(x)-g_n(x)\}dx$$

(Ⅰ), (Ⅱ)より

$$\begin{aligned}S_n&=\int_{-2a_n}^{a_n}(x-a_n)^2(x+2a_n)dx\\&=\int_{-2a_n}^{a_n}(x-a_n)^2\{(x-a_n)+3a_n\}dx\\&=\int_{-2a_n}^{a_n}\{(x-a_n)^3+3a_n(x-a_n)^2\}dx\\&=\left[\frac{1}{4}(x-a_n)^4+a_n(x-a_n)^3\right]_{-2a_n}^{a_n}\\&=-\frac{1}{4}(-3a_n)^4-a_n(-3a_n)^3\\&=-\frac{81}{4}a_n{}^4+27a_n{}^4\\&=\frac{27}{4}a_n{}^4\end{aligned}$$

(2)の結果より，数列 $\{a_n\}$ は初項 a，公比 -2 の等比数列であるので

$$a_n=a\times(-2)^{n-1}$$

よって

$$\begin{aligned}S_n&=\frac{27}{4}\times\{a\times(-2)^{n-1}\}^4\\&=\frac{27}{64}\cdot 2^{4n}a^4\quad\cdots\cdots(\text{答})\end{aligned}$$

(4)　(3)の結果より，$a=2$ のとき

$$\begin{aligned}S_n&=\frac{27}{64}\times 2^{4n}\times 2^4\\&=27\times 2^{4n-2}\end{aligned}$$

ここで，$S_n>10^{100}$ とおくと

$$27\times 2^{4n-2}>10^{100}$$

両辺の常用対数をとると

$$\log_{10}(27\times 2^{4n-2})>100$$

$$3\log_{10}3+(4n-2)\times\log_{10}2>100$$

$$4n-2>\frac{100-3\log_{10}3}{\log_{10}2}$$

2024年度　文系　数学

$$n > \frac{100-3\log_{10}3}{4\log_{10}2}+\frac{1}{2} \quad \cdots\cdots ②$$

$0.477<\log_{10}3<0.478$ であるので

$100-3\times 0.478<100-3\log_{10}3<100-3\times 0.477$ より

$$98.566<100-3\log_{10}3<98.569$$

$0.301<\log_{10}2<0.302$ であるので

$$\frac{98.566}{4\times 0.302}<\frac{100-3\log_{10}3}{4\log_{10}2}<\frac{98.569}{4\times 0.301}$$

$\dfrac{98.566}{4\times 0.302}=81.59\cdots$，$\dfrac{98.569}{4\times 0.301}=81.86\cdots$ より

$$82.09\cdots<\frac{100-3\log_{10}3}{4\log_{10}2}+\frac{1}{2}<82.36\cdots \quad \cdots\cdots ③$$

②を満たす最小の自然数 n が，S_n が 10^{100} を超える最小の自然数であり

③より　　$n=83$　……(答)

解説

《3次関数のグラフと接線で囲まれた部分の面積》

(1)　曲線 $y=f(x)$ 上の点 $(a,\ f(a))$ における曲線の接線の方程式 $y-f(a)=f'(a)(x-a)$ で求めることができる。

(2)　(1)の結果より，l_n の方程式を求めることができる。その l_n の方程式と曲線 C の方程式を連立して得られた方程式を解いていく。その方程式は $x=a_n$ を重解とするので，$(x-a_n)^2$ を因数にもつことを利用して式変形する。a_n 以外の解が a_{n+1} となることから，a_{n+1} を a_n の式で表すことができる。

(3)　(2)の結果より，数列 $\{a_n\}$ は公比が負の等比数列であるので，n が奇数と偶数の場合で a_n と a_{n+1} の大小関係が変わる。よって，n が奇数と偶数の場合で場合分けして，S_n を定積分を用いて立式することになる。S_n を求める定積分の計算も C と l_n が x 座標 a_n で接することから

$$\int_{-2a_n}^{a_n}(x-a_n)^2(x+2a)dx=\int_{-2a_n}^{a_n}\{(x-a_n)^3+3a_n(x-a_n)^2\}dx$$
$$=\left[\frac{1}{4}(x-a_n)^4+a_n(x-a_n)^3\right]_{-2a_n}^{a_n}$$

と変形していくことも大切である。

(4)　(3)の結果から，$a=2$ のときの S_n の式を求め，それを $S_n>10^{100}$ に代

入し，両辺の常用対数をとり，その n についての1次不等式を満たす最小の自然数 n を求めていく。

III 解答 (1)　$\overrightarrow{OA}\cdot\overrightarrow{OB}=|\overrightarrow{OA}|\times|\overrightarrow{OB}|\times\cos60°=1\times1\times\dfrac{1}{2}=\dfrac{1}{2}$

より

$$\overrightarrow{OA}\cdot(\overrightarrow{OA}+x\overrightarrow{OB})=|\overrightarrow{OA}|^2+x\overrightarrow{OA}\cdot\overrightarrow{OB}$$

$$=1^2+\frac{1}{2}x=0$$

$\therefore\quad x=-2$　……(答)

(2)　$|\overrightarrow{CD}|^2=|\overrightarrow{OD}-\overrightarrow{OC}|^2$

$$=|-t\overrightarrow{OB}+s\overrightarrow{OA}|^2$$

$$=t^2\times|\overrightarrow{OB}|^2-2st\overrightarrow{OA}\cdot\overrightarrow{OB}+s^2\times|\overrightarrow{OA}|^2$$

$$=t^2\times1^2-2st\times\frac{1}{2}+s^2\times1^2$$

$$=s^2-st+t^2$$

$\therefore\quad |\overrightarrow{CD}|=\sqrt{s^2-st+t^2}$　……(答)

(3)　線分AC，BDの中点をそれぞれP，Qとする。

$\overrightarrow{OE}=\alpha\overrightarrow{OA}+\beta\overrightarrow{OB}$　(α，β は実数）とおくと

OA⊥PEであるので，$\overrightarrow{OA}\cdot\overrightarrow{PE}=0$ より

$$\overrightarrow{OA}\cdot(\overrightarrow{OE}-\overrightarrow{OP})=0$$

$$\overrightarrow{OA}\cdot\left(\alpha\overrightarrow{OA}+\beta\overrightarrow{OB}-\frac{\overrightarrow{OA}+\overrightarrow{OC}}{2}\right)=0$$

$$\overrightarrow{OA}\cdot\left(\alpha\overrightarrow{OA}+\beta\overrightarrow{OB}-\frac{\overrightarrow{OA}-s\overrightarrow{OA}}{2}\right)=0$$

$$\overrightarrow{OA}\cdot\left\{\left(\alpha+\frac{s}{2}-\frac{1}{2}\right)\overrightarrow{OA}+\beta\overrightarrow{OB}\right\}=0$$

$$\left(\alpha+\frac{s}{2}-\frac{1}{2}\right)\times|\overrightarrow{OA}|^2+\beta\overrightarrow{OA}\cdot\overrightarrow{OB}=0$$

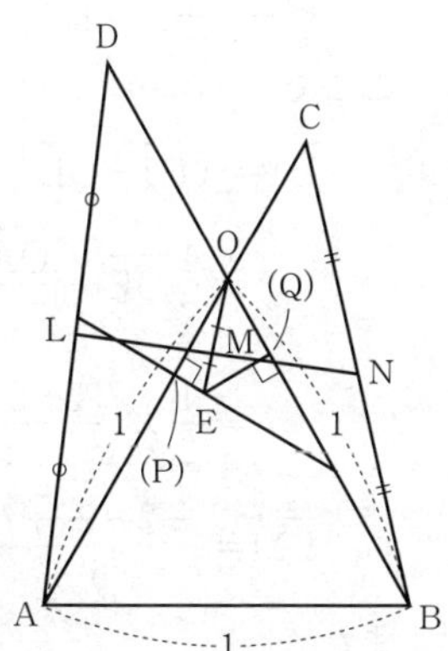

$|\overrightarrow{OA}|^2=1$，$\overrightarrow{OA}\cdot\overrightarrow{OB}=\dfrac{1}{2}$ を代入すると

$$\alpha+\frac{\beta}{2}=\frac{1}{2}-\frac{s}{2} \quad \cdots\cdots①$$

同様に，OB⊥QE であるので

$\overrightarrow{OB}\cdot\overrightarrow{QE}=0$ より

$$\overrightarrow{OB}\cdot(\overrightarrow{OE}-\overrightarrow{OQ})=0$$

$$\overrightarrow{OB}\cdot\left(\alpha\overrightarrow{OA}+\beta\overrightarrow{OB}-\frac{\overrightarrow{OB}+\overrightarrow{OD}}{2}\right)=0$$

$$\overrightarrow{OB}\cdot\left(\alpha\overrightarrow{OA}+\beta\overrightarrow{OB}-\frac{\overrightarrow{OB}-t\overrightarrow{OB}}{2}\right)=0$$

$$\overrightarrow{OB}\cdot\left\{\alpha\overrightarrow{OA}+\left(\beta+\frac{t}{2}-\frac{1}{2}\right)\overrightarrow{OB}\right\}=0$$

$$\alpha\overrightarrow{OA}\cdot\overrightarrow{OB}+\left(\beta+\frac{t}{2}-\frac{1}{2}\right)\times|\overrightarrow{OB}|^2=0$$

$\overrightarrow{OA}\cdot\overrightarrow{OB}=\frac{1}{2}$，$|\overrightarrow{OB}|^2=1$ を代入すると

$$\frac{\alpha}{2}+\beta=\frac{1}{2}-\frac{t}{2} \quad \cdots\cdots②$$

①，②より $\alpha=\frac{1-2s+t}{3}$，$\beta=\frac{1+s-2t}{3}$ が得られるので

$$\overrightarrow{OE}=\frac{1-2s+t}{3}\overrightarrow{OA}+\frac{1+s-2t}{3}\overrightarrow{OB} \quad \cdots\cdots(答)$$

(4) CD=1 のとき，(2)の結果より

$$s^2-st+t^2=1 \quad \cdots\cdots③$$

ここで

$$\overrightarrow{LM}=\overrightarrow{OM}-\overrightarrow{OL}$$

$$=\frac{1}{2}\overrightarrow{OE}-\frac{\overrightarrow{OA}+\overrightarrow{OD}}{2}$$

$$=\frac{1}{2}\times\left(\frac{1-2s+t}{3}\overrightarrow{OA}+\frac{1+s-2t}{3}\overrightarrow{OB}\right)-\frac{\overrightarrow{OA}-t\overrightarrow{OB}}{2}$$

$$\therefore\quad \overrightarrow{LM}=\frac{-2-2s+t}{6}\overrightarrow{OA}+\frac{1+s+t}{6}\overrightarrow{OB}$$

また

$$\overrightarrow{LN}=\overrightarrow{ON}-\overrightarrow{OL}$$

$$=\frac{\overrightarrow{\mathrm{OB}}+\overrightarrow{\mathrm{OC}}}{2}-\frac{\overrightarrow{\mathrm{OA}}+\overrightarrow{\mathrm{OD}}}{2}$$

$$=\frac{\overrightarrow{\mathrm{OB}}-s\overrightarrow{\mathrm{OA}}}{2}-\frac{\overrightarrow{\mathrm{OA}}-t\overrightarrow{\mathrm{OB}}}{2}$$

$$\therefore\quad \overrightarrow{\mathrm{LN}}=\frac{-1-s}{2}\overrightarrow{\mathrm{OA}}+\frac{1+t}{2}\overrightarrow{\mathrm{OB}}$$

$a=\dfrac{-2-2s+t}{6}$，$b=\dfrac{1+s+t}{6}$，$c=\dfrac{-1-s}{2}$，$d=\dfrac{1+t}{2}$ とおくと

$$ad-bc=\frac{-2-2s+t}{6}\times\frac{1+t}{2}-\frac{1+s+t}{6}\times\frac{-1-s}{2}$$

$$=\frac{1}{12}\{(-2-2s+t)(1+t)-(1+s+t)(-1-s)\}$$

$$=\frac{1}{12}(-2-2t-2s-2st+t+t^2+1+s+t+st+s+s^2)$$

$$=\frac{1}{12}(s^2-st+t^2-1)=0\quad(③より)$$

つまり，$\dfrac{a}{b}=\dfrac{c}{d}$ が成り立ち，$\dfrac{a}{b}=\dfrac{c}{d}=k$ とおくと，$a=bk$，$c=dk$ より

$$\overrightarrow{\mathrm{LM}}=a\overrightarrow{\mathrm{OA}}+b\overrightarrow{\mathrm{OB}}=bk\overrightarrow{\mathrm{OA}}+b\overrightarrow{\mathrm{OB}}=b(k\overrightarrow{\mathrm{OA}}+\overrightarrow{\mathrm{OB}})$$

$$\overrightarrow{\mathrm{LN}}=c\overrightarrow{\mathrm{OA}}+d\overrightarrow{\mathrm{OB}}=dk\overrightarrow{\mathrm{OA}}+d\overrightarrow{\mathrm{OB}}=d(k\overrightarrow{\mathrm{OA}}+\overrightarrow{\mathrm{OB}})$$

よって，$\overrightarrow{\mathrm{LM}}=\dfrac{b}{d}\overrightarrow{\mathrm{LN}}$ となるので，L，M，N は同一直線上にある。

（証明終）

また，CD の長さが 1 であり，$s=\dfrac{1}{\sqrt{3}}$ のとき，③より

$\left(\dfrac{1}{\sqrt{3}}\right)^2-\dfrac{1}{\sqrt{3}}\times t+t^2=1$ より

$$t^2-\frac{1}{\sqrt{3}}t-\frac{2}{3}=0$$

$$\left(t-\frac{2}{\sqrt{3}}\right)\left(t+\frac{1}{\sqrt{3}}\right)=0$$

$t>0$ より　　$t=\dfrac{2}{\sqrt{3}}$

このとき

$$b=\frac{1+\frac{1}{\sqrt{3}}+\frac{2}{\sqrt{3}}}{6}=\frac{1+\sqrt{3}}{6}$$

$$d=\frac{1+\frac{2}{\sqrt{3}}}{2}=\frac{3+2\sqrt{3}}{6}$$

となるので

$$\frac{\mathrm{LM}}{\mathrm{LN}}=\frac{b}{d}=\frac{1+\sqrt{3}}{6}\times\frac{6}{3+2\sqrt{3}}=\frac{3-\sqrt{3}}{3}$$ ……(答)

解説

《交点の位置ベクトルと線分の長さの比》

(1)　内積の定義より，$\overrightarrow{\mathrm{OA}}\cdot\overrightarrow{\mathrm{OA}}=|\overrightarrow{\mathrm{OA}}|^2$，$\overrightarrow{\mathrm{OA}}\cdot\overrightarrow{\mathrm{OB}}$ を求め，x の値を計算する。

(2)　$|\overrightarrow{\mathrm{CD}}|^2=|\overrightarrow{\mathrm{OD}}-\overrightarrow{\mathrm{OC}}|^2$ を内積の性質を用いて計算していく。

(3)　E は線分 AC の垂直 2 等分線と線分 BD の垂直 2 等分線の交点であるので，線分 AC，BD の中点をそれぞれ P，Q とすると，$\overrightarrow{\mathrm{OA}}\cdot\overrightarrow{\mathrm{PE}}=0$，$\overrightarrow{\mathrm{OB}}\cdot\overrightarrow{\mathrm{QE}}=0$ である。よって，$\overrightarrow{\mathrm{OE}}=\alpha\overrightarrow{\mathrm{OA}}+\beta\overrightarrow{\mathrm{OB}}$ とおき，α，β をそれぞれ s，t を用いて表していく。

(4)　$\overrightarrow{\mathrm{LM}}=a\overrightarrow{\mathrm{OA}}+b\overrightarrow{\mathrm{OB}}$，$\overrightarrow{\mathrm{LN}}=c\overrightarrow{\mathrm{OA}}+d\overrightarrow{\mathrm{OB}}$ と表せたとき，$ad-bc=0$ を満たせば，$\overrightarrow{\mathrm{LM}}=\frac{b}{d}\overrightarrow{\mathrm{LN}}$ となるので，L，M，N が同一直線上にあることを示すことができる。また，$\frac{\mathrm{LM}}{\mathrm{LN}}=\frac{|\overrightarrow{\mathrm{LM}}|}{|\overrightarrow{\mathrm{LN}}|}=\frac{b}{d}$ であるので，$s=\frac{1}{\sqrt{3}}$ のとき，t の値を求め，b，d の値を計算すればよい。

講評

Ⅰ　(1)は一辺と両端の角が与えられた三角形の面積を求める問題である。正弦定理と三角形の面積の公式を用いることにより答えを導くことができる。(2)は定積分と微分法の関係を利用する問題である。教科書の例題でも必ず記載されている問題である。(1)・(2)とも平易な部類に属する問題である。(3)は n 進法に関する問題であり，文系の受験生にとっては苦手な部類の問題かもしれない。特に，カ・キの正答率で差が出たかもしれない。(4)は対数関数に関する平行移動と対数不等式の問題である。頻出の問題であるので正答率は高かったと思われる。この小問集合の 4 問については，全体的なレベルから考えると，7 割以上の正答率を目指したい。

Ⅱ　3 次関数のグラフとその接線で囲まれた部分の面積に関する問題である。頻出の問題であるが，(3)で S_n を求める際に n が奇数と偶数の場合で場合分けできたかどうか。また，その定積分の計算をミスなく処理できたかどうかがポイントである。さらに(4)においても $\log_{10}2$, $\log_{10}3$ の利用については不等式を過大評価・過小評価して式変形する必要があり，受験生も戸惑ったかもしれない。

Ⅲ　2 本の垂直 2 等分線の交点の位置ベクトルを求めたり，3 点が同一直線上にあることを証明する平面ベクトルの問題である。(1)・(2)は内積の定義や性質を利用する計算問題であり平易である。逆に(3)・(4)は式変形等が非常に複雑で難問であるといえる。

Ⅰ～Ⅲを難易度で平易なほうから並べると，Ⅰ(1)・(2)・(4)（基本～標準）＜Ⅰ(3)（標準）＜Ⅱ，Ⅲ（標準～やや難）である。全体としては，2023 年度と比べて難問の多い出題であったといえる。教科書の応用問題などの典型的な問題を確実にして，数列の漸化式，ベクトル，微・積分法などの頻出問題については過去問をじっくりやっておくことが大切である。

(七)　6、最終段落に「をりふし清明の頃なるゆゑに…博士の名を『清明』と号するなり」とあることと合致。「博士」とは律令制における官名の一つで、その道に通じている専門家が任じられた。その博士に任じられたということは、清明（安倍の童子）の、常人にはない能力が認められたということである。清明のどのような行為が、天皇を初めとして人々を感嘆させたのかをまとめる。安倍晴明は、陰陽道・天文道の達人として知られ、さまざまな伝説を残す。

講評

一の現代文は、帝京大学地域経済学科教授の松尾浩一郎が、他二名の著者とともに著した『地域・都市の社会学―実感から問いを深める理論と方法』の、最終章の一節からの出題である。複数の識者の主張を取り上げ、未来のイメージと都市との関係について論じたもので、六〇〇〇字を超える長文であった。長いとはいえ、さほど難解な専門用語などは用いられておらず、論の流れは比較的つかみやすい。設問の正答選択肢も本文で用いられている語句を中心に構成されており、傍線部の前後を丁寧に読めば正答が得られる。(七)の記述問題は少ない字数で簡潔にまとめる力が求められる。

二の古文は、安倍晴明が著した陰陽道の解説書『簠簋内伝』の注釈書であり、浅井了意作の『安倍晴明物語』の主典拠にもなっている『簠簋抄』の一節からの出題。幼少期の安倍晴明が、その能力を天皇に認められ、「清明」の名を賜って博士に任じられるまでのいきさつを描く。前半は浦島太郎伝説のような展開で、小蛇を救った清明が竜宮に招待される場面が描かれる。後半は、その竜宮から帰る際に耳に付けてもらった烏薬のおかげで鳥の言葉がわかるようになり、天皇の病気の原因を見事に言い当てることができたという内容。複雑な展開ではないので、話の筋は容易につかめる。設問も基本的なものばかりだが、(七)の記述問題は現代文同様、少ない字数で簡潔にまとめる力が必要。

㈢　直前の安倍の童子の言葉からわかるように、「不思議の望み」とは〝千金ではなく石の匣をもらいたい〟という望みを指している。2は「石の匣の中身を知って所望」、3は「石の匣の中身が見たい」の部分が不適。2は「給ふ」を「おっしゃる」と訳している点も不適。「給ふ」の主語は竜宮なので、ここの「給ふ」は尊敬の本動詞で〝お与えになる〟の意。「差し上げる」と謙譲の意味で訳している4・5は不適。よって1が正解。

㈣　「これ」は〈安倍の童子が櫃の中身を言い当てたこと〉を指している。1・4は「これ」の指示内容が誤っており不適。安倍の童子は烏のさえずりから櫃の中身を知ったのだが、周りの人々はそのことを知らないので、3は不適。5は「手を拍つどころではなかった」とあるが、これだと〝ふつうは「手を拍つ」のが当然〟ということになり、不自然な解釈である。「はかりなし」は「計りなし」と書き、〝限りない・並々でない〟の意。直訳すると〝手を拍つことが限りない〟で、これに最も近い解釈になっている2が正解。

㈤　「取りたらん」の下には〈時・場合〉などの名詞が省略されている。〝もし蛙と蛇を取り除いたとしたらそのようなときには〟と訳せるので、ここの「ん」は助動詞「ん」連体形で仮定（婉曲）の意味と考える。同じ意味の「ん」は4で、「うき目を見せんも」は〝もし辛い目を見せるとしたらそのようなときは〟と訳せる。1は意志の助動詞「ん」の終止形。2は助動詞「べし」の連体形「べかる」が撥音便化した「べかん」の一部。3は推量の助動詞「んず」の終止形の一部。5は過去推量（過去伝聞）の助動詞「けん」の連体形の一部。

㈥　1、安倍の童子は自らの判断で、小蛇を殺そうとしていた他の童子たちから小蛇を買い取って放してやった。
2、第三段落の第一文に「竜宮にて烏薬を耳に付け給ふ」とある。薬を付けたのは人間界に戻る前のことである。
3、第三段落の第二～四文に「もとの鹿島に帰り、…拝殿に居す。東西より烏二つ来たり」とあることと合致。
4、東西の烏が「敵対」していて「だまし合っていた」という記述はない。
5、第三段落の終わりのほうに「その炎上がつて、天皇、ご悩おはします」とある。蛙と蛇が戦うことによって炎は上がっているが、宮中が火事になっているわけではなく、その炎によって天皇が病を得たと言っている。

その博士（＝安倍の童子）をお呼び出しになり、「櫃の中（に何が入っているか）を占い申せ」とのご命令である。その間に、早くも鳥が、鹿島でさえずるように、櫃の中の様子をさえずるのを（安倍の童子は）聞き、占うふりをして、「櫃の中には蝮がいるはずだ」と詳細に占って申し上げるのである。だれもが、これを見聞きして、不思議だと申し、（感嘆して）手を打つことは限りがない。

すぐさま、大臣や公卿や殿上人が、集まり合って、天皇のご病気を（安倍の童子に）占わせなさるのである。もともと博士（＝安倍の童子）は、鹿島にいるときから（天皇の病気についての）鳥のさえずりを聞くことができていたので、前述の内容を詳しく申し上げる。それによって寝殿の北東の土台石の下に穴を掘り（中の様子を）ご覧になると、博士が申すとおり、蛙・蛇が、そこにいるのを取り出して捨てたところ、（天皇の）ご病気も少し平癒の兆しが見えるため、なおその上に博士に「ご祈禱いたせ」とのこと、天皇のお言葉がある。そこで（博士は）あれこれと誠心誠意を尽くして、公卿や大臣はさまざまな祭祀を執り行いなさることによって、ご平癒は、霊験あらたかにかなう。

そのときの博士を御殿にお呼びになり、ちょうどその折は清明節の頃であるために、その博士を「清明」と天皇がお呼びになることによって、とりもなおさず博士の名を「清明」と称するのである。「清明」とは三月の節名である。そのとき、「あの人ほどの博士は、他にいない」と天皇のお言葉があって、「博士」の称号をお与えになる。

解説

㈠ a、「参籠」とは、仏寺や神社などに「参」り、昼夜「籠」って祈願することをいう。

b、十二支は時刻のほかに方角も表す。「子（ね）」が北、「午（うま）」が南である。ここから、南北を結ぶ線、すなわち経線を「子午線（しごせん）」ともいう。「子」と「午」の中間の「卯（う）」が東になり、北東は「子」と「卯」の間の「丑寅（うしとら）」で表す。

㈡ 「その」は〈子供たちに殺されそうになっていた小蛇を安倍の童子が助けてやったこと〉を指している。そこから、1・5が残る。さらに、前後の描写および「早く至り給へ」という言葉から、美女が直接安倍の童子に言っているとわかるので、1は不適。「竜宮へ請はる」は〝竜宮へ来るように請われている〟の意。この内容を捉えた5が正解。

伝えに来た）。早くいらしてください」と言う。安倍の童子は、そうはいうものの（それにかまわず）参籠を続け申し上げるのである。けれども使いのひめが、語って言うことには、「竜宮には貴重な宝物の四寸の石の匣がある。千金をいただくことになっても、それ（＝石の匣）は得られない。あなたは、（千金の代わりにその石の匣を）願い受け取るがよい」と教えさとす。（安倍の童子は）ほどなくして竜宮のもとへ到着する。宮中での（竜宮の王の）お言葉、「まことに私の唯一の弟女を、昨日助けてくださったこと（に対する感謝の気持ちは）、言葉では言い尽くせない」。その礼として千金を与えるとのことを述べなさるが、（安倍の童子は）これを受け取らない。「宮海には四寸の石の匣があるはずだ。それを下さい」と望むことによって、竜宮（の王）は、「（千金よりも石の匣がよいとは）意外な望みであるな、なるほど、そうであれば出してやろう」と言って、すぐさま（安倍の童子に）お与えになる。

（安倍の童子が）人間世界に帰ろうとして暇乞いをしたとき、竜宮で烏薬を耳に付けてくださる。ほどなくしてもとの鹿島明神に帰り、いろいろな鳥のさえずりを聞くと、（何を言っているのか）よく聞いてわかるのである。そうではあるが特に気にすることもなく拝殿にいる。東と西から烏が二羽やって来て、神宮の上で一羽の烏がさえずることには、「おまえはどこの烏か」と尋ねる。もう一羽の烏がさえずって、「私は都の烏」と言う。都の烏が言うことには、「おまえはどこの烏か」と言う。「私は関東の烏」と言う。重ねてまた東方の烏が言うことには、「都では何事かあるか」と言う。西方の烏が言うことには、「都ではこの頃は、天皇のご病気が、とんでもない状態である」と言う。東方の烏が言うことには、「そのわけはどういうことだ」と尋ねる。西方の烏が言うことには、「去年、ご寝殿を作りなさる（ことがあった）。その北東の柱の土台石の下に、生きた蛙と蛇を閉じ込めたまま築く。蛇は蛙を飲もうとする。蛙は飲まれまいと戦う。その（戦いの）炎が上がって、天皇が、ご病気でいらっしゃるということである。その土台石（の下）に穴を掘って、蛙と蛇を取り出したとしたらそのときには、ご病気がすぐに平癒するだろう」とさえずるのを（安倍の童子は）聞いて、すぐに都へ上り、「天下無双の博士」と触れ回る。

あるとき、家来や大臣がこれを聞き、大きな車櫃（＝底に車のついた箱）に蝮をたくさん入れ、前もって準備をして、けるというのである。その内容については、若林幹夫の言葉を借りて次の段落に述べられている。「都市は、『来るべき未来』を先取り的に示す」だけでなく、「かつて未来としてイメージされたもの」が具現化されたのが、都市における「現在」だというのである。この内容を制限字数内でまとめればよい。

二

出典　『簠簋抄』

解答

㈠　a—3　b—4

㈡　5

㈢　1

㈣　2

㈤　4

㈥　3・6

㈦　天皇の病の原因を言い当て平癒に導いた清明の能力を認めたから。（三十字以内）

全訳

その童子（＝安倍の童子）も超自然的なはからいで出現した人であるために、長年を経て鹿島明神に百日間こもって祈願致し、その間は万事において死相を見ないようにするということを、誓願する。ところが九十九日目に、童子が大勢集まり小蛇を殺そうとして引き回すのを、安倍の童子が見、「死相を見ないようにする」の誓い（の期間）にあるために、その蛇を買い取って放してやった。

その徳のために、百日を満たす日、美女が、神宮内にやって来て申すことには、「私は昨日の蛇である。私は、竜宮の弟女（おとひめ）である。（あなたは私を助けてくれた）そのために感謝の言葉を述べ、竜宮へ（あなたが）招待されている（ことを

Cはそれを言い換えたものと考えてよい。その「都市環境の効果」については、その前の段落に詳しく述べられている。すなわち、都市は「接触可能な人口量が非常に多い」ため、「マイナーな文化」「下位文化」も都市においては「根を下ろして大きく育っていける」というのである。以上の内容をまとめた2が正解。

㈤　各選択肢の前半は「創造都市論」について、後半は「矛盾をはらんだ難問」について言及したもの。それぞれについて本文の内容と照らし合わせる。「創造都市論」とは、第二十三段落（傍線部Dの三つ前の段落）にあるように「芸術文化と産業経済を媒介するのは創造性である。…こうした意味で、未来は創造都市にある」とする論である。「矛盾をはらんだ難問」とは、傍線部Dの後にある「ジェントリフィケーション」を指しており、それは「都心の低未利用地区や…一連の開発の流れのこと」と説明されている。さらに、そのもたらす結果として、「無個性な景観が産出される」「『時空間のイコライザー』としても機能してしまう」ことが挙げられる。この二点を的確に捉えた4が正解。

㈥　1、第二段落に、イメージの一例として「具体的な場所とは関係しない…ほかの次元の風景」も挙げられている。
2、「陰鬱なイメージ」は、第一段落に人びとが未来を思い浮かべるときに持つイメージの一例として挙げられている。
3、第三段落の内容に合致。
4、第十六段落に「古来から都市は創造の場であった。…このことに早くから気づいていたのはジェイン・ジェイコブズである」とある。「生産」と「創造」とは同じものではない。また「懐疑的な立場」も合致しない。
5、第十八段落の内容に合致。
6、第十七段落に「ジェイコブズが説明したのは経済活動におけるイノベーション」とある。一方、フロリダの主張については、第二十四段落に「人間の創造力」が「技術や芸術のイノベーションを生み出し、産業を発展させ」とある。フロリダはジェイコブズの論を「批判的に継承」しているとはいえない。

㈦　「結節点」とは〝結び目〟のこと。「時間軸における広がり」すなわち、過去・現在・未来という時間を都市が結びつ

解説

㈠　直後に「人が都市に目を向けるとき…未来を見出そうとすることも」とあるが、この「も」は、その前の段落の初めにある「人が未来を想像するとき、それを都市という空間に見出そうとする」の部分に対応している。この二つを比べてみると、「未来」「都市」という語句がそれぞれ逆に位置していることに気づく。前者は「未来を想像する」、後者は「都市に目を向ける」という出発点は異なるが、どちらも〝未来イコール都市〟というイメージを人びとが持っていることに変わりはないというのである。「未来」と「都市」を逆にしても同じことが言えるという意味になる3が正解。

㈡　傍線部Aは、直前の段落の初めにある「都市と未来の関係性はさまざまに切り崩されている」を比喩的に表現したものと考えられる。そして、その状態になったのは「空間感覚の喪失」をもたらす「サイバースペースの影響は大きい」と筆者は分析する。その結果、傍線部A直前にあるように「人が集まり共存する場としての都市のあり方…問いなおされざるをえなくなっている」のである。以上の内容を的確に捉えた4が正解。

㈢　傍線部Bは問題提起の文で、それに対する答えはその後に述べられている。「イメージとしての未来」が現れ出たものとして、まず次の第十一段落に「建築や都市計画」が挙げられ、さらに第十二段落に「国家や宗教などの名のもとに」「推し進められる」「物理的な側面に限られない広い意味での都市の建設」が挙げられる。そして三例目として第十三段落に「博覧会のようなイベント」が挙げられている。以上の三つの例のうち、二例目の内容に的確に言及した5が正解。1・2は一つ目の例に関係した内容だが、「新社会の偉大さを表現」「地形に適した建築」がそれぞれ本文の内容と合わない。3は三例目に関係した内容だが、「経済成長の具体像をさし示す」が本文の内容と合わない。4の「機能主義」は一例目で取り上げられた「ル・コルビュジエ」の考え方、「国家や宗教の…都市」は二例目の内容であるが、この二つに直接の関連性はない。

㈣　同段落の前半に、フィッシャーは「文化の創造」は「都市環境の効果によるもの」だと述べているとあるが、傍線部

国語

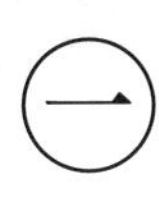

出典　松尾浩一郎「創造と継承―都市の未来、都市の歴史」（平井太郎・松尾浩一郎・山口恵子『地域・都市の社会学―実感から問いを深める理論と方法』有斐閣）

解答

㈠　3

㈡　4

㈢　5

㈣　2

㈤　4

㈥　3・5

㈦　都市には未来が存在し、また過去に想起された未来の具体化した姿が都市の現在だから。（四十字以内）

要旨

都市空間が未来と密接な関係にあるというかつての考え方は、サイバースペースの影響などにより変わりつつある。今日においては、都市・文化・創造の結びつきに着目した議論がなされており、未来に向けた新しい都市の発展の鍵となるのは芸術文化であると考えられている。芸術にはあふれる創造性があり、その創造力が新しい文明を進化させる。そしてその創造力を引き出すのが都市という空間である。未来は創造都市にあり、都市における創造が未来のイメージをかたちづくるのである。

全学部日程（理系）

問 題 編

▶試験科目・配点

●文化情報学部

教　科	科　　　目	配　点
外国語	コミュニケーション英語Ⅰ・Ⅱ・Ⅲ，英語表現Ⅰ・Ⅱ	200 点
数　学	数学Ⅰ・Ⅱ・Ⅲ・A・B	200 点
理　科	「物理基礎・物理」，「化学基礎・化学」，「生物基礎・生物」から1科目選択	150 点

●理工学部（英・数・理 総合型）

教　科	科　　　目	配　点
外国語	コミュニケーション英語Ⅰ・Ⅱ・Ⅲ，英語表現Ⅰ・Ⅱ	200 点
数　学	数学Ⅰ・Ⅱ・Ⅲ・A・B	200 点
理　科	**機械システム工学科：** 「物理基礎・物理」 **電気工，電子工，機械理工学科：** 「物理基礎・物理」，「化学基礎・化学」から1科目選択 **インテリジェント情報工，情報システムデザイン，機能分子・生命化，化学システム創成工，環境システム，数理システム学科：** 「物理基礎・物理」，「化学基礎・化学」，「生物基礎・生物」から1科目選択	150 点

●生命医科学部（英・数・理 総合型）

教　科	科　　　目	配　点
外国語	コミュニケーション英語Ⅰ・Ⅱ・Ⅲ，英語表現Ⅰ・Ⅱ	200 点
数　学	数学Ⅰ・Ⅱ・Ⅲ・A・B	200 点
理　科	「物理基礎・物理」，「化学基礎・化学」，「生物基礎・生物」から1科目選択	200 点[*1]

●スポーツ健康科学部

教　科	科　　　目	配　点
外国語	コミュニケーション英語Ⅰ・Ⅱ・Ⅲ，英語表現Ⅰ・Ⅱ	200 点
数　学	数学Ⅰ・Ⅱ・Ⅲ・A・B	150 点[*2]
理　科	「物理基礎・物理」，「化学基礎・化学」，「生物基礎・生物」から1科目選択	200 点[*1]

●心理学部

教　科	科　　　目	配　点
外国語	コミュニケーション英語Ⅰ・Ⅱ・Ⅲ，英語表現Ⅰ・Ⅱ	200 点
数　学	数学Ⅰ・Ⅱ・Ⅲ・A・B	150 点[*2]
理　科	「物理基礎・物理」，「化学基礎・化学」，「生物基礎・生物」から1科目選択	150 点

▶備　考

- 「数学B」は「数列」および「ベクトル」から出題する。

＊1　同日実施の共通問題（75 分，150 点満点）を使用し，配点を 200 点満点に換算する。

＊2　同日実施の共通問題（100 分，200 点満点）を使用し，配点を 150 点満点に換算する。

英　語

（100分）

〔Ⅰ〕 次の文章を読んで設問に答えなさい。[＊印のついた語句は注を参照しなさい。]（69点）

Insects are a nutritious food source that can be produced more sustainably than conventional livestock. While eating insects is common in many world regions, in western cultures it is more likely met with disgust.

The consumption(a) of insects has slowly increased as the benefits become widely discussed. More than 2,000 edible species have been identified. But would incorporating insects into our diets really reduce (ア)the environmental footprint of food production, and can this be achieved? Insects are high in fat, protein and nutrients. This varies between species and lifecycle stage; however, the protein content of insects is frequently 40% to 60%. Insects also provide all of the essential amino acids* required for human nutrition. Adult crickets are 65% protein by weight, which is higher than both beef (23%) and tofu (8%). Insects are also high in minerals such as copper, iron and magnesium. It is (X) of no surprise that insects are consumed by humans in many world regions today.

Insects are far more efficient at converting their feed into energy than conventional livestock. Adult crickets and mealworm larvae* need 5-10 times less feed than cattle to produce the same weight gain. Insects are also cold-blooded, so do not use their metabolism* to heat or cool themselves, further reducing energy and food use. A larger proportion of the animal can also be eaten compared with conventional livestock. Only

45% of the cattle and 55% of a chicken is consumed on average. For insects, the whole larva and 80% of an adult cricket can be eaten. Insects also reproduce(b) more rapidly than vertebrates*, with many generations possible in a year. To provide the same nutritional value, insect cultivation therefore uses a fraction of the land(イ), energy and water used for conventional livestock farming. To produce a kilogram of protein, mealworm larvae emit 14kg of CO_2eq*, far less than the 500kg of CO_2eq emitted on average in beef production. To produce the same amount of protein, mealworm larvae cultivation uses 70 times less agricultural land than beef. All food production has environmental costs. However, there is substantial variation within this. Beef, for example, produces 100 times more greenhouse gas emissions than pea production. Insect cultivation typically falls between these extremes. （ あ ）it can be（ い ） environmentally damaging than the production of（ う ）, it has（ え ）（ お ）（ か ）than most plant-based foods. Per kilogram of protein, pea production emits only 4kg of CO_2eq, while tofu requires roughly half the agricultural land needed for insect cultivation.（ Y ）insects are a climate-friendly (or -friendlier) food will depend on what the insect protein replaces(c). If insect-based foods are used to substitute conventional meat, this could provide important gains. However, large gains could also be achieved if plant-based alternatives are adopted.

Dietary changes can radically alter the environmental footprint of consumers. The average diet in the US uses more than 10 times more land per person than the average Indian diet, primarily(d) due to the types of food consumed.

1.3 billion tons of food produced for human consumption is wasted each year. Another area in which insects could prove valuable is in the production of food or animal feed from food by-products or food waste. Black soldier flies* reared on by-products such as almond hulls* can be converted into feed for livestock or farmed seafood.

(Z), feeding insects organic by-products requires careful management to avoid risks of chemical and microbial contamination*. Several insect species are able to digest certain contaminants*, but there is potential for harmful bioaccumulation(ウ). Manure* and catering waste are therefore prohibited as a feed for farmed insects in Europe.

The market for edible insects in Europe and America is growing. Despite only 10.3% of Europeans stating they would be willing to replace meat with insects, the edible insect market is projected(e) to reach US$4.63 billion (£3.36 billion) by 2027. The acceptability of foods can change over time. Tomatoes were regarded as poisonous in Britain and dismissed for over 200 years. Lobsters, now an expensive delicacy(f), were formerly so abundant in the US that they were served to workers and prisoners and were commonly used as fertilizer and fish bait. Lobster only became fashionable to eat after the mid-18th century. Since then its popularity has surged(g), with the global lobster market expected to reach US$11.1 billion (£9.7 billion) by 2027.

Insect consumption in Europe may also become normalized. Western consumers are showing an increasing willingness to consume processed insect-based foods. Incorporating(h) insects into familiar food items such as flour represents one way of improving their acceptance. Edible insects are not the sole solution to achieve a more sustainable food system. However, they do provide a nutritious and more sustainable substitute to conventional meat. Their production, flexibility and diversity means they are likely to play an increasing part in a more circular food system(エ).

(By Peter Alexander, writing for *The Conversation,* September 12, 2022)

［注］ amino acids　アミノ酸

mealworm larvae　ミールワームの幼虫（食用昆虫の一つ）

metabolism　新陳代謝

vertebrates　脊椎動物

$CO_2eq = CO_2equivalent$ 温室効果ガスの排出量に地球温暖化係数を乗じて CO_2 相当量に換算した値に付される単位

Black soldier flies アメリカミズアブ（食用昆虫の一つ）

almond hulls アーモンドの皮

microbial contamination 微生物汚染

contaminants 汚染物質

Manure 肥料

I－A 空所(X)～(Z)に入るもっとも適切なものを次の1～4の中からそれぞれ一つ選び、その番号を解答欄に記入しなさい。

(X) 1 coincidentally 2 nevertheless
3 therefore 4 unfortunately

(Y) 1 Although 2 Regretfully
3 Typically 4 Whether

(Z) 1 At long last 2 Fortunately
3 However 4 On the contrary

I－B 下線部 (a)～(h) の意味・内容にもっとも近いものを次の1～4の中からそれぞれ一つ選び、その番号を解答欄に記入しなさい。

(a) consumption
1 baking 2 eating 3 rearing 4 selling

(b) reproduce
1 attain 2 decrease 3 disperse 4 multiply

(c) replaces
1 pushes up 2 reacts against
3 substitutes for 4 takes in

(d) primarily
1 mainly 2 manly 3 manually 4 marginally

(e) projected
1 forwarded 2 inhibited 3 predicted 4 prolonged

(f) delicacy

1 endangered species　2 extravagant food
3 unusual species　4 wasteful food

(g) surged

1 fallen　2 raced　3 risen　4 surprised

(h) Incorporating

1 Blending　2 Counting　3 Regulating　4 Removing

I－C　波線部 (ア)～(エ) の意味・内容をもっとも的確に示すものを次の１～４の中からそれぞれ一つ選び、その番号を解答欄に記入しなさい。

(ア) the environmental footprint

1 the effect that a human activity has on the eco-system
2 the effect of a political decision that restricts freedom
3 the loss of energy due to human activity
4 the profit that economic activities bring about

(イ) a fraction of the land

1 a large part of the land
2 an underdeveloped part of the land
3 a tiny part of the land
4 an overdeveloped part of the land

(ウ) bioaccumulation

1 changes to the structure of a gene
2 collection of different types of animals or plants
3 energy produced by a biological process
4 gradual buildup of chemical substances in an organism

(エ) circular food system

1 a sustainable food system with less waste
2 a rotational system for food distribution
3 a system that recycles everything into consumer products
4 a system in which everyone acquires food equally

I－D　二重下線部の空所(あ)〜(か)に次の１〜７から選んだ語を入れて文を完成させたとき、(あ)と(う)と(お)に入る語の番号を解答欄に記入しなさい。同じ語を二度使ってはいけません。選択肢の中には使われないものが一つ含まれています。選択肢は文頭に入るものも含め、すべて小文字にしてあります。

(あ) it can be (い) environmentally damaging than the production of (う), it has (え)(お)(か) than most plant-based foods.

1　less	2　footprint	3　higher	4　meat
5　while	6　ever	7　a	

I－E　本文の意味・内容に合致するものを次の１〜８の中から三つ選び、その番号を解答欄に記入しなさい。

1　Although it is possible for us to eat more than 2,000 species of insects, most of them are not economically beneficial.

2　Adult crickets have more protein and minerals than beef or tofu by weight, but their ability to convert their food into energy is very poor.

3　Typically, about half of the livestock's body mass can be eaten, but we can only consume a much smaller percentage of an insect's body.

4　In terms of limiting CO_2eq emissions, insects are far more effective than livestock and a little more effective than peas.

5　If we take most of our protein from tofu, it is more eco-friendly than eating insects.

6　Some insects could be grown by using food by-products, in which case they could then be utilized as a nutrition source for producing seafood.

7　Nowadays more and more people in Europe are adjusting to the idea of eating insects, but the market is not growing for unknown reasons.

8　By integrating insects into various kinds of familiar food, it is expected that more people will come to accept eating them as a part of daily life.

〔Ⅱ〕 次の文章を読んで設問に答えなさい。[＊印のついた語句は注を参照しなさい。](81点)

Get the Rest You Need

Sometimes, the pace of modern life barely gives you time to stop and rest. It can make getting a good night's sleep on a regular basis seem like a dream. But sleep is as important for good health as diet and exercise. Good sleep improves your brain performance, mood, and health. Not getting enough quality sleep regularly raises the risk of many diseases and disorders. These range from heart disease and stroke to obesity* and dementia*.

There's more to good sleep than just the hours spent in bed, says Dr. Marishka Brown, a sleep expert at NIH*. "Healthy sleep encompasses (a) three major things," she explains. "One is how much sleep you get. Another is sleep quality — that you get uninterrupted and refreshing sleep. The last is a consistent sleep schedule." People who work the night shift or irregular schedules may find getting quality sleep extra challenging. And times of great stress — like the current pandemic — can disrupt our normal sleep routines. But there are many things you can do to improve your sleep.

〈 A 〉

Why do we need to sleep? People often think that sleep is just "down time," when a tired brain gets to rest, says Dr. Maiken Nedergaard, who studies sleep at the University of Rochester. "But that's wrong," she says. While you sleep, your brain is working. For example, sleep helps prepare your brain to learn, remember, and create. Nedergaard and her colleagues discovered that the brain has a drainage system that removes toxins* during sleep. "When we sleep, the brain totally changes function," she explains. "It becomes almost like a kidney, removing waste from the system."

Her team found in mice that the drainage system removes some of the proteins linked with Alzheimer's disease*. These toxins were removed twice as fast from the brain during sleep. Everything from blood vessels to the immune system (ア) uses sleep as a time for repair, says Dr. Kenneth Wright, Jr., a sleep researcher at the University of Colorado. "There are certain repair processes that occur in the body mostly, or most effectively (b), during sleep," he explains. "If you don't get enough sleep, those processes are going to be disturbed."

〈 B 〉

How much sleep you need changes with age. Experts recommend school-age children get at least nine hours a night and teens get between eight and 10. Most adults need at (あ)(い)(う) or (え)(お)(か) each night. There are many misunderstandings about sleep. One is that adults need less sleep as they get older. This isn't true. Older adults still need the same amount. But sleep quality can get worse as you age. Older adults are also more likely to take medications (イ) that interfere (W) sleep.

Another sleep myth is that you can "catch up" on your days off. Researchers are finding that this largely isn't the case. "If you have one bad night's sleep and take a nap, or sleep longer the next night, that can benefit you," says Wright. "But if you have a week's worth (c) of getting too little sleep, the weekend isn't sufficient for you to catch up (ウ). That's not a healthy behavior."

In a recent study, Wright and his team looked at people with consistently deficient (d) sleep. They compared them to sleep-deprived people who got to sleep in on the weekend. Both groups of people gained weight with lack of sleep. Their bodies' ability to control blood sugar levels also got worse. The weekend catch-up sleep didn't help. On the flip side, (エ) more sleep isn't always better, says Brown. For adults, "if you're sleeping more than nine hours a night and you still don't feel refreshed, there may be some underlying (e) medical issue," she explains.

〈 C 〉

Some people have conditions that prevent them (X) getting enough quality sleep, no matter how hard they try. These problems are called sleep disorders. The most common sleep disorder is insomnia. "Insomnia is when you have repeated difficulty getting to sleep and/or staying asleep," says Brown. This happens despite (Y) the time to sleep and a proper sleep environment. It can make you feel tired or unrested during the day. Insomnia can be short-term, where people struggle to sleep for a few weeks or months. "Quite a few more people (オ) have been experiencing this during the pandemic," Brown says. Long-term insomnia lasts for three months or longer.

Sleep apnea is another common sleep disorder. In sleep apnea, the upper airway* becomes blocked during sleep. This reduces or stops airflow*, which wakes people up during the night. The condition can be dangerous. If (Z), it may lead to other health problems. If you regularly have problems sleeping, talk with your health care provider. They may have you keep a sleep diary to track (f) your sleep for several weeks. They can also run tests, including sleep studies. These look for sleep disorders.

〈 D 〉

If you're having trouble sleeping, hearing how important it is may be frustrating. But simple things can improve your odds of a good night's sleep.（中略）Treatments are available for many common sleep disorders.

Cognitive behavioral therapy can help many people with insomnia get better sleep. Medications can also help some people. Many people with sleep apnea benefit from using a device called a CPAP machine. These machines keep the airway open so that you can breathe. Other treatments can include special mouthguards* and lifestyle changes. For everyone, "as best you can, try to make sleep a priority," Brown says. "Sleep is not a <u>throwaway</u>(g) thing — it's a biological necessity."

(From *NIH News in Health,* April, 2021)

［注］ obesity　肥満

dementia　認知症

NIH (National Institutes of Health)　アメリカ国立衛生研究所

toxins　毒素

Alzheimer's disease　アルツハイマー病

the upper airway　上気道

airflow　気流

mouthguards　マウスピース

II－A　空所(W)～(Z)に入るもっとも適切なものを次の1～4の中からそれぞれ一つ選び、その番号を解答欄に記入しなさい。

(W)　1 by　2 from　3 to　4 with

(X)　1 against　2 for　3 from　4 to

(Y)　1 have　2 having
3 you have　4 you to have

(Z)　1 having treated　2 having untreated
3 treated　4 untreated

II－B　下線部(a)～(g)の意味・内容にもっとも近いものを次の1～4の中からそれぞれ一つ選び、その番号を解答欄に記入しなさい。

(a)　encompasses

1 circulates　2 comprises　3 disregards　4 emphasizes

(b) effectively

1 excessively　2 naturally　3 sequentially　4 successfully

(c) worth

1 amount　2 purpose　3 quality　4 situation

(d) deficient

1 inadequate　2 pleasant　3 punctual　4 unplanned

(e) underlying

1 dominant　2 fundamental　3 incurable　4 obvious

(f) track

1 improve　2 justify　3 practice　4 record

(g) throwaway

1 disposable　2 fashionable　3 negotiable　4 renewable

Ⅱ－C　波線部 (ア)～(オ) の意味・内容をもっとも的確に示すものを次の１～４の中からそれぞれ一つ選び、その番号を解答欄に記入しなさい。

(ア) Everything from blood vessels to the immune system

1 Everything from the heart to the network of organs that promote recovery for the body

2 Everything from veins to the network of organs that defends the body against infections

3 Everything from the heart to the network of organs that receives oxygen through blood

4 Everything from veins to the network of organs that provides nutrition to the body

(イ) Older adults are also more likely to take medications

1 Older adults are also more suitable for taking medications

2 Older adults are also more encouraged to take medications

3 Older adults also tend to be fond of taking medications

4 Older adults also have a greater chance of taking medications

(ウ) the weekend isn't sufficient for you to catch up

1 the weekend is not enough to make up for a lack of sleep

2 the weekend is not appropriate to get your work done

3 you need to avoid taking a nap during the day on weekends

4 you need to avoid going to bed earlier during the weekend

(エ) On the flip side

1 Given the unique characteristics

2 Given the positive characteristics

3 Contrary to medical results

4 Contrary to popular thinking

(オ) Quite a few more people

1 Somewhat more people	2 A lot fewer people
3 Many more people	4 Slightly fewer people

II－D 二重下線部の空所(あ)～(か)に次の1～8から語を入れて文を完成させたとき、(あ)と(え)と(か)に入る語の番号を解答欄に記入しなさい。同じ語を二度使ってはいけません。選択肢の中には使われないものが二つ含まれています。

Most adults need at (あ)(い)(う) or (え)(お) (か) each night.

1 of	2 hours	3 most	4 more
5 seven	6 sleep	7 to	8 least

II－E 空所〈A〉～〈D〉に入るもっとも適切な小見出しを次の1～5の中からそれぞれ選び、その番号を解答欄に記入しなさい。同じ選択肢を二度使ってはいけません。選択肢の中には使われないものが一つ含まれています。

1 **Sleep Myths and Truths**

2 **Sleep Disorders**

3 **Sleep Environment**

4 **Getting Better Sleep**

5 **Sleep for Repair**

Ⅱ－F　本文の意味・内容に合致するものを次の１～６の中から二つ選び，その番号を解答欄に記入しなさい。

1 The important factors for people to have healthy sleep are appropriate quantity, quality and regularity.

2 Even while we are sleeping, our brain is working hard which results in the accumulation of toxic materials.

3 The self-healing functions with which our body is equipped are at work solely when we are awake and sleep helps the processes to work properly.

4 People's belief that older adults sleep more than young people does not reflect the reality.

5 Wright and his team tested whether catching up on sleep during the weekends is an effective method for overcoming sleep deprivation.

6 Insomnia is one of the most common sleep disorders that is usually the cause of sleep apnea.

Ⅱ－G　本文中の太い下線部を日本語に訳しなさい。

People who work the night shift or irregular schedules may find getting quality sleep extra challenging.

〔Ⅲ〕 次の会話を読んで設問に答えなさい。(50点)

(*Riley is talking with a friend, Taylor.*)

Riley: Hey, Taylor. What time is it?

Taylor: Let me check .... It's about 8:40.

Riley: Oh, it's time to get ready for my Zoom meeting at 9:00. The others get angry if I'm late.

Taylor: I'm sure you won't be. What kind of meeting is it, by the way? Is it for work?

Riley: Oh no, this is with my family. We all live in different parts of the US, so this is the best way to get together.

Taylor: Oh, how nice! How often do you meet up?

Riley: That depends. It's difficult to get everyone together, even when it's online! ＿＿＿(a)＿＿＿ We don't always stick to that though.

Taylor: I'm sure. Especially if they're in different time zones.

Riley: That's very true. I'm the only one who lives on the East Coast while everyone else lives in either California or the Central US. That's why we always start so late. For the others, it's actually closer to dinner time.

Taylor: ＿＿＿(b)＿＿＿ As you know, I'm more of a night person.

Riley: It's not too bad, but sometimes I wish they could make it a little earlier for my sake. ＿＿＿(c)＿＿＿

Taylor: So what kinds of things do you talk about? And who joins the call?

Riley: ＿＿＿(d)＿＿＿ My brother loves to talk about politics, as do I. But my mother doesn't, and my sister is indifferent, so we don't spend too much time on that. We also talk a lot about movies, as well as what's going on in our lives. As for who joins, besides those I mentioned, two of my cousins participate sometimes. They're very funny.

Taylor: So your whole family likes movies, not only you?

Riley: Absolutely. In fact, we kind of give ourselves "homework." At the end of each meeting, we decide on what to watch before the next meeting. ______(e)______ It's similar to how some people have a book club. But we have a film club.

Taylor: That sounds fun. Except that I don't really watch movies these days so I would have nothing to say! But I like the idea.

Riley: Yeah, that was one motivation for us to start meeting during the peak of COVID-19. ______(f)______ I wasn't sure if it would work at first. Especially considering my mother is almost 80 years old and not very good with computers. But we all helped her to get set up and now she loves it. We all do. It's really brought us closer together.

Taylor: I can imagine. Maybe I should start doing that with my relatives. ______(g)______

Riley: Okay, but what about your immediate family? Do you talk to them much?

Taylor: I chat with my younger sister nearly every day, although we don't actually talk on the telephone that much. And I might call my parents about once every month or two, but that's about it.

Riley: Before we started these Zoom meetings, I hardly ever talked to my siblings. I was starting to feel more distance, psychologically as well as geographically. Now those days are over.

Taylor: I'm so happy to hear that. My family talked at one time about doing something similar, but we never followed through. ______(h)______

Riley: Great! All I can say is that it's really brought my family closer together.

Taylor: That's really important. Especially these days when it feels like we're losing closeness to people.

Riley: [もちろん、みんなに直接会えるほうがいいですけど、私の場合それは現実的ではないのです。] So even though technology sometimes drives us apart, at other times it can actually bring us together.

Taylor: Yeah, I can see that.

Riley: Now, if you'll excuse me, I really do have to log on to this meeting. I love my family, but they can be very impatient!

Taylor: No problem. Have a good talk!

Ⅲ－A 空所 (a)〜(h) に入るもっとも適切なものを次の１〜10の中からそれぞれ一つ選び、その番号を解答欄に記入しなさい。同じ選択肢を二度使ってはいけません。選択肢の中には使われないものが二つ含まれています。

1 Well, that wouldn't bother me.

2 Just three of us.

3 Then we discuss it in two weeks.

4 Nobody was going out, so we just decided to try meeting up online.

5 Lots of stuff.

6 I think you've inspired me to take the initiative.

7 But we try to do it once every couple of weeks.

8 Morning is the best time for us.

9 I haven't talked to some of my cousins in years.

10 It's difficult for me to start chatting so late in the day.

Ⅲ－B 本文中の［　　　］内の日本語を英語で表現しなさい。

もちろん、みんなに直接会えるほうがいいですけど、私の場合それは現実的ではないのです。

数　学

（100 分）

〔Ｉ〕次の［　　］に適する数または式を，解答用紙の同じ記号のついた［　　］の中に記入せよ．

(1) n を 2 以上の自然数とする．n 個のさいころを同時に投げるとき，出る目すべての積を 4 で割ったときの余りが 0，1，2，3 である確率をそれぞれ a_n，b_n，c_n，d_n とする．このとき，$b_2 + d_2 =$ ［ア］，$c_2 =$ ［イ］である．一般に，$b_n + d_n$，c_n を n の式で表すと，$b_n + d_n =$ ［ウ］，$c_n =$ ［エ］．これらと $\displaystyle\lim_{n\to\infty} \frac{\log n}{n} = 0$ を用いると，$\displaystyle\lim_{n\to\infty} \frac{1}{n} \log(1 - a_n) =$ ［オ］．

(2) i を虚数単位とする．実数 t に対して，複素数 z に関する方程式

$$|3z + it| = |(t + 2i)z - 1|$$

の解 z 全体が複素数平面上で表す図形を C_t とする．C_t が円でないのは $t^2 =$ ［カ］のときである．C_t が円であるとき，その中心を表す複素数を w とし，w の偏角を θ $(0 \leqq \theta < 2\pi)$ で表す．w の虚部が 0 となるのは $t =$ ［キ］のときであり，このときの w の実部の値は［ク］である．また，$\displaystyle\lim_{t\to\infty} \tan\theta =$ ［ケ］であり，$\displaystyle\lim_{t\to\infty} t|w| =$ ［コ］である．

〔 II 〕 平面上の△OABにおいて，$|\overrightarrow{\mathrm{OA}}|=2$，$|\overrightarrow{\mathrm{OB}}|=3$とし，辺OAの中点をMとする．∠AOBの二等分線をk，∠AMBの二等分線をℓとし，kとℓの交点をPとする．$\vec{b}=\overrightarrow{\mathrm{OB}}$，$\vec{m}=\overrightarrow{\mathrm{OM}}$，$x=|\overrightarrow{\mathrm{BM}}|$とおく．次の問いに答えよ．

(1) 直線kと線分BMの交点をCとする．実数r，sが$\overrightarrow{\mathrm{OC}}=r\vec{b}+s\vec{m}$を満たすとき，$r$，$s$の値をそれぞれ求めよ．

(2) 直線ℓと線分ABの交点をDとする．実数t，uが$\overrightarrow{\mathrm{MD}}=t\vec{b}+u\vec{m}$を満たすとき，$t$，$u$をそれぞれ$x$の式で表せ．

(3) 実数y，zが$\overrightarrow{\mathrm{OP}}=y\vec{b}+z\vec{m}$を満たすとき，$y$，$z$をそれぞれ$x$の式で表せ．

(4) 面積比について，△OAP : △OAB = 2 : 3が成り立つとする．このとき，xの値を求めよ．

〔 III 〕 pを実数とする．座標平面上の点$\mathrm{P}\left(4p,\ -\sqrt{18p^2+2}\right)$と放物線$C : y=\dfrac{3}{8}x^2$を考える．$\alpha<\beta$である実数$\alpha$，$\beta$について，放物線$C$上の2点$\mathrm{L}\left(\alpha,\ \dfrac{3}{8}\alpha^2\right)$，$\mathrm{M}\left(\beta,\ \dfrac{3}{8}\beta^2\right)$における$C$の接線をそれぞれ$\ell$，$m$としたとき，$\ell$と$m$はともに点Pを通るとする．原点Oから直線LMに下ろした垂線をOHとする．次の問いに答えよ．

(1) 実数sに対して，C上の点$\left(s,\ \dfrac{3}{8}s^2\right)$における$C$の接線を考える．この接線の傾きおよび$y$切片をそれぞれ$s$を用いて表せ．

(2) $\alpha+\beta$，$\alpha\beta$をpの式で表せ．

(3) 直線LMの傾きおよびy切片をそれぞれpを用いて表せ．また，線分OHの長さを求めよ．

(4) pが$-\dfrac{1}{3}\leqq p\leqq\dfrac{1}{3}$の範囲を動くとき，点Hの軌跡の長さを求めよ．

(5) pが(4)の範囲を動くとき，線分HMが通過する領域の面積を求めよ．

〔Ⅳ〕 正の実数 x に対して $f(x)=\sin(\pi x^{\frac{1}{3}})$ とし，自然数 n に対して，$S_n=\sum_{k=1}^{n} f(k)$ とする．次の問いに答えよ．ただし，必要ならば，$3<\pi<4$ であることを証明なしに用いてよい．

(1) 2 つの条件 $S_{n-1}=S_n$，$1000 \leqq n \leqq 27000$ を同時に満たす自然数 n の個数を求めよ．

(2) 不定積分 $\int t^2 \sin t\,dt$ を求めよ．また，すべての自然数 m に対して次の等式が成り立つような定数 p，q，r の値を求めよ．

$$\int_1^{m^3} f(x)\,dx=(pm^2+q)\cos(\pi m)+r$$

(3) 2 以上の自然数 m に対して，次の不等式が成り立つことを示せ．

$$\int_1^{m^3} f(x)\,dx-\pi(m-1)< S_{m^3}<\int_1^{m^3} f(x)\,dx+\pi(m-1)$$

ただし，必要ならば，自然数 k に対して，$k \leqq x \leqq k+1$ のとき，

$$f(x)-\frac{\pi}{3}x^{-\frac{2}{3}}<f(k+1)<f(x)+\frac{\pi}{3}x^{-\frac{2}{3}}$$

が成り立つことを証明なしに用いてよい．

(4) 3 つの条件 $S_{n-1}=S_n$，$S_n<0$，$1000 \leqq n \leqq 27000$ を同時に満たす自然数 n の個数を求めよ．

(5) 2 つの条件 $S_{n-1} \leqq 0 < S_n$，$1000 \leqq n \leqq 27000$ を同時に満たす自然数 n の個数を求めよ．

物　理

（75 分）

〔Ⅰ〕次の文中の空欄（ア）～（コ）にあてはまる式または数値を解答用紙（一）の該当する欄に記入せよ。また，解答用紙（一）の解答図（I–A）には適切な速度を表す矢印と角 α を表す円弧を描け。ただし，$a \geqq 0$ と $b \geqq 0$ に対して不等式 $\dfrac{a+b}{2} \geqq \sqrt{ab}$ が成り立ち，この不等式の等号が $a=b$ のときに限って成り立つことを用いてもよい。

図1のように，質量 m_1 の粒子Aが，x 軸上を正の向きに速さ v_0 で運動し，x 軸上に静止している質量 m_2（$\leqq m_1$）の粒子Bに弾性衝突した。これら2粒子を1つの物体とみなしたときの重心Gは衝突の前後で等速度運動をし，Gが移動する速さは［（ア）］である。衝突前のGから見たAの相対速度の大きさは［（イ）］，Gから見たAとBの相対速度にもとづく運動量（質量と相対速度の積）の和の大きさは［（ウ）］となる。衝突後，Aは図1のように x 軸からそれる向きに運動し，Bは x 軸の正の向きから角 ϕ の向きに弾き飛ばされた。

図2および解答図（I–A）には，図1に示した衝突の直後の粒子AとBのそれぞれの速度を表す矢印を示してある。等速度運動をする重心Gから見たときの衝突後のAの相対速度の向きと x 軸の正の向きとのなす角を α とする。解答図（I–A）に，重心Gの速度を表す矢印，Gから見たAとBのそれぞれの相対速度を表す2つの矢印，角 α を表す円弧を，それぞれ記入せよ。ただし，Gの速度を表す矢印の始点を衝突位置に合わせ，Gから見たAとBのそれぞれの相対速度を表す2つの矢印の始点をGの速度を表す矢印の終点に合わせること。

解答図（I–A）に描いたベクトルのつくる形状と質量比より，衝突後のGから見た粒子AとBの相対速度にもとづく運動量の和の大きさは［（エ）］である。また，粒子同士が弾性衝突する場合，衝突前後で一方から見た他方の相対速度の大きさは変化しないので，衝突後のGから見たBの相対速度の大きさは［（オ）］である。解答図（I–A）に描いた矢印のつくる形状より，α は，ϕ を用いて，［（カ）］と表せる。また，図1に示した座標系から見た衝突後のBの速さは，解答図（I–A）に描いたGの速度を表す矢印の終点から衝突直後のBの速度を表す矢印に垂線を下ろすとわかるように，m_1，m_2，v_0，ϕ を用いて，

（キ） と表せる。これより，衝突前のAの運動エネルギーEと衝突後のBの運動エネルギーTとの比$\dfrac{T}{E}$は （ク） となる。したがって，あるϕにおいて$\dfrac{T}{E}$が最大となるのは，m_1を用いて，$m_2 =$ （ケ） の場合である。この場合，弾性衝突によって最も効率よくAの運動エネルギーがBに移行され，Gの速度を表す矢印の終点の位置の特性から，衝突後のAとBの軌道がなす角の大きさは （コ） となることがわかる。ただし，衝突後にAが静止することなく運動し，この角が定まる場合を考える。

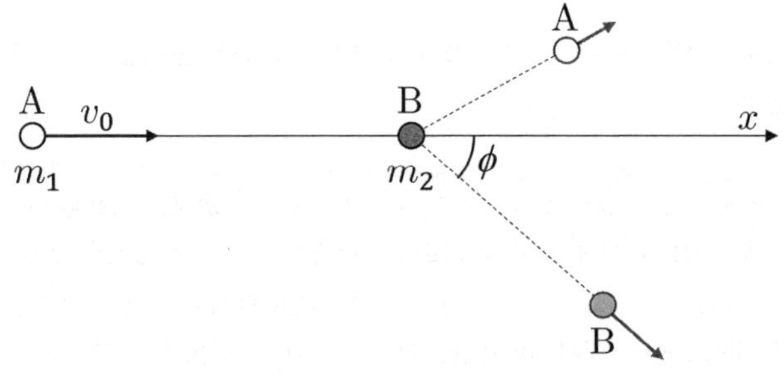

図1

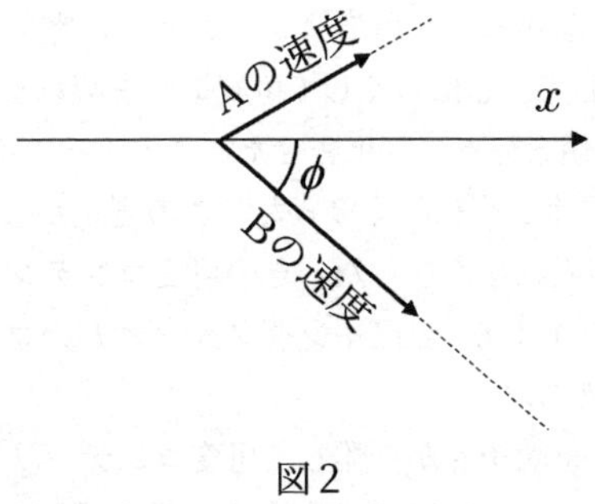

図2

〔解答欄〕 解答図（I-A）

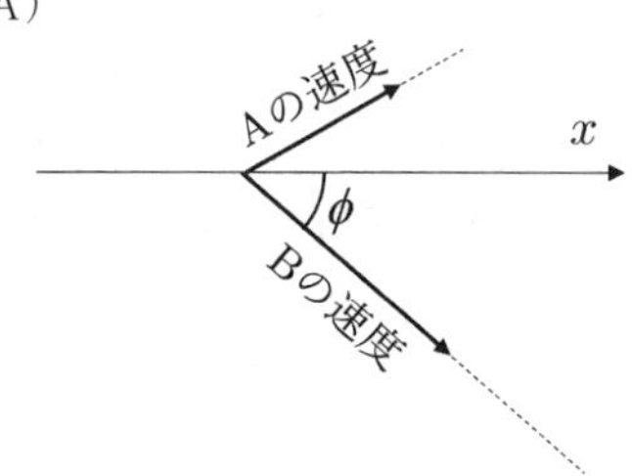

〔II〕次の文中の空欄（ア）～（ク）にあてはまる式を解答用紙 (一) の該当する欄に記入せよ。

抵抗の無視できない導線でつくったコイルLは，抵抗値 r [Ω] の抵抗と自己インダクタンス L [H] のコイルが直列接続したものとみなすことができる。この r と L を測定するために，図1のように，P_2P_3 間に検流計Gを，P_2P_4 間にLを，P_1P_2，P_3P_4 間にそれぞれ抵抗値 R_1 [Ω]，R_2 [Ω] の抵抗 R_1，R_2 を，P_1P_3 間に可変抵抗と可変コンデンサーを並列に接続してブリッジ回路をつくった。P_1P_4 間には，内部抵抗を無視できる起電力 E [V] の直流電源と角周波数 ω [rad/s] の交流電源とが，スイッチSで切り替えられるように接続されている。

はじめ，図1の回路において，スイッチSは開いており，可変コンデンサーに電荷は蓄えられていなかった。可変コンデンサーの電気容量を C [F] に固定し，Sを端子aに接続して，しばらくして可変抵抗を流れる電流が一定になった後に，可変抵抗の抵抗値を徐々に変化させたところ，その抵抗値が［（ア）］[Ω] のときに検流計Gに電流が流れなくなった。この測定からコイルLの抵抗値 r は求まる。Gに電流が流れなくなったときの可変コンデンサーが蓄える静電エネルギーは［（イ）］[J] であり，自己インダクタンス L のコイルが蓄えるエネルギーは［（ウ）］[J] である。

つぎに，スイッチSを端子aから離して可変コンデンサーに蓄えられた電荷を放電し終えたのちに，Sを端子bに接続した。可変抵抗の抵抗値と可変コンデンサーの電気容量を調節したところ，それらの抵抗値が R_0 [Ω]，電気容量が C_0 [F] のときに検流計Gに電流が流れなくなった。このとき，時刻 t [s] において抵抗 R_1，R_2 を図1に示された矢印の向きに流れる電流を，それぞれ $I_1 \sin \omega t$ [A]，$I_2 \sin(\omega t + \phi)$ [A] と表す。ただし，ϕ [rad] は両電流の位相差である。コイルLは図1のように抵抗とコイルの直列接続とみなされ，電流の位相を基準にとり電圧に対応するベクトル表現で考えてもわかるように，Lのインピーダンスは［（エ）］[Ω] と表すことができる。P_2P_4 間と P_3P_4 間の交流電圧が等しいことから両者の位相も等しく，ϕ は r，L，ω を用いて，$\tan\phi =$［（オ）］と表すことができる。P_1P_2 間と P_1P_3 間の交流電圧が等しいことから，時刻 t において可変コンデンサーを流れる交流電流は，C_0，I_1，R_1，t，ω を用いて，［（カ）］[A] と表すことができる。P_1P_3 間は可変抵抗と可変コンデンサーが並列接続となっており，電圧の位相を基準にとり電流に対応するベクトル表現で考えてもわかるように，P_1P_3 間と P_3P_4 間に流れる交流電流が等しいことから，C_0，R_0，ω を用いて，$\tan\phi =$［（キ）］と表すことができる。このとき，Gに電流が流れていないことから P_1P_2 と P_2P_4，P_1P_3 と P_3P_4 はそれぞれ直列接続とみなせて，$I_1 \sin\omega t$ の位相と同じ位相の電圧に対応するベクトル表現で考えてもわかるように，r は R_0，R_1，R_2 を用いて表すことができる。加えて $I_1 \sin\omega t$ の位相と $\frac{\pi}{2}$ ずれた位相の電圧に対応するベクトル表現で考えてもわかるように，Lの自己インダクタンス L は，C_0，R_1，R_2 を用いて，［（ク）］[H] と表すことができる。

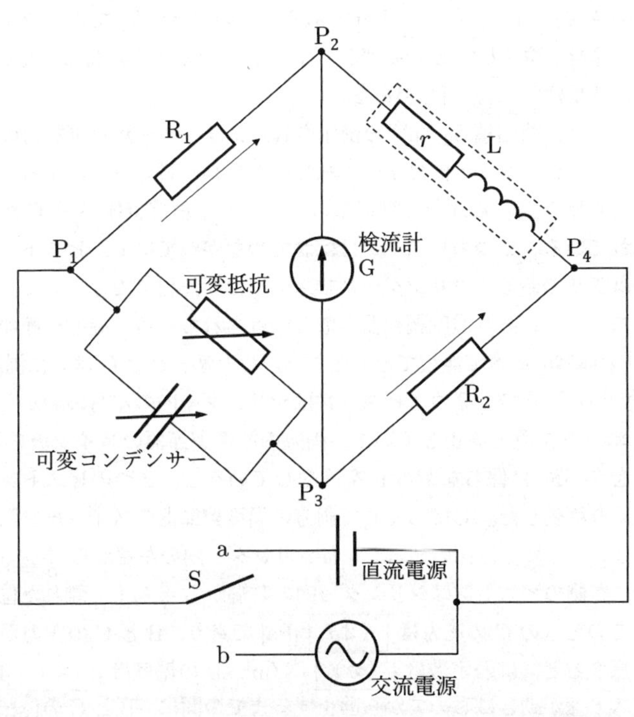

図1

〔III〕次の文中の空欄（ア）～（ク）にあてはまる式を解答用紙（ニ）の該当する欄に記入せよ。また，解答用紙（ニ）の解答図（III–A）には適切なグラフの概形を描け。ただし，大気圧を p_0 [Pa] とする。

図1のように，断面積 S_1 [m^2] のシリンダーが水平な台の上に固定され，シリンダー内に単原子分子理想気体Aがなめらかに動くピストンで封入されている。シリンダーとピストンは断熱材でできていて，シリンダー内にはストッパーと温度調節器が取りつけられている。ストッパーと温度調節器の体積はAの体積に比べて無視できるとする。はじめ，Aの温度は T_1 [K] で，ピストンはシリンダー内の左端から ℓ_1 [m] 離れた位置で静止していた。温度調節器のスイッチを入れてAを冷やしていくと，ピストンはゆっくり移動し，シリンダー内の左端から距離 $\frac{4}{5}\ell_1$ [m] の位置にあるストッパーに達して静止した。ピストンがストッパーに達したときのAの温度は［（ア）］[K] であり，このときまでに周囲の大気がピストンを通してAにした仕事は［（イ）］[J] である。ピストンがストッパーに達して静止した後も冷却し続けたところ，Aの温度は $\frac{2}{3}T_1$ [K] となった。このときのAの圧力は［（ウ）］[Pa] である。Aの温度が T_1 であった初期状態から温度調節器で冷却してAの温度が $\frac{2}{3}T_1$ [K] となるまでの間に，温度調節器が吸収した熱量は［（エ）］[J] である。

図2のように，断面積 S_2 [m^2] の密閉されたシリンダーが水平な台の上に固定されている。シリンダー内は2つのなめらかに動くピストンによって区切られ，左側と右側の空間には同じ物質量の単原子分子理想気体BとCがそれぞれ封入されている。2つのピストンはばねでつながれていて，ピストンで挟まれた空間は真空である。シリンダーとピストンは断熱材でできていて，左側と右側の空間にはそれぞれ温度調節器が取りつけられている。温度調節器の体積はBやCの体積に比べて無視できるとする。はじめ，BとCは共に温度が T_2 [K]，圧力が p_2 [Pa] で，2つのピストンはシリンダー内の左右の端からそれぞれ ℓ_2 [m] 離れた位置で静止していた。両方の温度調節器のスイッチを入れて，Cの温度を T_2 [K] に保ちながらBを冷やしていくと，2つのピストンはそれぞれゆっくり移動した。しばらくして両方の温度調節器のスイッチを同時に切ると，図3のように，左側のピストンはシリンダー内の左端から $\frac{4}{5}\ell_2$ [m] 離れた位置で，右側のピストンはシリンダー内の右端から $\frac{8}{7}\ell_2$ [m] 離れた位置で静止した。このときのCの圧力は［（オ）］[Pa] であり，BとCの圧力が等しいことに注意すると，ばね定数は［（カ）］[N/m]，Bの温度は［（キ）］[K] と求まる。ピストンが動きはじめてから静止するまでの間に，BとCの体積の和は

$2S_2\ell_2$ から $(\frac{4}{5}+\frac{8}{7})S_2\ell_2=\frac{68}{35}S_2\ell_2$ に変化している。この状態変化におけるBとCの体積の和とBとCの圧力との間の関係を表すグラフの概形を，解答図(III–A) に描け。この状態変化の間に，ばねがピストンを通してBとCにした仕事は［（ク）］[J] である。

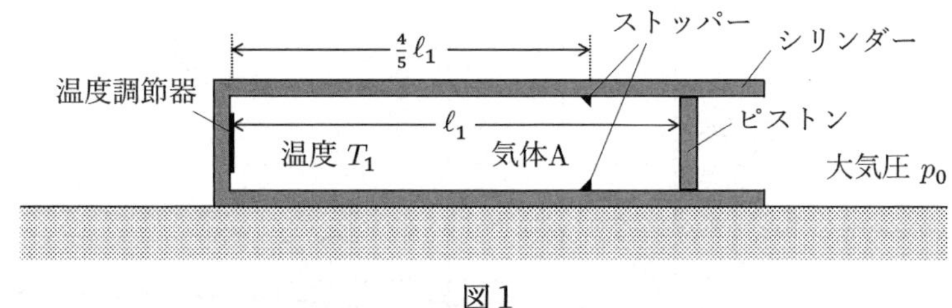

図1

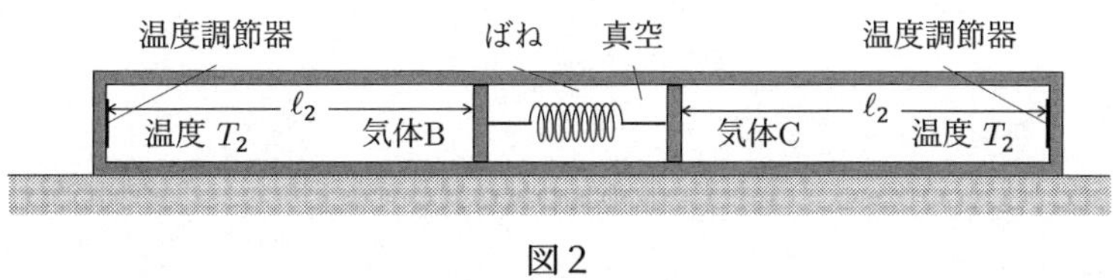

図2

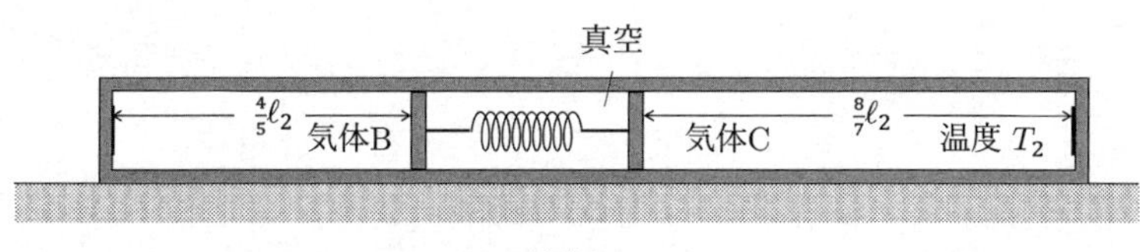

図3

〔解答欄〕 解答図（Ⅲ-A）

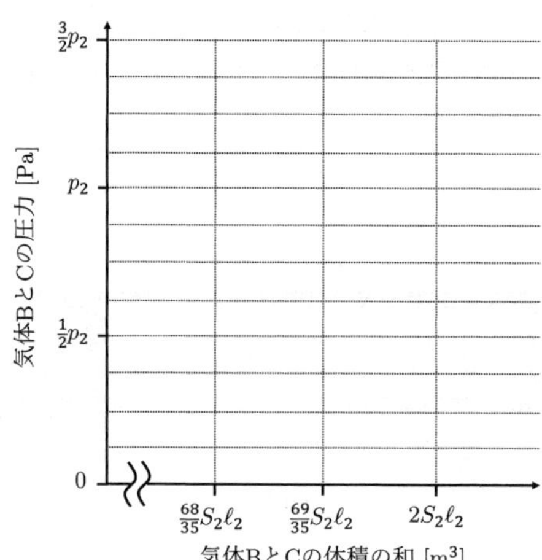

$\frac{3}{2}p_2$
p_2
$\frac{1}{2}p_2$
0
気体BとCの圧力 [Pa]
$\frac{68}{35}S_2\ell_2$
$\frac{69}{35}S_2\ell_2$
$2S_2\ell_2$
気体BとCの体積の和 [m^3]

化　学

（75分）

［注意］

原子量は，H = 1.00，C = 12.0，O = 16.0，Na = 23.0，S = 32.0，Cl = 35.0，Ca = 40.0とする。アボガドロ定数を6.0×10^{23}/mol，気体定数は8.3×10^{3} Pa·L/(K·mol) とする。必要があれば$\sqrt{2} = 1.41$，$\sqrt{3} = 1.73$，$\sqrt{5} = 2.24$，$\log_{10} 2.0 = 0.30$，$\log_{10} 3.0 = 0.48$，$\log_{10} 5.0 = 0.70$を用いよ。

〔I〕次の文を読み，問い（1）～（6）の答えを，解答用紙（一）の〔I〕の該当する欄に記入せよ。

周期表の17族に属する元素をハロゲンという。ハロゲンの原子は最外殻に（　あ　）対の電子対とひとつの（　い　）をもつため（　う　）イオンになりやすい。ハロゲンの単体はすべて二原子分子であり，酸化力が強い。第2周期から第5周期までのハロゲンの単体の酸化力を比較したとき，（　え　）が最も弱く，（　お　）が最も強い。

単体の塩素は水に少し溶け，(a)溶けた塩素の一部は水と反応して塩化水素と次亜塩素酸になる。次亜塩素酸イオンの酸化力は強いため，漂白剤や殺菌剤として利用される。

単体のヨウ素は黒紫色の（　か　）しやすい結晶で，その結晶はヨウ素分子どうしが分子間力で引きあって規則的に配列した構造をもつ（　き　）結晶である。

ハロゲンは化合物をつくりやすく，例えばフッ素は水素と爆発的に反応してフッ化水素を生成する。フッ化水素の水溶液はフッ化水素酸とよばれ，電離度は（　く　）。(b)フッ化水素酸はガラスの主成分である二酸化ケイ素を溶かすため，ガラスの表面処理に利用される。

ハロゲンは金属元素とイオン結晶を形成することが多い。ハロゲンの塩は水に溶けやすいものが多いが，（　け　）以外のハロゲン化銀は水にはほとんど溶けない。

（1）本文中の（　あ　）～（　け　）にあてはまる最も適切な語句あるいは数字を次の語群から選べ。なお同じ語句あるいは数字を繰り返し用いてもよい。

語群：1，2，3，4，5，共有電子，不対電子，自由電子，陽，陰，原子，イオン，分子，金属，大きい，小さい，沸騰，凝縮，昇華，F_2，Cl_2，Br_2，I_2，AgF，AgI

（2）次に示す（ア），（イ）の組み合わせのうち，反応が進行する組み合わせに関しては，その反応を化学反応式で記せ。反応が進行しない組み合わせに関しては，解答欄に「反応しない」と記述せよ。

（ア）KBr 水溶液と Cl_2

（イ）KCl 水溶液と I_2

（3）下線部（a）および（b）の反応をそれぞれ化学反応式で記せ。

（4）水溶液中で次亜塩素酸イオンがもつ酸化作用のはたらきを示す半反応式を，電子を含むイオン反応式で記せ。

（5）塩化銀の水への溶解度が小さいという性質を利用して，塩化物イオン濃度を見積もる方法がある。濃度が不明の塩化物イオンを含む水溶液にごく少量のクロム酸カリウム水溶液を指示薬として加え，全体が 10 mL の水溶液 **A** を作製した。ここに 0.020 mol/L の硝酸銀水溶液を徐々に加えたところ，塩化銀の白色沈殿が生じ，さらに硝酸銀水溶液を加えるとクロム酸銀の暗赤色沈殿が生じ始めた。この時点を滴定の終点とした。滴定終点までに加えた硝酸銀水溶液の量は 40 mL であり，滴定後の水溶液の全体積は 50 mL であった。滴定終点でのクロム酸イオン濃度は 0.0050 mol/L であった。(c) 生じた塩化銀の白色沈殿はチオ硫酸ナトリウム水溶液に溶けた。次の問い（ i ）～（iv）

に答えよ。ただし塩化銀とクロム酸銀の溶解度積をそれぞれ $2.0 \times 10^{-10} (mol/L)^2$，$2.0 \times 10^{-12} (mol/L)^3$ とし，クロム酸銀の沈殿生成に利用された硝酸銀の量は無視してよい。

（i）　滴定終点での銀イオンのモル濃度〔mol/L〕を有効数字２桁で求めよ。

（ii）　滴定終点での塩化物イオンのモル濃度〔mol/L〕を有効数字２桁で求めよ。

（iii）　滴定に使用した水溶液 **A** の塩化物イオンのモル濃度〔mol/L〕を有効数字２桁で求めよ。

（iv）　下線部（**c**）の反応を化学反応式で記せ。

（６）　塩化セシウム型構造のイオン結晶 **MX** の単位格子は立方体であり，各頂点に陰イオン X^- の中心が位置し，単位格子の中心に陽イオン M^+ の中心が位置すると考える。次の問い（i）～（iii）に答えよ。ただし結晶中の M^+ と X^- はすべて球とみなす。

（i）　この結晶の単位格子の一辺の長さを a とし，M^+ のイオン半径を r_M とし，X^- のイオン半径を r_X とするとき，イオン半径の和（$r_M + r_X$）と a の比（$r_M + r_X$）$/a$ を有効数字２桁で答えよ。ただし，最も近い M^+ と X^- は互いに接しているとする。

（ii）　塩化セシウム型構造のイオン結晶 **MX** で最も近い M^+ と X^- が互いに接し，同時に最も近い X^- どうしが接触している場合の r_M/r_X を有効数字２桁で求めよ。

（iii）　塩化セシウム型結晶の **MX** が問い（ii）の構造をしているときの **MX** の密度〔g/cm^3〕を有効数字２桁で求めよ。ただし $r_X = 2.0 \times 10^{-10}$ m，**MX** の式量を 170 とする。

（50点）

〔Ⅱ〕 次の文を読み，問い（1）～（4）の答えを解答用紙の（一）の〔Ⅱ〕の該当する欄に記入せよ。気体はすべて理想気体であるとみなしてよい。

物質Aから物質Bを生成する反応を考える際，物質Bから物質Aを生成する反応も可能で，どちらの方向にも起こりうる反応を（ **あ** ）反応という。（ **あ** ）反応では，物質A，Bが混在した状態で両方向の反応速度が等しくなり，見かけ上反応が停止する。これを平衡状態という。濃度平衡定数（あるいは単に平衡定数という）は，平衡状態でのモル濃度と化学反応式の係数で示した定数である。平衡状態において圧力，温度などの条件が変化すると，一定時間経過後に別の平衡状態に達する。このときの平衡の移動方向は（ **い** ）の原理によって知ることが可能となる。また，条件の変化に対して平衡の移動が抑えられる場合もある。例えば，弱酸とその塩の混合水溶液，あるいは，弱塩基とその塩の混合水溶液は，少量の酸や塩基を加えても平衡の移動が抑えられ，pH が大きく変化しない。これを（ **う** ）作用という。

氷と水の状態変化も平衡の考え方で説明できる。状態図における固体と液体の境界線は（ **え** ）曲線といい，氷と水の（ **え** ）曲線上では，氷と水が共存することができ，氷の融解速度と水の凝固速度が等しい平衡状態である。このときの温度を融点，もしくは，凝固点という。しかし，水の状態から冷却すると，凝固点より低い温度になっても氷が生じないことがある。これを（ **お** ）という。また，水に溶質を加えて水溶液にした状態で冷却すると，水溶液中の溶質粒子の分だけ氷周辺にある水分子の存在割合が減少し，水の凝固速度が小さくなるため，水溶液の凝固点は水の凝固点よりも低くなる。これを凝固点降下というが，この際の凝固点の降下度は水溶液中の溶質粒子の数によって決まり，溶質の種類には影響を受けない。

（1） 文中の空欄（ **あ** ）～（ **お** ）にあてはまる，もっとも適切な語句，あるいは，人名を示せ。

（2） 一定容積 V_0〔L〕の密閉容器に四酸化二窒素 N_2O_4 のみを n_0〔mol〕入れ，温度を T_0〔K〕に保った。その結果，(ア) <u>N_2O_4 の一部が二酸</u>

化窒素 NO_2 に変化し，NO_2 が n_1〔mol〕生じて①式の反応が平衡状態に達し，全圧が P_0〔Pa〕となった。なお，N_2O_4 から NO_2 を生じる反応は吸熱反応であり，容器内には気体のみ存在するものとする。気体定数は R〔Pa·L/(K·mol)〕とし，次の問い（i）～（iii）に答えよ。

$$N_2O_4(気) \rightleftarrows 2\,NO_2(気) \qquad ①$$

（i）　圧平衡定数 K_p〔Pa〕を表す式を濃度平衡定数 K_c〔mol/L〕，R，T_0 を用いて示せ。

（ii）　平衡状態での NO_2 の物質量 n_1〔mol〕は②式で表わされる。このとき式中の空欄 **（イ）** を n_0，K_c，V_0 を用いて示せ。

$$n_1 = \frac{-K_cV_0 + \sqrt{K_c{}^2V_0{}^2 + \boxed{（イ）}}}{4} \qquad ②$$

（iii）　容積変化が可能な密閉容器を用い，容積 V_0〔L〕，温度 T_0〔K〕の条件で下線 **（ア）** の平衡状態を得た後，（a）～（d）のそれぞれの操作を行った。このとき，それぞれの場合について①式の平衡の移動方向を「右」，「左」，「移動しない」のいずれかで答えよ。ただし，四酸化二窒素ならびに二酸化窒素は窒素と反応せず，容器内には気体のみ存在するものとする。

（a）　容積 V_0，温度 T_0 を保った状態で窒素を一定量加えた。

（b）　全圧 P_0，温度 T_0 を保った状態で窒素を一定量加えた。

（c）　全圧 P_0を保った状態で温度を $2\,T_0$ に変化させた。

（d）　温度 T_0 を保った状態で容積を $0.5\,V_0$ に変化させた。

（3）　0.15 mol/L の酢酸ナトリウム水溶液 1.60 L に 0.20 mol の酢酸を混合し，水を加えて 2.0 L の水溶液を得た。酢酸ナトリウムは水溶液中で完全に電離しているものとする。また，水溶液の温度は常に一定に保たれており，酢酸の電離定数 $K_a = 3.0 \times 10^{-5}$ mol/L として，次の問い（i）～（v）に答えよ。ただし，問い（iv），（v）の pH の計算においては，酢酸の電離度 α は 1 に比べて十分に小さいものとして計算せよ。

（i）　酢酸ナトリウムは，酸性塩，塩基性塩，正塩のいずれか答えよ。

（ii）　酢酸ナトリウム水溶液は，酸性，塩基性，中性のいずれか答えよ。

（iii）　この混合液の酢酸の電離度 α を用いて，K_a〔mol/L〕を表す式を記せ。

（iv）　この混合液の pH を小数第1位まで求めよ。

（v）　この混合液に 6.4 g の水酸化ナトリウムを加えた際の pH を小数第1位まで求めよ。なお，水酸化ナトリウムを加えることによる混合液の体積変化は生じないものとする。

（4）　図は塩化カルシウム水溶液を冷却した際の冷却時間と水溶液の温度の関係（冷却曲線）の概略図を示す。次の問い（i）～（iv）に答えよ。

（i）　この水溶液の凝固点は，図中の T_1 ～ T_5 のいずれであるか答えよ。

（ii）　図中（A）で示す領域は冷却時間が長くなるにしたがい，温度が緩やかに低下している。この理由を説明せよ。

〔解答欄〕16cm × 3行

（iii）　モル濃度 2.00 mol/L の塩化カルシウム水溶液の質量モル濃度〔mol/kg〕を有効数字2桁で求めよ。ただし，この水溶液の密度は 1.12 g/cm^3 とする。

（iv）　問い（iii）の水溶液を質量モル濃度が 2.50×10^{-2} 倍になるように水で 40 倍に希釈した。希釈して得られた塩化カルシウム水溶液の凝固点降下度を有効数字2桁で求めよ。ただし，水のモル凝固点降下には 2.00 K·kg/mol を用い，塩化カルシウムはすべて電離するものとする。

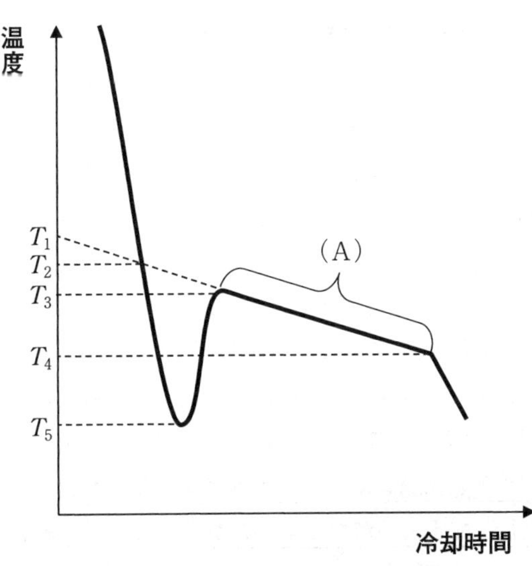

図　塩化カルシウム水溶液の冷却曲線概略図

(50点)

〔Ⅲ〕 次の文を読み，問い（1）～（6）の答えを解答用紙（**ニ**）の〔Ⅲ〕の該当する欄に記入せよ。構造式は例にならって記すこと。

アルケンや芳香族化合物は置換，付加，縮合などの反応により，様々な化合物に変換される。その生成物であるアルコールやフェノールは有機化合物や高分子化合物の合成の出発原料として有用である。エタノールは工業的には（　**ア**　）を触媒としてエチレンに水を付加させてつくられる。エタノールに（　**イ**　）を加えて 160 ～ 170 ℃に加熱するとエチレンが生じ，130 ～ 140 ℃で加熱するとジエチルエーテルが生じる。アルコールの酸化ではアルデヒド，ケトン，カルボン酸が生成する。アルコールやカルボン酸の性質はその構造に依存する。炭素数が 4 の 1 価アルコールでは第三級＜第二級＜第一級の順で沸点が高くなるのは，その順序で（　**ウ**　）力が大きいためである。炭素数 4 の 1 価アルコールの中では（　**エ**　）の融点が最も高いのは分子の対称性が高く，固体中で密に配列するためである。マレイン酸とフマル酸は C=C 結合の両端にカルボキシ基が結合したジカルボン酸であり，その構造の違いから性質が大きく異なる。

ビニル基を持つベンゼン誘導体は合成高分子の原料として重要である。スチレンに少量の *p*-ジビニルベンゼンを加えて（　**オ**　）重合させると，ポリスチレン鎖が *p*-ジビニルベンゼンにより架橋され（　**カ**　）構造の高分子ができる。これにスルホ基を導入したものは陽イオン交換樹脂となる。

酢酸ビニルの付加重合で得られるポリ酢酸ビニルを水酸化ナトリウム水溶液で加水分解してポリビニルアルコール（PVA）が得られる。PVA の水溶液を飽和硫酸ナトリウム水溶液に押し出すと（　**キ**　）が起こり繊維状に固まる。得られた PVA を乾燥した後，ホルムアルデヒド水溶液で処理すると（　**ク**　）化が進行して水に不溶なビニロンが得られる（反応 1）。ビニロンは多数のヒドロキシ基が残っているので適度な吸湿性を示す。

（1）文中の（　**ア**　）～（　**ク**　）にあてはまる最も適切な語句を記入せよ。ただし，（　**エ**　）は化合物名を記せ。

（2）分子式が C_5H_{10} のアルケン **A** のオゾン分解で分子 **B** と **C** が生成した。オゾン分解ではアルケンの二重結合が酸化されて開裂する。**B** を酸化すると分子 **D** が生じた。**B**，**C**，**D** にヨウ素と水酸化ナトリウム水溶液を反応させると **B** と **C** からは黄色沈殿が生じ，**D** からは生じなかった。**B**，**C**，**D** に銀鏡反応を行うと **B** だけが銀鏡を生成した。これらの反応に関連して次の問い（i）および（ii）に答えよ。

（i）分子 **A**，**B**，**C**，**D** の構造式を示せ。

（ii）分子 **A** を HCl と反応させたときに 1 対 1 の物質量で反応した。このとき生じる全ての生成物の構造式を示せ。不斉炭素原子には＊印をつけよ。

（3）マレイン酸とフマル酸の構造と性質について次の問い（i）～（iii）に答えよ。

（i）マレイン酸とフマル酸の構造式をそれぞれ示せ。

（ii）　分子の極性が高いのはマレイン酸とフマル酸のどちらかを示し，その理由を説明せよ。

（iii）　マレイン酸に比べてフマル酸は融点が高い。その理由を説明せよ。

（4）　スルホ基を持つ陽イオン交換樹脂を **R−SO₃H** で表す。**R−SO₃H** を充填したカラムに 0.10 mol/L の塩化鉄(Ⅲ)水溶液 20 mL を加えたところすべての鉄(Ⅲ)イオンは完全に交換された。その後，純水で完全に洗浄した。これに関して次の問い（i）および（ii）に答えよ。

（i）　カラム内で起こる反応の化学反応式を示せ。

（ii）　洗浄液も含めてすべての流出液を集めた。この水溶液をちょうど中和するには 0.30 mol/L の水酸化ナトリウム水溶液が何 mL 必要か計算し，整数で答えよ。

（5）　1 mol の *p*-クレゾールに 2 mol のホルムアルデヒドを反応させた。この反応に関して次の問い（i）および（ii）に答えよ。

（i）　この反応で付加反応のみが進行して分子量 168 の生成物が得られた。この生成物の構造式を示せ。

（ii）　この反応で付加反応と縮合反応が進行して分子量 288 の副生成物が得られた。この副生成物の構造式を示せ。

（6）　ビニロンの合成に関連して次の問い（i）および（ii）に答えよ。

（i）　本文中の下線部の反応 1 に関して PVA の重合度を $2n$ として，ヒドロキシ基の x %が反応してビニロンを生成したとする。この時の化学反応式は n と x を用いて下に示す式で表される。式中の k，l，m を n と x を用いて表せ。

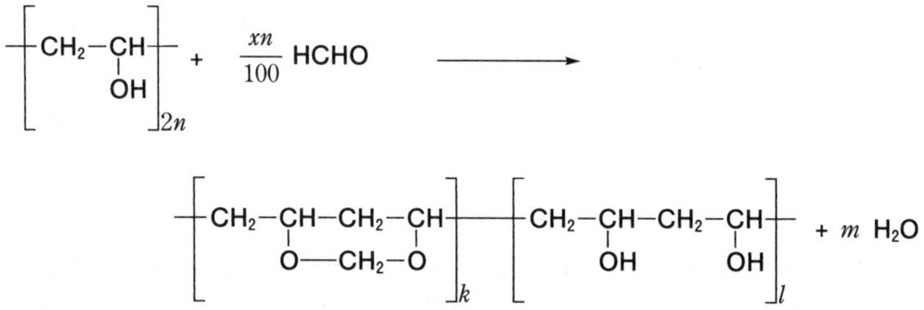

$$\left[\ CH_2-\underset{\displaystyle OH}{CH}\ \right]_{2n} + \frac{xn}{100}\ HCHO \longrightarrow$$

$$\left[\ CH_2-CH-CH_2-CH\ \text{（}O-CH_2-O\text{ で架橋）}\ \right]_k \left[\ CH_2-\underset{\displaystyle OH}{CH}-CH_2-\underset{\displaystyle OH}{CH}\ \right]_l + m\ H_2O$$

（ii） 20 g の PVA のヒドロキシ基の 50 % がホルムアルデヒドと反応してビニロンが得られた時，何 g のビニロンができたか計算せよ。ただし，小数点以下は四捨五入して整数で答えよ。また，ポリマーの端部分は無視して計算せよ。

構造式の例

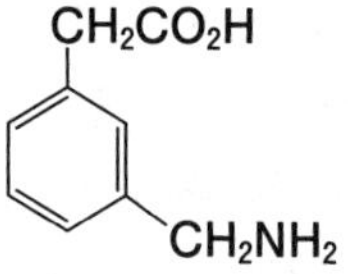

CH_2CO_2H

CH_2NH_2

（50点）

生　物

（75分）

〔Ⅰ〕 次の文章を読み，以下の問い（1）～（3）の答えを解答用紙の（一）の〔Ⅰ〕の該当する欄に記入せよ。

動物は，音，光，匂いなどの感覚刺激をたよりにして，外界の様子を知る。感覚刺激を検知する感覚器は受容器ともよばれ，受容器の感覚細胞は特定の刺激にのみ反応する。それぞれの受容器が自然の状態で選択的に応答する刺激は（　ア　）刺激とよばれ，感覚細胞の表面や内部に存在するタンパク質でできた受容体をかいして（　ア　）刺激への反応がおきる。例えば，指先でものをなでると表面のザラつきや温度など色々なことが分かるが，これは各々の知覚に対応する受容器が皮膚には存在するからであり，皮膚表面の接触による圧力変化を（　ア　）刺激とする接点（圧点）や，皮膚表面の温かさを（　ア　）刺激とする（　イ　），皮膚表面の冷たさを（　ア　）刺激とする（　ウ　）などが存在する。

感覚細胞の膜電位は一般に受容する刺激の物理的な強さに応じて変化する。この膜電位の変化を（　エ　）とよぶ。動物が知覚する刺激強度は（　エ　）の大きさに依存している。また，感覚器官の応答を引き起こす最小限の（　ア　）刺激の強さは（　オ　）刺激とよばれるが，多くの場合は同じ種類の感覚細胞でも（　オ　）刺激は異なる。いくつかの感覚では，（　オ　）刺激が（　カ　）感覚細胞は弱い刺激の処理を，（　オ　）刺激が（　キ　）感覚細胞は強い刺激の処理をになう。この役割分担はヒトの視覚器にもみられ，ヒトは視細胞などが層状にならんだ（　ク　）により光を知覚するが，明るさに敏感な感覚細胞である（　ケ　）と比較的鈍感な（　コ　）が存在する。

感覚器は個体間におけるコミュニケーションにも重要である。ヒトは主として音声をもちいた$_{(\mathrm{I})}$言語によりコミュニケーションをおこなう。ヒトの感覚器や，発声器官，脳機能には言語使用のための適応が多くみられる。また，ヒトの言語以外にいろいろな動物において$_{(\mathrm{II})}$様々なコミュニケーションの様式に合わせた，感覚系や行動の特殊化が観察される。

（1）本文中の空欄（ア）～（コ）にあてはまるもっとも適切な語句を答えよ。なお，空欄（カ）と（キ）については解答欄中の適切と考えられる語句を丸で囲い答えよ。

〔(カ)・(キ) の解答欄〕 高い　　低い

（2）下線部（Ⅰ）に関連する次の文章を読み問い①～③に答えよ。

1990年，英国において重い言語障害がある家系（KE家）が報告された。複数世代にわたってKE家の総計37名について調べた結果，10名以上に言語障害が認められた。障害の症状は発語における文法的な誤りや，複雑な構造をもつ文の理解が困難，などであった。一方，聴覚や発声器官の基本的な動作および言語に関わらない記憶力などの知的能力は全般に正常であり，障害は言語能力に限定されていた。

$_{(\mathrm{a})}$脳神経は言語能力をはじめ様々な機能を果たすが，この言語障害に関連する脳神経の仕組みや遺伝的な要因について$_{(\mathrm{b})}$様々な研究が進み，現在では多くの理解がえられている。

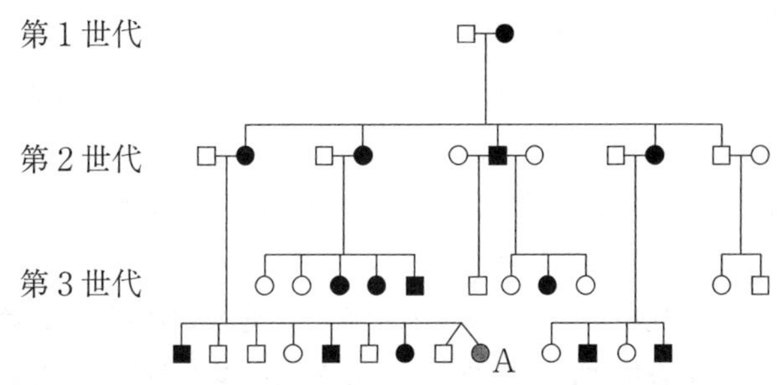

凡例	□ 男性（言語障害無し）	■ 男性（言語障害有り）	╱╲ 双子
	○ 女性（言語障害無し）	● 女性（言語障害有り）	

図1　KE家の家系図

① 図1はKE家の家系図（一部）を示す。図中のA氏が他のKE家の人に見られる言語障害と同様な障害をもつ確率としてもっとも適当なものは次のうちどれか。以下の選択肢（あ）～（お）より記号で答えよ。なお，英国では平均して0.1％以下のヒトがこの言語障害をもつとして答えよ。

（あ）0.1％以下
（い）25％
（う）50％
（え）75％
（お）100％

② 下線部（**a**）について，以下の選択肢（あ）～（き）のうち内容が適切なものを2つ選び，記号で答えよ。

（あ）ヒトの末梢神経系は視床と視床下部からなる。
（い）ヒトの大脳は左右の半球に分かれており，右半球は主に体の前側の機能を制御する。

（う）　ヒトの中枢神経系は脳と脊髄からなる。

（え）　大脳には，生命維持に不可欠な呼吸や血圧の調整などをになう中枢が存在する。

（お）　ヒトの小脳は脳幹の後ろ（背中側）にあり，体の平衡の制御や，随意運動に関与する。

（か）　指先に熱いものが触れた際に，迅速に指を引っ込めるなどの反射運動には大脳を介した反射弓の働きが関与する。

（き）　大脳や小脳の外層（皮質）は白質とよばれ，神経細胞が主に集まっている部分である。

③　下線部（**b**）に関連し，現在までにおこなわれた研究を説明した以下の（あ）〜（え）を読み，図１の障害の遺伝の仕方や障害の症状に当てはまらないものを２つ選び記号で答えよ。

（あ）　KE 家の詳細な遺伝学的解析から，言語障害の原因となる遺伝子座がＹ染色体上にあることが同定された。

（い）　KE 家の言語障害をもつ群の染色体を観察した結果，常染色体に欠損が発見された。

（う）　患者および健常者の神経系の各部位の大きさを計測し比較をおこなった。結果，患者は健常者と比較して中脳および延髄に萎縮が観察された。

（え）　患者および健常者を被験者として，ヘッドホンより再生する単語を復唱する課題をおこなっている時の脳活動を計測し比較をおこなった。結果，大脳に存在する言葉を処理する中枢の活動が患者では低下していた。

（３）　下線部（**Ⅱ**）に関連して，次の文章を読み問い①〜④に答えよ。

音声によるコミュニケーションが発達した生物の１種としてコオロギがあげられる。オスのコオロギは，状況に応じて異なる鳴き方をする。私たちが多く耳にするのはオスの「誘引歌」である。メスのコオロギは「誘引歌」を聞くと，音源の方向に向かって歩き出す。このように動物が刺激源などの方向に体をむけることを（　サ　）とよび，刺激源に向かって移動していく行動を正の（　シ　）とよぶ。

図２は，「誘引歌」を模式的に示している。「誘引歌」は通常３～５個の音（パルス）のまとまりであるチャープが繰り返すことでできる。パルスの音の高さ（周波数）や，チャープ間の間隔は，同種内では共通している。

「誘引歌」に寄っていく行動を計測することで，メスのコオロギが何を手がかりに「誘引歌」を識別しているかを調べた。オスの自然な「誘引歌」にもとづいて様々な時間的なパターンをもつ人工歌を作成し，メスに対してスピーカーから再生した際に，それぞれの歌に対してメスがどれくらい誘引されたかの結果を図３に示す。

上記の行動実験のデータにもとづき，続く実験ではメスの脳がどのような仕組みで「誘引歌」を識別しているかを調べた。メスの脳内には「誘引歌」や人工歌を聞くと興奮し活動電位をおこす様々な種類の神経が存在することが分かった。そこで，パルス長とパルス間の間隔が同じになるように調整した人工歌を聞かせ神経活動を記録した（図４）。歌の速さ（パルス周期）を変化させた場合に，どのように活動が変わるかにもとづいて神経細胞を分類した結果，３種類の神経細胞が発見され，それぞれＢ１，Ｂ２，Ｂ３（図５）と命名された。なお問題文および図中の ms はミリ秒（1/1000 秒）を示す。

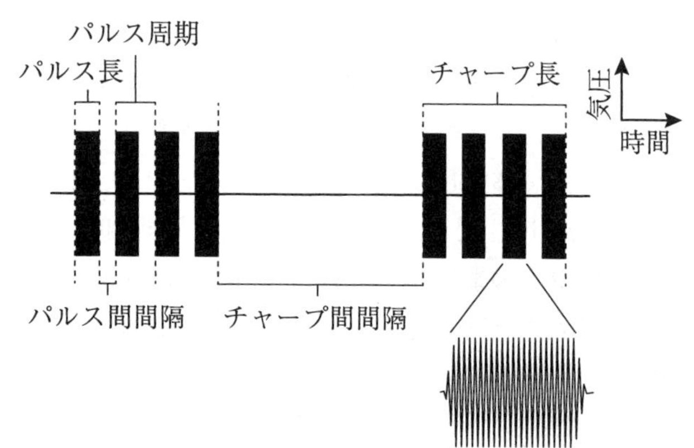

図2 オスのコオロギの「誘引歌」の模式図

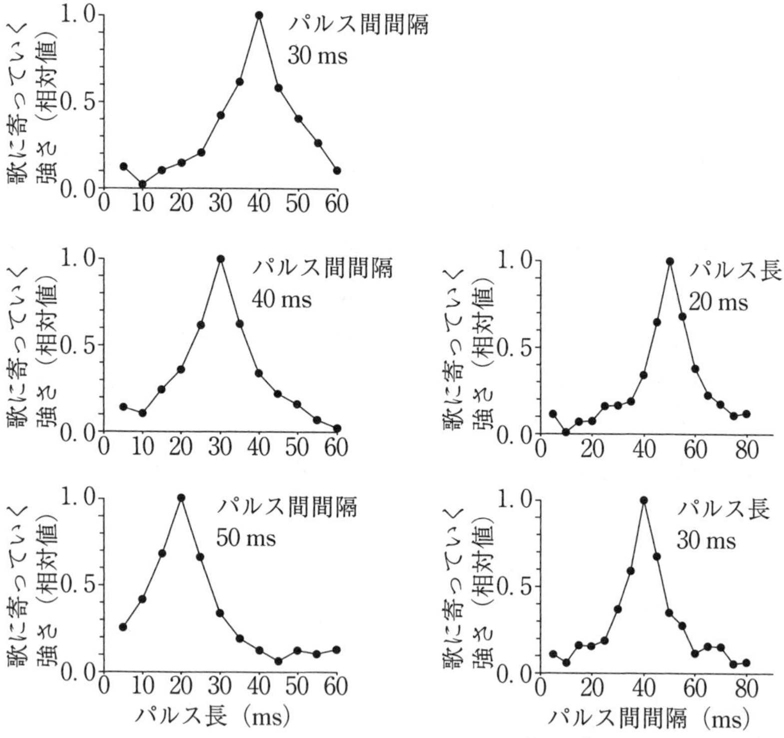

歌に寄っていく強さ（相対値）

パルス間間隔 30 ms

パルス間間隔 40 ms

パルス間間隔 50 ms

パルス長（ms）

パルス長 20 ms

パルス長 30 ms

パルス間間隔（ms）

図3 さまざまな人工歌に対してメスが寄っていく程度を計測した結果
それぞれの図の右上には刺激として使用した歌の「パルス間間隔」または「パルス長」を示す。

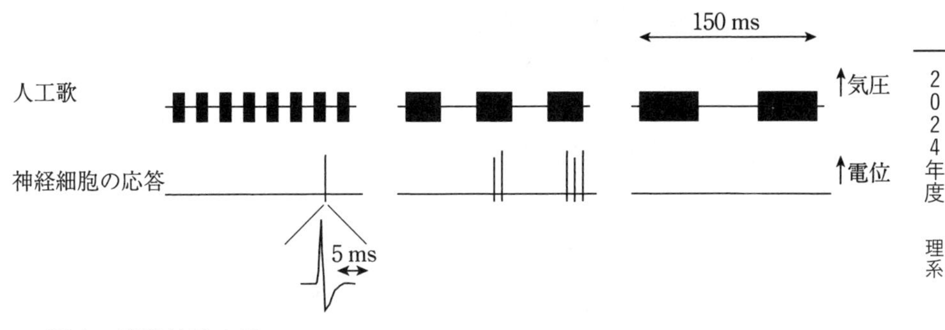

図4　実験結果の例
上段は人工歌のパルスを表し，下段は神経細胞の電位変化を示す。

① 本文中の空欄（サ）および（シ）にあてはまるもっとも適切な語句を答えよ。

② 図3の実験結果より，メスが「誘引歌」を認識するために手がかりにしていると考えられるものとして，以下の選択肢（あ）～（う）よりもっとも適切なものを1つ選び記号で答えよ。

（あ） パルス開始からパルス終了までの時間間隔
（い） パルスの終了から次のパルスの開始までの時間間隔
（う） パルス開始から次のパルスの開始までの時間間隔

③ 図4で示された神経細胞の応答は，図5にまとめられたB1～B3のどの細胞であるかを答えよ。

④ メスのコオロギは，これらの3種類の細胞の反応にもとづいて「誘引歌」を識別し，音源に寄っていくと仮定した場合，3種類の細胞は図6のような神経回路を構成すると考えられる。図中の（ス）細胞および（セ）細胞がB2，B3のどれにあたるかを答えよ。また，（ス）細胞を，神経活動を抑制する薬品により不活性化

した場合に，パルス周期が，40 ms，70 ms，100 ms の人工歌それぞれに対して寄っていく度合は，不活性化前と比較してどのように変化すると考えられるか。その理由とともに50字以内で答えよ。句読点も１字としてかぞえる。

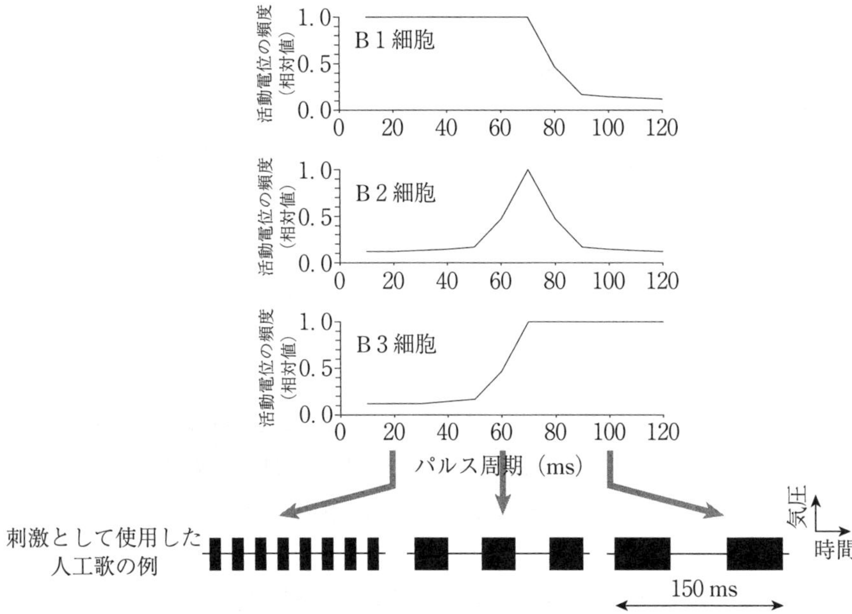

図５　様々な人工歌に対するB１，B２，B３ 細胞の応答
人工歌のパルス周期を変化させた場合に，B１，B２，B３ 細胞がどのような頻度で活動電位を発したのかを平均値で示す。刺激として使用した人工歌の例をｘ軸の下に模式的に示している。

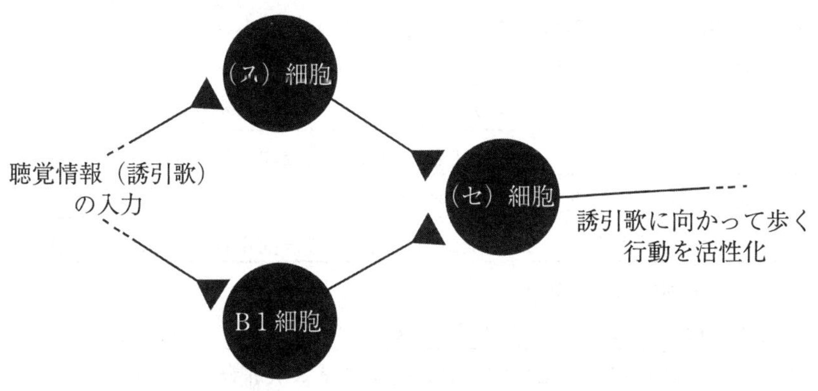

図6　誘引歌へ寄っていく行動を支配する神経回路

図中の三角形はシナプスを表し，全てのシナプスは隣接する神経細胞を興奮させるシナプス（興奮性シナプス）である。

（50点）

〔Ⅱ〕 次の文章を読み，問い（1）～（7）の答えを解答用紙の（一）の〔Ⅱ〕の該当する欄に記入せよ。

みなさんはペットを飼ったことがありますか？ あるとしたらどんな生き物でしょう？ ある調査によると，イヌやネコに次いでペットとして人気なのはメダカだそうです。メダカがここまで人気になった背景には，飼育の容易さに加えて，次々と新しい観賞用の品種が販売されていることもあるそうです。一方で，これらの観賞用メダカが(A)生態系の脅威となりつつあることはあまり知られていません。そもそも観賞用メダカとは，(B)遺伝子が突然変異したメダカを掛け合わせた人為的な品種です。観賞用メダカの元祖とも言われるヒメダカはオレンジ色の体が特徴で，江戸時代以前から飼育されていたとも伝えられていますが，自然界ではこのような体色のメダカは非常にまれです。しかし，近年になりヒメダカの分布を全国的に調べたところ，本来メダカが生息しない北海道を含めた4割を超える調査地点で(C)ヒメダカ由来のDNA断片が見つかったそうです。日本魚類学会は，この事例を，(D)ブラックバスなどの海外産の生物や国内の本来の分布域から別の場所に持ち込まれた生物とほぼ同等に位置付けて警戒しています。さらに最近では，(E)赤色蛍光タンパク質の遺伝子導入によってつくられたメダカまでもが市場に出回り，その一部が自然界に放流されていたことも判明しています。

日本には(F)元来「ミナミメダカ」などの固有種のメダカが生息しますが，これらは絶滅危惧種に認定されています。大正時代に，蚊（ボウフラ）駆除を目的に(G)北米産の別種の小魚「カダヤシ」が日本に持ち込まれたことで生息数が減少したと考えられています。今は，「カダヤシ」に加えて人為的なメダカによって，(H)日本の固有種メダカの存在が危ぶまれているのです。

（1）　下線部（A）に関する次の文章を読み，以下の問い①と②に答えよ。

生物のなかには，集団で生活するものや，単独で生活するものがある。単独で生活する生物においても，その生息域には同種の個体が複数みられ，交配や競争などで互いに交流がある。このようにある生息域で生活する同種の個体の集まりを（　あ　）と呼ぶ。多くの場合，特定の生息域には異なる種からなる（　あ　）も存在し，互いに関係し合いながら生活している。これを(I)種間の相互作用と呼ぶ。また，相互作用しながら特定の場所に生活している異なる種の（　あ　）の集まりを（　い　）という。土壌や水，空気などの（　う　）と（　い　）を合わせたものが生態系である。（　い　）の（　う　）に対する作用を（　え　）作用という。

①　空欄（あ）～（え）にあてはまるもっとも適切な語句を答えよ。

②　下線部（I）の例として適切な文章を次の選択肢（イ）～（ホ）

の中からすべて選び記号で答えよ。

（イ）社会性昆虫のアリやシロアリには，生殖に専念する個体と生殖に参加せず世話などに専念する個体がいる。これはカースト制として知られる。

（ロ）根粒菌はマメ科の植物の根に根粒を形成し，養分を植物に提供する。これは寄生として知られる。

（ハ）コウノシロハダニとカブリダニは時間経過に伴って周期的な個体数の増減を繰り返す。これは捕食者と被食者の間で普遍的に見られる。

（ニ）サルやオオカミの群れでは，強い個体と弱い個体の優劣関係ができることがある。これは順位制として知られる。

（ホ）ある種のハチドリのくちばしの長さは，特定の花の長さに適合して蜜を吸い花粉も媒介する。これは共進化として知られる。

（2）下線部（**B**）に関する次の文章を読み，空欄（お）～（き）にあてはまるもっとも適切な語句を，空欄（く）と（け）には小数第3位を四捨五入して答えよ。空欄（こ）には適切な語句を選び解答用紙に丸をつけよ。

〔(こ) の解答欄〕　変化する　　変化しない

突然変異は，DNAの塩基配列に変化が生じるものと，染色体の数や構造に変化が生じるものがある。ある遺伝子に突然変異が起こると，新たな対立遺伝子が生じて集団の遺伝子構成が変化する。同じ種の集団がもつ遺伝子全体を（　お　）と呼び，（　お　）において，1つの遺伝子座の対立遺伝子の割合を遺伝子頻度という。ある集団のある遺伝子座に1組の対立遺伝子Aとaがあり，対立遺伝子Aの遺伝子頻度をp，対立遺伝子aの遺伝子頻度をqとし（$p + q = 1$），ハーディ・ワインベルグの法則が成立していると仮定する。この集団内で任意に交配が起こると，遺伝子型の割合は，AA：Aa：aa＝（　か　）：（　き　）：q^2となる。この集団で，形質X（AAおよび

Aa）が75％，形質Y（aa）が25％を占めているとし，人為的に形質Yのすべての個体を取り除くとする。残った形質Xの集団内だけで交配した場合，次の世代の集団でAの遺伝子頻度は（　く　）で，aの遺伝子頻度は（　け　）となる。このように，人為的介入等で個体数に変動が起きると，次の世代の遺伝子頻度は個体数変動前の遺伝子頻度と比べて（　こ　）。

（3） 下線部（C）に関する次の文章を読み，以下の問いに答えよ。

個々の生物個体からではなく，川や海，土壌などの環境中に存在する生物由来のDNAは環境DNAと呼ばれる。これらの環境には，生物の体液や糞や死骸などからDNAが溶け出ていると考えられている。環境DNAを解析することで，その領域に生息する生物の種類や生息する規模を把握することができる。環境DNAの解析では，対象となる生物を捕獲する必要がなく，採水や土壌採取のみで済むので，捕獲が困難な生物の生息確認において，短時間に広い範囲の調査が可能だ。しかし，環境DNAは，存在するとはいえ，非常に微量である。

ある小川から環境DNAを調べることで，ヒメダカの生息を確認するには，どのような実験操作が考えられるか。下の語句をすべて使い句読点を含めて60字以内で説明せよ。

【語句】　電気泳動　　　プライマー　　　相補的

（4） 下線部（C）が起こる原因の説明としてもっともふさわしい文章を以下の選択肢①〜⑤の中から一つを選び，記号で答えよ。

① 各地のメダカに，ヒメダカとなる突然変異が生じた。
② 古来，ヒメダカは日本各地に生息している。
③ ペットショップからヒメダカの卵が鳥によって運ばれた。
④ 飼育しているヒメダカが人為的に放流された。

⑤　ヒメダカと類似のDNAをもつ新種の魚類が生息している。

（5）　下線部（**D**）と（**G**），下線部（**F**）のような生物はそれぞれ何と呼ばれるか，もっとも適切な語句を答えよ。また，生物の絶滅を加速させる要因として適切ではないものを以下の選択肢①～⑧の中から二つ選び，記号で答えよ。

①　乱獲　②　遺伝的多様性の向上　③　地球温暖化
④　生息地の分断　⑤　ニッチの増加　⑥　アリー効果の低下
⑦　近交弱勢　⑧　森林伐採

（6）　下線部（**E**）に関する次の文章を読み，以下の問いに答えよ。

赤色蛍光タンパク質遺伝子を導入したメダカは，普段でも鮮やかな赤色を帯びている。この赤いメダカは固有種のメダカとも交配可能で，交配すると確実に次の世代に同じ赤い形質が表れるとする。このような交配が自然界で起き続けると，メダカにどのような影響が生じると考えられるか。次の文章（ヘ）～（ル）の中からもっとも適切なものを一つ選び，記号で答えよ。

（ヘ）　赤色蛍光タンパク質遺伝子を得ることは，固有種メダカの遺伝的多様性を高めることになるので，赤い形質が種内に急速に拡散する。
（ト）　赤色蛍光タンパク質遺伝子を得ることは，メダカの種多様性を高めることになるので，様々な種類のメダカが生じる。
（チ）　繁殖期になると，赤い体色がかぎ刺激となり，他の個体から攻撃を受けやすく繁殖の機会を失う。
（リ）　繁殖期になると，赤い体色が異性の個体のかぎ刺激となり，繁殖の機会が増大する。
（ヌ）　赤い体色は，捕食者から見つかりやすく，個体の生存率を低くする。

(ル)　赤い体色は，捕食者に対する警戒色となり，個体の生存率を高める。

(7)　下線部（H）は生物多様性の減少をもたらす可能性がある。私たち人類には，なぜ生物多様性と生態系の保全が必要なのか。下の語句を使用して，句読点を含め50字以内で答えよ。

【語句】　生態系サービス

(50点)

〔Ⅲ〕次の文章を読み，問い（1）～（7）の答えを解答用紙の（二）の〔Ⅲ〕の該当する欄に記入せよ。

バイオームとは，植生を構成する植物とそこに生息する動物や微生物を含むすべての生物の集まりのことである。世界には，森林，（　あ　），荒原といった相観を示すバイオームが存在する。（　い　）が多く，年平均気温が極端に低くない地域では樹木が生育できるため，森林のバイオームが発達する。樹木が生育できないほど（　い　）が少ない地域では（　あ　）のバイオームになる。さらに，年平均気温が極端に低い地域では，（　い　）も少なく，低温や，乾燥に適応した植物がまばらに生育する荒原のバイオームになる。

日本は（　い　）が十分にあるので，高山，海岸，湿地などを除いて，極相のバイオームは森林になる。日本では，気温が北方に行くほど低下するため，南北方向にはっきりとしたバイオームの水平分布が見られる。その森林の分布は大まかに，（a）針葉樹林，（b）夏緑樹林，（c）照葉樹林，（d）亜熱帯多雨林に分かれている。一般的に植物の生育には，月平均気温で5℃以上が必要とされる。<u>月平均気温が5℃以上の各月について月平均気温から5℃を引いた値の一年間の合計値を「暖かさの指数」と</u>(i)

いう。表1で示されるように一定の「暖かさの指数」の範囲内には，特定のバイオームが成立することが知られている。

森林では，生産者である植物が光合成を通じて有機物を生産し，その有機物が消費者に利用される。植物が落とした落葉や消費者の遺体・排泄物は土壌表面で分解される。落葉はその分解と吸収過程において，(ii)土壌動物に被食されたり，菌類や細菌のような微生物によって分解されたりする。土壌動物はまた菌類や細菌も餌としている。落葉内のタンパク質などに含まれていた窒素はこうした分解過程の結果，最終的に（　う　）になって無機的な状態に変化する。（　う　）は，土壌中の（　え　）菌の働きで（　お　）になる。（　う　）や（　お　）は，再度生産者である植物に根から吸収されて利用される。一方，（　お　）の一部は，ある細菌の働きで窒素ガスになり，この働きを（　か　）と呼ぶ。また(iii)別のある細菌は，特定の植物の根と共生して根粒を作り，空中の窒素を植物が利用できる形態の（　う　）にする窒素固定と呼ばれる働きをもっている。

（1）　本文中の（あ）～（か）にあてはまる語句を解答欄に記入せよ。

（2）　本文中の（a）～（d）で優占する植物種を以下の（ア）～（オ）からそれぞれ一つ選び，記号で答えよ。

（ア）　ヘゴ　　（イ）　オオシラビソ
（ウ）　スダジイ　　（エ）　ブナ
（オ）　イタドリ

（3）　日本の都市Kの月平均気温が表2で示す状態である時，下線部（i）の方法でこの都市の「暖かさの指数」を計算し，小数点第一位を四捨五入して整数の値で答えよ。また，「暖かさの指数」に基づいて考えた場合，そのバイオームが本文中の（a）～（d）のうちのいずれにあたると考えるのが妥当か表1を参照して記号で答えよ。

表1 日本のバイオームと「暖かさの指数」の関係

バイオーム	暖かさの指数
（a）針葉樹林	15 ～ 45
（b）夏緑樹林	45 ～ 85
（c）照葉樹林	85 ～ 180
（d）亜熱帯多雨林	180 ～ 240

表2 日本の都市Kの月平均気温（℃，2022年，気象庁）

月	1月	2月	3月	4月	5月	6月
平均気温	3.2	3.6	9.5	15.6	18.7	23.8

月	7月	8月	9月	10月	11月	12月
平均気温	27.5	28.1	24.9	16.8	12.5	5.5

（4） 都市Kの周辺の森林に分布する2種の樹木について，光強度と二酸化炭素吸収速度の関係を調べたところ，図1のようになった。種Aと種Bに該当するもっとも適切な植物種を，以下の（カ）～（コ）からそれぞれ一つ選び，記号で答えよ。

（カ） ヤシャブシ　　（キ） タブノキ
（ク） ダケカンバ　　（ケ） トドマツ
（コ） コメツガ

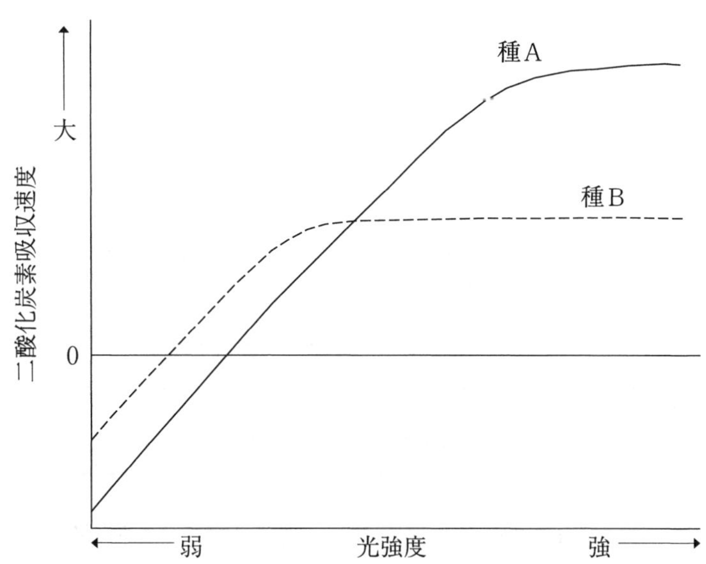

図1　2種の樹木（種Aと種B）の光強度と二酸化炭素吸収速度の関係

（5） 現在，都市Kの周辺の森林では，種Aと種Bが同程度存在している。この森林において大きな攪乱がないまま，極相が成立する程度の年数が経過すると，種Aと種Bのいずれが優占すると考えられるか，記号で答えよ。また，その仕組みを以下の語群をすべて用いて，句読点を含め75字以内で説明せよ。

語群：陽樹　更新　耐陰性　寿命

（6） 下線部（ⅱ）の土壌動物に関する以下の文章を読み，以下の問い①～③に答えよ。

ある森林に生息する土壌動物を採集し，DNAの塩基配列に基づいた系統解析を行い，分子系統樹を作成すると図2のようになった。また，その土壌動物の形態的特徴の類似性に基づいて樹状図を作成すると図3のようになった。図3の分岐点A～Eにあてはまる生物の特徴は表3のとおりである。

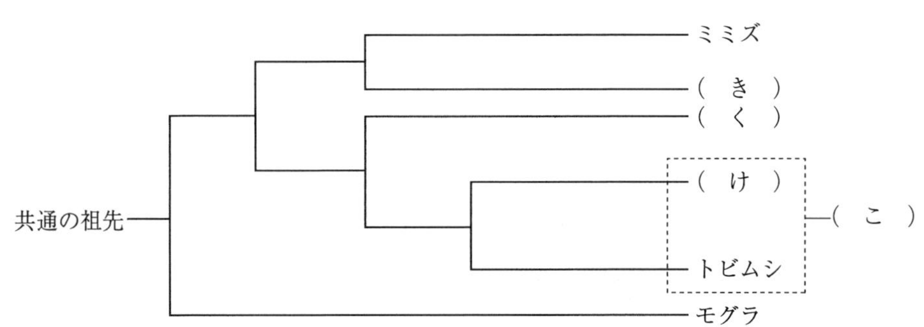

図2　ある森林の土壌動物の分子系統樹

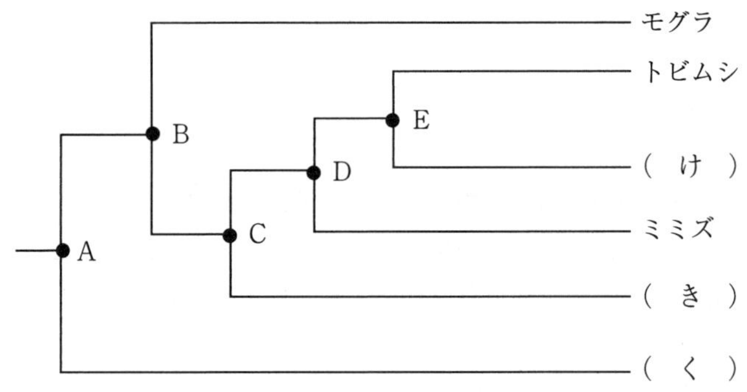

図3　ある森林の土壌動物の形態的特徴に基づく樹状図

表3　図3の分岐点A～Eの生物の特徴

分岐点	生物の特徴
A	真体腔の有無
B	脊椎の有無
C	（　さ　）
D	脱皮の有無
E	脚が3対か4対以上か

① 図2，図3の空欄（き）～（け）にあてはまる生物を以下の（サ）～（ソ）からそれぞれ一つ選び，記号で答えよ。

（サ）ヤスデ　（シ）センチュウ
（ス）トガリネズミ　（セ）ナメクジ
（ソ）サンショウウオ

② 図2の破線で囲まれた（こ）の二つの生物が含まれる分類学上の門の名称を答えよ。

③ 表3の空欄（さ）にあてはまる特徴を以下の（タ）～（ト）から一つ選び，記号で答えよ。

（タ）脊索の有無　（チ）体腔の有無
（ツ）鱗の有無　（テ）体節構造の有無
（ト）胚葉の有無

（7） 下線部（iii）に示す細菌と共生して窒素固定を行う植物種を（2）および（4）に示した（ア）～（コ）から一つ選び，記号で答えよ。

（50点）

解答編

英語

A. (X)―3 (Y)―4 (Z)―3

B. (a)―2 (b)―4 (c)―3 (d)―1 (e)―3 (f)―2 (g)―3 (h)―1

C. (ア)―1 (イ)―3 (ウ)―4 (エ)―1

D. (あ)―5 (う)―4 (お)―3

E―5・6・8

全訳

《環境保護のための昆虫食》

1 昆虫は，従来の家畜よりもっと維持可能な形で生産できる栄養豊かな食料源である。昆虫を食べることは世界の多くの地域で一般的である一方で，西洋の文化では，おそらく昆虫食は嫌悪感を持って受け止められるだろう。

2 利点が広く話し合われるにつれて，昆虫の消費はゆっくりと増加していった。2,000 以上の食用の種が確定されている。しかし，食事に昆虫を組み込むことは，食料生産の環境への負荷を実際に減らすのだろうか？ そして，これを達成できるのだろうか？ 昆虫には，脂肪・タンパク質・栄養素が豊富に含まれている。これは，種によって，ライフサイクルの段階によって異なる。だが，昆虫のタンパク質の量はしばしば 40%から 60%である。昆虫はまた，人間の栄養に必要な必須アミノ酸の全てを提供してくれる。成虫のコオロギは重さの 65%がタンパク質であり，それは牛肉(23%)と豆腐(8%)の両方より豊富なのである。昆虫にはまた銅・鉄・マグネシウムのようなミネラルが豊富に含まれている。それゆえ，昆虫が今日世界の多くの地域で人間によって消費されていることは驚くべきことではない。

3　昆虫は餌をエネルギーに変換することにおいて従来の家畜よりもはるかに効率がよい。成虫のコオロギとミールワームの幼虫は，同じ重さの増加を生み出すために，家畜よりも5～10倍少ない餌を必要とする。昆虫はまた冷血である。だから，新陳代謝を使って自分自身を温めたり冷やしたりせず，さらにエネルギーと食料の利用を減らすのである。また，従来の家畜と比較すると，昆虫の大部分を食べることができる。平均して，ウシの45%とニワトリの55%だけが消費される。昆虫に関しては，幼虫全体と成虫のコオロギの80%を食べることができる。昆虫はまた脊椎動物よりもっと急速に繁殖し，1年で何世代も増えることが可能である。それゆえ，同じ栄養価を生み出すために，昆虫の養殖は，従来の畜産に使われた土地とエネルギーと水のほんの少しを使う。1kgのタンパク質を生み出すために，ミールワームの幼虫は14kgの二酸化炭素相当量を放出し，牛肉の生産で平均して放出される500kgの二酸化炭素相当量よりはるかに少ない。同量のタンパク質を生み出すために，ミールワームの幼虫の養殖は牛肉の70倍少ない農地を使う。全ての食料生産は環境へのコストがかかる。しかしながら，これには相当な変化の度合いがある。例えば，牛肉は，エンドウ豆の生産より100倍多い温室効果ガスの排出量を作り出す。昆虫の養殖は一般的にこれらの両極端の中間に位置する。昆虫の養殖は肉の生産より環境に害を与えることが少ないが，一方で，昆虫の養殖はたいていの植物ベースの食べ物より負荷が大きい。タンパク質のキログラム当たり，エンドウ豆の生産はたった4kgの二酸化炭素相当量を放出するが，一方，豆腐は昆虫の養殖に必要な農地のおよそ半分を必要とする。昆虫が気候にやさしい（あるいは，気候によりやさしい）食料であるかどうかは，昆虫のタンパク質が何に取って代わるのかに依存するだろう。従来の肉の代用をするために昆虫をベースとした食料が使われるならば，これは重要な進展をもたらすだろう。しかし，もし植物をベースとした代替案が採用されるならば，大きな進展がまた達成されるだろう。

4　食事の変化は消費者の環境への負荷を急速に変えることができる。米国の平均的な食事は，主として消費される食料の種類のために，インドの平均的な食事より1人当たり10倍以上の土地を使う。

5　人間の消費のために生産される13億トンの食料が毎年浪費されている。昆虫が有益であるとわかる別の領域は，食料の副産物や食料廃棄物から食料や動物の餌を生産することにある。アーモンドの皮のような副産物で育てられたアメリカミズアブは，家畜や養殖中の海鮮物の餌に変えることができる。

6　しかしながら，昆虫に有機副産物を与えることは，化学汚染と微生物汚染のリスクを避けるために，慎重な管理を必要とする。いくつかの昆虫の種はいくつかの汚染物質を消化することができるが，有害な生物蓄積の可能性がある。それゆえ，肥料とケータリング廃棄物はヨーロッパで養殖されている昆虫の餌としては禁止されている。

7　ヨーロッパとアメリカにおける食用昆虫の市場は成長している。ヨーロッパ人のたった10.3％だけが，進んで肉と昆虫を交換するつもりだと述べているにもかかわらず，2027年までには食用昆虫の市場は46.3億USドル（33.6億ポンド）に達すると予想されている。食料の受容性は時がたつにつれて変わる可能性がある。トマトはイギリスでは有毒だとみなされ，200年以上の間退けられていた。ロブスターは，今や高価なごちそうであるが，以前はアメリカにとても多くいたので，労働者と囚人たちに食事で出され，肥料や魚の餌として一般的に使われた。ロブスターは，18世紀の中頃以降に食べるのが流行しただけである。それ以来，ロブスターの人気は急上昇して，世界のロブスターの市場は，2027年までには111億USドル（97億ポンド）に達すると予想されている。

8　ヨーロッパにおける昆虫の消費はまた普通になるかもしれない。西洋の消費者は昆虫ベースの加工食品を消費しようという積極的意思の増加を示している。小麦粉のようななじみのある食べ物に昆虫を組み込むことは西洋人の受容を改善する1つの方法を示している。食用昆虫は，より維持可能な食料システムを達成するための唯一の解決法ではない。しかしながら，食用昆虫は，従来の肉に対して，栄養のあるもっと維持可能な代用品を確かにもたらしてくれる。その生産・柔軟性・多様性は，より循環する食料システムにおいて，増加する役割を食用昆虫が担う可能性があることを意味する。

解説

A. (X)　第2段第4～8文（Insects are high … iron and magnesium.）において，「昆虫には脂肪・タンパク質・必須アミノ酸・各種ミネラル等が豊富に含まれている」と記されている。be high in ～「～が豊富に含まれている」 by weight「重さで」 また，空所の後の that 以下に「昆虫が今日世界の多くの地域で人間によって消費されている」という記述がある。of no surprise「驚くべきではない（=not surprising)」 of＋名詞＝形容詞という形である。よって，空所の前後に〈理由〉→〈結論〉という形で論理的な因果関係があるので，3の「それゆえ」を入れると，うまく話が流れる。他の選択肢は，意味の上で空所に入ることはない。1.「同時に，偶然に」 2.「それにもかかわらず」 4.「不幸にも」

(Y) 空所に4の Whether「～かどうか」という名詞節を導く接続詞を入れると，Whether insects are a climate-friendly (or -friendlier) food「昆虫が気候にやさしい（あるいは，気候によりやさしい）食料であるかどうか」が空所を含む文の主部となり，意味をなす。他の選択肢では，文法的に意味をなさない。depend on ～「～に依存する」 1.「～だけれども」 2.「後悔して，悔やんで，残念ながら」 3.「一般的に，典型的に」

(Z) 空所の前段で，食べ物の副産物や食べ物の廃棄物から餌を作る有用性が記されている。一方，空所が含まれる段では，化学汚染と微生物汚染のリスクが指摘されている。よって，3の However「しかしながら」を空所に入れると，うまく話が流れる。他の選択肢では話の筋が通らない。1.「やっとのことで，やっと，ついに」 at last の強調形である。2.「幸運にも」 4.「それどころか」 空所の後の feeding insects organic by-products は「昆虫に有機副産物を与えること」という意で，VOO 構造である。feed *A* *B*「*A* に *B* を与える（=feed *B* to *A* / feed *A* on *B*)」

B. (a) consumption は「消費」という意の名詞で，2の eating「食べること」という単語が最も意味が近い。1.「(パンなどを) 焼くこと」 3.「育てること」 4.「売ること」

(b) reproduce は「繁殖する」という自動詞で，この単語に意味が最も近いのは，4の multiply「繁殖する」である。下線部を含む文の，with many generations possible in a year「1年で何世代も増えることが可能である」では，付帯状況の with を用いて情報を付加している。1.「到達する，～を達成する」 2.「減少する，～を減少させる」 3.「散り散りになる，～を追い散らす」

(c) replaces は replace「～に取って代わる」という意の他動詞の三単現

で，3の substitutes for「～の代わりになる」という表現が最も意味の上で近い。1.「～を押し上げる」 2.「～に反応する，反対する」 4.「～を取り入れる，受け入れる」

(d) primarily は「主として」という意の副詞で，意味が最も近いのは，1の mainly「主に」である。2.「男らしい，男性用の」 名詞＋ly は通例形容詞として用いられる。3.「手で」 4.「わずかに，限界まで」 more than 10 times「10倍以上」 per person「1人当たり」 due to ～「～のために，～が原因で」

(e) projected は project「～を予想する，～を計画する，～を投影する」という他動詞の過去分詞で，3の predicted「予想されて」という動詞の過去分詞が最も意味の上で近い。be projected to *do*「～すると予想されている」 1.「転送されて，送付されて」 2.「抑制されて，妨げられて」 4.「引き延ばされて，長引かされて」 下線部を含む文で，冒頭の Despite は「～にもかかわらず（＝in spite of ～）」という意の前置詞で，名詞か名詞相当語句が後続することに注意。stating「～と述べること」が動名詞で only 10.3% of Europeans が動名詞の意味上の主語である。state には「～を述べる」という動詞や「状態，州」という名詞もある。be willing to *do*「進んで～する，喜んで～する」 replace *A* with *B*「*A* と *B* を交換する，入れ替える」

(f) delicacy は「美味，甘味」を意味する。よって，2の extravagant food「値段の高い食べ物」が最も意味が近い。1.「絶滅危惧種」 3.「珍しい種」 4.「無駄の多い食べ物」

(g) surged は surge「急上昇する」という自動詞の過去分詞形で，これに意味が最も近いのは，3の risen「あがって」である。1.「落ちて」 2.「競争して，高速で動いて」 4.「驚いて」 下線部を含む文の，with the global lobster market expected to reach ～「世界のロブスターの市場は～に達すると予想されて」は，with＋名詞＋補語（形容詞，分詞，副詞など）という形で，付帯状況を付加している。ここでは補語に expected という過去分詞を使っている。be expected to *do*「～すると予想されている」

(h) Incorporating は incorporate「～を組み込む」という他動詞の動名詞で，これに意味が最も近いのは，1の Blending「～を混ぜ合わせること」

である。2.「～を数えること，考慮すること」 3.「～を規制すること」 4.「～を取り除くこと」

C. ㋐ 「環境への負荷」 footprint はもともと「足跡」という意味である。environmental footprint は「環境フットプリント」「環境負荷」とも訳され,「人間の活動が環境に与える負荷」をいう。incorporate *A* into *B*「*B* に *A* を組み込む」 この波線部の意味を最も適切に示すものは，1の「人間の活動が生態系に及ぼす影響」である。have an effect on ～「～に影響を及ぼす」 2.「自由を制限する政治的な決定の影響」 3.「人間の活動のためのエネルギーの損失」 due to ～「～のために」 4.「経済活動がもたらす利益」 bring about ～「～をもたらす，引き起こす」

㋑ 「土地のほんの少し」 fraction「少量，かけら」 波線部を含む文で，文末の used for conventional livestock farming「従来の畜産に使われた」は，the land, energy and water を修飾する。この部分の the が3つの要素（土地とエネルギーと水）をまとめていることに注意。この波線部の意味に最も近いのは，3の「土地のわずかな部分」である。1.「土地の大部分」 2.「土地の未開発の部分」 4.「土地の開発しすぎた部分」

㋒ 「生物蓄積」 この波線部の意味を最も的確に示しているのは，4の「生命体に化学物質が徐々に蓄積していくこと」である。1.「遺伝子の構造の変化」 2.「さまざまな動植物のコレクション」 3.「生物学的過程によって生み出されたエネルギー」

㋓ 「循環する食料システム」 この波線部の意味を最も的確に示しているのは，1の「廃棄物がより少なくなる維持可能な食料システム」である。be likely to *do*「～する可能性がある」 play a part in ～「～において役割を演じる」 increasing「増加する」という意の形容詞。2.「食料の分配のための回転システム」 3.「全てをリサイクルして消費者製品にするシステム」 4.「全ての人が食料を平等に獲得するシステム」

D. まず，空所(う)の直後にコンマがあるので，コンマの前が従属節，コンマの後が主節であるのではと見当をつける。空所(あ)に接続詞を入れることができるので，選択肢から5の while「～だが一方」を選ぶ。また，空所(う)の前に前置詞 of があるので，空所(う)に名詞が入ることがわかり，意味を考えて4の meat を選ぶ。次に，二重下線部の直前の文に「昆虫の養殖は一般的にこれらの両極端の中間に位置する」という記述があるので，空所(あ)の後の it は Insect cultivation「昆虫の養殖」を受けると考える。さらに，肉の生産には環境への負荷が多くかかるというこの第3段の話の流れにより，昆虫の飼育と肉の生産を比較して，空所(い)に less が入ると考える。最後に，残った空所(え)・(お)・(か)に a higher footprint をいれる。よって，二重下線部は以下の文となる。While (it can be) less (environmentally damaging than the production of) meat (, it has) a higher footprint (than most plant-based foods.)「昆虫の養殖は肉の生産より環境に害を与えることが少ないが，一方で，昆虫の養殖はたいていの植物ベースの食べ物より負荷が大きい」

E. 1.「私たちが2,000以上の種の昆虫を食べることは可能であるけれども，昆虫のほとんどが経済的に利点はない」 この文の前半部分は第2段第2文（More than 2,000 …）と一致する。しかし，後半部分については，記述がない。よって，本文の意味・内容と矛盾する。

2.「成虫のコオロギは重さで牛肉や豆腐より多くのタンパク質やミネラルを持っているが，食べ物をエネルギーに変える能力はとても低い」 この文の前半部分は第2段第7・8文（Adult crickets are 65% … iron and magnesium.）と一致する。しかし，後半部分は，第3段第1文（Insects are far more …）の「昆虫は餌をエネルギーに変換することにおいて従来の家畜よりもはるかに効率がよい」という記述に合わない。よって，本文の意味・内容と矛盾する。far「はるかに」 後続の比較級を修飾する。be efficient at *doing*「～する効率がよい」 convert *A* into *B*「*A* を *B* に変換する」 feed は「～に餌をやる，食べ物を与える，(データ）を入力する」という意の動詞もあるが，ここでは「餌」という意の名詞。

3.「一般的に，家畜の体重のおよそ半分を食べることができるが，私たちは，昆虫の体のはるかに少ない割合を消費することができるだけだ」 body mass「体重」 much「はるかに（＝far)」 後続の比較級を修飾する。この文の前半部分は第3段第5文（Only 45% of …）と一致する。on average「平均して」 しかし，この文の後半部分は，第3段第4文（A larger proportion of …）や同段第6文（For insects, the whole …）の記述と矛盾する。昆虫の身体の大部分を食べることができると記されている。a larger proportion of ～「～の大きな割合」 compared with ～

「～と比較すると」

4.「二酸化炭素相当量を制限するという観点から見ると，昆虫は家畜よりはるかに効果的であり，エンドウ豆より少し効果的である」 in terms of～「～という観点から見ると」 この文の「昆虫は家畜よりはるかにもっと効果的」は第3段第9文（To produce a kilogram …）と一致する。しかし，「昆虫はエンドウ豆より少し効果的である」という記述は，第3段第16文（Per kilogram of protein, …）の記述と矛盾する。そこでは，「タンパク質のキログラム当たり，エンドウ豆の生産はたった4kgの二酸化炭素相当量を放出する」とあり，第3段第9文（To produce a kilogram …）で述べられているミールワームの幼虫の14kgの二酸化炭素相当量と比較すると，エンドウ豆の環境への負荷のほうが少ない。

5.「もし私たちが豆腐からタンパク質のほとんどをとるならば，それは昆虫を食べるよりもっと環境に優しい」 第3段第16文（Per kilogram of protein, …）と一致する。while「だが一方」

6.「食料の副産物を利用することによって育つ昆虫もいるが，その場合には，それらの昆虫を，海産物を生産するための栄養源として利用することができるだろう」 in which case「その場合」 which は関係形容詞で，先行詞は前文である。utilize *A* as *B*「*A* を *B* として利用する」 第5段第2・3文（Another area in which … livestock or farmed seafood.）と一致する。prove valuable「有益であるとわかる」 prove (to be)～「～であるとわかる（＝turn out to be～）」 rear *A* on *B*「*A* を *B* で育てる」

7.「この頃では，ヨーロッパのますます多くの人たちが昆虫を食べるという考えに順応している。だが，その市場は未知の理由で成長していない」 adjust to～「～に順応する」 第7段第1・2文（The market for edible … by 2027.）と矛盾する。ヨーロッパにおいて昆虫食を認める人たちは増加し，市場も伸びていると記されているので，この選択肢の後半部分が間違っている。

8.「さまざまな種類の慣れ親しんだ食料に昆虫を組み入れることによって，より多くの人たちが昆虫を食べることを日常生活の一部として受け入れるようになると予想されている」 it is expected that～「～だと予想されている」 come to *do*「～するようになる」 accept *A* as *B*「*A* を *B*

として受け入れる」 最終段第3文（Incorporating insects into familiar …）と一致する。

Ⅱ　解答　A．(W)－4　(X)－3　(Y)－2　(Z)－4
B．(a)－2　(b)－4　(c)－1　(d)－1　(e)－2
(f)－4　(g)－1
C．(ア)－2　(イ)－4　(ウ)－1　(エ)－4　(オ)－3
D．(あ)－8　(え)－4　(か)－6
E．〈A〉－5　〈B〉－1　〈C〉－2　〈D〉－4
F－1・5
G．全訳下線部参照。

全　訳

《質の高い睡眠をめざして》

あなたが必要とする休息をとること

1　時として，現代生活のペースはほとんど立ち止まって休む時間をあなたに与えない。それは定期的に夜の良質の睡眠をとることを夢のように思わせることもある。だが，睡眠は食事と運動と同じぐらい健康にとって重要である。良質の睡眠は脳のパフォーマンス・気分・健康を改善する。定期的に十分な質の高い睡眠をとらないことは多くの病気や不調のリスクを高める。これらは心臓病と脳卒中から肥満と認知症まで及ぶ。

2　良質の睡眠にはただベッドで過ごす時間以上のものがあると，アメリカ国立衛生研究所の睡眠の専門家であるマリシュカ＝ブラウン博士は言う。「健康的な睡眠には3つの主なことがある」と彼女は説明する。「1つはあなたがどれだけ多くの睡眠をとっているかである。もう1つは睡眠の質である――あなたが元気を回復させる連続した睡眠をとっていること。最後は一貫性のある睡眠のスケジュールである」 夜の勤務や不定期のスケジュールで働く人たちは質の高い睡眠をとることが特に難しいと思うかもしれない。そして，大きなストレスのある時代――現在の世界的流行病のような――は，正常な睡眠習慣を混乱させることもある。だが，睡眠を改善するためにあなたができることが多くある。

修復のための睡眠

3　なぜ私たちは眠る必要があるのか？　睡眠は単に「休止時間」であり，

そのときに疲れた脳が休むと人々はしばしば考える，とマイケン＝ネデルガード博士は言う。彼女はロチェスター大学で睡眠を研究している。「だが，それは間違っている」と彼女は言う。眠っている間に，脳は働いている。たとえば，睡眠は，学び記憶し創造するのに脳を準備させるのに役立つ。ネデルガードと彼女の同僚は，脳には睡眠の間に毒素を取り除く排水システムがあることを発見した。「眠っているとき，脳は全く機能を変える」と，彼女は説明する。「脳はほとんど腎臓のようになり，システムから廃棄物を取り除く」

4 彼女のチームは，アルツハイマー病と関係のあるタンパク質のいくらかをその排水システムは取り除くことをハツカネズミで発見した。これらの毒素は睡眠の間に，起きているときの２倍速く脳から取り除かれた。血管から免疫系に至るあらゆるものは，修復のための時間として睡眠を利用していると，ケネス＝ライト＝ジュニア博士は言う。彼はコロラド大学の睡眠研究者である。「睡眠の間にほとんど，あるいは最も効果的に，体の中で起こっているいくつかの修復過程がある」と，彼は説明する。「もしあなたが十分な睡眠をとらないならば，それらの過程が乱れるだろう」

睡眠神話と真実

5 あなたがどれだけ多くの睡眠を必要とするかは年齢とともに変わっていく。専門家は，就学年齢の子どもたちは少なくとも夜９時間，10代の人たちは８時間から10時間，睡眠をとるように勧めている。ほとんどの大人は，毎夜少なくとも７時間かそれ以上の睡眠を必要とする。睡眠について多くの誤解がある。１つは，大人は年をとるにつれて必要な睡眠は少なくなるということである。これは本当ではない。高齢者はまだ同じ量の睡眠を必要とする。しかし，年をとるにつれて，睡眠の質はより悪くなるかもしれない。高齢者はまた，睡眠を妨害する薬を飲む可能性がより大きい。

6 もう１つの睡眠神話は，休みの日に「取り戻す」ことができるということである。この大部分は事実ではないと研究者は発見している。「もし１夜よく眠れず，昼寝をしたり，次の夜にもっと長く眠ったりするならば，それはあなたの役に立つかもしれない」と，ライトは言う。「しかし，もしあなたが１週間あまりにも少ない睡眠をとっているならば，週末はあなたが取り戻すには十分ではない。それは健康によい行動ではない」

7 最近の研究で，ライトと彼のチームは，一貫して不十分な睡眠の人たちを調べた。ライトたちは，その人たちを週末に遅くまで寝ているようになった睡眠不足の人たちと比較した。両方のグループの人たちは，睡眠不足で体重が増えた。血糖値をコントロールする体の能力もまた悪くなった。週末に取り戻す睡眠は役に立たなかった。その一方で，睡眠を多くとれば必ずしもよりよいわけではないと，ブラウンは言う。大人にとって，「もし夜に9時間以上眠っているがそれでも爽快に感じないならば，ある根本的な疾患があるかもしれない」と，彼女は説明する。

睡眠障害

⑧　いかに一生懸命努めても，十分な質の高い睡眠を得ることができない症状を持っている人たちもいる。これらの問題は睡眠障害と呼ばれている。最もありふれた睡眠障害は不眠症である。「不眠症は，眠りについたり眠ったままでいたりするのが繰り返し難しいときである」と，ブラウンは言う。眠る時間と適切な睡眠環境があるにもかかわらず，このことが起こる。そのために昼間，あなたは疲れたと感じたり体が休まっていないと感じたりするかもしれない。不眠症は短期間であるかもしれない。その間，人々は数週間あるいは数カ月眠ろうと努力する。「さらに多くの人たちは感染病の世界的大流行の間にこのことをずっと経験してきた」と，ブラウンは言う。長期の不眠症は3カ月かそれ以上続くのである。

⑨　睡眠時無呼吸はもう1つのありふれた睡眠障害である。睡眠時無呼吸では，上気道が睡眠の間ブロックされる。このために気流が減ったり止まったりして，そのことが夜の間人々を目覚めさせる。その状態が危険になる可能性もある。もし治療しなければ，他の健康問題を引き起こすかもしれない。もしたびたび睡眠問題があるならば，医療関係者と話をしなさい。彼らは，数週間睡眠の追跡調査するためにあなたに睡眠日記をつけさせるかもしれない。睡眠の研究を含めて，検査を繰り返す可能性もある。これらは睡眠障害を探しているのである。

よりよい睡眠を得ること

⑩　もし眠るのに困っているなら，睡眠がいかに重要であるかを耳にすると，いらいらするかもしれない。しかし，簡単なことが夜の良質な睡眠の可能性を改善するかもしれない。（中略）治療は多くの一般的な睡眠障害に利用できる。認知行動療法は不眠症の多くの人々がよりよい眠りを得るのに役立つかもしれない。薬もまたいくらかの人たちに役に立つかもしれない。

睡眠時無呼吸の多くの人たちはCPAP機械と呼ばれる装置を使うことから恩恵を受ける。これらの機械は，呼吸することができるように気道を開けたままにしておく。他の治療は特別なマウスピースや生活様式の変更を含むかもしれない。全ての人に向けて，「できるだけ，睡眠を優先事項にするようにしなさい」と，ブラウンは言う。「睡眠は使い捨て用品ではない――それは生物学的な必要品である」

解説

A. (W)　空所の前のinterfereと共起する単語を考えて，4のwithを空所に入れる。interfere with～「～を妨害する」

(X)　空所の前にprevent「～を妨げる」があるので，空所に3のfromを入れる。prevent *A* from *doing*「*A*が～するのを妨げる」 quality sleep「質の高い睡眠」 no matter how～「いかに～であろうとも（=however）」

(Y)　空所の前の前置詞despite「～にもかかわらず（=in spite of～）」には，名詞や名詞相当語句が後続する。よって，2のhavingという動名詞を空所に入れる。他の選択肢は文法的にみて空所に入らない。

(Z)　文脈によると，空所を含む文は「もし治療しなければ，それは他の健康問題を引き起こすかもしれない」という意味ではないかと想定する。itはsleep apnea「睡眠時無呼吸」を受ける。lead to～「～を引き起こす」主節の主語と同じitを用いて，「もし治療しなければ」はif it is untreatedとなる。さらに，主語のitとbe動詞を省略して，if untreatedとなる。選択肢の1と2は文法的にみて合わない。選択肢の3のtreatedは意味上文意に合わない。

B. (a)　encompassesはencompass「～を包含する，含む」という意の他動詞の三単現である。意味が最も近いのは，2のcomprises「～を包含する，～からなる」である。1.「～を循環させる，広める，配布させる」 3.「～を無視する」 4.「～を強調する」

(b)　effectivelyは「効果的に」という意の副詞で，これに意味が最も近いのは，4のsuccessfully「うまく」である。1.「過度に」 2.「自然に，生まれながらに」 3.「連続的に，逐次的に」 certain「いくつかの」

(c)　worthは，「価値があって」という前置詞や「価値」という名詞でよく用いられるが，ここでは*A*'s worth of *B*という形で「*A*（期間）分の

B, *A* 相当量の *B*」という意味である。例：five days' worth of food「5日分の食べ物」 本文の worth に意味が最も近いのは，1の amount「量」である。2.「目的」 3.「質，特質」 4.「状況」

(d) deficient は「不十分な」という意の形容詞である。この単語に意味が最も近いのは，1の inadequate「不十分な」である。2.「楽しい」 3.「時間を守って」 4.「未計画の，計画していない」 look at ～「～を調べる」

(e) underlying は「根本的な，基本的な」という意の形容詞で，2の fundamental「根本的な」が意味の上で最も近い。feel refreshed「爽快に感じる」 some に単数名詞（issue）が後続している場合は「ある」と訳す。medical issue「医学上の問題」の部分は文脈に従って「疾患」とする。1.「支配的な」 3.「不治の，治らない」 curable が反意語。4.「明白な」

(f) track「～を追跡調査する」という意の他動詞である。よって，最も意味が近いのは4の record「～を記録する」である。他にも，track の原義の「(動物や人が) 通った跡」から，さまざまな意味がうまれていることに注意。

(g) throwaway は「使い捨て用の」という意の形容詞である。これは throw away ～「～を捨てる」という定型表現からの派生語である。この単語に最も意味が近いのは，1の disposable「使い捨てできる」である。2.「流行の」 3.「交渉できる」 4.「再生できる」

C. (ア) 「血管から免疫系に至るあらゆるもの」 from *A* to *B*「*A* から *B* に至る」 blood vessel「血管」 the immune system「免疫系」 use *A* as *B*「*A* を *B* として使う」 この波線部の意味を最も的確に示すのは，2の「血管から感染に対して体を防御する器官のネットワークに至るあらゆるもの」である。defend *A* against *B*「*B* に対して *A* を防御する（＝defend *A* from *B*)」 1.「心臓から体の回復を促進する器官のネットワークに至るあらゆるもの」 3.「心臓から血液を通して酸素を受け取る器官のネットワークに至るあらゆるもの」 4.「血管から体に栄養を与える器官のネットワークに至るあらゆるもの」 provide *A* to *B*「*A* を *B* に与える（＝provide *A* for *B*)」

(イ) 「高齢者はまた薬を飲む可能性がより大きい」 be likely to *do*「～す

る可能性が大きい」 take medications「薬を飲む（=take medicine)」この波線部の意味を最も的確に示すのは，4の「高齢者はまた薬を飲むより多くの機会がある」である。1.「高齢者はまた薬を飲むのにより適している」 be suitable for～「～に適している」 2.「高齢者はまた薬を飲むようにより勧められる」 encourage *A* to *do*「*A* に～するよう勧める」 3.「高齢者はまた薬を飲むのが好きな傾向がある」 tend to *do*「～する傾向がある」 be fond of～「～が好きである」

(ウ) 「週末はあなたが取り戻すには十分ではない」 sufficient to *do*「～するのに十分な（=enough to *do*)」 for you は to 不定詞の意味上の主語である。catch up「取り戻す」 この波線部の意味を最も的確に示すのは，1の「週末は睡眠の不足を補うには十分でない」である。make up for～「～を補う（=compensate for～)」 2.「週末は仕事を終わらせるのに適切ではない」 get *A* *done*「*A* を終わらせる」 3.「あなたは週末の昼間に居眠りをするのを避ける必要がある」 avoid *doing*「～するのを避ける」take a nap「居眠りをする」 during the day「昼間に」 on weekends「週末に」 4.「あなたは週末により早く眠るのを避ける必要がある」

(エ) 「その一方で」 flip side は「裏面」という意味で，on the flip side「裏面では」という原義から「その一方で」という意味で使われる。not always「必ずしも～とは限らない」 この波線部の意味を最も的確に示すのは，4の「一般通念に反して」である。contrary to～「～に反して」popular は「人気がある」という意でよく使われるが，「一般的な，多くの人が持つ」という意味もある。1.「独特な特徴を考えると」 given「～を考えると」は前置詞であることに注意。2.「肯定的な特徴を考えると」 3.「医学の結果に反して」

(オ) 「さらに多くの人たち」 quite a few「多くの（=many)」 よって，この波線部の意味を最も的確に示すのは，3の「さらに多くの人たち」である。1.「やや多くの人たち」 2.「はるかに少ない人たち」 a lot は後続の比較級を強調する。4.「少し少ない人たち」

D. 二重下線部のある第5段では，睡眠時間がテーマであることを頭において考える。まず，空所(あ)の前に at があり，選択肢に least があるので，空所(あ)に least が入り at least「少なくとも」となると想定する。次に，空所(い)・(う)に seven hours を入れると，ここまでで「ほとんどの大人は，少なくとも7時間を必要とする」となる。空所(え)に more を入れると，seven hours or more「7時間かそれ以上」となる。最後に，空所(お)・(か)に of sleep を入れる。よって，次のような文となる。(Most adults need at) least seven hours (or) more of sleep (each night.)「ほとんどの大人は，毎夜少なくとも7時間かそれ以上の睡眠を必要とする」

E. 通例，小見出しはいくつかの段の内容をまとめたものであり，段の中に表現上の手がかりがあるので，それを基に判断する。

〈A〉 第3段第6文（Nedergaard and her colleagues …）に「脳には睡眠の間に毒素を取り除く排水システムがある」という記述がある。また，第4段第3・4文（Everything from blood vessels … he explains.）に「血管から免疫系に至るあらゆるものは，修復のための時間として睡眠を利用し…睡眠の間にほとんど，あるいは最も効果的に，体の中で起こっているいくつかの修復過程がある」と記されている。よって，小見出しは5の「修復のための睡眠」であると判断する。

〈B〉 第5段第4～6文（There are many … isn't true.）に「睡眠について多くの誤解がある。1つは，大人は年をとるにつれて必要な睡眠は少なくなるということである。これは本当ではない」と，睡眠の誤解に関する記述がある。また，第6段第1・2文（Another sleep myth … isn't the case.）に「もう1つの睡眠神話は，休みの日に『取り戻す』ことができるということである。これは，大部分は事実ではないと研究者は発見している」とある。よって，小見出しは1の「睡眠神話と真実」であると考える。

〈C〉 第8段第2・3文（These problems are … is insomnia.）に，「これらの問題は睡眠障害と呼ばれている。最もありふれた睡眠障害は不眠症である」と記され，同段で不眠症について述べられている。さらに，第9段第1文（Sleep apnea is …）に「睡眠時無呼吸はもう1つのありふれた睡眠障害である」という記述があり，同段でこの症状について詳述されている。よって，小見出しは2の「睡眠障害」であると判断する。

〈D〉 第10段第2文（But simple things …）に，「しかし，簡単なことが夜の良質な睡眠の可能性を改善するかもしれない」と記されている。odds「可能性」　これとよく似た単語は形容詞の odd「奇妙な，不規則の」である。さらに同段で，睡眠の改善方法として，治療，特に認知行動療法，薬，特殊な機器，特別なマウスピース，生活様式の変更などが述べられている。よって，小見出しは4の「よりよい睡眠を得ること」であると判断する。

F. 1．「人々が健康的な睡眠を得るための重要な要因は，適切な量・質・規則性である」 第2段第3～5文（“One is how much … consistent sleep schedule.”）に「1つはあなたがどれだけ多くの睡眠をとっているかである。もう1つは睡眠の質である――あなたが元気を回復させる連続した睡眠をとっていること。最後は一貫性のある睡眠のスケジュールである」とある。よって，本文の意味・内容と合致する。

2．「眠っている間でさえ，脳は一生懸命働いている。そのことで，有毒物質の蓄積という結果が生じる」 which の直前にコンマを入れ，関係代名詞の非制限用法だと考える。which の先行詞は our brain is working hard である。result in ～「結果として～になる」 この文の前半部分は第3段第4文（While you sleep, …）と合致する。しかし，後半の which 以降は第3段第6文（Nedergaard and her colleagues …）と矛盾する。「脳には睡眠の間に毒素を取り除く排水システムがある」と記されている。

3．「体が備えている自己修復機能は目覚めているときだけ働いている。そして，睡眠はその過程が適切に働くのに役立っている」 be equipped with ～「～が備わっている」 at work「働いて，機能して」 help *A* (to) *do*「*A* が～するのに役立つ」 第4段第3・4文（Everything from blood vessels … he explains.）と矛盾する。「自己修復機能は目覚めているときだけ働いている」のではなく，「睡眠中に修復がなされている」と記されている。certain「いくつかの」

4．「年配者は若者よりももっと眠るという人々の考えは現実を反映していない」 that「～という」は同格を示す接続詞。「年配者は若者よりももっと眠る」という記述は本文にない。第5段第2・3文（Experts recommend … each night.）に，子ども，青年，大人の望ましい睡眠時間が記されている。

5．「ライトと彼のチームは，週末に睡眠を取り戻すことが睡眠不足を克服する効果的な方法であるかどうかを調べた」 whether「～かどうか」 catch up on ～「～を取り戻す」 sleep deprivation「睡眠不足」 第7段第1～5文（In a recent study, … didn't help.）に，どのように調べたかが記されている。よって本文の内容に合致する。look at ～「～を調べる」 compare *A* to *B*「*A* と *B* を比較する（=compare *A* with *B*)」 get to *do*「～するようになる」 sleep in「遅くまで寝ている」 gain weight「体重が増える」

6.「不眠症は最もありふれた睡眠障害の１つであり，通常は睡眠時無呼吸の原因である」 that の先行詞は one である。不眠症が睡眠時無呼吸の原因であるという記述は本文にはない。よって，本文の内容に矛盾する。

G. 文全体は SVOC の構造であり，O は getting quality sleep「質の高い睡眠をとること」という動名詞で，C は extra challenging「特に難しい」である。work（on）the night shift「夜の勤務で働く」 work irregular schedules「不定期のスケジュールで働く」 challenging には「難しい」という意味に加えて，「やりがいのある，興味をそそる」という意味もあり，文脈に応じて訳すこと。

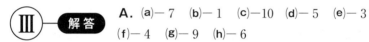

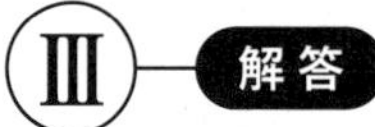

A. (a)—7　(b)—1　(c)—10　(d)—5　(e)—3
(f)—4　(g)—9　(h)—6

B.〈解答例１〉Sure, it is better to see everyone in person, but in my case, it is not realistic.

〈解答例２〉Of course, I prefer to see my family members in person, but it is not realistic in my case.

全訳

《遠く離れた家族との Zoom の会》

（ライリーは友人のテイラーと話している。）

ライリー：ねえ，テイラー。何時かな？

テイラー：調べるよ…およそ８時40分だよ。

ライリー：ああ，９時の Zoom の会の準備をする時間だ。もし僕が遅刻したら，他の人たちが怒るからね。

テイラー：遅刻しないことは確かだよ。ところで，どんな種類の会議なの？　仕事なの？

ライリー：いや，これは家族との会なんだ。僕たちは皆アメリカのさまざまな地域に住んでいるから，これは集まる最善の方法なんだ。

テイラー：おお，それはいいね！　何回会うの？

ライリー：それは時と場合によるんだ。オンラインでするときでさえ，皆を集めることは難しいよ！　でも，2～3週間に一度そうしようとしているんだ。しかし，必ずしもそれに固執しているわけではないよ。

テイラー：なるほど。特に異なる時間帯にいる場合はね。

ライリー：それは本当にそうだよ。僕は東海岸に住む唯一の人間で，一方，他の全ての人はカルフォルニアかアメリカ中央部のどちらかに住んでいる。そんなわけで，いつも大変遅く始めるんだ。他の人にとっては，実際夕食時間のもっと近くになるね。

テイラー：ええっと，僕は構わないよ。知ってのとおり，僕はむしろ夜型人間だからね。

ライリー：それはかなりいいね。でも時々僕のためにもう少し早く出席してくれたらなあと思うよ。そんなに遅い時刻にしゃべり始めることは難しいな。

テイラー：それで，どんな種類のことについて話すの？　そして，誰が呼びかけに参加するの？

ライリー：多くのことについてだよ。兄は政治について話すのが大好きなんだ，僕もそうだけど。でも，母は好きではないし，妹は無関心で，だから，政治についてはあまり時間を使わないよ。また，映画についてたくさん話すよ，自分たちの生活で起こっていることについてはもちろんだけど。誰が参加するかに関しては，今言った人たちに加えて，いとこの2人が時々参加する。彼らはとてもおもしろいよ。

テイラー：すると，君ばかりでなく，家族全員が映画を好きなんだね？

ライリー：そのとおり。実際，僕たちは自分自身にちょっと「宿題」を出すんだよ。それぞれの会の終わりに，次の会の前に何を見るかについて決めるんだ。それから，2週間後にそれについて話し合う。それは人々が読書クラブでするやり方と似ているよ。でも，僕たちには映画クラブがある。

テイラー：それはおもしろそうだね。僕は実際この頃映画を見ないから，言うべきことは何もないってことを除いてはね！　でも，その考えはいいね。

ライリー：そうだね，それがコロナのピークの間で僕たちが会い始めた1つの動機だった。誰も外出していなかったので，僕たちは試しにオンラインで会おうと決めただけなんだ。僕は，最初それがうまくいくかどうかわからなかった。特に，母がほぼ80歳でコンピュータをあまり知らないことを考えるとね。でも，僕たち皆が，母がセットアップするのを手伝って，今，母はそれが大好きなんだ。皆そうだ。家族の会が実際，僕たちの仲をいっそう親密にしてくれたんだ。

テイラー：想像できるよ。おそらく僕は親類と家族の会をし始めるべきだろう。僕は何年もいとこの数人と話をしていないんだ。

ライリー：そうだね，でも君の肉親はどうなの？　彼らとたくさん話すの？

テイラー：ほぼ毎日妹とはおしゃべりするよ，実際はそんなにたくさん電話で話はしないけれどもね。そして，1，2カ月にだいたい1回両親に電話をするかもしれないな。そんなところだ。

ライリー：Zoomの会を始める前，僕は兄弟とほとんど話をしなかった。僕は，地理的にばかりでなく心理的にももっと距離を感じ始めていた。今や，そんな時代は終わったよ。

テイラー：それを聞いてとてもうれしいな。僕の家族は前に同じようなことをすることについて話していた。でも，僕たちは決して最後までやり通さなかった。率先してやるように君が僕を鼓舞してくれたと思う。

ライリー：いいね！　僕が言えることはただ，それが実際に僕の家族の仲をいっそう親密にしてくれたということだ。

テイラー：それが実際は重要なんだ。特に，僕たちが人々に対する親密さを失っているように感じるこの頃では。

ライリー：もちろん，皆に直接会えるほうがいいけど，僕の場合それは現実的ではないんだ。だから，技術が時として僕たちを離れさせるとはいえ，また時として，技術は実際に僕たちを団結させることができる。

テイラー：うん，それはわかるよ。

ライリー：それじゃあ，よければ，僕は実際にこの会にログオンしなければならないよ。僕は家族を愛しているけど，彼らはとても気が短いんだ！

テイラー：いいよ。話を楽しんでね！

解説

A. (a)　直前の「何回会うの？」というテイラーの質問に対して，ライリーは空所の前で「それは時と場合によるんだ。オンラインでするときでさえ，皆を集めることは難しいよ」と答えている。この発言に続くものとして，空所に7の「でも，2～3週間に一度そうしようとしているんだ」を入れると，空所直後の「しかし，必ずしもそれに固執しているわけではないよ」という発言にうまくつながる。meet up「会う，落ち合う」 That depends. は「それは時と場合による」という意の定型表現。get *A* together「*A* を集める」 これに対して get together は「集まる」 once every couple of weeks「2～3週間に一度」 not always「必ずしも～というわけではない」は部分否定。stick to ～「～に固執する」

(b) 空所直前に「そんなわけで，いつも大変遅く始めるんだ。他の人にとっては，実際夕食時間のもっと近くになるね」というライリーの発言がある。また，空所直後にライリーの「Zoom がもう少し早ければいいな」という趣旨の発言がある。これに対して，空所に入るテイラーの発言として，1の「ええっと，僕は構わないよ」を選べば，空所の後の「知ってのとおり，僕はむしろ夜型人間だからね」とつながって，話の筋がとおる。that is why ～「そんなわけで～」 bother「～を困らせる，～に心配をかける」 be more of ～「どちらかと言うと～だ，むしろ～だ」

(c) 空所直前にライリーの「それはかなりいいね。でも時々僕のためにもう少し早く会に出席してくれたらなあと思うよ」という発言があり，ライリーには，夜9時に Zoom で家族の会を始めるのは遅いという感覚があると考えられる。したがって，10の「そんなに遅い時刻にしゃべり始めることは難しいな」を空所に入れる。8の「朝が私たちにとって最善の時間だ」も候補になるかもしれないが，ライリーのみが東海岸に住んでいるので，「私たちにとって」という表現は状況に合わない。not too bad「かなりよい」 I wish ～「～であればなあ」は仮定法過去。make it「(会に)出席する」 for my sake「僕のために」 late in the day「遅い時刻で」

(d) 空所の前でテイラーが「それで，どんな種類のことについて話すの？ そして，誰が呼びかけに参加するの？」と，2つの質問をしている。よって，空所に5の「多くのことについてだよ」を選べば，第1の質問に答えたことになり，話がうまく流れる。第2の質問に対しては，空所の後で述べられている。the call「呼びかけ」 stuff は「こと，もの（＝things)」という意の不可算名詞。

(e)　空所の前でライリーは「実際，僕たちは自分自身にちょっと『宿題』を出すんだよ。それぞれの会の終わりに，次の会の前に何を見るかについて決めるんだ」と述べている。この発言に続くものとして，空所に3の「それから，2週間後にそれについて話し合う」を入れると，空所の後の「それは人々が読書クラブでするやり方と似ているよ」とうまくつながり，話の流れに合う。kind of「ちょっと，幾分」 decide on ～「～に決める」 in two weeks「2週間後」 be similar to ～「～と似ている」 how「～するやり方，方法」は先行詞を含み名詞節を導く関係副詞。

(f)　空所の直前でライリーが「そうだね，それがコロナのピークの間で僕たちが会い始めた1つの動機だった」と述べている。この話の流れを基にして，空所に4の「誰も外出していなかったので，僕たちは試しにオンラインで会おうと決めただけなんだ」を入れると，空所の後の「僕は，最初それがうまくいくかどうかわからなかった」とうまくつながる。for us は不定詞 to start の意味上の主語。try *doing*「試しに～する」 work「うまくいく」

(g)　空所の前でテイラーが「おそらく僕は親類と家族の会をし始めるべきだろう」と述べている。このような発言に結びつくものとして，空所に9の「僕は何年もいとこの数人と話をしていないんだ」を選べば，ここまでの話の流れに合う。この親類を中心としたテイラーの発言に対して，直後でライリーは「そうだね，でも君の肉親はどうなの？　彼らとたくさん話すの？」と，問いかけている。in years「何年も，長年」 immediate family「肉親，近親」

(h)　空所の前でテイラーが「僕の家族は前に同じようなことをすることについて話していた。でも，僕たちは決して最後までやり通さなかった」と述べている。この発言を基にして，空所に6の「率先してやるように君が僕を鼓舞してくれたと思う」を入れる。ライリーは，家族の絆を深めたいというテイラーの気持ちを受けて，空所の後で「いいね！　僕が言えることはただ，それが実際に僕の家族の仲をいっそう親密にしてくれたということだ」と言っている。at one time「前に」 follow through「最後までやり通す」 inspire *A* to *do*「*A* に～するよう鼓舞する，奨励する」 all I can say is that ～「僕が言えることはただ～ということだ」 bring *A* closer together「*A* の仲をいっそう親密にする，*A* を一緒により身近にする」

B. 細かい日本語の表現にこだわらず日本文の内容を正確な英語で書くことが必要である。そのためには，文法的なミスをしないように自分がよく知っている単語を用いて，文脈を考えて英語に直すこと。「もちろん」は of course であるが，この日本語では，「もちろん」は「～けど」と対応している。よって，Of course ～, but … という形式にすればよい。Sure, ～, but … や，To be sure, ～, but … などの表現形式でも可。「みんなに直接会えるほうがいい」に関して，「みんな」は everyone だが，文脈に従えば，ライリーにとって「私の家族」だから，my family や my family members でも可。「直接」は in person という定型表現を用いる。よって，「みんなに直接会えるほうがいい」は，形式主語と真主語という構造を用いて，it is better to see everyone in person とする。あるいは prefer to *do*「～するほうがいい」を用いて，I prefer to see my family in person とするのも可。「私の場合」は in my case とする。「それは現実的ではない」は it is not realistic とする。

講評

2024 年度も例年通り，やや長めの長文読解問題が２題，会話文の問題が１題の合計３題の出題であった。

Ⅰ　「環境保護のための昆虫食」に関する論説文。Aは前後の文脈を読み取って答える空所補充問題である。BとCは同意語句の選択問題であるが，Cのほうが問われている箇所が少し長い。どちらも標準的な問題である。Dは語の並べ替えを問う語句整序問題である。Eは，本文の内容に合致する選択肢３つを選ぶ内容真偽問題で，これも標準的である。

Ⅱ　「質の高い睡眠をめざして」に関する論説文。Aは前後の文脈を読み取って答える空所補充問題で，Bは同意語句を問う問題である。やや難しい小問もあったかもしれない。Cは文脈の理解をもとにした同意表現を問う問題である。Dは語の並べ替えを問う語句整序問題で，標準的である。Eは段落の主題を選ぶ問題で，Fは本文の内容に合致する選択肢２つを選ぶ内容真偽問題である。Gは英文和訳問題で標準的である。

Ⅲ　「遠く離れた家族との Zoom の会」という会話文問題である。ライリーの家族は互いに遠く離れて住んでいるので，なかなか会えない。Zoom を用いて家族で話をすることによって，家族の仲がいっそう親密になったという筋の会話形式の問題である。Aは8カ所の空所に10個の選択肢から1つを選んでいくという空所補充問題で，難度は標準的だと考えられる。Bの和文英訳は，2行ほどの日本語を英訳する問題で，この問題も標準的である。英作文では，日本語にあまりとらわれることなく，自分が自信を持って用いることのできる語彙や構文を用いて英文に直すことが重要で，文法的な間違いやケアレスミスをしないように気をつけてほしい。

全体として，出題傾向はほぼ例年通りで，難度も2023年度とほぼ同様であると思われる。受験生に高い英語力を求めているのも例年同様なので，過去問をしっかり研究して，十分に対策をとって臨みたい。

数　学

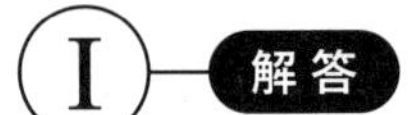 (1)ア．$\frac{1}{4}$　イ．$\frac{1}{3}$　ウ．$\frac{1}{2^n}$　エ．$\frac{n}{3\times 2^{n-1}}$

オ．$-\log 2$

(2)カ．5　キ．$\frac{2}{3}$　ク．$-\frac{6}{41}$　ケ．3　コ．$\sqrt{10}$

解説

《小問2問》

(1)　2個のさいころを投げたとき，出る目の積を4で割ったときの余りが1または3となるのは，2個とも奇数の目が出た場合であるので

$$b_2+d_2=\left(\frac{3}{6}\right)^2=\frac{1}{4}\quad \to ア$$

2個のさいころを投げたとき，出る目の積を4で割ったときの余りが2となるのは，一方が2または6の目が出て，もう一方が奇数の目が出た場合であるので

$$c_2={}_2\mathrm{C}_1\times\frac{2}{6}\times\frac{3}{6}=\frac{1}{3}\quad \to イ$$

n 個のさいころを投げたとき，出る目の積を4で割ったときの余りが1または3となるのは，n 個とも奇数の目が出た場合であるので

$$b_n+d_n=\left(\frac{3}{6}\right)^n=\frac{1}{2^n}\quad \to ウ$$

n 個のさいころを投げたとき，出る目の積を4で割ったときの余りが2となるのは，1個だけ2または6の目が出て，残りの $n-1$ 個が奇数の目が出た場合であるので

$$c_n={}_n\mathrm{C}_1\times\left(\frac{2}{6}\right)\times\left(\frac{3}{6}\right)^{n-1}=\frac{n}{3\times 2^{n-1}}\quad \to エ$$

ここで，$a_n+b_n+c_n+d_n=1$ であるので

$$1-a_n=(b_n+d_n)+c_n=\frac{1}{2^n}+\frac{n}{3\times 2^{n-1}}=\frac{2n+3}{3\times 2^n}\ より$$

$$\log(1-a_n)=\log\frac{2n+3}{3\times2^n}=\log(2n+3)-\log3-n\log2$$

$$\frac{1}{n}\log(1-a_n)=\frac{1}{n}\log(2n+3)-\frac{1}{n}\log3-\log2$$

これより

$$\lim_{n\to\infty}\frac{1}{n}\log(1-a_n)=\lim_{n\to\infty}\left\{\frac{2n+3}{n}\times\frac{\log(2n+3)}{2n+3}-\frac{1}{n}\log3-\log2\right\}$$

$$=\lim_{n\to\infty}\left\{\left(2+\frac{3}{n}\right)\times\frac{\log(2n+3)}{2n+3}-\frac{1}{n}\log3-\log2\right\}$$

$$=2\times0-0-\log2$$

$$=-\log2 \quad \to オ$$

(2) $z=x+yi$ （x, y は実数）とおくと

$|3z+it|=|(t+2i)z-1|$ より

$$|3x+(3y+t)i|=|(tx-2y-1)+(2x+ty)i|$$

両辺を 2 乗すると

$$9x^2+(3y+t)^2=(tx-2y-1)^2+(2x+ty)^2$$

$$9x^2+9y^2+6ty+t^2$$

$$=t^2x^2+4y^2+1-4txy+4y-2tx+4x^2+4txy+t^2y^2$$

$$(5-t^2)x^2+(5-t^2)y^2+2tx+2(3t-2)y+(t^2-1)=0 \quad \cdots\cdots①$$

①が円を表さないのは　$t^2=5$ →カ

$t^2\neq5$ のとき，①を変形すると

$$x^2+y^2+\frac{2t}{5-t^2}x+\frac{2(3t-2)}{5-t^2}y+\frac{t^2-1}{5-t^2}=0$$

$$\left(x+\frac{t}{5-t^2}\right)^2+\left(y+\frac{3t-2}{5-t^2}\right)^2-\left(\frac{t}{5-t^2}\right)^2-\left(\frac{3t-2}{5-t^2}\right)^2+\frac{t^2-1}{5-t^2}=0$$

$$\left(x+\frac{t}{5-t^2}\right)^2+\left(y+\frac{3t-2}{5-t^2}\right)^2=\frac{t^4+(2t-3)^2}{(5-t^2)^2}$$

よって，$w=\dfrac{-t}{5-t^2}+\dfrac{2-3t}{5-t^2}i$ となるので

w の虚部が 0 となるのは　$t=\dfrac{2}{3}$ →キ

このとき，w の実部の値は　$\dfrac{-\dfrac{2}{3}}{5-\left(\dfrac{2}{3}\right)^2}=-\dfrac{6}{41}$　→ク

また，$|w|\cos\theta=\dfrac{-t}{5-t^2}$，$|w|\sin\theta=\dfrac{2-3t}{5-t^2}$ であるので

$\tan\theta=\dfrac{|w|\sin\theta}{|w|\cos\theta}=\dfrac{3t-2}{t}$ となるので

$$\lim_{t\to\infty}\tan\theta=\lim_{t\to\infty}\left(3-\frac{2}{t}\right)=3 \quad \to ケ$$

最後に

$$t|w|=t\times\sqrt{\left(\frac{-t}{5-t^2}\right)^2+\left(\frac{2-3t}{5-t^2}\right)^2}$$
$$=t\times\sqrt{\frac{10t^2-12t+4}{(t^2-5)^2}}$$
$$=\sqrt{\frac{10t^4-12t^3+4t^2}{t^4-10t^2+25}}$$

であるので

$$\lim_{t\to\infty}t|w|=\lim_{t\to\infty}\sqrt{\frac{10-\dfrac{12}{t}+\dfrac{4}{t^2}}{1-\dfrac{10}{t^2}+\dfrac{25}{t^4}}}=\sqrt{10} \quad \to コ$$

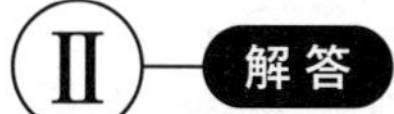

(1)　k は ∠AOB の二等分線であるので

BC：CM＝OB：OM＝3：1

これより

$$\overrightarrow{OC}=\frac{1\times\overrightarrow{OB}+3\times\overrightarrow{OM}}{3+1}$$
$$=\frac{1}{4}\vec{b}+\frac{3}{4}\vec{m}$$

となるので

$$r=\frac{1}{4},\ s=\frac{3}{4} \quad \cdots\cdots(答)$$

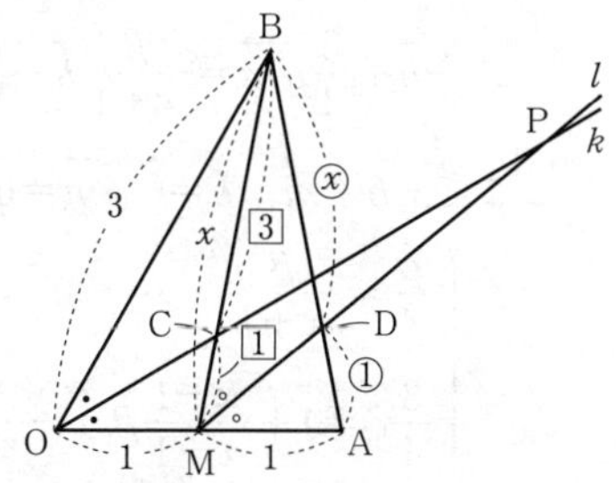

(2)　l は ∠AMB の二等分線であるので

$$\mathrm{BD}:\mathrm{DA}=\mathrm{MB}:\mathrm{MA}=x:1$$

これより

$$\overrightarrow{\mathrm{MD}}=\frac{1\times\overrightarrow{\mathrm{MB}}+x\times\overrightarrow{\mathrm{MA}}}{x+1}$$

$$=\frac{1}{x+1}\times(\overrightarrow{\mathrm{OB}}-\overrightarrow{\mathrm{OM}})+\frac{x}{x+1}\overrightarrow{\mathrm{OM}}$$

$$=\frac{1}{x+1}\overrightarrow{\mathrm{OB}}+\frac{x-1}{x+1}\overrightarrow{\mathrm{OM}}$$

$$=\frac{1}{x+1}\vec{b}+\frac{x-1}{x+1}\vec{m}$$

よって　$t=\dfrac{1}{x+1}$，$u=\dfrac{x-1}{x+1}$　……(答)

(3)　点Pは k 上にあるので，実数 α を用いて

$$\overrightarrow{\mathrm{OP}}=\alpha\overrightarrow{\mathrm{OC}}=\frac{\alpha}{4}\vec{b}+\frac{3}{4}\alpha\vec{m}\quad\cdots\cdots①$$

と表せる。

また，点Pは l 上にあるので，実数 β を用いて

$$\overrightarrow{\mathrm{MP}}=\beta\overrightarrow{\mathrm{MD}}=\frac{\beta}{x+1}\overrightarrow{\mathrm{OB}}+\frac{x-1}{x+1}\beta\overrightarrow{\mathrm{OM}}$$

と表せるので，これを変形して

$$\overrightarrow{\mathrm{OP}}-\overrightarrow{\mathrm{OM}}=\frac{\beta}{x+1}\overrightarrow{\mathrm{OB}}+\frac{x-1}{x+1}\beta\overrightarrow{\mathrm{OM}}\text{ より}$$

$$\overrightarrow{\mathrm{OP}}=\frac{\beta}{x+1}\vec{b}+\left(1+\frac{x-1}{x+1}\beta\right)\vec{m}\quad\cdots\cdots②$$

①，②より

$$\frac{\alpha}{4}\vec{b}+\frac{3}{4}\alpha\vec{m}=\frac{\beta}{x+1}\vec{b}+\left(1+\frac{x-1}{x+1}\beta\right)\vec{m}$$

ここで，$\vec{b}\nparallel\vec{m}$，$\vec{b}\neq\vec{0}$，$\vec{m}\neq\vec{0}$ より

$$\begin{cases}\dfrac{\alpha}{4}=\dfrac{\beta}{x+1} & \cdots\cdots③\\[2mm] \dfrac{3}{4}\alpha=1+\dfrac{x-1}{x+1}\beta & \cdots\cdots④\end{cases}$$

③，④より

$$\frac{3\beta}{x+1}=1+\frac{x-1}{x+1}\beta$$

両辺に $x+1$ を掛けると

$3\beta=(x+1)+(x-1)\beta$ より

$$(4-x)\beta=x+1 \qquad \therefore \quad \beta=\frac{x+1}{4-x}$$

これを③に代入して　$\alpha=\dfrac{4}{4-x}$

これを①に代入すると，$\overrightarrow{\mathrm{OP}}=\dfrac{1}{4-x}\vec{b}+\dfrac{3}{4-x}\vec{m}$ となるので

$$y=\frac{1}{4-x},\ z=\frac{3}{4-x}$$ ……(答)

(4)　△OAP と △OAB について，底辺を OA と考えると

$$\triangle\mathrm{OAP} : \triangle\mathrm{OAB}=\left|\frac{1}{4-x}\vec{b}\right| : |\vec{b}|=1 : (4-x)=2 : 3$$

となるので

$$2(4-x)=1\times3$$

$\therefore \quad x=\dfrac{5}{2}$ ……(答)

解説

《交点の位置ベクトルと三角形の面積比》

(1)　C は BM を OB : OM＝3 : 1 に内分する点である。

(2)　D は BA を MB : MA＝x : 1 に内分する点であることから，$\overrightarrow{\mathrm{MD}}$ を $\overrightarrow{\mathrm{MB}}$，$\overrightarrow{\mathrm{MA}}$，$x$ を用いて表すことができる。$\overrightarrow{\mathrm{MA}}=\vec{m}$，$\overrightarrow{\mathrm{MB}}=\vec{b}-\vec{m}$ であることから，t と u を x の式で表すことができる。

(3)　点 P は k 上にあるので，実数 α を用いて，$\overrightarrow{\mathrm{OP}}=\alpha\overrightarrow{\mathrm{OC}}$ と表せる。また，点 P は l 上にあるので，実数 β を用いて，$\overrightarrow{\mathrm{MP}}=\beta\overrightarrow{\mathrm{MD}}$ と表せる。これにより，$\overrightarrow{\mathrm{OP}}$ を $\vec{b}$ と $\vec{m}$，α，β，x を用いて 2 通りの表し方をし，α，β，x についての関係式を導いていく。

(4)　△OAP と △OAB について，底辺を OA と考えると，面積比は高さの比と同じである。つまり，△OAP : △OAB＝$|y|$: 1 である。

III　解答　(1)　$y=\dfrac{3}{8}x^2$ より　$y'=\dfrac{3}{4}x$

$x=s$ を代入すると　$y'=\frac{3}{4}s$

これより，C 上の点 $\left(s,\ \frac{3}{8}s^2\right)$ における C の接線の方程式は

$y-\frac{3}{8}s^2=\frac{3}{4}s(x-s)$ より　$y=\frac{3}{4}sx-\frac{3}{8}s^2$

となるので

この接線の傾きは $\frac{3}{4}s$，y 切片は $-\frac{3}{8}s^2$　……(答)

(2)　(1)より，接線 l，m の方程式は

$$l : y=\frac{3}{4}\alpha x-\frac{3}{8}\alpha^2 \quad \cdots\cdots①$$

$$m : y=\frac{3}{4}\beta x-\frac{3}{8}\beta^2 \quad \cdots\cdots②$$

①，②を連立して

$$\frac{3}{4}\alpha x-\frac{3}{8}\alpha^2=\frac{3}{4}\beta x-\frac{3}{8}\beta^2$$

$$\frac{3}{4}(\alpha-\beta)x=\frac{3}{8}(\alpha+\beta)(\alpha-\beta)$$

$\beta>\alpha$ より　$x=\frac{\alpha+\beta}{2}$

①に代入して

$$y=\frac{3}{4}\alpha\times\frac{\alpha+\beta}{2}-\frac{3}{8}\alpha^2=\frac{3\alpha\beta}{8}$$

よって，2 本の接線 l，m の交点は $\left(\frac{\alpha+\beta}{2},\ \frac{3\alpha\beta}{8}\right)$ となり

これが点 $\mathrm{P}(4p,\ -\sqrt{18p^2+2})$ と一致するので

$$\alpha+\beta=8p,\ \alpha\beta=-\frac{8\sqrt{18p^2+2}}{3} \quad \cdots\cdots(答)$$

(3)　直線 LM の方程式は，$y-\frac{3}{8}\alpha^2=\frac{\frac{3}{8}\beta^2-\frac{3}{8}\alpha^2}{\beta-\alpha}(x-\alpha)$ より

$$y-\frac{3}{8}\alpha^2=\frac{3}{8}(\alpha+\beta)(x-\alpha)$$

$$y=\frac{3}{8}(\alpha+\beta)x-\frac{3}{8}\alpha\beta$$

⑵の結果より　$\frac{3}{8}(\alpha+\beta)=\frac{3}{8}\times 8p=3p$

$$-\frac{3}{8}\alpha\beta=-\frac{3}{8}\times\left(-\frac{8\sqrt{18p^2+2}}{3}\right)=\sqrt{18p^2+2}$$

これより，直線 LM の傾きは $3p$，y 切片は $\sqrt{18p^2+2}$　……(答)

つまり，直線 LM の方程式は，$y=3px+\sqrt{18p^2+2}$ と変形でき

線分 OH の長さは，原点 O と直線 $3px-y+\sqrt{18p^2+2}=0$ との距離であるので

$$\mathrm{OH}=\frac{|3p\times 0+(-1)\times 0+\sqrt{18p^2+2}|}{\sqrt{(3p)^2+(-1)^2}}=\frac{\sqrt{2(9p^2+1)}}{\sqrt{9p^2+1}}=\sqrt{2}$$

……(答)

(4)　⑶の結果より，点 H は原点 O を中心とする半径 $\sqrt{2}$ の円　……③ の円周上にある。

(i)　$p=0$ のとき，直線 OH の方程式は $x=0$ となり，$\mathrm{H}(0,\ \sqrt{2})$ である。

(ii)　$p\neq 0$ のとき，直線 OH の方程式は，$y=-\frac{1}{3p}x$ となり，OH と x 軸の正方向とのなす角を θ $\left(0<\theta<\pi,\ \theta\neq\frac{\pi}{2}\right)$ とすると

$$\tan\theta=-\frac{1}{3p}$$

であり

$-\frac{1}{3}\leqq p<0,\ 0<p\leqq\frac{1}{3}$ のとき，$-\frac{1}{3p}\leqq -1,\ 1\leqq -\frac{1}{3p}$ より

$$\tan\theta\leqq -1,\ 1\leqq\tan\theta$$

よって　$\frac{\pi}{4}\leqq\theta<\frac{\pi}{2},\ \frac{\pi}{2}<\theta\leqq\frac{3}{4}\pi$

(i), (ii)より，点 H は③の円周上のうち，OH と x 軸の正方向とのなす角 θ が $\frac{\pi}{4}\leqq\theta\leqq\frac{3}{4}\pi$ を満たす範囲を動くので，求める点 H の軌跡の長さは

$$\sqrt{2}\times\left(\frac{3}{4}\pi-\frac{\pi}{4}\right)=\frac{\sqrt{2}}{2}\pi\quad\text{……(答)}$$

(5)　⑷より，$\theta=\frac{\pi}{4}$ のとき，点 H(1, 1) であるので

直線 LM の方程式は　　$y=-x+2$

$\frac{3}{8}x^2=-x+2$ とおくと，$3x^2+8x-16=0$ より

$$(3x-4)(x+4)=0 \qquad \therefore \quad x=\frac{4}{3},\ -4$$

$\theta=\frac{3}{4}\pi$ のとき，点 H$(-1,\ 1)$ であるので

直線 LM の方程式は　　$y=x+2$

$\frac{3}{8}x^2=x+2$ とおくと，$3x^2-8x-16=0$ より

$$(3x+4)(x-4)=0 \qquad \therefore \quad x=-\frac{4}{3},\ 4$$

よって，求める面積 S を下図のように，S_1，S_2，S_3 に分割すると，$S=S_1+S_2+S_3$ であり

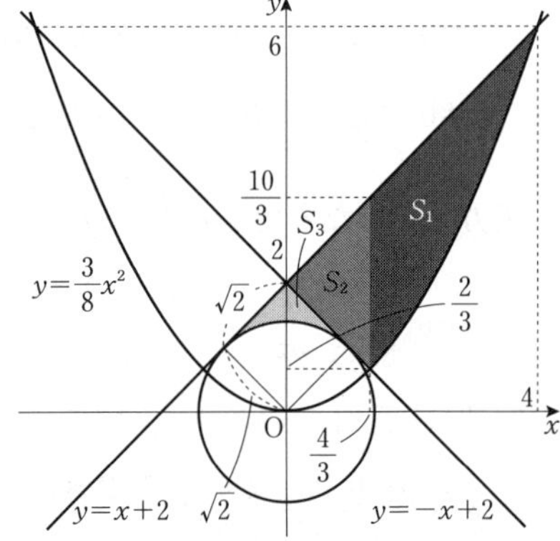

$$S_1=\int_{\frac{4}{3}}^{4}\left\{(x+2)-\frac{3}{8}x^2\right\}dx$$

$$=\left[-\frac{1}{8}x^3+\frac{1}{2}x^2+2x\right]_{\frac{4}{3}}^{4}$$

$$=\frac{128}{27}$$

$$S_2=\frac{1}{2}\times\left(\frac{10}{3}-\frac{2}{3}\right)\times\frac{4}{3}$$

$$=\frac{16}{9}$$

$$S_3=(\sqrt{2})^2-\pi\times(\sqrt{2})^2\times\frac{1}{4}$$

$$=2-\frac{\pi}{2}$$

よって

$$S=\frac{128}{27}+\frac{16}{9}+\left(2-\frac{\pi}{2}\right)$$

$$=\frac{230}{27}-\frac{\pi}{2} \quad \cdots\cdots(答)$$

解説

《点の軌跡の長さと線分が通過する領域の面積》

(1) $f(x)=\frac{3}{8}x^2$ とおくと，C の接線の方程式は，$y-f(s)=f'(s)(x-s)$ で求めることができる。

(2) (1)の結果より，l，m の方程式を求めることができ，それを連立して，交点の座標を α，β を用いて表す。それが点 P の座標と一致することから，$\alpha+\beta$，$\alpha\beta$ を p の式で表す。

(3) 2 点を通る直線の方程式より直線 LM の方程式を求め，(2)の結果を利用して，その傾きと y 切片を p を用いて表す。線分 OH の長さについては，点と直線の距離の公式を利用する。

(4) $p\neq0$ のとき，直線 OH の方程式は，$y=-\frac{1}{3p}x$ となるので，OH と x 軸の正方向とのなす角を θ とすると，$\tan\theta=-\frac{1}{3p}$ であることから，点 H の軌跡がわかる。

(5) 線分 HM が通過する領域を図において確認して，その領域の面積を曲線と直線で囲まれた部分の面積，三角形の面積，正方形から扇形を除いた部分の面積などに分けて計算していく。

Ⅳ 解答

(1) $S_{n-1}=S_n$ より　　$S_n-S_{n-1}=0$

$$\sum_{k=1}^{n}f(k)-\sum_{k=1}^{n-1}f(k)=0$$

よって，$f(n)=0$ より　　$\sin(\pi n^{\frac{1}{3}})=0$

これを満たすのは，n が立方数となる場合である。

$1000=10^3$，$27000=30^3$ であるので，$S_{n-1}=S_n$，$1000\leqq n\leqq27000$ を同時に満たす自然数 n の個数は

$30-10+1=21$ 個　……(答)

(2)
$$\int t^2\sin t\,dt=-t^2\cos t-\int 2t(-\cos t)\,dt$$
$$=-t^2\cos t+2\int t\cos t\,dt$$

$$= -t^2\cos t + 2\left(t\sin t - \int 1\cdot\sin t\,dt\right)$$

$$= -t^2\cos t + 2t\sin t + 2\cos t + C$$ （C は積分定数） ……①

……(答)

また，$\pi^3 x = t^3$ とおくと

$$\frac{dx}{dt}\times\pi^3 = 3t^2$$

x	$1 \to m^3$
t	$\pi \to \pi m$

これより

$$\int_1^{m^3} f(x)dx = \int_1^{m^3}\sin(\pi x^{\frac{1}{3}})dx$$

$$= \int_\pi^{\pi m}\sin t\cdot\frac{3t^2}{\pi^3}dt$$

$$= \frac{3}{\pi^3}\int_\pi^{\pi m} t^2\sin t\,dt$$

ここで，①を用いると

$$\int_1^{m^3} f(x)dx = \frac{3}{\pi^3}\times\Big[-t^2\cos t + 2t\sin t + 2\cos t\Big]_\pi^{\pi m}$$

$$= \frac{3}{\pi^3}\times\{-\pi^2 m^2\cos(\pi m) + 2\cos(\pi m) + \pi^2\cos\pi - 2\cos\pi\}$$

$$= \left(-\frac{3}{\pi}m^2 + \frac{6}{\pi^3}\right)\cos(\pi m) - \frac{3}{\pi} + \frac{6}{\pi^3}$$

よって，すべての自然数 m に対して

$$\int_1^{m^3} f(x)dx = (pm^2 + q)\cos(\pi m) + r$$

が成り立つような p，q，r の値は

$$p = -\frac{3}{\pi},\quad q = \frac{6}{\pi^3},\quad r = -\frac{3}{\pi} + \frac{6}{\pi^3}$$ ……(答)

(3) $f(x) - \frac{\pi}{3}x^{-\frac{2}{3}} < f(k+1) < f(x) + \frac{\pi}{3}x^{-\frac{2}{3}}$ について

$k \leqq x \leqq k+1$ で積分すると

$\int_k^{k+1}\left\{f(x) - \frac{\pi}{3}x^{-\frac{2}{3}}\right\}dx < \int_k^{k+1} f(k+1)dx < \int_k^{k+1}\left\{f(x) + \frac{\pi}{3}x^{-\frac{2}{3}}\right\}dx$ より

$$\int_k^{k+1} f(x)dx - \pi\Big[x^{\frac{1}{3}}\Big]_k^{k+1} < f(k+1) < \int_k^{k+1} f(x)dx + \pi\Big[x^{\frac{1}{3}}\Big]_k^{k+1}$$

$$\int_k^{k+1} f(x)dx-\pi\times\{(k+1)^{\frac{1}{3}}-k^{\frac{1}{3}}\}<f(k+1)$$
$$<\int_k^{k+1} f(x)dx+\pi\times\{(k+1)^{\frac{1}{3}}-k^{\frac{1}{3}}\}$$

ここで，$k=1,\ 2,\ 3,\ \cdots,\ m^3-1$ として，辺々をすべて加えると

$$\int_1^{m^3} f(x)dx-\pi(m-1)<\sum_{k=1}^{m^3-1} f(k+1)<\int_1^{m^3} f(x)dx+\pi(m-1) \quad \cdots\cdots②$$

ここで，$\displaystyle\sum_{k=1}^{m^3-1} f(k+1)=\sum_{k=2}^{m^3} f(k)=\sum_{k=1}^{m^3} f(k)=S_{m^3}$ （$f(1)=0$ より）であるので，②より

$$\int_1^{m^3} f(x)dx-\pi(m-1)<S_{m^3}<\int_1^{m^3} f(x)dx+\pi(m-1)$$

が得られる。（証明終）

(4) (1)より $S_{n-1}=S_n$，$1000\leqq n\leqq 27000$ を同時に満たす自然数 n は，$n=m^3$ （$10\leqq m\leqq 30$，m は自然数）を満たす。

また，(2)，(3)より

$$\left(-\frac{3}{\pi}m^2+\frac{6}{\pi^3}\right)\cos(\pi m)-\frac{3}{\pi}+\frac{6}{\pi^3}-\pi(m-1)<S_{m^3}$$
$$<\left(-\frac{3}{\pi}m^2+\frac{6}{\pi^3}\right)\cos(\pi m)-\frac{3}{\pi}+\frac{6}{\pi^3}+\pi(m-1) \quad \cdots\cdots③$$

(i)　m が奇数のとき

③の左辺は

$$\left(\frac{3}{\pi}m^2-\frac{6}{\pi^3}\right)-\frac{3}{\pi}+\frac{6}{\pi^3}-\pi(m-1)$$
$$=\frac{3}{\pi}m^2-\pi(m-1)-\frac{3}{\pi}$$
$$=m\left(\frac{3}{\pi}m-\pi\right)+\left(\pi-\frac{3}{\pi}\right)>0 \quad (m\geqq 10,\ 3<\pi<4 \text{ より})$$

よって，$S_{m^3}>0$ となるので，不適。

(ii)　m が偶数のとき

③の右辺は

$$\left(-\frac{3}{\pi}m^2+\frac{6}{\pi^3}\right)-\frac{3}{\pi}+\frac{6}{\pi^3}+\pi(m-1)$$

$$=-\frac{3}{\pi}m^2+\pi(m-1)+\frac{12-3\pi^2}{\pi^3}$$

$$=m\left(\pi-\frac{3}{\pi}m\right)+\frac{12-3\pi^2-\pi^4}{\pi^3}<0\quad(m\geqq 10,\ 3<\pi<4 \text{ より})$$

よって，$S_{m^3}<0$ となるので，適する。

これより，求める自然数 n は，10^3，12^3，14^3，…，28^3，30^3 の 11 個

……(答)

(5)　$S_{n-1}\leqq 0<S_n$ より　　$f(n)=S_n-S_{n-1}>0$

ここで

$$f(n)>0 \Longleftrightarrow (2l)^3<n<(2l+1)^3\quad(l=5,\ 6,\ \cdots,\ 14)$$

また，(4)より　　$S_{(2l)^3}<0<S_{(2l+1)^3}$

$(2l)^3<n<(2l+1)^3$ において $f(n)>0$ より，S_n はこの範囲で単調増加である。

よって，$S_{n-1}\leqq 0<S_n$ を満たす自然数 n はこの範囲にただ 1 つ存在する。

よって，求める個数は　　$14-5+1=10$ 個　……(答)

解説

《条件を満たす自然数の個数，定積分を用いた不等式》

(1)　$S_n=\sum_{k=1}^{n}f(k)$，$S_{n-1}=S_n$ より，$f(n)=0$ が得られるので，$\sin(\pi n^{\frac{1}{3}})=0$ となる自然数 n を考えていけばよい。

(2)　$\int t^2\sin t\,dt$ については，部分積分法を 2 回用いる。また，その結果を用いて，$\pi^3x=t^3$ とおき，置換積分法により，$\int_1^{m^3}f(x)dx$ を求め，すべての自然数 m について成り立つことから，定数 p，q，r の値を求める。

(3)　$f(x)-\frac{\pi}{3}x^{-\frac{2}{3}}<f(k+1)<f(x)+\frac{\pi}{3}x^{-\frac{2}{3}}$ を $k\leqq x\leqq k+1$ で積分し，$k=1$，2，3，…，m^3-1 として辺々すべて加えることによって，証明することができる。

(4)　3 つの条件のうち，$S_{n-1}=S_n$，$1000\leqq n\leqq 27000$ から(1)より n は立方数であることがわかる。また，(2)，(3)から得られる不等式に $\cos(\pi m)$ が使われていることに着目し，m が奇数と偶数の場合に場合分けして，最後の条件 $S_n<0$ に対して，m が奇数の場合に不適となることを導き，3

つの条件を同時に満たす自然数 n の個数を求める。

(5) 数列 $\{S_n\}$ の増減と(4)から 5 以上 14 以下の自然数 l に対して，$S_{n-1} \leqq 0 < S_n$ を満たす自然数 n が $(2l)^3 < n < (2l+1)^3$ の範囲に必ず 1 つ存在し，$(2l+1)^3 < n < (2l+2)^3$ の範囲では存在しないことがわかる。

講評

Ⅰ (1)は n 個のさいころを同時に投げたときの目の積を 4 で割ったときの余りに関する確率と数列の極限に関する融合問題である。標準的なレベルの問題であるが，$n=2$ の場合を一般化する形の丁寧な誘導がついているので是非完答したい問題である。(2)は複素数平面の軌跡に関する問題である。形式としては典型的な問題であるが，空所補充形式の問題としては計算量がやや多いので差がついた問題となったかもしれない。

Ⅱ 交点の位置ベクトルと三角形の面積比に関する問題である。(1)は角の二等分線の性質を利用するだけの平易な問題である。(2)も(1)と同様に角の二等分線の性質を利用し，ベクトルの分解から答えを導くことができるので，正答をめざしたい。(3)は 2 直線 k，l の交点として点 P の位置ベクトルを 2 通りの形で表して係数比較することにより y，z を決定していく問題である。(4)は(3)の結果を利用すれば解答を導くことができる問題となっているので，(3)の出来不出来がポイントとなった問題である。

Ⅲ 線分の通過する領域の面積を求める微・積分法の問題である。文字を用いた計算となるが，(1)〜(3)までは理系としては平易な問題である。(4)も(3)の結果を利用すれば難しくない。最後の(5)だけは計算等が非常に複雑で，ほとんどの受験生が苦労したと思われる。

Ⅳ 数列と積分法に関する問題である。(1)と(2)の前半までは標準レベルだが，(2)の後半からは考え方・計算ともレベルが高く正答率は低かったと思われる。2024 年度では最も難しかった問題である。

2024 年度も例年と同じくⅢ(5)，Ⅳ(3)〜(5)のような難問が複数出題されていることを考えると，空所補充形式の問題も含めて 6 割程度の点数を確保できれば合格点に達することができただろう。標準レベルまでの問題をミスなく解ききることが大切である。

物　理

I **解答** (ア) $\dfrac{m_1}{m_1+m_2}v_0$　(イ) $\dfrac{m_2}{m_1+m_2}v_0$　(ウ) 0　(エ) 0

(オ) $\dfrac{m_1}{m_1+m_2}v_0$　(カ) $\pi-2\phi$　(キ) $\dfrac{2m_1v_0\cos\phi}{m_1+m_2}$　(ク) $\dfrac{4m_1m_2\cos^2\phi}{(m_1+m_2)^2}$　(ケ) m_1

(コ) $\dfrac{\pi}{2}$

解答図（I-A）

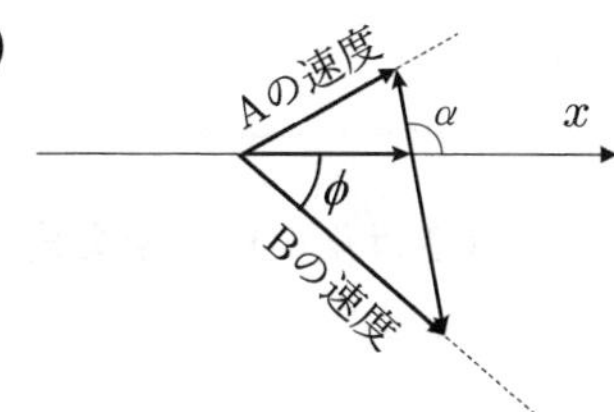

解説

《2次元衝突と重心から見た相対速度》

(ア)　重心Gが移動する速さを v_G とすると，運動量保存則より

$$m_1v_0=(m_1+m_2)v_G \qquad \therefore \quad v_G=\frac{m_1}{m_1+m_2}v_0$$

(イ)　衝突前のGから見たAの相対速度を v_{GA} とすると v_0 と v_G の向きが同じなので

$$v_{GA}=v_0-v_G=v_0-\frac{m_1}{m_1+m_2}v_0=\frac{m_2}{m_1+m_2}v_0$$

(ウ)　衝突前のGから見たBの相対速度を v_{GB} とすると

$$v_{GB}=0-v_G=-\frac{m_1}{m_1+m_2}v_0$$

よって　$m_1v_{GA}+m_2v_{GB}=0$

(エ)・**解答図（I-A）**　衝突前のAの速度を $\overrightarrow{v_0}$，衝突後のAとBの速度をそれぞれ $\overrightarrow{v_A'}$，$\overrightarrow{v_B'}$，重心の速度を $\overrightarrow{v_G}$，Gに対する衝突前のAとBの相対速度をそれぞれ $\overrightarrow{v_{GA}}$，$\overrightarrow{v_{GB}}$，衝突後のAとBの相対速度をそれぞれ $\overrightarrow{v_{GA}'}$，

$\overrightarrow{v_{GB}'}$ とすると，運動量保存則より

$$m_1\overrightarrow{v_0}=m_1\overrightarrow{v_A'}+m_2\overrightarrow{v_B'}$$

両辺から $m_1\overrightarrow{v_G}+m_2\overrightarrow{v_G}$ を引くと

$$m_1(\overrightarrow{v_0}-\overrightarrow{v_G})+m_2(\vec{0}-\overrightarrow{v_G})=m_1(\overrightarrow{v_A'}-\overrightarrow{v_G})+m_2(\overrightarrow{v_B'}-\overrightarrow{v_G})$$

$$m_1\overrightarrow{v_{GA}}+m_2\overrightarrow{v_{GB}}=m_1\overrightarrow{v_{GA}'}+m_2\overrightarrow{v_{GB}'}$$

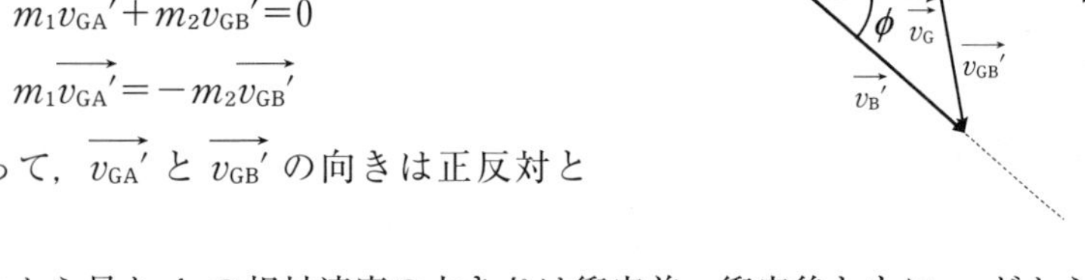

(ウ)の結果より $m_1\overrightarrow{v_{GA}}+m_2\overrightarrow{v_{GB}}=\vec{0}$ なので

$$m_1\overrightarrow{v_{GA}'}+m_2\overrightarrow{v_{GB}'}=\vec{0}$$

$$\therefore\quad m_1\overrightarrow{v_{GA}'}=-m_2\overrightarrow{v_{GB}'}$$

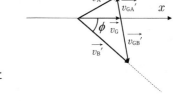

よって，$\overrightarrow{v_{GA}'}$ と $\overrightarrow{v_{GB}'}$ の向きは正反対となる。

(オ) Bから見たAの相対速度の大きさは衝突前，衝突後ともに v_0 だから右上図より

$$|\overrightarrow{v_A'}-\overrightarrow{v_B'}|=|\overrightarrow{v_{GA}'}|+|\overrightarrow{v_{GB}'}|=v_0$$

また　$m_1|\overrightarrow{v_{GA}'}|-m_2|\overrightarrow{v_{GB}'}|=0$

これらを連立して解くと　$|\overrightarrow{v_{GB}'}|=\dfrac{m_1}{m_1+m_2}v_0$

(カ) (ア)・(オ)より，$\overrightarrow{v_G}$ と $\overrightarrow{v_B'}$ と $\overrightarrow{v_{GB}'}$ を3辺とする三角形は二等辺三角形となるから

$$\alpha=\pi-2\phi$$

(キ) $|\overrightarrow{v_B'}|=2|\overrightarrow{v_G}|\cos\phi=\dfrac{2m_1v_0\cos\phi}{m_1+m_2}$

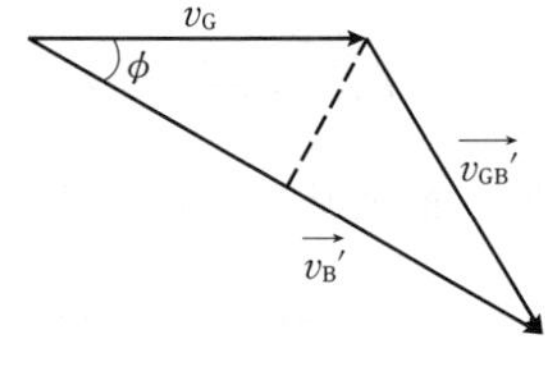

(ク)
$$\frac{T}{E}=\frac{\dfrac{1}{2}m_2\left(\dfrac{2m_1v_0\cos\phi}{m_1+m_2}\right)^2}{\dfrac{1}{2}m_1{v_0}^2}$$

$$=\frac{4m_1m_2\cos^2\phi}{(m_1+m_2)^2}$$

(ケ)
$$\frac{T}{E}=\frac{4\cos^2\phi}{\left(\sqrt{\dfrac{m_1}{m_2}}+\sqrt{\dfrac{m_2}{m_1}}\right)^2}\leqq\cos^2\phi$$

$\left(\because\right.$　問題文で与えられた不等式より　$\left.\left(\sqrt{\dfrac{m_1}{m_2}}+\sqrt{\dfrac{m_2}{m_1}}\right)^2 \geqq 4\sqrt{\dfrac{m_1}{m_2}}\cdot\sqrt{\dfrac{m_2}{m_1}}=4\right)$

ϕ，m_1 が変化しないとき，$\sqrt{\dfrac{m_1}{m_2}}=\sqrt{\dfrac{m_2}{m_1}}$　すなわち　$m_1=m_2$ のとき最大となる。

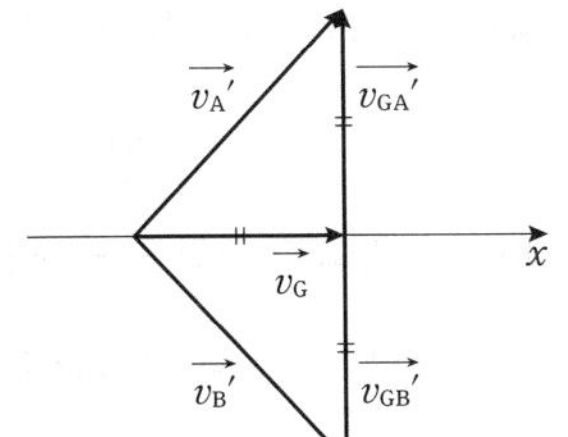

(コ)　$m_1=m_2$ のとき，速度を表す図は右図のようになるので，衝突後のAとBの軌道がなす角の大きさは　$\dfrac{\pi}{2}$

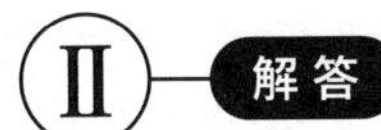

(ア) $\dfrac{R_1R_2}{r}$　**(イ)** $\dfrac{1}{2}C\left(\dfrac{R_1E}{R_1+r}\right)^2$　**(ウ)** $\dfrac{1}{2}L\left(\dfrac{E}{R_1+r}\right)^2$

(エ) $\sqrt{r^2+(\omega L)^2}$　**(オ)** $\dfrac{\omega L}{r}$　**(カ)** $\omega C_0R_1I_1\cos\omega t$　**(キ)** ωC_0R_0　**(ク)** $C_0R_1R_2$

解説

《コンデンサーとコイルを含むブリッジ回路と交流回路》

(ア)　求める可変抵抗の抵抗値を R〔Ω〕とする。P_1P_2 間と P_2P_4 間の電圧の比と P_1P_3 間と P_3P_4 間の電圧の比は等しいので

$$\frac{R_1}{R}=\frac{r}{R_2}\qquad\therefore\quad R=\frac{R_1R_2}{r}\text{〔Ω〕}$$

(イ)　可変コンデンサーにかかる電圧は可変抵抗にかかる電圧に等しく $\dfrac{R}{R+R_2}E=\dfrac{R_1}{R_1+r}E$ だから

$$\frac{1}{2}C\left(\frac{R_1E}{R_1+r}\right)^2\text{〔J〕}$$

(ウ)　コイルを流れる電流は $\dfrac{E}{R_1+r}$ だからコイルが蓄えるエネルギーは

$$\frac{1}{2}L\left(\frac{E}{R_1+r}\right)^2\text{〔J〕}$$

(エ)　抵抗 R_1 を流れる電流のベクトルを $\overrightarrow{I_1}$ とすると，抵抗値 r の抵抗にかかる電圧のベクトル $\overrightarrow{V_{抵}}$ の位相は $\overrightarrow{I_1}$ と同位相で，その大きさは rI_1，またコイルにかかる電圧のベクトル $\overrightarrow{V_{コ}}$ の位相は $\overrightarrow{I_1}$ より $\dfrac{\pi}{2}$ 進み，その大きさは

ωLI_1 で，コイル L にかかる電圧のベクトル $\overrightarrow{V_L}$ は右図から，その大きさは $\sqrt{(rI_1)^2+(\omega LI_1)^2}=\sqrt{r^2+(\omega L)^2}I_1$

よって，L のインピーダンスは $\sqrt{r^2+(\omega L)^2}$ 〔Ω〕

(オ)　右図より　　$\tan\phi=\dfrac{\omega L}{r}$

(カ)　可変コンデンサーを流れる電流は，可変コンデンサーにかかる電圧 $R_1I_1\sin\omega t$ より位相が $\dfrac{\pi}{2}$ 進んでおり，またコンデンサーのリアクタンスは $\dfrac{1}{\omega C_0}$ なので求める電流は

$$\frac{R_1I_1}{\frac{1}{\cos C_0}}\sin\left(\omega t+\frac{\pi}{2}\right)=\omega C_0R_1I_1\cos\omega t$$

(キ)　P_1P_3 間の電圧のベクトルを $\overrightarrow{V_{13}}$ とすると，その大きさは R_1I_1，可変抵抗を流れる電流のベクトル $\overrightarrow{I_{抵}}$ の位相は $\overrightarrow{V_{13}}$ と同位相で，その大きさは $\dfrac{R_1I_1}{R_0}$，また可変コンデンサーを流れる電流のベクトル $\overrightarrow{I_{コ}}$ の位相は $\overrightarrow{V_{13}}$ より $\dfrac{\pi}{2}$ 進み，

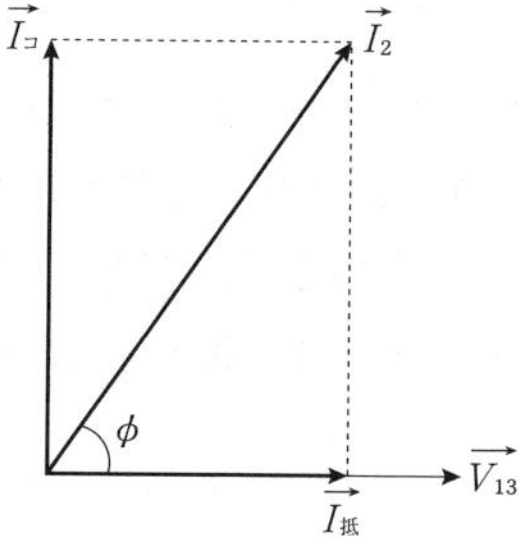

その大きさは $\omega C_0R_1I_1$ で，抵抗 R_2 を流れる電流のベクトル $\overrightarrow{I_2}$ は上図のようになるので

$$\tan\phi=\frac{\omega C_0R_1I_1}{\frac{R_1I_1}{R_0}}=\omega C_0R_0$$

(ク)　(エ)と(キ)で考えたベクトル図をまとめると右図となる。ただしカッコ内は電流または電圧の瞬間値の最大値を表し，ベクトルの大きさに対応する。また右図のように点 O，A，B，D，E，F，G をと

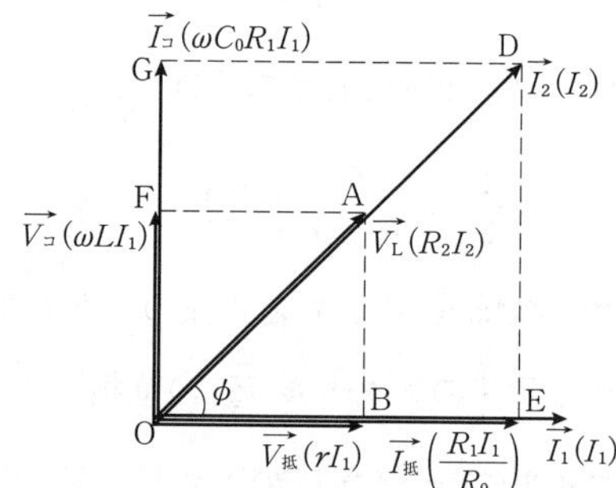

ると △OAB∽△ODE より

$$\frac{rI_1}{\left(\frac{R_1I_1}{R_0}\right)}=\frac{R_2I_2}{I_2}$$

$$r=\frac{R_1R_2}{R_0}$$

また △OAF∽△ODG より

$$\frac{\omega LI_1}{\omega C_0R_1I_1}=\frac{R_2I_2}{I_2}$$

$$L=C_0R_1R_2$$

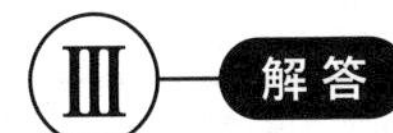

(ア) $\frac{4}{5}T_1$　(イ) $\frac{1}{5}p_0S_1l_1$　(ウ) $\frac{5}{6}p_0$　(エ) $\frac{7}{10}p_0S_1l_1$　(オ) $\frac{7}{8}p_2$

(カ) $\frac{35p_2S_2}{16l_2}$　(キ) $\frac{7}{10}T_2$　(ク) $\frac{3}{56}p_2S_2l_2$　**解答図（Ⅲ-A）**

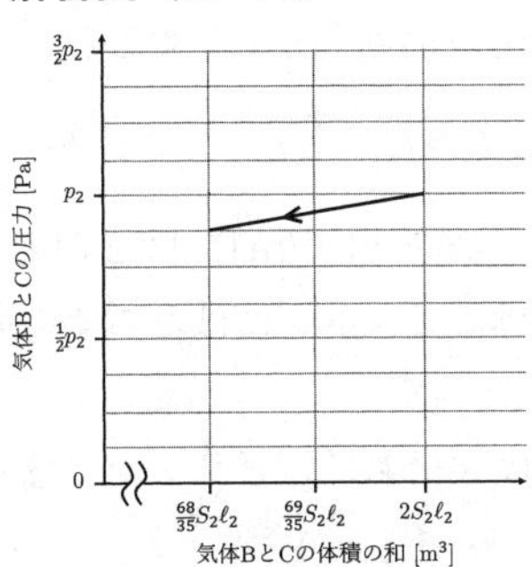

解説

《気体の状態変化とばね付きピストン》

(ア)　求める温度を T〔K〕とすると，A を冷却する過程は定圧変化なのでシャルルの法則より

$$\frac{S_1l_1}{T_1}=\frac{S_1\frac{4}{5}l_1}{T}\qquad\therefore\quad T=\frac{4}{5}T_1\text{〔K〕}$$

(イ)　求める仕事を W〔J〕とすると

$$W=p_0S_1\frac{1}{5}l_1=\frac{1}{5}p_0S_1l_1\text{〔J〕}$$

(ウ)　求める圧力を p〔Pa〕とすると，ボイル・シャルルの法則より

$$\frac{p_0S_1l_1}{T_1}=\frac{pS_1\frac{4}{5}l_1}{\frac{2}{3}T_1} \qquad \therefore \quad p=\frac{5}{6}p_0\text{〔Pa〕}$$

(エ)　A の温度が T_1 から $\frac{2}{3}T_1$ になるまでに気体が吸収した熱量を Q〔J〕, 気体の物質量を n〔mol〕, 気体定数を R〔J/mol·K〕とすると，熱力学第一法則より

$$Q+W=\frac{3}{2}nR\left(\frac{2}{3}T_1-T_1\right)=-\frac{1}{2}nRT_1$$

ここで，気体の状態方程式より $p_0S_1l_1=nRT_1$ だから

$$Q=-\frac{1}{2}p_0S_1l_1-\frac{1}{5}p_0S_1l_1=-\frac{7}{10}p_0S_1l_1$$

よって，温度調節器が吸収した熱量は　$\frac{7}{10}p_0S_1l_1$〔J〕

(オ)　C の圧力を p_C〔Pa〕とすると，ボイルの法則より

$$p_2S_2l_2=p_CS_2\frac{8}{7}l_2 \qquad \therefore \quad p_C=\frac{7}{8}p_2\text{〔Pa〕}$$

(カ)　ばね定数を k〔N/m〕, 図 2 のときのばねの縮みを x_0〔m〕とすると，図 2 におけるピストンにはたらく力のつり合いより

$$kx_0=p_2S_2$$

また，図 3 におけるピストンにはたらく力のつり合いより

$$k\left(x_0-\frac{1}{5}l_2+\frac{1}{7}l_2\right)=\frac{7}{8}p_2S_2$$

これら 2 式より

$$\frac{2}{35}kl_2=\frac{1}{8}p_2S_2 \qquad \therefore \quad k=\frac{35p_2S_2}{16l_2}\text{〔N/m〕}$$

(キ)　B の温度を T_B〔K〕とすると，ボイル・シャルルの法則より

$$\frac{p_2S_2l_2}{T_2}=\frac{\frac{7}{8}p_2S_2\frac{4}{5}l_2}{T_B} \qquad \therefore \quad T_B=\frac{7}{10}T_2\text{〔K〕}$$

(ク)・解答図（Ⅲ-A）　図 2 から図 3 の状態変化の途中において B と C の体積をそれぞれ V_B, V_C〔m^3〕, 圧力を p_{BC}〔Pa〕, ばねの自然長を L〔m〕, 縮みを x〔m〕とする。ピストンにはたらく力のつり合いより

$$kx = p_{BC}S_2$$

またBとCと真空部分の体積の和は一定なので

$$V_B + V_C + S_2(L-x) = 2S_2l_2 + S_2(L-x_0)$$

以上より x と p_{BC} の関係は比例し，x と V_B+V_C の関係は1次関数の関係となる。

よって V_B+V_C と p_{BC} との間の関係を表すグラフは右図のように直線となり，グラフの下側の面積が，ばねがピストンを通してBとCにした仕事の大きさとなる。V_B+V_C が小さくなることからばねのした仕事は正なので

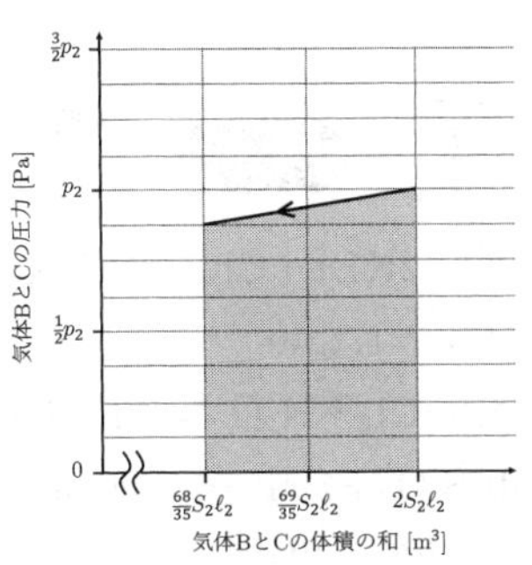

$$\frac{1}{2}\left(p_2 + \frac{7}{8}p_2\right)\cdot\frac{2}{35}S_2l_2 = \frac{3}{56}p_2S_2l_2 \text{〔J〕}$$

講評

2024年度は3年ぶりに描図問題が出題され，設問量が少し増え，やや難化した印象を受ける。力学と電磁気は定番だが，久しぶりに熱力学が出題された。各大問は前半で基本的なことが問われ，後半で難度が上がるので，それをどれだけ解けるかで大きく差がついたと思われる。

Ⅰ　2次元衝突の問題を重心から見て考えさせる問題である。運動量保存則から重心は等速度運動をするが，重心から見ると運動量の和が0であることを使って解答図（Ⅰ-A）の相対速度の作図ができないと，大きく差がついたと思われる。

Ⅱ　ブリッジ回路の問題で，前半が直流電源，後半が交流電源を用いる。回路素子が多いため戸惑ったかもしれない。後半は交流回路の電流と電圧の位相差をベクトル図を使って考えることができなければ，難しかったであろう。

Ⅲ　前半は基本的な気体の状態変化の問題で，後半は2つのピストンがばねでつながれた発展問題である。ばねはすでに縮んでおり，状態変化の後に縮みが小さくなることに注意が必要だが，あとは誘導にしたがって解いていけばよい。

化　学

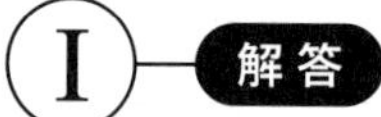

I 解答 (1)**あ.** 3　**い.** 不対電子　**う.** 陰　**え.** I_2　**お.** F_2
か. 昇華　**き.** 分子　**く.** 小さい　**け.** AgF

(2)(ア) $2KBr+Cl_2 \longrightarrow 2KCl+Br_2$

(イ)反応しない

(3)(a) $Cl_2+H_2O \rightleftarrows HCl+HClO$

(b) $SiO_2+6HF \longrightarrow H_2SiF_6+2H_2O$

(4) $ClO^-+2H^++2e^- \longrightarrow Cl^-+H_2O$

（または，$ClO^-+H_2O+2e^- \longrightarrow Cl^-+2OH^-$）

(5)(i) 2.0×10^{-5} mol/L　(ii) 1.0×10^{-5} mol/L　(iii) 8.0×10^{-2} mol/L

(iv) $AgCl+2Na_2S_2O_3 \longrightarrow Na_3[Ag(S_2O_3)_2]+NaCl$

(6)(i) 0.87　(ii) 0.73　(iii) 4.4 g/cm^3

解説

《ハロゲンの性質と反応，塩化物イオンの定量，塩化セシウム型結晶》

(1)　**あ～う.** 17族の原子は，いずれも最外殻に7個の電子をもち，3対の電子対と1個の不対電子を形成する。最外殻電子数が8個となって安定化するため，1個の電子を受け取って1価の陰イオンとなりやすい。

え・お. 原子番号の小さいハロゲン原子ほど，最外殻が原子核に近いために電子を引きつける作用も大きく，分子の酸化力は大きくなる。

く. フッ化水素酸でHFは分子間で水素結合をしてジグザグ構造の集合体を形成する。このため，H^+の電離が制限されて水溶液は弱酸性となる。

(2)　ハロゲン単体の酸化力は，原子番号が小さいほど大きい。(ア)の場合，Cl_2の酸化力がBr_2よりも大きいため，Cl_2がBr^-の電子を受け取ってCl^-とBr_2となる。(イ)の場合，I_2の酸化力がCl_2よりも小さいため，I_2はCl^-から電子を受け取ることはできず，反応は起こらない。

(3)(a)　Cl_2は水に溶解し，一部がH_2Oと反応してHClと$HClO$を生成する。

(b)　Siは4つのFと強く結合してSiF_4となり，さらに2分子のHFが結合してH_2SiF_6となる。

(4)　ClO^- の Cl の酸化数は $+1$ で，最外殻に 8 個の電子をもつ状態の Cl^- となるため，酸性水溶液中では 2 個の H^+ と同時に 2 個の電子を受け取る酸化剤となる。

(5)(i)　滴定終点では Ag_2CrO_4 が生成しているので，Ag^+ のモル濃度を x〔mol/L〕とすると，Ag_2CrO_4 の溶解度積の関係から

$$[Ag^+]^2[CrO_4{}^{2-}]=x^2\times0.0050=2.0\times10^{-12}$$

$$x=2.0\times10^{-5}\text{〔mol/L〕}$$

(ii)　Cl^- のモル濃度を y〔mol/L〕とすると，(i)で求めた滴定終点での Ag^+ のモル濃度と AgCl の溶解度積の関係から

$$[Ag^+][Cl^-]=(2.0\times10^{-5})\times y=2.0\times10^{-10}$$

$$y=1.0\times10^{-5}\text{〔mol/L〕}$$

(iii)　滴定終点までに加えた Ag^+ と同じ物質量の Cl^- が，0.010 L の水溶液 A に存在していたと考えると

$$\frac{8.0\times10^{-4}}{0.010}=8.0\times10^{-2}\text{〔mol/L〕}$$

(iv)　Ag^+ は $S_2O_3{}^{2-}$ と 2 配位の錯イオン $[Ag(S_2O_3)_2]^{3-}$ を生成する。

(6)(i)　結晶格子の重心を通る対角線（体対角線）の長さが，陽イオンと陰イオンの半径の和の 2 倍の長さに相当するので，結晶格子の 1 辺の長さを a とすると

$$\sqrt{3}\times a=2(r_M+r_X)\quad\cdots\cdots①$$

$$\frac{r_M+r_X}{a}=\frac{\sqrt{3}}{2}=0.865\fallingdotseq0.87$$

(ii)　X^- どうしが接すると，結晶格子の 1 辺の長さ a との関係は

$$a=2r_X$$

となる。これを，(i)の①式に代入すると

$$\sqrt{3}(2r_X)=2(r_M+r_X)$$

$$\sqrt{3}-\frac{r_M}{r_X}+1$$

$$\frac{r_M}{r_X}=\sqrt{3}-1=0.73\quad\cdots\cdots②$$

(iii)　r_X から結晶格子の 1 辺の長さ a を求める。(ii)の②式より

$$r_M = r_X(\sqrt{3}-1)$$

を(i)の①式に代入すると

$$\sqrt{3}a = 2\{r_X(\sqrt{3}-1)+r_X\}$$

$$a = 2r_X = 2\times(2.0\times10^{-10}) = 4.0\times10^{-10}\,[\mathrm{m}]$$

$$= 4.0\times10^{-8}\,[\mathrm{cm}]$$

結晶格子の重心（1カ所）にM^+が1個，各頂点（8カ所）にX^-がそれぞれ$\frac{1}{8}$個，合計で1個ずつのM^+とX^-（1ペアのMX）が存在する。

密度は，結晶格子内の全原子の質量を結晶格子の体積で割れば求まる。1個のイオン対の質量は，イオン物質のモル質量（式量）をアボガドロ定数で割ったものなので，密度は

$$\frac{\frac{170}{6.0\times10^{23}}}{(4.0\times10^{-8})^3} = 4.42 \fallingdotseq 4.4\,[\mathrm{g/cm^3}]$$

II 解答 (1)**あ.** 可逆 **い.** ルシャトリエ **う.** 緩衝 **え.** 融解 **お.** 過冷却

(2)(i) $K_p = K_cRT_0$ (ii) $16K_cV_0n_0$

(iii)(a)移動しない (b)右 (c)右 (d)左

(3)(i)正塩 (ii)塩基性 (iii) $\dfrac{\alpha(0.10\alpha+0.12)}{1-\alpha}$

(iv) 4.6 (v) 5.5

(4)(i) T_2

(ii)溶媒のみが凝固するため，水溶液の質量モル濃度が増加して凝固点降下度が大きくなるから。

(iii) 2.2 mol/kg (iv) 0.33 K

解説

《化学平衡の移動，緩衝液の性質，凝固点降下》

(2)(i) 平衡状態でのN_2O_4，NO_2の分圧と物質量をP_a[Pa]，P_b[Pa]，n_a[mol]，n_b[mol]とする。分圧に関する気体の状態方程式から，分圧とモル濃度の関係はそれぞれ

$$P_a = \frac{n_a}{V_0}RT_0 = [N_2O_4]RT_0$$

$$P_{\mathrm{b}}=\frac{n_{\mathrm{b}}}{V_0}RT_0=[\mathrm{NO_2}]RT_0$$

となる。これらを圧平衡定数の式に代入すると

$$K_{\mathrm{p}}=\frac{(P_{\mathrm{b}})^2}{P_{\mathrm{a}}}=\frac{[\mathrm{NO_2}]^2}{[\mathrm{N_2O_4}]}\times\frac{(RT_0)^2}{RT_0}=K_{\mathrm{c}}RT_0$$

(ii) 平衡状態における物質量〔mol〕の関係は

	N_2O_4	$\rightleftarrows$ $2NO_2$	
(反応前)	n_0	0	〔mol〕
(変化量)	$-\frac{1}{2}n_1$	$+n_1$	〔mol〕
(平衡時)	$n_0-\frac{1}{2}n_1$	n_1	〔mol〕

これらを，濃度平衡定数の式に代入すると

$$K_{\mathrm{c}}=\frac{[\mathrm{NO_2}]^2}{[\mathrm{N_2O_4}]}=\frac{\left(\frac{n_1}{V_0}\right)^2}{\frac{n_0-\frac{1}{2}n_1}{V_0}}=\frac{{n_1}^2}{V_0\left(n_0-\frac{1}{2}n_1\right)}$$

$$=\frac{2{n_1}^2}{2V_0n_0-V_0n_1}$$

さらに，n_1 に関する 2 次方程式として整理すると

$$2{n_1}^2+K_{\mathrm{c}}V_0n_1-2K_{\mathrm{c}}V_0n_0=0$$

この 2 次方程式の解の公式より，解答する部分は

$$-4\times2\times(-2K_{\mathrm{c}}V_0n_0)=16K_{\mathrm{c}}V_0n_0$$

(iii)(a) 平衡と無関係な物質の N_2 を加えても，容積と温度が変化しないことから，平衡定数および N_2O_4 と NO_2 のモル濃度に変化がなく，平衡は移動しない。

(b) N_2 を加えても全圧が一定に保たれているため，N_2O_4 と NO_2 の分圧の和が減少する。よって，ルシャトリエの原理により分圧の和が増加する，すなわち，気体分子が増加する方向（右）に平衡が移動する。

(c) 温度が上昇すると，ルシャトリエの原理により吸熱反応の方向（右）に平衡が移動する。

(d) 容積の減少によって，N_2O_4 と NO_2 の分圧の和が増加する。よって，ルシャトリエの原理により分圧の和が減少する，すなわち，気体分子が減

少する方向（左）に平衡が移動する。

(3)(i)　CH_3COONa には H^+ も OH^- も含まれないことから，正塩である。

(ii)　CH_3COONa は弱酸と強塩基からなる塩で，水溶液中では

$$CH_3COO^- + H_2O \rightleftarrows CH_3COOH + OH^-$$

のような加水分解の反応が起こり，塩基性となる。

(iii)　CH_3COOH の電離平衡におけるモル濃度〔mol/L〕の関係は

	$CH_3COOH \longrightarrow$	CH_3COO^-	$+\ H^+$	
（反応前）	$\dfrac{0.20}{2.0}=0.10$	$0.15\times\dfrac{1.60}{2.0}=0.12$	0	〔mol/L〕
（変化量）	-0.10α	$+0.10\alpha$	$+0.10\alpha$	〔mol/L〕
（平衡時）	$0.10(1-\alpha)$	$0.12+0.10\alpha$	0.10α	〔mol/L〕

よって，電離定数は

$$K_a=\frac{[CH_3COO^-][H^+]}{[CH_3COOH]}=\frac{(0.12+0.10\alpha)\times 0.10\alpha}{0.10(1-\alpha)}$$

$$=\frac{\alpha(0.12+0.10\alpha)}{1-\alpha}$$

(iv)　水溶液に CH_3COO^- が多量に存在しているため，CH_3COOH の電離は起こっていないとみなすことができ，0.20 mol の酢酸はそのすべてが CH_3COOH 分子として存在しているとみなせるので，$[CH_3COO^-]=[CH_3COONa]=0.12$〔mol/L〕と近似できる。

電離定数の式から $[H^+]$ を求めると

$$[H^+]=K_a\times\frac{[CH_3COOH]}{[CH_3COO^-]}=(3.0\times10^{-5})\times\frac{0.10}{0.12}$$

$$=25\times10^{-6}\text{〔mol/L〕}$$

$$pH=-\log_{10}[H^+]=-\log_{10}(25\times10^{-6})=-\log_{10}5^2-\log_{10}10^{-6}$$

$$=-2\log_{10}5+6=-2\times0.70+6=4.6$$

(v)　加えた NaOH（式量：40.0）の物質量は

$$\frac{6.4}{40.0}=0.16\text{〔mol〕}$$

となる。これと同じ物質量の CH_3COOH が中和反応で減少して CH_3COO^- が生成する。また，水溶液の体積は 2.0 L なので

$$[H^+]=K_a\times\frac{[CH_3COOH]}{[CH_3COO^-]}=(3.0\times10^{-5})\times\frac{\left(\dfrac{0.20-0.16}{2.0}\right)}{\left(\dfrac{0.12\times2.0+0.16}{2.0}\right)}$$

$$=3.0\times10^{-6}〔mol/L〕$$

$$pH=-\log_{10}[H^+]=-\log_{10}(3.0\times10^{-6})=-\log_{10}3-\log_{10}10^{-6}$$

$$=-0.48+6=5.52\fallingdotseq5.5$$

(4)(i)　仮に過冷却がなく凝固が始まったと考えられる温度は，実際に凝固が始まった後の冷却曲線（図中(A)）を逆に延長（外挿）し，凝固前の冷却曲線と交わった点の温度となる。

(ii)　凝固点降下度は質量モル濃度に比例する。凝固の進行に伴い，残された液体部分の濃度が大きくなり，凝固点降下度は大きくなっていく。

(iii)　1Lの水溶液で考える。水溶液の密度から水溶液の質量は

$$1.12\times1000=1120〔g〕$$

となる。また，溶質の$CaCl_2$（式量：110）の質量は

$$2.00\times110=220〔g〕$$

よって，溶媒の質量は

$$1120-220=900〔g〕$$

となり，質量モル濃度は

$$2\div\frac{900}{1000}=2.22\fallingdotseq2.2〔mol/kg〕$$

(iv)　$CaCl_2$が完全に電離すると

$$CaCl_2\longrightarrow Ca^{2+}+2Cl^-$$

より，溶質の全粒子数が$CaCl_2$の物質量の3倍となる。よって，凝固点降下度Δt〔K〕は

$$\Delta t=2.00\times\{2.22\times(2.50\times10^{-2})\}\times3$$

$$=0.333\fallingdotseq0.33〔K〕$$

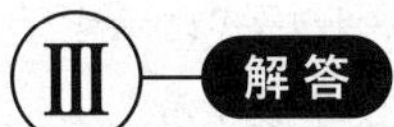

(1)ア. リン酸　**イ.** 濃硫酸　**ウ.** 分子間　**エ.** 2-メチル-2-プロパノール　**オ.** 共　**カ.** 立体網目状　**キ.** 塩析　**ク.** アセタール

(2)(i)A. $(H_3C)_2C=C(H)CH_3$　**B.** CH_3CHO

C. CH_3COCH_3　**D.** CH_3CO_2H

(ii) $CH_3-CH(CH_3)-{}^{*}CH(Cl)-CH_3$　　$CH_3-C(Cl)(CH_3)-CH_2-CH_3$

(3)(i)マレイン酸：$\underset{H}{\overset{HO_2C}{>}}C=C\underset{H}{\overset{CO_2H}{<}}$

フマル酸：$\underset{HO_2C}{\overset{H}{>}}C=C\underset{H}{\overset{CO_2H}{<}}$

(ii)化合物名：マレイン酸

理由：フマル酸は分子の対称性が高く，分子全体で極性が打ち消されるから。

(iii)マレイン酸は近接するカルボキシ基間で分子内水素結合を形成するのに対し，フマル酸は分子間でのみ水素結合を形成するから。

(4)(i) $3R-SO_3H+FeCl_3 \longrightarrow (R-SO_3)_3Fe+3HCl$

(ii) 20 mL

(5)(i) （ベンゼン環：OH，その両隣に $HOCH_2$ と CH_2OH，OH のパラ位に CH_3）

(ii) （2つの環：各環に OH，CH_3；左環 $HOCH_2$，右環 CH_2OH；両環を CH_2 で結合）

(6)(i) $k:\dfrac{xn}{100}$　$l:n-\dfrac{xn}{100}$　$m:\dfrac{xn}{100}$

(ii) 21 g

解説

《アルケンの反応と構造決定，陽イオン交換樹脂の反応，ビニロンの合成》

(1)**イ.** 濃硫酸の脱水作用により，160～170°C では以下の反応式に示すように，1分子のエタノールが分子内で脱水し，エチレンが生成する。

$$CH_3CH_2OH \longrightarrow CH_2=CH_2+H_2O$$

ウ・エ. 沸点については主に分子間力の大きさが寄与するが，融点については分子間力に加えて，固体形成時の粒子配列への影響から，分子の形（対称性）も寄与する。炭素数が４の１価のアルコール（$C_4H_{10}O$）の構造を示すと

① $CH_3-CH_2-CH_2-CH_2-OH$（第一級）

② $CH_3-CH_2-\underset{\displaystyle OH}{\underset{|}{CH}}-CH_3$（第二級）

③ $CH_3-\underset{\displaystyle CH_3}{\underset{|}{CH}}-CH_2-OH$（第一級）

④ $CH_3-\overset{\displaystyle OH}{\overset{|}{\underset{\displaystyle CH_3}{\underset{|}{C}}}}-CH_3$（第三級）

これらのうち，最も分子の対称性が高いのは，④の 2-メチル-2-プロパノールである。

オ． ２種類以上の物質を原料とする高分子の合成を共重合とよぶ。

キ． PVA の１分子はコロイド粒子の大きさで，多数のヒドロキシ基が存在するために多くの水分子が水和した親水コロイドである。よって，多量の電解質によって沈殿が生成する（塩析）。

ク． ２つのヒドロキシ基と１分子のホルムアルデヒドにより，アセタール化が起こる。

$$2R-OH+HCHO \longrightarrow R-O-CH_2-O-R+H_2O$$

(2)(i) アルケン **A** のオゾン分解によって生じる **B** と **C** は，カルボニル基を含む。また，**B**，**C** はともにヨードホルム反応を示すことから，CH_3-CO- の構造をもつことがわかる。オゾン分解前のアルケン **A** の炭素数が５であることと，**B** のみ銀鏡反応を示すことから，**B** はアセトアルデヒド，**C** はアセトンであることがわかる。よって，アルケン **A** の構造も決定する。**A** のオゾン分解を以下に示す。

$$\underset{\mathbf{A}}{\begin{matrix}H_3C \\ H_3C\end{matrix}\!\!>C=C<\!\!\begin{matrix}H \\ CH_3\end{matrix}} \longrightarrow \underset{\mathbf{C}}{\begin{matrix}H_3C \\ H_3C\end{matrix}\!\!>C=O} + \underset{\mathbf{B}}{O=C<\!\!\begin{matrix}H \\ CH_3\end{matrix}}$$

(ii) アルケン **A** への HCl の付加反応と考えられる。**A** は炭素間二重結合に対して非対称なアルケンであるため，２種類の付加反応の生成物が考えられる。

(4)(i)　1個の Fe^{3+} のイオン交換には，H^+ が3個必要である。

(ii)　Fe^{3+} の3倍の物質量の H^+ が流出液に含まれ，これを NaOH で中和していることから，NaOH 水溶液の体積を x〔mL〕とすると中和の量的関係より

$$0.10\times20\times3=0.30\times x$$

$$x=20\text{〔mL〕}$$

(5)(i)　付加反応のみが進行したので，物質量の関係から，1分子の p-クレゾール（分子量：108）と2分子のホルムアルデヒド（分子量：30.0）が反応したと考えられる。一般に，フェノール類の置換反応は，ベンゼン環のヒドロキシ基に対して，オルトまたはパラの位置で起こりやすいので，〔解答〕のような化合物が生成すると考えられる。

(ii)　(i)の化合物（付加化合物）が p-クレゾールと縮合をすると

HO−CH_2−(OH, CH_3 置換ベンゼン環)−CH_2−OH ＋ (OH, CH_3 置換ベンゼン環)

⟶ HO−CH_2−(OH, CH_3 置換ベンゼン環)−CH_2−(OH, CH_3 置換ベンゼン環) ＋H_2O

のような反応が起こる。このとき，生成物の分子量は

$$168+108-18.0=258$$

となる。分子量が288の化合物が生成していることから，(i)の化合物と p-クレゾールの縮合の後，1分子のホルムアルデヒドが付加したと考えられる。

(6)(i)　ホルムアルデヒドの分子数と同じ数のアセタール化が起こるので

$$k=m=\frac{xn}{100}$$

となる。また，PVA において炭素4つで1つの繰り返し単位とみなすとき，アセタール化を受けない部分の数は，全部の繰り返し単位の数が n なので，アセタール化を受けた部分の数を差し引いて

$$l=n-\frac{xn}{100}$$

となる。

(ii) アセタール化を受けることによって，PVA の繰り返し単位は次のように変化する。

$$-CH_2-CH(OH)- \longrightarrow -CH_2-CH(O-C_{\frac{1}{2}}H)-$$

式量：44.0　　　　式量：$44.0+12.0\times\frac{1}{2}=50.0$

つまり，アセタール化を受けた部分の式量は，44.0 から 50.0 へと増加する。20g の PVA のうち，50%にあたる 10g 分でアセタール化を受けたので

$$10+10\times\frac{50.0}{44.0}=21.3\fallingdotseq 21\text{〔g〕}$$

講評

Ⅰ　ハロゲンの単体と化合物の性質や反応をテーマに，電子殻，酸化還元，モール法による定量など，多岐にわたる分野での出題となっている。次亜塩素酸イオンの半反応式や塩化セシウム型結晶格子における限界半径比など，教科書の発展の項目からの出題には注意したい。

Ⅱ　化学平衡と凝固点降下に関する出題である。特に，化学平衡については，平衡移動，量的関係，塩の加水分解，緩衝液と多くのことが問われている。緩衝液の問題では，物質量で与えられるものとモル濃度で与えられるものが混在しているので，計算には細心の注意が必要である。

Ⅲ　アルケンの反応と構造決定，イオン交換樹脂，PVA とビニロンに関する問題である。オゾン分解，マレイン酸とフマル酸の融点，付加縮合反応による生成物の推測，ビニロン生成の際の質量変化など，ここでも発展的な内容の問題が目立った。

いずれの問題も，基本～やや難の内容である。思考力が試される問題が比較的多く，教科書の発展の項目についても，習得が不可欠である。

生　物

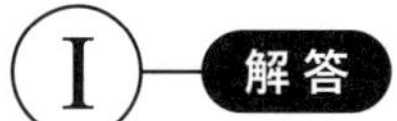

(1)(ア)適　(イ)温点　(ウ)冷点　(エ)受容器電位　(オ)閾　(カ)低い　(キ)高い　(ク)網膜　(ケ)桿体細胞　(コ)錐体細胞

(2)①―(う)　②―(う)・(お)　③―(あ)・(う)

(3)①(サ)定位　(シ)走性　②―(う)　③B2 細胞

④(ス)B3　(セ)B2

変化とその理由：B3 細胞から B2 細胞への興奮伝達が弱まるので，40 ms と 100 ms は変化せず，70 ms は低下する。(50 字以内)

解説

《刺激の種類，中枢神経系での情報処理，神経系のはたらきと動物の行動》

(1)(ア)～(ウ)　受容器は刺激の種類ごとに決まった感覚細胞をもち，特定の刺激（適刺激）だけに反応する。ヒトの皮膚の表面には感覚点（皮膚感覚を生じる部位）がモザイク状に分布しており，温かさ・冷たさなどの温度を感じる温点・冷点，どのくらいの強さで接触しているかを感じる圧点（触点），強い刺激を痛さとして感じる痛点がある。

(エ)～(キ)　物理的，あるいは化学的な刺激を受容した感覚細胞では刺激の強さに応じた膜電位の変化である活動電位が現れる（受容器電位)。刺激が強く受容器電位の変化も大きくなると，それが加算され興奮が発生する。興奮が発生する最小限の適刺激の強さを閾刺激という。同じ種類の感覚細胞でも感覚細胞ごとに閾刺激は少しずつ異なる。弱い刺激の場合，閾刺激の低い敏感な感覚細胞だけが刺激を受容し，少数の感覚ニューロンだけが興奮する。一方，刺激が強くなると，閾刺激の高い感覚細胞も反応するようになるので，多数の感覚ニューロンが興奮し，高い頻度で興奮が発生するようになる。このようにして，受容器で受け取った刺激の強さは，興奮する感覚ニューロンの数と興奮の頻度の情報として脳の感覚野へと伝えられる。

(ク)～(コ)　ヒトの網膜には，うす暗い場所でよくはたらき（＝明るさに敏感)，明暗を区別するが色の区別には関与しない桿体細胞と，主に明るい場所ではたらき（＝明るさには比較的鈍感），色の区別に関与する錐体細胞の 2 種類の視細胞が存在する。

(2)① 正常遺伝子を A，言語障害を引き起こす原因遺伝子を a とする。言語障害の原因となる遺伝子座が X 染色体上にあるのであれば，潜性（劣性）の母から顕性（優性）の男の子は産まれない。また，Y 染色体上にあるのであれば，潜性の父から顕性の男の子は産まれない。図 1 ではそうなっていないので，言語障害となる遺伝子座は常染色体上にある。また，双子は性が異なることから二卵性双生児であり，遺伝子型が同じとは限らない。A 氏の両親の遺伝子型が父は Aa，母は aa であるので，次代は Aa：aa＝1：1 となり，A 氏が言語障害をもつ確率は 50％となる。

② (あ)誤文。ヒトの末梢神経系は体性神経系と自律神経系からなる。(い)誤文。ヒトの大脳は左右の半球に分かれていて，それぞれ体の反対側の機能を制御している。(え)誤文。生命維持に不可欠な呼吸や血圧の調整をになう中枢は延髄である。(か)誤文。反射運動は大脳を介さない反射弓のはたらきが関与する。(き)誤文。大脳や小脳の皮質は灰白質とよばれ，神経細胞が主に集まっている部分である。

③ (あ)誤文。言語障害の原因となる遺伝子座は常染色体上にある。(う)誤文。問題文中に「障害は言語能力に限定されていた」とあるので，中脳および延髄の萎縮は観察されない。

(3)① 動物が特定の方向に体を向けることを定位といい，反射や定型的な運動パターンなどにより，刺激源に対して一定の方向に移動する行動を走性という。

② 図 3 において，すべての測定結果においてパルス長とパルス間間隔の合計が 70 ms のとき，歌に寄っていく強さが最大となっている。よって，メスが「誘引歌」を認識するために手がかりにしているのは，パルス長とパルス間間隔の合計時間，つまりパルス開始から次のパルスの開始までの時間間隔（パルス周期）となる。

③ 図 5 より様々な人工歌に対する B1，B2，B3 細胞の応答を整理すると以下の通りである。

細胞＼パルス周期	20 ms	60 ms	100 ms
B1	1.0	1.0	0.1
B2	0.1	0.5	0.1
B3	0.1	0.5	1.0

図4では，パルス周期 60 ms のときにもっとも電位変化がみられることから，B2 細胞の応答であることがわかる。

④　図6より B1 細胞と(ス)細胞の興奮が(セ)細胞に加重して伝達される。

(ス)：B2，(セ)：B3 の場合

図5より，B1 細胞と B2 細胞で生じた活動電位の頻度の合計が最大となるのはパルス周期 70 ms のときである。しかし，B3 細胞では 70 ms 以降ずっと値が減らずに最大値のままであるため誤り。

(ス)：B3，(セ)：B2 の場合

図5より，B1 細胞と B3 細胞で生じた活動電位の頻度の合計が最大となるのはパルス周期 70 ms のときである。B2 細胞では 70 ms で最大値のピークがあるため正しい。

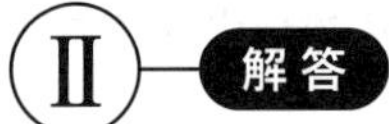

(1)①(あ)個体群　(い)生物群集　(う)非生物的環境
(え)環境形成　②―(ホ)

(2)(お)遺伝子プール　(か)p^2　(き)2pq　(く)0.67　(け)0.33　(こ)変化する

(3)ヒメダカ由来の DNA 断片とのみ相補的に結合するプライマーを設計し，環境 DNA を PCR 法で増幅させ，電気泳動で分離する。(60 字以内)

(4)―④

(5)(D)と(G)：外来生物（外来種）　(F)：在来生物（在来種）
適切ではないもの：②・⑤

(6)―(ヌ)

(7)人類は生態系から生態系サービスを受けており，生態系サービスは生物多様性によって支えられているから。(50 字以内)

解説

《個体群と環境，個体間の相互作用，遺伝子頻度とその変化のしくみ，生物多様性とその意味》

(1)①　(え)非生物的環境が生物に影響を及ぼすことを作用，生物の活動が非生物的環境に影響を及ぼすことを環境形成作用という。

② (イ)・(ニ)どちらも誤文。社会性昆虫や順位制は同種個体間の相互作用である。(ロ)誤文。根粒菌とマメ科植物の関係は寄生ではなく，相利共生である。(ハ)誤文。捕食者と被食者の間では，コウノシロハダニとカブリダニのような個体数の変動が必ず生じるわけではない。例えば，捕食者がさまざまな生物を捕食する場合，捕食者の個体数はあまり変動しないため，ある被食者の個体群密度は常に低いレベルに抑えられていることなどがある。

(2) ハーディ・ワインベルグの法則が成立している集団では，$AA : Aa : aa = p^2 : 2pq : q^2$ が成立する。この集団では形質 Y(aa) が 25%を占めているので，$q^2 = 0.25$ となり，$q = 0.5$，$p = 1 - 0.5 = 0.5$ と求められる。この集団で形質 Y(aa) をすべて取り除くと，残った集団は $AA : Aa = p^2 : 2pq = (0.5)^2 : 2 \times 0.5 \times 0.5 = 1 : 2$ となるので，A の遺伝子頻度は $\frac{1 \times 2 + 2 \times 1}{2 \times 3} = \frac{2}{3} = 0.666 \fallingdotseq 0.67$，a の遺伝子頻度は $1 - \frac{2}{3} = \frac{1}{3} = 0.333 \fallingdotseq 0.33$ となる。

(3) 環境DNA は非常に微量であるため，ヒメダカ由来の DNA 断片の有無を調べるためには DNA を増幅する必要がある。よって，ヒメダカ由来の DNA 断片に相補的に結合するプライマーを設計し，PCR 法で増幅させる。その後，電気泳動で分離してヒメダカ由来の DNA 断片のバンドが検出されれば，ヒメダカが生息していると確認できる。

(4) 下線部(E)にもあるように，遺伝子導入メダカの一部が自然界に放流されていることから，観賞用メダカの元祖であるヒメダカも同様に人為的に放流された結果，本来メダカが生息しない調査地点でも発見されるようになっていると考えられる。

(5) 遺伝的多様性の低下，ニッチの減少が生物の絶滅を加速させる要因となる。

(7) 私たち人類は生態系からのさまざまな恩恵（生態系サービス）に支えられている。生態系サービスには，水や食料などの供給サービス，気候の調節などの調整サービス，レジャーの提供などの文化的サービス，そしてこれらのサービスを支える基盤サービスがある。よって，生態系の多様性が低下すると，人類が受ける生態系サービスの種類や量が少なくなってしまう。

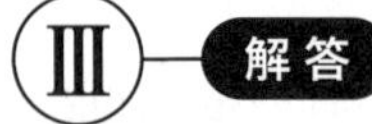

(1)(あ)草原 (い)年降水量 (う)アンモニウムイオン
(え)硝化 (お)硝酸イオン (か)脱窒

(2)(a)―(イ) (b)―(エ) (c)―(ウ) (d)―(ア)

(3)暖かさの指数：133 記号：(c)

(4)A―(カ) B―(キ)

(5)植物種：B 理由：混交林は林床が弱光のため，耐陰性の低い陽樹幼木は生育できず，陽樹は更新できない。しかし，耐陰性が高い陰樹幼木は生育でき，陰樹は寿命が長いので優占する。(75字以内)

(6)①(き)―(セ) (く)―(シ) (け)―(サ)

②節足動物門 ③―(テ)

(7)―(カ)

解説

《バイオームとその分布，窒素循環，植生の遷移，動物の分類》

(1)(う)～(か) 生物の遺骸や排出物の分解によって生じたアンモニウムイオンは，亜硝酸菌のはたらきによって亜硝酸イオンに，さらに硝酸菌のはたらきによって硝酸イオンに変えられる。これらの反応全体を硝化といい，硝化に関係する細菌を硝化菌という。また，硝酸イオンの一部は脱窒素細菌のはたらきによって窒素ガスとなり，大気中へ放出され，これを脱窒という。

(3) 下線部(i)の方法で都市Kの「暖かさの指数」を計算すると，(9.5＋15.6＋18.7＋23.8＋27.5＋28.1＋24.9＋16.8＋12.5＋5.5)－5×10＝132.9≒133となり，表1より都市Kのバイオームは(c)照葉樹林と考えられる。

(4) 種Aは陽生植物，種Bは陰生植物の光合成速度を示している。よって，種Aは陽生植物（陽樹）の(カ)ヤシャブシとなる。また，種Bは幼木の時期に陰生植物の特徴を示す陰樹で，都市Kのバイオームが照葉樹林であることから(キ)タブノキとなる。

(5) 種A（陽樹）と種B（陰樹）の混ざった混交林の林床は暗いため，耐陰性の弱い陽樹の幼木は生育することができないため，陽樹は更新することができない。しかし，耐陰性の強い陰樹の幼木は生育することができるため，成木と入れ替わって陰樹林となる。陰樹は寿命が長いため，構成種に大きな変化が見られない極相林に達する。

(6)①・② (サ)ヤスデは節足動物，(シ)センチュウは線形動物，(ス)トガリネズミは脊椎動物（哺乳類），(セ)ナメクジは軟体動物，(ソ)サンショウウオは脊椎動物（両生類）である。図2の分子系統樹を整理すると以下の通りである。

<table>
<tr><td rowspan="5">旧口動物</td><td rowspan="2">冠輪動物</td><td>環形動物</td><td>ミミズ</td></tr>
<tr><td>軟体動物</td><td>(き)ナメクジ</td></tr>
<tr><td rowspan="3">脱皮動物</td><td>線形動物</td><td>(く)センチュウ</td></tr>
<tr><td rowspan="2">節足動物</td><td>(け)ヤスデ</td></tr>
<tr><td>トビムシ</td></tr>
<tr><td colspan="3">新口動物</td><td>モグラ</td></tr>
</table>

(7)　マメ科植物の根には根粒菌が入り込んでおり，窒素を取り込んでアンモニウムイオンに還元する窒素固定を行う。ヤシャブシはマメ科ではないが，根粒菌とは別の放射菌などの細菌が侵入して根粒を形成し，その中で窒素固定が行われている。

講評

Ⅰ　刺激の受容と感覚，中枢神経系での情報処理，刺激の受容と行動からの出題である。(1)は知識問題であったが，一部の教科書にしか記載のない内容だったので答えにくい問題であった。(2)は遺伝子座が常染色体上にあるのか性染色体上にあるのか，そして双子が二卵性双生児であることから遺伝子型が必ず同じとは限らないことを踏まえて解答する必要があり，やや難しい問題であった。(3)はグラフが多く与えられているので，うまく情報を処理できたかが正解に到達するカギであった。

Ⅱ　生物多様性の低下を中心とした総合的な問題である。(1)は知識問題，(2)は標準的な計算問題である。(3)の論述はヒメダカ由来のDNA断片に相補的なプライマーを設計する内容まで書く必要があることに注意したい。(4)～(6)は標準的で，(7)は生態系サービスとは何かを理解している必要があった。

Ⅲ　陸上のバイオーム，植生の遷移，動物の分類からの出題である。(1)～(4)は基本問題である。(5)は混交林から陰樹林に変化していく仕組みを問われているので，陽樹幼木は耐陰性が低いので更新できないことと，陰樹幼木は耐陰性が高いので成木と入れ替わることができること，そして陰樹は寿命が長いことを論じる必要がある。(6)は問われている生物が一部の教科書にしか記載がなく，答えにくい問題であった。

2024 年度も全体的に標準的な問題が多かったが，やや細かな知識が問われたり複雑な考察問題も含まれていたりした。基本的な問題で確実に得点し，実験・考察問題でさらに点数を獲得したい。

/////////////////// · memo · ///////////////////

/////////////////// · memo · ///////////////////

2023年度

問題と解答

■全学部日程（文系）

問題編

▶試験科目・配点

●神，文，社会，法，経済，商，文化情報，スポーツ健康科，心理，グローバル・コミュニケーション（中国語コース），グローバル地域文化学部

教　科	科　目	配　点
外国語	コミュニケーション英語Ⅰ・Ⅱ・Ⅲ，英語表現Ⅰ・Ⅱ	200点
地歴・公民・数学	日本史B，世界史B，政治・経済，「数学Ⅰ・Ⅱ・A・B」から１科目選択	150点
国　語	国語総合，現代文B，古典B	150点

●政策学部（選択科目重視型）

教　科	科　目	配　点
外国語	コミュニケーション英語Ⅰ・Ⅱ・Ⅲ，英語表現Ⅰ・Ⅱ	200点
地歴・公民・数学	日本史B，世界史B，政治・経済，「数学Ⅰ・Ⅱ・A・B」から１科目選択	200点*1
国　語	国語総合，現代文B，古典B	150点

●グローバル・コミュニケーション学部　英語コース（英語重視型）

教　科	科　目	配　点
外国語	コミュニケーション英語Ⅰ・Ⅱ・Ⅲ，英語表現Ⅰ・Ⅱ	250点*2
地歴・公民・数学	日本史B，世界史B，政治・経済，「数学Ⅰ・Ⅱ・A・B」から１科目選択	150点
国　語	国語総合，現代文B，古典B	150点

▶備　考

- 法学部および経済学部は英語について基準点（80 点）を設けている。したがって英語が 79 点以下の場合，3 教科の総得点が合格最低点を上回っていても不合格となる。
- 「数学Ｂ」は「数列」および「ベクトル」から出題する。

＊1　同日実施の共通問題（75 分，150 点満点）を使用し，配点を 200 点満点に換算する。

＊2　同日実施の共通問題（100 分，200 点満点）を使用し，配点を 250 点満点に換算する。

英語

(100分)

〔Ⅰ〕 次の文章を読んで設問に答えなさい。[＊印のついた語句は注を参照しなさい。](77点)

President Theodore Roosevelt* is sometimes credited with decrying* social comparison as "the thief of joy." (中略) Any internet search on social comparison will yield countless inspirational quotes and articles that implore the searcher to stop measuring herself against others.

Yet there are two problems with this advice. First, comparisons are a near-inevitable element of social interaction; most people, across many cultures, do it, suggesting that (ア)humans are hard-wired to measure themselves against others to some extent. There is no off switch on this deeply rooted impulse.

Second, the same body of research reveals that not all comparisons are harmful. While it's true that many kinds of comparison drag down confidence, other more (a)deliberate forms can fuel rather than dampen* self-esteem. Comparison can also (あ) people to (い)(う) action to better (え). In one study, college seniors who compared themselves with recent graduates who had successfully secured a great job became more (b)proactive in their own job search.

How can people always benefit from comparing themselves with others, rather than end up feeling unmotivated or unaccomplished? These four strategies are a good place to start.

1. 〈A〉

Research shows that someone who compares himself with another person who is excelling will likely feel worse if he contrasts himself *against* her. However, if he frames that great performer as a peer rather than as a competitor and focuses on the similarities between them, her success can be motivating.

Imagine, for example, that Lenny is training for a marathon with a running partner, Harriet. If Harriet is more successful in a shorter race that precedes the big event, Lenny's focusing solely on that outcome might make him think, *I'm not as good a runner as she is* — wounding(c) his own self-esteem. However, if Lenny instead frames Harriet as an inspiring peer, he might say to himself, "Wow, Harriet did so well! We train together — clearly, our training is paying off. I'm going to learn more about how she was so successful this week."

When you catch yourself counting(イ) the ways someone is smarter, better looking, or more ambitious than you, take a moment to identify some similarities, too. Perhaps you aced the same class in college or both have a knack* for public speaking. Searching for sameness can not only help reset a self-doubting perspective, it can also be a conduit* for learning from the other's success.

2. ＿＿＿＿〈B〉＿＿＿＿

Noticing others' accomplishments is only natural. But that doesn't mean it's necessary to use that information to set your own goals and standards of success.

Research has shown that people tend to define success in one of three ways: personal growth, the ability to avoid failure, or the ability to perform better than others. A study published in the *Journal of Applied Psychology** found that others' accomplishments decreased feelings of self-efficacy* only in those who strongly conceived of success as outperforming others. For those who didn't define themselves relative to others, however, the opposite happened: Observing the achievements of high performers *stimulated* the belief that they could succeed. In other words, if you set your own goals, another's success can inspire you to maximize your potential.

To set your own standards of success, it's helpful to get (X) the habit of establishing regular performance and learning goals. Performance goals are those that set desired outcomes — aiming to earn an award in an essay contest, for instance. Learning goals focus on the process rather than just the outcome, encouraging internal growth. A novice* tennis player might resolve (d) to strengthen his backhand through a series of dedicated drills, (Y) no end in mind other than becoming a more skilled hitter.

3. ______〈C〉______

Social comparisons are prevalent (e) even among those who are ostensibly* working toward the same goal. But whether in-group comparisons are harmful or helpful depends, in part, on the group's social norms.

In research I conducted with Scott Dust of Miami University, we explained that, in the workplace, the norms of a team determine whether comparisons are beneficial or detrimental (f) to individual members. When people on a team focus on their own achievements and strive to be self-reliant, they feel worse when comparing themselves with a teammate whose success outshines their own. But if a team is focused on aligning* their goals and striving for communal action, one teammate's accomplishment allows everyone to bask in the success*.

To establish collaborative team norms — in the workplace, on the field, or anywhere else — it's imperative (g) that team members trust one another, feel comfortable sharing their ideas, and de-emphasize in-group competition. Creating such a culture is sometimes easier said than done, but it often starts from the top. Indeed, a proactive leader who underscores (h) the power of collaboration can make all the difference.

4. ＿＿＿＿〈D〉＿＿＿＿

Jack Welch, former CEO* of General Electric, once argued that when it comes to role models, 10 are better than one: "You cannot hook onto making yourself somebody else (ウ). You want to make yourself an amalgamation* of the best ideas you can put together with your personality and your style." Similarly, research has found that when someone envisions her own "role model," she's often combining positive attributes from a selection of people who have positively influenced her, rather than a sole individual.

(　Z　) the same token, it can help to look at the attributes of several people when striving to identify your own strengths and goals. Perhaps you appreciate an author's writing, an athlete's persistence, a colleague's speaking skills, and a former manager's leadership. Using their qualities to build an internal composite (i) role model will allow you to learn from others while maintaining your authenticity.

Comparison can indeed be the thief of joy. But it doesn't have to be. Perhaps it's time to stop demonizing the idea of comparing ourselves with others — and instead start leveraging (j) social comparison as a pathway to success.

(By Jaclyn Margolis, writing for *Psychology Today,* January/February 2022)

[注] President Theodore Roosevelt　セオドア・ルーズベルト大統領（アメリカ合衆国第26代大統領）

decrying（decry　非難する）

dampen　弱める、鈍らせる

knack　コツ

conduit　経路

Journal of Applied Psychology　『応用心理学誌』(応用心理学研究の学術雑誌)

self-efficacy　自己効力感、自分の能力や可能性に対する自信

novice　初心者

ostensibly　表面上は、表向きには

aligning　(align　揃える)

bask in the success　成功に浴する

CEO　(chief executive officer　最高経営責任者)

amalgamation　融合

I－A　空所(X)～(Z)に入るもっとも適切なものを次の1～4の中からそれぞれ一つ選び、その番号を解答欄に記入しなさい。

(X)　1　in　2　of　3　on　4　with

(Y)　1　of　2　out of　3　with　4　without

(Z)　1　By　2　In　3　Of　4　On

I－B　下線部(a)～(j)の意味・内容にもっとも近いものを次の1～4の中からそれぞれ一つ選び、その番号を解答欄に記入しなさい。

(a)　deliberate

1　confident　2　friendly　3　liberal　4　planned

(b)　proactive

1　energetic　2　polite

3　professional　4　sensitive

(c)　wounding

1　building up　2　hurting

3　improving　4　winding up

(d)　resolve

1　care　2　determine　3　happen　4　tend

(e)　prevalent

1　absent　2　avoided　3　valued　4　widespread

(f) detrimental

1 advantageous 2 favorable

3 harmful 4 unfair

(g) imperative

1 essential 2 insightful 3 optional 4 sensational

(h) underscores

1 calculates 2 discounts

3 emphasizes 4 undermines

(i) composite

1 blended 2 calm 3 positive 4 smaller

(j) leveraging

1 discounting 2 rejecting

3 replacing 4 utilizing

I－C 波線部 (ア)〜(ウ) の意味・内容をもっとも的確に示すものを次の１〜４の中からそれぞれ一つ選び、その番号を解答欄に記入しなさい。

(ア) humans are hard-wired to measure

1 humans biologically tend to measure

2 humans cannot afford to measure

3 humans find it challenging to measure

4 humans seem to enjoy measuring

(イ) catch yourself counting

1 decisively force yourself to start counting

2 gradually and inevitably begin counting

3 joyfully accept the fact that you keep counting

4 suddenly realize that you have been counting

(ウ) hook onto making yourself somebody else

1 become successful without making efforts

2 decide to become identical to another person

3 have a strong connection with somebody powerful

4　refuse to change your personality

I－D　二重下線部の空所(あ)～(え)に次の1～6から選んだ語を入れて文を完成させたとき、(あ)と(う)に入る語の番号を解答欄に記入しなさい。同じ語を二度使ってはいけません。選択肢の中には使われないものが二つ含まれています。

Comparison can also (あ) people to (い)(う) action to better (え).

1　concrete　2　give　3　inspire　4　slow

5　take　6　themselves

I－E　空所〈A〉～〈D〉に入るもっとも適切な小見出しを次の1～5の中からそれぞれ選び、その番号を解答欄に記入しなさい。同じ選択肢を二度使ってはいけません。選択肢の中には使われないものが一つ含まれています。

1　Don't Look to Just One Person

2　Establish Collaborative Norms

3　Express Yourself Clearly

4　Focus on Similarities

5　Set Your Own Goals

I－F　本文の意味・内容に合致するものを次の1～6の中から二つ選び、その番号を解答欄に記入しなさい。

1　Most internet discussion of social comparison emphasizes its positive value.

2　The idea of social comparison in this article means the act of comparing different societies where different interesting individuals interact with one another.

3　According to the author, people cannot be totally free from the impulse of comparing themselves with others.

4　Lenny, in both imaginary examples, is inspired by his training partner Harriet and becomes eager to outperform her in the coming marathon race.

5 According to the study the author conducted with Scott Dust of Miami University, comparison had a negative impact on teamwork no matter what goals were shared among the team members.

6 The author wants to emphasize how comparison can work positively without making people less joyful.

〔II〕 次の文章を読んで設問に答えなさい。[＊印のついた語句は注を参照しなさい。](73点)

A deep enough wound will leave a scar, but a traumatic* event in the history of an animal population may leave a mark on the genome* itself. During the Mozambican Civil War* from 1977 to 1992, humans killed so many elephants for their lucrative* ivory that the animals seem to have evolved in the space of a generation. The result was that a large number are now naturally tuskless.

A paper published Thursday in *Science** has revealed the tooth-building genes that are likely involved, and that in elephants, the mutation is lethal* to males. Although evolving to be tuskless might spare(a) some surviving elephants from poachers*, there will likely be long-term consequences(b) for the population.

Normally, both male and female African elephants have tusks, which are really a pair of massive(c) teeth. But a few are born without them. Under heavy poaching, those few elephants without ivory are more likely to pass on their genes. Researchers have seen this phenomenon in Mozambique's Gorongosa National Park, where tuskless elephants are now a common sight. Female elephants, that is. What no one has seen in the park is a tuskless male. "We had an inkling*," said Shane Campbell-Staton, an evolutionary biologist at Princeton University, that whatever genetic mutation took away these elephants' tusks was also killing males.

To learn more, Dr. Campbell-Staton and his co-authors started with long-term data, including prewar video footage* of Gorongosa's elephants. They calculated that even before the war, nearly one in five females were tuskless. This might reflect earlier conflict and poaching pressure, Dr. Campbell-Staton said. In well-protected elephant populations, tusklessness can be as low as 2 percent.

Today, half of Gorongosa's females are tuskless. The females who survived the war are passing the trait to their daughters. Mathematical modeling showed this change was almost certainly because of natural selection, and not a random fluke*. In the decades spanning the war,(ア) tuskless females had more than five times greater odds(d) of survival. And the pattern of tusklessness in families confirmed the scientists' hunch*: it seems to be a dominant trait, carried by females, that's lethal to males. That means a female with one copy of the tuskless mutation has no tusks. Half of her daughters will have tusks, and half will be tuskless. Among her sons, though, half will have tusks and the other half will die, perhaps before birth.

The team sequenced the genomes* of 11 tuskless females and seven with tusks, looking for differences between the groups. They also searched for places in the genome showing the signature(e) of recent natural selection without the random DNA reshuffling that happens over time. They found two genes that seemed to be (Y) play.

Both genes help to build teeth. The one that best explains the patterns scientists saw in nature is called AMELX, and is on the X chromosome*, as the team expected. That gene is also involved in a rare human syndrome that can cause tiny or malformed teeth. AMELX is adjacent(f) to other crucial genes whose absence from the X chromosome can kill males. In the elephant genome, "We don't know what the exact changes are causing this loss of tusks, in either one of those genes," Dr.

Campbell-Staton says. That's one of the things the researchers hope to figure out next.

They also want to (あ)(い)(う) is (え) for a tuskless elephant. Elephants normally use their tusks to strip tree bark for food, dig holes for water and defend themselves. "If you don't have this key tool, how do you have to adjust your behavior in order to compensate?" (イ) Dr. Campbell-Staton said.

And the rise of tusklessness may affect not just individual elephants, but the population as a whole, Dr. Campbell-Staton said, since fewer males are being born. "I think it's a very elegant study," said Fanie Pelletier, a population biologist at the Université de Sherbrooke in Quebec who was not involved in the research but wrote an accompanying article in *Science*. "It's a very complete story as well. All the pieces are there," she said.

In her own research, Dr. Pelletier has studied bighorn sheep in Canada. As trophy hunters* targeted the males with the biggest horns, the sheep evolved to have smaller horns. The change in sheep is subtle, (g) she said, unlike the elephants' total loss of tusks. And the elephants' genetic change has actually compounded (h) their problems, Dr. Pelletier said. Even if poaching stopped tomorrow, tusklessness would keep indirectly killing males, and it could take a long time (Z) the frequency of this trait to drop to normal levels.

Dr. Campbell-Staton agreed that although the elephants have evolved to be safer from poachers, this isn't a success story. "I think it's easy when you hear stories like this to come away thinking, (ウ) 'Oh everything's fine, they evolved and now they're better and they can deal with it,'" he said. But the truth is that species pay a price for rapid evolution. "Selection always comes at a cost," he said, "and that cost is lives."

(By Elizabeth Preston, writing for *The New York Times*, October 21, 2021)

［注］ traumatic　精神的に深く傷つける、トラウマ症の
genome　ゲノム、遺伝情報
the Mozambican Civil War　モザンビーク共和国で起きた内戦
lucrative　金儲け目当ての
Science　『サイエンス』(アメリカの科学学術雑誌)
lethal　致死の
poachers　密猟者
inkling　漠然とした知識
video footage　ビデオ映像の一場面
fluke　まぐれ
hunch　直感
sequenced the genomes　(sequence the genomes　ゲノム解析をする)
X chromosome　X染色体
trophy hunters　遊興を目的とする狩猟者

II－A　空所(Y)と(Z)に入るもっとも適切なものを次の1～4の中からそれぞれ一つ選び、その番号を解答欄に記入しなさい。

(Y)　1 at　2 of　3 off　4 with
(Z)　1 at　2 for　3 in　4 of

II－B　下線部 (a)～(h) の意味・内容にもっとも近いものを次の1～4の中からそれぞれ一つ選び、その番号を解答欄に記入しなさい。

(a) spare
1 distinguish　2 save　3 steal　4 take

(b) consequences
1 consideration　2 effects
3 groundwork　4 reasons

(c) massive
1 communicative　2 huge
3 minute　4 proportional

(d) odds

1 chances　　2 ends

3 impossibilities　　4 obstacles

(e) signature

1 damage　　2 insignificance

3 mark　　4 naming

(f) adjacent

1 additional　2 horizontal　3 next　4 parallel

(g) subtle

1 direct　2 sensitive　3 slight　4 widespread

(h) compounded

1 caused　2 increased　3 solved　4 tackled

II－C　波線部 (ア)〜(ウ) の意味・内容をもっとも的確に示すものを次の 1 〜 4 の中からそれぞれ一つ選び、その番号を解答欄に記入しなさい。

(ア) the decades spanning the war

1 the decades after the war ended

2 the decades before the war started

3 the decades in which the war was banned

4 the decades over which the war continued

(イ) in order to compensate

1 so that you can compliment one another

2 so that you can find an alternative way to survive

3 so that you can let everything go and just forget

4 so that you can recreate exactly the same tool

(ウ) come away thinking

1 avoid questioning

2 keep on worrying

3 respond by concluding

4 start seriously criticizing

Ⅱ－D　二重下線部の空所(あ)～(え)に次の1～7から選んだ語を入れて完成させた時、(い)と(え)に入る語の番号を解答欄に記入しなさい。同じ語を二度使ってはいけません。選択肢の中には使われないものが三つ含まれています。

They also want to (　あ　)(　い　)(　う　) is (　え　) for a tuskless elephant.

1　focus　　2　how　　3　learn　　4　life
5　like　　6　unlike　　7　what

Ⅱ－E　本文の意味・内容に合致するものを次の1～8の中から三つ選び、その番号を解答欄に記入しなさい。

1　According to a paper published in *Science*, the tooth-building genes have something to do with what is happening to the elephants in Mozambique.

2　All African elephants of both sexes have tusks, and there was no exception even before the Mozambican Civil War.

3　Today, in Mozambique's Gorongosa National Park, a huge number of tuskless male elephants are found.

4　By studying the long-term data, Dr. Campbell-Staton and his co-authors found that the number of tuskless female elephants had decreased by 2 percent as a result of the war.

5　Today, half of the female elephants in Gorongosa National Park have no tusks, which mathematical modeling associates with natural selection.

6　According to the study of Dr. Campbell-Staton and others, the chromosome called AMELX, which is never found in humans, is critical for elephants' teeth.

7　According to the research of Dr. Pelletier, evolutionary change also happened to bighorn sheep in Canada, and it was caused by trophy hunters.

8　Dr. Campbell-Staton is optimistic about the future of the elephants in Mozambique because he believes that they are all safe enough to survive any evolutionary change.

II－F 本文中の太い下線部を日本語に訳しなさい。

those few elephants without ivory are more likely to pass on their genes

〔III〕 次の会話を読んで設問に答えなさい。(50点)

(*Haru and Aiden discuss plans for Golden Week.*)

Aiden: Haru, do you have any plans for Golden Week?

Haru: Yes, I am planning on spending most of my time gardening. Golden Week is the perfect time to plant summer vegetables.

Aiden: I remember you had a garden last year too. ＿＿＿(a)＿＿＿

Haru: I haven't completely decided yet. I want to grow a variety of things. I love being able to just go outside and pick my own salad instead of going to the grocery store.

Aiden: ＿＿＿(b)＿＿＿ But it must be a lot of work to grow the vegetables.

Haru: That's true. If it doesn't rain, you have to water them almost every day. It also takes some effort to make sure the plants don't get sick or eaten by bugs.

Aiden: I don't think I would be good at growing a vegetable garden. ＿＿＿(c)＿＿＿ I always either forget to water them, or I water them too much. I've never had much of a green thumb.

Haru: A green thumb?

Aiden: It means to have a natural talent for growing plants.

Haru: I don't know if I have a green thumb exactly, but I've always been good at growing plants, even when I was a kid.

Aiden: Can you teach me some of your tricks?

Haru: Sure, I'm still learning. ＿＿＿(d)＿＿＿ Lately I have been reading some books about companion planting.

Aiden: I've never heard of it.

Haru: Companion planting is a way to make your garden grow more efficiently.

Aiden: ＿＿＿(e)＿＿＿

Haru: The basic idea is that plants are all connected. And some plants make good neighbors, while others are bad neighbors.

Aiden: I don't get it.

Haru: Well, some plants can help each other grow. ＿＿＿(f)＿＿＿ An example of good companion plants are basil and tomatoes.

Aiden: Interesting. So, how do tomatoes and basil help each other grow?

Haru: Basil deters the insects that eat tomatoes.

Aiden: I see! ＿＿＿(g)＿＿＿ That's another good reason to plant them together.

Haru: True! It's also good to think about the size of plants. Tall plants, like corn, can provide shade for plants that don't like to get too much sun. On the other hand, you don't want to plant anything short that needs a lot of sun next to a tall plant.

Aiden: That makes sense. There's a lot to think about when it comes to gardening.

Haru: It's true. [植物のいろいろな育て方を学ぶのは興味深いけど、全部知らなくてもガーデニングは楽しめます。] My favorite thing about gardening is simply watching everything grow. Isn't it amazing that two different seeds planted in the same soil can grow into completely different plants?

Aiden: That is amazing! I don't think I have the confidence to try and grow my own garden. But maybe I can visit yours and help out sometimes.

Haru: That would be great! ＿＿＿(h)＿＿＿ Gardening is fun, but I can always use an extra hand.

Aiden: Okay!

Ⅲ－A 空所 (a)〜(h) に入るもっとも適切なものを次の1〜10の中からそれぞれ一つ選び、その番号を解答欄に記入しなさい。同じ選択肢を二度使ってはいけません。選択肢の中には使われないものが二つ含まれています。

1 Basil and tomatoes also taste great together.
2 But I'd be happy to share what I know.
3 Do you have a favorite vegetable?
4 How does it work?
5 I can't even keep my houseplants alive.
6 Others compete for important resources.
7 That does sound convenient.
8 Tomatoes need lots of sun.
9 Well, stop by anytime.
10 What will you grow this year?

Ⅲ－B 本文中の［　　　］内の日本語を英語で表現しなさい。

植物のいろいろな育て方を学ぶのは興味深いけど、全部知らなくてもガーデニングは楽しめます。

日本史

(75 分)

〔Ⅰ〕 次の（1）～（3）の文章を読み、設問に解答せよ。　(60点)

（1） 天皇の子女に氏姓を与えて皇籍を離脱させる臣籍降下は<u>奈良時代にもみられたが</u>(ア)、「源朝臣」の氏姓が下賜されるようになったのは、815年に嵯峨天皇が（　a　）ら８人の皇子・皇女に賜ったのがはじまりである。以後、仁明～醍醐の七代や村上・花山・三条の子孫など、多くの人物が「源朝臣」を賜って臣籍に下った。この賜姓源氏の第一世代には、（　a　）や醍醐源氏の（　b　）のように大臣にのぼるものもあり、公卿となる人物もそれなりにみられたものの、<u>世代を重ねて天皇との血縁が離れていくに従い、地位を低下させていくことが多かった</u>(c)。

武門の源氏の祖となった源経基は、清和天皇の孫であった。藤原基経によって（　d　）天皇が廃され、皇統が文徳―清和―（　d　）の系統から光孝―宇多―醍醐の系統に移動したこともあって、当初の経基は不遇で、武蔵介という地方の次官を務めるような状況であった。しかし、（　イ　）国の平将門に謀反の疑いがあることを朝廷に知らせ、そののち将門らが実際に反乱を起こしたためにその功が認められ、経基は従五位下に叙せられた。また、そののち経基は、（　ウ　）の国府を襲撃した藤原純友を討伐するための追捕使にも任じられている。この平将門・藤原純友の反乱が複数の国府を襲撃して朝廷に衝撃を与えたものだったこともあり、経基の子孫は、将門の乱の鎮定に功があった平貞盛の子孫とともに、<u>摂関政治</u>(エ)・院政下の京都で<u>武士として用いられるようになっていった</u>(オ)。

【設問ア】下線部アについて、奈良時代から平安時代初期にかけて氏姓を賜って皇籍を離れた次の４人について、事跡に関する波線部の説明が正しいものを１つ選び、解答欄Ⅰ－Ｂにその番号を記入せよ。

1．天智天皇の子孫であった淡海三船は、平安時代初期の漢詩文の文人としてよく知られている。

2．桓武天皇の皇子であった良岑安世は、漢詩集『経国集』の編纂を主導した。

3．平城天皇の孫であった在原業平は、和歌をよくし、最初の勅撰和歌集の編纂において中心的な役割を果たした。

4．天武天皇の子孫であった清原夏野は、養老令の注釈書である『令集解』の編集にあたった。

【設問a】空欄（　a　）には嵯峨天皇の皇子で左大臣にまでのぼり、伴善男によって応天門放火の罪を着せられそうになった人物名が入る。この人物名について、解答欄Ⅰ－Aに漢字で記せ。

【設問b】空欄（　b　）には、醍醐天皇の皇子で左大臣にまでのぼるも、969年に藤原北家の勢力によって失脚させられた人物名が入る。その人物名について、解答欄Ⅰ－Aに漢字で記せ。

【設問c】下線部cについて、嵯峨源氏の四世（嵯峨天皇の玄孫）にあたり、官歴を従五位上、能登守で終えたある人物は、『和名類聚抄』の編纂という文化面の事跡で知られている。この人物名について、解答欄Ⅰ－Aに漢字で記せ。

【設問d】空欄（　d　）に該当する天皇の名について、解答欄Ⅰ－Aに漢字で記せ。

【設問イ・ウ】空欄（　イ　）（　ウ　）にはそれぞれ、平将門と藤原純友の本拠が所在した国名が入る。該当する語を下記より選び、その番号を解答欄Ⅰ－Bに記入せよ。

1．上　総　　2．下　総　　3．上　野　　4．下　野
5．阿　波　　6．伊　予　　7．讃　岐　　8．土　佐

【設問エ】下線部エの摂関政治について述べた次の4つの文章のうち、正しい内容の文章の数を1～5の選択肢から選び、その番号を解答欄Ⅰ－Bに記入せよ。

・関白は天皇が幼少の間に政務を代行する地位で、摂政は天皇の成人後に後

見役として補佐する地位である。

・基本的な政務が摂関の私邸でおこなわれたため、陣定などの内裏でおこなわれる会議は衰退した。

・当時の皇族・貴族は母方で養育されることが多かったため、外戚が重視された。

・藤原道長は、外孫である一条・後一条・後朱雀の三代を次々に天皇の位につけた。

1．なし　　2．1個　　3．2個　　4．3個　　5．4個

【設問オ】下線部オについて、摂関・院政期における源経基の子孫の活動に関する以下の内容を古い順に並べたときに、3番目に来るものはどれか。その番号を選んで、解答欄Ⅰ－Bに記入せよ。

1．源義家は、清原一族の内紛に介入して制圧に成功したが、私戦とみなされたために朝廷から恩賞を付与されなかった。

2．源頼信は、兄たちとともに摂関家に奉仕する一方で、平忠常の反乱を即座に平定した。

3．源義親は、出雲国で目代を殺害する事件を起こしたために、平正盛によって討伐された。

4．源頼義は、国司と反目する安倍氏の勢力を討伐するため、陸奥守に任じられて下向し、安倍氏を滅ぼした。

(2)（　カ　）上皇が院政をおこない、藤原忠実が天皇家との外戚関係によらない摂関家の独自基盤の確立を進めていた頃、源為義は忠実への従属を深めていた。為義の長男であった義朝は東国に派遣されており、摂関家領の荘官を務める上総氏・三浦氏などに擁立されて存在感を増していた。ところが、ある段階で義朝は父為義と袂を分かち、（　カ　）上皇周辺と関係を深め、京都で上皇に直接仕えるようになる。

（　カ　）上皇が没したのち、（　カ　）と対立関係にあった（　キ　）上皇が忠実の後継者（　ク　）と結んで軍勢を集めると、為義も（　ク　）に従った。一方、（　カ　）から政権を継承した後白河天皇は、源義朝のほか、平清盛（下線部ケ）一門なども味方に付けて勝利を手にする。この乱ののち、（　ク　）

は負傷して奈良で死亡、為義と彼に従った息子たちは斬罪とされ、（　キ　）上皇は讃岐国に配流された。

一方、義朝は勲功によって左馬頭（さまのかみ）に任官するという手厚い処遇を与えられたが、その義朝の運命が暗転したのが3年後のことである。院近臣の（　コ　）と連携していた義朝は、（　コ　）に呼応して同じく院近臣の信西を襲撃して死に追い込んだ。ところが、（　e　）詣のために京都を離れていた平清盛が京都に戻ると、状況は一変する。（　コ　）に反発する貴族は二条天皇を清盛邸へ脱出させ、これにより（　コ　）と義朝は正当性を失ってしまう。決戦ののち義朝は敗北し、落ち延びた先の尾張国で殺害された。嫡男の頼朝も、捕らえられて伊豆国に配流されることとなった。

【設問カ・キ・ク・コ】空欄（　カ　）（　キ　）（　ク　）（　コ　）に入る人物名について、それぞれ下記より選び、その番号を解答欄Ⅰ－Bに記入せよ。

1．後三条　　2．後冷泉　　3．白　河　　4．崇　徳
5．高　倉　　6．鳥　羽　　7．後鳥羽　　8．堀　河
9．藤原家隆　　10．藤原隆信　　11．藤原忠平　　12．藤原忠通
13．藤原信頼　　14．藤原通憲　　15．藤原頼経　　16．藤原頼長

【設問ケ】下線部ケの平清盛の事跡を説明する以下の文章のうち、誤っているものを1つ選び、その番号を解答欄Ⅰ－Bに記入せよ。

1．一門の繁栄のために、厳島神社に写経を奉納した。
2．蓮華王院を造進するなど、後白河上皇への奉仕をおこなった。
3．瀬戸内海の海賊を討伐し、一門で初めて殿上人となった。
4．孫を安徳天皇として即位させ、外戚として権勢を握った。

【設問e】空欄（　e　）には、院政期に上皇や貴族が盛んに参詣をおこなった三山を含む紀伊国南部の地名が入る。該当する地名について、解答欄Ⅰ－Aに漢字2字で記せ。

（3）「鎌倉幕府はいつ成立したのか」という「問い」については、さまざまな議論が交わされてきた。<u>後年の武家政権で征夷大将軍という官職が重視されたため</u>(f)、かつては1192年に源頼朝が征夷大将軍に任じられた時点を鎌倉幕府成立とする理解が一般的だったが、現在は鎌倉幕府の成立を論じるにあたっ

てそのような見方は本質的でないと考えられている。

さまざまな説のうち、まず特徴的なのは、頼朝が南関東の地域権力としての拠点を鎌倉に据えた1180年10月～12月頃を重視する説である。この説は、鎌倉幕府の自立的な軍事政権という側面を重視するものである。しかし、この説に立つ場合、都落ち後の平家や（　g　）を拠点とする奥州藤原氏などの地域権力のうち、なぜ頼朝の地域権力のみを「幕府」と呼ぶことができるのか、という点についての説明が求められることとなる。このほか、幕府内の重要な機関として、公文所・問注所が設置された1184年10月（下線サ）を重視する説もある。

一方、朝廷から何らかの地位・権限を承認された時点を重視する説もある。下記の【①】はその一説に関わる史料で、（　h　）の日記『玉葉』からの引用である。

【①】抑(そもそ)も、東海・東山・北陸三道の庄園国領、本のごとく領知すべきの由、宣下せらるべきの旨、頼朝申し請ふ。仍(よっ)て宣旨を下さるるの処、北陸道許(ばか)りは（　シ1　）を恐るるに依り、其の宣旨(せんじ)を成されず。頼朝これを聞かば、定めて鬱を結ぶか。

これは、東海道・東山道の荘園・国衙領について、荘園領主・国司の支配を再興するという頼朝の申し出を受けて、朝廷から宣旨が下された際の記事である。本来の頼朝の申請のなかには北陸道も含まれていたが、源（　シ1　）の反発をおそれたために朝廷側で除外されたことも記されている。この宣旨は、頼朝が実力で形成した東国支配が朝廷によって公認されたことを示すものとして注目されてきたものだが、このとき認められたのがあくまで一部の地域についての権限だった点には注意が必要である。

全国的な権限に関わるものとして注目されてきたのが、源（　シ2　）らの追討が問題となった時期に（　ス　）が上洛して朝廷と交渉し、「守護地頭」の設置が勅許されたことを重視する説である。この説は、鎌倉幕府の歴史を編年体で示した『（　i　）』の記事などに依拠するもので、「鎌倉幕府の成立年」をめぐる諸説のなかでもよく知られている説である。しかし、日々の出来事をその都度記していく日記などと異なり、『（　i　）』は後年に編纂されたものであり、錯誤や曲筆を含むことが知られている。実際に、この時点以前にも国ごとに置かれて守護の前身となった惣追捕使(そうついぶし)や、荘園・国衙領ごとに置かれた地頭の存在は確認されており、この時にはじめて守護や地頭に相当する役職が置かれたわけではない。また、この時の勅許について『玉葉』の記事を確認すると、【②】のようになっている。

【②】又聞く。件の北条丸(ス)以下郎従等、相分(わか)ちて五畿・山陰・山陽・南海・西海の諸国を賜り、庄公を論ぜず、兵粮〈反別五升〉を宛て催すべし。啻(ただ)に兵粮の催のみにあらず、惣じて以て田地を知行すべしと云々。

これによると、このとき問題になっていたのは、五畿内・山陰道・山陽道・南海道・西海道の諸国で1反あたり5升の兵粮米を賦課する権利と、田地を知行する権利だったようである。しかし、実はこの権限を行使する役職についても、翌年には大半の国々で廃止されたことが判明している。以上のような諸点から、この勅許を鎌倉幕府成立の画期とする説は、以前ほど重視されなくなっている。

結局のところ、内乱のなかで曲折を経ながら成立してきた頼朝を長とする組織に、どのような役割と権利を与えるかたちで存続させるのか(j)、最終的に調整・合意がおこなわれたのは、1190年に頼朝自身が上洛した際のことだったと想定されており、右近衛大将という官職に任じられたこの年を鎌倉幕府成立年とする見解も有力である。

しかし、以上のようにさまざまな議論が交わされるなかで認識されたのは、実力支配の面においても朝廷からの承認という面においても地域ごとに大きく様相が異なっており、段階ごとに紆余曲折を経ているという点である。そのような点を総合的に考慮し、最近では特定の一時点を鎌倉幕府成立年とみなすのではなく、鎌倉幕府が段階的に形成されていった(セ)ことを重視する説明が一般的になっている。

【設問ｆ】下線部ｆについて、たとえば1605年にある人物が征夷大将軍に任じられたことは、豊臣氏ではなく、徳川氏の子孫が征夷大将軍として天下の政治をおこなっていくことを示すものであった。この人物名について、解答欄Ｉ

－Aに漢字で記せ。

【設問g】空欄（　g　）に該当する陸奥国内の地名について、解答欄Ⅰ－Aに漢字で記せ。

【設問サ】下線部サについて、このとき公文所の別当となり、後年政所が置かれた際にはその初代別当にもなった人物名について、下記より選び、その番号を解答欄Ⅰ－Bに記入せよ。

1．和田義盛　　2．三善康信　　3．梶原景時　　4．大江広元

【設問h】空欄（　h　）に該当する人物名について、解答欄Ⅰ－Aに漢字で記せ。

【設問シ】空欄（　シ１　）には信濃国で挙兵して北陸道を経由し、頼朝より先に入京した人物名、空欄（　シ２　）には頼朝によって西国に派遣されて平家討伐に大きな軍功を挙げながら、最終的に藤原泰衡によって討たれた人物名が入る。これらの人物名の組み合わせについて正しいものを下記より選び、その番号を解答欄Ⅰ－Bに記入せよ。

1．シ１：範頼、シ２：義経　　2．シ１：範頼、シ２：義仲
3．シ１：範頼、シ２：頼政　　4．シ１：義経、シ２：範頼
5．シ１：義経、シ２：義仲　　6．シ１：義経、シ２：頼政
7．シ１：義仲、シ２：範頼　　8．シ１：義仲、シ２：義経
9．シ１：義仲、シ２：頼政　　10．シ１：頼政、シ２：範頼
11．シ１：頼政、シ２：義経　　12．シ１：頼政、シ２：義仲

【設問ス】空欄（　ス　）には、下線部スの「北条丸」にあたる、頼朝の舅でこのとき朝廷との交渉のために京都へ派遣されていた人物名が入る。この人物名について、下記より選び、その番号を解答欄Ⅰ－Bに記入せよ。

1．北条時房　　2．北条時政　　3．北条義時　　4．北条泰時

【設問i】空欄（　i　）に該当する鎌倉時代後期に編纂された書物の名前について、解答欄Ⅰ－Aに漢字で記せ。

【設問j】下線部jについて、鎌倉幕府の役割として重要なものの一つに、内裏を守護するというものがあるが、これを遂行するための御家人の負担を何と呼ぶか。解答欄Ⅰ－Aに漢字5字で記せ。

【設問セ】下線部セについて、本文中に引用した【①】【②】の記事は、それぞれどの時期のものか。下記より選び、その番号をそれぞれ解答欄Ⅰ－Bに記入せよ。

源頼朝が挙兵する→（　1　）→一の谷の戦いで平家に勝利する→（　2　）→壇の浦の戦いで平家を滅ぼす→（　3　）→奥州藤原氏を滅ぼす→（　4　）→源頼朝が右近衛大将に任官する

〔Ⅱ〕　次の文章・史料（1）～（4）を読んで、下記の設問ア～ツに答えよ。

(45点)

（1）　貨幣経済が発達するにしたがって、武士も金銭収入を必要とするようになり、年貢として納められた米や特産物の（　ア　）を金銭にかえなければならなくなった。地方の諸藩においても、（　イ　）を大坂や江戸に設けて（　ア　）の保管や販売をおこなった。

これに対して、浅草には幕府の米蔵があり、（　ウ　）が、旗本・御家人の俸禄米の受取りと売却に関して業務を請け負った。こうした商人は、大名や旗本などに金銭の融通をおこない、巨富を蓄え、しだいに武士の生活は彼らによって左右されるようになっていった。

また、物財の売買が経済活動の基本になると、大坂堂島の（　エ　）、江戸日本橋・大坂雑喉場(ざこば)の（　オ　）、江戸神田・大坂天満の（　カ　）など専門の卸売市場が成立した。

【設問ア】空欄（　ア　）には、民間で売買される商品とは異なり、年貢として集められた米や特産物など、領主の手元から販売される物財の総称が入る。この総称を漢字で解答欄Ⅱ－Aに記せ。

【設問イ】空欄（　イ　）は、諸藩・旗本などが年貢米・特産物を販売するためにおいた倉庫兼取引所のことを指す。この倉庫兼取引所の名称を漢字で解答欄Ⅱ－Aに記せ。

【設問ウ】空欄（　ウ　）には、旗本・御家人の代理として、禄米を受け取り・

売却し、また金貸しなども業とした商人たちの総称が入る。その総称を漢字で解答欄Ⅱ－Aに記せ。

【設問エ】空欄（　エ　）に該当する売買取引の市場を何というか。この名称を下記から選び、その番号を解答欄Ⅱ－Bに記入せよ。

1．魚　市　　2．米　市　　3．焼物市　　4．青物市

【設問オ】空欄（　オ　）に該当する売買取引の市場を何というか。この名称を下記から選び、その番号を解答欄Ⅱ－Bに記入せよ。

1．牛　市　　2．青物市　　3．魚　市　　4．呉服市

【設問カ】空欄（　カ　）に該当する売買取引の市場を何というか。この名称を下記から選び、その番号を解答欄Ⅱ－Bに記入せよ。

1．米　市　　2．魚　市　　3．牛　市　　4．青物市

（2）「一　諸国御料所又は私領と入組(いりくみ)候場所にても、新田ニ成るべき場所之(これ)有るに於てハ、其所の御代官、地頭并百姓申し談じ、何(いずれ)も得心の上新田取立候仕形、委細絵図・書付ニしるし、五畿内は京都（　キ　）所、西国・中国筋ハ大坂（　キ　）所、北国筋・関八州ハ江戸（　キ　）所え願出づべく候。」

（御触書寛保集成）

【設問キ】空欄（　キ　）に入る、行政・司法・立法・治安維持などを司った職掌の名称を何というか。この名称を漢字3字で解答欄Ⅱ－Aに記せ。

【設問ク】空欄（　キ　）の下での中核的職員は，同心を指揮して職務を遂行した。定員は江戸の場合、享保年間に北と南においてそれぞれ25名と定められた。この役人の職名は何というか。この職名を漢字で解答欄Ⅱ－Aに記せ。

【設問ケ】史料（2）は、新田開発にかかわる法令を、広く民衆に周知させる手段を用いて示したものである。このように、徳川時代、幕府や領主が決めた法度や掟書などを多くの人々の目に触れるようにした伝達手段を、下記から選び、その番号を解答欄Ⅱ－Bに記入せよ。

1．号　外　　2．官　報　　3．公　告　　4．高　札

（3）「民は是邦の本、本固ければ邦寧(やすし)と申は書経にあらはれ、百姓足らば、君誰と共に足らざらんと申(もうす)は論語に伝はり、聖賢の明訓、万古不易之儀、今更

くだくだしく述るにも及ばず候、当時御治世にて、上下共に一体は静謐安穏なる儀に御座候得共、天下一様に国の元よく堅まり、君の府庫も民間も共に足り余ると申す者にて之無(これなく)候へば、永久の所如何成行申可(もうすべき)哉と、竊(ひそか)に天下の為めに患ひ候儀に御座候」

(滝本誠一編『日本経済叢書』日本経済叢書刊行会、1915年、第16巻より。この史料に関しては読みやすい表記に一部変更した。)

【設問コ】史料（3）の文書は、飢饉などの時の窮民救済に備えて米穀をたくわえる庫の意義に関する事柄である。これは、藩と共に、収穫期に農民がその持高に応じて米穀を納め、それを地域ごとに自治的に貯蔵して、凶作年の飢饉などに備えることを表している。徳川時代にとくに奨励された庫もしくはその制度を何というか、この呼称を漢字２字で解答欄Ⅱ－Aに記せ。

【設問サ】史料（3）の文書を書いた人物は、儒学にかかわる文献を著述し、近世大坂における儒学の全盛を築いた。代表的な著述として、松平定信の諮問に答えた『草茅危言』、あるいは徂徠学を批判した『非徴』などがある。この人物名を漢字で解答欄Ⅱ－Aに記せ。

【設問シ】【設問サ】の人物が学主をつとめた大坂の学問所は有力町人の出資によって創設され、自由な学風で知られた。そこでは、全国の子弟を武士・庶民の別なく入学させて，主に朱子学の教育が行われた。質・量とも官学である昌平坂学問所をしのぐとまで言われた、この大坂の学問所名を漢字で解答欄Ⅱ－Aに記せ。

【設問ス】【設問コ】の庫ないしその制度は、19世紀前半のある藩の家老・河合道臣（寸翁）の指導の下で、大飢饉発生時には大いにその効果を発揮したといわれている。この藩の藩主の居城は、江戸時代初期以来の天守や櫓などの主要建築物が現存し、世界文化遺産リストにも登録されている。白鷺城とも呼ばれたこの城を擁する城下町は何というか、漢字２字で解答欄Ⅱ－Aに記せ。

（4）　江戸時代、「天下泰平」が続くと、学問として政治・経済・社会・教育・兵学などを「経済」として扱う学者が現れた。（　セ　）は、農業を中心とした自給自足的な経済メカニズムを尊重しながらも、商品経済原理によって動いている現実を直視して、これに即応した藩専売制などを積極的に唱えた。著述としては、『経済録』『経済拾遺』『聖学問答』などがある。

さらに、経済的に発展するにつれて、大坂では自らが拠るべき思想を探究しようとした人物も現れた。たとえば、（　ソ　）は、幼くして大坂に出て、経営危機にあった彼の主家である升屋の興隆に尽した。自らも両替商を営み，仙台藩，岡藩などの諸藩の財政再建をなしとげた。知識と実体験を強調し、西欧医学・科学の積極的な摂取から地動説を確信し、そしてあらゆる俗信を否認するなどの彼の主張は、今日、国際的に高く評価されている。

商人による社会経済思想の展開と呼応するように、武士の中でも（　タ　）のように、商業を肯定し、興利を説いて、現実味豊かな経済論を展開する人物も現れるようになった。しかし、農村の荒廃やロシアの日本北方への出没が顕著になるにつれて、幕府・諸藩の深刻な行財政危機とも相まって内憂外患が強く意識される思想が登場することにもなった。（　チ　）が基盤を作った後期水戸学は、こうした日本がおかれている危機を強く意識した体系であるといえる。

【設問セ】空欄（　セ　）に該当する学者名を下記から選び、その番号を解答欄Ⅱ－Bに記入せよ。

1．林羅山　　2．中江藤樹　　3．太宰春台　　4．山鹿素行

【設問ソ】空欄（　ソ　）の主著としては『夢の代』がある。この学者名を下記から選び、その番号を解答欄Ⅱ－Bに記入せよ。

1．富永仲基　　2．三宅石庵　　3．浅見絅斎　　4．山片蟠桃

【設問タ】空欄（　タ　）は、洋学知識と思考法を学び、また諸国を遍歴しながら、自らの経済論を説いた。彼の著述としては『稽古談』がある。この学者名を下記から選び、その番号を解答欄Ⅱ－Bに記入せよ。

1．海保青陵　　2．本多利明　　3．伊能忠敬　　4．高橋景保

【設問チ】空欄（　チ　）は、水戸城下の商家に生まれたが、若くして士分に登用され、郡奉行、彰考館総裁を歴任し、『大日本史』の編纂にもかかわった。彼の著述には、『勧農或問』『正名論』などがある。この人物名を下記から選び、その番号を解答欄Ⅱ－Bに記入せよ。

1．徳川光圀　　2．藤田幽谷　　3．平田篤胤　　4．伴信友

【設問ツ】空欄（　チ　）の弟子は、彰考館に入り、ロシアの南下政策や英国漁船の水戸藩領への上陸に大きな関心を寄せつつ、神話的な国体論や尊王攘夷論について体系的にまとめた『新論』を著した。この人物名を下記から選び、その番号を解答欄Ⅱ－Bに記入せよ。

1．佐久間象山　　2．佐藤信淵

3．会沢安（正志斎）　　4．緒方洪庵

〔Ⅲ〕　次の（1）～（3）の文章を読み【設問ア】～【設問ツ】に答えよ。(45点)

（1）　明治新政府がとった近代化政策は、産業技術や社会制度から学問や思想にいたるまで西洋から取り入れようとするものであった。その結果、文明開化と呼ばれる新しい風潮が社会に浸透していった。1869年に鉛製活字の本格的な鋳造に成功して以来、東京を中心に学術書ア や各種の新聞や雑誌が創刊された。教育面では、小学校イ で男女に等しく学ばせる国民皆学が目指された。専門教育では東京大学が設立され、多くの外国人教師ウ が教鞭をとった一方、教員養成のための〔　エ　〕学校、女子教育のための女学校、産業教育のための実業学校などが設けられた。近代化政策は庶民の生活をも一変させた。それまで用いられていた太陰暦にかわり、西洋諸国と同様に太陽暦が採用され、新たな祝祭日オ が制定された。官吏や巡査からはじまった洋服の着用はしだいに民間に広がった。街にはガス灯やレンガ造りの建物カ が並ぶようになった。

【設問ア】明治初期に翻訳された西洋の思想家とその代表的作品の組み合わせとして誤っているものを下記から1つ選び、その番号を解答欄Ⅲ－Bに記入せよ。

1．ジョン・ステュワート・ミル　―『西国立志編』

2．サミュエル・スマイルズ　―『自助論』

3．チャールズ・ダーウィン　―『種の起源』

4．ジャン＝ジャック・ルソー　―『社会契約論』

【設問イ】小学校教育の普及により就学率は高まったが、地方の実情を無視した

画一的な強制に対して批判がおこった。全国画一の学区制を廃止し、町村を小学校の設置単位とし、その管理を地方に移管することを定めた、1879年に公布された法令名を解答欄Ⅲ－Aに漢字で記せ。

【設問ウ】明治初期に雇われた外国人教師で、その後26年間にわたり東京医学校などで教鞭をとり、皇太子時代の大正天皇の侍医も務めた、近代日本医学の父とも称されるドイツ人医師の名前を解答欄Ⅲ－Aにカタカナで記せ。

【設問エ】空欄〔　エ　〕に当てはまる語句を解答欄Ⅲ－Aに漢字で記せ。

【設問オ】1872年の太政官布告で、『日本書紀』の神武天皇即位日である２月11日（太陽暦）を祝日とした。この祝日名として正しいものを下記から１つ選び、その番号を解答欄Ⅲ－Bに記入せよ。

１．新嘗祭　　２．元始祭　　３．天長節　　４．紀元節

【設問カ】工部大学校で教鞭をとったイギリス人建築家で、鹿鳴館などを設計し、辰野金吾らを育てたことで知られる人物名として正しいものを下記から１つ選び、その番号を解答欄Ⅲ－Bに記入せよ。

１．フランク・ロイド・ライト　　２．ジョサイア・コンドル

３．チャールズ・ワーグマン　　４．ヘンリー・ダイアー

（2）　明治末期頃から大正にかけて市民的自由や大衆の政治参加を求める社会運動が盛り上がった。「大正デモクラシー」とも称されたこの思潮は、学問や芸術に大きな影響を与えた。欧米諸国のさまざまな思想や文学が紹介されるなか、とりわけ知識人らに影響を与えたのがマルクス主義であった。マルクス主義は<u>プロレタリア文学</u>（キ）などにも影響を与えた。また、自由主義の立場に立つ政治的主張が強まったのもこの時代の特徴であった。主権在君の下であっても政策決定を民衆の意向によるべきとした<u>民本主義</u>（ク）、朝鮮や満州など植民地の放棄と平和的な経済発展を謳った<u>小日本主義</u>（ケ）、などがその代表である。女性解放や婦人参政権運動も盛んとなった。自由主義や社会主義の主張は、総合雑誌や週刊誌、<u>円本</u>（コ）といった媒体を通して普及していった。

他方で、西洋から輸入した近代的思考法を乗り越えようとする哲学など、日本独自の学問が発展した。歴史学においては、<u>『日本書紀』の文献的批判を行い、古代史を科学的に解明しようとする研究</u>（サ）が現われた。自然科学の分

野においても、第一次世界大戦期に染料・薬品などの輸入が途絶えたこともあって、独自の優れた発明(シ)や研究成果が生まれた。

【設問キ】大正・昭和初期のプロレタリア文学の代表的作家で、『蟹工船』を発表し、共産党に入党後の非合法活動中に逮捕され、拷問により死亡した人物名を解答欄Ⅲ－Aに漢字で記せ。

【設問ク】民本主義の提唱者であった吉野作造は、清朝の直隷総督で後に初代中華民国大総統ともなる政治家の息子の家庭教師を1906年に務めたことで知られる。この政治家名として正しいものを下記から１つ選び、その番号を解答欄Ⅲ－Bに記入せよ。

1．孫　文　　2．李鴻章　　3．袁世凱　　4．梁啓超

【設問ケ】石橋湛山はある雑誌社へ入社後、相次いで小日本主義の主張を展開し、後には自ら社長を務めることとなった。その雑誌名を解答欄Ⅲ－Aに漢字で記せ。

【設問コ】円本とは１冊１円という安価な値段で出版されたもので、昭和初期の出版の大衆化を招いたことで知られる。円本として正しいものを下記から１つ選び、その番号を解答欄Ⅲ－Bに記入せよ。

1．現代日本文学全集　　2．岩波文庫
3．キング　　4．改　造

【設問サ】この研究を行った歴史学者は、天皇の権威をおかす不敬と非難され、研究書は1940年に発売禁止となり、出版法違反で起訴された。この歴史学者名を解答欄Ⅲ－Aに漢字で記せ。

【設問シ】第一次世界大戦中にＫＳ磁石鋼を発明した物理学者名として正しいものを下記から１つ選び、その番号を解答欄Ⅲ－Bに記入せよ。

1．本多光太郎　2．長岡半太郎　3．木村栄　4．八木秀次

(3)　1930年代以降、日本が満州事変から日中戦争へと歩を進めると、社会は戦時色が強まり、国家主義的気運も高まった。学問や文芸におけるマルクス主義の影響力は次第に衰え、共産主義や社会主義者が保守主義や国家主義へと思想を変える〔　ス　〕と呼ばれる現象が発生した一方、日本の伝統的文化・思想への回帰が見られ、1930年代後半にその傾向が顕著となった。なかで

も1935年に創刊された『日本浪曼派』はその代表である。無産政党も国家社会主義に転じていった。また、戦時体制下では社会主義や自由主義への弾圧がいちだんと厳しくなった。政府は、検閲や用紙供給量の決定、国策協力団体の結成などを通して雑誌や新聞をその統制下に置こうとした。日中戦争期には、国体論やナチズムなどの影響を受けた全体主義的な思想が主流となり、東亜新秩序や大東亜共栄圏といったスローガンが展開された。

【設問ス】空欄〔　ス　〕に当てはまる語句を解答欄Ⅲ－Aに漢字で記せ。

【設問セ】この年に第一回芥川賞を受賞した石川達三の作品として正しいものを下記から1つ選び、その番号を解答欄Ⅲ－Bに記入せよ。

1．細　雪　　2．太陽のない街

3．麦と兵隊　　4．蒼　氓

【設問ソ】1932年に社会民衆党と全国労農大衆党が合同して結成された無産政党の名称を解答欄Ⅲ－Aに漢字で記せ。

【設問タ】1930年代に行われた弾圧でないものを下記から1つ選び、その番号を解答欄Ⅲ－Bに記入せよ。

1．滝川事件　　2．矢内原事件

3．人民戦線事件　　4．三・一五事件

【設問チ】1942年に政府の外郭団体として小説家などを戦争協力に動員する機関として日本文学報国会が設置された。その会長となった人物は、明治期に平民主義を唱え、『国民之友』や『国民新聞』を創刊したことでも知られる。その人物名として正しいものを下記から1つ選び、その番号を解答欄Ⅲ－Bに記入せよ。

1．安部磯雄　　2．徳富蘇峰　　3．三宅雪嶺　　4．陸羯南

【設問ツ】政府の統制は言論にとどまらず国民生活全体にまで及んだ。1937年、戦争遂行のための物資動員を計画するために設置され、1943年に軍需省が設置されるまで統制経済の中心的役割を果たした機関の名称を解答欄Ⅲ－Aに漢字3字で記せ。

世界史

（75分）

〔Ⅰ〕　次の文章を読み，設問1～12に答えなさい。　(50点)

中国で古都に数えられる都市のひとつに南京がある。現在，江蘇省の中心都市（省会）となっている南京は，歴史上，建業・建康・金陵などと呼ばれてきた。

はじめて中国を統一した秦とつづく漢は，黄河およびその支流である渭水の流域に都をおいたが，(あ)後漢の皇帝から帝位をゆずり受ける形で220年に（　**a**　）が魏を建てると，これに対抗した孫権が呉を建て，建業を都とした。現在の南京の地に都がおかれたのは，これを嚆矢とする。

280年，魏にかわった晋が呉を破り，天下統一が成ったのもつかの間，いわゆる五胡のひとつであった（　**b**　）が帝位をめぐる権力争いの混乱に乗じて挙兵し，これによって晋は，魏以来の都である（　**c**　）をおとされた。317年，貴族たちに擁立された司馬睿が即位して晋を復興し（東晋），建業――のちに建康と改称――に都を定めた。華北の戦乱を避けて人々が移動した結果，江南では人口が急増したが，漢代以来，大土地経営により台頭してきた有力な（　**d**　）たちは，これらの移住民や没落した自作農をみずからの支配下におさめて水田の開拓を進め，勢力を伸ばした。(い)彼らはやがて官界に進出して要職を独占する門閥貴族となり，中央の政治をも左右するようになる。このため江南諸政権の皇帝権力は不安定であり，東晋は420年に宋にとってかわられ，以後，いわゆる南朝の諸政権が短期間で交替した。ただ，いずれの政権も建康を都として都城の整備を進めたのであり，一時は都城とその周辺をあわせて百万の人口を数えるまでに至ったとの説もある。

(う)南朝の繁栄にともない，華中の都市で香辛料など南海物産の需要が拡大したのを受けて，東南アジアには国際市場と連動した港市国家の交易網が形成された。ふたたび中国を統一した隋の煬帝が行った大運河の整備は，唐代にかけて進展する江南への移住と開発を本格化させるとともに，(え)華北の陸のルートと華中・華南の海のルートを結びつけることにもなり，唐代より市舶司がおかれた（　e　）をはじめとする海港が繁栄した。

(お)宋代，とりわけ女真人が建てた（　f　）に都を奪われて南に逃れた南宋の時代，江南の開発はいっそう進展した。南宋を滅ぼして中国を支配下におさめた元のフビライにとっても，その広大な領域を経営する経済的基盤として，江南は重要であった。宋元時代，南京には都こそおかれなかったものの，江南の重要都市であることに変わりはなかった。たとえば，北宋の第6代皇帝神宗に宰相に起用され，新法を推進した（　g　）は引退後この地に居を構えた。元もまた監察機構である江南行御史台を建康府におき，統治の要とした。

(か)元の社会・経済政策は，広大な領域を経営するのに適していた一方，14世紀に入ってからの天候不順や農業生産の低下にともなう飢饉や疫病の流行を前に，その矛盾を露呈させた。社会不安の高まりにともない，弥勒仏による救済を説く（　h　）が流行し，紅巾の乱が広がった。この反乱から台頭した朱元璋は1368年に明を建て，金陵を都とした。同年，明軍の大都攻略を受けて，元の朝廷はモンゴル高原へと退き，これにより明は江南に都をおいて南北中国を統治した初の政権となった。そのことは，たとえば(き)朱元璋の息子たちを辺境に配置して防衛にあたらせる体制に代表されるように，明の国家のあり方を大きく左右したのである。また，モンゴル人を北方へ退けて成立し，満洲人による清にとってかわられたように，(く)北方民族による政権との対抗のなかで成立・崩壊した政権の最初の都であったことは，その後の歴史のなかで，南京という都市にある種の象徴的な意味を付与するきっかけになったとも言える。

（　i　）と呼ばれる独自の文化・中国語方言をもつ集団の出身で，キリスト教の影響を受けたとされる洪秀全がおこした太平天国は，最後には清に鎮圧されてしまったために，単なる「反乱」と目されがちである。しかし，太平天国は十数年にわたって中国中南部の広範な地域を支配下におさめ，(け)独自の理念にもとづく諸政策を展開した勢力であり，その彼らが都の（　j　）をおいたのも，南京の地であった。1864年，（　j　）が陥落して太平天国は崩壊し，各地で起きていた反乱も1870年ごろまでにほぼ鎮圧されたが，一連の動乱は広範な地域に荒廃をもたらすとともに，(こ)清の無力ぶりを明るみに出すこととなった。

1911年10月，辛亥革命がおこり，翌年1月には南京で中華民国の成立が宣言された。(さ)このとき臨時大総統に選出された孫文が，その地位をつぎの袁世凱にゆずるまでのわずかな期間に，朱元璋の陵墓を参拝したことが示すように，南京での民国成立の宣言には，満洲人から政権を回復したことを象徴的に示す意図がこめられていた。しかし，袁世凱は北京で臨時大総統に就任し，袁の死後も各地で自立した軍事指導者たちが北京政府の実権を争う不安定な状況がつづいた。ふたたび南京に政府がおかれるのは，1927年の南京国民政府の成立を待たねばならなかった。

設問 1　文中の（　**a**　）～（　**j**　）に入る最も適切な語句を次の語群から一つずつ選び，番号を解答欄Ｉ－Ｂに答えなさい。

【語群】

1．燕	2．王安石	3．王莽	4．開城
5．開封	6．漢口	7．契丹（遼）	8．羌
9．郷紳	10．匈奴	11．義和団	12．金
13．苦力	14．形勢戸	15．広州	16．杭州
17．豪族	18．済南	19．司馬炎	20．司馬光
21．重慶	22．柔然	23．上京	24．上都
25．秦檜	26．西夏	27．全真教	28．鮮卑
29．曹操	30．曹丕	31．蘇軾	32．太平道
33．長安	34．天京	35．佃戸	36．客家
37．白蓮教	38．明州	39．洛陽	

設問 2　下線部(あ)は易姓革命の理論でいう禅譲だとされた。これに関連して，性善説をとなえるとともに，王道政治を理想とし，王道にはずれた君主から有徳の天子への政権交替を正当化する理論として易姓革命の説をとなえた戦国時代の儒家の思想家は誰か。人名を解答欄Ｉ－Ａに漢字２文字で答えなさい。

設問3　下線部(い)のように，魏晋南北朝時代に門閥貴族による要職の独占を可能にした官僚登用制度の名称を解答欄Ⅰ－Aに漢字で答えなさい。

設問4　下線部(う)のような交易網の存在は，インドへ渡った中国の求法僧たちの旅を可能にした面があった。これに関連して，東晋の仏僧である法顕が訪れたときのインド北部の王朝名を解答欄Ⅰ－Aに答えなさい。

設問5　下線部(え)に関連して，中央アジアがイスラーム化する以前，華北にまで広がる国際的な交易ネットワークを持ち，オアシスの道の主役として隊商による長距離交易を担ったイラン系の人々の名称を解答欄Ⅰ－Aに答えなさい。

設問6　下線部(お)にいう宋代の江南開発に関連して述べた以下のア～エのうち，内容の正しい文はいくつあるか。正しい文の数を解答欄Ⅰ－Bに数字**1**～**4**で答えなさい。正しい文がない場合は**5**を記入しなさい。

ア．生長の早い占城稲がもたらされた。

イ．長江中流域が米の主要産地となり，「湖広熟せば天下足る」の俗諺が広まった。

ウ．商品生産が活発になり，海外から大量に流入した銀が主要通貨となった。

エ．茶の栽培がさかんになり，重要な輸出品となった。

設問7　下線部(か)にいう元の社会・経済政策について述べた以下の1～4のうち，内容の正しい文を一つ選び，番号を解答欄Ⅰ－Bに答えなさい。

1．貨幣は紙幣に一本化され，それ以外の貨幣の使用は禁じられた。

2．徴税請負人を排除し，政府が農耕社会の内部にまで直接介入して，宋代以来の大土地所有を抑制した。

3．反乱防止の観点から，帝国全土をおおう陸上の交通・通信制度の整備は行われなかった。

4．ムスリム商人が陸路による長距離交易を担った。

設問8　下線部(き)にいう辺境防衛体制は，朱元璋の死後，南京にいる甥の建文帝が，強大な軍事力を有して辺境に駐屯する叔父の諸王を警戒し，彼らへの抑圧を強める要因となった。南京の朝廷の抑圧策に反発した燕王が挙兵し，帝位を奪うに至った内戦の名称を解答欄Ｉ－Ａに答えなさい。

設問9　下線部(く)に関連して，(1)・(2)それぞれに(x)・(y)の２つの文を挙げる。(x)・(y)ともに正しい場合は数字**1**を，(x)のみ正しい場合は数字**2**を，(y)のみ正しい場合は数字**3**を，(x)・(y)ともに誤っている場合は数字**4**を，解答欄Ｉ－Ｂに記入しなさい。

(1)

(x)　宋は毎年多額の銀や絹を契丹（遼）におくることを条件とする澶淵の盟を結んだ。

(y)　宋が契丹（遼）と対峙していた時代に生きた朱熹によって大成された朱子学では，華夷の別を強調する大義名分論がとなえられた。

(2)

(x)　明の滅亡後も清への抵抗をつづけた鄭成功は，ポルトガルを追放して台湾を占領し，みずからの拠点とした。

(y)　顧炎武や銭大昕がみずから明清交替の激動を経験するなかでその必要性を主張した実証研究は，清のきびしい思想統制のもとで，考証学の基礎となった。

設問10　下線部(け)に関連して，太平天国が行った政策として**誤っているもの**を，次の１～４から一つ選び，番号を解答欄Ｉ－Ｂに答えなさい。

1．辮髪を禁止した。

2．纏足を禁止した。

3．地主の大土地所有を公認する天朝田畝制度を実施した。

4．アヘンの吸飲を禁じた。

設問11　下線部(こ)に関連して，太平天国をはじめとするこの時期の反乱鎮圧の主力となったのは，清の正規軍ではなく，漢人官僚が郷里で組織した義勇軍であった。湘軍や淮軍に代表されるこれらの軍隊を総称して何と呼ぶか。解答欄Ｉ－Ａに漢字２文字で答えなさい。

設問12　下線部(さ)は，中華民国の建国宣言を受けて，清が交渉のために起用した袁世凱と中華民国臨時政府との交渉のなかで約束されたことのひとつである。このときの交渉で約束されたこととして，下に挙げる(x)・(y)ともに正しい場合は数字**1**を，(x)のみ正しい場合は数字**2**を，(y)のみ正しい場合は数字**3**を，(x)・(y)ともに誤っている場合は数字**4**を，解答欄Ｉ－Ｂに記入しなさい。

(x)　清帝の退位

(y)　共和政から袁世凱による帝政への移行

〔Ⅱ〕　次の文章を読み，設問１～20に答えなさい。　　　　(50点)

本講では「金印勅書」(a)やプラハ大学(b)の設立で知られているボヘミア(c)国王・神聖ローマ皇帝カール四世に焦点を当て，このかなり特異な，しかし重要な人物を中心に，ヨーロッパとドイツの中世後期の状況をできるだけ具体的に展望してみたい。しかしそのためにもまず，当時のヨーロッパの一般的状況について，少し概観的なことを話しておきたいと思う。〔……中略……〕

世評の高いカール四世伝を書いた歴史家ザイプトは，ヨーロッパ人の「世界」像が，十三世紀から十四世紀にかけて大きく変わったことを指摘している。〔……中略……〕

これは当時の政治的力関係の軸が北に動いたことと関係しているだろう。フリードリヒ二世とシャルル・ダンジューの地中海帝国が崩壊したのち，シチリア王国(d)はアラゴン(e)領のシチリアとアンジュー家のナポリに分裂し，急速に昔日の輝きを失う。そして中部イタリアの教皇領(f)はといえば，十四世紀初頭の教皇庁のアヴ(g)

ィニョン移転によって主を失い，〔……中略……〕イタリアの重心はいまや決定的に北イタリアに移り，ここでは(h)ミラノとフィレンツェ，ジェノヴァとヴェネツィアといった都市国家の角逐の中から，ヴィスコンティ家の支配するミラノが突出し，それに対して他が連携する，といった状況が生まれてきている。

アルプスの北のヨーロッパでは，神聖ローマ帝国が「大空位時代」のアナーキーに陥る一方，西方ではフランス王国が「聖王」(i)ルイ九世（在位一二二六－七〇）や「美麗王」　A　（在位一二八五－一三一四）など名だたる諸君主のもと国内の統合を進め，皇帝に代わってキリスト教世界第一の神権的世俗権力たる地位を主張するようになった。〔……中略……〕教権と俗権の対抗の主軸はアルプス越えのローマ・ドイツ間から，アヴィニョン・パリ間に移ったのだ。

そして(j)フランスの諸国王は，フランス内のイギリス保有知行地を奪って国内統合を推し進め，それに発する英仏の対立はついには百年戦争（一三三九－一四五三）ともなるのだが，結局のところイギリスがフランス内所領を失ったことが，イギリスをしてロンドン中心の一元的国づくりに向かわせることになる。こうしてフランス・イギリスともに，ある程度地域的なまとまりをもった「地域主権国家」といったようなものの形成に向かうのである。

ドイツの発展は違う方向をとる。というのも，この時代の国づくりは否応なく王朝が中心になるが，その王朝がまず安定しないのだ。「大空位時代」は一二七三年，教皇に促されて選挙侯たちが（この時期に「選挙侯（選帝侯）」が別格の諸侯として姿を現してくる），(k)ハプスブルク家のルードルフをドイツ国王に選んでようやく終わりを告げたが，それで王位＝帝位が安定したわけではなく，しばらくの間ハプスブルク家やルクセンブルク家やヴィッテルスバハ家の間を転々とする。大空位時代に地方的国家権力を固めてしまった諸侯にとって，強大な国王＝皇帝の出現はもはや好ましくないからである。

しかしこの間「ドイツ」が，それとともにまた「ヨーロッパ」がいままでよりずっと東の方に張り出したことが注目される。一般に(l)「ドイツ人の東方植民」と呼ばれている十二－十四世紀の動きである。前述（第１講）のように，フランク帝国時代以来ドイツ人の居住地は，東は大体エルベ川・ザーレ川からボヘミアの森に至る地帯までであった。しかし十二世紀，　B　の時代になると，(m)三圃式農法の普及によって農業生産力が著しく高まり，それとの相関関係で人口も増え，従来の農地では足りなくなって，全ヨーロッパ的に開拓・開墾の時代が始まる。そしてドイツ人はエルベ川を越えて東方に活発な植民活動を行ない，エルベ川からその東のオーダー川へ，そしてさらに東のスラヴ人居住地域に進出して，この北東ヨーロッパを大きく「ドイツ化」してしまったのである。

ドイツの諸侯たち，特に東部辺境を固めていた諸「辺境伯」は，この動きに乗って支配圏の拡大に努めた。エルベ・オーダー両川間からさらに東に勢力を伸ばしたブランデンブルク辺境伯や，エルベ川中流域を支配したマイセン辺境伯などである。東南方ではバイエルンから分かれたオーストリアがバーベンベルク家のもと，隣接するシュタイアーマルク辺境伯領を合わせ，なお活発な植民を行なって支配圏を南方アドリア海に向かって広げていた。ドイツ諸侯の他，(n)ハンガリーやボヘミアや(o)ポーランドの国王・諸侯たちが進んだ農業技術をもったドイツ人植民者を招致し，開墾・開発に従事させている。

〔……中略……〕

中世のドイツには大小約三千もの都市があった。法的には諸侯の支配下に留まった「領邦都市」と，皇帝直属の都市で，諸侯と並んで帝国の構成員となる「帝国都市」が区別されるが，市域外の周辺地域をも広く支配して都市国家的な存在となった二，三の帝国都市を除き，一つ一つは大した力をもっていない。しかし都市同盟となると話が別である。

(p)ハプスブルク家の支配に対するスイスの森林諸州の連合などもその一つだが，十三，十四世紀は一種の連合の時代で，それがさまざまな都市同盟となっても現れた。シュヴァーベン都市同盟やライン都市同盟などいろいろな連合体がつくられたが，その最も有名なものが(q)ハンザ同盟である。リューベック，ハンブルク，ブレーメンを中核に，中世ドイツ最大の都市ケルンから，バルト海の奥深くゴートランド島につくられたドイツ都市ヴィスビーまで，最盛時には加盟百都市を数えて威を誇り，当時北欧の大国だった(r)デンマークをも武力で圧倒して，バルト海を自分の海にしてしまった同盟である。

坂井榮八郎『ドイツ史10講』(岩波書店，2003年）による

設問1 下線部(a)について，これは神聖ローマ皇帝選挙の手続きを定め，皇帝選出権を聖俗の七選帝侯に認めたが，次のX～Zの聖界諸侯のうち，この時の七選帝侯に含まれていたのはどれか。正しい記号の組合せを，次の1～8から一つ選び，番号を解答欄Ⅱ－Bに記入しなさい。

X：ケルン大司教

Y：トリーア大司教

Z：マインツ大司教

1．X　　2．Y　　3．Z
4．X・Y　　5．X・Z　　6．Y・Z
7．X・Y・Z　　8．なし

設問2 下線部(b)について，この大学が属する地域を中心に，カトリック教会のあり方を批判したのは誰か，正しいものを次の1～4より一つ選び，番号を解答欄Ⅱ－Aに記入しなさい。

1．ウィクリフ　　2．カルヴァン　　3．フス　　4．ルター

設問3 下線部(c)のボヘミアについての記述として正しいものを，次の1～4より一つ選び，番号を解答欄Ⅱ－Aに記入しなさい。

1．ボヘミア（ベーメン）は11世紀に神聖ローマ帝国に編入された。

2．ボヘミア（ベーメン）で起こったカトリック教徒の反乱が三十年戦争のきっかけとなった。

3．南スラヴ系のチェック人（チェコ人）がボヘミア（ベーメン）に統一国家を打ち立てた。

4．ボヘミア（ベーメン）王は七選帝侯には含まれていなかった。

設問4 下線部(d)について，（両）シチリア王国に関する記述X～Zの文を読み，内容が正しい文の記号の組合せを，次の1～8から一つ選び，番号を解答欄Ⅱ－Bに記入しなさい。

X：ノルマン人により建国された。

Y：ルッジェーロ２世が11世紀前半に建国した。

Z：シチリアと南イタリアを支配した。

1．X　　2．Y　　3．Z　　4．X・Y
5．X・Z　　6．Y・Z　　7．X・Y・Z　　8．なし

設問５　下線部(e)に関する記述X～Zの文を読み，内容が正しい文の記号の組合せを，次の１～８から一つ選び，番号を解答欄Ⅱ－Bに記入しなさい。

X：イベリア半島でレコンキスタ（国土再征服運動）が進展するなかで，アラゴン，カスティリャ，ポルトガルの三王国が勢力を固めていった。

Y：アラゴン王国は13世紀後半にジョアン２世のもとで中央集権化をすすめ，国内貴族の勢いをおさえて，地中海方面に積極的に乗り出した。

Z：アラゴン王子フェルナンドとカスティリャ王女イサベルの結婚により両国が合併し，15世紀後半にスペイン王国が誕生した。

1．X　　2．Y　　3．Z　　4．X・Y
5．X・Z　　6．Y・Z　　7．X・Y・Z　　8．なし

設問６　下線部(f)について，教皇領に関する記述X・Yの文を読み，内容が正しい文の記号の組合せを，次の１～４から一つ選び，番号を解答欄Ⅱ－Aに記入しなさい。

X：プロイセン＝オーストリア戦争で，イタリア王国に併合された。

Y：ムッソリーニがラテラノ（ラテラン）条約で教皇と和解し，ヴァティカン（ヴァチカン）市国ができた。

1．X　　2．Y　　3．X・Y　　4．なし

設問７　下線部(g)について，14世紀はじめから15世紀前半の教皇と教会に関する

記述X～Zの文を読み，内容が正しい文の記号の組合せを，次の1～8から一つ選び，番号を解答欄Ⅱ－Bに記入しなさい。

X：聖職者への課税をめぐってフランス王と対立した教皇グレゴリウス7世は，1303年，アナーニに滞在中に一時国王側に監禁されてしまう。

Y：教皇庁がローマを離れて約70年後にローマに戻ったあとも，これに対抗してパリで別の教皇がたてられたために複数の教皇がならびたち，教会大分裂（大シスマ）と呼ばれる状況となった。

Z：コンスタンツ公会議が開かれ，教会大分裂（大シスマ）を終わらせた。

1．X　　2．Y　　3．Z　　4．X・Y
5．X・Z　　6．Y・Z　　7．X・Y・Z　　8．なし

設問8　下線部(h)について，それぞれの都市に関する記述として正しいものを，次の1～4より一つ選び，番号を解答欄Ⅱ－Aに記入しなさい。

1．ミラノにサン＝ピエトロ大聖堂が建てられた。

2．フィレンツェのメディチ家は，学者や芸術家の活動を保護した。

3．レオナルド＝ダ＝ヴィンチの「最後の晩餐」は、ジェノヴァで描かれた。

4．ヴェネツィアのマキァヴェリは、『君主論』を著した。

設問9　下線部(i)に関する記述X～Zの文を読み，内容が正しい文の記号の組合せを，次の1～8から一つ選び，番号を解答欄Ⅱ－Bに記入しなさい。

X：フィリップ2世の頃から王権が伸張したカペー朝の出身である。

Y：第6回十字軍を率いてエジプトを襲ったときには，マムルーク朝のサラディンの軍団に撃退され，捕虜となった。

Z：イスラーム地域を圧倒したモンゴルへの関心から，モンテ＝コルヴィノをカラコルムのモンゴル宮廷に派遣した。

1．X　　2．Y　　3．Z　　4．X・Y

5．X・Z　　6．Y・Z　　7．X・Y・Z　　8．なし

設問10　空欄 A について，課税をめぐって教皇と対立したこの人物は，聖職者・貴族・平民の身分代表からなる三部会を召集し王権を強化するが，それは誰であったか，適切な人名を，解答欄Ⅱ－Cに記入しなさい。

設問11　下線部(j)について，百年戦争に関する記述X～Zの文を読み，内容が正しい文の記号の組合せを，次の1～8から一つ選び，番号を解答欄Ⅱ－Bに記入しなさい。

X：百年戦争の背景には，綿織物産地として重要であったフランドルをめぐる英仏の対立があった。

Y：フランス国内でのペスト流行やフロンドの乱によって、フランスは荒廃した。

Z：百年戦争の結果、フランスでは王権が強化された。

1．X　　2．Y　　3．Z　　4．X・Y
5．X・Z　　6．Y・Z　　7．X・Y・Z　　8．なし

設問12　下線部(k)について，このハプスブルク家が神聖ローマ皇帝の位を世襲するようになったのは何世紀からのことか，正しいものを次の1～4より一つ選び，番号を解答欄Ⅱ－Aに記入しなさい。

1．13世紀から　　2．14世紀から
3．15世紀から　　4．16世紀から

設問13　下線部(l)に関する記述として正しいものを，次の1～4より一つ選び，番号を解答欄Ⅱ－Aに記入しなさい。

1．イェルサレムから帰還したドイツ騎士団を率いるオットー1世が，ブランデンブルク辺境伯領を軍事力により東方に拡大した。

2．ブランデンブルク選帝侯を世襲するホーエンツォレルン家のヴィルヘ

ルム１世が，12世紀末からドイツ騎士団領の開墾を主導した。

3．西ヨーロッパ向けの穀物生産で潤ったフリードリヒ＝ヴィルヘルム１世は，プロイセン公国を13世紀末にプロイセン王国に昇格させた。

4．プロイセン公国は，宗教騎士団として結成されたドイツ騎士団がキリスト教の布教を目的に征服して定着した地域に起源を有する。

設問14　空欄 B について，この王朝が途絶えたあと，神聖ローマ帝国は大空位時代となった。その王朝名として適切なものを，解答欄Ⅱ－Cに記入しなさい。

設問15　下線部(m)について，この農法に加えて，技術上の革新として鉄製農具の普及も農業生産力の向上に寄与したが，粘土質の重い土壌を深く耕すことを可能にした農具の名称を漢字三文字で，解答欄Ⅱ－Cに記入しなさい。

設問16　下線部(n)に関する記述として**誤っているもの**を，次の１～４より一つ選び，番号を解答欄Ⅱ－Aに記入しなさい。

1．マジャール人によってハンガリー王国は建国された。

2．ハンガリーの君主は10世紀後半にカトリック信仰を受け入れた。

3．ハンガリーを中心とするカトリック連合軍が14世紀末にオスマン帝国のセリム１世によって撃破された。

4．オスマン帝国のスレイマン１世によってハンガリーは16世紀に征服された。

設問17　下線部(o)に関する記述として**誤っているもの**を，次の１～４より一つ選び，番号を解答欄Ⅱ－Aに記入しなさい。

1．ポーランド人は10世紀ごろ国家を形成した。

2．バトゥの西征軍の別働隊が12世紀前半のニコポリスの戦いでドイツ・ポーランド諸侯軍を破った。

3．ポーランド王国は14世紀前半にカジミェシュ（カシミール）大王のもとで繁栄した。

4．ドイツ騎士団に対抗するため14世紀後半にポーランド王女（女王）がリトアニア大公と結婚し，ヤゲウォ（ヤゲロー）朝リトアニア＝ポーランド王国となった。

設問18　下線部(p)について，ハプスブルク家の支配に対する抵抗運動は13世紀末からはじまり，スイスは15世紀末に事実上の独立を達成するが，独立が正式に承認されるのは西暦何年であったか，解答欄Ⅱ－Cに記入しなさい。

設問19　下線部(q)について，その在外四大商館所在地の都市名として正しいものを，次の1～4より一つ選び，番号を解答欄Ⅱ－Aに記入しなさい。

1．アウクスブルク　　2．ストックホルム
3．ダンツィヒ　　4．ブリュージュ（ブルッヘ）

設問20　下線部(r)について，バルト海での覇権をめぐるハンザ同盟との争いへの対応として結成されたカルマル同盟（カルマル連合）に関する記述として**誤っているもの**を，次の1～4より一つ選び，番号を解答欄Ⅱ－Aに記入しなさい。

1．この同盟（連合）は14世紀末に結成された。
2．デンマーク王女（女王）マルグレーテが，この同盟（連合）を主導した。
3．デンマークとノルウェーとスウェーデンは，この同盟（連合）によって同君連合となった。
4．この同盟（連合）は，デンマークが離脱する16世紀前半まで続いた。

〔Ⅲ〕　次の［ア］～［エ］の文を読んで設問1～設問14に答えなさい。　(50点)

［ア］女王の戴冠式の前月，一八三八年五月にロンドンで「(　A　)」を発表し，男子普通選挙権や秘密投票制の導入，選挙区の平等化などを訴えかけた。(1)この運動はその後，瞬く間に全国に拡がった。さらに翌年には，地主貴族階級が農業利害を守るために一八一五年に制定した(2)「穀物法」の廃止を求めた(3)反穀物法同盟も，工業都市マンチェスターなどを拠点に結成された。このようにヴィクトリア女王が即位した頃は，議会外で(4)政治・経済改革を叫ぶ民衆運動が次々と勢力を持つようになった時代でもあった。

［イ］ピール政権の崩壊で，保守党は保護貿易派と自由貿易派（ピール派）とに分裂した。ホイッグがラッセル首相の下で政権を獲得したものの，一八五〇年前後にはホイッグ内部にも分裂が生じ，政党政治は混迷状態となった。〔……中略……〕この同じ時代に(5)イギリスは世界大に帝国も拡張していった。(6)アヘン戦争（一八四〇～四二年）や(7)アロー号戦争（一八五六～六〇年）で清王朝下の中国との交易を拡大し，(8)東インド会社による間接統治に換えて，一八五八年からは(9)インドの直轄支配にも乗り出した。

［ウ］この(10)第二次選挙法改正（一八六七年八月成立）を成し遂げた後で，自由党ではラッセルが党首を引退し，庶民院指導者であったウィリアム・ユーアト・グラッドストンが後を継いだ。対する保守党でもダービー首相が退任し，財務相の（　B　）が後継首班となった。

［エ］一九〇二年夏から保守党政権を率いていた(11)アーサー・ジェームズ・バルフォア首相は，（　C　）とデヴォンシャーに挟まれて，なす術がなかった。一九〇五年一二月に，バルフォア政権は総辞職に追い込まれ，一〇年ぶりに自由党が政権を獲得する。

（出典）君塚直隆『物語イギリスの歴史（下)』(中央公論新社，2015年）による。

設問 1　労働者が行った下線部(1)の運動は何と呼ばれるか。その運動の名称を解答欄Ⅲ－Aに記入しなさい。

設問 2　下線部(2)は自由貿易主義を進める中で行われたが，ほかに自由貿易の障害になっていた航海法が1849年に廃止されている。1651年に発布された航海法に関する(ア)～(ウ)の文を読み，内容が正しい文の組み合わせを下の１～８から選んで，番号を解答欄Ⅲ－Bに記入しなさい。

(ア)　航海法はピューリタン革命によって確立された立憲王政の下で制定された。

(イ)　航海法はオランダの中継貿易に打撃を与えることを目的として制定された。

(ウ)　航海法の制定は重商主義的な政策であった。

1　ア	2　イ	3　ウ	4　ア・イ
5　ア・ウ	6　イ・ウ	7　ア・イ・ウ	8　なし

設問 3　下線部(3)の同盟をコブデンと共に主導した人物の名前を解答欄Ⅲ－Aに記入しなさい。

設問 4　下線部(4)の民衆運動とは別に，自由競争そのものの制限や私的所有の廃止によって，貧困や社会問題を解決しようと考えるさまざまな社会主義思想が生まれた。社会主義思想に関する以下の文中の（　あ　）～（　う　）に入る最も適切な語句を語群から一つ選んで，解答欄Ⅲ－Cに記入しなさい。

イギリスでは，工場主（　あ　）が労働者の待遇改善をとなえ，労働組合や共同組合の設立に努力した。また，1833年に工場法が制定されて年少者の労働時間が制限された。フランスでは，生産の国家統制を主張した（　い　）が第二共和政の臨時政府に加わり，（　う　）はすべての政治的権威を否定する無政府主義をとなえた。

【語群】

1	アダム＝スミス	2	オーウェン
3	サン＝シモン	4	サン＝マルティン
5	テュルゴー	6	フランシス＝ベーコン
7	フルトン	8	プルードン
9	マルサス	10	リカード
11	ルイ＝フィリップ	12	ルイ＝ブラン

設問5 下線部(5)にあるとおり，イギリスは世界中に植民地を建設した。イギリスの以下の主要な五つの植民地(ア)〜(オ)のうち，第一次世界大戦開戦までに自治領となった植民地はいくつあるか。その数を，解答欄Ⅲ－Bに数字**1**〜**5**で答えなさい。なお，該当するものがない場合は数字**6**を記入しなさい。

(ア) アイルランド

(イ) オーストラリア

(ウ) カナダ

(エ) ニュージーランド

(オ) 南アフリカ

設問6 下線部(6)で締結された南京条約の内容に関する記述1〜4のうち**誤っているもの**を一つ選んで，番号を解答欄Ⅲ－Bに記入しなさい。

1 上海・寧波・福州・厦門・広州の5港の開港

2 賠償金の支払い

3 公所の廃止

4 香港島の割譲

設問7 下線部(7)で締結された天津条約と北京条約の内容に関する記述1〜5のうち**誤っているもの**を一つ選んで，番号を解答欄Ⅲ－Bに記入しなさい。

1　天津・漢口など11港の開港

2　外交使節の上海常駐

3　キリスト教の内地布教権

4　外国人の内地旅行権

5　九龍半島南部の割譲

設問8　下線部(8)に関する以下の文中の（　え　）～（　き　）に入る最も適切な語句を語群から一つ選び，番号を解答欄Ⅲ－Cに書きなさい。

17世紀半ばからインドの地方勢力と手を組んで勢力をのばし，次第に優位に立ったイギリス東インド会社は，1757年のプラッシーの戦いで（　え　）と同盟したベンガル太守軍に勝利したあと，ムガル皇帝からベンガルでの徴税権を認められた。さらに，（　お　）戦争によって北西部のパンジャーブ地方を獲得することでインド全土がイギリスの支配下にはいり，イギリス東インド会社はインドの支配者となった。東インド会社は，地税を安定的に確保するために徴税制度を整えた。ベンガル管区などでは，徴税請負人に土地所有権を与えて納税させる（　か　）制が実施され，マドラス管区などでは，実際の耕作者とみなした小経営の自作農に土地所有権を与え，納税者とする（　き　）制がとられた。

【語群】

1　エンコミエンダ	2　オーストリア	3　オランダ
4　ザミンダーリー	5　シク	6　ティマール
7　デンマーク	8　テマ	9　フランス
10　プロノイア	11　ポルトガル	12　マイソール
13　マラータ	14　マンサブダール	

15　ライヤットワーリー（ライーヤトワーリー）

設問9　下線部(9)に関する(ア)～(ウ)の文を読み，内容が正しい文の記号の組み合わせを下の1～8から選んで，番号を解答欄Ⅲ－Bに記入しなさい。

(ア)　反英運動の中心地であるベンガル州をムスリムの州とヒンドゥー教徒の州に分けるベンガル分割令が公布された。

(イ)　インド人の意見を諮問する機関としてインド国民会議が設立された。

(ウ)　ムスリムの地位向上を目的として，反英的な全インド＝ムスリム連盟が結成された。

1　ア　　2　イ　　3　ウ　　4　ア・イ
5　ア・ウ　　6　イ・ウ　　7　ア・イ・ウ　　8　なし

設問10　下線部(10)の内容に関する次の1～5の記述のうち正しいものを一つ選んで番号を解答欄Ⅲ－Bに記入しなさい。

1　腐敗選挙区が廃止された。

2　中産階級の市民に選挙権が拡大された。

3　農業労働者が選挙権を得た。

4　都市労働者が選挙権を得た。

5　21歳以上の男女に選挙権が認められた。

設問11　下線部(11)は，第一次世界大戦中の挙国一致内閣で外務大臣を務めた人物で，パレスティナでのユダヤ人国家の建設を認める宣言を出したことで知られる。この宣言が出される前に，イギリスがアラブ人国家の建設を約束した際のイギリス側の高等弁務官の名前を解答欄Ⅲ－Aに記入しなさい。

設問12　文中の（　**A**　）にあてはまる最も適切なものを，つぎの1～5から一つ選んで番号を解答欄Ⅲ－Bに記入しなさい。

1　ウェストミンスター憲章　　2　権利章典
3　権利請願　　4　人権宣言　　5　人民憲章

設問13　文中の（　**B**　）に入る人物が首相在任中，イギリスは，1875年にスエズ運河会社の株式を買収して経営権を握り，1877年にヴィクトリア女王を皇帝としてインド帝国を成立させた。この人物の名前を解答欄Ⅲ－Aに記入しなさい。

設問14　文中の（　C　）に入る人物は，植民地相として南アフリカ戦争をおこし，植民地と本国との連携をはかった。この人物の名前を解答欄Ⅲ－Aに記入しなさい。

政治・経済

(75分)

〔Ⅰ〕 次の文章を読み、下の設問（設問1～設問12）に答えよ。 (50点)

地球上には、190を超える国家が存在し、それぞれⓐ独立性を保つ主権国家として、国際社会を構成している。国際社会には、すべての国家を統治する行政機関も統一的な立法機関も存在しないことから、国際社会の秩序を維持するための規律としてⓑ国際法が発展してきた。司法に関しても国際社会を統括する中央権力は存在しないが、国家間の紛争を国際法に基づいて平和的に解決するために、ⓒ国際裁判制度が整備されてきた。

国際法は、多数の国家の慣行が国家間の暗黙の合意として認められた国際（　ア　）と、国家間での約束を文書化したⓓ条約から成り立っている。19世紀後半より、国際（　ア　）を明確にするために条約化が進められている。たとえば、国際（　ア　）として認められてきた「（　イ　）の原則」は、公海はどの国家にも属さず、各国は他国に干渉されることなく航行・上空飛行・科学調査・漁業などができるという国際法上の原則であるが、ⓔ国際海洋法条約において条約化された。

国際法は、基本的に国家間の関係を規律するものである。しかし、ⓕ国際連合の諸機関、平和・人権・環境などの各分野で国境を超えた活動に従事するⓖＮＧＯやⓗ多国籍企業なども、国際社会の重要な構成主体となってきている。これに対応し、国際法は、ＮＧＯなどの活動や個人についても規律するようになり、ⓘ条約で定められた人権が侵害された場合、被害者である個人が直接、国際機関に救済を申し立てることができる制度も作られている。

【設問1】文中の（　ア　）・（　イ　）に入る最も適切な語句を、解答欄Ⅰ－甲のア・イに記入せよ。

【設問２】下線部ⓐに関連して、次の文章の（　ウ　）に入る最も適切な語句を、解答欄Ⅰ－甲のウに記入せよ。

国家は、他の国家と対等な関係にあり、各国の国内政治に他の国家が干渉しないという国際法上の原則を（　ウ　）の原則といい、国連憲章においても定められている。

【設問３】下線部ⓐに関連して、次の文章の（　エ　）・（　オ　）に入る最も適切な語句を、解答欄Ⅰ－甲のエ・オに記入せよ。ただし、エはカタカナで記入せよ。また、（　Ａ　）～（　Ｃ　）に入る最も適切な語句を、下の語群から１つ選び、その番号を、解答欄Ⅰ－乙のＡ～Ｃに記入せよ。

主権国家は、絶対主義国家として成立したが、その後、ヨーロッパでは市民革命を経ることにより、（　Ａ　）国家へと発展した。（　Ａ　）国家においては、国家と（　Ａ　）の一体性が自覚され、みずからが属する国家や民族に高い価値を見いだそうとする思想を意味する（　エ　）が優勢になった。

第一次世界大戦後には、アメリカ合衆国大統領（　Ｂ　）が「（　Ｃ　）」を発表し、その中で、民族には、独立国家の形成、国家帰属の選択などを自立的に決定する権利があるという（　オ　）の原則も表明されている。

［語群］

1．フランクリン＝ローズベルト　　2．共和主義
3．平和原則14カ条　　4．連邦　　5．平和五原則
6．アイゼンハウアー　　7．民主主義　　8．国民
9．ウィルソン　　10．平和十原則　　11．トルーマン
12．植民地独立付与宣言

【設問４】下線部ⓑに関連して、次の記述について、**正しいものであれば数字の１を、正しくないものであれば数字の２を**、解答欄Ⅰ－乙に記入せよ。

宇宙条約によれば、宇宙空間は、領有の意思をもって他国に先んじて実効的に支配することで、その国の主権が及ぶ領域とすることができる。

【設問5】下線部ⓒに関連して、最も適切なものを、次の1～4のうちから1つ選び、その番号を、解答欄Ⅰ－乙に記入せよ。

1．国際刑事裁判所は、国際刑事裁判所設立条約に基づき設置されたものであり、日本やアメリカ合衆国はこの条約に加入している。
2．国際刑事裁判所は、集団殺害、人道に対する罪などの国際法上の重大な罪を犯した国家および個人を裁くために設置された。
3．国際司法裁判所の裁判は、原則として一審制で上訴は認められない。
4．国家間の国際紛争を平和的に処理し解決するための仲裁裁判は、国際司法裁判所でおこなわれる。

【設問6】下線部ⓓに関連して、次の文章の（　D　）～（　F　）に入る最も適切な語句を、下の語群から1つ選び、その番号を、解答欄Ⅰ－乙のD～Fに記入せよ。ただし、Fは憲法上の語句である。

条約の締結は、一般的には、条約締結権者によって任命された国家の代表者（全権委員）が交渉にあたり、内容についての合意が成立したのち、署名、（　D　）という手続を経る。（　D　）とは、その国の条約締結の意思を最終確認する行為をさす。多数国間条約においては、国家が条約のある事項について自国に適用されないという意思表示をすることができる。これを条約の（　E　）という。

条約は、公布によって国内法と同じ効力をもち、日本国憲法第98条2項は、条約を「誠実に（　F　）」することを求めている。

[語群]

1．調印　　2．留保　　3．寄託

4．登録	5．覚書	6．適用
7．尊重	8．履行	9．批准
10．遵守	11．共同宣言	12．議定書

【設問7】下線部ⓔに関連して、次のa・bの記述について、**正しいものには数字の1**を、**正しくないものには数字の2**を、解答欄Ⅰ－乙のa・bに記入せよ。

a．国際海洋法条約によると、深海底は、人類の共同財産とされる。

b．国際海洋法条約によると、排他的経済水域では、沿岸国は、水産資源のみならず、その他の鉱物資源などについても排他的管轄権を有する。

【設問8】下線部ⓕに関連して、次の文章の（　カ　）・（　キ　）に入る最も適切な語句を、解答欄Ⅰ－甲のカ・キに記入せよ。

1948年に国連総会で採択された（　カ　）は、国際的な人権の保障が世界の平和の基礎になるという認識に立って制定されたもので、人権を国際法の問題として初めてとらえたものといわれる。（　カ　）は、後に（　キ　）として条約化された。

【設問9】下線部ⓕに関連して、国連総会で**採択されたものではない条約**を、次の1～4のうちから1つ選び、その番号を、解答欄Ⅰ－乙に記入せよ。

1．子どもの権利条約　　2．人種差別撤廃条約

3．ジェノサイド条約　　4．不戦条約（戦争放棄に関する条約）

【設問10】下線部ⓖに関連して、**適当でないもの**を、次の1～4のうちから1つ選び、その番号を、解答欄Ⅰ－乙に記入せよ。

1．オックスファムは、絶滅の危機に瀕する野生生物の保護や熱帯林・サンゴ礁などの生態系の保護を目的とするＮＧＯである。

2．グリーンピースは、自然保護や、核実験・原発建設などの阻止行動で知られるＮＧＯである。

3．アムネスティ・インターナショナルは、良心の囚人の釈放など、人権擁護を目的とするＮＧＯであり、ノーベル平和賞を受賞している。

4．国境なき医師団は、医療奉仕を目的とするＮＧＯであり、ノーベル平和賞を受賞している。

【設問11】下線部ⓗに関連して、**適当でないもの**を、次の１～４のうちから１つ選び、その番号を、解答欄Ｉ－乙に記入せよ。

1．異なる産業の企業を合併・買収してコングロマリットとなる多国籍企業もある。

2．多国籍企業の本国企業と海外子会社との間でおこなう企業内貿易は、世界貿易の３分の１を占めている。

3．多国籍企業については、本国の雇用の機会を増加させ、進出先の国の産業の空洞化をまねくおそれがあると指摘されている。

4．多国籍企業については、租税回避地への利潤移転の問題が指摘されている。

【設問12】下線部ⓘに関連して、この制度名を、解答欄Ｉ－甲に記入せよ。

〔Ⅱ〕　次の文章を読み、下の設問（設問1～設問10）に答えよ。　(50点)

第二次世界大戦直後の日本経済は、生産活動水準が大きく低下し、極端なモノ不足となっていた。生産基盤を立て直すために、日本政府は資金、労働力を鉄鋼業などの基幹産業に重点的に注ぎ込む（　ア　）方式をとった。そのための資金は、復興金融金庫からの融資などによって提供されたが、その大部分が（　A　）という形をとったため、インフレーションが進行した。これに対処するために、1948年にGHQによる経済安定9原則ⓐが示され、さらに緊縮財政の実施や1ドル＝（　イ　）円の単一為替レートの設定がなされた。さらに、1949年の（　B　）により、税制の合理化と適正化がはかられた。

アメリカ合衆国は、冷戦の激化とともに、日本経済ⓑの復興を望むようになり、そのために、工業原料輸入のための占領地域経済復興資金「（　C　）」や食料・医薬品購入のための占領地域救済資金「（　D　）」などを提供した。

1950年に（　ウ　）が勃発すると、米軍による特需により日本経済は活気を取り戻した。その後、日本経済は成長を続け、1954～57年頃の（　エ　）景気、1958～61年頃の岩戸景気、1962～64年頃のオリンピック景気、1965～70年頃の（　オ　）景気という大型景気を実現した。この間、政府は国民所得倍増計画ⓒを立て、経済成長を後押しし、金融面では日本開発銀行等を通じて（　E　）が民間の重要産業に優先的に貸し出された。

日本経済は、第一次石油危機では、原油価格の高騰により不況におちいった。円高がすすむ契機となった1985年の（　F　）後は、内需拡大政策がとられ、1986年の（　G　）では、規制緩和や対外市場開放、金融市場の自由化などが提言された。貿易面では、1960年代後半から定着した貿易黒字が欧米諸国との間で貿易摩擦を引き起こしたが、これを是正するために、1989年から日米間で日米構造協議がおこなわれた。その中で、大規模百貨店やスーパーマーケットなどの出店が地域の中小企業に悪影響を及ぼすことを防ぐ目的で1973年に制定された（　カ　）法が議論された。

その後の日本経済は、安定成長といわれる低成長時期ののち、「バブル経済」を迎え、そのバブル経済が崩壊したのちに、「平成不況」ⓓとよばれる景気の後退期に突入した。2012年に発足した安倍内閣は、ⓔ「三本の矢」を軸とする経済再建策（アベノミクス）を掲げ、低成長経済からの脱却を目指した。ⓕ現在の日本経済は、ⓖ少子高齢化、ⓗ国債残高の増大など、さまざまな課題に直面している。

【設問1】文中の（　ア　）～（　カ　）に入る最も適切な語句や数字を、解答欄Ⅱ－甲のア～カに記入せよ。ただし、カは漢字7文字で記入せよ。

【設問2】文中の（　A　）～（　G　）に入る最も適切な語句を、次の語群から1つ選び、その番号を、解答欄Ⅱ－乙のA～Gに記入せよ。

［語群］

1．国庫支出金　2．第二次石油危機　3．ドッジ・ライン
4．シャウプ勧告　5．財政法　6．会計法
7．地方債　8．プラザ合意　9．ガリオア
10．前川レポート　11．日米包括経済協議　12．日銀引き受け
13．直接税　14．国庫金　15．財政投融資資金
16．経営所得安定対策　17．間接税　18．補正予算
19．日銀短観　20．ウルグアイ・ラウンド
21．エロア　22．建設国債　23．金融ビッグバン
24．特例国債

【設問3】下線部ⓐに関連して、経済安定9原則の中に**含まれないもの**を、次の1～4のうちから1つ選び、その番号を、解答欄Ⅱ－乙に記入せよ。

1．予算の均衡化　2．徴税の強化
3．融資の規制　4．自己責任原則

【設問4】下線部ⓑに関連して、内閣府（旧経済企画庁）が、経済政策の指針を示すために1947年から執筆・編集している日本経済に関する年次報告書を何

というか、解答欄Ⅱ－甲に漢字4文字で記入せよ。

【設問5】下線部ⓒに関連して、この計画を打ち出した内閣の総理大臣の氏名を、解答欄Ⅱ－甲に記入せよ。

【設問6】下線部ⓓに関連して、平成不況の原因の一つともいわれている、財政健全化をはかるための政策（消費税の5％への引き上げ、特別減税の打ち切りなど）をおこなった内閣の総理大臣の氏名を、次の1～4のうちから1つ選び、その番号を、解答欄Ⅱ－乙に記入せよ。

1．宮澤喜一　　2．橋本龍太郎
3．村山富市　　4．小渕恵三

【設問7】下線部ⓔに関連して、三本の矢に**含まれないもの**を、次の1～4のうちから1つ選び、その番号を、解答欄Ⅱ－乙に記入せよ。

1．大胆な金融緩和　　2．機動的な財政政策
3．成長戦略　　4．産業構造の高度化

【設問8】下線部ⓕに関連して、次のa・bの記述について、**正しいものには数字の1を、正しくないものには数字の2を**、解答欄Ⅱ－乙のa・bに記入せよ。

a．2020年の、輸入額と輸出額の合計で測った、日本の最大の貿易相手国は、アメリカ合衆国である。

b．日本は、2020年度末時点で、世界で最も多額の対外純資産を保有している国である。

【設問9】下線部ⓖに関連して、2020年の日本の合計特殊出生率として最も適切

な数字を、次の１～４のうちから１つ選び、その番号を、解答欄Ⅱ－乙に記入せよ。

１．0.34　　２．0.76　　３．1.34　　４．2.28

【設問10】下線部ⓗに関連して、2021年３月末時点での日本の国債残高として最も適切な額を、次の１～４のうちから１つ選び、その番号を、解答欄Ⅱ－乙に記入せよ。

１．390兆円　　２．590兆円　　３．790兆円　　４．990兆円

※設問10については、選択肢に正答がなかったことから、全員正解とする措置がとられたことが大学から公表されている。

〔Ⅲ〕　次の文章を読み、下の設問（設問１～設問８）に答えよ。　(50点)

日本は一億総中流社会とよばれたように、格差の小さい国であった。しかし、ⓐ格差の大きさを測るいくつかの指標をみると、1980年代以降、日本の所得格差は拡大しており、現在、日本はＯＥＣＤ諸国のなかでも所得格差の大きな国の１つになっている。日本の所得格差の特徴の１つは、少数の富裕層と中流層との格差が拡大しているというより、相対的な貧困層が増えていることである。

国は、極端な所得格差を是正し、貧困層を救済するために、ⓑ所得再分配政策を実施している。所得再分配政策には、高所得者からより高い税率で税金を徴収する累進課税制度や、生活保護や公的年金などで低所得者に所得を移転するⓒ社会保障給付などがある。こうした所得再分配政策により、当初所得の不平等はある程度緩和される。たとえば、2017年の当初所得のジニ係数は0.559であったが、所得再分配後のジニ係数は0.372へと低下した。このときの所得再分配によるジニ係数の改善度は（　Ａ　）である。

人々が貧困におちいる理由の１つが失業である。失業した人々に失業給付（求職者給付の基本手当）を支給して生活を保障するのが雇用保険制度である。2008

年秋以降の世界的な不況で、多くの非正規雇用者が失業したが、失業給付を受給できなかった人も少なくなかった。なぜなら、雇用保険に加入する資格の１つが「雇用が見込まれる期間が１年以上」であり、雇用契約期間の短い非正規雇用者は雇用保険に加入していなかったためである。国は雇用保険に加入するための雇用見込み期間を短縮して、2010年からは（　B　）以上とし、より多くの非正規雇用者が雇用保険に加入できるようにした。

それでも、雇用保険に未加入だったり、失業給付の受給期間が終了したりしたために、失業給付を受給できない求職者がいる。そうした求職者も、2011年に国が開始したⓓ求職者支援制度により、月（　C　）の生活支援金を受給しながら、無料の職業訓練を受講できるようになった。彼らの求職活動の相談にのり、求人を紹介する国の機関が（　ア　）である。

格差拡大が若年者に与える影響も深刻である。バブル崩壊後、「就職（　イ　）期」世代といわれたように、雇用環境が厳しい時期に学校を卒業したため、正規雇用の仕事につくことができず、非正規雇用で働き続けたり、無業を続けたりする若年者が増加した。正規雇用者は、ⓔ実務経験を積み重ねることで、仕事に必要な技能を高めていき、賃金も上昇していく。非正規雇用者には技能を高めていく機会が乏しいため、非正規雇用者として長く働き続けていくうちに、正規雇用者との賃金格差も拡大していく。そして、正規雇用者として就職することもしだいにむずかしくなる。

ⓕ若年者が正規雇用者として就職できるよう支援するしくみとして、（　D　）や（　ウ　）雇用助成金などがある。（　D　）は、都道府県が設置・運営している「若者のためのワンストップサービスセンター」の通称で、各地域の特色を活かして就職セミナーや職業相談、職業紹介など、若年者の就職支援のためのさまざまなサービスを１カ所で提供している。（　ウ　）雇用は、正規雇用者として働いた経験が少ない求職者を企業が原則３カ月間の有期雇用で採用して、その間に彼らの適性や能力を見極めて、正規雇用者として採用するかどうかを判断するしくみである。（　ウ　）雇用で求職者を受け入れた企業には助成金が支給される。

【設問1】文中の（　ア　）～（　ウ　）に入る最も適切な語句を、解答欄Ⅲ－甲のア～ウに記入せよ。

【設問2】文中の（　A　）～（　D　）に入る最も適切な語句を、次の語群から1つ選び、その番号を、解答欄Ⅲ－乙のA～Dに記入せよ。

［語群］

1．18.7％	2．33.5％	3．50.3％
4．66.5％	5．1カ月	6．3カ月
7．6カ月	8．9カ月	9．5万円
10．10万円	11．15万円	12．20万円
13．オープン・ショップ		14．デュアルシステム
15．シルバー人材センター		16．ジョブカフェ

【設問3】下線部ⓐに関連して、次の文章の（　エ　）に入る最も適切な語句を、解答欄Ⅲ－甲のエに記入せよ。また、（　E　）・（　F　）に入る最も適切な語句を、下の語群から1つ選び、その番号を、解答欄Ⅲ－乙のE・Fに記入せよ。

所得格差の大きさを測る指標として、ジニ係数と相対的貧困率が使われることが多い。ジニ係数は、0から1までの値をとり、1に近いほど格差が大きいことを示す。日本の当初所得のジニ係数は1981年では0.349であったが、その後はしだいに上昇し、2017年には0.559になっている。相対的貧困率は、平均的な所得の半分、正確には、（　エ　）の中央値の半分に満たない世帯に属する人の割合のことであり、日本はOECD諸国の平均値より高く、「国民生活基礎調査」に基づく2018年の相対的貧困率（新基準）は（　E　）であった。とくに、（　F　）の相対的貧困率は48.3％となっており、そうした世帯の子どもが十分な教育機会を与えられず、貧困が次世代へと連鎖していくことが懸念される。

［語群］

1．5.7%　　2．15.7%　　3．25.7%

4．35.7%　　5．共働き世帯　　6．高齢世帯

7．ひとり親世帯　　8．専業主婦世帯

【設問4】下線部ⓑに関連して、次の文章の（　オ　）に入る最も適切な語句を、解答欄Ⅲ－甲のオにカタカナで記入せよ。

さまざまな社会保障給付を一体化した所得再分配政策として注目されている（　オ　）は、所得の多寡や雇用の有無に関係なく、社会で生活するための基本的な所得を、すべての国民に無条件で国が支給するしくみである。

【設問5】下線部ⓒに関連して、次の文章の（　カ　）～（　ク　）に入る最も適切な語句を、解答欄Ⅲ－甲のカ～クに記入せよ。また、（　G　）・（　H　）に入る最も適切な語句を、下の語群から1つ選び、その番号を、解答欄Ⅲ－乙のG・Hに記入せよ。

日本国憲法（　G　）には、社会保障の整備は国の義務であることが明記されている。社会保障制度の4つの柱の1つである公的扶助は、すべての国民に対し、最低限度の生活を保障するというものであり、その中心になるのが生活保護である。（　H　）が生活保護申請者の（　カ　）を実施して、申請者の所得が生活保護基準を下回ると、基準との差額分が公費で支給される。支給される扶助には、生活・住宅・教育・医療・（　キ　）・出産・生業・葬祭の8種類がある。近年、都市部では、生活保護基準が（　ク　）で働いたときの収入よりも高いという逆転現象が問題とされ、数年にわたって、（　ク　）が大幅に引き上げられた。

［語群］

1．第25条　　2．第26条　　3．第27条

4．第28条　　5．成年後見人　　6．ケアマネージャー
7．福祉事務所　　8．保健所

【設問6】下線部ⓓに関連して、雇用対策に関する次のa～cの記述について、**正しいものには数字の1**を、**正しくないものには数字の2**を、解答欄Ⅲ－乙のa～cに記入しなさい。

a．労働市場の柔軟性を高めて転職しやすくすることで、労働者の生活の安定性を確保することをフレキシビリティという。
b．失業者に所得保障をおこなうだけでなく、職業訓練を実施し、求職活動を支援するなどして、就職を促進することを積極的労働市場政策という。
c．一人あたりの労働時間を短縮して、より多くの人々で雇用を分かち合い、雇用機会を創出することをワークフェアという。

【設問7】下線部ⓔに関連して、職場で実務経験を積み重ねることで、仕事に必要な技能を身につけることを、欧文略語で何というか。最も適切な語句を、次の1～4のうちから1つ選び、その番号を、解答欄Ⅲ－乙に記入せよ。

1．ＣＥＯ　　2．ＩＳＯ　　3．ＯＪＴ　　4．ＴＱＣ

【設問8】下線部ⓕに関連して、次の文章の（　ｉ　）～（　iii　）に入る最も適切な語句の組み合わせを、下の1～4のうちから1つ選び、その番号を、解答欄Ⅲ－乙に記入せよ。

採用が決まると、労働者は使用者との間で（　ｉ　）をむすぶ。使用者は、労働条件の内容を明示した文書を、労働者個人へ交付する義務がある。企業には、労働基準法を守ることを前提として、賃金や労働時間などの労働条件や職場内での規律について、使用者が定めた（　ii　）がある。労働組合がある場合は、労働組合と使用者との間で（　iii　）がむすばれ、（　ii　）

より優先される。

1．（ i ）労働協約（ ii ）労働契約（ iii ）就業規則
2．（ i ）労働協約（ ii ）就業規則（ iii ）労働契約
3．（ i ）労働契約（ ii ）労働協約（ iii ）就業規則
4．（ i ）労働契約（ ii ）就業規則（ iii ）労働協約

数学

(75分)

〔Ⅰ〕次の $\boxed{}$ に適する数または式を，解答用紙の同じ記号の付いた $\boxed{}$ の中に記入せよ。

(1) A, α は $A > 0$, $0 \leqq \alpha < 2\pi$ をみたす定数とする。実数 x に関する恒等式として $3\cos x - \sqrt{3}\sin x = A\sin(x-\alpha)$ が成り立つとき $A = \boxed{\text{ア}}$, $\alpha = \boxed{\text{イ}}$ である。

(2) n を自然数とし，$S_n = \displaystyle\sum_{k=1}^{n} k$ とする。このとき n を用いてそれぞれ $S_n = \boxed{\text{ウ}}$, $\displaystyle\sum_{j=1}^{n} \frac{1}{S_j} = \boxed{\text{エ}}$, $\displaystyle\sum_{p=1}^{2n} (-1)^p S_p = \boxed{\text{オ}}$ と表すことができる。

(3) m を自然数とする。方程式 $14x + 3y = m$ をみたし，x, y がともに整数となる解を考える。

$m = 1$ のとき，$x = -1$, $y = \boxed{\text{カ}}$ は，方程式 $14x + 3y = 1$ の解の1つであるので，$14x + 3y = 1$ の整数解 (x, y) は
$14(x+1) = -3(y - \boxed{\text{カ}})$ をみたす。14と3は互いに素なので，整数 k を用いて $x + 1 = 3k$ と表せ，$y = \boxed{\text{キ}}$ となる。

次に，$m = 148$ のとき $14x + 3y = 148$ の解のうち，x, y がともに正の整数であるものを考える。$x + y$ は，$x = \boxed{\text{ク}}$, $y = \boxed{\text{ケ}}$ のときに最大値 $\boxed{\text{コ}}$ をとる。

〔 II 〕 m を実数の定数とする。3 次方程式 $2x^3+3x^2-12x-6m=0$ は, 相異なる 3 つの実数解 α, β, γ をもつとする。ただし, $\alpha<\beta<\gamma$ とする。

(1) 3 次関数 $y=\dfrac{1}{6}(2x^3+3x^2-12x)$ の極大値と極小値をそれぞれ求めよ。

(2) xy 平面上において, 3 次関数 $y=\dfrac{1}{6}(2x^3+3x^2-12x)$ のグラフの概形を描け。

(3) m のとりうる値の範囲を求めよ。

(4) γ のとりうる値の範囲を求めよ。

〔 III 〕 $a>0$ とする。平面上において, $\triangle\mathrm{ABC}$ は $\mathrm{AB}=1$, $\mathrm{AC}=2$, $\mathrm{BC}=a$ であり, 点 O は $\triangle\mathrm{ABC}$ の外接円の中心であるとする。また, 2 つの実数 s, t は, $\overrightarrow{\mathrm{AO}}=s\overrightarrow{\mathrm{AB}}+t\overrightarrow{\mathrm{AC}}$ をみたすとする。

(1) $\triangle\mathrm{ABC}$ が存在するための a のとりうる値の範囲を求めよ。

(2) 内積 $\overrightarrow{\mathrm{AB}}\cdot\overrightarrow{\mathrm{AC}}$ を a を用いて表せ。

(3) 関係式 $\overrightarrow{\mathrm{AB}}\cdot\overrightarrow{\mathrm{AO}}=\dfrac{1}{2}|\overrightarrow{\mathrm{AB}}|^2=\dfrac{1}{2}$ が成り立つことを示し, これを利用して s, t をそれぞれ a を用いて表せ。ただし, s, t を求めるとき, $\overrightarrow{\mathrm{AC}}\cdot\overrightarrow{\mathrm{AO}}=\dfrac{1}{2}|\overrightarrow{\mathrm{AC}}|^2=2$ が成り立つことを証明なしに用いてもよい。

(4) 外接円の中心 O が, $\triangle\mathrm{ABC}$ の内部にあるための a のとりうる値の範囲を求めよ。ただし, 点 O が $\triangle\mathrm{ABC}$ の辺や頂点にある場合を除くとする。

5　東国から都に攻め込んできた大勢の武士が、人里離れた山に住む恐ろしい姿のもののけに遭遇してうろたえている。

㈤　傍線━━━1〜5「に」のうちから文法的意味・用法が異なるものを一つ選び、その番号を記せ。

1　聞くほどに

2　命あらむに

3　蓮の葉の大きなるに

4　木のもとごとに

5　ののしるに

㈥　本文の内容に合致するものを、次のうちから二つ選び、その番号を記せ。

1　子は七人の師から琴を教えてもらうとすぐさま習得した。

2　母は子と一緒に琴を演奏して暮らしていた。

3　子は草木の根を食べ、獣の皮を着物にしていた。

4　母は女御や后よりも容姿がますます美しくなっていった。

5　猿は、山に入ってきた人を驚かそうとして木の葉を揺らしていた。

6　武士の多くは崩れた山に埋もれて死んでしまった。

㈦　傍線━━━「このなん風の琴を取り出でて、一声弾き鳴らすに」とあるが、誰がなぜこのようにしたのか、説明せよ（句読点とも三十字以内）。

（以上・六十点）

4　何事につけても新しいものは古いものに及ばないものだが、この一族の技術は子孫に継承されるほどますます優れたものになっていく

5　物事は良いものから悪いものへと時代が下るにつれて移っていくのが一般的であり、この一族の子孫の容貌も先祖を上回るほどではない

㈢　傍線――イ「こよなくたよりを得たる心地するもあはれなり」の説明として適当なものを、次のうちから一つ選び、その番号を記せ。

1　この上なくすばらしい状況ではあるが、いつまでも続かないと考えられるため、母子は悲しく思っている。

2　とても幸せな状況になったことをすっかり喜んでいる母子を、猿たちはまだまだかわいそうだと思っている。

3　本当は満足できない状況なのに、母子が安心しきっている様子について、作者は気の毒だという思いを表している。

4　都からの良い知らせも聞かれるようになって油断している母子の将来に対して、作者は危惧の思いを表している。

5　それなりにゆとりのある状況になった母子は、山中の自然に興趣を感じることができている。

㈣　傍線――ウ「東国より都にかたきある人、報いせむと思ひて、四、五百人の兵にて、人離れたるところを求むるに、この山を見占めて、おそろしげにいかき者ども、一山に満ちて」の説明として適当なものを、次のうちから一つ選び、その番号を記せ。

1　都の敵に向けて東国から武士が押し寄せて潜伏場所にしたため、山は大勢の人であふれている。

2　都の敵を攻撃してくれた人に感謝するために、東国から大勢の武士が山に集まり宴の準備をしている。

3　東国から都にやって来た人が、山に潜む大勢の武士の助太刀を得て仇討ちに挑もうとしている。

4　東国から都に攻め上ってきた大勢の武士が陣を張ろうとした山には、敵が隠れて待ち構えている。

野老　　山芋に似た植物。
ゆいこく　　琴の奏法。

設問

(一) 傍線――――a・bの意味として適当なものを、次のうちからそれぞれ一つ選び、その番号を記せ。

a うつくしげなる
1 いじらしい
2 かわいらしい
3 かしこそうな
4 優しそうな
5 気高そうな

b 目もあやなる
1 まばゆい
2 すがすがしい
3 うとましい
4 なまめかしい
5 けがれない

(二) 傍線――――ア「ものの次々は劣りこそすれ、この族は伝はるごとにまさること限りなし」の解釈として適当なものを、次のうちから一つ選び、その番号を記せ。

1 概して優れた人を世に送り出した氏族はその後落ちぶれていくものだが、この一族は世代が下るほどにどんどん勢いが増し栄えていく
2 世の中は時代が下るにしたがって活力が弱まるものであり、この一族の生命力も子孫が受け継ぐほどいよいよ弱いものにならざるを得ない
3 総じて神仏の化身は生まれ変わるたびに力が弱くなっていくものだが、この一族の霊威は世代を経るほど無限に強まっていく

にかしづかるる国王の女御、后、天女、天人よりも、かかる草木の根を食物にして、岩木の皮を着物にし、獣を友として、木のうつほを住みかとして生ひ出でたれど、目もあやなる光添ひてなむありける。母も父君添ひていつきかしづきしときよりも、顔かたちはまさりて、めでたきこと限りなし。この年ごろ、ただこの猿どもに養はれて、こよなくたよりを得たる心地するもあはれなり。水は蓮の葉の大きなるに包みて持て来。芋、野老、果物、さまざまなる物の葉に包みて、持て来集まる。

かかるほどに、東国より都にかたきある人、報いせむと思ひて、四、五百人の兵にて、人離れたるところを求むるに、この山を見占めて、おそろしげにいかき者ども、一山に満ちて、目に見ゆる鳥、獣、いろをも嫌はず殺し食へば、鳥、獣だに山を離れて逃げ隠るるに、隠れどころもなき木のうつほに、親子籠りて、草木をも食ふべきたよりなく、天地をもながめ見るべくもあらず、いみじきときに、年ごろ養ひつる猿、なほこの人をあはれと思ひて、武士の寝静まるをうかがひて、青つづらを大きなる籠に組みて、いかめしき栗、橡を入れて、蓮の葉に冷やかなる水を包みて来るに、木のもとごとに臥せる武士ども、猿の渡るとも知らで、木の葉のそよぐにおどろきて、「ここに山のものの音す」とて、そこらの人、火をともしてののしるに、せむ方なし。母の思ふほどに、わが親はこの二つの琴をば幸ひにも災ひにも、極めていみじからむとき、弾き鳴らせとこそのたまひしか。われ、今よりまさりていみじき目をいつか見む。さはいへど、かくばかりにやはありつる。これこそ限りなめれと思ひて、このなん風の琴を取り出でて、一声弾き鳴らすに、ぬしの七人の人の調べし声にいささか変はらず。一声かき鳴らすに、大きなる山の木こぞりて倒れ、山逆さまに崩る。立ち囲めりし武士、崩るる山に埋もれて、多くの人死ぬれば、山さながら静まりぬ。なほ、明くる午のときばかりまで、ゆいこくの手を折り返し弾く。

(『うつほ物語』)

注　玉の台　　美しく立派な御殿。

3　私たちは一〇〇年後に備えて、自分の戸籍や成績表といった文字で記された資料を大切に保存しておく必要がある。
4　テクノロジーによってデジタル情報に変換された資料がデジタル固有の強度を持ち、時を超えて伝わることは問題である。
5　私たちは生物学的本能によって無数の作法を組み合わせ、日常生活を送っている。
6　無数のアプリをインストールしたスマホは、私たちの様々なふるまいを可能にする。
7　柳田國男は、地域によるカタツムリの名称の違いに着目し、空間的差異から時間的推移を捉えた。
8　日本は細長い島であったために、京都や近畿が歴史的に日本文化の中心となった。

㈥　筆者は「民俗資料」をどのようなものだと考えているか、具体的に説明せよ（句読点とも四十字以内）。

（以上・九十点）

二　次の文章を読んで、後の設問に答えよ。

母は、自分の父から二つの琴（なん風とはし風）を受け継ぎ、都近くの山のうつほ（木の洞）で、子と暮らしている。

かくしつつこの琴を弾くを聞くほどに[1]、この子七つになりぬ。かの祖父が弾きし七人の師の手、さながら弾き取りはてつれば、夜昼と弾き合はせて、春はおもしろき草々の花、夏は清く涼しき陰に眺めて、花、紅葉の下に心をすましつつ、わが世は限り、命あらむに従はむ[2]と思ふ。琴は残る手なく習ひ取りつ。この子、変化の者なれば、子の手、母にもまさり、母は父の手にもまさりて、[ア]ものの次々は劣りこそすれ、この族は伝はるごとにまさること限りなし。

かくて、この子十二になりぬ。かたちのうるはしくうつくしげなる[a]こと、さらにこの世のものに似ず。綾、錦を着て、玉の台

4　前近代の衣は、繊細な技巧と高度な集中を不可欠とするため貴重であり、傷んでも丁寧に繕われてきた。また、破れた衣を繕う作業が女性によって担われてきたという人類史的な事実によって、女性に呪的な力が宿るとする観念が広まった。

5　前近代の衣は、無数の工程と煩瑣な作業からなる労働の集約製品であるので、税として納められることもあった。また、女性の作った布が家族を守るという人類史的傾向は、職人による伝説や昔話として世界各地に広く伝えられている。

㈣　傍線――C「柳田の史学批判」の説明として適当なものを、次のうちから一つ選び、その番号を記せ。

1　天災に苦しみ、一揆に荒れ狂う農民像が道具、施設といったモノによって産み出されたものであるのに対し、柳田は、文字を読み書きする能力のある者のみが残せる資料からでも農民の全体像を解き明かすことができると考えた。

2　農民から年貢を取り立てていた支配階層が農民の歴史を「一揆嗷訴」と「風水虫害」の連続と考えたのに対し、農民を愛する柳田は、天災に苦しみ一揆に荒れ狂う農民像を過去のものとした。

3　記録文書主義が「一揆嗷訴」と「風水虫害」に終始する農民像をつくり上げたのに対し、柳田は、多様な文献資料の多角的な読解から歴史的実態の解明を進め、新たな文献史学を立ち上げた。

4　農民の歴史を「一揆嗷訴」と「風水虫害」の連続であるかのようにしてしまった記録文書主義に対し、柳田は、リテラシーのある者が特別な出来事として書き残した文字資料だけでは不完全であると考えた。

5　天災に苦しみ、一揆に荒れ狂う農民像は文字資料というフィルターを通した農民像の一側面に過ぎないのに対し、柳田は、文献史学の進展に応じた民俗学の工夫によって農民の真実を喝破した。

㈤　本文の内容に合致するものを、次のうちから二つ選び、その番号を記せ。

1　学問分野はその対象によって定義づけられると思われているが、その対象だけでは決まらない。

2　『万葉集』は、日本文学、日本語学、日本史学といった様々な学問分野で研究されている。

おろそかにせずに縫い上げた巧妙なパッチワークであり、これを繕い身に付けた農民たちの苦労と工夫が痛いほどに伝わってくる。こうした衣を大切にする感覚は、破れた靴下を繕う場面がマンガ等で貧乏の「記号」として描かれた一九七〇年代頃までは残っていたのでは、というのが筆者の仮説である。

それはさておき、もう一つ大切なのが衣の担い手。糸を紡ぎ、布を織り、服を縫う、といった衣にまつわる作業の大部分は、古来、女性によって担われてきた。この傾向は洋の東西を問わず確認される。王宮や儀式に用いられる特別な衣服が技に秀でた男性職人の手になる例も少なくないが、庶民の衣料はほぼ一貫して女性によって作られたといって過言でない。女性労働の本質化や固定化に与したいわけではないのだが、この人類史的傾向は事実として留意しておくべきだと思う。

というのも、女性が作り出した糸や布や服に、女性に由来する呪的な力が宿るとする観念が広範に見出されるからだ。女性の織った布が恋愛や婚約の証となり、あるいは婚礼の贈答品となる慣行は各地にあり、また、女性の作った布がその夫や子、父や兄弟を守るというモチーフも伝説や昔話に広く伝えられている（柳田國男『妹の力』創元社、一九四〇）。手編みのマフラーやセーターを想い人に贈る女性にまで、その心意は通底しているのかもしれない。

1　前近代の衣は、動物性、植物性の繊維などの天然素材を主原料とするため膨大な手順と労力を必要とした。また、衣にまつわる作業の担い手が女性であったことから、女性労働の本質化や固定化をうながした。

2　前近代の衣は、天然素材を主原料とするため貴重であった。また、作業の大部分が女性によって担われた衣は、女性に由来する呪的な力のために恋愛や婚約の証、婚礼の贈答品となり、王宮や儀式で用いられた。

3　前近代の衣は、無数の手間暇の積み重ねの結果であるために珍重されてきた。また、衣にまつわる作業の大部分は女性によって担われており、女性が作り出した糸や布や服に呪的な力が宿るとする観念は広範に見出される。

てみるという民俗学の目的には、独自性がないように見える。

4　日本民俗学の創始者・柳田國男が考えるように、森羅万象に対する普遍的な知識を生産し、公開し、更新し、蓄積するという民俗学の目的は、結果的に学問の存在意義を示すことに役立っている。

5　日本民俗学の創始者・柳田國男が考えるように、普通の人々の暮らしとそれが現在に至った来歴を解き明かすという民俗学の目的は、世の中や人のために役に立つことを企図したものではない。

㈢　傍線――――Ｂ「(身体的)記憶を扱うのが民俗学」について、筆者はその具体例を同じ本の別のところで次のように述べている。筆者の主張として適当なものを、後の1～5のうちから一つ選び、その番号を記せ。

前近代の衣について考えていこう。前近代すなわち産業革命以前の衣の特徴を一言でいうと「労働集約製品」であるということだ。衣類は、獣皮、魚皮、樹皮等の皮であれ、動物性、植物性の繊維であれ、天然素材を主原料とするが、それを入手し衣服に加工するまでには、膨大な手順と労力を必要とする。たとえば、綿なら綿花から綿を、絹なら蚕から繭を、という育成・採取に始まり、そこから糸を縒り、布を織り、服を縫うまで、それぞれに無数の工程が存在する。これを染めたり飾ったりしようものなら、煩瑣な作業はさらに倍加するだろう。その多くが、繊細な技巧と高度な集中を不可欠とする。こうした無数の手間暇の積み重ねの結果が前近代の衣服であり、衣とは「労働のかたまり」に他ならないのだ。

この「労働集約」という性質ゆえ、衣類は大昔から珍重されてきた。律令時代、布が税(租庸調の庸)として納められたように、支払・贈答に衣が用いられることは枚挙にいとまがない。そのような貴重さゆえ、衣は大切に利用されてきた。傷んだ着物は丁寧に繕われ、あるいは、古布として再活用される。青森県の民俗学者・田中忠三郎(一九三三～二〇一三)が生涯をかけて収集した「ボロ」と呼ばれる野良着の数々は、文字通りボロボロになった藍染麻布のはぎれを、一片たりともただし、早くも補足しておくと、このような「きれいな」同心円分布が見いだされるケースは実際には稀であり、カタツムリの方言分布それ自体も異論の余地がある。［　b　］、「ある事象の分布はその歴史を反映している」というテーゼは、認めておいて差し支えないだろう。

「民俗資料」は、それ自体はどこまでも「現在」に属するものでありながら、必ず「歴史」が刻み込まれており、そして、その「歴史」は単体からは不可視だが、大量の比較を通じて空間差から時間差を抽出することが可能となる。ここに、「特別な人々」の「特別な出来事」の記録たる文字資料の不完全性を補完し得る、「普通の人々」の「日々の暮らし」そのものである「民俗資料」、すなわち、「私（たち）という資料」の可能性が立ち上がるわけだ。

（菊地暁『民俗学入門』）

設　問

㈠　空欄［　］a・bに入る語句として適当なものを、次のうちからそれぞれ一つ選び、その番号を記せ。

1　もし　2　すべからく　3　さて　4　とはいえ　5　なんとなれば　6　たとえば

㈡　傍線――――A「民俗学の目的」の説明として適当なものを、次のうちから一つ選び、その番号を記せ。

1　日本民俗学の創始者・柳田國男が考えるような、未来をより良くするために現在とそれを生み出した過去を正しく知るという民俗学の目的には、ユニークさはないと言える。

2　日本民俗学の創始者・柳田國男が考えるように、民俗学の目的は、現状がいかにして産み出され、問題点がどこにあるかを踏まえ、世の中をより良く改める事例を提供することにあると言える。

3　日本民俗学の創始者・柳田國男が考えるような、役に立つ／立たないという区分を一旦棚上げして事実と論理の前に跪いらの発明発見である部分はごくわずかで、その大部分を過去の人々に依拠している。私たち自身が「歴史」を宿した「資料」であるというのは、このような意味においてのことだ。

　誤解を恐れずに例えるなら、私たちは、無数のアプリをインストールされたスマホのようなもの、といえるのかもしれない。無数のアプリが起動するスマホのように、私たちは様々なふるまいが出来るわけだが、その大半は外部からインストールされたアプリのようなもののはたらきなのであり、そしてそのインストールという操作を通じて、必ず「歴史」とつながっているのだ。

　ここで厄介なのが、私たちに「歴史」が刻み込まれているというのは良いとして、その「歴史」を一体どうやって引き出すのか、という難題である。［ a ］、私たちに「歴史」が刻み込まれていようが、そのふるまいはどこまでも「現在」に属しているからだ。これがスマホならアプリの製造元に問い合わせれば済む話だが、残念ながら私たちに刻み込まれた「歴史」は、製造元も製造時期も不透明きわまりない。さて、どうしたものだろう。

　柳田國男は、その読み解きの可能性を『蝸牛考』（一九三〇）で鮮やかに提示した。「蝸牛」とは、「♪デンデンムシムシ、カタツムリ」のカタツムリのこと。柳田は、このカタツムリを何と呼ぶか、全国各地の報告を取り集めて検討した。その結果、歴史的に日本文化の中心である京都とその周辺では「デンデンムシ（デデムシ）」が主流だが、東西にやや離れていくと「マイマイ」が、さらに離れていくと「カタツムリ」が、さらに離れていくと「ツブリ」が、最後に、東北の端と南西の端にいくと「ナメクジ」が用いられている、という分布傾向を見出した。そして柳田はいう。「若し日本が此様な細長い島で無かったら、方言は大凡近畿をぶんまわし［コンパス］の中心として、段々に幾つかの圏を描いたことであろう」（「蝸牛考（二）」『人類学雑誌』四二巻五号、一九二七）。カタツムリの方言分布は、京都を中心とした同心円と見なしうるわけであり、そこから、水の波紋が中心から周辺へ広がっていく様になぞらえ、中心部がより新しく、周辺がより古いという時代差を読み取ることが可能となる。空間的差異から時間的推移を捉えることも不可能ではないわけだ。

しかしそれは、文字資料というフィルターを通した近世農民の一側面に過ぎず、その全体像ではない。なるほど文字は便利ではあるが、「特別な人々」による「特別な出来事」の記録という本質的制約をはらみ、ゆえに「普通の人々」の「日々の暮らし」を解き明かすリソースとしては、不完全といわざるをえないのだ。

誤解のないように付け加えておくと、こうしたC柳田の史学批判は、その後、文献史学においても真摯に受け止められることとなった。近世農民についていえば、多様な文献資料の多角的な読解から歴史的実態の解明が進み、「一揆嗷訴」と「風水虫害」に終始する農民像は、もはや過去のものといって良い。こうした文献史学の進展は、民俗学にとっても喜ぶべきことであり、かつ、その進展にどう応えていくのか、民俗学の側のさらなる工夫が求められるところだ。

とはいえ、文字資料の原理的な制約は制約として残り続ける。この点を踏まえて話を進めよう。

「文字資料」だけに頼ることは限界がある。ならば、その限界を突破するために、新たな資料の沃野が切り拓かれなければなるまい。ここで見いだされたのが「民俗資料」である。それは何か。「普通の人々」の「日々の暮らし」そのものであり、極論すれば、そうした暮らしを営む私（たち）自身のことだ。

なにゆえ私たちが「資料」なのか。順を追って説明しよう。私たちは「日々の暮らし」を営んでいる。この日常生活は、無数の作法の組み合わせで出来上がっている。朝起きて、顔を洗って、歯をみがいて服を着る。こうした一連のふるまいは生物学的本能ではなく、後天的学習によって獲得される。しかも、こうした所作は、いま現在の行為でありながら、確実に「歴史的深度」を有している。たとえば、「箸を使う」という日々繰り返す当たり前の所作も、決して今この瞬間に自ら発明したものではなく、周囲の年長者たちに教えられたものであり、その年長者たちもそのまた年長者たちに教えられたものであり、という具合に、はるか以前に遡ることができる。言葉もそうだ。私たちは、いまこの瞬間に語りながらも、その大部分は自分ではない過去の人々が作り、使い、伝えてきたものだ。このように、私たちの日々のふるまいは、いま現在の出来事でありながら、本当に自まとめると、時を超えて伝わる資料は、文字（記号）、モノ、（身体的）記憶の三種に大別できる（そして、この三種の記録の一部分あるいは一側面は、テクノロジーによってデジタル情報に変換され、デジタル固有の強度と脆弱性を持つことも可能であるが、その問題はひとまず措いておこう）。さらに先を急ぐと、文字（記号）を扱うのが文献史学（歴史学）、モノを扱うのが考古学、B(身体的）記憶を扱うのが民俗学、ということもできる。

さてそれでは、さまざまな資料のうち、「普通の人々」の「日々の暮らし」を考えるのにふさわしいのはどれか、ということが問題となる。通常、歴史を調べる際に用いられるのは、史料すなわち文字資料だろう。なるほど文字資料は、文字を読むことで過去の出来事を知ることができ、しかも、往々にして年月日まで記され、過去を知るにはすこぶる便利な素材である。歴史学が実質的に文献史学すなわち文字資料の学であることも、故なきことではない。

だが、本当にそれだけで良いのか。そこから「普通の人々」の「日々の暮らし」を辿ることができるのか、というのがここでの問いだ。そして柳田國男は、これに「否」と答えたのである。

「愛すべきわが邦の農民の歴史を、ただ一揆嗷訴(いっきごうそ)と風水虫害等の連続のごとくしてしまったのは、遠慮なく言うならば記録文書主義の罪である」(『国史と民俗学』一九四四)。柳田はそう喝破した。「天災に苦しみ、一揆に荒れ狂う」という農民像は、あくまで文字資料の産物に過ぎない。なぜか。文字は、リテラシーすなわち文字を読み書きする能力のある者のみが残せる資料であり、その能力は時代を遡れば遡るほど「特別な人々」に限られていく。しかも、書き記される内容は、当たり前に繰り返される「日々の暮らし」よりも、書き残そうとする意志のはたらく「特別な出来事」に傾いていく。

農民像に即していうと、近世の農民について書き残すのは読み書き能力を有する支配階層がほとんどで、彼らにとって最大の関心は年貢がきちんと上がってくること、もし何かアクシデントが生ずると、やれ「一揆嗷訴」だ「風水虫害」だと、大慌てで収入の危機を文字に記すこととなる。こうして残された文字資料から、「天災に苦しみ、一揆に荒れ狂う」農民像が出来上がる。

なお、柳田その人は学問が世のため人のために役立つものであるべきことを毫も疑わなかったが、実のところ、役立てようとした研究が本当に役に立つとは限らない。有用を意図しなかった研究が結果的に役立った事例は科学史上無数にある。役に立つ研究を志すことが間違いとはいわないが、役に立たない研究が必ずしも悪いわけでもない。そういった役に立つ／立たないという区分を一旦棚上げして、事実と論理の前に跪（ひざまず）いてみる。そうやって、森羅万象（universe）に対する普遍的な（universal）知識を生産し、公開し、更新し、蓄積する。そのことを通じて、結果的に一定の確率で「役に立つ知識」を提供することが、「制度」としての「大学 university」ないし学問の存在意義であると筆者は思っている。

[A]話を民俗学の目的に戻すと、「これからをより良くするために、これまでをより良く知る」という目的は、大方の賛同を得られるところかと思う。というよりも、これは歴史科学一般、さらには人文・社会科学一般に当てはまりそうな課題設定であり、逆にいうと、このレベルで民俗学の独自性はほとんどないようにも見える。そうなのだ。民俗学がユニークなのは目的そのものではない。この課題に対する「対象」と「方法」の設定にあるのだ。

「普通の人々」の「日々の暮らし」、その来し方行く末を考えるのが民俗学の目的だとして、それはどのような対象に拠るべきだろうか。

試みに、いま、ここに生きている私たちの日々の暮らしが、一〇〇年後にどのような形で残されているのか、想像してみよう。まず、私たち自身が書き残した文字、私たちをめぐって書き記された文字（戸籍や成績表や源泉徴収票やら）が一〇〇年後も残っているというのは十分にありそうなことである。未来に伝えられる資料として、文字（記号）は第一に推すべきものだ。

だが、それだけではない。私たちが使っている道具、施設といったモノも、私たちの生活を後世に伝える手がかりとなる。ほかにも、人々の脳裏に刻み込まれた記憶も、一〇〇年後に伝わるかもしれない。たとえ一人の人間が直接伝えることが困難でも、親から子へ、子から孫へと世代を超えて受け継がれ、後の世に伝えることが可能である。

国語

（七五分）

一　次の文章を読んで、後の設問に答えよ。

一般に、学問分野はその対象によって定義づけられると思われている。経済を対象とするのが経済学、物理を対象とするのが物理学というわけだ。だが、これは必要条件であって十分条件ではない。たとえば、『万葉集』という歌集があるが、これを古代和歌として研究するなら日本文学だが、古代日本語として研究すれば日本語学、歌謡の内容から古代社会を研究するなら日本史学となる。このように、学問分野はその対象だけでは決まらない。どんな目的で、どんな対象を、どんな方法で研究するのか、その相関関係が学問分野を決定するのだ。ということは、民俗学は民俗を研究する学問だ、というだけでは――「民俗とは何か」という問題を差し当たり不問にするとしても――なお不十分であり、何のため、どのような方法で民俗を研究するのか、その相関こそが問われなければならない。

まず、民俗学の目的は何か。普通の人々の日々の暮らし、それが現在に至った来歴を解き明かすことである、というのが日本民俗学の創始者・柳田國男の考えである。世の中をより良く改めるには、現状がいかにして産み出され、問題点がどこにあるかを踏まえることが不可欠であり、その認識なくしては改良することもおぼつかない。未来をより良くするために現在とそれを生み出した過去を正しく知ること。それが、「経世済民（けいせいさいみん）」――世を経（おさ）め民を済（すく）う――を掲げた柳田民俗学の企図なのだ。

解答編

英語

I **解答**　A．(X)－1　(Y)－3　(Z)－1

B．(a)－4　(b)－1　(c)－2　(d)－2　(e)－4　(f)－3　(g)－1　(h)－3　(i)－1　(j)－4

C．(ア)－1　(イ)－4　(ウ)－2

D．(あ)－3　(う)－1

E．〈A〉－4　〈B〉－5　〈C〉－2　〈D〉－1

F－3・6

◆全　訳◆

≪社会的比較によって自分を成長させる方法≫

セオドア＝ルーズベルト大統領は，社会的比較は「喜びを損なうもの」として非難したと時として考えられている。(中略) 社会的比較に関してどのようにインターネット検索をしてみても，検索者に他者と自分自身を比較することをやめるようにと懇願する無数の感情を揺さぶる引用や記事がもたらされるだろう。

だが，このアドバイスには問題が2つある。最初に，比較は，社会的交流のほぼ必然的な要素である。つまり，多くの文化を通して，ほとんどの人たちは比較をするが，それは，人間にはある程度生まれつき自分自身を他者と比較することが備わっていることを示している。この深く根ざした衝動には切断のスイッチはないのだ。

二番目に，同じ多くの調査が，全ての比較が有害であるというわけではないことを示唆している。多くの種類の比較が自信を引きずり下ろすことは本当であるが，一方で，他のもっとよく考えられたものは，自尊心を弱めるよりはむしろ自尊心を高める可能性がある。比較はまた，自分自身を改善するために具体的な行動をとるように人々を鼓舞する可能性がある。ある研究では，すばらしい仕事をうまく手に入れた最近の卒業生と自分自身を比較した大学4年生は，就職活動でより積極的になったのである。

人々は，自分自身と他者とを比較することから，最終的にやる気がないとか無能だとか感じるのではなく，どのようにしたらいつも恩恵を得ることができるのか。下記の4つの方策がよい出発点になる。

1．類似点に重きを置くように

優っている別の人と自分自身を比較する人は，もしその人に対抗して自分自身を対比すればおそらく気分がもっと悪くなると，研究は示唆する。しかしながら，もし彼がその能力の高い人を競争者というよりはむしろ同僚として考え，自分たちの間の類似点に重きを置くならば，その人の成功はよい動機づけになる可能性がある。

たとえば，レニーがランニングのパートナーのハリエットと一緒にマラソンのために訓練していると想像してごらん。もしハリエットがその大きなイベントに先立つもっと短いレースでより良い成績を出すならば，レニーがその結果だけに重きを置けば，彼は「僕は彼女ほど優れたランナーではない」と考え――彼自身の自尊心を傷つけるかもしれない。しかしながら，その代わりに，もしレニーがハリエットを鼓舞してくれる同僚と考えるならば，彼は心の中で思うかもしれない。「わあ，ハリエットはたいへんうまくやったな。僕たちは一緒に練習している――明らかに，僕たちのトレーニングは効果が出ているんだ。今週彼女がいかにしてそんなに良い成績を出したのかについてもっと学ぶことにしよう」

誰かがあなたよりもっと賢かったり，もっとハンサムだったり，もっと大志があったりする点をあなた自身が数えていることに気がついたら，少し時間をとっていくつかの類似点も見つけてごらん。おそらくあなた方は大学の同じクラスで最高点を取ったのであろう。あるいは，二人とも演説のコツを知っているのであろう。同じことを探すことは，自信のない考え方をリセットするのに役立つばかりでなく，他者の成功から学ぶための経路にもなる可能性がある。

2．あなた自身の目標を設定するように

他者の業績に気がつくことはただもっともなことである。だが，そのことは，あなた自身の目標と成功の基準を設定するためにその情報を使うことが必要であることを意味しない。

研究によって，人々が3つの方法――個人的な成長か，失敗を避ける能力か，それとも，他者よりうまく業績をあげる能力か——の１つで成功を定義する傾向があることが示唆された。『応用心理学誌』で発表された研究で，成功を他者に勝ることだと強く考える人々においてのみ，他者の業績が自分の能力や可能性に対する自信を減らしていくことがわかった。しかしながら，自分自身を他者と比較して考えない人々にとって，反対のことが起こった。つまり，仕事能力の高い人の達成したことを観察することが，自分たちも成功することができるという考えを刺激したのである。換言すれば，もし自分自身の目標を設定すると，別の人の成功があなたの潜在能力を最大にするようにあなたを鼓舞する可能性があるということだ。

自分自身の成功の基準を設定するために，一定の達成目標と学習目標を確立する習慣を身につけることが役に立つ。達成目標は，望む結果を設定する目標である——たとえば，エッセイコンテストで賞を獲得することを目指すこと。学習目標は，単なる結果よりはむしろ過程に重点を置き，内なる成長を奨励する。初心者のテニスプレイヤーは，もっと熟練したプレイヤーになる以外の目的を心にいだかずに，一連の熱心な練習を通してバックハンドを強化しようと決めるかもしれない。

3．協力する規範を確立するように

表面上は同じ目標に向かって働いている人々の間でさえ，社会的比較は広まっている。だが，集団内の比較に害があるのかそれとも役に立つのかどうかは，ある程度，その集団の社会規範に依存する。

私がマイアミ大学のスコット＝ドゥーストとともに行った研究で，私たちは説明した。つまり，比較が個々のメンバーにとって有益であるかそれとも害があるのかどうかを，仕事場では，チームの規範が決定すると。チームの人たちが自分自身の達成することに重きを置き懸命に他に頼らないように努力するとき，自分自身を成功が優っているチームメイトと比較するともっと気分が悪くなる。だが，もしチームが目標を揃え共通の行動のために努力することに重点を置くと，１人のチームメイトの業績によって，全ての人は成功に浴することができる。

協力するチームの規範を確立するために——仕事場であれ，フィールド上であれ，あるいは他のどこでも——チームのメンバーたちがお互いを信用し，考えを共有することに居心地がよいと感じ，集団内の競争に重点を置かなくなることが必要不可欠である。そのような文化を作ることは，時として，言うのは簡単だが行うのは難しいのである。だが，それはしばしば集団のトップから始まる。実際，協力のパワーを強調する積極的な指導者は状況を一変させる可能性がある。

4．1人の人だけを見ないように

ジャック＝ウェルチは，ゼネラル・エレクトリック社の元最高経営責任者（CEO）で，かつて次のように主張した。ロールモデルということになると，10人は1人より良いのだ。つまり，「あなたはあなた自身を他の誰かにしようと専心することはできない。あなたは，寄せ集めることのできる最高の考えとあなたの個性と生き方とを融合したものにあなた自身をしたいのである」 同様に，研究によってわかったのだが，人が自分自身の「ロールモデル」を想像するとき，その人は，たった一人の個人よりはむしろ，自分にプラスの影響を与えた多数の人々のプラスの特質をしばしば組み合わせているのだ。

同様に，あなた自身の強みと目標を特定しようと努力するとき，数人の人たちの特質を研究することは役に立つ可能性がある。おそらくあなたは，著者の著作，運動選手の忍耐強さ，同僚の話す技能，元経営者の指導力を正しく評価するだろう。内なる混成したロールモデルを作るために彼らの特質を使うことによって，あなたは，あなた自身の本質を維持しながら他者から学ぶことができるだろう。

比較は，実際，喜びを奪うものになる可能性がある。だが，比較はそうである必要はない。おそらく，自分自身を他者と比較するという考えを悪者扱いにすることを止める――そしてその代わりに，成功へ続く小道として社会的比較を利用し始める――時であろう。

◀解　説▶

A．(X)空所に1のinを入れると，get in～「～を身につける」という定型表現で，「一定の達成目標と学習目標を確立する習慣を身につけることが役に立つ」となる。performanceとlearningは両方ともgoalsと連結する。空所を含む文で，itは形式主語で，to get in～が真主語である。

(Y)空所に3のwithを入れると，with～in mindで「～を心にいだいて」という意の定型表現で，「もっと熟練したプレイヤーになる以外の目的を心にいだかずに」となる。endは「目的」という意の名詞。other than～「～以外に」

(Z)空所に1のByを入れると，by the same token「同様に，同じ理由で，さらに」という意の定型表現で，By the same token, it can help to look at the attributes of several people「同様に，数人の人たちの特質を研究することは役に立つ可能性がある」となる。この文の構文に関して，itは形式主語で，真主語はto look at the attributesである。it helps to *do*「～することは役に立つ」

B．(a)deliberateは「よく考えられた，計画的な，意図的な」という意の形容詞で，これに最も意味が近いのは，4のplanned「よく計画された」である。1.「自信のある」 2.「友好的な」 3.「自由な」 while「～であるが一方」 drag down～「～を引きずり下ろす，引き下げる」 formは多義語で，ここでは「構成，形式」という意だが，「もの」と訳出している。fuelは「燃料」という名詞もあるが，ここでは「～を奨励する，高める，助長する」という動詞。rather than～「～よりはむしろ」

(b)proactiveは「積極的な」という意の形容詞で，これに最も意味が近いのは，1のenergetic「精力的な」である。2.「礼儀正しい」 3.「職業的な」 4.「敏感な，感受性のある」 senior「大学4年生」 compare *A* with *B*「*A*と*B*を比較する」

(c)woundingはwound「～を傷つける」という意の他動詞の現在分詞形で，「彼自身の自尊心を傷つけるかもしれない」となる。この単語の前にダッシュ（—）があるが，分詞構文と考えればよい。これに最も意味が近いのは，2のhurting「～を傷つける」である。1.「～を高める，増強する，築き上げる」 3.「～を改善する，改良する」 4.「～を終える，結局～になる」

(d)resolve「決心する」という他動詞は，to不定詞が後続してresolve to *do*「～することに決める」という意で，「バックハンドを強化しようと決めるかもしれない」となる。この動詞に最も意味が近いのは2のdetermine「決心する」である。determine to *do*「～することに決める」 1.「気にかける，したい」 care to *do*「～したいと思う」 3.「起こる」 happen to～「～に起こる」 toは前置詞。4.「傾向がある」 tend to *do*「～する傾向がある」

(e)prevalentは「広まって」という意の形容詞で，この意味に最も近いのは，4のwidespread「広がった，普及した」である。1.「不在で，欠席した，欠けた」 2.「回避した」 avoided は avoid「～を回避する，避ける」という動詞の過去分詞。3.「高く評価される，大事な，価値がある」という意の形容詞。

(f) detrimental は「有害な」という意の形容詞である。これに最も意味が近いのは，3の harmful「有害な，害がある」である。下線部を含む文の後半部分の構造は whether *A* or *B*「*A* か *B* かどちらか」つまり，beneficial or detrimental なので，beneficial「有益な」という意味を知っていれば，その反意語が detrimental で「有害な」という意味だとわかる。1.「有益な」 2.「有利な，好都合の」 4.「不当な，正当ではない」

(g) imperative は「必要不可欠な」という意の形容詞で，これに最も意味が近いのは1の essential「絶対に必要な，本質的な」である。2.「洞察力のある，本質を突いた」 3.「任意の，選択が自由な」 4.「驚くべき，人騒がせな」

(h) underscores の原形 underscore は「～を強調する（=underline)」という意の他動詞。これに最も意味が近いのは3の emphasizes「～を強調する，重視する」である。1.「～を計算する」 2.「～を割り引く」 4.「～の下を掘る，～を弱体化させる」 make all the difference「状況を一変させる，大変効果がある」

(i) composite は「合成の，混成の」という意の形容詞で，「内なる混成したロールモデルを作る」となる。allow *A* to *do*「*A* が～するのを可能にする」 この単語に最も意味が近いのは1の blended「融合した，混合の」である。2.「静かな」 3.「積極的な，肯定的な」 4.「より小さな」

(j) leveraging は leverage「～を利用する，活用する」という動詞の動名詞で，「成功へ続く小道として社会的比較を利用し始めること」となる。leverage *A* as *B*「*A* を *B* として利用する」 下線部を含む文の構造だが，it's time to stop ～ and start …「～を止めて…を始める時である」となり，stop も start も to と連結する。leveraging に最も意味が近いのは4の utilizing「～を利用すること」である。1.「～を割り引くこと」 2.「～を拒絶すること」 3.「～に取って代わること」

C. (ア)波線部は「人間には生まれつき比較することが備わっている」という意味である。hard-wired の原義は「配線が接続された」で，派生して「生まれつき備わっている，生まれつき傾向がある」という意の形容詞で，

be hard-wired to *do*「生まれつき～することが備わっている」となる。measure *A* against *B*「*A* と *B* を比較する」 to some extent「ある程度」 よって，波線部の意味・内容を最も的確に示すものは，1の「人間は生物学的に比較する傾向がある」である。tend to *do*「～する傾向がある」 2.「人間は比較する余裕がない」 cannot afford to *do*「～する余裕がない」 3.「人間は比較することがおもしろいと思っている」 文構造は SVOC で，it は形式目的語，真目的語は to measure「比較すること」である。4.「人間は比較することを楽しんでいるように思われる」 seem to *do*「～だと思われる」 enjoy *doing*「～することを楽しむ」

(イ)波線部は「あなた自身が数えていることに気がつく」という意味である。波線部の構造は VOC である。波線部の意味・内容を最も的確に表しているのは，4の「あなたが数えていたことに突然気がつく」である。1.「数え始めるようにきっぱりと自分自身に強いる」 force *A* to *do*「*A* に～するよう強いる」 2.「しだいに必然的に数え始める」 3.「あなたが数え続けているという事実を楽しく受け入れる」 that「～という」は接続詞。keep *doing*「～し続ける」 波線部の後の the ways (in which) someone is ～ は「誰かが～である点」。省略に注意。take a moment「少し時間をとる」

(ウ)波線部は「あなた自身を他の誰かにしようと専心する」という意味である。hook onto *doing*「～しようと専心する」 波線部の構造は You を含めれば SVOC である。波線部の意味・内容を最も的確に表しているのは，2の「別の人と全く同じになることに決める」である。become identical to ～「～と全く同じになる」 1.「努力をすることなく成功する」 without *doing*「～することなく，しないで」 make an effort「努力をする」 3.「権力のある人と強い関係を持つ」 have a connection with ～「～と関係を持つ」 somebody powerful「権力のある人」 4.「性格を変えるのを拒絶する」 refuse to *do*「～するのを拒絶する」

D．二重下線部の前後で，他者との比較の良い点が述べられているので，文脈上二重下線部でも同様の内容が表現されていると考えればよい。空所(あ)の前に can also があるのでこの空所には動詞が入ることがわかる。選択肢の中から，空所の2語後の to と連動する動詞として，3の inspire「～を鼓舞する」が入ると見当をつける。inspire *A* to *do*「*A* に～するよう鼓舞する，奨励する」 次に，空所(う)の後に action があるので，take action「行動を起こす」という定型表現ではと見当をつける。でも，空所(い)の前に to があるので，take を空所(い)に入れて，空所(う)には 1 の concrete「具体的な」という形容詞を入れるとよい。最後に，空所(え)を考える。この空所の前の better は多義語で，「よりよい，より健康で」という形容詞，「よりよく，より上手に」という副詞，「よりよいもの」という名詞，「～を改善する，よりよくする」という他動詞があるが，action to に続くので空所の前の better は他動詞で，空所(え)に入る目的語は，選択肢の中で 6 の themselves しかない。better *oneself* で「出世する，よりよい地位を得る」という定型表現もあるが，ここでは「自分自身を改善する」という文字通りの意味にとる。

以上より，(Comparison can also) inspire (people to) take concrete (action to better) themselves(.)「比較はまた，自分自身を改善するために具体的な行動をとるように人々を鼓舞する可能性がある」となる。

E. 通例，小見出しはいくつかの段の内容をまとめたものであり，段の中に表現上の手がかりがあるので，それを基に判断する。

〈A〉第 5 段最終文 (However, if he frames …) に「もし彼がその能力の高い人を競争者というよりはむしろ同僚として考え，自分たちの間の類似点に重きを置くならば，その人の成功はよい動機づけになる可能性がある」という記述がある。frame *A* as *B*「*A* を *B* として考える」 また，第 6 段 (Imagine, for example, … so successful this week.") でも，レニーは，パートナーとの同じ練習方法を見つめ，それを自分に役立てようとしている。第 7 段第 1 文 (When you catch yourself counting …) の後半部分に「少し時間をとっていくつかの類似点も見つけてごらん」とある。よって，小見出しは 4 の「類似点に重きを置くように」であると判断する。

〈B〉第 9 段最終文 (In other words, if you set …) に「換言すれば，もし自分自身の目標を設定すると，別の人の成功があなたの潜在能力を最大にするようにあなたを鼓舞する可能性があるということだ」と，目標設定に関する記述がある。また，第 10 段第 1 文 (To set your own standards …) に「自分自身の成功の基準を設定するために，一定の達成目標と学習目標を確立する習慣を身につけることが役に立つ」とある。よって，小見出しは 5 の「あなた自身の目標を設定するように」であると考える。

〈C〉第 11～13 段（Social comparisons are … make all the difference.）には，集団内の比較が有効に働くためにはその集団の社会規範が重要で，お互いに協力して仕事をするという行動様式が必要不可欠だと記されている。特に，第 13 段第 1 文の冒頭部分は To establish collaborative team norms「協力するチームの規範を確立するために」であるが，小見出しの選択肢の 1 つと似たような表現である。よって，小見出しは 2 の「協力する規範を確立するように」であると判断する。

〈D〉第 14 段第 1 ～ 2 文（Jack Welch, former CEO … personality and your style.”）に，ジャック＝ウェルチの言葉によって，ロールモデルは 1 人の人ではなく，多くの人たちの最高の考えをあなたなりに融合した形で考えるようにという意味内容が記されている。また，同段最終文（Similarly, research has found …）に「同様に，研究によってわかったのだが，人が自分自身の『ロールモデル』を想像するとき，その人は，たった一人の個人よりはむしろ，自分にプラスの影響を与えた多数の人々のプラスの特質をしばしば組み合わせているのだ」とある。よって，小見出しは 1 の「1 人の人だけを見ないように」であると判断する。

F．1．「社会的比較に関するほとんどのインターネット上の議論は，そのプラスの価値を強調している」 第 1 段第 2 文（Any internet search …）と矛盾する。「他者との比較をやめるように」という主張がされていて，「積極的な価値」を強調されているわけではない。

2．「この記事における社会的比較についての考えは，さまざまな興味のある個人がお互いに交流する異なる社会を比較するという行為を意味する」 interact with ～「～と交流する」 one another「お互いに」 このような記述は本文にない。1 つの社会内での比較，1 つの集団内での比較について本文では述べられていて，「異なる社会を比較する」ということではない。

3．「筆者によると，人々は自分自身と他者を比較する衝動から完全に解放されているわけではない」 第 2 段第 2 文（First, comparisons are …）の後半部分に「人間にはある程度生まれつき自分自身を他者と比較することが備わっている」と記され，また，同段最終文（There is no off …）に「この深く根ざした衝動には切断のスイッチはないのだ」という記述もある。よって，本文の内容に合致する。

4.「レニーは，2つの架空の例とともに，トレーニングのパートナーのハリエットによって鼓舞され，次のマラソンのレースで彼女に勝つことを熱望している」 第6段第2・3文（If Harriet is … successful this week."）に2つの例があるが，1つの例ではハリエットによって自尊心が傷つけられている。また「今週彼女がいかにしてそんなに良い成績を出したのかについてもっと学ぶことにしよう」と記され，「彼女に勝つことを熱望している」のではない。よって，本文と矛盾する。

5.「マイアミ大学のスコット＝ドゥーストと筆者が行った研究によると，チームのメンバーたちの間でどんな目標が共有されていても，比較はチームワークに否定的な影響を及ぼした」 チームのメンバーたちの間で目標が共有されていると，比較はチームワークに肯定的な影響を及ぼすと，第12段最終文（But if a team …）に記されている。よって，この選択肢は本文の内容に矛盾する。

6.「筆者は，人々をより楽しくないと感じさせることなく，いかに比較が積極的に機能しうるかを強調したいと思っている」 本文では，第4段（How can people … place to start.）が示すように，やる気がないとか技能がないとか感じずに比較を積極的に生かす4つの方法を紹介している。よって，本文の内容に合致する。

II　解答

A．(Y)－1　(Z)－2

B．(a)－2　(b)－2　(c)－2　(d)－1　(e)－3　(f)－3　(g)－3　(h)－2

C．(ア)－4　(イ)－2　(ウ)－3

D．(い)－7　(え)－5

E－1・5・7

F．全訳下線部参照。

◆全　訳◆

≪進化による象の牙の消失≫

十分深い傷は傷跡を残すだろうが，動物の個体群の歴史の中で精神的に深く傷つける出来事は，ゲノムそれ自体に痕跡を残すかもしれない。1977年から1992年までのモザンビーク共和国で起きた内戦の間に，金儲けになる象牙のために人間が非常に多くの象を殺したので，1世代の間に象が進化したように思われる。その結果は，非常に多くの象が今や生まれながらに牙がないということであった。

『サイエンス』で木曜日に発表された論文は，おそらく関係があると思われる歯を形成する遺伝子を明らかにして，象においてその突然変異が雄にとっては致命的であることを示唆した。牙がないように進化することは密猟者からいくらかの生き残っている象を救うかもしれないけれども，その個体群にとっておそらく長期にわたる影響があるだろう。

通常は，アフリカ象の雄と雌は両方とも牙を持っていて，その牙は実際一対の巨大な歯である。しかし，牙がない状態で生まれる象も少しいる。ひどい密猟のもとで，牙のないそれらの少数の象は自分たちの遺伝子を伝える可能性がより大である。研究者たちはモザンビークのゴロンゴーザ国立公園でこの現象を見ている。その公園では牙のない象は今やありふれた光景である。正確には，雌の象である。公園で誰も見たことがないものは牙のない雄である。「私たちは漠然とした知識を持っていたんだ」と，シェーン＝キャンベル＝スタトンは言った。彼はプリンストン大学の進化生物学者である。これらの象の牙を取り去ったのがどんな遺伝子変異でも，それがまた雄を殺しているという漠然とした知識を持っていたのである。

もっと知るために，キャンベル＝スタトン博士と共著者たちは，ゴロンゴーザの象の戦前のビデオ映像の一場面を含む長期のデータから始めた。戦争前でさえ５頭の雌のうちほぼ１頭には牙がなかったと，彼らは算定した。このことは，もっと早い時期の抗争と密猟による重圧を反映しているかもしれないと，キャンベル＝スタトン博士は言った。十分保護された象の個体群では，牙がないのは２パーセントほどの低さであるようである。

今日，ゴロンゴーザの雌の半分は牙がないのだ。戦争を生き延びた雌はその形質を娘たちに伝えている。数学モデル化は，この変化がほとんど確実に自然淘汰のためであってランダムなまぐれのためではないことを示した。戦争が続いた数十年で，牙のない雌は５倍以上生存の可能性が大きかった。そして，家族内で牙がないパターンは科学者たちの直感を裏づけた。つまり，それは，雌によって運ばれるのだが，雄には致命的である優性形質であるように思われる。それは，牙をなくす突然変異の複製を持つ雌は牙を持たないことを意味する。象の娘たちの半分は牙を持ち，半分は牙がないだろう。しかし，象の息子たちの間では，半分は牙を持つだろうが，もう半分はおそらく誕生の前に死ぬだろう。

チームは，集団内の違いを探して，11 頭の牙のない雌と 7 頭の牙のある雌のゲノム解析をした。チームのメンバーたちはまた，長い時間をかけて起こるランダム DNA 転換のない最近の自然淘汰の痕跡を示すゲノムの場所を探した。チームのメンバーたちは働いていると思われる 2 個の遺伝子を見つけた。

2 つの遺伝子は両方とも歯を作るのに役立つ。自然の中に科学者たちが見たパターンを一番うまく説明している遺伝子は，AMELX と呼ばれ，チームが予想していたように，X 染色体の上にある。その遺伝子はまた，ごく小さな歯や奇形の歯を引き起こす可能性のある珍しい人間の症候群に関係している。AMELX は，X 染色体になければ雄を殺すことになる他の重要な遺伝子に隣接している。象のゲノムでは，「それらの遺伝子のどちらかにおいて，まさにどのような変化がこの牙の消失を引き起こしているのか，私たちにはわからない」と，キャンベル＝スタトン博士は言う。それは，研究者たちが次に理解したいことの 1 つである。

研究者たちはまた，牙のない象にとって生活がどのようなものであるのかを知りたいと思っている。通常，象は牙を使って，食べるために木の皮をはいだり，水のために穴を掘ったり，自分自身を守ったりする。「もしこの重要な道具を持っていなければ，埋め合わせをするために，どのように行動を調整しなければならないのか」と，キャンベル＝スタトン博士は言った。

そして，牙がないことの増加は，個々の象ばかりでなく全体としての個体群に影響するかもしれない，なぜならば生まれる雄がより少なくなるからだと，キャンベル＝スタトン博士は言った。「それは非常に明確な研究だと思う」と，ファニー＝ペレティエは言った。彼女は，ケベックのシャーブルック大学の集団生物学者であり，その研究に関係していなかったが，『サイエンス』に添付論文を書いていた。「それはまたとても完璧な話である。全てのパーツはそこにある」と彼女は言った。

彼女自身の研究で，ペレティエ博士はカナダのオオツノヒツジを研究してきた。遊興を目的とする狩猟者が最大のツノを持つ雄を標的にしていたので，ヒツジはもっと小さなツノを持つように進化した。象が完全に牙を失ったこととは異なって，ヒツジの変化はわずかであると，彼女は言った。

そして，象の遺伝子の変化は実際に象の問題をさらに大きくさせてきたと，ペレティエ博士は言った。たとえ密猟が明日ストップしたとしても，牙がないことは雄を間接的に殺し続けるだろう。そして，この形質の頻度が正常のレベルに下がるには長い時間がかかるだろう。

キャンベル＝スタトン博士は，象が密猟者からもっと安全になるように進化したけれども，これはサクセスストーリーではないことに同意した。「このような話を聞くと『おお，何もかもうまくいっている。象たちは進化し，今や前よりは調子がよく，象たちはそれに対応することができる』と考えて離れていくことは容易だと私は思う」と，彼は言った。だが，実のところ，種は急速な進化の代価を払っているということである。「淘汰はいつも代価を払って起こり，その代価は命なのだ」と彼は言った。

◀解　説▶

A．(Y)空所前文の第6段第2文（They also searched …）前半部分に「最近の自然淘汰の痕跡を示すゲノムの場所を探した」とある。search for ～「～を探す（＝look for ～）」 showing the signature「痕跡を示す」は places を修飾する。natural selection「自然淘汰」 また，空所の前に「2個の遺伝子を見つけた」とある。よって，「探して見つけた」という文脈を考慮しながら，空所に名詞 play と共起する1の at を入れると，at play「働いて」という定型表現で，「働いていると思われる2個の遺伝子を見つけた」となり，話の流れがうまく進む。他の選択肢では意味が通らない。

(Z)空所の前に it could take a long time「長い時間がかかるだろう」という部分があり，文末の to drop to normal levels「正常のレベルに下がるには」という表現がある。よって，意味の上から考えて，空所の後の the frequency of this trait「この形質の頻度」は to 不定詞の意味上の主語だと考えて，空所に2の for を選ぶ。

B．(a)動詞 spare には「～を控える，与えない，惜しむ，割く」などいろいろな意味がある。ここでは文脈によって「～を救う，免れさせる」という意味で，「密猟者からいくらかの生き残っている象を救う」となる。spare *A* from *B*「*B* から *A* を救う」 この意味に最も近いのは，2．save「～を救う」である。1．「～を区別する」 3．「～を盗む」 4．「～を持っていく」

(b)consequences は「影響，結果，結論」という意の名詞である。この意味に最も近いのは，2の effects「影響」である。1.「考慮，検討，思いやり」 3.「土台，基礎，基盤」 4.「理由」

(c)massive は「巨大な」という意の形容詞で，これに最も意味が近いのは，2の huge「巨大な」である。1.「コミュニケーションに関する，話し好きな」 3. minute には「分」という意の名詞もあるが，ここでは「詳細な，微小な」という形容詞として示されていると考えられる。形容詞の発音は名詞の発音と異なることに注意。4.「比例の，釣り合った」

(d)odds は「可能性，確率，優劣の差，掛け率」という意の通例複数扱いの名詞で，本文中では「可能性」という意味で，「牙のない雌は5倍以上生存の可能性が大きかった」となる。more than five times「5倍以上」odds から最後の s をとれば odd「奇妙な，半端な，臨時の，奇数の」という意の形容詞であることに注意。odds に最も意味・内容が近いのは，1の chances「可能性，機会」である。2.「目的」 3.「不可能なこと」 4.「障害，障害物」

(e)signature は通例「署名，サイン，特徴」という意で使われることが多い名詞であるが，本文中では「痕跡」という意味で，「長い時間をかけて起こるランダム DNA 転換のない最近の自然淘汰の痕跡を示すゲノムの場所を探した」となる。over time「長い時間をかけて」 よって，signature に最も意味・内容が近いのは，3. mark「跡，しるし」である。1.「損害，被害」 2.「無意味，取るに足らないこと」 4.「命名，ネーミング」

(f)adjacent は「隣接して，隣の」という意の形容詞で，be adjacent to ～「～に隣接している」となる。adjacent に最も意味が近いのは，3. next「隣の，次の」である。1.「付加的な」 2.「地平線の」 4.「並行した」 ついでながら，下線部を含む文の後半部分にある absence は「(あるべきところに) ないこと」という意味であり，「X 染色体になければ雄を殺すことになる他の重要な遺伝子」となる。

(g)subtle は「わずかな，微妙な」という意の形容詞で，これに最も意味が近いのは，3. slight「わずかな，少しの」である。1.「直接的な」 2.「敏感な，感受性のある」 4.「広まった」

(h)compounded は compound の過去分詞。compound は「～をさらに複

雑にする，大きくする，悪化させる，混合する，構成する」などいろいろな意味があるが，本文では文脈によって「(問題) を大きくする」という意。この意味に最も近いのは，2の increased「～を増やした」である。

1．「～の原因となった」 3．「～を解決した」 4．「～に取り組んだ」

C．(ア)波線部は「戦争が続いた数十年」という意味である。spanning は span「～に及ぶ，かかる」という他動詞の現在分詞形。span には「長さ，期間，スパン」という名詞としての意味もある。波線部の意味を最も的確に示すものは，4の「戦争が続いた数十年」である。1．「戦争が終わった後の数十年」 2．「戦争が始まる前の数十年」 3．「戦争が禁止された数十年」 ban「～を禁止する」

(イ)波線部は「埋め合わせをするために」という意味である。in order to *do*「～するために」「埋め合わせをする」とは「この重要な道具」の埋め合わせをする，つまり，牙を失ったことの埋め合わせをすることである。よって，この波線部に意味が最も近いのは，2の「生き延びるための代わりとなる方法を見つけるために」である。so that S can *do*「Sが～するために，～できるように」 1．「お互いに敬意を表すために」 one another「お互いに」 3．「何もかも放っておいてただ忘れるために」 let everything go「何もかも放っておく」 4．「正確に同じ道具を再び作るために」

(ウ)波線部は「～と考えて離れていく」という意味である。come away *doing*「～して離れる，ある思いや考えを持って立ち去る，～しながら離れる，行く」という意味である。ついでながら，It's easy (when you hear stories like this) to come away thinking ～「(このような話を聞くと) ～と考えて離れていくことは容易だ」の文構造は，形式主語の it と真主語の to come away thinking ～ で，when you hear stories like this は挿入表現だと考えればよい。よって，波線部の意味を最も的確に示すものは，3の「～と結論を下すことによって反応する」である。1．「～を質問することを避ける」 avoid *doing*「～することを避ける」 2．「心配し続ける」 keep on *doing*「～し続ける」 4．「まじめに批判し始める」

D．後続する第8段第2・3文 (Elephants normally use … Campbell-Staton said.) に，象が牙を使って何をするのか，また，牙の埋め合わせ方法が不明であることが記されている。この内容を基にして，空所に入る語を決めていく。空所(あ)の前に want to があるので，空所(あ)に動詞が入ると見当をつけ，3個の動詞（focus / learn / like）のどれが入るかを考える。1の focus は on が後続する場合が多く，ここでは当てはまらないと考えられる。また，5の like は意味の上で want to と連結する場合が少ないと思われる。こう考えて，空所(あ)に3の learn が入ると仮定すると，They also want to learn「彼らはまた知りたいと思っている」となる。次に，二重下線部の文からヒントが得られず，空所を埋めることが難しいと思われるので，残った6個の選択肢を調べてみる。選択肢の中に like と what があるので，What is S like?「Sはどのようなものであるのか」という定型文の構造ではないか，さらに，この部分が learn の目的語となるので間接疑問にして What S is like となるのではと考える。この筋に沿っていくと，主語のSとなる名詞は life しかない。結局，like は動詞ではなく，「～のような」という意の前置詞だと気づく。よって，空所(い)に7の what，空所(う)に4の life，空所(え)に5の like を入れる。

以上より，(They also want to) learn what life (is) like (for a tuskless elephant.)「研究者たちはまた，牙のない象にとって生活がどのようなものであるのかを知りたいと思っている」となる。

E. 1.「『サイエンス』に発表された論文によると，歯を形成する遺伝子はモザンビークの象に起こっていることと関係がある」 have something to do with ～「～と関係がある」 第2段第1文（A paper published …）と合致する。「モザンビークの象に起こっていること」は，直前第1段最終文（The result was …）の牙がない象が増えていることである。

2.「全てのアフリカ象の雄と雌は牙を持っていて，モザンビーク共和国で起きた内戦の前でさえ，例外はなかった」 この文の前半部分は第3段第1文（Normally, both male …）の内容と一致する。しかし，後半部分は同段第2文（But a few …）と矛盾する。「牙がない状態で生まれる象も少しいる」と記されている。

3.「今日，モザンビークのゴロンゴーザ国立公園では，非常に多くの牙のない雄の象が見つけられる」 第3段第6文（What no one has …）と矛盾する。a huge number of ～「非常に多くの～」

4.「長期にわたるデータを研究することによって，キャンベル＝スタトン博士と共著者たちは，牙のない雌の象の数が戦争の結果として2パーセント減少したことを発見した」 by 2 percent「2パーセント」 byは尺度を示す前置詞。as a result of～「～の結果として」 第4段最終文（In well-protected elephant…）と矛盾する。「戦争の結果として2パーセント」になったわけではない。

5．「今日，ゴロンゴーザ国立公園の雌の象の半分は牙がなく，数学モデル化はそのことを自然淘汰と結びつけて考えている」 whichは非制限用法の関係代名詞で，先行詞は前文の内容である。associate *A* with *B*「*A*と*B*とを結びつけて考えている」 この選択肢の場合，*A*はwhichの受ける内容である。この選択肢の前半部分は第5段第1文（Today, half of…）と一致し，後半部分は同段第3文（Mathematical modeling showed…）と一致する。because of～「～のために」 *A* and not *B*「*A*であって*B*ではない，*B*ではなくて*A*である」

6．「キャンベル＝スタトン博士と他の人たちの研究によると，AMELXと呼ばれる染色体は，人間には見られないのだが，象の歯には重要である」 第7段第2文（The one that best…）が示すように，AMELXは遺伝子であり，染色体ではないので，本文と矛盾する。さらに，第7段第3文（That gene is also…）に「その遺伝子はまた，ごく小さな歯や奇形の歯を引き起こす可能性のある珍しい人間の症候群に関係している」とあり，「人間には見られない」という記述は本文の内容と矛盾する。

7．「ペレティエ博士の研究によると，進化上の変化がカナダのオオツノヒツジにも起こり，そしてそれは遊興を目的とする狩猟者によって引き起こされた」 第10段第2文（As trophy hunters…）と合致する。

8．「キャンベル＝スタトン博士はモザンビークの象の未来について楽観的である。なぜならば博士は象が進化上の変化を生き延びるのに十分安全であると信じているから」 最終段第1文（Dr. Campbell-Staton agreed…）と矛盾する。

F．those few elephants「それらの少数の象」 fewに関して，a few～「少数の～」とfew～「ほとんど～ない」という2文法で理解している受験生が多い。だが，もっと明確に言うと，aやtheという冠詞またはthisやtheseなどの指示形容詞やmyなどの代名詞を伴う時は，fewは「少数の～」ということを意味する。この文ではfewの前にthose「それらの」という指示形容詞があるので，those few～で「それらの少数の～」となる。without ivory「牙のない」 ivory は通例「象牙」だが，本文では「牙（＝tusk)」を意味する。be likely to *do*「～する可能性が大である」 pass on ～「～を伝える」

Ⅲ 解答

A. (a)―10　(b)―7　(c)―5　(d)―2　(e)―4　(f)―6　(g)―1　(h)―9

B.〈解答例〉It is interesting to learn various ways to grow plants, but you can enjoy gardening even if you don't know them all.

◆全　訳◆

≪ガーデニングの楽しみ≫

(ハルとエイデンがゴールデンウイークの計画について話し合う。)

エイデン：ゴールデンウイークの計画があるの，ハル？

ハル　　：あるよ。ガーデニングをして時間のほとんどを過ごすことを計画しているの。ゴールデンウイークは，夏野菜を植えるのに最適な時期なのよ。

エイデン：君が昨年菜園を手に入れたのも思い出したよ。今年は何を育てるつもりなの？

ハル　　：まだ完全には決めていないのよ。さまざまなものを育てたいの。食料品店に行く代わりに，ただ外に出て自分のサラダを摘めることが大好きなのよ。

エイデン：それは本当に便利そうだね。でも，野菜を育てるにはたくさんの労力がいるに違いないね。

ハル　　：そのとおりよ。もし雨が降らなければ，ほとんど毎日野菜に水をやらなければならないし。植物が病気になったり害虫に食べられたりしないようにするために，またいくらか努力が必要だわ。

エイデン：僕は野菜畑を育てることが得意にならないだろうと思う。僕は室内用植物を生かしておくことさえできない。いつも水をやるのを忘れるか水をやりすぎるかどちらかするんだ。僕は緑の親指があまりないんだ。

ハル　　：緑の親指って？

エイデン：それは，植物を育てる生得の才能を持っていることを意味しているんだ。

ハル　　：私が園芸の才能を持っているかどうかわからないけど，私はいつも植物を育てることが得意だったわ，子どもだった時でさえ。

エイデン：秘訣をいくらか教えてくれない？

ハル　　：いいわ，私もまだ学んでいるのよ。でも，喜んで知っていることを教えるよ。最近，混植について数冊の本を読んでいるのよ。

エイデン：混植は聞いたことがないな。

ハル　　：混植は，菜園をもっと効率的に育てる方法よ。

エイデン：混植はどのようにしてうまくいくの？

ハル　　：基本的な考えは，植物は全て関係があるということよ。そして，隣に植えてもよい植物もあれば，一方，隣に植えたらよくない植物もあるんだよ。

エイデン：わからないな。

ハル　　：ええっとね，お互いが育つのを助ける植物もあるのよ。重要な必要要素を求めて競争する植物もいるのよ。よい混植の植物の例は，バジルとトマトだよ。

エイデン：おもしろいね。すると，トマトとバジルはお互いが育つのをどのように助けるの？

ハル　　：バジルは，トマトを食べる虫を防ぐのよ。

エイデン：なるほど！　また，バジルとトマトは合わせるとおいしいよ。それが一緒に植えるもう１つの良い理由だね。

ハル　　：そのとおり。また，植物の大きさについて考えることが重要だよ。トウモロコシのような背の高い植物は，あまり太陽を浴びるのが好きでない植物に陰を提供することができる。他方，背の高い植物の隣に多く太陽を必要とする短いものは植えたくないね。

エイデン：それは道理にかなっているね。ガーデニングということになると，考えるべきことが多くあるね。

ハル　　：そのとおりよ。植物のいろいろな育て方を学ぶのは興味深いけど，全部知らなくてもガーデニングは楽しめます。ガーデニングについて大好きなことは，全てのものが成長するのをただ見ることなのよ。同じ土に植えられた２つの異なる種が育っていって完全に異なる植物になるって，すばらしいじゃない？

エイデン：それはすばらしいね！　僕は，自分の菜園を作ろうとする自信はないと思う。でも，おそらく，時々君の菜園を訪れて手伝うことはできるだろう。

ハル　　：それはありがたいわ！　ええっと，いつでも立ち寄ってね。ガーデニングは楽しいよ。でも，私はいつでも臨時雇いを使うことができるわ。

エイデン：わかったよ！

◀解　説▶

A．(a)ゴールデンウイークの計画について，空所の少し前に「ガーデニングをして時間のほとんどを過ごすことを計画しているの」というハルの発言がある。plan on *doing*「～することを計画する」 spend *A* *doing*「～して*A*を過ごす」 また，空所の直後の「まだ完全には決めていないのよ。さまざまなものを育てたいの」という発言がある。not completely「完全に～しているわけではない」 部分否定。a variety of～「さまざまな～」これらの発言を基にして，空所に10の「今年は何を育てるつもりなの？」を入れると，うまくつながる。

(b)空所の直前の「食料品店に行く代わりに，ただ外に出て自分のサラダを摘めることが大好きなのよ」というハルの発言を基にして，7の「それは本当に便利そうだね」を入れると，空所の直後の「でも，野菜を育てるにはたくさんの労力がいるに違いないね」という発言とうまくつながる。instead of *doing*「～する代わりに」 That does sound convenient.「それは本当に便利そうだね」 does は強調のために用いられている。sound は「聞こえる，思われる」という意の自動詞。

(c)空所の直前に「僕は野菜畑を育てることが得意にならないだろうと思う」という発言がある。be good at *doing*「～するのが得意である」 また，空所の直後の「いつも水をやるのを忘れるか水をやりすぎるかどちらかするんだ」という発言がある。either *A* or *B*「*A*か*B*かのどちらか」エイデンは空所の前後で，自分はガーデニングが苦手だと認めている。よって，空所には同様の表現が入ると想定されるので，空所に5の「僕は室内用植物を生かしておくことさえできない」を入れる。

(d)空所の前に，「秘訣をいくらか教えてくれない？」というエイデンの発言がある。この発言を受けて，ハルは「いいわ，私もまだ学んでいるのよ」と答えている。この会話の流れを受けて，空所に2の「でも，喜んで知っていることを教えるよ」を入れると，うまくつながる。be happy to *do*「喜んで〜する」 share は，ここでは「〜を教える」と訳出しているが，「〜を共有する，分け与える，分かち合う，話す」とさまざまな意味がある。

(e)空所の前で，ハルは「混植は，菜園をもっと効率的に育てる方法よ」と混植（companion planting）の説明をしている。この発言を基にして，空所に4の「混植はどのようにしてうまくいくの？」を入れると，空所の後の「基本的な考えは，植物は全て関係があるということよ。そして，隣に植えてもよい植物もあれば，一方，隣に植えたらよくない植物もあるよ」というハルの発言とうまく合う。some plants 〜，others …「〜の植物もあれば，…の植物もある」 while「〜だが一方」という意の対比を示す接続詞。good neighbors「良い隣人」とは「隣合わせに植えるとよい植物」であり，bad neighbors「悪い隣人」とは「隣合わせに植えたらよくない植物」である。

(f)空所の少し前で，ハルが混植について説明したにもかかわらず，エイデンが「わからないな」と言っている。だから，ハルはもう一度説明しようとして，「ええっとね，お互いが育つのを助ける植物もあるのよ」と発言している。その発言に続くものとして，some と others の相関関係を基にして，6の「重要な必要要素を求めて競争する植物もいるのよ」を空所に入れると，うまく会話が流れる。resources は「源泉，資源，財産，資料，方策，手段，方便」などさまざまな意味があるが，ここでは「必要要素」と訳している。

(g)空所の前で，バジルとトマトの混植の利点について，ハルは「バジルは，トマトを食べる虫を防ぐのよ」と言っている。その発言に続くものとして，空所に1の「また，バジルとトマトは合わせるとおいしいよ」を入れると，直後の「それが一緒に植えるもう1つの良い理由だね」と話がうまくつながる。

(h)空所の前に「でも，おそらく，時々君の菜園を訪れて手伝うことはできるだろう」というエイデンの発言がある。この発言とうまくつながる表現として，空所に9の「ええっと，いつでも立ち寄ってね」を選ぶ。help out「手伝う」 stop by「立ち寄る」

B. 英訳する際に，文法的な間違いをしないように注意し，自分が自信を持って使える表現や文構造を用いて英語に直すこと。そのためには，難しい単語を使わずに，よく知っている単語やイディオムを使うことが望ましい。「植物のいろいろな育て方」は「植物を育てるいろいろな方法」と考えて various ways to grow plants とする。various の代わりに a variety of でも可。前半部分は it is ～ to *do* という形で英訳して，It is interesting to learn various ways to grow plants. となる。また，形式目的語，真目的語という形を用いて，You find it interesting to learn a variety of ways to grow plants. とする。あるいは，動名詞の learning を主語にして，Learning a variety of ways to grow plants is interesting. とする。「全部知らなくても」は「たとえ全部を知らないとしても」と考え，even if(＝even though)「たとえ～だとしても」という定型表現を用いて even if you don't know them all とする。them all を everything としてもよい。not all「全てが～とは限らない」 部分否定。「ガーデニングは楽しめます」は主語を you にして，you can enjoy gardening とする。

❖講　評

2023 年度も例年通り，やや長めの長文読解問題が 2 題，会話文の問題が 1 題の計 3 題の出題であった。

Ⅰは「社会的比較によって自分を成長させる方法」に関する論説文。A は空所補充問題であり，B は同意語を問うて語彙力や文脈把握力を試す問題である。C は，B と同様に同意表現を問う問題であるが，問われている箇所が長い。D は語の並べ替えを問う語句整序問題である。E は新形式の適切な小見出しを選ぶ問題であるが，解答に迷う選択肢はないように思われる。F は内容に合致するものを選ぶ内容真偽問題である。

Ⅱは「進化による象の牙の消失」に関する論説文。A は空所補充問題であり，標準的である。B は同意語を問うて語彙力や文脈把握力を試す問題である。C は，B と同様に同意表現を問う問題であるが，問われている箇所が長いのは，大問Ⅰと同様である。小問(ウ)が難だと感じた受験生もいたかもしれない。D は語の並べ替えを問う語句整序問題である。E は内容に合致するものを選ぶ内容真偽問題である。F は英文和訳問題。

難しい語句や構文が使われていないので，スムーズに解答できた受験生が多かったのではないか。

Ⅲは「ガーデニングの楽しみ」という二人の会話文問題である。Aの空所補充は，2022年度の会話の空所補充問題と同様に，8カ所の空所に10個の選択肢から1つを選んでいく標準的な問題である。Bの和文英訳は標準的な問題。綴りや文法的なミスなどのケアレスミスに注意して，正確な英文を作成したい。

全体としてみると，出題傾向はほぼ例年通りであり，難易度の点では，2022年度と同様であると考えられる。例年同様，受験生に高い英語力が求められる内容であるので，英語の基礎をしっかり身につけ，問題集や過去問演習などで十分に対策をとって臨んでほしい。

日本史

I　解答

【設問ア】2　【設問a】源信　【設問b】源高明
【設問c】源順　【設問d】陽成　【設問イ】2
【設問ウ】6　【設問エ】2　【設問オ】1　【設問カ】6　【設問キ】4
【設問ク】16　【設問ケ】3　【設問コ】13　【設問e】熊野
【設問f】徳川秀忠　【設問g】平泉　【設問サ】4　【設問h】九条兼実
【設問シ】8　【設問ス】2　【設問i】吾妻鏡〔東鑑〕
【設問j】京都大番役　【設問セ①】1　【設問セ②】3

◀解　説▶

≪古代・中世の文化，政治≫

【設問ア】2が正文。桓武天皇の皇子である良岑安世は，9世紀初め，良岑朝臣姓を与えられて臣籍降下した。827年，淳和天皇の命により，勅撰漢詩集『経国集』を編集した。母は後宮における下級宮人の百済永継。1．誤文。淡海三船は天智天皇の子大友皇子の曾孫で，751年に淡海真人姓を与えられて臣籍降下した，漢詩を得意とする文人。平安初期ではなく，8世紀半ば（天平期）に活躍した人物なので時期が合わない。3．誤文。在原業平（825～80年）は，平城天皇の孫で，父は阿保親王。平安前期の歌人で六歌仙のひとり。最初の勅撰和歌集『古今和歌集』の成立は905年なので時期が合わない。4．誤文。清原夏野は，天武天皇のひ孫で，祖父は舎人親王，父は小倉王。804年，清原真人を賜り，夏野を名乗る。養老令の公式注釈書である『令義解』を編集した。一方，『令集解』は9世紀後半に惟宗直本が編纂した養老令の私撰注釈書なので誤り。

【設問b】源高明が正解。村上天皇の死後，冷泉天皇の969年，左大臣源高明は，清和天皇の曾孫である源満仲に，高明が娘婿の為平親王（醍醐天皇の皇子）を擁立する疑いありと密告され，左大臣を罷免され大宰権帥に左遷された。左大臣には藤原師尹（920～69年）が就き，以後藤原氏全盛となった。

【設問c】源順が正解。『和（倭）名類聚抄』は，承平年間（10世紀前半）に成立した日本最古の漢和辞書・百科事典で，醍醐天皇の皇女勤子内親王の依頼によって源順が著した。

【設問d】陽成天皇が正解。藤原基経は陽成天皇を譲位させ，それまでの系統ではない光孝天皇を即位させた。光孝天皇は，これに報いるために，884年，基経をはじめて関白に任じた。

【設問イ】2が正解。平将門は，国司と対立して939年に反乱を起こすと，国府を攻略して，下総の猿島を内裏とし，桓武天皇の子孫という理由から新皇を名乗るが，翌940年，平貞盛・藤原秀郷（俵藤太）に討伐された。

【設問ウ】6が正解。伊予掾であった藤原純友は任期が終了しても帰京せず，伊予の日振島を根拠地とする海賊となった。939年に反乱を起こして大宰府を落としたが，941年，追捕使の小野好古・源経基に討伐された。

【設問エ】2が正解。3番目の文章のみ正文。最初の文章は，摂政の説明と関白の説明が逆である。2番目の文章は，摂関政治においても重要な案件は内裏の近衛の陣において陣定という会議で話し合われ，天皇の決済を経て下達されたので誤り。4番目の文章は，藤原道長の外孫は，後一条・後朱雀・後冷泉天皇なので誤り。

【設問オ】1が正解。2．平忠常の乱（1028年）→4．前九年合戦（1051～62年）→1．後三年合戦（1083～87年）→3．源義親は義家の子。対馬守在任中に横領の罪で解任されると，1108年，出雲で反乱を起こし，平正盛（清盛の祖父）に討たれた。

【設問カ】6が正解。リード文(2)の第1段落は難しいが，第2段落まで読み進めると，1156年の保元の乱のことだと気づくはず。そこから，人間関係を落ち着いて思い出すとよい。第3段落は，1159年の平治の乱の説明部分となっている。

【設問キ】4が正解。崇徳上皇のこと。鳥羽上皇は崇徳上皇を「おじご」と呼んで嫌っていた。

【設問ケ】3が誤文。瀬戸内海の海賊を討伐し，鳥羽天皇の信任を得て平氏で初めて殿上人となったのは，清盛の父忠盛である。

【設問e】熊野が正解。高野詣との2択となるが，問題文に紀伊国南部とあることで判断できる。神社である熊野本宮大社・熊野速玉大社・熊野那智大社を寺に使用する三山といっているのは，神仏習合のあらわれである。

【設問f】徳川秀忠が正しい。秀忠に征夷大将軍の宣下をおこなったのは，後陽成天皇。このあと，家康は駿府（現静岡市）に移ったが，1616年に亡くなるまで，大御所（前将軍）として権力を握り続けた。

【設問 g】平泉が正解。奥州藤原氏の根拠地からわかる。

【設問サ】４が正解。大江広元は，下級公家出身であったが，源頼朝に抜擢された。１．御家人の和田義盛は侍所の初代別当。２．下級貴族出身の三善康信は問注所の初代執事。３．御家人の梶原景時は侍所の所司をつとめた。

【設問 h】九条兼実が正解。日記『玉葉』から判断できる。後鳥羽上皇に承久の乱を思いとどまらせるためもあって『愚管抄』を書いた慈円は，兼実の弟。

【設問ス】２が正解。北条時政。問題文の「頼朝の舅」で判断できる。舅とは配偶者（本問では北条政子）の父のこと。配偶者の母は姑という。

【設問 i】吾妻鏡（東鑑）が正解。作者不詳だが，鎌倉幕府が編纂した史書で，1180 年の源頼政挙兵から 1266 年の宗尊親王の帰京までが編年体の日記形式でまとめられた，鎌倉時代を知るうえでの重要史料である。

【設問 j】京都大番役が正解。「内裏を守護」で判断でき，漢字５字という条件から，鎌倉番役との混同も防げたはず。

【設問セ①】１が正解。【①】は，後白河法皇の寿永二年十月宣旨（1183 年）に関連する史料であるので，一の谷の戦い（1184 年）の前に入る。

【設問セ②】３が正解。【②】は，鎌倉幕府の成立過程に関連して，壇の浦の戦い（1185 年３月）で源氏が勝利したあとに，「守護地頭」の設置が勅許されたこと（1185 年 11 月）を重視する説を検証する文脈で扱われているので，奥州藤原氏を滅ぼしたとき（1189 年）の前に入る。

Ⅱ 解答

【設問ア】蔵物　【設問イ】蔵屋敷　【設問ウ】札差
【設問エ】２　【設問オ】３　【設問カ】４
【設問キ】町奉行　【設問ク】与力　【設問ケ】４　【設問コ】社倉
【設問サ】中井竹山　【設問シ】懐徳堂　【設問ス】姫路　【設問セ】３
【設問ソ】４　【設問タ】１　【設問チ】２　【設問ツ】３

◀解　説▶

≪江戸時代の文化，政治，社会経済≫

【設問イ】蔵屋敷が正解。蔵屋敷は，大坂・江戸・長崎・大津などの江戸幕府の直轄地におかれた。

【設問ウ】札差が正解。蔵宿ともいう。江戸の浅草にあった江戸幕府の米蔵から，旗本・御家人の俸禄米を受け取り，売却を代行した。金融業をかねるものも多かった。

【設問ク】与力が正解。同心を指揮して職務を遂行したという記述から，1837年に発生した大坂町奉行元与力大塩平八郎が起こした反乱を想起したい。

【設問コ】難問。社倉が正解。庫は倉のこと。江戸時代の備荒貯蓄のための社倉・義倉・常平倉を三倉という。義倉は古代からあるため，問題文中「徳川時代にとくに奨励された庫もしくはその制度」と，漢字2字に着目すると，義倉・常平倉は消去できる。また，囲米は制度であり，庫の意味はない。

【設問サ】難問。中井竹山が正解。【設問シ】の「懐徳堂」の「学主」から判断する。松平定信の諮問に答えた『草茅危言』は用語集レベルで，徂徠学を批判した『非徴』は用語集レベルを超える。

【設問シ】懐徳堂が正解。問題文中「有力町人の出資によって創設」（1724年）から判断できる。

【設問ス】姫路が正解。白鷺城が姫路城だとわかれば正答を得られる。

【設問セ】3が正解。太宰春台は荻生徂徠の弟子で，元禄期以降の経世論を発展させた。『経済録』では武士土着などを示した。

【設問ソ】4が正解。山片蟠桃は大坂の豪商升屋の番頭であった。『夢の代』（1820年）で，仏教・儒教・国学を批判し，経済面では自由経済政策を説いた。

【設問タ】1が正解。海保青陵は『稽古談』（1813年）で，倹約政策を批判し積極的な経済政策を説いた。稽古とは，商人の知恵に学び，利を得る方法を考えるという意味。

【設問チ】やや難。2が正解。後期水戸学の中心人物を選択する。1．徳川光圀は，前期水戸学の中心人物で，『大日本史』の編纂を始めると，1672年，江戸小石川の水戸藩邸に彰考館を設置した。

【設問ツ】3が正解。会沢安（正志斎）は，1825年，『新論』を著して天皇を頂点とする国体論を明示した。

Ⅲ **解答** 【設問ア】 1 【設問イ】教育令 【設問ウ】ベルツ
【設問エ】師範 【設問オ】 4 【設問カ】 2
【設問キ】小林多喜二 【設問ク】 3 【設問ケ】東洋経済新報
【設問コ】 1 【設問サ】津田左右吉 【設問シ】 1 【設問ス】転向
【設問セ】 4 【設問ソ】社会大衆党 【設問タ】 4 【設問チ】 2
【設問ツ】企画院

◀解　説▶

≪近代の文化，政治≫

【設問ア】 1が誤り。『西国立志編』(1871 年) は，イギリスの医師・作家であるサミュエル＝スマイルズの『自助論』(Self-Help) を，文明開化期の教育者中村正直が翻訳したもので，300 人以上の欧米人の成功談をあげ，自立・自助の個人主義道徳を説いている。また，中村がミルの『自由論』(On Liberty) を翻訳したものが『自由之理』で，功利主義と自由の重要性を説いている。

【設問イ】教育令が正解。小学校教育 (義務教育) に関する問題。問題文中「地方の実情を無視した画一的な強制」とは，フランスの教育制度を範とした 1872 年の学制のことである。1879 年に公布された教育令は，小学校の管理を地方に移管したが，強制から放任への急激な変更は混乱を招き，翌 1880 年には，政府の監督責任が強化された教育令に改正された。1886 年，森有礼文部大臣 (第 1 次伊藤博文内閣) のもとで学校令が公布されると教育令は廃止され，学校体系 (小学校・中学校・師範学校・帝国大学など) が整備され，教育に対する国家による統制がさらに強まった。

【設問ウ】やや難。ベルツが正解。問題文中「近代日本医学の父とも称されるドイツ人」で判断したい。ベルツの妻は日本人の戸田花子で，長男トク (徳之助) が編集した『ベルツの日記』や，1885 年に蒙古斑を命名して世界に発表したこと，1889 年に起こった大隈重信への爆弾テロ事件後，大隈の右足切断手術を行ったことなどでも知られている。

【設問エ】師範が正解。リード文中「教員養成のため」で判断できる。

【設問オ】 4 が正解。1870 年や 1927 年に制定された祝祭日は，戦後の 1948 年，いわゆる「祝日法」によってすべて廃止または改称された。紀元節 (2 月 11 日) も廃止されたが，1967 年に「建国記念の日」として復活した。1．天皇が米などの収穫を感謝する新嘗祭の式日 (11 月 23 日)

は，「勤労感謝の日」に改称。２．天皇が皇位のおこりを祝う儀式である元始祭（1月3日）は廃止された。３．天長節は天皇の誕生日を祝う祝日。戦後に「天皇誕生日」と改称された。明治天皇の誕生日である11月3日は，戦前に明治節とされ，戦後に「文化の日」と改称された。また，昭和天皇の誕生日である4月29日は，「昭和の日」として祝日となっている。

【設問カ】２が正解。コンドルは，日本ハリストス正教会の聖堂ニコライ堂を設計したことでも知られる。弟子の辰野金吾は，日本銀行本店（1896年），日本銀行大阪支店（1903年），奈良ホテル（1909年），東京駅（1914年），大阪市中央公会堂（1918年）など多くの作品を設計した。

【設問キ】小林多喜二が正解。小林は全日本無産者芸術連盟（ナップ）の機関誌『戦旗』に，カムチャツカで蟹をとり，加工する蟹工船の苛酷な労働者の実態を描いた『蟹工船』（1929年）を発表した。1931年，非合法であった共産党に正式に入党したが，1933年，治安維持法違反容疑により，逮捕され，警視庁築地署の中で虐殺された。

【設問ク】３が正解。問題文中「初代中華民国大総統」から判断できるが，「臨時大総統」の孫文と間違えやすい問題である。袁世凱の息子の名は袁克定といい，吉野作造は家庭教師の1年を含め，中国で3年間を過ごして帰国すると東京大学助教授に就任した。

【設問ケ】東洋経済新報が正解。問題文中「雑誌名」で戸惑ったかもしれない。東洋経済新報は，経済の専門雑誌。東洋経済新報社の設立者は町田忠治で1895年創刊。石橋湛山は，朝鮮や満州などの植民地の放棄を主張し，三・一独立運動（1919年）にも理解を示した。戦後の1956年，鳩山一郎のあとを継いで，内閣を組織したが，脳梗塞のため退陣（在職期間65日）した。

【設問コ】１が正解。改造社の『現代日本文学全集』（63巻）は，予約購読者20数万人を獲得した。円本は，他に『世界大思想全集』（春秋社）などが刊行され，出版文化の大衆化を招いた。２．岩波文庫も同時期に登場した。100ページにつき20銭という価格設定であった。３．『キング』は1924年創刊の大衆娯楽雑誌。1943年，キングが敵性語とされ，『富士』に改題した。４．『改造』は改造社の総合雑誌。

【設問サ】津田左右吉が正解。リード文中『日本書紀』で判断できる。『神代史の研究』『古事記及日本書紀の研究』などが発売禁止となった。自由主義的学問の弾圧事件としては，滝川事件（1933年），美濃部達吉の天皇機関説問題（1935年），矢内原事件（1937年），河合栄治郎事件（1938年）などがある。

【設問シ】１が正解。KS磁石鋼のKSは，本多光太郎を援助していた住友吉左衛門（住友財閥）のイニシャル。４．八木秀次は，1926年，八木・宇田アンテナと呼ばれるテレビ用アンテナの原理を発明した。

【設問セ】４が正解。石川達三は，ブラジルへ移民として渡航するために神戸港に集まった人々の８日間を描いた『蒼氓』で，1935年に第１回芥川賞を受賞した。他に日中戦争の南京入城前後を題材とした作品で，戦前に発禁となった『生きてゐる兵隊』（1938年）が有名。１．『細雪』谷崎潤一郎。２．『太陽のない街』徳永直。３．『麦と兵隊』火野葦平。

【設問ソ】難問。社会大衆党が正解。同時期に結成された日本国家社会党との区別が難しい。

【設問タ】４が正解。三・一五事件は，田中義一内閣の1928年に起こった共産党員の大検挙事件。治安維持法を適用したが，同法は，同年の６月の改正で最高刑が死刑・無期懲役とされた。１．滝川事件（1933年）。２．矢内原事件（1937年）。３．人民戦線事件（1938年）。

【設問チ】２が正解。１．安部磯雄は，片山潜らと最初の社会主義政党である社会民主党を1901年に結成したが，治安警察法によって，結成直後に解散を命じられた。３．三宅雪嶺は，国粋主義を主張して政教社を組織し，雑誌『日本人』（1888年）を刊行した。４．陸羯南は，国民主義を主張して，日本新聞社をおこし，新聞『日本』（1889年）を刊行した。

❖講　評

Ⅰ　ここ３年連続で出題されていた原始からの問題がなかった。【設問ａ・ｂ・ｃ】は，臣籍降下した源氏の人物名を記述で解答する問題であった。【設問ｅ】は，地理的知識が必要であった。【設問ｆ】は，近世の問題であった。【設問カ・キ・ク・コ】と【設問ケ】の答案用紙への転記ミスに注意が必要であった。

Ⅱ　【設問サ】は難問であるが，【設問シ】にそのヒントとなりえる情報がある。情報処理速度が必要とされている共通テストを意識した出題とも考えられる。【設問セ・ソ・タ・チ・ツ】は，いずれも学者名を選択させる問題。

Ⅲ 文化のなかでも，教育・思想に関連する問題が多く出題され，人名を問うたものが，18問中7問出題された。戦後からの出題がなかった。

Ⅰ～Ⅲを通して基本的には教科書の内容をしっかりと理解して，漢字で書けることが重要であり，教科書レベルの問題での取りこぼしを最小限にすることが合格への道に繋がると考える。

世界史

I 解答

設問1．a－30　b－10　c－39　d－17　e－15
f－12　g－2　h－37　i－36　j－34

設問2．孟子　設問3．九品中正　設問4．グプタ朝　設問5．ソグド人
設問6．2　設問7．4　設問8．靖難の役　設問9．(1)－2　(2)－4
設問10．3　設問11．郷勇　設問12．2

◀解　説▶

≪南京からみた中国史≫

設問1．a．220年，魏の実質的な建国者であった曹操の死後，あとを継いだ曹丕が魏の初代皇帝となった。

b．311年，五胡のひとつであり，八王の乱をきっかけに強大化した匈奴が，永嘉の乱をおこした。

c．洛陽は，後漢，魏，晋，北魏の時代に都となった。

e．広州は古くから海上交易の拠点として繁栄し，唐，宋では市舶司が設置された。また，清では1757年以降，唯一の貿易港とされた。

f．金は，1115年に完顔阿骨打が建国したツングース系女真人の国。靖康の変で開封を攻略し，宋を滅ぼした。

h．白蓮教は弥勒仏の下生信仰と結びついて宋代に成立した民間宗教。清代にも大きな民衆反乱をおこした。義和団もこの流れをくむ。

i．客家はかつて華北から中国南部に移住した人々の子孫の集団で，外来の客人として差別される境遇にあった。

設問3．九品中正は優秀な人材の登用をめざして魏の曹丕によって始まったが，「上品に寒門なく，下品に勢族なし」と風刺されたように有力豪族が高い官職を独占し，門閥貴族となった。

設問4．東晋の仏僧法顕は，『仏国記』でグプタ朝の王チャンドラグプタ2世を「超日王」と記した。

設問6．正文はアとエ。イは誤文。宋代に米の主要産地となったのは長江下流域。ウは誤文。主要通貨は銅銭で，交子，会子の紙幣も流通した。

設問8．燕王は靖難の役で甥の建文帝から帝位を奪い，永楽帝となった。

設問9．(1)(x)正文。(y)誤文。朱熹は南宋と金が対峙した時代の儒学者。(2)(x)誤文。鄭成功はオランダを追放して台湾を拠点とした。(y)誤文。銭大昕（1728～1804年）は清代半ばの考証学者で，1644年の明の滅亡を経験していない。明清交代の激動を経験したのは，顧炎武，黄宗羲。

設問10．3．誤文。天朝田畝制度は男女平等に土地を均分する制度。

設問11．清の正規軍であった八旗や緑営にかわって，曾国藩が組織した湘軍，李鴻章が組織した淮軍などの郷勇が反乱の鎮圧にあたった。

設問12．(x)正しい。清の宣統帝が退位させられた。(y)誤り。大総統の地位が孫文から袁世凱に引き継がれた。

Ⅱ　解答

設問1．7　設問2．3　設問3．1　設問4．5　設問5．5　設問6．2　設問7．3　設問8．2　設問9．1　設問10．フィリップ4世　設問11．3　設問12．3　設問13．4　設問14．シュタウフェン朝　設問15．有輪犂　設問16．3　設問17．2　設問18．1648年　設問19．4　設問20．4

◀解　説▶

≪中世のヨーロッパ≫

設問1．金印勅書によって七選帝侯は，ケルン，トリーア，マインツ，ファルツ，ザクセン，ブランデンブルク，ベーメンと定められた。

設問2．ウィクリフの影響を受けたプラハ大学の総長であったフスはカトリックを批判し，コンスタンツ公会議で異端となって焚刑となった。

設問3．難だが消去法で解答できる。2．誤文。三十年戦争のきっかけはボヘミアのプロテスタントの反乱。3。誤文。チェック人は西スラヴ系。4．誤文。ボヘミア王は七選帝侯の1つ。

設問4．X．正文。Y．誤文。1130年にシチリア王となったルッジェーロ2世は，1140年ころまでにイタリア半島南部にも支配を拡大したので，12世紀前半の建国となる。Z．正文。

設問5．X．正文。Y．誤文。ジョアン2世のもとで中央集権化を進めたのはポルトガル王国。Z．正文。

設問6．X．誤文。教皇領はプロイセン＝フランス戦争の際にイタリア王国に併合された。Y．正文。

設問7．X．誤文。アナーニ事件でフランス王フィリップ4世に監禁されたのは教皇ボニファティウス8世。グレゴリウス7世は叙任権闘争で神聖ローマ皇帝ハインリヒ4世と対立した教皇。Y．誤文。教会大分裂は，ローマとアヴィニョンに教皇が並立した状況。Z．正文。

設問9．X．正文。Y．誤文。ルイ9世はバイバルス率いるマムルーク軍団と戦い，捕虜となった。サラディンはアイユーブ朝の創始者で，第3回十字軍と戦った。Z．誤文。ルイ9世はルブルックをカラコルムに派遣した。モンテ＝コルヴィノは教皇から大都に派遣され，中国で最初にカトリックを布教した修道士。

設問11．X．誤文。フランドルは綿織物産地ではなく毛織物産地。Y．誤文。百年戦争中，フランスではジャックリーの乱がおこった。フロンドの乱は17世紀におこった貴族反乱。Z．正文。

設問16．3．誤文。14世紀末，ハンガリー中心のカトリック連合軍はオスマン帝国のバヤジット1世に敗れた。セリム1世はマムルーク朝を滅ぼした16世紀前半のスルタン。

設問17．2．誤文。13世紀前半，ドイツ・ポーランド連合軍がモンゴル軍に敗れたのはワールシュタットの戦い。ニコポリスの戦いは，カトリック連合軍がオスマン帝国のバヤジット1世に敗れた戦い。

設問18．スイスの独立は，三十年戦争の講和条約である1648年のウェストファリア条約でオランダとともに正式に承認された。

設問19．難。ハンザ同盟の在外四大商館所在地は，ロンドン，ブリュージュ，ベルゲン，ノヴゴロド。教科書の地図には明示されている。

設問20．難。4．誤文。カルマル同盟はスウェーデンが離脱する16世紀前半まで続いた。

III　解答

設問1．チャーティスト運動　設問2．6

設問3．ブライト　設問4．(あ)―2　(い)―12　(う)―8

設問5．4　設問6．3　設問7．2

設問8．(え)―9　(お)―5　(か)―4　(き)―15　設問9．4　設問10．4

設問11．マクマホン　設問12．5　設問13．ディズレーリ

設問14．ジョゼフ＝チェンバレン

◀解　説▶

≪ヴィクトリア朝期のイギリス≫

設問1・設問12．第一次選挙法改正で選挙権を認められなかった都市の労働者階級は，普通選挙など6カ条の要求を人民憲章（People's Charter）としてまとめた。1838年からこれを掲げて運動を展開したことから，チャーティスト運動とよばれた。

設問2．(ア)誤文。航海法はピューリタン革命後，クロムウェルが指導する共和政の時期に制定された。(イ)正文。(ウ)正文。

設問4．(い)社会主義者のルイ＝ブランは二月革命後の臨時政府に参加し，国立作業場の設置など社会主義的政策を推進した。

(う)マルクスとの論争などを経て，プルードンは国家権力を否定する無政府主義（アナーキズム）の祖となった。

設問5．1867年にカナダが最初の自治領となり，1901年にオーストラリア，1907年にニュージーランド，1910年に南アフリカが自治領となった。なお，アイルランドは1914年に自治法が成立したが，第一次世界大戦の勃発で実施は延期された。

設問6．3．誤り。南京条約で廃止されたのは公行。公所は会館とともに明代，都市で同郷の商人が作った施設。

設問7．2．誤り。天津条約では，外国公使の北京常在が認められた。

設問8．(え)イギリスとフランスは，1757年にはインド北部のプラッシーで戦い，南部でも3度にわたってカーナティック戦争を行った。

(お)イギリスはシク戦争でシク王国を滅ぼし，パンジャーブ地方を併合した。

(か)・(き)イギリスはベンガルなどでは徴税にインド人の領主層を利用するザミンダーリー制を実施したが，マイソール戦争やマラーター戦争で領主層が弱体化していたインド南部や西部では，農民から直接徴税するライヤットワーリー制を実施した。

設問9．(ア)正文。(イ)正文。(ウ)誤文。全インド＝ムスリム連盟はイギリスの支援で結成された親英的な組織。

設問11．バルフォア宣言の前にイギリスのマクマホンがメッカ太守のフセインとの間で，戦争協力を条件にアラブ人国家建設を約束した。

設問13．保守党のディズレーリ首相は，スエズ運河会社株買収，インド帝国樹立，キプロス島の行政権獲得など帝国主義政策を推進した。

❖講　評

Ⅰ　南京の歴史を軸に古代から近代までの中国について問われた。例年，大問Ⅰは古代，中世のヨーロッパから出題されていたが，2023 年度はアジアで，しかもオーソドックスな中国史であった。まず，語群から選択する形式の設問があり，記述や正文・誤文選択などの設問が続いた。大半が教科書内容で対応できる基本的な問題で，易しい大問であった。

Ⅱ　ドイツを軸に中世のヨーロッパについて問われた。語群選択がなく，設問が多い大問となった。注目すべきは，3つの文や事柄から正しいものをすべて選ぶ形式の設問が6問あったことである。比較的正誤は判断しやすいが，正文（誤文）が1つではないことから，判断に迷う受験生も多かったと思われる。設問3ではボヘミアが神聖ローマ帝国に編入された時期，設問4では両シチリア王国の建国の時期，設問 12 ではハプスブルク家の皇帝世襲の始まった時期を問われており，難易度は高い。設問 19 のハンザ同盟の在外四大商館所在地は難しいと感じるかもしれないが，教科書の地図中には明示されており，2022 年度も教科書等の地図で解答できる設問があったことから，今後もこのような出題は続くと思われる。設問 20 は教科書には記述がなく，用語集等で学習をしておかないと対応できない。

Ⅲ　ヴィクトリア女王の治世を軸に 19 世紀半ばから 20 世紀初めのイギリスとイギリスが進出した諸地域について問われた。大問Ⅱで出題された3文正誤の設問が，この大問でも2問出題された。それ以外の設問は教科書で十分対応できるので，大問自体は易しい。

Ⅱは難しいが，Ⅰ，Ⅲは易しいため，全体としては 2022 年度よりも易化し，例年並みのレベルといえる。

政治・経済

I

解答 【設問1】ア．慣習法　イ．公海自由
【設問2】内政不干渉
【設問3】エ．ナショナリズム　オ．民族自決　A－8　B－9　C－3
【設問4】2　【設問5】3
【設問6】D－9　E－2　F－10
【設問7】a－1　b－1
【設問8】カ．世界人権宣言　キ．国際人権規約
【設問9】4　【設問10】1　【設問11】3
【設問12】個人通報制度

◀解　説▶

≪国際法≫

【設問3】エ．ナショナリズムは，国家の独立や統一，発展や拡大などに高い価値を見出そうとする思想運動である。しかし，その内容は時代により国民主義，国家主義，民族主義へと変遷してきた。

オ・B・C．民族自決は，民族がそれぞれ政治的に独立し，みずからの政府をつくる権利である。アメリカ合衆国大統領ウィルソンの「平和原則14カ条」を受けて，第一次世界大戦後のヴェルサイユ条約（1919年）に盛り込まれた。

A．国民は，国家を形成する個々人やその全体の意味である。国民国家においては，共通の言語・文化・伝統などをもつ，歴史的に形成された共同体としての国家と国民との一体性が自覚されることが自明となる。絶対主義の下での国家を，国民国家にまで発展させるきっかけになったのが，1789年のフランス革命である。フランス革命以降は，民族的なものを背景に国民的自覚を基盤とする国民主義としてのナショナリズムが台頭した。

【設問4】宇宙条約は，国連総会で1966年に採択された国際法である。それによれば，天体を含む宇宙空間に対しては，いずれの国家も領有権を主張することはできない（第2条）。

【設問5】国際刑事裁判所（略称ICC, International Criminal Court）は

条約に基づいて発足しており，法的にも機能的にも国連から独立している。2003年に設立され設置場所はオランダのハーグである。

3．正文。国際司法裁判所は原則として一審のみである。

1．誤文。日本は国際刑事裁判所に加入（2007年）しているが，アメリカはこの条約に加入していない。

2．誤文。国際刑事裁判所は，国家を裁く裁判所ではない。

4．誤文。仲裁裁判は，1899年のハーグ平和会議で採択された条約によって設置された常設仲裁裁判所などがこれを行う。紛争の当事国の合意によって法廷が設置される。

【設問6】D．批准は，条約に対する確定的な同意の手続きである。最終的に批准書の交換や寄託によって条約は発効する。日本では条約は内閣によって締結されるが，事前または事後に国会による承認（日本国憲法第73条3号）を必要とする。

E．日本は，国際人権規約（A規約第7条「公の休日についての報酬」）の適用や，人種差別撤廃条約第4条（日本国憲法第21条「表現の自由」との関わりで）の適用を留保している。

【設問7】a．正文。「国際海洋法条約」を国連海洋法条約として考えると第11部第136条によれば，深海底は「人類の共同財産」である。

b．正文。国連海洋法条約第5部第56条によれば，領海の基線から200海里までの排他的経済水域では，沿岸国は，その海域にある生物や鉱物などについて，排他的管轄権を有する。

【設問8】カ．世界人権宣言は，すべての人間の自由と平等，安全，政治的・経済的・社会的・文化的権利を表明し，これを人権尊重の世界共通の基準として宣言した。

キ．国際人権規約は，世界人権宣言を具体化し批准国に人権保障の法的義務を負わせる条約である。A規約とB規約，及び選択議定書から成る。A規約は社会権的内容の「経済的，社会的及び文化的権利に関する国際規約」，B規約は自由権的内容の「市民的及び政治的権利に関する国際規約」である。

【設問9】不戦条約は，国連が成立する以前の1928年，フランスと，当時国際連盟に加盟していなかったアメリカを中心とする15か国で締結された多数国間条約である。3つの条文から成り，国際紛争解決のため，および国策遂行の手段としての戦争を放棄することが規定されている。

【設問10】 1．誤文。絶滅の危機に瀕する野生生物や生態系の保護を目的とするのは世界自然保護基金（WWF）である。貧困と不正を根絶することを目的とするNGOであるオックスファムとは異なる。

【設問11】 3．誤文。多国籍企業が雇用の機会を増加させるのは「進出先の国」，産業の空洞化をまねくおそれがあるのは「本国」である。

【設問12】個人通報制度を，日本が締結している条約の中でみると，国際人権規約，女性差別撤廃条約，子どもの権利条約，障害者権利条約が，それぞれの選択議定書においてこの制度を規定している。

Ⅱ 解答

【設問1】ア．傾斜生産　イ．360　ウ．朝鮮戦争　エ．神武　オ．いざなぎ　カ．大規模小売店舗

【設問2】A－12　B－4　C－21　D－9　E－15　F－8　G－10

【設問3】 4

【設問4】経済白書

【設問5】池田勇人

【設問6】 2　【設問7】 4　【設問8】 a－2　b－1　【設問9】 3

【設問10】※

※設問10については，選択肢に正答がなかったことから，全員正解とする措置が取られたことが大学から公表されている。

◀解　説▶

≪第二次世界大戦後の日本経済≫

【設問1】イ．1ドル＝360円の単一為替レートの設定は，ドッジ＝ライン（経済安定9原則の実施策）の一環として行われた。これにより，日本は，戦後のIMF体制（ドルを基軸通貨とし，固定相場制を採用する国際通貨体制）に組み込まれた。つまり，貿易のベースができたことを意味する。

カ．大規模小売店舗法（大店法，1973年制定，翌年施行）による規制は，日米構造協議（1989～90年）を踏まえて，出店調整期間の短縮化，売場面積の基準拡大などの緩和が進んだ。2000年，大規模小売店舗立地法（大店立地法）の施行にともない，大店法は廃止された。

【設問2】A．復興金融金庫が行う融資をまかなうために発行された復金

債の日銀引き受けは，市中への通貨供給量の増加を意味したため，復金インフレと呼ばれるインフレを招いた。

B．シャウプ勧告は，コロンビア大学のシャウプ教授を団長とする，GHQの要請による視察団の，日本の税制に関する勧告である。その内容は，所得税を中心とする直接税中心主義，青色申告などによる申告納税制度の推進，地方自治の確立にともなう新税制などである。1950年に改正された新しい税制は，この勧告に従っており，その意味でシャウプ税制と呼ばれる。

C・D．エロア（EROA, "Economic Rehabilitation in Occupied Area Fund"）は，占領地域経済復興資金の略称である。ガリオア（GARIOA, "Government Appropriation for Relief in Occupied Areas Fund"）は，占領地域救済政府資金の略称である。いずれもアメリカ政府が占領地域に与えた援助資金である。両資金の$\frac{1}{3}$弱については1962年に返済交渉が妥結し，協定に基づく支払い金は日米文化交流などのために使われた。

E．財政投融資資金は，政府や公的機関の信用に基づき金融市場などから調達した資金である。高度成長期の財政投融資は，主に郵便貯金や公的年金を原資として大蔵省資金運用部の運用計画に基づき，特殊法人等を通して民間の重要産業に優先的に貸し出された。

F．プラザ合意は，1985年9月，ニューヨークで開かれたG5（当時の名称は先進5カ国蔵相・中央銀行総裁会議）で確認されたドル高是正と，そのための各国通貨当局の協調介入についての合意である。ニューヨークのプラザホテルで開かれたので，このときの合意はプラザ合意と呼ばれる。

G．前川レポートは，1986年に提出された，中曽根康弘首相の私的諮問機関として設けられた研究会の報告書の通称である。名称は，研究会の代表が前川春雄元日銀総裁だったことによる。前川レポートは，日本に貿易不均衡の是正を迫る米国など諸外国の外圧に対応するため，内需主導型の経済成長，国内市場の開放，産業構造の抜本的転換，金融資本市場の自由化・国際化の推進などを提言した。

【設問3】 4の「自己責任原則」が誤り。経済安定9原則は，GHQが日本経済自立のためのインフレ収束と経済安定を目標に定めた9項目である。主に予算の均衡化，徴税の強化，融資の規制などに関連した内容である。

【設問4】『経済白書』は，日本経済の各分野にわたる総合的分析と今後の経済の動き及び経済政策の方向を知る上で最も重要な公式文書である。2001年度からは『経済財政白書』と名称を変更している。

【設問5】池田勇人首相（在任1960～64年）は，安保闘争が激化して総辞職した岸信介内閣の後を受けて登板した。国民所得倍増計画を立案し，電力事業や新幹線・高速道路の建設，コンビナートの構築などインフラ整備を積極的に進め日本経済の高度成長を軌道に乗せた。

【設問6】橋本龍太郎首相（在任1996～98年）は，中央省庁等改革や金融システム改革などを推進したが，一方で1997年に消費税率を5％に引き上げたことで消費の不振を招いた。

【設問7】4の「産業構造の高度化」は誤り。三本の矢は，大胆な金融政策・機動的な財政出動・民間投資を喚起する成長戦略の3つである。

【設問8】a．誤文。日本の最大の貿易相手国は中国である。2020年の日本の輸出入総額でみた場合，中国は全体の23.9％で第1位，第2位のアメリカ（同14.7％）を大きく上回っている『日本国勢図会2022/23』（矢野恒太記念会）。

b．正文。2020年度末時点で，世界で最も多額の対外純資産を保有しているのは日本である。

2020年の主要国の対外純資産保有額の第1位は日本で357兆円，第2位のドイツが323.5兆円で，これに続いている『日本国勢図会2022/23』（矢野恒太記念会）。

【設問9】3の1.34が最も適切な数字である。女性が生涯に産む子供の平均数を示す合計特殊出生率は，2020年は1.33『日本国勢図会2022/23』（矢野恒太記念会）である。なお，2021年の同数値は1.30になっており，出生率の低下は6年間連続している。

Ⅲ　解答

【設問1】ア．公共職業安定所〔ハローワーク〕
イ．氷河　ウ．トライアル

【設問2】A－2　B－5　C－10　D－16

【設問3】エ．等価可処分所得　E－2　F－7

【設問4】ベーシックインカム

【設問5】カ．ミーンズテスト〔資力調査〕　キ．介護　ク．最低賃金

G－1　H－7

【設問6】 a－2　b－1　c－2

【設問7】 3 【設問8】 4

◀解　説▶

≪日本における貧困問題と福祉・労働政策≫

【設問1】ア．公共職業安定所（愛称ハローワーク）は，職業紹介の他，雇用保険の失業等給付や雇用対策などのために職業安定法に基づいて国が設置している公的機関である。職業安定法は，日本国憲法第27条の勤労権を実現するために，国民に能力に応じた職業に就く機会を提供する法律である。

イ．「就職氷河期」世代は，バブル崩壊後の1990～2000年代に就職活動を経験した世代を指す。「就職氷河期」世代をロストジェネレーションと呼ぶこともあり，彼らはフリーターや派遣労働など非正規雇用で働く人々が多く，年金加入率も他の世代に比べて低い。

ウ．トライアル雇用は，正規雇用者としての就業経験や技能などの不足のために，就職が難しい人の就業支援措置として設けられている。ハローワークや一定の職業紹介事業者などを介してこの制度を利用すると，雇用した人数に応じて企業（事業主）はトライアル雇用助成金を受け取ることができる。

【設問2】A．2の33.5％が適切である。ジニ係数は，完全な平等が達成されていれば0，1に近づくほど不平等度が高くなる。本文では，2017年の当初所得のジニ係数は0.559，所得再分配後は0.372である。したがって，その改善度は$\frac{0.559-0.372}{0.559}\times 100=33.45\cdots \fallingdotseq 33.5$（％）である。

B．5の1カ月が適切である。2010年の雇用保険法の改正では，雇用保険に加入するための要件が「6カ月以上の雇用見込み」(2009年に1年から6カ月に改正）から「31日以上の雇用見込み」に変更された。一週間当たりの所定労働時間が20時間以上であればこの規定が適用されるので，多くの非正規雇用者が雇用保険に加入できるようになった。

C．10の10万円が適切である。求職者支援制度は，再就職，転職，スキルアップを目指す人が月10万円の生活支援金を受給しながら，無料の職業訓練を受講する制度である。

【設問3】エ．等価可処分所得とは，世帯の可処分所得（収入から税金・社会保険料等を除いたいわゆる手取り収入）を世帯人員の平方根で割って調整した所得である。貧困線は，国や機関により定義が異なるが，日本の厚生労働省は，等価可処分所得の中央値の半分の額をいうとしている。2018年は127万円であった。

E．新基準に基づき算出した2018年の相対的貧困率は，15.7%であった。

F．「国民生活基礎調査」によれば，2018年のひとり親世帯の相対的貧困率は，48.3%であった。

【設問4】ベーシックインカムは，すべての国民に，無条件で，政府から支給される基本的な所得，あるいはそれを支給するしくみである。生活費が保障されるので自分の働くスタイルが保てる，諸給付の再編により社会保障制度の負担が緩和されるなどの利点があるが，財源問題などから導入を疑問視する声も多い。フィンランドなどのように実証実験を行った国もある。

【設問5】カ・H．ミーンズテストは，生活保護申請者の受給資格を判定するために行われる収入や資産などに関する資力調査である。生活保護の申請後，この調査が福祉事務所によって実施される。福祉事務所は，生活保護法以下の福祉六法に定める事務を行う公的機関である。都道府県や市には必ず設置されるが町村は任意となる。公的扶助・社会福祉行政に関する窓口として広く利用される。

キ．介護扶助は，ホームヘルプサービスや特別養護老人ホームなどを利用した際の本人負担分を生活保護による給付でまかなうものである。

ク．最低賃金については，最低賃金法によって，都道府県ごとに最低賃金審議会による最低賃金が定められている。最低賃金法第9条2・3項は，生活保護の施策との整合性に配慮して最低賃金を定めるよう求めている。

【設問6】a．誤文。労働市場の柔軟性を高めて転職しやすくして労働者の生活を安定させることはフレキシキュリティ（flexicurity）である。これは，柔軟性を意味するフレキシビリティ（flexibility）と安全性を意味するセキュリティ（security）との合成語である。労働者の生活の安定と失業率の低下，自己実現や社会の生産性の向上をはかるための社会政策として欧州（とくにデンマークやオランダ）で導入が進んでいる。

b．正文。積極的労働市場政策は，2006年の「OECD新雇用戦略」などで従来の労働市場政策を見直すかたちで提言されたものである。

c．誤文。一人あたりの労働時間を短縮して雇用を分かち合うことはワークシェアリングという。ワークフェアは福祉の受給条件として勤労を求める考え方や政策を言い，ワーク（work，労働）とウェルフェア（welfare，福祉）の合成語である。

【設問７】OJTは，「On-the-Job Training」の略語である。上司や先輩などのOJT担当者が，必要とされるスキルや情報の獲得を，実務を通じて指導していく方法である。OJTに対して，職場外での講義形式などの指導方法はOff-JT「Off-the-Job Training」という。

❖講　評

Ⅰが国際法，Ⅱが戦後の日本経済，Ⅲが日本の貧困問題と大問ごとに一つのテーマに沿う形で出題されている。出題形式は，大問ごとに一定割合が記述式（出題個数８個）・選択式（出題個数13～14個）の構成である。憲法・法制重視の傾向は薄れ，全体的に経済分野の比重が高い。出題内容も統計的な知識を要する出題や計算問題もあって広範な観点からの出題となっている。Ⅲの【設問２】【設問３】では統計上の数値など詳細な知識を必要とする箇所が多い。同じく【設問６】ａは一部に難度の高い出題もあるが，教科書の内容でスムーズに解答できる出題箇所が多い。全体としては標準に近い難易度であると言えよう。

Ⅰ　国際法に関連して比較的ベーシックな出題の多い問題構成である。【設問４】【設問７】の正誤判定は難しくないし，【設問10】の適当でないものを選ぶ出題も消去法を用いれば解答できる。それ以外の設問は難なく解答できたのではないかと思われる。

Ⅱ　戦後の日本経済の動向を扱ったオーソドックスな出題で難しくない。【設問１】のカの大規模小売店舗（法），および【設問２】Ｃ・Ｄのガリオア・エロアの判別やＧの前川レポートはやや突っ込んだ知識である。【設問８】【設問９】の統計上の数値や知識は通常の学習の範囲内である。

Ⅲ　本問の解答は教科書だけでは不十分である。近年，貧困や格差社会に関連した出題が増えているので発展学習の成果が試されていると言えよう。とくに【設問３】の相対的貧困率に関連した出題は難度が高い。

数学

I

解答 (1)ア．$2\sqrt{3}$　イ．$\frac{4}{3}\pi$

(2)ウ．$\frac{1}{2}n(n+1)$　エ．$\frac{2n}{n+1}$　オ．$n(n+1)$

(3)カ．5　キ．$-14k+5$　ク．2　ケ．40　コ．42

◀解　説▶

≪小問3問≫

(1)　$\sqrt{3^2+(-\sqrt{3})^2}=\sqrt{12}=2\sqrt{3}$ であるので

$$3\cos x-\sqrt{3}\sin x=2\sqrt{3}\times\left(-\frac{1}{2}\sin x+\frac{\sqrt{3}}{2}\cos x\right)$$

$$=2\sqrt{3}\times\left(\sin x\cos\frac{4}{3}\pi-\cos x\sin\frac{4}{3}\pi\right)$$

$$=2\sqrt{3}\sin\left(x-\frac{4}{3}\pi\right)$$

と変形できる。

よって　　$A=2\sqrt{3}$，$\alpha=\frac{4}{3}\pi$　→ア，イ

(2)　　$S_n=\sum_{k=1}^{n}k=\frac{1}{2}n(n+1)$　→ウ

これより

$$\sum_{j=1}^{n}\frac{1}{S_j}=\sum_{j=1}^{n}\frac{2}{j(j+1)}$$

$$=2\sum_{j=1}^{n}\left(\frac{1}{j}-\frac{1}{j+1}\right)$$

$$=2\times\left\{\left(1-\frac{1}{2}\right)+\left(\frac{1}{2}-\frac{1}{3}\right)+\cdots+\left(\frac{1}{n}-\frac{1}{n+1}\right)\right\}$$

$$=2\times\left(1-\frac{1}{n+1}\right)$$

$$=\frac{2n}{n+1}$$　→エ

さらに

$$\sum_{p=1}^{2n}(-1)^p S_p=-(S_1+S_3+\cdots+S_{2n-1})+(S_2+S_4+\cdots+S_{2n})$$

$$=-\sum_{k=1}^{n}S_{2k-1}+\sum_{k=1}^{n}S_{2k}$$

$$=\sum_{k=1}^{n}(S_{2k}-S_{2k-1})$$

$$=\sum_{k=1}^{n}\{k(2k+1)-k(2k-1)\}$$

$$=\sum_{k=1}^{n}2k=n(n+1)\quad \to \text{オ}$$

(3)　$14x+3y=m$　……①

$m=1$，$x=-1$ のとき，①は $-14+3y=1$ より

$y=5$　→カ

よって，方程式 $14x+3y=1$　……①′の解の 1 つが$x=-1$，$y=5$ であるので

$14\times(-1)+3\times5=1$　……②

をみたす。

①′−② より，$14(x+1)+3(y-5)=0$ となるので，①′の整数解は

$14(x+1)=-3(y-5)$

をみたす。

14 と 3 は互いに素であるので，整数 k を用いて

$$\begin{cases}x+1=3k\\5-y=14k\end{cases}$$

と表すことができる。

よって　$x=3k-1$，$y=-14k+5$　→キ

次に，①において，$m=148$ のとき

$14x+3y=148$　……①″

また，②の両辺に 148 を掛けると

$14\times(-148)+3\times740=148$　……③

①″−③ より，$14(x+148)+3(y-740)=0$ となるので，①″の整数解は

$14(x+148)=-3(y-740)$

をみたす。

14 と 3 は互いに素であるので，整数 l を用いて

$$\begin{cases} x+148=3l \\ 740-y=14l \end{cases}$$

と表すことができる。

よって　　$x=3l-148,\ y=-14l+740$

x，y がともに正の整数であるとき

$$3l-148>0 \quad かつ \quad -14l+740>0$$

より

$$\frac{148}{3}<l<\frac{370}{7}$$

これをみたす整数 l は　　$l=50,\ 51,\ 52$

$x+y=-11l+592$ より，$l=50$，つまり $x+y$ は $x=2$，$y=40$ のとき，最大値 42 をとる。 →ク〜コ

II　解答

(1)　$y=\frac{1}{6}(2x^3+3x^2-12x)$ より

$$y'=x^2+x-2=(x+2)(x-1)$$

増減表を作成すると，右のようになる。

x	$\cdots$	-2	$\cdots$	1	$\cdots$
y'	$+$	0	$-$	0	$+$
y	↗	極大	↘	極小	↗

これより

$x=-2$ のとき　　極大値 $\frac{10}{3}$

$x=1$ のとき　　極小値 $-\frac{7}{6}$

……(答)

(2)

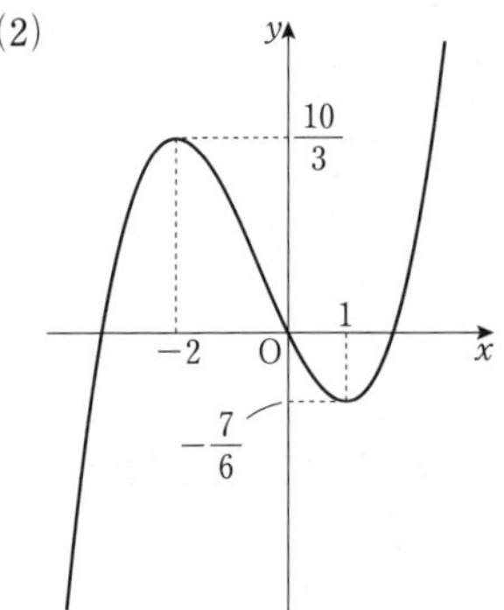

(3)　$2x^3+3x^2-12x-6m=0$　……① を変形すると

$$m=\frac{1}{6}(2x^3+3x^2-12x)$$

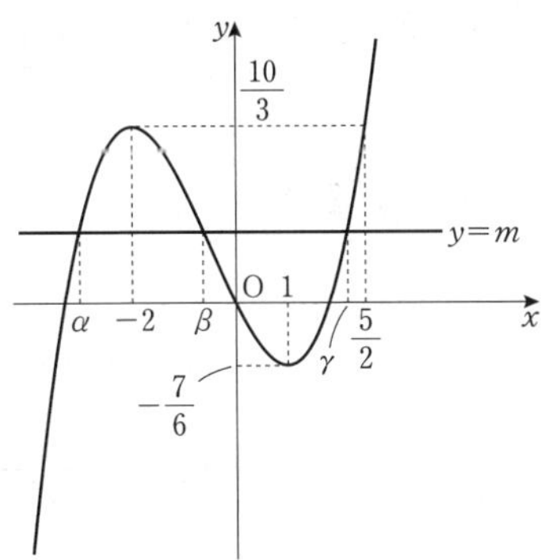

ここで，$y=\frac{1}{6}(2x^3+3x^2-12x)$ ……②，$y=m$ とおくと，3次方程式①の相異なる実数解の個数は，②のグラフと直線 $y=m$ の共有点の個数と等しい。

これより，(2)のグラフから考えて，m のとりうる値の範囲は

$$-\frac{7}{6}<m<\frac{10}{3} \quad \cdots\cdots(答)$$

(4)　γ は②のグラフと直線 $y=m$ の共有点のうち，最大の x 座標の値である。

$\frac{1}{6}(2x^3+3x^2-12x)=\frac{10}{3}$ となる x の値は

$$2x^3+3x^2-12x-20=0$$

$$(x+2)^2(2x-5)=0$$

よって　　$x=-2,\ \frac{5}{2}$

直線 $y=m$ を，$-\frac{7}{6}<m<\frac{10}{3}$ で動かして，γ のとりうる値の範囲は

$$1<\gamma<\frac{5}{2} \quad \cdots\cdots(答)$$

◀解　説▶

≪3次方程式が相異なる3つの実数解をもつ条件≫

(1)　y' を求め，増減表を作成していく。

(2)　(1)で作成した増減表をもとにしてグラフの概形を描く。

(3)　3次方程式 $2x^3+3x^2-12x-6m=0$ を $m=\frac{1}{6}(2x^3+3x^2-12x)$ と変形し，「3次方程式の相異なる実数解の個数 $\Longleftrightarrow$ 2つのグラフの共有点の個数」であるので，$y=\frac{1}{6}(2x^3+3x^2-12x)$ のグラフと直線 $y=m$ が3個の共有点をもつような m の値の範囲を求めていく。

(4)　(3)で考えた3個の共有点のうち，最大の x 座標の値が γ であるので，

グラフより，その値の範囲を求めていく。

III **解答** (1)　$\triangle$ABC が存在するための a がみたす条件は，$|2-1|<a<2+1$ より

$1<a<3$　……(答)

(2)　$\overrightarrow{AB}\cdot\overrightarrow{AC}=|\overrightarrow{AB}|\times|\overrightarrow{AC}|\times\cos A$

$=1\times2\times\dfrac{1^2+2^2-a^2}{2\times1\times2}$

$=\dfrac{1}{2}(5-a^2)$　……(答)

(3)　$|\overrightarrow{BO}|^2=|\overrightarrow{AO}-\overrightarrow{AB}|^2=|\overrightarrow{AO}|^2-2\overrightarrow{AO}\cdot\overrightarrow{AB}+|\overrightarrow{AB}|^2$ であるが，点 O は $\triangle$ABC の外接円の中心であるので，$|\overrightarrow{BO}|^2=|\overrightarrow{AO}|^2$ が成り立つ。

よって　$-2\overrightarrow{AO}\cdot\overrightarrow{AB}+|\overrightarrow{AB}|^2=0$

これより　$\overrightarrow{AB}\cdot\overrightarrow{AO}=\dfrac{1}{2}|\overrightarrow{AB}|^2=\dfrac{1}{2}\times1^2=\dfrac{1}{2}$　(証明終)

ここで

$\overrightarrow{AB}\cdot\overrightarrow{AO}=\overrightarrow{AB}\cdot(s\overrightarrow{AB}+t\overrightarrow{AC})$

$=s|\overrightarrow{AB}|^2+t\overrightarrow{AB}\cdot\overrightarrow{AC}$

$=s\times1^2+t\times\dfrac{1}{2}(5-a^2)$

これより　$s+\dfrac{5-a^2}{2}t=\dfrac{1}{2}$

よって　$2s+(5-a^2)t=1$　……①

同様に

$\overrightarrow{AC}\cdot\overrightarrow{AO}=\overrightarrow{AC}\cdot(s\overrightarrow{AB}+t\overrightarrow{AC})$

$=s\overrightarrow{AB}\cdot\overrightarrow{AC}+t|\overrightarrow{AC}|^2$

$=s\times\dfrac{1}{2}(5-a^2)+t\times2^2$

$=\dfrac{5-a^2}{2}s+4t$

と変形でき，$\overrightarrow{AC}\cdot\overrightarrow{AO}=\dfrac{1}{2}|\overrightarrow{AC}|^2=2$ を用いると

$$\frac{5-a^2}{2}s+4t=2$$

よって　　$(5-a^2)s+8t=4$　……②

①×8−②×$(5-a^2)$ より

$$\{16-(5-a^2)^2\}s=8-4(5-a^2)$$

$$\{4+(5-a^2)\}\{4-(5-a^2)\}s=4a^2-12$$

$$(9-a^2)(a^2-1)s=4(a^2-3)$$

(1)より，$(9-a^2)(a^2-1)\neq 0$ であるので

$$s=\frac{4(a^2-3)}{(9-a^2)(a^2-1)}$$　……(答)

また，②×2−①×$(5-a^2)$ より

$$\{16-(5-a^2)^2\}t=8-(5-a^2)$$

$$\{4+(5-a^2)\}\{4-(5-a^2)\}t=a^2+3$$

$$(9-a^2)(a^2-1)t=a^2+3$$

(1)より，$(9-a^2)(a^2-1)\neq 0$ であるので

$$t=\frac{a^2+3}{(9-a^2)(a^2-1)}$$　……(答)

(4)　点 O が △ABC の内部にあるとき，$s>0$ かつ $t>0$ かつ $s+t<1$ が成り立つ。

ここで，(1)より，$1<a<3$ であるので

$$(9-a^2)(a^2-1)>0$$

また，$s+t=\frac{4(a^2-3)}{(9-a^2)(a^2-1)}+\frac{a^2+3}{(9-a^2)(a^2-1)}=\frac{5a^2-9}{(9-a^2)(a^2-1)}$ より，

$a^2-3>0$　……③ かつ $\frac{5a^2-9}{(9-a^2)(a^2-1)}<1$　……④ であればよい。

$1<a<3$ に注意して，③，④を解くと

③より　　$a>\sqrt{3}$　……③′

④より

$$5a^2-9<(9-a^2)(a^2-1)$$

$$a^4-5a^2<0$$

$$a^2(a^2-5)<0$$

よって　　$1<a<\sqrt{5}$　……④′

以上により，③′と④′の共通範囲を求めると

$$\sqrt{3}<a<\sqrt{5}\quad\cdots\cdots(\text{答})$$

別解　△ABC の外接円の中心 O が △ABC の内部にあるとき，△ABC は鋭角三角形となる。最大辺は a または 2 であるので

$$1^2+2^2>a^2\quad\text{または}\quad 1^2+a^2>2^2$$

より　　$3<a^2<5$

よって　　$\sqrt{3}<a<\sqrt{5}$

◀解　説▶

≪ベクトルの内積と三角形の外心の位置ベクトル≫

(1)　三角形の 3 辺の長さを a，b，c とするとき，$|b-c|<a<b+c$ が成り立つ（三角形の成立条件）。

(2)　△ABC において，余弦定理を用いて，$\cos A$ を a を用いて表し，それと内積の定義 $\overrightarrow{AB}\cdot\overrightarrow{AC}=|\overrightarrow{AB}|\times|\overrightarrow{AC}|\times\cos A$ により，$\overrightarrow{AB}\cdot\overrightarrow{AC}$ を a を用いて表す。

(3)　$|\overrightarrow{BO}|^2=|\overrightarrow{AO}-\overrightarrow{AB}|^2$ とし，内積の計算法則より展開する。点 O は △ABC の外接円の中心であるので，$|\overrightarrow{BO}|^2=|\overrightarrow{AO}|^2$ が成り立つことから，$\overrightarrow{AB}\cdot\overrightarrow{AO}=\dfrac{1}{2}|\overrightarrow{AB}|^2=\dfrac{1}{2}$ を示す。また，$\overrightarrow{AO}=s\overrightarrow{AB}+t\overrightarrow{AC}$ を $\overrightarrow{AB}\cdot\overrightarrow{AO}$，$\overrightarrow{AC}\cdot\overrightarrow{AO}$ のそれぞれに代入して計算し，s と t についての 2 つの関係式を導くことにより，s，t をそれぞれ a を用いて表す。

(4)　点 O が △ABC の内部にあるとき，$s>0$ かつ $t>0$ かつ $s+t<1$ が成り立つので，(3)の結果を利用し，a についての不等式を解いていく。

❖講　評

Ⅰ(1)は三角関数の合成に関する問題である。問題文に「実数 x に関する恒等式として…」という記述があるが，あまり深く考える必要はない。(2)はさまざまな数列の和に関する問題である。自然数の和や部分分数に分解して和を求めるなど，頻出の問題である。ただ最後の和については，偶数と奇数に分けて求める必要があるので，差がついたかもしれない。(3)は不定方程式の整数解を求める問題である。丁寧な誘導形式と

なっており，また記述形式でなく，答えのみの解答であるので，受験生にとってもそれほど難しい問題ではなかっただろう。Ⅰについては，3問中2問以上は正解を目指したいところである。

Ⅱは3次方程式のグラフを利用して3次方程式が相異なる3つの実数解をもつ条件を求めていく問題である。(1)〜(3)は，教科書の例題レベルの典型的な問題である。(4)もグラフを利用して考えていくことは自明であるので，解きやすい設問である。ぜひ，完答を目指したい問題である。

Ⅲは三角形の外接円の中心（外心）の位置ベクトルから，その外心が三角形の内部にあるときの条件を求める問題である。(1)は三角形の成立条件，(2)は余弦定理を利用した内積の計算で平易な問題である。(3)の前半の証明については，始点をAとしてベクトルを分解していくことに違和感があったかもしれない。また，後半の s，t を a を用いて表す設問については，文系としては答えが少し複雑であるので差がついたかもしれない。また，(4)についても計算が複雑であるので，(3)，(4)の出来が合否の分かれ目となったかもしれない。

Ⅰ〜Ⅲを難易度で平易な方から並べると，Ⅰ(1)(基本)＜Ⅰ(2)・(3)，Ⅱ(基本〜標準)＜Ⅲ(標準〜やや難）である。

全体としては，2022年度と同様でやや平易な出題であったといえる。教科書の応用例題や章末問題などの典型的な問題を確実にし，数列の漸化式や微・積分法の応用などは過去問をじっくりやっておくことが大切である。

同様、制限字数が短いので簡潔にまとめる工夫が必要となる。

二は平安時代の著名な作り物語『うつほ物語』からの出題。二〇二二年度にくらべて文章はやや短くなったが、単純な知識問題が減少し、読解力を問う設問が増加した。㈠、㈤の知識問題を短時間で片づけて、読解にしっかり時間を使えるようにしたい。㈦の記述問題は現代文と同様制限字数がかなり短く、必要な要素をすべて入れるのに苦労するだろう。

現代文・古文に共通して、〈特別難しいわけではないが、文章が長く、読むのに時間がかかる〉という同志社大学の特徴がよくあらわれた出題であった。やはり速読力を養っておくことが重要だろう。また、記述問題について、複数の要素を短くまとめる訓練を積んでおきたい。

うことはできず、「そこらの人、火をともしてののしるに、せむ方なし」＝〝たくさんの人が、灯をともしてさわぐので、どうしようもない〟と順接で解釈できるので、接続助詞である。

(六) 1、第一段落にあるように、子は、祖父が弾いていた七人の師の秘曲を、母を通じて教わったのであり、七人から直接教わったわけではない。2、第一段落の内容に合致。3、第二段落に「岩木の皮を着物にし、獣を友として」とあるように、獣の皮を着ていたわけではない。4、第二段落前半で「女御、后、天女、天人」と比較されているのは母ではなく子である。母の美しさについて述べられるのは傍線部bの次文「母も」以降。5、第三段落第一文「年ごろ養ひつる猿」以降にあるように、猿は母子に食物と水を届けようとしていたのであって、武士たちを驚かそうとはしていない。6、本文末尾から二文目「武士、崩るる山に埋もれて、多くの人死ぬれば」に合致。

(七) 傍線部の直前の「と思ひて」の前、「わが親は……限りなめれ」にカギカッコをつけるとわかりやすいだろう。そのさらに前に「母の思ふほどに」とあるとおり、「と思ひて」の主語は母である。「いみじ」も念頭に置きつつ「わが親は……限りなめれ」の部分を要約すると〈私の親はこの二つの琴を幸福でも災難でも極限のときに弾けと言った。今以上にひどい目に遭うことなどないだろう。今こそがその極限であるようだ〉となる。主語が母であること、親が極限状況で琴を弾けと言ったこと、今がその極限状況だと思ったこと、の三点をまとめればよい。

❖講　評

一は京都大学人文科学研究所助教で、ユニークな授業でも知られる民俗学研究者の菊地暁が、民俗学の基本について述べた文章からの出題。「文章量が多い」という同志社大学の現代文の特徴は健在であり、本文と(三)の引用文を合わせると約五五〇〇字となっている。しかし、例年と同様、長いとはいっても論理展開が特別複雑な文章ではなく、論旨も明快であり、読みにくいわけではない。設問も、傍線部問題の解答根拠が遠く離れているものはなく、内容一致問題も根拠がはっきりしているので、長い文章を読み切ることができれば難易度はそこまで高くない。(六)の記述問題は例年と

㈡　傍線部を直訳すると〝ものの次に位置するものは劣るけれども、この一族は伝わるごとにまさることがかぎりない〟となる。2と5は「こそ……已然形、……」の逆接を解釈できていないので不可。直前の「子の手、母にもまさり、母は父の手にもまさりて」とあるので、代々「手」がまさってゆく、ということである。「手」にはさまざまな意味があるが、ここでは第一段落に「祖父が弾きし七人の師の手」「琴は残る手なく習ひ取りつ」などとあるように、〝演奏・曲〟の意である。1の「勢い」、3の「霊威」では〝演奏・曲〟の説明にならない。4の「技術」は〈演奏の技術〉という意味に解釈できるので、これがふさわしい。

㈢　「たより」「あはれなり」には多様な意味があり、傍線部そのものの解釈から考えようとしてもむずかしいだろう。選択肢はみな母子の置かれた状況について述べているので、前後の文脈からそれを読みとって判断するのがよい。母子は、容貌は美しく、琴の演奏もすばらしいものの、「草木の根を食物にして、岩木の皮を着物にし、獣を友として、木のうつほを住みかとして」暮らしており、「猿どもに養はれて」いる。そのような状況の説明としては3の「本当は満足できない状況」がふさわしいだろう。他の1「この上なくすばらしい状況」、2「とても幸せな状況」、4「都からの良い知らせも聞かれるようになって」、5「それなりにゆとりのある状況」はみな文脈に反するか、言及されていない内容である。

㈣　傍線部を直訳すると〝東国から都に敵がいる人が、報復しようと思って、四、五百人の兵で、人が離れているところを探すと、この山を見て占拠して、恐ろしげで荒々しい者たちが、山いっぱいに満ちて〟となる。これを「潜伏場所にした」「山は大勢の人であふれている」と説明している1がよい。他は2「感謝するために」「宴の準備をしている」、3「山に潜む大勢の武士の助太刀を得て仇討ちに挑もうとしている」、4「敵が隠れて待ち構えている」、5「恐ろしい姿のもののけに遭遇してうろたえている」など、いずれも文脈からはずれた内容を含んでいる。

㈤　1は名詞の直下にあるので格助詞。4は名詞句を作る接尾語「ごと」の直下にあるのでこれも格助詞。2・3は直上の連体形との間に名詞「こと」「もの」を補って解釈できるのでやはり格助詞。5は直上の連体形との間に名詞を補のもとに）持ってくる。芋、野老、果物は、いろいろなものの葉に包んで、持ってきて集まる。

こうするうちに、東国から都に敵がいる人が、復讐しようと思って、四、五百人の兵力で、人里離れたところを探すと、この（母子が暮らす）山を見つけて占拠して、恐ろしそうで荒々しい者たちが、山じゅうにいっぱいになって、目に見える鳥、獣を、種類も気にせず殺して食べるので、鳥、獣さえ山を離れて逃げ隠れるが、隠れ場所もない木の洞に、母子はこもって、草木も食べることができる方法がなく、（外の）空や地面を眺めることもできそうもなく、非常につらいときに、数年来（母子を）養った猿が、やはりこの母子をしみじみと気の毒に思って、武士が寝静まるのを見計らって、青葛を大きな籠に編んで、大きくて立派な栗や、橡を入れて、蓮の葉に冷たい水を包んで（母子のもとに持って）来るが、それぞれの木の下で横になっている武士たちが、猿が通るとも知らないで、木の葉がそよぐ音で目を覚まして、「ここで山の物の怪の音がする」と言って、たくさんの人が、灯をともしてさわぐので、（猿は）どうしようもない。母が思うことは、私の親はこの二つの琴を幸福でも災難でも、きわめてはなはだしいときに、弾き鳴らせとおっしゃった。私は、今よりも以上につらい目にいつ遭うだろうか。そのように（今までにもつらいことがあったと）はいうけれども、これほどのことであったか、いやこれほどではなかった。この今こそが極限であるようだと思って、このなん風の琴を取り出して、一声弾き鳴らすと、（もともとの）持ち主の七人の人が奏でた音とすこしも変わらない。一声かき鳴らすと、大きな山の木がみな同じように倒れ、山がさかさまに崩れる。（母子のいる洞を）取り囲んでいた武士が、崩れる山に埋もれて、多くの人が死ぬと、山はもとどおりに静まった。（母は）そのまま、翌日の午の刻くらいまで、ゆいこくの曲を繰り返し弾く。

▲解　説▼

(一) a、「うつくしげなり」は形容詞「うつくし」から派生した形容動詞で、〝かわいらしい〟の意。

b、「目もあやなり」は〝（まぶしくて見ていられないほど）すばらしい・りっぱだ〟というよい意味と、〝（不快で見ていられないほど）ひどい〟という悪い意味と、どちらの用法もあるが、傍線部は子の美しさを述べる文脈であるから、前者である。

解答

(一)　a－2　b－1
(二)　4
(三)　3
(四)　1
(五)　5
(六)　2・6
(七)　母が、亡父に言われた琴を弾くべき極限状況は今だと思ったから。（三十字以内）

◆全　訳◆

このようにしながらこの琴を（子が）弾くのを（母が）聞くうちに、この子は七歳になってしまった。あの祖父が弾いた七人の師の秘曲を、そのまますべて弾き身につけたので、夜も昼も（母と）合奏して、春は趣深い草々の花（を見）、夏はすがすがしく涼しい木陰でもの思いにふけって、花、紅葉のもとで心を澄ましながら、わが人生はすべて、運命のありように従おうと思う。琴は残る曲もなく（すべて母から子が）習い身につけてしまう。この子は、変化の者であるから、子の演奏は、母にもまさり、母は（その）父の演奏にもまさって、（普通は）ものごとの次に位置するものは（先行するものより）劣るが、この一族（の演奏）は伝わるごとにまさることがかぎりない。

こうして、この子は十二歳になってしまう。容貌が端整でかわいらしいことは、まったくこの世のものに似ていない（ほどである）。綾、錦を着て、美しく立派な御殿で大切にされる帝の女御、后、天女、天人よりも、（この子は）このような草木の根を食物にして、岩木の皮を着物にし、獣を友として、木の洞を住居として成長したが、目もまぶしいくらいにすばらしい光が備わっていた。母も父君がそばにいて大切に世話をして養育したときよりも、顔かたちはまさって（美しくなり）、すばらしいことはかぎりない。この数年、ただこの猿たちに養われて、はなはだ頼りになるものを得たような気持ちがしている（母子）の（様子）もしみじみと気の毒である。（猿たちが）水は蓮の葉の大きなのに包んで（母子り、この両方に一致する4が正解。1の「……農民像が……モノによって産み出された」は前者に、「文字……資料からでも……全体像を解き明かすことができる」は後者に合致しない。2の「……支配階層が農民の歴史を……と考えた」は前者に合致しない。3の「多様な文献資料の多角的な読解」と5の「文献史学の進展」は傍線部の後に出てくる内容であり、傍線部直後にあるように「その後」、つまり柳田より後の時代の文献史学についての話である。

㈤　1、第一段落第一文～第三文に一致。2、第一段落第四文に一致。3、第六段落末文に「未来に伝えられる資料として、文字（記号）は第一に推すべきもの」とあるが、「大切に保存しておく必要がある」とは述べられていない。4、第八段落に、資料が「デジタル固有の強度と脆弱性を持つことも可能」とあるが、それが「時を超えて伝わることは問題」とは述べられていない。5、第十六段落第六文「ふるまいは生物学的本能ではなく」と合致しない。6、第十六～十七段落で「私たち」をスマホにたとえているが、スマホそのものの機能については述べられていない。7、最後から三段落目の内容に一致。8、日本が細長い島であったことと京都や近畿が文化的中心であったこととの因果関係は本文中で述べられていない。

㈥　「民俗資料」については第十四段落以降で説明されている。まず第十五段落で「『普通の人々』の『日々の暮らし』そのものであり、極論すれば、そうした暮らしを営む私（たち）自身のこと」と述べられ、その後具体例をはさんで最終段落で「『民俗資料』は、それ自体はどこまでも『現在』に属するものでありながら、必ず『歴史』が刻み込まれており」「文字資料の不完全性を補完し得る、『普通の人々』の『日々の暮らし』そのものである『民俗資料』、すなわち、『私（たち）という資料』」とあらためて説明されている。〈文字資料の補完〉〈歴史が刻み込まれている〉〈日々の暮らし〉〈私たち自身〉（または〈普通の人々〉）の四点をまとめればよい。

二

出典　『うつほ物語』〈俊蔭〉

となる、〝なぜならば〟という意味の5「なんとなれば」がよい。「なんとなれば」は漢文・文語文を学習していない者にとってはあまりなじみがない語かもしれないが、このように現代文で用いられることもあるのできちんと知っておきたい。

b、前の段落で述べられている柳田國男の説に対して、空欄の前は「異論の余地がある」と否定的、後は「認めておいて差し支えないだろう」と肯定的な内容になっているので、逆接の4「とはいえ」がよい。

(二) 傍線部直後に「『これからをより良くするために、これまでをより良く知る』という目的は……このレベルで民俗学の独自性はほとんどないようにも見える」とあり、これに最も近い内容の1が正解。2は「世の中をより良く改める事例を提供する」がおかしい。これからの世の中をより良く改めるために踏まえるべきこととして現在と過去の事例を提供するのである。3の「役に立つ／立たない……事実と論理の前に跪いてみる」と4の「森羅万象に対する……蓄積する」は、第三段落で述べられている学問の存在意義についての筆者の考えであって、民俗学の目的ではない。5は「世の中や人のために役に立つことを企図したものではない」が第二～三段落で述べられている柳田の考えと一致しない。

(三) 本文と引用文を照合する設問ではなく、引用文の内容に一致するものを選べ、というだけの設問で、二〇二二年度も同傾向の出題があった。消去法が有効だろう。1、引用文第三段落「女性労働の本質化や固定化に与したいわけではない」と合致しない。2、引用文第二段落にあるように、衣類が珍重されたのは「『労働集約』という性質ゆえ」であって、天然素材を主原料とするからではない。3、前半は引用文第二段落に、後半は引用文第三～四段落に一致しており、これが正解。4、引用文第四段落によれば呪的な力は「女性が作り出した糸や布や服」に宿るのであって、女性に宿るのではない。5、「伝説や昔話」が「職人による」のかについては引用文中に言及がない。

(四) 前の二つの段落の内容に合致するものを選ぶ。第十一段落第一文に「農民の歴史を、ただ一揆嗷訴と風水虫害等の連続のごとくしてしまったのは……記録文書主義」、第十二段落末文に「文字は……不完全といわざるをえない」とあ

国語

一

出典　菊地暁『民俗学入門』（岩波新書）

解答

㈠　a－5　b－4

㈡　1

㈢　3

㈣　4

㈤　1・2・7

㈥　文字資料には記録されない歴史が刻み込まれた、日々の暮らしを営む私たち自身のこと。（四十字以内）

◆要　旨◆

柳田國男によれば、民俗学の目的は「普通の人々」の「日々の暮らし」が現在に至った来歴を解き明かすことであるが、文献史学が扱う「文字資料」は「特別な人々」の「特別な出来事」の記録であり、「普通の人々」の「日々の暮らし」を伝えるものとしては不完全である。それを補完するものは「現在」に属しながらも「歴史」が刻み込まれたさまざまなふるまいを身につけて暮らす私たち自身という「民俗資料」であり、それ単体からは「歴史」は見えないが、大量の「民俗資料」を比較することによって、空間的差異から時間的推移を抽出して「歴史」をとらえることが可能になる。

▲解　説▼

㈠　a、空欄を含む文は、末尾が「～からだ」となっており、前の文の理由を説明している。原因・理由を述べる前置き

■全学部日程（理系）

問題編

▶試験科目・配点

●文化情報学部

教　科	科　　　　　目	配　点
外国語	コミュニケーション英語Ⅰ・Ⅱ・Ⅲ，英語表現Ⅰ・Ⅱ	200 点
数　学	数学Ⅰ・Ⅱ・Ⅲ・A・B	200 点
理　科	「物理基礎・物理」，「化学基礎・化学」，「生物基礎・生物」から 1 科目選択	150 点

●理工学部（英・数・理 総合型）

教　科	科　　　　　目	配　点
外国語	コミュニケーション英語Ⅰ・Ⅱ・Ⅲ，英語表現Ⅰ・Ⅱ	200 点
数　学	数学Ⅰ・Ⅱ・Ⅲ・A・B	200 点
理　科	機械システム工学科： 「物理基礎・物理」 電気工，電子工，機械理工学科： 「物理基礎・物理」，「化学基礎・化学」から 1 科目選択 インテリジェント情報工，情報システムデザイン，機能分子・生命化，化学システム創成工，環境システム，数理システム学科： 「物理基礎・物理」，「化学基礎・化学」，「生物基礎・生物」から 1 科目選択	150 点

●生命医科学部（英・数・理 総合型）

教　科	科　　　　　目	配　点
外国語	コミュニケーション英語Ⅰ・Ⅱ・Ⅲ，英語表現Ⅰ・Ⅱ	200 点
数　学	数学Ⅰ・Ⅱ・Ⅲ・A・B	200 点
理　科	「物理基礎・物理」，「化学基礎・化学」，「生物基礎・生物」から 1 科目選択	200 点[*1]

◉スポーツ健康科学部

教　科	科　　　目	配　点
外国語	コミュニケーション英語Ⅰ・Ⅱ・Ⅲ，英語表現Ⅰ・Ⅱ	200点
数　学	数学Ⅰ・Ⅱ・Ⅲ・A・B	150点*2
理　科	「物理基礎・物理」,「化学基礎・化学」,「生物基礎・生物」から1科目選択	200点*1

◉心理学部

教　科	科　　　目	配　点
外国語	コミュニケーション英語Ⅰ・Ⅱ・Ⅲ，英語表現Ⅰ・Ⅱ	200点
数　学	数学Ⅰ・Ⅱ・Ⅲ・A・B	150点*2
理　科	「物理基礎・物理」,「化学基礎・化学」,「生物基礎・生物」から1科目選択	150点

▶備　考

- 「数学B」は「数列」および「ベクトル」から出題する。

＊1　同日実施の共通問題（75分，150点満点）を使用し，配点を200点満点に換算する。

＊2　同日実施の共通問題（100分，200点満点）を使用し，配点を150点満点に換算する。

英語

(100分)

〔Ⅰ〕 次の文章を読んで設問に答えなさい。[＊印のついた語句は注を参照しなさい。](83点)

After more than two decades of scientific service, the International Space Station (ISS)* is expected to bid a final farewell. The research hub (a) has allowed us to expand our understanding of Earth, the solar system, and beyond. More than two hundred astronauts have visited the station, while researchers have conducted thousands of experiments and studies — from tracing the origin of stars to understanding the impacts of space on the human body. This space laboratory has touched (b) and transformed nearly every major scientific discipline.

Earlier this year, NASA* announced plans for the station's eventual retirement in 2031, but it's unlikely that the 450-ton lab will meet a quick demise (ア). Once operations end, most dead satellites drift out of orbit and eventually burn up in Earth's atmosphere. However, most of the ISS will sink into Point Nemo, a remote area of the Pacific Ocean so far from land that many scientists refer to it as a "space cemetery," after the number of spacecraft laid to rest in the watery grave (イ).

The isolated stretch of ocean is an ideal location for a spacecraft to crash without causing any potential harm to humans or destruction to cities, as NASA describes in the ISS's transition plan. The name "nemo" is Latin for "no one" and just as the moniker* implies, it's uninhabited by humans. In fact, it's the furthest point from any landmass* on Earth.

There's hardly any life in the nutrient-poor waters — the lack of biological diversity is one of the reasons Point Nemo is used as a galactic dumping ground. (ウ) At one time, Point Nemo offered a perfect blank canvas to study a deep underwater location completely untouched (V) the human environment, says Leila Hamdan, associate director of the school of ocean science and engineering at the University of Southern Mississippi. Hamdan studies deep sea biogeography — particularly, how shipwrecks change the biodiversity of the ocean floor.

But large technology exposed (W) the elements of space presents a whole different set of unknown variables. (X) the clock ticking on the ISS's impending* watery doom, some are questioning how space exploration ultimately (c) impacts marine life.

"Before we even had the technology to go [to Point Nemo] and put deep submersibles* in the ocean and collect samples from that location, we've already been putting the relics of space exploration there," says Hamdan.

According to Hamdan, it's hard to know (Y) the long-term effects of throwing satellites into the ocean has a positive or negative impact on marine wildlife and local ecology. But shipwrecks might offer some clues, she says.

When a ship runs aground*, the microbes* surrounding the wreck tend to be more diverse and play an important part in keeping the environment healthy. However, unlike vessels that sail across the sea, these structures orbiting Earth have traveled through space. The ISS, for instance, contains decades of experimental equipment, materials, and even traces of altered human DNA. It's uncertain what kind of long-term effects the crafts — and what they carry — will have on Earth's seabed.

"That's going to be a really large human structure with a lot of human materials in it, that is now sitting on the seafloor," she says. "It would be naive to think that that's not going to change the ecology that's present."

Space junk is just one type of marine debris that contributes to the increasing widespread pollution of Earth's oceans. According to the Office of Coastal Management, more than 800 marine species have been injured, become ill, or died due to consumer plastics, metal, rubber, paper, and other debris. While the ISS is larger than most trash in the ocean, other experts are less worried about its <u>immense</u>(d) size in comparison to other sunken junk.

"If you look at the volume of the International Space Station, it's nothing compared to an ocean tanker," says Cameron Ainsworth, an associate professor of physical oceanography* at University of South Florida's College of Marine Science. An average 700-foot-long tanker easily <u>surpasses</u>(e) the ISS's end-to-end length of 356 feet, making the station equivalent to "a few tons of aluminum crashing down into the ocean, which is going to be no more impactful than a ship sinking."

But as Earth's orbit becomes increasingly cluttered with* more space junk crowding, those few hundred pounds of debris per craft will eventually add up. "The ocean isn't a limitless <u>repository</u>(f), for all of our space junk," says Erik Cordes, a professor and vice chair of biology at Temple University. Cordes, who was one of many experts called in to help after the Deepwater Horizon oil spill in 2010*, knows all too well the damage human activities can have on marine life.

Although he understands the appeal in landing decommissioned spacecraft as far from people as possible, Cordes says that there are a lot of "unpredictable" consequences to dropping tons of scientific equipment in an area that scientists historically don't know enough about.

"People generally think of the deep sea as this big, muddy, <u>barren</u>(g) desert, and that's really not the case," he says. "<u>(あ) more exploration we (い), the (う) really amazing habitats and ecosystems and animals we (え) to (お) on the ocean floor.</u>"

Marine scientists often have to resort to making guesses about what's lurking* at the bottom of the ocean, Cordes says. But until they have real data, like high-resolution maps and images to scan the deepest parts of the seafloor, more work is needed before it becomes possible to predict what, if (Z), long-term impact dropping satellites into Earth's oceans really has.

NASA states in the ISS decommissioning debrief* that impacts to marine life are likely to be minimal: "During descent through the Earth's atmosphere, the space station would burn, break up, and vaporize* into fragments of various sizes. Some fragments of the station would likely survive the thermal* stresses of re-entry and fall to Earth. Environmental impacts of these debris pieces within the anticipated (h) impact area would be expected to be small."

(By Tatyana Woodall, writing for *Popular Science*, February 23, 2022)

[注] International Space Station (ISS) 国際宇宙ステーション
NASA アメリカ航空宇宙局
moniker 通称
landmass 陸塊
impending 差し迫った
submersibles 潜水艇
runs aground (run aground 座礁する)
microbes 微生物
physical oceanography 海洋物理学
cluttered with ～で雑然としている
Deepwater Horizon oil spill in 2010 2010年メキシコ湾原油流出事故
lurking (lurk ひそむ)
decommissioning debrief 退役報告書（ＩＳＳの終了についての報告書）
vaporize 蒸発する
thermal 熱の

I－A　空所(V)～(Z)に入るもっとも適切なものを次の1～4の中からそれぞれ一つ選び、その番号を解答欄に記入しなさい。

(V)　1 at　2 by　3 in　4 of

(W)　1 above　2 from　3 through　4 to

(X)　1 As　2 Hence　3 While　4 With

(Y)　1 however　2 whatever　3 whether　4 which

(Z)　1 any　2 only　3 possible　4 so

I－B　下線部 (a)～(h) の意味・内容にもっとも近いものを次の1～4の中からそれぞれ一つ選び、その番号を解答欄に記入しなさい。

(a) hub

1 center　2 fund　3 project　4 technology

(b) touched

1 built on　2 drawn on　3 exploited　4 influenced

(c) ultimately

1 finally　2 quickly　3 rarely　4 slightly

(d) immense

1 huge　2 insignificant

3 tiny　4 unsuitable

(e) surpasses

1 blocks　2 destroys　3 exceeds　4 resembles

(f) repository

1 hope　2 source　3 storage　4 territory

(g) barren

1 fairly cold　2 hopeful　3 lifeless　4 very bright

(h) anticipated

1 estimated　2 prohibited　3 undesired　4 usable

I－C　波線部 (ア)～(ウ) の意味・内容をもっとも適切に示すものを次の1～4の中からそれぞれ一つ選び、その番号を解答欄に記入しなさい。

(ア) meet a quick demise

1 end its life shortly

2 find a new owner soon

3 make a speedy recovery

4 pass by a fast-moving object

(イ) after the number of spacecraft laid to rest in the watery grave

1 because many spacecraft are safely stored here before they are engraved

2 due to the fact that many space graves have been repaired by using water from the ocean

3 following the creation of special graves in the ocean for those astronauts who lost their lives in space

4 since so many spacecraft which are too old to be used have been crashed into this area of the ocean

(ウ) a galactic dumping ground

1 a natural platform to observe planets in other galaxies

2 a protected area where throwing away space debris is prohibited

3 an area where space debris is designed to fall

4 an island made of materials from other galaxies

I－D 二重下線部の空所(あ)～(お)に次の１～７の中から選んだ語を入れて文を完成させたとき、(あ)と(お)に入る語の番号を解答欄に記入しなさい。同じ語を二度使ってはいけません。選択肢の中には使われないものが二つ含まれています。選択肢は文頭に入るものも含め、すべて小文字にしてあります。

(あ) more exploration we (い), the (う) really amazing habitats and ecosystems and animals we (え) to (お) on the ocean floor.

1 as	2 darker	3 discover	4 do
5 more	6 start	7 the	

Ｉ－Ｅ　本文の意味・内容に合致するものを次の１～８の中から三つ選び、その番号を解答欄に記入しなさい。

1 The ISS is widely regarded today as a failed scientific project, and humans need to get rid of it with as little damage to the environment as possible.

2 Most satellites, when they become too old and are no longer used, leave the Earth's orbit, disappearing far away into space.

3 According to NASA, the sea water around Point Nemo has little marine life, which makes the area an ideal place for disposing of space debris without worrying about the impact on biodiversity.

4 Leila Hamdan thinks that studies about shipwrecks can help scientists to understand the effect of abandoned satellites in the ocean.

5 According to the Office of Coastal Management, the ISS is so full of consumer plastics, metal, rubber, and paper that it represents an unprecedented threat to more than 800 marine species.

6 Cameron Ainsworth believes that space junk is less harmful to marine diversity than shipwrecks, but is worried about the former's sheer quantity.

7 Erik Cordes thinks that scientists cannot arrive at any definite conclusion about the impact of space debris on marine life because there is a lack of data.

8 NASA states that there would be no problem in letting the ISS enter the Earth's atmosphere because no fragments will actually reach the surface.

Ｉ－Ｆ　本文中の太い下線部を日本語に訳しなさい。

It would be naive to think that that's not going to change the ecology that's present.

〔Ⅱ〕　次の文章を読んで設問に答えなさい。[＊印のついた語句は注を参照しなさい。](67点)

Nobody likes catching a cold. But it seems that we all have a pretty (a) effective weapon that can reduce our chances of getting one: being happy. In a study published back in 2003, over 300 volunteers in the US were knowingly infected (W) a virus responsible for the common cold. They were then monitored for symptoms (b) over the next five days. The results were clear. Those with the most positive outlook on life were three times less likely to develop cold symptoms than those who were the least happy. Other studies have reached similar conclusions.

A positive mental attitude can have long-term health benefits too. In the US, the autobiographies of 180 Catholic nuns in their 20s and 30s were analysed by psychologists to see what they revealed (c) about their personalities. It showed that those who were positive and happy tended to live 7 to 10 years longer than those who weren't.

In spite of such studies, the influence of our mind over our health has left some members of the medical community decidedly sceptical*. But there's a growing body of research showing that what goes on in our heads has a direct influence over how healthy we are. Not only that, our thoughts can even help cure us (X) some ailments*. Importantly, researchers are now starting to understand more about the mechanisms at work: how our thoughts are connected to our physical health.

A researcher at the forefront of this field is Dr Laura Kubzansky, co-director of the Center for Health and Happiness at Harvard School of Public Health. One of her most recent studies — so recent, in fact, that it has not yet been published — involves just over 70,000 nurses in the US. In the research, she discovered that those who are the most optimistic have roughly 15 per cent longer lifespans than those who are the least optimistic.

In part, it is thought that differences in longevity* like this are down to the fact that those with positive attitudes tend to do more exercise and smoke less. But it is not just that. "People with higher levels of positive emotions do a better job of managing(d) stress," explains Kubzansky.（中略）Reduced stress also reduces "allostatic load*": a medical term for the general wear and tear on the body, such as strain(e) on the internal organs, that takes place under long-term stress.

But, says Kubzansky, this is likely to be just part of the picture: there will be other biochemical processes within our cells that are influenced by our positivity that we're not aware (Y) yet. Part of the problem is that medical research has been understandably focused on (ア)getting to grips with what's going on in our bodies when we're ill, rather than when we're feeling well and things are going right. "We're not very good at looking at (イ)the biology of good functioning, we mostly just look at the biology of normal or bad," she says. "But the time for positive biology has come."（中略）

When it comes to the influence of our minds on our bodies when we're ill, the most widely known phenomenon is the placebo effect. Here, when someone takes medication that has no active ingredient, such as a sugar pill, it can do anything from numbing(f) headaches to relieving symptoms of colds. It all comes down (Z) believing the medication will help.（中略）

In most placebo studies, each volunteer is told they will either receive the real treatment, or a placebo. But Dr Ted Kaptchuk, a placebo researcher at Harvard Medical School, decided to actually tell volunteers he was giving them a placebo pill for irritable bowel syndrome*. "Every placebo researcher in the world said 'Ted, you are crazy,'" he says. But (g)bizarrely, it still worked. The patients said their symptoms improved by 60 per cent. "In fact, it's consistently(h) worked in nine studies," says Kaptchuk.（中略）

Studies have (あ) that when a medical treatment is (い) (う) something else, such as a sweet or a smell, (え) something else can produce the same effect (お) the medicine after a while. In one study in Germany, for example, this technique enabled volunteers' bodies to produce natural killer cells* — cells that are part of the immune system* — in response to a sherbet sweet*. The idea is that in the future, the bodies of patients could be trained to subdue (i) pain, fight infections or calm allergies* by conditioning. Eventually, long-term medication may not be needed.

All of this research points towards a future where our minds play more of a role in our health, both when we're well and when we're sick. But there's a million dollar question — how much can we actually change our mindset* anyway? "It's not easily modifiable (j)," says Kubzansky. "I don't think somebody one day says, 'I'm going to be more optimistic today.' If it was that easy we'd all be in utopia. But I do think it's modifiable with some focused attention." When it comes to harnessing (k) the power of the mind in medical treatments, it seems there's still work to be done to change the mindsets of some in the medical community. "The question is, how do you move the system?" says Kaptchuk. "Sometimes it's science, sometimes it's will, sometimes it's the imagination."

(By Andy Ridgway, writing for *BBC Science Focus*, April 1, 2019)

[注] sceptical 懐疑的

ailments 疾患

longevity 寿命

allostatic load アロスタティックロード（ストレスの蓄積による心身の疲弊や消耗の状態）

irritable bowel syndrome 過敏性腸症候群

natural killer cells ＮＫ細胞（ウイルス感染細胞やがん細胞など、体内の異物を認識・攻撃する細胞）

immune system　免疫システム

sherbet sweet　医療用のシャーベットのお菓子

allergies　アレルギー

mindset　考え方

Ⅱ－A　空所(W)～(Z)に入るもっとも適切なものを次の1～4の中からそれぞれ一つ選び、その番号を解答欄に記入しなさい。

(W)	1 as	2 for	3 on	4 with
(X)	1 by	2 of	3 upon	4 with
(Y)	1 at	2 in	3 of	4 off
(Z)	1 ahead	2 before	3 from	4 to

Ⅱ－B　下線部(a)～(k)の意味・内容にもっとも近いものを次の1～4の中からそれぞれ一つ選び、その番号を解答欄に記入しなさい。

(a) pretty

1 beautiful　2 hardly　3 popular　4 very

(b) symptoms

1 causes　2 cures　3 resistances　4 signs

(c) revealed

1 concealed　2 criticised　3 disclosed　4 disguised

(d) managing

1 controlling　2 fostering　3 offering　4 running

(e) strain

1 blame　2 dependence　3 knowledge　4 pressure

(f) numbing

1 counting　2 easing　3 extending　4 repeating

(g) bizarrely

1 luckily　2 naturally　3 strangely　4 suddenly

(h) consistently

1 always　2 irregularly　3 reluctantly　4 temporarily

(i) subdue

1 begin 2 decrease 3 entertain 4 increase

(j) modifiable

1 adjustable 2 intolerable

3 irreversible 4 justifiable

(k) harnessing

1 keeping in touch with 2 making use of

3 putting up with 4 setting the tone of

II－C 波線部 (ア)と(イ) の意味・内容をもっとも適切に示すものを次の１～４の中からそれぞれ一つ選び、その番号を解答欄に記入しなさい。

(ア) getting to grips with

1 fully forgetting

2 fully grasping

3 partially feeling

4 partially helping

(イ) the biology of good functioning

1 the data about physical exercise

2 the effectiveness of biology as a discipline

3 the way being good has health benefits

4 the way our bodies work when we are healthy

II－D 二重下線部の空所(あ)～(お)に次の１～７の中から選んだ語を入れて文を完成させたとき、(う)と(お)に入る語の番号を解答欄に記入しなさい。同じ語を二度使ってはいけません。選択肢の中には使われないものが二つ含まれています。

Studies have (あ) that when a medical treatment is (い) (う) something else, such as a sweet or a smell, (え) something else can produce the same effect (お) the medicine after a while.

1 as 2 at 3 because 4 paired

5 shown 6 that 7 with

Ⅱ－E　本文の意味・内容に合致するものを次の１～６の中から二つ選び、その番号を解答欄に記入しなさい。

1 In the 1920s and 1930s, American psychologists interviewed 180 Catholic nuns to assess how positive and happy they were.

2 Despite some doubts in the medical community, growing scientific evidence suggests that the more optimistic people are, the longer they tend to live.

3 Dr Laura Kubzansky finds it problematic that medical researchers tend to be more interested in understanding illness than good health.

4 The placebo effect is produced with a mental health medication containing an active ingredient which makes patients feel more optimistic.

5 Dr Ted Kaptchuk told his volunteers that the pill they were to receive was one developed for the treatment of irritable bowel syndrome.

6 Dr Kubzansky believes that we can soon live in a utopia where everyone is more optimistic and therefore healthier than people today.

〔Ⅲ〕 次の会話を読んで設問に答えなさい。(50点)

(*Lewis visits his Aunt Sheila's house.*)

Sheila: It's so nice of you to visit! Your uncle and I were both so glad when you decided to study at West Country University, just a few miles from our house. ＿＿＿(a)＿＿＿

Lewis: Thank you! Actually, I didn't realise just how close you are. It was only twenty minutes on the bus, and the bus stop is right next to the student house where I'm living.

Sheila: ＿＿＿(b)＿＿＿ There's a lovely walk over Hangman's Hill. And do please visit at any time! Now that your cousin Brenda has got married, we nearly always have a spare bedroom available. That is, if you want to stay the night.

Lewis: Thank you. That's very kind.

Sheila: Now, as for today, lunch will be in about forty minutes. Your uncle should be back from his fishing by then. But can I get you a drink in the meantime? A cup of tea, maybe? Or coffee?

Lewis: Umm, well I'd rather have something cold.
＿＿＿(c)＿＿＿

Sheila: Yes, of course! We've got some nice sparkling apple juice, which we'll be having with lunch. And then there's ginger ale, orange juice, and of course water. Oh, and your uncle's homemade lemonade, obviously!

Lewis: Well, I'll have to choose the lemonade! I didn't know he was still making it. ＿＿＿(d)＿＿＿ I remember when we were children, and we used to visit you, there was always lemonade!

Sheila: Yes, he started making it when your cousins were children. At first, it was just because he wasn't happy with all the added ingredients in the children's drinks in the shops. You know, all the chemicals. ＿＿＿(e)＿＿＿ But then everyone liked it, and he just kept making it. Anyway, here you go!

(*She hands Lewis a glass of lemonade and he drinks.*)

Lewis: Oh yes! It's still so good. You know, it really is one of the most refreshing drinks I've ever tried. You and Uncle Fred should open a café and market it! [このレモネードほど美味しいものがあるならば、できるだけ多くの人に楽しんでもらうほうがよいでしょう。]

Sheila: A few years ago, he did talk about the possibility of selling it. But he decided that though his recipe works well for making small amounts, it might not be so good if he was making commercial quantities. ＿＿＿(f)＿＿＿ By the way, you can take some back to university if you'd like?

Lewis: I'd love to! You know I normally drink loads of water, but the water in the student housing really tastes pretty horrible. ＿＿＿(g)＿＿＿

Sheila: Goodness me, Lewis, we've been talking about lemonade, and I haven't even asked you about university yet! How are you getting on at West Country?

Lewis: ＿＿＿(h)＿＿＿ But then I've only been there for two weeks, of course.

Ⅲ－A　空所 (a)～(h) に入るもっとも適切なものを次の1～10の中からそれぞれ一つ選び、その番号を解答欄に記入しなさい。同じ選択肢を二度使ってはいけません。選択肢の中には使われないものが二つ含まれています。

1　And huge amounts of sugar!
2　And it's also easy to walk or bicycle.
3　Besides, it has to be drunk within seven days.
4　Do make yourself at home.

5 He uses Italian lemons now.

6 If you have anything?

7 It would be great to have an alternative to that.

8 It's really good so far!

9 Oh yes, I'd love another one.

10 Wow, that will bring back memories of the past.

Ⅲ－B　本文中の［　　　］内の日本語を英語で表現しなさい。

このレモネードほど美味しいものがあるならば、できるだけ多くの人に楽しんでもらうほうがよいでしょう。

数学

(100 分)

〔Ⅰ〕次の $\boxed{}$ に適する数または式を，解答用紙の同じ記号のついた $\boxed{}$ の中に記入せよ.

(1) n を自然数とする．1 個のさいころを投げる試行において，1 または 2 の目が出れば 2 点，3 以上の目が出れば 1 点を得るとする．この試行をくり返し行うとき，得点の合計が途中でちょうど n 点となる確率を p_n とすると，$p_2 - p_1 = \boxed{\text{ア}}$，$p_4 = \boxed{\text{イ}}$ である．また，等式 $p_{n+2} - p_{n+1} = a(p_{n+1} - p_n)$ がすべての自然数 n で成り立つような定数 a の値は $a = \boxed{\text{ウ}}$ であり，p_n を n の式で表すと，$p_n = \boxed{\text{エ}}$ となる．一方，n が 2 以上の自然数のとき，得点の合計が途中で，ちょうど n 点となることなくちょうど $(n+5)$ 点となる確率 q_n を n の式で表すと $q_n = \boxed{\text{オ}}$ である.

(2) i を虚数単位とする．-8 の 3 乗根のうち虚部が正のものを α とすると，α の虚部は $\boxed{\text{カ}}$ である．次に，複素数 β, γ は 2 つの条件 $|\beta - \gamma| = 4\sqrt{3}$，$4\alpha + (\sqrt{3} - 2 + i)\beta = (\sqrt{3} + 2 + i)\gamma$ を同時に満たすとする．このとき，複素数平面上の 3 点 $\mathrm{A}(\alpha)$, $\mathrm{B}(\beta)$, $\mathrm{C}(\gamma)$ を頂点とする $\triangle\mathrm{ABC}$ を考えると，$\angle\mathrm{A}$ の大きさは $\boxed{\text{キ}}\pi$，$\angle\mathrm{B}$ の大きさは $\boxed{\text{ク}}\pi$，$|\alpha - \gamma| = \boxed{\text{ケ}} - \sqrt{6}$，$\triangle\mathrm{ABC}$ の外接円の半径は $\boxed{\text{コ}}$ である.

〔 II 〕 xy 平面上の曲線 C : $y = x^2$ と直線 ℓ : $y = f(x)$ が, $\alpha < \beta$ として異なる2点 $(\alpha,\ \alpha^2)$, $(\beta,\ \beta^2)$ で交わっている. 次の問いに答えよ.

(1) $f(x) = ax + b$ とする. a, b のそれぞれを α と β の式で表せ.

(2) 曲線 C と直線 ℓ で囲まれた図形 D の面積は36である. このとき, $\beta - \alpha$ の値を求めよ.

(3) (2)の図形 D を x 軸の周りに1回転させてできる立体の体積を V とする. 実数 c を $c = \dfrac{\alpha + \beta}{2}$ とするとき, V を α, β を含まない c の式で表せ. α が実数全体を動くとき, V の最小値とそのときの α, β の値を求めよ.

〔 III 〕 点Oを原点とする xyz 空間内に, Oを中心とする半径1の球面 S と点 A$(-1,\ 0,\ 2)$ がある. 直線が球面 S とただ1つの共有点をもつとき, 直線は球面 S に接するという. x, y, z がともに整数であるとき, 点 $(x,\ y,\ z)$ を格子点とよぶ. 次の問いに答えよ.

(1) xy 平面上の点 P$(u,\ v,\ 0)$ を考え, 実数 t と直線AP上の点Mに対して, $\overrightarrow{\mathrm{AM}} = t\overrightarrow{\mathrm{AP}}$ とする. このとき, $\overrightarrow{\mathrm{OM}}$ を u, v, t を用いて表せ. また, 直線APが球面 S に接するように点Pが xy 平面上を動くとき, xy 平面における点Pの軌跡 H の方程式を u, v を用いて表せ.

(2) 点Aと異なる点B, および xy 平面上の点Qを考える. 直線BQが球面 S に接するように点Qが xy 平面上を動くとき, 点Qの軌跡が(1)の軌跡 H と一致するような点Bを1つ求めよ.

(3) (1)の軌跡 H 上の格子点をすべて求めよ.

(4) 点Aを1つの頂点とする四面体ACDEが次の条件(i)〜(iii)を同時に満たしている. このとき, 頂点C, D, Eの組を1つ求めよ.

(i) 頂点C, D, Eはすべて格子点である.

(ii) どの2つの頂点を結ぶ直線も球面 S と接する.

(iii) すべての辺の長さは整数である.

〔IV〕 n を自然数とし, x を正の実数, t を実数とする. このとき, 次式で定まる x の関数 $f_n(x)$ と t の関数 $g(t)$ について, 次の問いに答えよ.

$$f_n(x)=\frac{1}{x}\sin\left(\frac{\pi}{(2n+1)^2}x^2\right),\qquad g(t)=(1-2t^2)\sin t-t\cos t$$

ただし, 必要ならば, $3<\pi<4$ であることを証明なしに用いてよい.

(1) 関数 $g(t)$ を t で微分して, 導関数 $g'(t)$ を求めよ.

(2) (1) の $g'(t)$ に対して, t の方程式 $g'(t)=0$ を考える. $0<t<\frac{5}{2}\pi$ の範囲において, この方程式の実数解の個数を求めよ.

(3) t の方程式 $g(t)=0$ を考える. $0<t<\frac{5}{2}\pi$ の範囲において, この方程式の実数解の個数を求めよ.

(4) $t=\frac{\pi}{(2n+1)^2}x^2$ とおいたとき, $x^3\frac{d^2}{dx^2}f_n(x)$ を $g(t)$ を用いて表せ.

(5) 曲線 $y=f_n(x)$ の変曲点が $0<x<5$ の範囲にただ 1 つ存在するような自然数 n の値をすべて求めよ.

物理

(75分)

〔Ⅰ〕 次の文中の空欄（ア）～（ケ）にあてはまる式または数値を解答用紙（一）の該当する欄に記入せよ。ただし，重力加速度の大きさを g とする。

図1のように，斜面となめらかに接続した水平面上に，L字型の台車Aを置き，その上に小物体Bをのせる。AとBは，ばね定数 k の軽いばねでつながれている。Aの質量は M，Bの質量は m $(m < M)$ で，AとBは一つの鉛直面内で，水平方向にのみ運動できるものとする。また，AとBの間，およびAと水平面との間の摩擦は無視できる。

はじめ，台車Aと小物体Bは図1の状態で静止している。斜面上に小球Cを静かに置いたところ，Cは斜面をすべり降りてAに左から衝突した。Cと斜面，水平面との間の摩擦は無視できる。衝突直後，Cは静止し，Aは右向きに速さ V で動きだした。AとCの間の反発係数が e であるとき，衝突直前のCの速さは［（ア）］と表される。最初にCを置いた地点の水平面からの高さは［（イ）］であり，衝突により失われた力学的エネルギーは［（ウ）］である。

衝突後，小物体Bは台車Aの上面で，ばねから力を受けながら運動する。ばねの長さが最も短くなったときのAの速さは［（エ）］であり，ばねに蓄えられる弾性エネルギーは［（オ）］である。また，Aの速さの最小値は［（カ）］である。

ばねの自然長からの伸びが x となったとき，右向きを正としたときの台車Aの加速度は［（キ）］である。また，右向きを正としたときの，Aに対する小物体Bの加速度は［（ク）］である。Aから見たBの加速度の式と，ばね振り子の運動方程式から得られる加速度の式を比較すれば，AとBをつなぐばねの伸び縮みの周期は［（ケ）］と書ける。

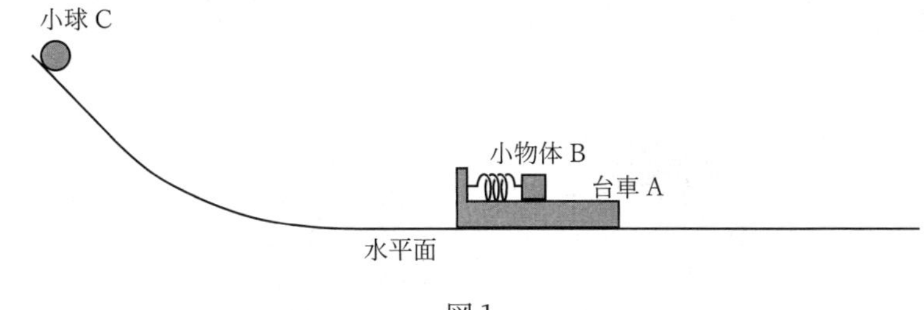

図1

〔Ⅱ〕　次の文中の空欄（ア）～（ク）にあてはまる式または数値を解答用紙（二）の該当する欄に記入せよ。

図1のように，領域1と領域2が境界面Ⅰで，領域2と領域3が境界面Ⅱで接している。境界面Ⅰと境界面Ⅱは，たがいに平行な平面で距離 d [m] だけ離れている。原点Oを境界面Ⅱ上にとり，境界面Ⅱに対して垂直右向きに x 軸，平行上向きに y 軸，紙面に対して裏から表向きに z 軸をとる。領域1と領域3には z 軸正の向きに磁束密度の大きさ B [T] の一様な磁場が存在し，領域2には x 軸負の向きに大きさ E [V/m] の一様な電場が存在する。

質量 m [kg]，電荷 q [C] $(q>0)$ の荷電粒子を，原点Oから速さ v [m/s] で x 軸正の向きに発射したところ，荷電粒子は領域3で円弧を描いて境界面Ⅱに到達した。このときの荷電粒子の y 座標は［（ア）］[m] である。領域2に入った荷電粒子は電場によって加速され，速さ［（イ）］[m/s] で境界面Ⅰを通過した。

続いて，荷電粒子は領域1において，ふたたび円弧を描いて境界面Ⅰに到達した。このときの荷電粒子の y 座標は［（ウ）］[m] である。その後，荷電粒子は領域2を通過し，領域3で円弧を描いて境界面Ⅱにもどる。荷電粒子が領域3から境界面Ⅱにもどるとき，原点Oを通過して領域2に入った。このときの領域2の電場の大きさは，$E=$［（エ）］[V/m] と表される。

次に，図1の磁場，電場とともに，図2のように，領域1に z 軸負の向きに大きさ $2E_z$ [V/m]，領域3に z 軸正の向きに大きさ E_z [V/m] の一様な電場を加えた。ふたたび，質量 m，電荷 q の荷電粒子を，原点Oから速さ v で x 軸正の向きに発射した。発射してから，境界面Ⅱに到達するまでにかかる時間は［（オ）］[s] であり，境界面Ⅱに到達したときの z 座標は［（カ）］[m] である。その後，荷電粒子は領域2を通過し，領域1に入って z 座標が最大となる点を通過する。この点の z 座標は［（キ）］[m]，y 座標は［（ク）］[m]

である。

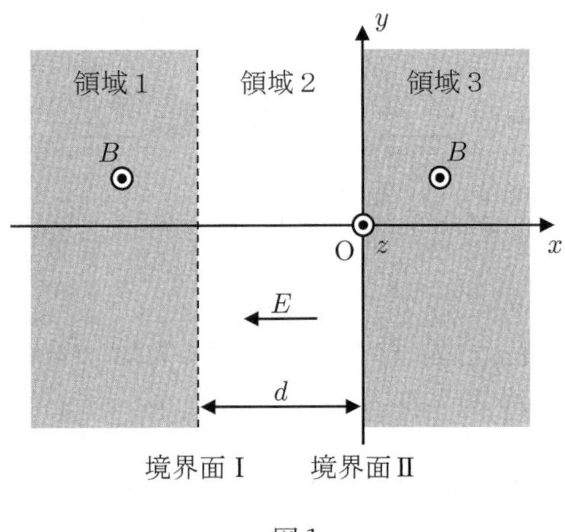
y
領域 1
領域 2
領域 3
B
B
O
z
x
E
d
境界面 I
境界面 II

図 1

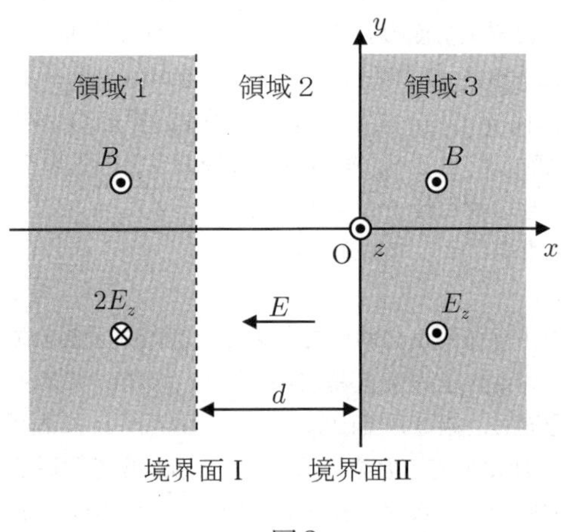
y
領域 1
領域 2
領域 3
B
B
O
z
x
2E_z
E
E_z
d
境界面 I
境界面 II

図 2

〔Ⅲ〕　次の文中の空欄(ア)～(ク)にあてはまる式または数値を解答用紙(二)の該当する欄に記入せよ。必要であれば，図1の三角形に対して $\dfrac{a}{\sin A}=\dfrac{b}{\sin B}=\dfrac{c}{\sin C}$ であること，また，$\sin 15^\circ=\dfrac{\sqrt{6}-\sqrt{2}}{4}$，$\cos 15^\circ=\dfrac{\sqrt{6}+\sqrt{2}}{4}$ であることを用いよ。

図2のように，半径 R の球面をもつガラスがある。ガラスの屈折率を $n\,(n>1)$，空気の屈折率を1とする。球面の中心Cと球面上の点Pを通る直線を中心軸とし，この軸上の空気中の点Oから出た光が，球面上の点Qを通って中心軸上のガラス中の点O'に到達する。図に示すように，$\angle\mathrm{PCQ}=\alpha$，$\angle\mathrm{CQO'}=\beta$ とする。点Qにおける光の入射角 θ について屈折の法則より $\sin\theta=$ (ア) となる。$\mathrm{OP}=\ell$，$\mathrm{OQ}=s$ とすると，三角形OQCについて考えることにより，$\dfrac{\sin\theta}{\sin\alpha}$ は $R,\ \ell,\ s$ を用いて (イ) と表せる。さらに，$\mathrm{PO'}=\ell'$，$\mathrm{QO'}=s'$ として，三角形O'QCについて見れば，$R,\ \ell,\ s,\ \ell',\ s'$ を用いて n は (ウ) と書ける。光線が中心軸の近くを通るとして $\ell\fallingdotseq s$，$\ell'\fallingdotseq s'$ と近似できるとすると，R と n を用いて $\dfrac{1}{s}+\dfrac{n}{s'}$ は (エ) と表せる。逆に，ガラス中を中心軸に平行で，かつ中心軸の近くを左方向に進む光がガラスを出て，空気中で集まる点は，点Pから (オ) の距離にある。

図3のように，半径 r のガラス球の球面上の点Eを通る中心軸から $\dfrac{r}{\sqrt{2}}$ だけ離れた球面上の点に，中心軸に平行な光が入射した。ガラス球の屈折率は $\sqrt{2}$ である。光はガラス球内を通って反対側から空気中に出て，中心軸上の点Fに達した。点Eから点Fまでの距離は r の (カ) 倍である。点Eを通る中心軸と，一様な屈折率のガラスファイバーの軸を一致させ，軸に垂直なガラスファイバーの端面の中心を点Fに一致させた。点Fでのガラスファイバーの端面への光の入射角は (キ) 度である。ガラスファイバーの端面に入射した光が，ガラスファイバーの側面で全反射をくりかえして進むためには，ガラスファイバーの屈折率が (ク) より大きい必要がある。

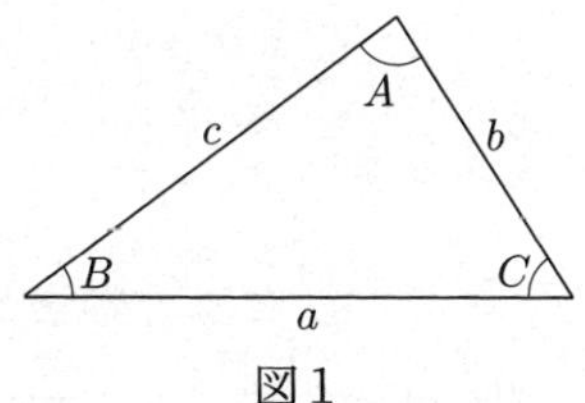

図1

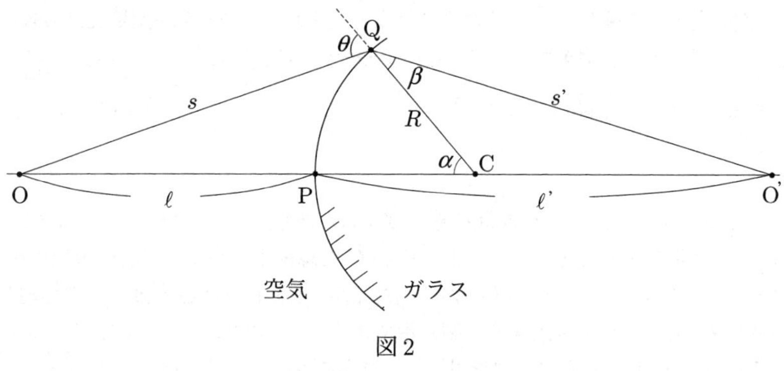

図 2

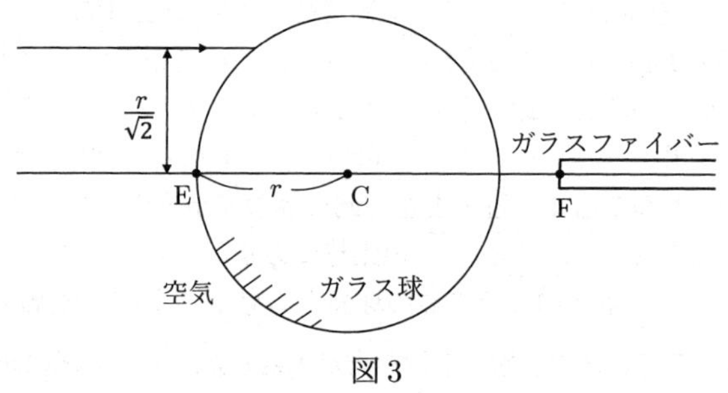

図 3

化学

(75分)

[注意]

原子量は，$H = 1.00$，$C = 12.0$，$N = 14.0$，$O = 16.0$，$F = 19.0$，$Al = 27.0$，$Cl = 35.0$，$K = 39.0$，$Cu = 64.0$ とする。必要があれば，$\log_{10} 2 = 0.30$，$\log_{10} 3 = 0.48$，$\log_{10} 5 = 0.70$ を用いよ。

〔Ⅰ〕 次の文を読み，問い（1）～（7）の答えを，解答用紙（一）の〔Ⅰ〕の該当する欄に記入せよ。

一般に，原子や分子またはイオンが電子を受け取る変化を（　あ　）といい，逆に，それらが電子を失う変化を（　い　）という。電子の授受は1つの反応で同時に起こるので，あわせて酸化還元反応という。このような酸化還元反応の例は，枚挙にいとまがない。例えば，近年問題となっている環境への二酸化炭素の排出は，酸化還元反応である化石燃料の燃焼によるところが大きく，炭素や炭化水素などの燃料が（　う　）剤に対応する。一方，中和反応など，電子の授受を伴わないものは酸化還元反応とよばない。

酸化剤や還元剤の働きの強さには序列がある。したがって，ある物質に対して酸化剤として働く物質も，強い酸化剤との反応では還元剤となることもある。典型例は過酸化水素である。(A) 硫酸酸性における H_2O_2 とヨウ化カリウムとの反応では，H_2O_2 は（　え　）剤であり，(B) 硫酸酸性における H_2O_2 と過マンガン酸カリウムとの反応では，H_2O_2 は（　お　）剤となる。また，単体の金属は酸素などによって酸化されるが，その程度は金属の種類によって異なる。例えばイオン化傾向は金属の酸化されやすさの目安である。アルミニウムの粉末を酸化鉄(Ⅲ)に混ぜて点火すると，激しく反応して単体の Fe が得られる。これは Fe よりも Al の方が強い還元剤として働くことを示している。このような Al の還元力を利用して金属の単体を得る方法を

（　**か**　）法といい，鉄道のレールの溶接などに利用されている。（　**か**　）反応のように固体が関与する反応も，気体や溶液の反応と同様に，温度によって決まる平衡定数をもつので，酸化剤や還元剤の働きの強さを平衡定数から考察することができる。

（1）　文中の（　**あ**　）～（　**お**　）について，「酸化」または「還元」のいずれかで答えよ。

（2）　文中の（　**か**　）にあてはまる最も適切な語句を記せ。

（3）　下線部**（A）**および**（B）**の反応をイオン反応式で答えよ。

（4）　下線部**（B）**の反応を利用し，硫酸酸性の状態で $KMnO_4$ による滴定を行うことにより，H_2O_2 の濃度を決めることができる。ただし，硫酸の代わりに塩酸や硝酸を用いることはできない。その理由を述べよ。

（5）　次の（ア）～（オ）のうち，酸化還元反応であるものをすべて選び，記号で答えよ。該当するものがない場合は「なし」と答えよ。

（ア）　硫化鉄(Ⅱ)に希硫酸を加えると硫化水素が発生する。

（イ）　フッ素は水と激しく反応し，フッ化水素が生成する。

（ウ）　光合成において，二酸化炭素と水からグルコースが生成する。

（エ）　水酸化鉄(Ⅲ)のコロイド粒子は，少量の硫酸アルミニウムを加えると沈殿する。

（オ）　酸化カルシウムに水を加えると，発熱しながら激しく反応する。

（6）　Ba^{2+}，Ag^{+}，Al^{3+}，Cu^{2+}，Fe^{3+} の5つの陽イオンをそれぞれ少量ずつ含む水溶液がある。この水溶液について，次の①～④の実験操作を①から順に行い，各操作で沈殿Ⅰ～Ⅳを得た。これらの沈殿Ⅰ～Ⅳとして沈殿する陽イオンはどれか。該当する陽イオンをすべて選び，それぞれの解答欄に記せ。

①　水溶液に塩酸を加えて，生じた沈殿Ⅰをろ過する。

② ①で得られたろ液に希硫酸を加えて，生じた沈殿Ⅱをろ過する。

③ ②で得られたろ液に水酸化ナトリウム水溶液を過剰に加えて，生じた沈殿Ⅲをろ過する。

④ 沈殿Ⅲを十分に水で洗浄してから再度少量の塩酸に溶かし，その溶液にアンモニア水を過剰に加えて，生じた沈殿Ⅳをろ過する。

（7） 容積が変化しない同じ容積の容器AとBが，図のようにバルブ1でつながれている。容器A内に48.0 gの CuO 粉末，容器B内には16.2 gの Al 粉末を入れ，バルブ2を閉じた状態で室温にて両容器を十分に排気し真空にした後，バルブ1を閉じ，次の操作1～3を操作1から順に行った。この実験に関する次の（i）～（iv）の問いに答えよ。ただし，容器内の固体，バルブ，配管の体積は無視できるものとする。また操作によって生じる気体は O_2 のみであるとし，O_2 は理想気体とみなす。

操作1：容器Aのみ温度 T〔K〕まで加熱した。

このとき，次の反応①が平衡に達し，容器A内に存在する CuO と Cu_2O の物質量は等しくなった。また，容器A内に存在する気体 O_2 の物質量は n_1〔mol〕であり，容器A内の圧力 P_1 は 2.00×10^3 Pa となった。

$$4\,CuO(固) \rightleftarrows 2\,Cu_2O(固) + O_2(気) \qquad ①$$

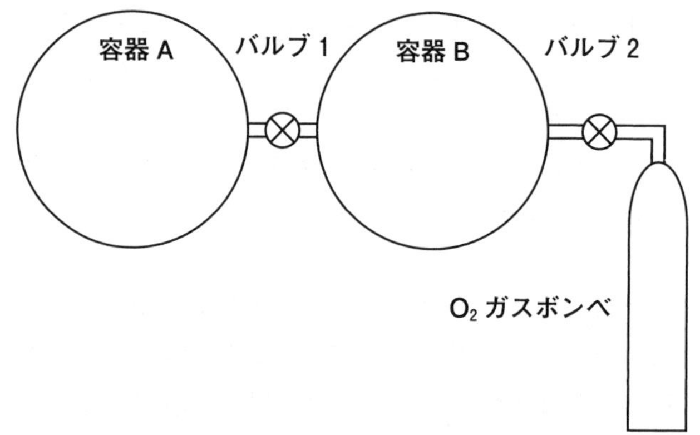

図　反応容器 A，B ならびにバルブなどの概略図

操作 2：容器 A を温度 T に保ったまま，容器 B を同じ温度 T まで加熱し，バルブ 1 を開けた。

このとき，容器 A 内では，反応①および次の反応②はともに正反応が完全に進行し，容器 A 内の固体はすべて Cu となった。

$$2\,Cu_2O(固) \rightleftarrows 4\,Cu(固) + O_2(気) \qquad ②$$

一方，容器 B 内では次の反応③（ただし，O_2 の係数を 1 として表す）が平衡になり，Al と Al_2O_3 が存在した。また，両容器内の気体 O_2 の圧力はともに P_2〔Pa〕となった。この結果から，Cu より Al の方が強い還元剤であることがわかる。

$$\frac{2}{3}Al_2O_3(固) \rightleftarrows \frac{4}{3}Al(固) + O_2(気) \qquad ③$$

操作 3：両容器の温度を T に保ち，バルブ 1 を開けたまま，バルブ 2 を開けてガスボンベから 0.240 mol の O_2 を入れ，その後バルブ 2 のみを再び閉じた。

このとき，容器 A 内に存在する固体は Cu と Cu_2O のみで平衡に達し，その物質量比は 2.00：1.00 であった。また，容器 B 内の固体はすべて Al_2O_3 となり，両容器内の気体 O_2 の圧力はともに P_3〔Pa〕となった。

（i）　操作 3 における両容器内の圧力 P_3 について，正しいものを選び，記号で答えよ。

（ア）　$P_3 > P_1$ かつ $P_3 > P_2$，（イ）　$P_3 < P_1$かつ $P_3 < P_2$，

（ウ）　$P_3 = P_1$，（エ）　$P_3 = P_2$，（オ）　$P_2 < P_3 < P_1$，

（カ）　$P_1 < P_3 < P_2$

（ii）　操作1～3の結果から考えて，次の3つの酸化物について，酸化剤としての働きが強いものから順に並べ，解答欄に記せ。

Al_2O_3，CuO，Cu_2O

（iii）　操作3の後に両容器内に気体として存在する O_2 の物質量を n_3〔mol〕とする。両容器内の圧力 P_3 を P_1，n_1 および n_3 を用いた式で表せ。

（iv）　温度 T における反応②の圧平衡定数〔Pa〕を有効数字2桁で答えよ。

（50点）

〔Ⅱ〕 次の文を読み，問い（1）～（6）の答えを解答用紙（一）の〔Ⅱ〕の該当する欄に記入せよ。

元素の周期表で同じ族に属する元素群を同族元素という。水素 H やナトリウム Na は1族元素であり，酸素 O や硫黄 S は（　**あ**　）族元素である。特別の名称でよばれる同族元素もあり，例えば，水素以外の1族元素をアルカリ金属，18族元素を（　**い**　）という。一般に，分子の形が似た同族元素の水素化合物では，分子量が大きいほど沸点は高い。分子量が同程度であれば，極性分子の沸点は無極性分子の沸点よりも高い。また，分子間の水素結合の有無によって物質の沸点は大きく異なる。例えば，水 H_2O は分子間に水素結合がはたらくため，水の沸点は水よりも分子量の大きい硫化水素 H_2S の沸点よりも高い。純物質の液体を冷却していくと，凝固点以下になってもすぐには凝固しないことがある。この状態を（　**う**　）という。

構成粒子が規則的に配列している固体を結晶という。これに対し，構成粒子の配列に規則性がない固体をアモルファスという。アモルファスは，結晶

と異なり一定の融点を示さない。結晶には，水に溶けやすいものもあれば，水に溶けにくいものもある。また，水に溶けて電離する結晶もあれば，電離しない結晶もある。塩化アンモニウムの結晶は，水に溶けるとほぼ完全に電離する。(a) この電離によって生じた陽イオンの一部が水と反応するため，塩化アンモニウムの水溶液の pH は7よりも（　**え**　）なる。気体にも，水に溶けやすいものと溶けにくいものとがある。

（1）　本文中の空欄（　**あ**　）～（　**う**　）にあてはまる最も適切な語句または数字を記せ。また，空欄（　**え**　）には「大きく」あるいは「小さく」のいずれかを記入せよ。

（2）　物質の沸点・融点に関して，次の問い（ i ）および（ ii ）に答えよ。

（ i ）　次の（ア）～（ウ）における各組の物質のうち，沸点が高いのはそれぞれどちらか，分子式で答えよ。

（ア）　CH_4，SiH_4

（イ）　HF，HCl

（ウ）　F_2，HCl

（ ii ）　次の物質（ア）～（オ）のうち，一定の融点をもたない物質をすべて選び，記号で答えよ。該当する物質がない場合には，「なし」と答えよ。

（ア）　石英ガラス　　（イ）　水晶

（ウ）　鉄　　（エ）　塩化ナトリウム

（オ）　ソーダ石灰ガラス

（3）　本文中の下線部（**a**）の反応を，イオン反応式で示せ。

（4）　次の問い（ i ）～（iv）に答えよ。

（ i ）　水酸化ナトリウムの固体 1 mol を十分な量の塩酸と反応させると，塩化ナトリウムと水を生じ，101.0 kJ の熱が発生する。固体の水酸化ナトリウム 1 mol を多量の水に溶かしたときの変化を熱化学方程式で表せ。ただし，中和熱は 56.5 kJ/mol である。

（ⅱ）次の文中の空欄①および②にあてはまる式をそれぞれ答えよ。

「モル質量が M〔g/mol〕の無水塩を水に完全に溶かし，質量パーセント濃度が x %の水溶液をつくったところ，水溶液の密度は d〔g/cm³〕であった。この水溶液のモル濃度を c_1〔mol/L〕，質量モル濃度を c_2〔mol/kg〕とすると，c_1 は M，x，d を使って c_1 = [①] と表すことができ，c_2 は M，x を使って c_2 = [②] と表すことができる。」

（ⅲ）次の（ア）～（ウ）の水溶液について，凝固点の低い順に記号を並べよ。ただし，電解質はすべて電離するものとする。

（ア）質量パーセント濃度 2.0 %のグルコース（$C_6H_{12}O_6$）水溶液

（イ）質量モル濃度 0.10 mol/kg の塩化カルシウム水溶液

（ウ）質量モル濃度 0.12 mol/kg の塩化ナトリウム水溶液

（ⅳ）固体の溶解度は，一般に，溶媒 100 g に溶ける溶質の最大限の質量を，グラム単位で表したときの数値で示される。硝酸カリウムの 15 ℃の水への溶解度は 25.0 である。いま，50 ℃において，ある質量の硝酸カリウムを水 100 g に完全に溶かした。この水溶液を 15 ℃に冷却すると，25.5 g の硝酸カリウムが析出した。50 ℃においてつくった硝酸カリウム水溶液の質量モル濃度〔mol/kg〕を有効数字 2 桁で答えよ。

（5）次の文を読み，問い（ⅰ）および（ⅱ）に答えよ。

中和滴定に用いる，ある指示薬を考える。この指示薬を 1 価の弱酸とし，HA で表すと，水溶液中で①式の電離平衡が成立する。また，HA が赤色，A^- が黄色を示すとする。

$$HA \rightleftarrows H^+ + A^- \qquad ①$$

①式の電離定数を K_a とすると②式が成立する。

$$K_a = \frac{[H^+][A^-]}{[HA]} \qquad ②$$

ただし，[HA]，[H^+]，[A^-] は，HA，H^+，A^- のモル濃度〔mol/L〕

をそれぞれ表す。

中和滴定をおこなうとき，酸あるいは塩基の滴下量に応じて HA，A^- のモル濃度は変化する。ここで，HA，A^- の一方のモル濃度がもう一方のモル濃度の 10 倍を超えると片方の色だけが見えるものとする。色が変化する領域は変色域と呼ばれ，③式の条件を満たしている。

$$0.10 \leqq \frac{[\mathrm{HA}]}{[\mathrm{A^-}]} \leqq 10 \qquad ③$$

[HA]，$[A^-]$ の代わりに，$[H^+]$，K_a を用いて③式を表すと，④式のようになる。

$$0.10 \leqq \boxed{（ア）} \leqq 10 \qquad ④$$

したがって，変色域を pH の範囲で表すと，⑤式のようになる。

$$\boxed{（イ）} \leqq \mathrm{pH} \leqq \boxed{（ウ）} \qquad ⑤$$

（i）　文中の空欄（ア）にあてはまる式を答えよ。

（ii）　この指示薬の電離定数を $K_a = 3.0 \times 10^{-4}$ mol/L とする。文中の空欄（イ）および（ウ）にあてはまる数値を小数第1位までそれぞれ答えよ。

（6）　40℃で 1.0×10^5 Pa の空気が水に接しているとき，10 L の水に溶解している窒素の質量〔g〕を有効数字2桁で答えよ。ただし，窒素の水への溶解では，ヘンリーの法則が成り立つものとし，40℃，1.0×10^5 Pa で水 1.0 L に 5.5×10^{-4} mol 溶ける。空気は窒素と酸素が物質量比 4.0：1.0 の理想気体とする。また水に溶ける空気の量は非常に少ないため，溶解に伴う気相中の物質量の変化は無視せよ。

（50点）

〔Ⅲ〕 次の文を読み，問い（1）～（7）の答えを，解答用紙（ニ）の〔Ⅲ〕の該当する欄に記入せよ。構造式や化学反応式は例にならって記すこと。

炭化水素の水素原子を（　**あ**　）基で置換した化合物をアルコールとよぶ。アルコールは（　**あ**　）基が結合した炭素原子に結合している炭化水素基の数に応じて第一級アルコール，第二級アルコール，および第三級アルコールに分類される。分子式 $C_4H_{10}O$ で表されるアルコールには，（　a　）種類の第一級アルコール，（　b　）種類の第二級アルコール，および（　c　）種類の第三級アルコールが構造異性体として存在する。第一級アルコールを酸化するとカルボニル基をもつ（　**い**　）が生じ，さらに酸化するとカルボン酸になる（式①）。また，第二級アルコールを酸化すると（　**う**　）が生じる（式②）。（　**い**　）や（　**う**　）に，還元剤である水素化ホウ素ナトリウムを反応させると，元のアルコールを得ることができる（式①および②）。

第一級アルコール $\underset{\text{還元（水素化ホウ素ナトリウム）}}{\overset{\text{酸化}}{\rightleftarrows}}$ **（　い　）** $\xrightarrow{\text{酸化}}$ **カルボン酸**　　①

第二級アルコール $\underset{\text{還元（水素化ホウ素ナトリウム）}}{\overset{\text{酸化}}{\rightleftarrows}}$ **（　う　）**　　②

カルボン酸とアルコールとの反応により，エステルが生じる。このように，二つの分子から水などの簡単な分子がとれて新しい分子ができる反応を（　**え**　）反応という。生じたエステルは水により加水分解される。そのため，効率よくエステルを得るためには反応混合物から水を取り除く工夫が必要となる。油脂は高級脂肪酸とグリセリンからなるエステルであり，常温で液体の油脂は脂肪油，常温で固体の油脂は脂肪とよばれる。油脂の融点は，一般に構成する脂肪酸の炭素原子数が多いほど（　**お**　）なり，C=C 結合が多いほど（　**か**　）なる。

（1）　文中の空欄（　**あ**　）～（　**え**　）に最も適する語句を記入せよ。また，空欄（　**お**　）および（　**か**　）には「高く」あるいは「低く」のいずれかを記入せよ。

（2）　文中の空欄（　a　）〜（　c　）にあてはまる数値を記入せよ。

（3）　式③および④に示すように，デンプン $(C_6H_{10}O_5)_n$ を加水分解し，得られたグルコースをアルコール発酵するとエタノールが得られる。式③および④中の空欄 [d] 〜 [g] にあてはまる係数を n を用いて表せ。また，式④中の空欄 [**き**] にあてはまる化合物を化学式で記せ。

$$(C_6H_{10}O_5)_n + \boxed{\ d\ }\ H_2O \longrightarrow \boxed{\ e\ }\ C_6H_{12}O_6 \qquad ③$$

$$\boxed{\ e\ }\ C_6H_{12}O_6 \longrightarrow \boxed{\ f\ }\ C_2H_5OH + \boxed{\ g\ }\ \boxed{\ き\ } \qquad ④$$

（4）　次に示す化合物（**ア**）〜（**オ**）のうち，水素化ホウ素ナトリウムで還元することによって不斉炭素原子をもつアルコールを生じるものをすべて選び，記号で答えよ。なお，不斉炭素原子をもつアルコールを生じるものがない場合には，「なし」と答えよ。

（**ア**）　$CH_3-C(=O)-H$

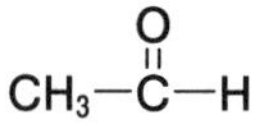

（**イ**）　$CH_3-CH_2-C(=O)-CH_3$

（**ウ**）　$CH_3-CH(CH_3)-C(=O)-H$

（**エ**）　シクロペンタノン（環：$C(=O)$，CH_2，CH_2，H_2C，H_2C）

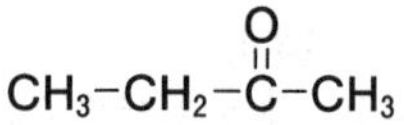

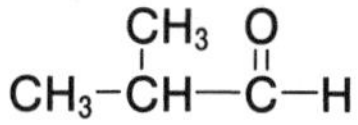

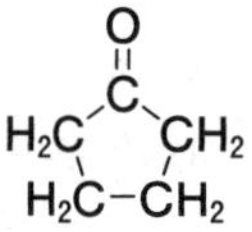

（**オ**）　$H-C(=O)-CH(CH_3)-CH_2-CH_3$

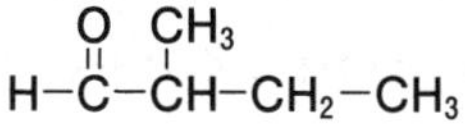

（5）　触媒を用いてアセチレンに水を付加させるとアセトアルデヒドが生じる。同様に，触媒を用いてプロピンに水を付加させると，互いに構造異性体である化合物AおよびBが生じた。化合物AおよびBにフェーリング液を加えて加熱すると，化合物Aを含む溶液にのみ赤色の沈殿が生じた。化合物AおよびBの構造式を記せ。

（6）　図1に示すディーン・スタークトラップとよばれる器具を備えたエステル合成装置を用いてカルボン酸とアルコールの反応を行うと，反応により生じた水を反応容器から取り除くことができ，エステル合成反応の効率が上がる。図1の反応容器に，18.3 g の安息香酸，21.6 g のベンジルアルコール，100 mL のトルエン，および数滴の硫酸を入れ，120 ℃の油浴で加熱するとエステルと水が生じた。トルエンと反応で生じた水は気化し，冷却管で冷やされて液体となり，P 管内に溜まる。P 管内でトルエンと水は二相に分離し，トルエンが上層に，水が下層になる。上層のトルエンは Q 管を通って反応容器に戻り，下層の水のみが P 管内に溜まる。そのため，P 管内の水の量から生成したエステルの量を知ることができる。次の問い（ i ）および（ ii ）に答えよ。

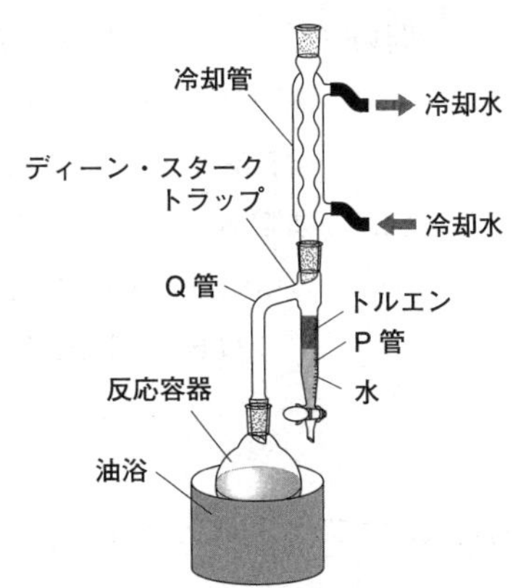

図1　エステル合成装置

（ i ）　このエステル合成反応の化学反応式を記せ。

（ ii ）　一定時間反応させた後，ディーン・スタークトラップの P 管には 2.16 g の水が溜まっていた。用いた安息香酸の何％がエステルになったか。整数で答えよ。ただし，水とトルエンは混ざらず，生成した水はすべて P 管内に溜まったものとする。

（7）　油脂 W を完全に加水分解すると，グリセリンおよび直鎖状の脂肪酸 X および Y が生成した。6.30 mg の脂肪酸 Y を完全燃焼させたところ，17.6 mg の二酸化炭素と 6.30 mg の水が生じた。また，96.24 g の油脂 W に触媒を用いて水素を付加すると，油脂 W はすべて油脂 Z となり，96.72 g の油脂 Z が生成した。生じた油脂 Z を完全にけん化するには 2.0 mol/L 水酸化カリウム水溶液が 180 mL 必要であり，けん化により脂肪酸 X のカリウム塩とグリセリンのみが生成した。次の問い（ｉ）～（iii）に答えよ。

（ｉ）　油脂 W の分子量を整数で記せ。

（ii）　脂肪酸 Y の分子式を記せ。

（iii）　油脂 W として考えられるすべての構造式を記せ。ただし，その脂肪酸の炭化水素基部分は構造異性体や立体異性体を区別せずに C_3H_7 や C_5H_9 のように記述すること。

構造式および化学反応式の例

$$C_6H_5-\overset{\overset{\large O}{\|}}{C}-CH_3 + Cl-CH_2-CH_3 \longrightarrow C_6H_5-\overset{\overset{\large O}{\|}}{C}-CH_2-CH_2-CH_3 + HCl$$

（50点）

生物

(75分)

〔Ⅰ〕 次の文章を読み，問い（1）～（4）の答えを解答用紙の（一）の〔Ⅰ〕の該当する欄に記入せよ。

ATPは，生体のエネルギー通貨とも呼ばれており，（　ア　），（　イ　）とリン酸よりなる生体内でエネルギーの受けわたしをする物質である。1 molのATPが（　ウ　）分解しADPになるに伴って，30.5 kJのエネルギーが生成される。動物細胞のATPは，主に細胞の呼吸を通じて合成されるが，(A)この呼吸は大きく分けると解糖系，クエン酸回路，電子伝達系という3つの過程からなる。解糖系は，細胞質基質で行われる異化反応であり，（　イ　）の1種であるグルコースを炭素が（　エ　）個のピルビン酸にまで分解する。1分子のグルコースを分解する過程では，実質（　オ　）分子のATPと（　カ　）分子の還元型補酵素（NADH）が合成される。クエン酸回路は，ミトコンドリアで行われる異化の代謝経路であり，解糖系由来のピルビン酸を酸化し（　キ　）を生じる。1分子のピルビン酸を分解する過程では，（　ク　）分子のATPが合成される。さらに，この過程では，還元型補酵素であるNADHや（　ケ　）が，実質（　コ　）分子合成される。電子伝達系では，還元型補酵素から供給される電子を酸素に受けわたすことでATPを合成する。

ATP消費は，単純な物質から細胞を構成する複雑な物質を合成する同化反応で行われる。また，同化反応以外にも，ATPアーゼとしての活性をもつタンパク質は，ATPを分解することで生じるエネルギーを利用して機能を発揮する。なかでも，(B)ATPを多く消費するタンパク質には，アクチンとナトリウム－カリウムATPアーゼなどが知られている。アクチンとは，(C)アクチンフィラメントを構成する球状のタンパク質である。

複数のアクチンが直鎖状に結合し，繊維状に集合することでアクチンフィラメントを形成する。細胞骨格であるアクチンフィラメントは，動的な構造体であり，絶えず伸長と短縮を繰り返す。アクチン同士の結合にはエネルギーを必要とし，1分子のアクチンが1分子のATPを消費する。これによって，アクチンはアクチンフィラメントの末端に結合することができる。ナトリウム－カリウムATPアーゼは，Na^+とK^+を輸送するはたらきをもつ。細胞の内側と外側には，Na^+とK^+の濃度差が形成されており，細胞の内側には（　サ　）が多く，外側は（　シ　）が多い。濃度勾配に逆らって物質を輸送する（　ス　）輸送にはエネルギーが必要であり，ナトリウム－カリウムATPアーゼの場合には，1分子のATPを消費することで，（　セ　）個のNa^+と（　ソ　）個のK^+を輸送する。

（1）　本文中の空欄（ア）～（ソ）にあてはまるもっとも適切な語句あるいは数字を解答欄に記入せよ。

（2）　下線部（**A**）に関連する次の文章を読み，以下の問いに答えよ。

取り込んだすべての酸素が，グルコースを基質とした呼吸に使われると仮定すると，最大で1日何kJのエネルギー産生が可能になるか答えよ。ただし，毎時0.8 molの酸素を，肺から血液に取り込むとする。解答は，計算式を答えるとともに，小数点第一位を四捨五入して整数で示せ。

（3）　下線部（**B**）に関連する次の文章を読み，以下の問いに答えよ。

アクチンとナトリウム－カリウムATPアーゼが，細胞のなかにあるATPをそれぞれどの程度の割合で消費するのかを調べるために，表1に示す特性をもつ各種化合物ならびに試薬を用いた次の実験を行なった。

初めに，10,000個の細胞に対して化合物AならびにBを作用させることで，細胞内のATP合成をすべて停止させた。次に，化合物を作用させた細胞を2,500個ずつに分け，それぞれの細胞を，①化合物なし，②化合物Cのみ，③化合物Dのみ，④化合物CとDの両方(C+D)，のいずれかの条件で反応させた。そして，4種類の条件の細胞すべてに対して試薬Eを取り込ませた後，生きた細胞から発せられる蛍光の強さを測定したところ，図1の結果を得た。

表1　各種化合物と試薬の特性

化合物または試薬名	作用または性質
A	電子伝達系・クエン酸回路を阻害する作用がある。
B	解糖系を阻害する作用がある。
C	アクチン同士の結合を阻害する作用がある。
D	ナトリウム－カリウムATPアーゼのはたらきを阻害する作用がある。
E	試薬Eは，Mg^{2+}と結合することで蛍光を発する性質があり，Mg^{2+}濃度に比例して蛍光の強さが増強する。ただし，Mg^{2+}はATPと速やかに複合体を形成するが，ADPなどの他の分子に対しては結合しないとする。試薬Eは，ATPと複合体を形成したMg^{2+}に対しては結合せず，蛍光を発しない。また，化合物A，B，C，Dのいずれの処理によっても，細胞内Mg^{2+}濃度は変化しない。

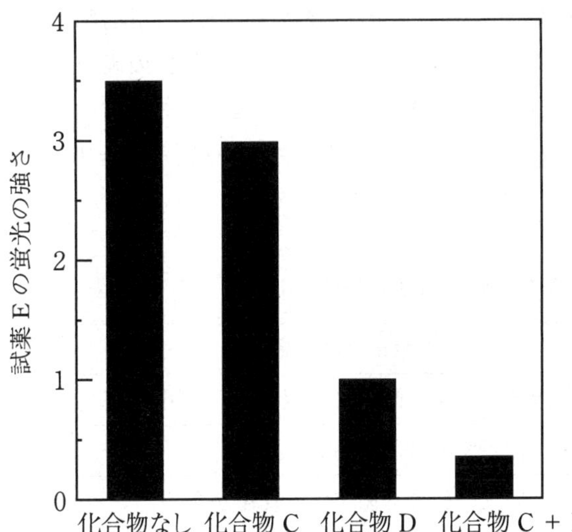

図1　化合物（CとD）が蛍光の強さに及ぼす影響

表2　各実験条件下で残存した生きた細胞の数

化合物	細胞数
なし	2,000個
C	2,000個
D	2,000個
C + D	1,600個

実験操作によって一部の細胞に細胞死が引き起こされたため，各実験条件で細胞数の減少が観察された（表2）。図1に示す結果が，残存する生きた細胞に対しての測定値である場合，アクチンとナトリウム－カリウムATPアーゼそれぞれのATP消費量は，生きた細胞1個あたりどちらが大きいかを答えよ。ATP消費量が大きい方のタンパク質名を解答欄に記入せよ。また，ATP消費量が何倍大きいかを，計算式を答えるとともに倍数を整数で示せ。

（4）下線部（C）に関連する次の文章を読み，以下の問い（a）～（c）に答えよ。

骨格筋は，筋細胞が束状に集まったもので，（　あ　）によって骨とつながっている。筋細胞の中に存在する（　い　）を光学顕微鏡で観察すると，明るく見える明帯と暗く見える暗帯が交互に配列している。明帯の中央はZ膜で仕切られており，Z膜とZ膜で仕切られた間をサルコメアという。(　い　)は細いアクチンフィラメントと太いミオシンフィラメントによって構成される。筋収縮は，両方のフィラメントの間の滑り運動によって引き起こされる。この滑り運動を生じる駆動力は、ミオシンフィラメントがATPを消費することで発生する。

（a）　本文中の空欄（あ）と（い）にあてはまるもっとも適切な語句を解答欄に記入せよ。

（b）　長さが36 mmの筋細胞が，22 mmまで収縮した。収縮にかかった時間が0.04秒である場合，ミオシンフィラメントがアクチンフィラメント上を滑る速度は何μm/秒であるか答えよ。ただし，収縮していない時のサルコメアの幅（長さ）を2.2μmと仮定する。また，筋細胞の長さの変化は，ミオシンフィラメントとアクチンフィラメントの滑り運動によって引き起こされ，すべて同じ速度で滑るものとする。解答は，小数点第一位を四捨五入して整数で示せ。

（c）　筋細胞の中でATPが消費されるだけでは，筋収縮は起こらない。この理由として考えられることを，ミオシンフィラメントから始まる文章で句読点を含めて75字以内で説明せよ。

(50点)

〔Ⅱ〕 次の文章を読み，問い（1）～（4）の答えを解答用紙の（一）の〔Ⅱ〕の該当する欄に記入せよ。

グレゴール・ヨハン・メンデルは，純系の丸い種子をつけるエンドウとしわがある種子をつけるエンドウを掛け合わせると，子の代には丸い種子だけができるのに対し，孫の代には丸い種子としわのある種子が3：1の割合でできることを発見した。メンデルはさらに研究を進めることで，種子の形だけでなく，花の色や種子の色など7種類の形質で同様の現象がみられることを発見し，「植物雑種の研究」として発表した。この遺伝の法則は後に，優性（顕性）の法則，(A)分離の法則，独立の法則というメンデルの法則として知られるようになった。メンデルが研究を行っていた時代には，遺伝子という概念は存在していなかったが，その後の研究によって，対立形質は対立遺伝子に支配され，親から子に伝わることが明らかになった。独立の法則に従えば，異なる形質を規定する遺伝子は，それぞれ独立に親から子に遺伝することになる。しかし，同一染色体上の近接した領域に存在する遺伝子は，組をなして親から子へ伝わることが明らかになり，(B)遺伝子の連鎖という概念が生まれた。

（1） 下線部（**A**）の説明として正しいものを，次の（ア）～（エ）から一つ選び，記号で答えよ。

（ア） 対立遺伝子は，減数分裂によってそれぞれ異なる配偶子に分配され，各々の配偶子は一つの対立遺伝子のみをもつ。

（イ） 特定の表現型を規定する対立遺伝子は，異なる遺伝子座に存在する。

（ウ） 体細胞分裂において，二価染色体は別々の細胞に分配される。

（エ） 対立遺伝子には，純系同士を掛け合わせたときに細胞の表現型として現れる形質と表現型として現れない形質をコードしている2種類が存在する。

（2） 同一の染色体上に存在する遺伝子では，遺伝子間の物理的距離に依存して異なる配偶子に分配される確率が増す。この理由として正しいものを，次の（ア）～（カ）から一つ選び，記号で答えよ。

（ア）　相同染色体間の組換えは一定の距離ごとに起こるため，距離が近い遺伝子の間では組換えが起こる確率が高いから。

（イ）　相同染色体間の組換えは一定の距離ごとに起こるため，距離が離れた遺伝子の間では組換えが起こる確率が高いから。

（ウ）　相同染色体間の組換えは決まった場所で起こるため，距離が近い遺伝子の間では組換えが起こる確率が高いから。

（エ）　相同染色体間の組換えは決まった場所で起こるため，距離が離れた遺伝子の間では組換えが起こる確率が高いから。

（オ）　相同染色体間の組換えはランダムな場所で起こるため，距離が近い遺伝子の間では組換えが起こる確率が高いから。

（カ）　相同染色体間の組換えはランダムな場所で起こるため，距離が離れた遺伝子の間では組換えが起こる確率が高いから。

（3）　以下の文章を読み，空欄（　あ　）～（　お　）に入るもっとも適切な語句を答えよ。

DNAの2重らせん構造を発見したフランシス・クリックは，「(　あ　)」と呼ばれる概念を提唱した。（　あ　）ではゲノムDNAの遺伝情報はRNAに（　い　）され，RNAの情報をタンパク質に（　う　）するという一方向のみに伝わるとされ，RNAやタンパク質の情報からDNAが合成されることはない。そのため，DNAのもつ遺伝情報はDNAの（　え　）でのみ娘細胞へ伝えられる。ヒト免疫不全ウイルス（HIV）をはじめとした一部のRNAウイルスは，RNAを鋳型としてDNAを合成することができる。その過程は（　お　）といわれ，（　あ　）にあわない例外的な現象として知られている。

（4）　下線部（**B**）に関連する次の文章を読み，次の問い（i）から

(vii) に答えよ。

同一の種に属する生物であっても個々のゲノムの塩基配列は大きく異なっており，個々の遺伝子に着目しても個体ごとにわずかな違いが存在する。遺伝子多型の中でも，ひとつの塩基が他の塩基に置き換わっている一塩基多型（SNP）が遺伝的背景の個別化マーカーとして利用されている。ヒトゲノムを個人個人で比べると約 0.1 %の塩基配列の違いがあり，全ゲノム中には，300 万～ 1000 万箇所の SNP があると推定されている。遺伝子の連鎖と SNP の情報を利用して，遺伝性疾患の原因遺伝子を同定する手法に連鎖解析がある。連鎖解析では，疾患の発症と一致して親から子に遺伝する SNP を指標として疾患の原因遺伝子の同定を行う。

図１は，筋肉に障害が起こる遺伝性疾患をもつ家系の家族歴を示したものである。この疾患の原因遺伝子変異は同定されていない。この家系から，疾患の患者と，健常人を選び出し，SNP を用いた原因遺伝子の存在する領域の絞り込み［実験１］と，原因変異の同定［実験２］を行った。

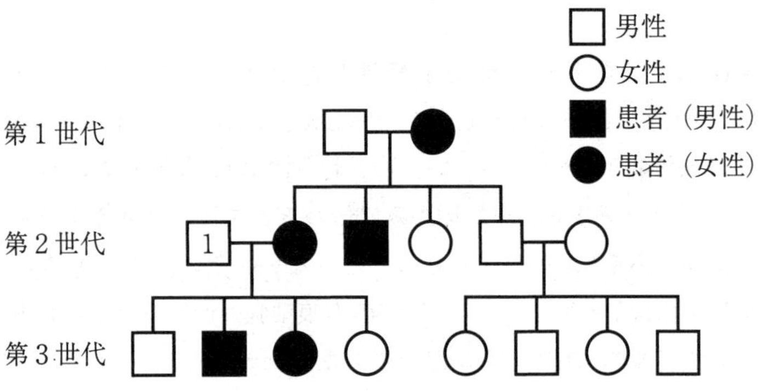

図１　遺伝性疾患の家族歴

［実験１］　SNPを用いた原因遺伝子の存在する領域の同定

ポリメラーゼ連鎖反応法（PCR法）と制限酵素によるDNA断片の切断結果を組み合わせることで，人がどの遺伝子型のSNPをもつかを判定することができる。表１に示すG塩基とA塩基の違いがあるSNP１を例に遺伝子型の判定方法を説明する。ゲノムDNAを鋳型として，SNP１を含む領域を図２に示すプライマー（下線が引かれた塩基配列の部位）を用いてPCR法で増幅を行う。SNP１は制限酵素*Sma* Iの認識配列（図３）内に存在しているため，増幅されたDNAを制限酵素*Sma* Iで切断したとき，G塩基を含む配列は切断されるのに対し，A塩基を含む配列は切断されない。そのため，電気泳動を行った時のG塩基とA塩基を含むDNAの検出パターンが異なる。この性質を利用してG塩基とA塩基のどちらの塩基をもっているかを判別することができる。

疾患の原因になる変異をもつ遺伝子が存在する領域の同定を行うため，患者５人と健常人５人から採血を行い，(C)血液中から白血球を単離し，ゲノムDNAの抽出を行った。その後，PCR反応と制限酵素処理を組み合わせることで，SNP１～SNP６の遺伝子型の同定を行い表１の結果を得た。

表１　各個人がもつ６か所のSNPの遺伝子型

		健常人					患者				
SNP	塩基	1	2	3	4	5	1	2	3	4	5
1	G/A	G	A	H	H	G	H	A	H	H	G
2	C/A	H	A	H	H	C	C	A	H	H	A
3	T/C	T	H	T	H	T	C	C	C	C	C
4	A/T	A	A	A	A	A	T	T	T	T	T
5	C/T	C	T	H	H	C	T	H	H	H	C
6	A/T	A	H	H	A	T	A	H	A	H	A

１文字表記はふたつの染色体がともに同じ塩基をもち，Hは染色体ごとに異なる塩基をもつことを示している。

塩基数

1 ACGTACATGC CCATGTGGTA ATCGATGCAT AGCCCAGGCG

41 CACGCTAGAT CGATCGAATT CCCGGTATGG ATGCTAGCTG

81 ATGGGCCCGT GTGTATACAT GCCAGGGCCC GGGGACCACC

121 GGATCGTGCT AGCATGCATC GATCGATGCT GCGTACTGCT

161 CCCGGGTTGT GTACTGACAC GTACAGTCTA TGCGAAGCAT

図2 SNP 1の存在する領域の塩基配列

G塩基をもつ染色体のセンス鎖の塩基配列が示されている

下線はPCR法で増幅するためのプライマーの位置を示している

切断前	切断後
5’CCCGGG 3’	5’CCC GGG 3’
3’GGGCCC 5’	3’GGG CCC 5’

図3 制限酵素 *Sma* Iによって切断される二本鎖DNAの塩基配列

［実験2］ 原因遺伝子の同定

実験1によって疾患発症と相関があるSNP－Dが同定された。SNP－Dのそばには4個の遺伝子が存在している。どの遺伝子に疾患の原因変異が存在するかを明らかにするため，(D)健常人と患者の骨格筋からmRNAを抽出し，塩基配列の解析を行い原因変異の同定を行った。その結果，E遺伝子に変異が存在することが明らかになった。

(i) 疾患発症の原因になる変異をもつ遺伝子をa，それに対する野生型遺伝子をAと表記する。図1に示す家族歴の第2世代の 1 の遺伝子型がAAであるとき，第1世代の男性と女性の遺伝子型を記せ。

（ii）図2の塩基配列と図3の *Sma* I の認識配列を参考にして，SNP 1が存在する位置としてもっとも適切なものを，次の（ア）～（オ）から一つ選び，記号で答えよ。

（ア）48番目のG塩基　（イ）64番目のG塩基
（ウ）105番目のG塩基　（エ）112番目のG塩基
（オ）165番目のG塩基

（iii）SNP 1の塩基が，2つの染色体のどちらもG塩基の人（GG），どちらもA塩基の人（AA），それぞれ異なる塩基をもつ人（GA）から抽出したゲノムDNAを鋳型にPCR法を行い，制限酵素 *Sma* I で切断を行った。PCR法で増幅されたDNAが，制限酵素 *Sma* I によって完全に切断された時の，GG，AA，GAの各遺伝子型の電気泳動パターンとして，もっとも正しいものを次の1～10の中からそれぞれ一つずつ選び，数字で答えよ。

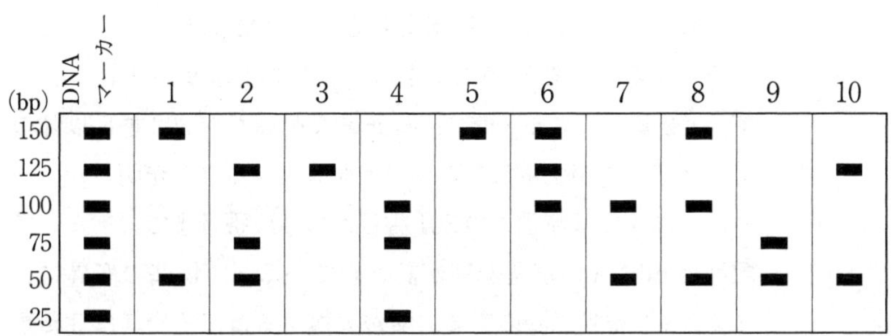

（iv）下線部（C）のように，筋肉に異常が起こる遺伝性疾患の原因遺伝子の同定に，筋肉由来のゲノムDNAではなく白血球由来のゲノムDNAを用いることができる。その理由を，受精卵という単語を用いて，句読点を含め45字以内で説明せよ。

(v) 表1は，SNP 1を含む6か所のSNPを解析した結果を示している。疾患の原因遺伝子と連鎖しているSNPを答えよ。

(vi) 下線部(D)のように，疾患の原因になる変異を，ゲノムDNAではなくmRNAの塩基配列を調べることでも同定することができる。mRNAの情報を利用する利点として，正しいものを次の(ア)～(オ)から一つ選び，記号で答えよ。

(ア) 疾患特異的なスプライシング異常を検出することができる。

(イ) mRNAの発現量を知ることができる。

(ウ) DNAの塩基配列ではわからないタンパク質の修飾を検出できる。

(エ) 疾患の原因になるタンパク質の機能を知ることができる。

(オ) 疾患特異的なDNAやヒストンの修飾を検出することができる。

(vii) E遺伝子のmRNAの塩基配列を患者と健常人で比較したところ，1塩基の変異が見つかった。この1塩基の変異によって，302番目のアミノ酸までは正常な配列だが303番目以降のアミノ酸が欠損することが疾患の原因となることが明らかになった。図4には健常人の301番目から305番目までのアミノ酸配列とmRNAの塩基配列が記されている。1塩基の変異によって，303番目以降のアミノ酸が欠損する遺伝子変異は3種類の可能性が考えられる。表2の遺伝暗号表を参考にして，疾患の原因と考えられる変異を含む3種類の塩基配列のGGUから始まる15塩基を解答欄に記入せよ。

アミノ酸番号	301	302	303	304	305
塩基配列	GGU	CAU	AGA	GUC	ACC
アミノ酸	Gly	His	Arg	Val	Thr

図 4　健常人の疾患特異的変異周辺の mRNA の塩基配列

表 2　遺伝暗号表

		2番目の塩基					
		U	C	A	G		
1番目の塩基	U	Phe UUU	Ser UCU	Tyr UAU	Cys UGU	U	3番目の塩基
		UUC	UCC	UAC	UGC	C	
		Leu UUA	UCA	STOP UAA	STOP UGA	A	
		UUG	UCG	UAG	Trp UGG	G	
	C	Leu CUU	Pro CCU	His CAU	Arg CGU	U	
		CUC	CCC	CAC	CGC	C	
		CUA	CCA	Gln CAA	CGA	A	
		CUG	CCG	CAG	CGG	G	
	A	Ile AUU	Thr ACU	Asn AAU	Ser AGU	U	
		AUC	ACC	AAC	AGC	C	
		AUA	ACA	Lys AAA	Arg AGA	A	
		Met AUG	ACG	AAG	AGG	G	
	G	Val GUU	Ala GCU	Asp GAU	Gly GGU	U	
		GUC	GCC	GAC	GGC	C	
		GUA	GCA	Glu GAA	GGA	A	
		GUG	GCG	GAG	GGG	G	

(50点)

〔Ⅲ〕 次の文章を読み，問い（1）～（6）の答えを解答用紙の（二）の〔Ⅲ〕の該当する欄に記入せよ。

南極大陸は南緯 63 ～ 90 度に位置し，地球上でもっとも寒冷かつ乾燥した気候下にある。その大部分が，大陸氷床と呼ばれる厚い氷に覆われている。南極の大陸氷床の氷の厚さは，平均で 2,500 メートル，最大で 4,000 メートルに達する。沿岸部や山地部には氷に覆われていない地域が点在するが，その面積は大陸全体の 2 ～ 3 パーセントにすぎない。このような地面が露出している地域は(A)露岩域と呼ばれる。露岩域が，南極大陸に生息する数少ない陸上生物の生活の舞台となっている（図 1）。

露岩域の陸上生物相は貧弱である。南極大陸に自生する(B)被子植物はナンキョクミドリナデシコとナンキョクコメススキの 2 種のみで，いずれも比較的低緯度で露岩域が広がる南極半島に分布している。日本の観測拠点である昭和基地が位置するリュッツ・ホルム湾（南緯 69 度）の沿岸部にも露岩域は点在するが，被子植物は自生しておらず，(C)コケ植物と，(D)地衣類，藻類，シアノバクテリアが主要な生産者となっている。これらのうち，もっとも頻繁に認められるのは地衣類，藻類，シアノバクテリアで，岩石の上などに定着している。コケ植物は，継続的な水分の供給があり，風が当たりにくいような谷間や岩陰に限られる。

南極大陸の露岩域において，生産者の活動は(E)低温と乾燥などにより厳しく制限されている。その結果，陸上における生産者の現存量は，他のバイオームに比べると極めて低い。そのため，露岩域で生活を営む鳥類のアデリーペンギンやユキドリ（シロフルマカモメ）は，食物を(F)海洋の生態系の物質生産に依存している。一方で，リュッツ・ホルム湾の露岩域に存在する(G)湖沼の底部では，円すい形のユニークな形状をした植物群落（通称「コケ坊主」）が発見されている。しかし，南極大陸では，(H)地球規模での大気環境の変化が観測されていて，生物への影響が懸念されている。

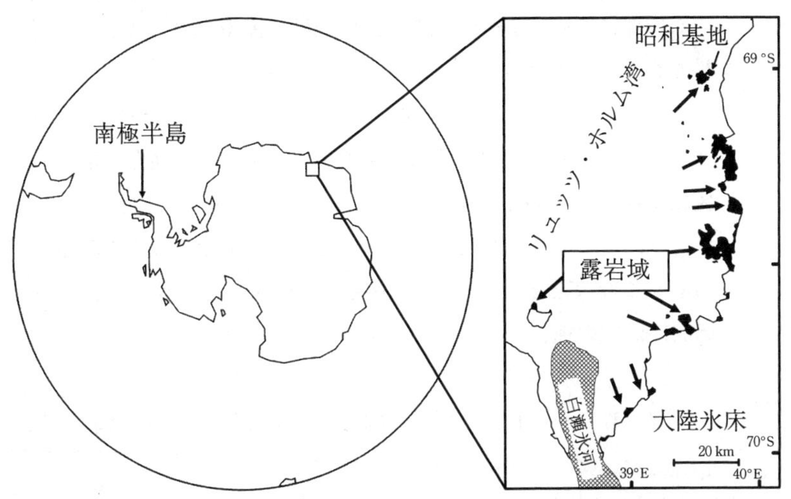

図1　南極大陸とリュッツ・ホルム湾岸の露岩域。
主な露岩域を太い矢印で示す。

（1）下線部（**A**）に関して，次の問い①と②に答えよ。

① 露岩域の植生について述べた次の文章を読み，空欄（あ）～（え）にあてはまるもっとも適切な語句を記せ。

露岩域にみられる植生は（　あ　）と呼ばれ，極地に加えて高山や溶岩流の跡地などでも見られる。バイオームの区分に従うと，寒冷地にあるため（　い　）に相当する。厳しい環境に適応した植物などの生物が散在しているような場所である。露岩域は，氷河末端の後退や海水面の低下によって出現した場所であるため，土壌はほとんど発達していない。このため，南極の露岩域は（　う　）遷移の初期段階にあたる。まばらに点在する植物は，露岩域の出現後に最初に侵入・定着した（　え　）種である。

② 露岩域の生物集団に生じうる進化について述べた次の文章を読み，空欄（お）～（き）にあてはまるもっとも適切な語句を記せ。

沿岸部に位置する一つ一つの露岩域は，海や氷河によって分断されており，生物が相互に往来できなくなる場合がある。そのような状況は，(　お　)と呼ばれる。もし仮に(　お　)が長く続いたとすると，その間にそれぞれの生物集団において，独自の遺伝的な変化が蓄積していく。やがて，(　お　)がなくなり両集団の個体が再び出会っても，交配しない，もしくは交配できなくなる場合がある。この状態を，(　か　)が生じたという。(　か　)によって両集団が別の種に分かれることを(　き　)という。

(2)　下線部(**B**)～(**D**)の生物に関して，次の問い①～③に答えよ。

①　下線部(**B**)，(**C**)の生物に共通する特徴を次の(ア)～(オ)からすべて選び，記号で答えよ。いずれもあてはまらない場合は(カ)を記入せよ。

(ア)　胞子で繁殖する。
(イ)　花が咲き種子をつける。
(ウ)　胚珠はめしべの子房内にある。
(エ)　維管束をもつ。
(オ)　胞子体は配偶体に寄生する。

②　下線部(**D**)の生物群に共通する特徴を次の(ア)～(オ)からすべて選び，記号で答えよ。いずれもあてはまらない場合は(カ)を記入せよ。

(ア)　細菌ドメインに属する。
(イ)　膜はエーテル脂質からなる。
(ウ)　クロロフィルaを含む。
(エ)　糸状の菌糸と呼ばれる細胞からなる。
(オ)　細胞壁にペプチドグリカンを含む。

③　南極大陸の露岩域に自生するコケ植物の群落内には，線形動物のセンチュウや節足動物のトビムシなどが生息する。線形動物と節足動物に共通する特徴を次の（ア）～（オ）からすべて選び，記号で答えよ。いずれもあてはまらない場合は（カ）を記入せよ。

（ア）　偽体腔をもつ。
（イ）　脱皮により成長する。
（ウ）　体節がある。
（エ）　背骨をもつ。
（オ）　原腸胚の原口が肛門になる。

（3）　下線部（**E**）に関して，植物が低温や乾燥のストレスに応答するしくみについて述べた次の文章を読み，空欄（く）～（し）にあてはまるもっとも適切な語句を記せ。

細胞が凍結すると，生体機能の維持が困難となる。外部の温度が低下すると，植物は（　く　）や（　け　）を合成して細胞内に蓄積する。これらの物質の細胞質基質中での濃度が高まることで凝固点が降下し，細胞が凍結しにくくなる。また，生体機能の維持には，生体膜が適切な流動性を維持していることも重要である。低温になれば生体膜の流動性は低下するが，低温にさらされた植物では生体膜の流動性を高める（　こ　）の割合が増加する。

植物は乾燥下におかれると，アブシシン酸を合成することで蒸散による水分の減少を防ぐ応答を示す。アブシシン酸が（　さ　）細胞に作用することで，細胞からカリウムイオンが排出される。すると細胞内の浸透圧が減少して，細胞から水分が流出する。これにより膨圧が小さくなると，（　さ　）細胞が変形して（　し　）が閉じ，蒸散が抑えられる。

（4）　下線部（**F**）に関して述べた次の文章を読み，空欄（す）～（そ）

にあてはまるもっとも適切な語句を，次の語群（ア）～（コ）から一つずつ選び，記号で答えよ。

海洋生態系では，生産者である植物プランクトンや海藻などが，光合成による物質生産を行なっている。海洋生態系で物質生産を行うことができるのは，生産者の光合成量と呼吸量がつりあう水深，すなわち（　す　）までの表層である。この（　す　）より浅い部分を（　せ　）と呼ぶのに対し，深い部分を（　そ　）という。海洋での被食量は陸上に比べて大きいことが多く，純生産量の大半が動物によって利用されることもある。

語群：

（ア）　低潮線	（イ）　生産層	（ウ）　消費層
（エ）　補償深度	（オ）　湧昇域	（カ）　藻場
（キ）　分解層	（ク）　高潮線	（ケ）　潮間帯
（コ）　大陸棚		

（5） 下線部（**G**）に関して述べた次の文章を読み，空欄（た）および（ち）にあてはまるもっとも適切な語句を記せ。

湖沼において，栄養塩類の濃度が高くなることを（　た　）という。人間の生活圏に近い湖沼では，大量の生活排水が流入して湖沼の（　た　）が急速に進行する場合がある。特に，水の華と呼ばれる現象では，シアノバクテリアである（　ち　）が異常に増殖し，水面が広く青緑色になる。一方，露岩域の湖沼は，形成されてからの時間が比較的短く，栄養塩類や生物に乏しい場合が多い。そのような湖沼では透明度が高く，湖底まで届く光が「コケ坊主」の発達を支えている。ただし，アデリーペンギンが集団で営巣する場所の周辺では，アデリーペンギンの排泄物に由来する栄養塩類が局所的に豊富に供給されて（　た　）している場合もある。

（6） 下線部（**H**）に関して，南極の上空には，9～10月の春季になるとオゾンホールの出現が観測されている。オゾン層について述べた次の文章を読み，空欄（つ）～（に）にあてはまるもっとも適切な語句を記せ。

オゾン層は，5億年前ごろの（　つ　）紀に繁栄した藻類によって放出された酸素が大気中に蓄積し，（　て　）による反応で4億5千万年前ごろの（　と　）紀までに形成された。オゾン層は，細胞中のDNAに損傷を与える（　て　）を吸収するため，陸上は生物が生活できる環境となっている。しかし，冷蔵庫などの冷媒に利用されていた人工的な化学物質である（　な　）ガスが（　て　）と反応して，オゾン層のオゾンを分解する。オゾンの分解により，オゾン層中のオゾン量が非常に少なくなり，南極の上空にオゾンホールが出現するようになった。この（　な　）ガスは，地球表面から放射される熱を吸収することで，地球表面の温度を上げる原因となる（　に　）ガスとしても知られる。

（50点）

解答編

英語

I　解答　A．(V)－2　(W)－4　(X)－4　(Y)－3　(Z)－1
B．(a)－1　(b)－4　(c)－1　(d)－1　(e)－3　(f)－3　(g)－3　(h)－1
C．(ア)－1　(イ)－4　(ウ)－3
D．(あ)－7　(お)－3
E－3・4・7
F．全訳下線部参照。

◆全　訳◆

≪退役予定のISSの落下が地球に及ぼす影響≫

20年以上の科学上の貢献の後に，国際宇宙ステーション（ISS）は，最後の別れを告げる予定である。その研究拠点のおかげで，私たちは地球や太陽系やさらにその先について理解を深めることができたのである。200人以上の宇宙飛行士がステーションを訪れる一方で，研究者たちは何千という実験と研究を行ってきた――星の起源を辿ることから宇宙が人体に及ぼす影響を理解することまで。この宇宙の研究所は，ほぼ全ての主要な科学分野に影響を与え，それらの分野に変化を生じさせた。

今年もっと早い時期に，アメリカ航空宇宙局（NASA）は，ステーションが2031年に最終的な引退をする計画を公表したが，450トンの研究所がすばやい終焉を迎える可能性は少ない。いったん業務が終わると，ほとんどの使われなくなった衛星は軌道を外れて漂い，最終的には地球の大気中で燃え尽きる。だが，ISSのほとんどは，ポイント・ネモに沈んでいくだろう。ポイント・ネモは，水中の墓地に埋葬された宇宙船の数にちなんで，多くの科学者たちが「宇宙の墓場」と呼ぶほど陸地から遠く離れた太平洋の僻地である。

その隔絶したひろびろとした海洋は，ISSの移行計画でNASAが述べているように，人間への潜在的被害や都市の破壊をなんら引き起こすことなく宇宙船が墜落するのに理想的な場所である。「ネモ」という名称は，「誰もいない」を意味するラテン語であり，まさにその通称が意味しているように，そこには人間が住んでいないのだ。実際，そこは地球上のどんな陸塊からも最も遠い場所である。

栄養物が乏しい海域にはほとんど何の生き物もいない――生物多様性の欠如は，ポイント・ネモが銀河のごみ捨て場として使われる理由の一つである。かつては，ポイント・ネモは，人間環境によって全く影響を受けていない深海の場所を研究するための完全に真っ白なキャンバスを提供していたと，レイラ＝ハムダンは言う。彼女は，南ミシシッピ大学の海洋科学工学学部の副所長である。ハムダンは深海の生物地理学を研究している――特に，難破船がどのように海洋底の生物多様性を変化させるのかを研究している。

だが，宇宙の極端な状況にさらされた巨大なテクノロジーは全く異なる一連の未知の不確定要素を示している。時計がISSの差し迫った着水の運命についてカチカチと時を刻んでいる状況で，宇宙探検が究極的にどのように海洋生物に影響を及ぼすのかを問題にしている人たちもいる。

「私たちが［ポイント・ネモへ］行き，海洋に深海用潜水艇を入れ，その場所からサンプルを回収する技術を手に入れる前でも，私たちはすでに宇宙探検の残骸をそこに置いてきているのだ」とハムダンは言う。

ハムダンによると，海洋に衛星を投げる長期にわたる結果が，海洋野生生物とその地域の生態系に肯定的な影響を及ぼすのか，それとも否定的な影響を及ぼすのかを知ることは難しい。だが，難破船はいくらかの手がかりを提供してくれるかもしれないと，彼女は言う。

船が座礁すると，沈没船を取り囲んでいる微生物がもっと多様になる傾向があり，環境を健全にしておくのに重要な役割を演じる。しかしながら，海を航行する船舶とは異なって，地球の軌道を回っているこれらの構造物は宇宙を通って旅してきたのである。たとえば，ISSは，何十年にもわたる実験装置と資材，それに人間の変化したDNAの痕跡さえ含んでいる。宇宙船――そして宇宙船が運んでくるもの――が，地球の海底にどんな種類の長期にわたる影響を及ぼすのかは不確かである。

「それは，中に多くの人間の資材の入った本当に大きな人間の構造物になるだろう。それが今や海底に居すわる予定なのだ」と彼女は言う。「その構造物が，存在している生態系を変えることはないだろうと考えることは愚直であろう」

宇宙のごみは，地球の海洋の増加している広範囲の汚染の原因である1種類の海洋ごみにすぎない。沿岸管理局によると，消費者向けプラスチック，金属，ゴム，紙，他の残骸が原因で，800以上の海洋種が傷ついたり，病気になったり，死んだりした。ISSは海洋のほとんどのごみよりも大きいのであるが，他の沈んだごみと比較してその巨大な大きさについてそれほど心配していない専門家もいる。

「もしあなたが国際宇宙ステーションの容積を調べてみるならば，海のタンカーと比較すると，たいしたことはない」と，キャメロン＝エインズワースは言う。彼は，南フロリダ大学海洋科学学部の海洋物理学の准教授である。平均的な700フィートの長さのタンカーは，ISSの356フィートという端から端までの長さを楽に越え，ステーションが相当するのは「海洋に墜落する数トンのアルミニウムであり，そしてそれは，船の沈没と同様に影響がないだろう」

だが，地球の軌道はより多くの宇宙のごみの混雑でますます雑然としているので，一台の宇宙船あたりのそれらの数百ポンドの残骸は最終的に足し算されることになろう。「海洋は私たちの宇宙のごみ全てのための無限の貯蔵所ではない」と，エリック＝コーデスは言う。彼はテンプル大学の生物学の教授であり副議長である。コーデスは，2010年メキシコ湾原油流出事故の後に支援するように呼ばれた多くの専門家の1人であったが，人間の活動が海洋生物に及ぼす可能性のある損害を非常によく知っている。

退役した宇宙船を人々からできるだけ遠くに着陸させる魅力はわかるけれども，科学者たちが歴史的によく知らない地域に，何トンという科学の装置を落下させることには多くの「予想できない」結果があると，コーデスは言う。

「人々は一般的に深海を大きな泥でぬかるんだ不毛の砂漠と考えている。だが，それは実際には事実ではない」と彼は言う。「私たちがより多くの探検をすればするほど，私たちは，ますますいっそう本当に驚くべき生息地や生態系や動物を海洋底に発見し始める」

海洋科学者たちはしばしば，海洋の底にひそんでいるものについて推測することに頼らなければならないと，コーデスは言う。だが，海底の最深部をスキャンするために高解像度の地図や画像のような本当のデータを手に入れるまで，地球の海洋に衛星を落とすことが，もしあるとするならば，どんな長期的な影響を実際に及ぼすのかを予想することが可能になるには，より多くの仕事が必要である。

NASA は ISS の退役報告書で，海洋生物への影響は最小限になるようだと述べている。つまり，「地球の大気圏を通って下降の間，宇宙ステーションは燃えて分解し蒸発しさまざまな大きさの断片となるだろう。ステーションのいくらかの断片は，再突入の熱応力をおそらく耐え抜いて地球に落ちてくるだろう。予想された衝撃を受ける地域内のこれらのごみのかけらが環境に及ぼす影響は小さいと予想されるだろう」

◀解　説▶

A．(V)空所の前の a deep underwater location completely untouched「全く影響を受けていない深海の場所」において，前の location を修飾する untouched「影響を受けていない」は形容詞であるが，untouched は touch「～に影響を及ぼす」という動作動詞から派生したこともあり，be untouched by ～という形でしばしば用いられる。よって，受身の動作主を示す 2 の by を入れると，空所の後の the human environment「人間環境」と結合して，「人間環境によって全く影響を受けていない深海の場所」となり，意味をなす。

(W)空所直前の exposed は前置詞 to と共起する。よって，空所に 4 の to を入れると，large technology（which is）exposed to the elements of space「宇宙の極端な状況にさらされた巨大なテクノロジー」となり，意味をなす。be exposed to ～「～にさらされる」 the elements は「悪天候」という意だが，ここでは「極端な状況」と訳している。空所を含む文のポイントを示す。present は「提示する，示す」という意の動詞。a set of ～「一連の～」 variable「変数，不確定要素」

(X)空所に 4 の With を入れると，With the clock ticking「時計がカチカチと時を刻んでいる状況で」となり，論理がうまく通る。with＋名詞＋補語（この文では現在分詞）という形で，状況的理由を示す表現である。よって，空所を含む文の前半部分は「時計が ISS の差し迫った着水の運命についてカチカチと時を刻んでいる状況で」となる。他の選択肢に関して，前半部分にはSVがないので，接続詞のAsやWhileは空所に入らない。前置詞としてのAsや副詞のHence「したがって，このゆえに」は，意味の上で空所に入ることはない。

(Y)空所に3のwhether「～かどうか」という接続詞を入れると，空所を含む文中のorと相関し，意味をなす。whether *A* or *B*「*A*であるのかそれとも*B*であるのかどうか」 空所にhowever「しかしながら」を入れても意味がつながらず，同じ単語のhowever「いかに～であろうとも」を入れても修飾する形容詞や副詞が直後にないので，これも正しくない。whateverでも意味がつながらない。さらに，空所にwhichを入れても先行詞がないので不可。have an impact on ～「～に影響を及ぼす」

(Z)空所に1のanyを入れると，空所直前のifと連結して，if any「もしあるとするならば」という意の定型表現となり，意味をなす。空所の前のwhat以下が間接疑問となっていることに注意。what以下の構造はSVOである。Sはdropping satellites into Earth's oceans「地球の海洋に衛星を落とすこと」。Vはhasであり，Oはwhat long-term impact「どんな長期的な影響」である。if anyは挿入語句。空所に2のonlyを入れたif onlyには，主に仮定法で用いられる「～でありさえすればなあ」とか，「たとえ～だけでも」という意味があるが，この文章では意味がつながらない。また，3のpossibleを空所に入れると，if possible「もし可能ならば」となり，4のsoを入れるとif so「もしそうならば」となり，両者とも空所に入れても意味がつながらない。

B．(a)hubは「拠点，中核，ハブ空港」という意の名詞で，1のcenter「中心，中央」という単語が最も意味が近い。2．「基金，資金」 3．「計画，プロジェクト」 4．「技術」

(b)touchedはtouch「～に影響を及ぼす，触れる」という他動詞の過去分詞形で，この単語に意味が最も近いのは，4のinfluenced「～に影響を与えた」である。1．「～を生かした，利用した」 build on ～は「～を利用する」という意の句動詞。2．「～を当てにした」 drawnの原形のdrawは多義語で，draw on ～「～を当てにする，利用する」で句動詞になる。3．「～を利用した，搾取した」

(c)ultimatelyは「究極的に，結局のところ，最後には」という意の副詞であり，1のfinally「最終的に」という副詞が最も意味の上で近い。

ultimatelyの直後のimpactsは「〜に影響を及ぼす」という意の他動詞。
2.「すばやく」 3.「めったに〜ない」 4.「わずかに，少し」
(d)immenseは「巨大な」という意の形容詞で，意味が最も近いのは，1のhuge「巨大な」である。2.「無意味な」 反意語はinを取ってsignificant「意味のある，重要な」。3.「とても小さい，ちっぽけな」 4.「不適切な」 反意語はunを取ってsuitable「適した」。
(e)surpassesはsurpass「〜を超える，〜に優る」という他動詞の三単現で，3のexceeds「〜を超える，〜に勝る」という動詞が最も意味の上で近い。1.「〜を防ぐ，妨害する」 2.「〜を破壊する」 4.「〜と似ている」
(f)repositoryは「貯蔵所」を意味する。よって，3のstorage「貯蔵場所，貯蔵量，保管」が最も意味が近い。1.「希望」 2.「源，源泉」 4.「領土」
(g)barrenは「不毛の，作物ができない」という意味を持つ形容詞で，3のlifeless「生き物がいない，死んでいる」が意味の上で最も近い。1.「かなり冷たい」 fairlyは「正当に，公平に」という意味もあるが，形容詞や副詞を修飾する場合「かなり，相当（に)」という意味になる。2.「希望のある」 4.「とても明るい」 think of *A* as *B*「*A*を*B*と考える，みなす（=look on *A* as *B* / regard *A* as *B*)」 that is the case「それは事実である」
(h)anticipatedはanticipate「〜を予測する，予想する」という他動詞の過去分詞形で，これに意味が最も近いのは，1のestimated「推測された，見積もられた」である。2.「禁止された」 3.「望まれていない」 4.「使うことのできる」
C.(ア)「すばやい終焉を迎える」 demise「終焉，終了，死去」 この波線部の意味を最も適切に示すものは，1の「すぐにその生命を終える」である。2.「すぐに新しい所有者を見つける」 3.「急速な回復をする」 make a recovery「回復をする」 4.「速く動いている物体のそばを通り過ぎる」 pass by〜「〜のそばを通り過ぎる」
(イ)「水中の墓地に埋葬された宇宙船の数にちなんで」 after〜「〜にちなんで」 laidはlay「〜を置く，横たえる，敷設する」という意の多義語の過去分詞。lay *A* to rest「*A*を埋葬する，鎮める，沈静化する」 通例be

laid to rest として受動態で用いる。ここでは spacecraft (which are) laid to rest のように省略されていると考える。spacecraft は単複同形名詞で，ここでは複数形である。この波線部の意味に最も近いのは，4の「使用するにはあまりにも古い非常に多くの宇宙船を海洋のこの地域に墜落させてきたので」である。since「～ので（＝as, because)」 so many ～「非常に多くの～」 too ～ to …「…するにはあまりにも～」 1.「彫られる前に多くの宇宙船がここに安全に貯蔵されるので」 engrave「～を彫る，版画で刷る」 2.「多くの宇宙の墓が海洋の水を利用することによって修復されてきたという事実のために」 due to ～「～のために，～が原因で」 that「～という」 同格の接続詞。3.「宇宙で命を失った宇宙飛行士のための海中の特別な墓地の創設の後で」 following は「～に引き続いて，～の後で，～の結果」という意の前置詞であることに注意。ついでながら，波線部の前の部分について述べる。so ～ that …「…するほどそんなにも～」 far from ～「～から遠くにある」 refer to *A* as *B*「*A* を *B* と呼ぶ」

(ウ)「銀河のごみ捨て場」 この波線部の意味を最も的確に示しているのは，3の「宇宙ごみの落下が予定されている地域」である。be designed to *do*「～するように予定〔意図，設計〕されている」

1.「他の銀河にある惑星を観察するための自然の高台」 2.「宇宙ごみを捨てることが禁止されている保護地域」 throw away ～「～を捨てる」 4.「他の銀河からの物質で作られた島」

D. 空所(あ)の直後に more という比較級があり，さらに空所(う)の前に the があるので，the＋比較級～，the＋比較級…「～すればするほどますます…」という表現ではないかと見当をつける。この線に沿って，空所(あ)に7の the を入れ，空所(う)に5の more を入れる。空所(う)の直後に really があるが，more amazing「もっと驚くべき」で比較級になる。選択肢に2の darker という比較級の形容詞があるが，意味上空所(う)に入らない。次に，空所(い)の前には we という主格の代名詞があるので，空所(い)に述語動詞が入ると考える。選択肢の中の3個の動詞（discover / do / start）から，空所(い)に exploration を目的語に取れる動詞として，do を選ぶ。続いて，空所(い)と同様に，空所(え)も直前に主格の we があるので残った2個の動詞（discover / start）のどちらかが入る。3の discover「～を発見する」という他動詞は，目的語が後続しなければならないので不可。空所(え)に6のstartを入れると，直後のtoと連結してstart to *do*「～をし始める」となり，意味をなす。最後に，空所(お)の前にtoがあるので，残った動詞discoverが入るのではと見当をつけ，意味上もhabitats and ecosystems and animals「生息地や生態系や動物」と「～を発見する」が連結するので，意味をなす。この英文の後半の構造はSVOであり，特殊構文のため倒置によって，目的語のhabitats and ecosystems and animalsが前に移動していることに注意。よって，二重下線部は以下の文となる。

The (more exploration we) do(, the) more (really amazing habitats and ecosystems and animals we) start (to) discover (on the ocean floor.)「私たちがより多くの探検をすればするほど，私たちは，ますますいっそう本当に驚くべき生息地や生態系や動物を海洋底に発見し始める」

E．1．「ISSは今日では失敗した科学計画として広くみなされている。だから，人間は環境への損害ができるだけ少ない状態でISSを取り除く必要がある」 regard *A* as *B*「*A*を*B*とみなす，考える」 get rid of～「～を取り除く」 as～as possible「できるだけ～」 第1段第2・3文(The research hub … on the human body.)と矛盾する。これらの2文には，ISS(国際宇宙ステーション)の有効性について記されているので，「失敗した科学計画」ではない。allow *A* to *do*「*A*が～することができる」 while～「だが一方～」 thousands of～「何千という～」 the impacts of *A* on *B*「*A*が*B*に及ぼす影響」

2．「ほとんどの衛星は，あまりにも古くなったのでもはや使用することができないとき，地球の軌道を離れ宇宙のはるか彼方に消えていく」 no longer「もはや～ない」 disappearing以下は分詞構文。far away「はるか彼方に」 第2段第2文(Once operations end, …)と矛盾する。そこでは，ほとんどの衛星は軌道を離れ地球の大気中で燃え尽きると記されている。onceは「いったん～すると」という接続詞。burn up「燃え尽きる」

3．「NASAによると，ポイント・ネモのまわりの海水にはほとんど海洋生物はいない。そのために，その地域は，生物多様性への影響を心配することなく宇宙ごみの処理のための理想的な場所になっている」 according to～「～によると」 whichは非制限用法の関係代名詞で，先行詞はthe sea water around Point Nemo has little marine life「ポイント・ネモのまわりの海水にはほとんど海洋生物はいないこと」である。which 以下の構造は S(＝which) V(＝makes) O(＝the area) C(＝an ideal place) である。dispose of ～「～を処理する」 without *doing*「～することなく」 worry about ～「～について心配する」 第4段第1文（There's hardly any life …）と一致する。the reasons の後に関係副詞 why の省略あり。use *A* as *B*「*A* を *B* として利用する」

4．「レイラ＝ハムダンは，難破船についての研究は科学者たちが海洋に放棄された衛星の影響を理解するのに役立つ可能性があると考えている」 help *A* to *do*「*A* が～するのに役立つ」 第7段（According to Hamdan, … some clues, she says.）と一致する。

5．「沿岸管理局によると，ISS には消費者向けプラスチック，金属，ゴム，紙がたいへん一杯あるので，ISS は800以上の海洋種への未曾有の脅威を意味する」 so ～ that …「たいへん～なので…」 threat to ～「～への脅威」 第10段（Space junk is … other sunken junk.）と矛盾する。800以上の海洋種への脅威となっている消費者向けプラスチックや金属などはすでに海にあるごみであり，ISS は多くの汚染源の一つでしかなく，本文の内容と一致しない。contribute to ～「～の原因である」 due to ～「～のために」 while ～「～だが一方」 be worried about ～「～について心配する」 in comparison to ～「～と比較すると」

6．「キャメロン＝エインズワースは，宇宙のごみは難破船より海洋の多様性に有害でないと信じているが，そのとてつもない量について心配している」 be harmful to ～「～に有害である」 第11段第2文（An average 700-foot-long …）の後半でエインズワースは，ISS は難破船と同様に影響を与えないだろうと述べているが，第12段（But as Earth's … on marine life.）で量について懸念しているのはエリック＝コーデスである。compared to ～「～と比較すると（＝compared with ～）」 no more ～ than …「…と同様に～ない」

7．「エリック＝コーデスは，データが不足しているので，科学者たちは宇宙ごみが海洋生物へ与える影響についてなんら明確な結論に達することができないと考えている」 arrive at a conclusion「結論に達する」 第15段第2文（But until they have …）と一致する。

8．「断片が実際には地表に到達しないので，ISSを地球の大気中に入れてもなんら問題はないだろうと，NASAが述べている」 最終段（NASA states in the … be expected to be small."）と矛盾する。「問題はないだろう」ではなくて，「海洋生物への影響は最小限になるだろう」と第1文（NASA states in …）で述べられている。また，「断片が実際には地表に到達しない」のではなく，第2文（Some fragments of …）にいくらかの断片が地球に落ちてくると記されている。

F．文頭のItは形式主語で，to think that ～が真主語という構造である。naive「愚直な，世間知らずで，考えが甘い，純真な」 この文で3個のthatが用いられているが，最初のthatは名詞節を作る接続詞である。2つ目のthatは指示代名詞で，直前の第9段第1文（"That's going to …）で2回用いられているthatと同じものを指す。a really large human structure「本当に大きな人間の構造物」と説明されている，「国際宇宙ステーション（ISS）という残骸」を指す。最後のthatは関係代名詞。presentは「存在している，そこにある」という意の形容詞。

II 解答

A．(W)―4　(X)―2　(Y)―3　(Z)―4

B．(a)―4　(b)―4　(c)―3　(d)―1　(e)―4　(f)―2　(g)―3　(h)―1　(i)―2　(j)―1　(k)―2

C．(ア)―2　(イ)―4

D．(う)―7　(お)―1

E―2・3

◆全　訳◆

≪楽観的な考え方が健康増進へ与える影響≫

風邪をひくのが好きな人は誰もいない。だが，私たちは皆風邪をひく機会を減らせるかなり効果的な武器を持っているように思われる。つまり，幸福でいることである。さかのぼって2003年に公表された研究で，アメリカの300人以上のボランティアが，知っていてわざと，普通の風邪の原因であるウイルスに感染した。それから，彼らは次の5日間にわたって症状に関してチェックされた。結果は明らかであった。最も肯定的な人生観を持っている人たちは，最も幸せでない人たちよりも風邪の症状が出る可能性が3倍少なかった。他のいくつもの研究も同様の結論に達した。

何事も積極的にやる精神はまた長期にわたる健康上の利点を持っている可能性がある。アメリカで，20 代と 30 代のカトリックの修道女たち 180 人の日記が，彼女たちの性格について日記が示していることを調べるために，心理学者たちによって分析された。それによって，積極的で幸福な修道女たちは，そうでない修道女たちよりも 7 年から 10 年長く生きる傾向があることが示された。

そのような研究にもかかわらず，医学界には，心が健康に及ぼす影響は決定的に懐疑的だとする人たちもいるのだ。だが，頭の中で起こっていることが，私たちがどれくらい健康であるかに直接的な影響を及ぼすことを示す研究が増えている。そればかりでなく，私たちの考え方がいくつかの疾患を治すのに役立ちさえする可能性があるのだ。重要なことだが，今や研究者たちは，働いているメカニズムについて，つまり，私たちの考え方が身体の健康にいかに関係しているかについて，より多くのことを理解し始めている。

この分野の最前線にいる研究者は，ローラ＝クブザンスキー博士であり，ハーバード公衆衛生大学院における健康と幸福のセンターの共同責任者である。彼女の最新の研究の 1 つは――実際，まだ公表されていないほど最近のものであるが――アメリカの 7 万人以上の看護師にかかわっている。その研究で，彼女は，最も楽観的な看護師が最も楽観的でない看護師よりもおよそ 15 パーセント長い寿命を持っていることを発見した。

1 つには，このような寿命の違いは，積極的な態度の人々は運動をする割合が多くタバコを吸う割合が少ない傾向があるという事実に結局落ち着くと考えられている。だが，それはそればかりではない。「より高いレベルの積極的な感情を抱く人々は，ストレスを管理することがうまいのだ」とクブザンスキーは説明する。（中略）ストレスが減れば，「アロスタティックロード」もまた減る。つまり，アロスタティックロードは，内臓器官への負担のような，長期にわたるストレスで生じる一般的な身体の疲弊や消耗を表す医学用語である。

だが，クブザンスキーは次のように述べる。これは全体像のほんの一部にすぎない可能性が大である。つまり，細胞の中に，私たちの積極性によって影響を受ける私たちがまだよく知らない生化学的な他のプロセスがあるだろうということである。問題の一部は，医学研究は私たちが健康だと感じていて体調がうまく機能しているときよりもむしろ，もっともなことだが，病気の時に体の中で起こっていることに取り組むことに集中してきたということである。「私たちは体がうまく機能する仕組みを研究することがあまり得意ではない。私たちはたいてい，正常に機能しているかうまく機能していないかという仕組みを研究しているだけだ。だが，積極的な仕組みを研究する時が来たのである」と，彼女は言う。(中略)

病気の時に心が身体に与える影響ということになると，最も広く知られている現象はプラセボ（偽薬）効果である。この場合，砂糖の錠剤のような有効成分がない薬を人が飲むとき，その薬は，頭痛を弱めることから風邪の症状を緩和することまで，あらゆることができる。結局は薬が役に立つだろうと信じることになる。(中略)

ほとんどのプラセボの研究では，それぞれのボランティアは，本当の薬かプラセボかどちらかを与えられると言われる。だが，ハーバード大学医学部のプラセボ研究者であるテッド＝カプチャク博士は，過敏性腸症候群のためのプラセボの錠剤を与えるつもりだとボランティアに実際に言うことに決めた。「世界のあらゆるプラセボ研究者は『テッド，君は狂っている』と言った」と彼は言う。だが，奇妙なことにも，それでもそれは効いたのだ。患者たちは，症状が60パーセント改善したと言った。「実際，それは9つの研究で一貫して効いたのである」とカプチャクは言う。(中略)

医療がお菓子や匂いのような他の何かと組み合わされると，他のその何かはしばらくしてその薬と同じような効果を生み出す可能性があると，いくつかの研究は示している。たとえば，ドイツのある研究では，この方法のおかげで，医療用のシャーベットのお菓子に反応して，ボランティアの身体は，NK細胞――免疫システムの一部である細胞――を生み出すことができた。その意図は，将来には，条件づけによって痛みを和らげたり感染と戦ったりアレルギー反応を静めたりするように，患者の身体を訓練することができるだろうということだ。最終的には，長期にわたる薬物治療は必要ないかもしれない。

この研究はすべて，健康な時でも病気の時でも，健康において心がより多くの役割を演じる未来を指し示している。だが，難問がある――とにかく，私たちは実際にどのくらい考え方を変えることができるのか。クブザンスキーは言う。「それは簡単に変えることができない。いつの日か誰かが『今日はもっと楽観的になろう』と言うとは私は思わない。もしそんなに簡単ならば，私たちは皆ユートピアにいることになろう。だが，いくらか注意を集中すればそれは変えられると私は本当に思う」 医療において心の力を利用するということになると，医学界のいくらかの人たちの考え方を変えるために，まだするべき仕事があると思われる。カプチャクは言う。「問題は，どのようにしてシステムを変えるのかということである。時にはそれは科学であり，時にはそれは意志であり，時にはそれは想像力である」

◀解　説▶

A．(W)空所の前に were infected「感染した」があり，空所の後に a virus「ウイルス」があるので，4 の with を空所に入れると，were infected with a virus「ウイルスに感染した」となり，うまく意味がつながる。infect は「～に感染させる」という意の他動詞で，infect *A* with *B*「*A* に *B* を感染させる，うつす」となる。ついでながら，a virus responsible for the common cold「普通の風邪の原因であるウイルス」は a virus の後に which is が省略されていると考えてもよい。be responsible for ～「～の原因である」

(X)空所の前に cure us「私たちを治療する」があり，空所の後に some ailments「いくつかの疾患」という病気に関する言葉がある。よって，cure *A* of *B*「*A*（病人）の *B*（病気）を治療する，治す」という定型表現であると考える。よって，2 の of を空所に入れる。

(Y)空所の前に，are aware があるので，空所に 3 の of を入れると，be aware of ～「～を知っている，意識している」という意の定型表現になり，うまく論理が通る。空所を含む文の構造と内容に関して，be likely to *do*「～する可能性が大である」 part of the picture「全体像の一部」 空所を含む文には，that が 2 つあるが，両方とも関係代名詞である。先行詞は両方とも other biochemical processes「生化学的な他のプロセス」であることに注意。

(Z)空所に 4 の to を入れると，come down to ～「結局は～となる」という定型表現になる。

B．(a)pretty は「かわいらしい」という意の形容詞でよく用いられるが，この箇所では「かなり，相当，とても」という意の副詞であることに注意。

よって，意味が最も近いのは，4のvery「たいへん」である。2.「ほとんど〜ない」

(b)symptomsは「(病気の) 症状，徴候」という意の名詞で，これに意味が最も近いのは，4のsigns「しるし，徴候」である。1.「原因」 2.「治療」 3.「抵抗」

(c)revealedはreveal「〜を明らかにする」という意の他動詞の過去形で，これに意味が最も近いのは，3のdisclosed「〜を明らかにした，暴いた」である。1.「〜を隠した」 2.「〜を批判した」 4.「〜を変装させた，隠した」

(d)managingはmanage「〜を管理する」という意の他動詞の動名詞である。この単語に意味が最も近いのは，1のcontrolling「〜をコントロールすること」である。2.「〜を養育すること，発展させること」 3.「〜を提供すること」 4.「〜を追うこと，実行すること」 ついでながら，do a better job of managing stressの直訳は「ストレスを管理するよりよい仕事をする」であるが,「ストレスを管理することがうまい」ということである。

(e)strainは「緊張，重圧，負担」という意味の多義語で，4のpressure「圧力，重圧」が意味の上で最も近い。strain on 〜「〜への負担」 1.「非難」 2.「依存」 3.「知識」 ついでながら，下線部を含む文の構造と内容に関して，such as strain on the internal organs「内臓器官への負担のような」は，前後にコンマもあり挿入語句だと考える。that takes place under long-term stress「長期にわたるストレスで生じる」が関係代名詞thatによって，the general wear and tear on the body「一般的な身体の疲弊や消耗」を修飾する。wear and tear on 〜は「〜への疲弊や消耗」という意の定型表現である。

(f)numbing「〜を弱めること」は，numb「〜を弱める，鈍らせる」という意の他動詞の動名詞である。よって，最も意味が近いのは2のeasing「〜を和らげること」である。easingはease「〜を和らげる，取り除く」という意の他動詞の動名詞である。1.「〜を数えること，当てにすること」 3.「〜を伸ばすこと，拡張すること」 4.「〜を繰り返すこと」

(g)bizarrelyは「奇妙なことだが」という意の文修飾副詞である。この単語に最も意味が近いのは，3のstrangely「奇妙にも，不思議なことに」

である。1．「幸運にも」　2．「当然ながら，自然に」　4．「突然」

(h)consistentlyは「一貫して，絶えず」という意の副詞で，この単語に最も意味が近いのは，1のalways「いつも」である。2．「不規則に，ふぞろいに」 irをとればregularly「規則的に，定期的に，いつも」という反意語になる。3．「不承不承，いやいやながら」　4．「一時的に」

(i)subdueは「～を制圧する，抑制する，和らげる」という意の他動詞で，直後にpain「痛み」があるので，ここでは「～を和らげる」という意である。この単語に最も意味が近いのは，2のdecrease「～を減らす」である。1．「～を始める」　3．「～を楽しませる」　4．「～を増やす」

(j)modifiableはmodify「～を変更する，修正する」という動詞から派生した形容詞で，「変えることができる」という意である。この単語に最も意味が近いのは，1のadjustable「調整できる」というadjust「～を調整する」から派生した形容詞である。2．「耐えられない」 この単語の最初のinをとれば反意語のtolerable「耐えることのできる」になる。3．「変更できない，元に戻せない」 この単語の最初のirをとれば反意語のreversible「裏返しにできる，逆にできる，元に戻せる」になる。ついでながら，動詞はreverse「～を元に戻す」である。4．「正当だと認められる」 justify「～を正当だと認める，正当化する」という動詞の形容詞形である。

(k)harnessing「～を利用すること」は，harness「～を利用する」という意の他動詞の動名詞である。よって，この単語に意味が最も近いのは2のmaking use of「～を利用すること」である。make use of～は「～を利用する」という意の定型表現。1．「～と接触すること」 keep in touch with～は「～と接触する，連絡を取り合う」という意の定型表現。3．「～に耐えること」 put up with～は「～に耐える」という意の定型表現。4．「～の基本的な姿勢を作ること」

C．(ア)「～に取り組むこと」 get to grips with～は「～に取り組む，～を理解する」という意の定型表現で，come to grips with～という形でも用いられる。この波線部の意味を最も的確に示すのは，2の「～を十分に把握すること」である。1．「～をすっかり忘れること」　3．「～をある程度感じること」　4．「～を部分的に助けること」 ちなみに，この波線部の直後のwhat's going onは「起こっていること」という意味である。

go on「生じる，起こる」

(イ)「体がうまく機能する仕組み」 biology は通例「生物学，生態」という訳をするが，「仕組み」と言い換えればわかりやすい。functioning は function「機能する」という動詞の動名詞。この波線部の意味を最も的確に示すのは，4の「健康なときの私たちの身体の働き方」である。the way の後に in which が省略されていることに注意。1.「肉体運動についてのデータ」 2.「学問としての生物学の有効性」 3.「善良でいることが健康上のメリットがある点」 the way の後に in which の省略あり。

D．まず，空所(あ)の前に have があり，空所の後に接続詞だと考えられる that があるので，空所(あ)に過去分詞が入り現在完了ではないかと見当をつける。過去分詞だと考えられる動詞は4の paired と5の shown なので，空所(あ)に shown が入ると考えると，Studies have shown that ～で「いくつかの研究は～のことを示している」となり，意味をなす。次に，空所(い)の前に is があるので，空所(い)に4の paired を入れると，is paired「組み合わされる」となる。次に pair には pair *A* with *B*「*A* と *B* を組み合わせる」という定型表現があるので，空所(う)に7の with を入れると，when a medical treatment is paired with something else「医療が他の何かと組み合わされると」となり，うまく意味が通じる。空所(え)に何が入るかわからないので，空所(お)に入る単語を探すことにする。空所の前に the same があるので，the same *A* as *B*「*B* と同じような *A*」を思い出して，空所(お)に1の as を入れる。最後に空所(え)に戻り，残った選択肢の at と because と that の3個の単語のうちどれが空所(え)に入るかを考える。空所(え)の前に when a medical treatment is paired with something else という従属節があるので，3の because という接続詞が入ることはない。よって，残りの at と that のどちらが入るかを考えて，6の that を空所に入れると，that something else「他のその何か」となり，うまくまとまる。that は「その，あの」という意の指示形容詞であることに注意。よって，次のような文となる。

(Studies have) shown (that when a medical treatment is) paired <u>with</u> (something else, such as a sweet or a smell,) that (something else can produce the same effect) <u>as</u> (the medicine after a while.)「医療がお菓子や匂いのような他の何かと組み合わされると，他のその何

かはしばらくしてその薬と同じような効果を生み出す可能性があると，いくつかの研究は示している」

E．1．「1920年代と1930年代に，アメリカの心理学者たちは，修道女たちがいかに積極的で幸せであるかを評価するために180人の修道女たちと面接した」 第2段第2・3文（In the US, … those who weren't.）を基にすると，in their 20s and 30s は「1920年代と1930年代に」という意味ではなくて，「20代と30代の」という意味である。また，心理学者たちが「修道女と面接した」のではなく，「修道女の日記を分析した」と上記の第2文に記されている。よって，本文の意味・内容と矛盾する。

2．「医学界におけるいくらかの疑いにもかかわらず，増加する科学的な証拠は，人々は楽観的であればあるほどより長生きする傾向があることを示唆している」 despite は「～にもかかわらず」という意の前置詞。the medical community「医学界」 the＋比較級～，the＋比較級…「～すればするほど，ますます…」 tend to *do*「～する傾向がある」 冒頭の「医学界におけるいくらかの疑いにもかかわらず」は，第3段第1文（In spite of such studies, …）の「そのような研究にもかかわらず，医学界には，心が健康に及ぼす影響は決定的に懐疑的だとする人たちもいるのだ」という記述に合致している。in spite of ～「～にもかかわらず（＝despite）」 the influence of *A* over *B*「*A* が *B* に及ぼす影響」 この文の構造はSVOCで，leave O C は「OをCのままにしておく」。残りの部分は，第4段最終文（In the research, …）のローラ＝クブザンスキー博士の最新の研究の記述と合致する。

3．「ローラ＝クブザンスキー博士は，医学の研究者たちが健康よりも病気を理解することにより関心がある傾向があるのは問題だと考えている」 文構造はSVOCであり，it は形式目的語で that 以下が真目的語である。第6段第2～4文（Part of the problem is that … positive biology has come."）と合致する。

4．「プラセボ効果は，患者をもっと楽観的に感じさせる有効成分を含む精神の健康のための薬で生み出される」 a mental health medication「精神の健康のための薬」 an active ingredient「有効成分」 第7段第2文（Here, when someone takes medication …）に「砂糖の錠剤のような有効成分がない薬を人が飲む」と記されているので，「有効成分を含む精神の健康のための薬」という記述は，本文の内容に矛盾する。

5.「テッド＝カプチャク博士は，ボランティアが受け取る予定の錠剤は過敏性腸症候群の治療のために開発された錠剤であるとボランティアに言った」 第8段第2文（But Dr Ted Kaptchuk, a placebo researcher …）が示しているように，テッド＝カプチャク博士は「過敏性腸症候群の治療のために開発された錠剤」ではなく，偽薬を与えるつもりだとボランティアに言ったのである。よって，本文の内容と矛盾する。

6.「クブザンスキー博士は，すべての人がもっと楽観的であり，それゆえ今日の人々よりももっと健康であるユートピアで，私たちはまもなく生活することができると信じている」 最終段第3～5文（"It's not easily modifiable," … we'd all be in utopia.）と矛盾する。もっと楽観的になるよう考え方を変えることはそんなに簡単ではないと記されている。最終段第5文（If it was that easy …）は仮定法なので，「そんなに簡単ではないので，ユートピアに住むことはできない」という意味が裏にある。

III 解答

A. (a)－4　(b)－2　(c)－6　(d)－10　(e)－1　(f)－3　(g)－7　(h)－8

B.〈解答例〉If you serve something as nice as this lemonade, you should have as many people as possible enjoy it.

◆全　訳◆

≪叔母の家の近くにある大学へ進学≫

（ルイスは，叔母のシーラの家を訪れる。）

シーラ：来てくれて本当にありがとう。あなたが私たちの家からほんの数マイルのところにあるウエストカントリー大学で勉強することを決めたとき，あなたの叔父さんと私は2人ともとても嬉しかったのよ。本当に気楽にしてね。

ルイス：ありがとう。実際，叔母さんたちがこんなに近くにいるなんて知らなかったよ。バスでたった20分だったし，バス停は僕が住んでいる学生寮のすぐ隣だよ。

シーラ：それに，歩いたり自転車で来たりするのも簡単よ。ハングマンズヒル一帯には素敵な散歩道があるのよ。そして，どうぞいつでも来てちょうだい。あなたの従妹のブレンダが結婚したので，ほとんどいつも予備の寝室が使えるわ。もし夜に泊まりたいならばということだけど。

ルイス：ありがとう。本当にありがとう。

シーラ：さて，今日のことなんだけど，だいたい 40 分で昼食だわ。その時までにはあなたの叔父さんが魚釣りから戻ってくるはずなの。でも，さしあたり，飲み物はいかが？　一杯の紅茶，どうかな？それともコーヒー？

ルイス：うーん，ええっと，むしろ何か冷たいものが飲みたいな。もし何かあればだけれど。

シーラ：ええ，もちろんよ。素敵なスパークリングアップルジュースがいくらかあるわ。私たちはランチで飲むつもりなの。そしてそれから，ジンジャーエール，オレンジジュース，そして，もちろん，水もあるわ。あっ，言うまでもなく，叔父さんの手作りのレモネードがあるわ。

ルイス：ええっと，レモネードを選ばなくちゃいけないね。叔父さんがまだレモネードを作っているとは知らなかったよ。ああ，それで過去のいろいろな思い出がよみがえってくるよ。僕らが子どもだったときのことを思い出すよ。よく叔母さんのところにやって来たね。いつもレモネードがあったね。

シーラ：そうよ，あなたのいとこたちが子どもだったとき，叔父さんがレモネードを作り始めたのよ。最初は，叔父さんは，店屋にある子ども用の飲み物の添加成分が気に入らなかったためなのよ。何しろ，化学物質がいろいろだものね。そして多量の砂糖も。そうは言っても，みんなレモネードが好きだったのよ。だから，叔父さんはそれを作り続けたの。とにかく，さあどうぞ。

(叔母さんはルイスにグラス一杯のレモネードを手渡し，ルイスは飲む。)

ルイス：ああ，そうだった。相変わらずとてもおいしいな。あのねえ，本当に今まで飲んだ中で最もさわやかな飲み物の一つだよ。叔母さんとフレッド叔父さんはカフェを開いてレモネードを店で売るべきだよ。このレモネードほど美味しいものがあるならば，できるだけ多くの人に楽しんでもらうほうがよいでしょう。

シーラ：数年前に，叔父さんはレモネードを売る可能性について実際話していたのよ。でも，叔父さんのレシピは少量を作るにはうまくいくけれども，もし商業ベースの量を作るならば，そんなにうまくいかないかもしれないと判断したのよ。その上，レモネードは7日以内に飲まなければならないの。ついでながら，よければ，いくらか大学へ持っていくことができるよ。

ルイス：そうしたいな。あのねえ，普通，僕は多量の水を飲むんだけど，学生寮の水は本当に相当ひどい味がするんだ。水の代わりになるものがあればすばらしいよ。

シーラ：おやまあ，ルイス，私たちはレモネードについてずっと話していたわ。まだ私は大学についてあなたに尋ねてさえいなかったわ。ウエストカントリー大学ではうまくやっているの？

ルイス：これまでは本当にうまくいっているよ。そうは言っても，もちろん，2週間大学に通っているだけだよ。

◀解　説▶

A. (a)シーラの発言の冒頭の「来てくれて本当にありがとう」という言葉を基にして，4の「本当に気楽にしてね」という訪問者を和ませる表現を空所に入れると，空所直後の「ありがとう」というルイスの発言にうまくつながる。it is nice of you to *do*「～してくれてありがとう」 make yourself at home は「気楽にして」という定型表現。文頭の Do は強意表現。空所の直前の「あなたが私たちの家からほんの数マイルのところにあるウエストカントリー大学で勉強することを決めた」という言葉を基にして，2の「それに，歩いたり自転車で来たりするのも簡単よ」を選ぶと，空所直後の「ありがとう」というルイスの発言にうまくつながらない。

(b)空所直前の「実際，叔母さんたちがこんなに近くにいるなんて知らなかったよ。バスでたった20分だったし，バス停は僕が住んでいる学生寮のすぐ隣だよ」というルイスの発言を基にして，空所に2の「それに，歩いたり自転車で来たりするのも簡単よ」を選べば，空所の後の「ハングマンズヒル一帯には素敵な散歩道があるのよ」とつながって，話の筋が通る。bicycle は「自転車で来る」という意の自動詞。

(c)紅茶かコーヒーはいかがというシーラ叔母さんの言葉を受けて，空所直前でルイスが「うーん，ええっと，むしろ何か冷たいものが飲みたいな」と返答している。この発言につながるものとして，6の「もし何かあればだけれど」を空所に入れると，次のシーラの「ええ，もちろんよ」で始まる発言の内容に合致する。would rather *do*「むしろ～したい」

(d)空所直前でルイスが「叔父さんがまだレモネードを作っているとは知らなかったよ」と発言し，「まだ」という過去からの時間の経過を連想させる言葉を使っている。さらに，空所直後の「僕らが子どもだったときのことを思い出すよ。よく叔母さんのところにやって来たね。いつもレモネードがあったね」というルイスの発言から，はっきりと過去を振り返っていることがわかる。よって，空所に 10 の「ああ，それで過去のいろいろな思い出がよみがえってくるよ」を選べば，全体的に話がうまく流れる。選択肢 10 の that という指示代名詞は「叔父さんがまだレモネードを作っていること」を受けると考えればよい。I remember when we were children「僕らが子どもだったときのことを思い出すよ」 when は関係副詞で先行詞 the time や the period が省略されていると考える。bring back ～「～を思い出させる」 used to *do*「よく～したものだ」

(e)空所の前で，市販の飲み物には添加物がいろいろ入っているので，それを嫌って叔父さんがレモネードを作り始めたと，シーラ叔母さんが説明している。be not happy with ～「～が気に入らない，不満である」 その流れで，空所直前に「何しろ，化学物質がいろいろだものね」という叔母さんの発言がある。この発言に続くものとして，空所に 1 の「そして多量の砂糖も」を入れると，話の流れに合う。空所の後に But then「そうは言っても，しかし一方では」という意の対比を示す定型表現があり，市販の飲み物と手作りのレモネードを対比して「そうは言っても，みんなレモネードが好きだったのよ」とうまく話がつながる。it は「(叔父さんの)レモネード」を受ける。

(f)空所の直前に「叔父さんのレシピは少量を作るにはうまくいくけれども，もし商業ベースの量を作るならば，そんなにうまくいかないかもしれないと判断したのよ」という手作りのレモネードの不利な点が述べられている。この話の流れを基にして，空所に 3 の「その上，レモネードは 7 日以内に飲まなければならないの」を入れると，話がうまく流れる。空所の直後の「ついでながら，よければ，いくらか大学へ持っていくことができるよ」とも話の流れに合う。by the way は，「ところで」と新たな話題を持ち出したり，「ついでながら」と関連する情報を付け加えたりする場合に使われる（ここでは後者）。

(g)空所直前に「あのねえ，普通，僕は多量の水を飲むんだけど，学生寮の水は本当に相当ひどい味がするんだ」というルイスの発言がある。loads of ～「多量の～，多くの～」 pretty は「相当，かなり」という意の副詞。このような発言に結びつくものとして，空所に7の「水の代わりになるものがあればすばらしいよ」を選べば，ここまでの話の流れに合う。an alternative to ～「～の代わりになるもの」 空所直後に「おやまあ，ルイス，私たちはレモネードについてずっと話していたわ。まだ私は大学についてあなたに尋ねてさえいなかったわ」というシーラ叔母さんの発言があるが，これは話題の転換を示し，会話の流れがレモネードからルイスの大学生活へと移っている。Goodness me.「おやまあ，しまった（＝My goodness.)」

(h)空所直前の「ウエストカントリー大学ではうまくやっているの？」というシーラの発言を基にして，空所に8の「これまでは本当にうまくいっているよ」という返答を入れると，空所直後の「そうは言っても，もちろん，2週間大学に通っているだけだよ」と，うまく話がつながる。get on「うまくやる，何とかやっていく」 so far「これまでは」 but then「そうは言っても」

B．細かい日本語の表現にこだわらず日本文の内容を正確な英語で書くことが必要である。そのためには，文法的なミスをしないように自分がよく知っている単語を用いて，文脈を考えて英語に直すこと。本文中の日本語の直前に You and Uncle Fred should open a café and market it!「叔母さんとフレッド叔父さんはカフェを開いてレモネードを店で売るべきだよ」という文章があり，話の流れに注意する。market「～を店で売る」という意の動詞。「このレモネードほど～」は「このレモネードと同じぐらい～」と考えれば，as ～ as this lemonade となる。「このレモネードのような～」と考えれば，～ like this lemonade となる。「美味しいもの」は something nice〔good〕にする。「美味しい飲み物」と考えれば a nice〔good〕drink とする。すぐ心に浮かぶ delicious は「食べ物」と一緒によく用いられるので，「飲み物」の場合は通例用いない。「～があるならば」は「～を出すことができるならば」と考え，serve「～を出す」を用いて，if you serve ～ とする。あるいは「～を持っているかぎり」と考えれば，

as long as ～「～するかぎり」という定型表現を用いて，as long as you have ～ とする。よって，「このレモネードほど美味しいものがあるならば」は，if you serve something as nice as this lemonade あるいは if you serve a nice drink like this lemonade もしくは as long as you have a nice drink like this lemonade となる。次に後半の日本語の英訳に移る。「できるだけ多くの人」は as ～ as possible「できるだけ～」という定型表現を用いて as many people as possible とする。people を as ～ as の間に入れることに注意。「～するほうがよいでしょう」は，提案と考える。よって，「できるだけ多くの人に楽しんでもらうほうがよいでしょう」は，you should have as many people as possible enjoy it となる。

❖講　評

2023年度も例年通り，やや長めの長文読解問題が2題，会話文の問題が1題の合計3題の出題であった。

Ⅰは「退役予定のISSの落下が地球に及ぼす影響」に関する論説文。Aは前後の文脈を読み取って答える空所補充問題である。BとCは同意語句の選択問題であるが，Cの方が問われている箇所が少し長い。どちらも標準的な問題である。Dは語の並べ替えの空所補充問題である。Eは，本文の内容に合致する選択肢3つを選ぶ内容真偽問題で，これも標準的である。Fは英文和訳問題で標準的である。

Ⅱは「楽観的な考え方が健康増進へ与える影響」に関する論説文。Aは前後の文脈を読み取って答える空所補充問題で，Bは同意語句を問う問題である。Cは文脈の理解をもとにした同意表現を問う問題である。やや難しい小問もあるが，一般的に難度は高くなく，標準的である。Dは語の並べ替えの空所補充問題で，標準的である。Eは本文の内容に合致する選択肢2つを選ぶ内容真偽問題である。

Ⅲは「叔母の家の近くにある大学へ進学」という会話文問題である。叔母夫婦の近くの大学へ進学したルイスが叔母を訪ね，叔母との会話の中で過去のレモネードに関する思い出がよみがえってくるという筋の会話形式の問題である。Aは8カ所の空所に10個の選択肢から1つを選んでいくという空所補充問題で，難度は標準的だと考えられる。Bの和文英訳は，2行ほどの日本語を英訳する問題で，この問題も標準的である。英作文では，日本語にあまりとらわれることなく，自分が自信を持って用いることのできる語彙や構文を用いて英文に直すことが重要で，文法的な間違いやケアレスミスをしないように気をつけてほしい。

全体として，出題傾向はほぼ例年通りで，難度も2022年度とほぼ同様であると思われる。受験生に高い英語力を求めているのも例年同様なので，過去問をしっかり研究して，十分に対策をとって臨みたい。

数学

Ⅰ　解答

(1)ア．$\frac{1}{9}$　イ．$\frac{61}{81}$　ウ．$-\frac{1}{3}$

エ．$\frac{3}{4}\left\{1-\left(-\frac{1}{3}\right)^{n+1}\right\}$　オ．$\frac{61}{324}\left\{1-\left(-\frac{1}{3}\right)^{n}\right\}$

(2)カ．$\sqrt{3}$　キ．$\frac{1}{2}$　ク．$\frac{1}{12}$　ケ．$3\sqrt{2}$　コ．$2\sqrt{3}$

◀解　説▶

≪小問2問≫

(1)　1個のさいころを投げる試行において

　　事象A：1または2の目が出る

　　事象B：3以上の目が出る

とする。

p_1 は1回目に事象Bが起こる確率であるので　　$p_1=\frac{2}{3}$

p_2 は1回目と2回目に事象Bが起こるか，または，1回目に事象Aが起こる確率であるので

$$p_2=\left(\frac{2}{3}\right)^2+\frac{1}{3}=\frac{7}{9}$$

よって

$$p_2-p_1=\frac{7}{9}-\frac{2}{3}=\frac{1}{9}\quad \to ア$$

一般に，得点の合計が途中でちょうど $n+2$ 点となるのは

(i)得点の合計がちょうど n 点となった次の試行で事象Aが起こる

(ii)得点の合計がちょうど $n+1$ 点となった次の試行で事象Bが起こる

のいずれかの場合である。

(i)，(ii)は互いに排反であるので

$$p_{n+2}=\frac{2}{3}p_{n+1}+\frac{1}{3}p_n\quad \cdots\cdots①$$

が成り立つ。

①に，$n=1$ を代入して

$$p_3=\frac{2}{3}p_2+\frac{1}{3}p_1=\frac{2}{3}\times\frac{7}{9}+\frac{1}{3}\times\frac{2}{3}=\frac{20}{27}$$

$n=2$ を代入して

$$p_4=\frac{2}{3}p_3+\frac{1}{3}p_2=\frac{2}{3}\times\frac{20}{27}+\frac{1}{3}\times\frac{7}{9}=\frac{61}{81}\quad\rightarrow イ$$

また，①は

$$p_{n+2}-p_{n+1}=\left(\frac{2}{3}p_{n+1}+\frac{1}{3}p_n\right)-p_{n+1}$$

$$=-\frac{1}{3}(p_{n+1}-p_n)$$

と変形できるので

$$a=-\frac{1}{3}\quad\rightarrow ウ$$

これより，数列 $\{p_{n+1}-p_n\}$ は公比 $-\frac{1}{3}$ の等比数列であり，初項は

$p_2-p_1=\frac{1}{9}$ より

$$p_{n+1}-p_n=\frac{1}{9}\times\left(-\frac{1}{3}\right)^{n-1}=\left(-\frac{1}{3}\right)^{n+1}\quad\cdots\cdots②$$

さらに，①は

$$p_{n+2}+\frac{1}{3}p_{n+1}=\left(\frac{2}{3}p_{n+1}+\frac{1}{3}p_n\right)+\frac{1}{3}p_{n+1}$$

$$=p_{n+1}+\frac{1}{3}p_n$$

と変形できるので，数列 $\left\{p_{n+1}+\frac{1}{3}p_n\right\}$ は定数数列となり

$$p_{n+1}+\frac{1}{3}p_n=p_2+\frac{1}{3}p_1=\frac{7}{9}+\frac{1}{3}\times\frac{2}{3}=1\quad\cdots\cdots③$$

③−② より　$\frac{4}{3}p_n=1-\left(-\frac{1}{3}\right)^{n+1}$

よって　$p_n=\frac{3}{4}\left\{1-\left(-\frac{1}{3}\right)^{n+1}\right\}$　→エ

一方，n が 2 以上の自然数のとき，得点の合計が途中で，ちょうど n 点となることなくちょうど $(n+5)$ 点となるのは，途中で $(n-1)$ 点となり，

その直後の試行で事象 A が起こり，その後の何回かの試行で合計 4 点を得る場合であるので

$$q_n=p_{n-1}\times\frac{1}{3}\times p_4$$
$$=\frac{3}{4}\left\{1-\left(-\frac{1}{3}\right)^n\right\}\times\frac{1}{3}\times\frac{61}{81}$$
$$=\frac{61}{324}\left\{1-\left(-\frac{1}{3}\right)^n\right\}\quad\to オ$$

(2)　-8 の 3 乗根を z とすると，$z^3=-8$ より

$$(z+2)(z^2-2z+4)=0$$
$$z=-2,\ 1\pm\sqrt{3}i$$

よって，$\alpha=1+\sqrt{3}i$ となるので，α の虚部は　$\sqrt{3}$　→カ

次に，$4\alpha+(\sqrt{3}-2+i)\beta=(\sqrt{3}+2+i)\gamma$ より

$$\{(\sqrt{3}+2+i)-(\sqrt{3}-2+i)\}\alpha+(\sqrt{3}-2+i)\beta=(\sqrt{3}+2+i)\gamma$$
$$(\sqrt{3}-2+i)(\beta-\alpha)=(\sqrt{3}+2+i)(\gamma-\alpha)$$

よって

$$\frac{\gamma-\alpha}{\beta-\alpha}=\frac{\sqrt{3}-2+i}{\sqrt{3}+2+i}$$
$$=\frac{\sqrt{3}-2+i}{\sqrt{3}+2+i}\times\frac{\sqrt{3}+2-i}{\sqrt{3}+2-i}$$
$$=\frac{(\sqrt{3})^2-(2-i)^2}{(\sqrt{3}+2)^2-i^2}$$
$$=\frac{4i}{8+4\sqrt{3}}$$
$$=\frac{i}{2+\sqrt{3}}\times\frac{2-\sqrt{3}}{2-\sqrt{3}}$$
$$=(2-\sqrt{3})i$$

$i=\cos\frac{\pi}{2}+i\sin\frac{\pi}{2}$ であるので

$$\frac{\gamma-\alpha}{\beta-\alpha}=(2-\sqrt{3})\left(\cos\frac{\pi}{2}+i\sin\frac{\pi}{2}\right)$$

したがって，△ABC は $\angle\mathrm{A}=\frac{\pi}{2}$ の直角三角形であり，$\frac{\mathrm{AC}}{\mathrm{AB}}=2-\sqrt{3}$ で

ある。

すなわち，∠A の大きさは　$\frac{1}{2}\pi$　→キ

また，$\tan\angle B=\frac{AC}{AB}=2-\sqrt{3}$ であり

$$\tan 2\angle B=\frac{2\tan\angle B}{1-\tan^2\angle B}$$
$$=\frac{2(2-\sqrt{3})}{1-(2-\sqrt{3})^2}$$
$$=\frac{1}{\sqrt{3}}$$

$0<\angle B<\frac{\pi}{2}$ より　$2\angle B=\frac{\pi}{6}$

よって，∠B の大きさは　$\frac{1}{12}\pi$　→ク

次に，△ABC の外接円の中心を O とすると，$\angle AOC=2\times\angle B=\frac{\pi}{6}$ であるので，△OAC において，余弦定理を用いると

$$CA^2=OA^2+OC^2-2\times OA\times OC\times\cos\frac{\pi}{6}$$

ここで，△ABC の外接円の半径は

$$OA=OC=\frac{1}{2}BC=\frac{1}{2}|\beta-\gamma|=\frac{1}{2}\times 4\sqrt{3}=2\sqrt{3}$$

であるので

$$CA^2=(2\sqrt{3})^2+(2\sqrt{3})^2-2\times 2\sqrt{3}\times 2\sqrt{3}\times\frac{\sqrt{3}}{2}$$
$$=12+12-12\sqrt{3}=24-12\sqrt{3}$$

これより

$$CA=\sqrt{24-12\sqrt{3}}=\sqrt{6}\times\sqrt{4-2\sqrt{3}}$$
$$=\sqrt{6}\times\sqrt{(\sqrt{3}-1)^2}=\sqrt{6}\times(\sqrt{3}-1)$$
$$=3\sqrt{2}-\sqrt{6}$$

よって　$|\alpha-\gamma|=CA=3\sqrt{2}-\sqrt{6}$　→ケ

△ABC の外接円の半径は　$2\sqrt{3}$　→コ

II

解答　(1)　$\begin{cases} y=x^2 & \cdots\cdots① \\ y=ax+b & \cdots\cdots② \end{cases}$

①，②を連立して，y を消去すると

$$x^2-ax-b=0$$

この2次方程式の2解が α，β であるので，解と係数の関係より

$$\alpha+\beta=a,\ \alpha\beta=-b$$

よって　　$a=\alpha+\beta$，$b=-\alpha\beta$　……(答)

(2)　図形 D の面積は

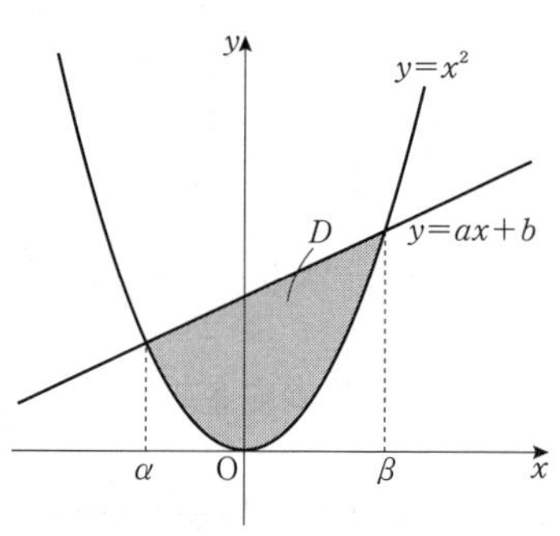

$$\int_\alpha^\beta\{(ax+b)-x^2\}dx$$

$$=-\int_\alpha^\beta(x^2-ax-b)dx$$

$$=-\int_\alpha^\beta\{x^2-(\alpha+\beta)x+\alpha\beta\}dx$$

$$=-\int_\alpha^\beta(x-\alpha)(x-\beta)dx$$

$$=\frac{1}{6}(\beta-\alpha)^3$$

となるので，$\dfrac{1}{6}(\beta-\alpha)^3=36$ より

$$(\beta-\alpha)^3=216$$

$\beta-\alpha$ は実数であるので　　$\beta-\alpha=6$　……(答)

(3)　$V=\pi\displaystyle\int_\alpha^\beta(ax+b)^2dx-\pi\int_\alpha^\beta(x^2)^2dx$

$$=\pi\int_\alpha^\beta(a^2x^2+2abx+b^2-x^4)dx$$

$$=\pi\times\left[\frac{1}{3}a^2x^3+abx^2+b^2x-\frac{1}{5}x^5\right]_\alpha^\beta$$

$$=\pi\times\left\{\frac{a^2}{3}(\beta^3-\alpha^3)+ab(\beta^2-\alpha^2)+b^2(\beta-\alpha)-\frac{1}{5}(\beta^5-\alpha^5)\right\}$$

ここで，$c=\dfrac{\alpha+\beta}{2}$ より　　$\alpha+\beta=2c$

これと $\beta-\alpha=6$ より，$\alpha=c-3$，$\beta=c+3$ が得られるので

$$\beta^2-\alpha^2=(c+3)^2-(c-3)^2=12c$$

$$\beta^3-\alpha^3=(c+3)^3-(c-3)^3=18c^2+54$$

$$\beta^5-\alpha^5=(c+3)^5-(c-3)^5$$
$$=(c^5+{}_5\mathrm{C}_1\times c^4\times 3+{}_5\mathrm{C}_2\times c^3\times 3^2+{}_5\mathrm{C}_3\times c^2\times 3^3+{}_5\mathrm{C}_4\times c\times 3^4+3^5)$$
$$-(c^5-{}_5\mathrm{C}_1\times c^4\times 3+{}_5\mathrm{C}_2\times c^3\times 3^2-{}_5\mathrm{C}_3\times c^2\times 3^3+{}_5\mathrm{C}_4\times c\times 3^4-3^5)$$
$$=2\times(5\times c^4\times 3+10\times c^2\times 3^3+3^5)$$
$$=6(5c^4+90c^2+81)$$

また，(1)の結果より

$$a=\alpha+\beta=2c,\quad b=-\alpha\beta=-(c-3)(c+3)=9-c^2$$

であるので

$$V=\pi\times\left\{\frac{(2c)^2}{3}\times(18c^2+54)+2c(9-c^2)\times 12c\right.$$
$$\left.+(9-c^2)^2\times 6-\frac{1}{5}\times 6(5c^4+90c^2+81)\right\}$$
$$=\pi\times\left\{(24c^4+72c^2)+(216c^2-24c^4)\right.$$
$$\left.+(486-108c^2+6c^4)-\left(6c^4+108c^2+\frac{486}{5}\right)\right\}$$
$$=\pi\times\left(72c^2+\frac{1944}{5}\right)\quad\cdots\cdots(答)$$

したがって，$c=0$ のとき，つまり $\alpha=-3$，$\beta=3$ のとき V は最小となり，

V の最小値は　$\dfrac{1944}{5}\pi$　……(答)

◀解　説▶

≪放物線と直線で囲まれた図形の面積，回転体の体積と最小値≫

(1)　$y=x^2$ と $y=ax+b$ を連立して得られた 2 次方程式の 2 解が α，β であるので，解と係数の関係を用いて a，b をそれぞれ α と β を用いて表す。

(2)　図形 D の面積は，$\displaystyle\int_\alpha^\beta\{(ax+b)-x^2\}dx$ と表すことができるので，この値が 36 となればよい。$\displaystyle-\int_\alpha^\beta(x-\alpha)(x-\beta)dx=\frac{1}{6}(\beta-\alpha)^3$ を用いる。

(3)　$\displaystyle V=\pi\int_\alpha^\beta(ax+b)^2dx-\pi\int_\alpha^\beta(x^2)^2dx$ である。$c=\dfrac{\alpha+\beta}{2}$ と(2)の結果を用いると，$\alpha=c-3$，$\beta=c+3$ となるので，予め $\beta^2-\alpha^2$，$\beta^3-\alpha^3$，$\beta^5-\alpha^5$ を c を用いて表し，また，(1)の結果から a，b もそれぞれ c を用いて表せるので，V を α，β を含まない c の式で表すことができる。

III **解答** (1)　$\overrightarrow{AM}=t\overrightarrow{AP}$ より

$$\overrightarrow{OM}-\overrightarrow{OA}=t(\overrightarrow{OP}-\overrightarrow{OA})$$

よって

$$\overrightarrow{OM}=(1-t)\overrightarrow{OA}+t\overrightarrow{OP}$$
$$=(-1+t,\ 0,\ 2-2t)+(tu,\ tv,\ 0)$$

これより　$\overrightarrow{OM}=(-1+(u+1)t,\ vt,\ 2-2t)$　……(答)

また，球面 S の方程式は，$x^2+y^2+z^2=1$ であるので，点 M が球面 S 上にあるとき

$$\{-1+(u+1)t\}^2+(vt)^2+(2-2t)^2=1$$

が成り立ち，これを整理すると

$$\{(u+1)^2+v^2+4\}t^2-2(u+5)t+4=0 \quad \cdots\cdots①$$

直線 AP が球面 S に接するための条件は，t についての 2 次方程式①が重解をもつことと同値であるので

$$判別式\ \frac{D}{4}=\{-(u+5)\}^2-\{(u+1)^2+v^2+4\}\times 4=0$$

これを展開して整理すると

$$3u^2-2u+4v^2-5=0$$

これより，点 P の軌跡 H の方程式は

$$3u^2-2u+4v^2-5=0 \quad \cdots\cdots(答)$$

(2)　球面 S は xy 平面に関して対称であるから，xy 平面に関して点 A と対称な点 B$(-1,\ 0,\ -2)$ を考える。

点 Q$(u,\ v,\ 0)$ とおくと，BQ 上の点は $(-1+(u+1)t,\ vt,\ -2+2t)$ と表せる。これが球面 S 上にあるとき

$$\{-1+(u+1)t\}^2+(vt)^2+(-2+2t)^2=1$$

が成り立つので，(1)と同様の計算過程をたどることになるので，点 Q の軌跡が H に一致する。

これより，求める点 B の 1 つは　　点$(-1,\ 0,\ -2)$　……(答)

(3)　(1)の結果の $3u^2-2u+4v^2-5=0$ を変形して

$$4v^2=-(3u^2-2u-5)$$
$$4v^2=-(3u-5)(u+1)$$

ここで，$4v^2\geqq 0$ であるので　　$(3u-5)(u+1)\leqq 0$

よって　$-1 \leqq u \leqq \frac{5}{3}$

これを満たす整数 u は　$u=-1,\ 0,\ 1$

(i) $u=-1$ のとき，$4v^2=0$ より，これを満たす整数 v は　$v=0$

(ii) $u=0$ のとき，$4v^2=5$ より，これを満たす整数 v は存在しない。

(iii) $u=1$ のとき，$4v^2=4$ より，これを満たす整数 v は　$v=\pm 1$

(i)～(iii)より，求める軌跡 H 上の格子点は

$(-1,\ 0,\ 0)$，$(1,\ 1,\ 0)$，$(1,\ -1,\ 0)$　……(答)

(4)　格子点 C，D，E を C$(-1,\ 0,\ -2)$，D$(1,\ 1,\ 0)$，E$(1,\ -1,\ 0)$ と定めると，直線 AC は z 軸に平行で，点 $(-1,\ 0,\ 0)$ を通るので，点 $(-1,\ 0,\ 0)$ において球面 S に接する。

直線 DE は y 軸に平行で，点 $(1,\ 0,\ 0)$ を通るので，点 $(1,\ 0,\ 0)$ において球面 S に接する。

点 C は(2)を満たす点であり，点 D，点 E は H 上の点であるので，直線 AD，AE，CD，CE はすべて球面 S に接する。

最後に，(iii)については，AC$=4$，DE$=2$，AD$=3$，AE$=3$，CD$=3$，CE$=3$ より，満たしている。

これより，条件(i)～(iii)を同時に満たす頂点 C，D，E の組の1つは

C$(-1,\ 0,\ -2)$，D$(1,\ 1,\ 0)$，E$(1,\ -1,\ 0)$　……(答)

◀解　説▶

≪直線と球面の接点の軌跡≫

(1)　$\overrightarrow{AM}=\overrightarrow{OM}-\overrightarrow{OA}$，$\overrightarrow{AP}=\overrightarrow{OP}-\overrightarrow{OA}$ と分解し，$\overrightarrow{OM}$ を求め，点 M の座標を u，v，t で表す。球面 S の方程式は $x^2+y^2+z^2=1$ であり，直線 AP が球面 S に接するためには，点 M の座標を代入して得られる t についての2次方程式が重解をもてばよい。

(2)　xy 平面に関して点 A と対称な点を B とすれば，(1)と同様の計算過程をたどることが確認できるので，点 Q の軌跡が H に一致する。

(3)　格子点であることから，(1)の結果より，整数 u の値の範囲を求め，整数 u の値を絞り込んでいく。

(4)　(2)，(3)の結果から条件(i)～(iii)を満たす頂点 C，D，E の候補の1つを考え，それが条件(i)～(iii)を満たしていることを確認する。

IV

解答 (1)　$g(t)=(1-2t^2)\sin t-t\cos t$ より

$$g'(t)=\{(-4t)\times\sin t+(1-2t^2)\times\cos t\}-\{1\times\cos t+t\times(-\sin t)\}$$
$$=-3t\sin t-2t^2\cos t\quad\cdots\cdots(答)$$

(2)　$t=\dfrac{\pi}{2},\ \dfrac{3}{2}\pi$ のとき，$g'(t)\neq0$ であるから

$$0<t<\frac{\pi}{2},\ \frac{\pi}{2}<t<\frac{3}{2}\pi,\ \frac{3}{2}\pi<t<\frac{5}{2}\pi\quad\cdots\cdots①$$

において，$g'(t)=-3t\sin t-2t^2\cos t=0$ とおくと，$\dfrac{2}{3}t=-\dfrac{\sin t}{\cos t}$ より

$$\frac{2}{3}t=-\tan t$$

ここで，$y=\dfrac{2}{3}t$　……②，$y=-\tan t$　……③ とおくと，$g'(t)=0$ の実数解の個数と②，③のグラフの共有点の個数は一致する。

②，③のグラフは次のようになるので，求める実数解の個数は 2 個。

……(答)

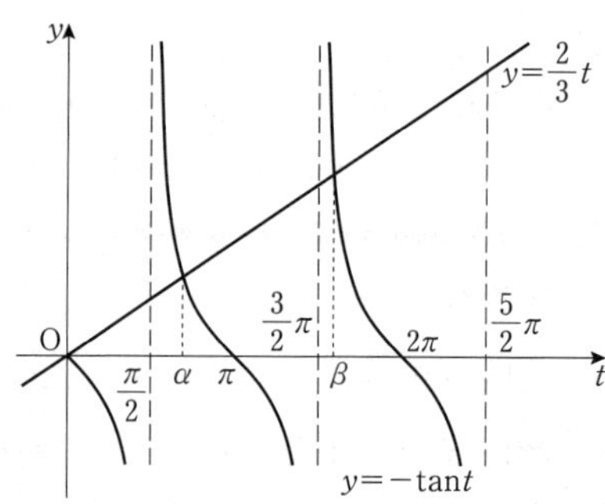

(3)　(2)の実数解を α，β $(\alpha<\beta)$ とすると

$$\frac{\pi}{2}<\alpha<\pi,\ \frac{3}{2}\pi<\beta<2\pi$$

である。また

$$g'(t)=3t\left(-\sin t-\frac{2}{3}t\cos t\right)$$
$$=3t\cos t\left(-\tan t-\frac{2}{3}t\right)$$

と変形できる。

$g'\left(\frac{\pi}{2}\right)=-\frac{3}{2}\pi<0$, $g'\left(\frac{3}{2}\pi\right)=\frac{9}{2}\pi>0$ であり，(2)の②，③のグラフと合わせて，$g(t)$ の増減表を作成すると，次のようになる。

t	(0)	$\cdots$	$\frac{\pi}{2}$	$\cdots$	α	$\cdots$	π	$\cdots$	$\frac{3}{2}\pi$	$\cdots$	β	$\cdots$	2π	$\cdots$	$\left(\frac{5}{2}\pi\right)$
$g'(t)$		$-$	$-$	$-$	0	$+$	$+$	$+$	$+$	$+$	0	$-$	$-$	$-$	
$g(t)$	(0)	↘		↘		↗	π	↗		↗		↘	-2π	↘	

$g(0)=0$, $g(\pi)=\pi>0$, $g(2\pi)=-2\pi<0$ であるので，$0<t<\frac{5}{2}\pi$ の範囲において，$g(t)=0$ の実数解の個数は 2 個。　……(答)

(4)　$\frac{\pi}{(2n+1)^2}=a$ とおくと，$t=ax^2$ であり

$$f_n(x)=\frac{1}{x}\sin(ax^2)$$

$$\frac{d}{dx}f_n(x)=\left(-\frac{1}{x^2}\right)\times\sin(ax^2)+\frac{1}{x}\times 2ax\cos(ax^2)$$

$$=-\frac{1}{x^2}\sin(ax^2)+2a\cos(ax^2)$$

$$\frac{d^2}{dx^2}f_n(x)=\frac{2}{x^3}\times\sin(ax^2)+\left(-\frac{1}{x^2}\right)\times 2ax\cos(ax^2)$$

$$-2a\times 2ax\sin(ax^2)$$

$$=\frac{2-4a^2x^4}{x^3}\sin(ax^2)-\frac{2a}{x}\cos(ax^2)$$

よって

$$x^3\frac{d^2}{dx^2}f_n(x)=2\{1-2(ax^2)^2\}\sin(ax^2)-2ax^2\cos(ax^2)$$

$$=2(1-2t^2)\sin t-2t\cos t$$

$$=2g(t)\quad\cdots\cdots(\text{答})$$

(5)　曲線 $y=f_n(x)$ の変曲点が $0<x<5$ の範囲にただ 1 つ存在するには，$\frac{d^2}{dx^2}f_n(x)$ の符号が変化する x の値が $0<x<5$ の範囲にただ 1 つ存在すればよい。

(4)の結果より，$t=\frac{\pi}{(2n+1)^2}x^2$ とおいたとき，$x^3\frac{d^2}{dx^2}f_n(x)=2g(t)$ で

あるので，$0<x<5$ つまり $0<t<\dfrac{25\pi}{(2n+1)^2}$ の範囲において，$g(t)$ の符号が1回だけ変化すればよい。

(i) $n=1$ のとき，$0<t<\dfrac{25}{9}\pi$ となり，$\dfrac{5}{2}\pi<\dfrac{25}{9}\pi$ であるので，(3)より，$g(t)$ の符号の変化は2回以上である。

(ii) $n=2$ のとき，$0<t<\pi$ となり，(3)より，$g(t)$ の符号の変化は1回だけである。

(iii) $n\geqq 3$ のとき，$0<t<\dfrac{25\pi}{(2n+1)^2}\leqq\dfrac{25}{49}\pi<\dfrac{3}{4}\pi$ となり

$$g\left(\frac{3}{4}\pi\right)=\left(1-\frac{9}{8}\pi^2\right)\times\frac{1}{\sqrt{2}}-\frac{3}{4}\pi\times\left(-\frac{1}{\sqrt{2}}\right)$$
$$=\frac{1}{8\sqrt{2}}(8-9\pi^2+6\pi)$$

$3<\pi<4$ であるので

$$8-9\pi^2+6\pi<8-9\times3^2+6\times4=-49<0$$

これより，$g\left(\dfrac{3}{4}\pi\right)<0$ となるので，(3)より，$g(t)$ の符号の変化は0回である。

以上(i)〜(iii)より，求める自然数 n は　　$n=2$　……(答)

◀解　説▶

≪微分と方程式の実数解，変曲点の存在条件≫

(1)　積の導関数の公式を利用する。

(2)　(1)で求めた $g'(t)$ に対して，t の方程式 $g'(t)=0$ を変形して，$g'(t)=0$ の実数解の個数を2つのグラフの共有点の個数としてとらえ直し，グラフを利用していく。

(3)　(2)で作成したグラフから $g'(t)$ の符号を求め，$g(t)$ の増減表を作成して，$g(t)=0$ の実数解の個数を求める。

(4)　簡単に計算するために，$\dfrac{\pi}{(2n+1)^2}=a$ とおいて，$f_n(x)$ を x で2回微分して，$\dfrac{d^2}{dx^2}f_n(x)$ を求めていく。

(5)　$\dfrac{d^2}{dx^2}f_n(x)$ の符号が変化する x の値が $0<x<5$ の範囲にただ1つ存

在するような自然数 n の値を求める。「$3<\pi<4$ を用いてよい」という問題文がヒントになっている。

❖講　評

Ⅰ(1)はさいころを投げたときの目の出方により得られる得点が異なる試行において，途中の得点の合計について問う問題である。内容としては隣接 3 項間の漸化式を導き，その一般項を求める問題であるので，理系としては完答したい問題である。(2)は複素数平面上の回転移動をもとにして三角形の形状を問う問題である。複素数平面の問題として頻出の形式の問題であるが，式変形等が少し複雑である。

Ⅱは積分法の面積・体積の問題である。放物線と直線で囲まれた図形の面積であるので，(1)・(2)は平易であるが(3)の回転体の体積については途中の計算や最後の答の形も複雑であり受験生も大変だっただろう。

Ⅲはベクトルを用いて空間における直線と球面の接点の軌跡を求める問題である。(1)～(4)の小問を誘導形式に設定した設問となっているが，正解に辿り着くには高いレベルの柔軟な考え方が必要とされており，難問の部類に属する問題である。

Ⅳは微分法を利用した方程式の実数解，変曲点の存在条件の問題である。計算が複雑で，また，考え方も高度なレベルが要求されているので，この問題も受験生にとって手強かっただろう。文字の置き換えや $3<\pi<4$ の利用の意図を深く考えていく必要がある。

Ⅰ～Ⅳを難易度で平易な方から並べると，Ⅰ・Ⅱ(標準)＜Ⅲ・Ⅳ(やや難から難) である。Ⅰの空所補充形式問題については，8 割程度の正解を目指し，Ⅱ～Ⅳの記述式問題については，全体で 5 割程度の点数を確保したいところである。また，微・積分法の問題を中心として，高い計算力が要求される問題が多い点も注意しておきたい。

物理

I

解答 (ア) $\dfrac{V}{e}$ (イ) $\dfrac{V^2}{2ge^2}$ (ウ) $\dfrac{1}{2}\left(\dfrac{1}{e}-1\right)MV^2$ (エ) $\dfrac{M}{M+m}V$

(オ) $\dfrac{Mm}{2(M+m)}V^2$ (カ) $\dfrac{M-m}{M+m}V$ (キ) $\dfrac{k}{M}x$ (ク) $-\dfrac{M+m}{Mm}kx$

(ケ) $2\pi\sqrt{\dfrac{Mm}{(M+m)k}}$

◀解 説▶

≪衝突で動き出した台車にばねでつながれた小物体の運動≫

(ア) 図1で右向きを正とする。衝突直前の速度を v_C とおいて，反発係数の公式を用いると

$$e=-\frac{V-0}{0-v_C} \qquad \therefore \quad v_C=\frac{V}{e}$$

(イ) 力学的エネルギー保存則が成立する。小球Cの質量を m_C，最初にCを置いた地点の水平面からの高さを h とおくと

$$m_Cgh=\frac{1}{2}m_Cv_C{}^2=\frac{1}{2}m_C\left(\frac{V}{e}\right)^2 \qquad \therefore \quad h=\frac{V^2}{2ge^2}$$

(ウ) まず，小球Cの質量 m_C を求める。運動量保存則より

$$m_Cv_C=MV \qquad \therefore \quad m_C=\frac{MV}{v_C}=\frac{MV}{\frac{V}{e}}=eM$$

小球Cの持っていた重力による位置エネルギーと台車Aの得た運動エネルギーの差を求めればよいので

$$m_Cgh-\frac{1}{2}MV^2=eMg\frac{V^2}{2ge^2}-\frac{1}{2}MV^2=\frac{1}{2}\left(\frac{1}{e}-1\right)MV^2$$

(エ) ばねが最も短くなるのは，台車Aと小物体Bが同じ速度 v になったときである。運動量保存則より

$$MV=(M+m)v \qquad \therefore \quad v=\frac{M}{M+m}V$$

(オ) 保存力である弾性力だけが水平方向の運動状態の変化に関与している

ので，エネルギー保存則が成立する。ばねに蓄えられる弾性エネルギーをUとすると

$$\frac{1}{2}(M+m)v^2+U=\frac{1}{2}MV^2$$

これより

$$\frac{1}{2}(M+m)\left(\frac{M}{M+m}V\right)^2+U=\frac{1}{2}MV^2$$

$$\therefore\quad U=\frac{Mm}{2(M+m)}V^2$$

(カ)　台車Aの速度が最小値V_Aをとるのは，ばねから左向きの弾性力を受けなくなった瞬間で（ばねが自然長になる），そのとき小物体Bは速度の最大値V_Bをとる。前述のように，この間，力学的エネルギー保存則が成立し，かつ運動量が保存しているので，V_A，V_Bは弾性衝突をした後の結果と等しくなる。

運動量保存則より　　$MV=MV_A+mV_B$

弾性衝突での反発係数の式より　　$1=-\frac{V_A-V_B}{V}$

以上の2式より　　$V_A=\frac{M-m}{M+m}V$

(キ)　台車Aについて加速度をαとした運動方程式$M\alpha=kx$より

$$\alpha=\frac{k}{M}x$$

(ク)　同様に，小物体Bについて加速度をβとした運動方程式$m\beta=-kx$より

$$\beta=-\frac{k}{m}x$$

台車Aから見た小物体Bの相対加速度aは

$$a=\beta-\alpha=-\frac{k}{m}x-\frac{k}{M}x=-\frac{M+m}{Mm}kx$$

得られた結果より，変位xの向きとは逆向きに変位xの大きさに比例した加速度となるので，台車Aから見た小物体Bの運動は単振動であることがわかる。

(ケ)　一般に単振動の角振動数をωとするとき，つり合いの位置からの変

位 x の位置での加速度 a は

$$a=-\omega^2 x$$

と表現できる。これと(ク)の結果を比べると，台車Aと小物体Bをつなぐばね振動の角振動数 ω は

$$\omega=\sqrt{\frac{M+m}{Mm}k}$$

と判断できる。これを用いて求める周期 T は

$$T=\frac{2\pi}{\omega}=2\pi\sqrt{\frac{Mm}{(M+m)k}}$$

II　解答

(ア) $-\dfrac{2mv}{qB}$　(イ) $\sqrt{v^2+\dfrac{2qEd}{m}}$

(ウ) $\dfrac{2m}{qB}\left(-v+\sqrt{v^2+\dfrac{2qEd}{m}}\right)$　(エ) $\dfrac{3mv^2}{2qd}$　(オ) $\dfrac{\pi m}{qB}$　(カ) $\dfrac{\pi^2 mE_z}{2qB^2}$

(キ) $\dfrac{3\pi^2 mE_z}{4qB^2}+\dfrac{2\pi E_z d}{3vB}$　(ク) 0

◀解　説▶

≪電場と磁場による物体の3次元運動≫

(ア)　領域3内で，荷電粒子は磁場からローレンツ力を受けて円運動する。回転半径の大きさを R_1〔m〕とおいた運動方程式は

$$m\frac{v^2}{R_1}=qvB$$

これより　　$R_1=\dfrac{mv}{qB}$〔m〕

ローレンツ力の向きはフレミングの左手の法則から常に進行方向に対して右側となるので，時計回りに回転する。求める座標 y_1〔m〕は

$$y_1=-2R_1=-\frac{2mv}{qB}\text{〔m〕}$$

(イ)　領域2では運動の方向に静電気力から仕事をされる。境界面Ⅰを通過するときの速さを v_1〔m/s〕とすると，運動エネルギーと仕事の関係より

$$\frac{1}{2}mv_1{}^2-\frac{1}{2}mv^2=qEd$$

これより　　$v_1=\sqrt{v^2+\dfrac{2qEd}{m}}$〔m/s〕

(ウ)　領域3の場合と同じようにローレンツ力により時計回りに円運動を行う。その回転半径の大きさ R_2〔m〕は(ア)と同じように考えて

$$R_2=\frac{mv_1}{qB}=\frac{m}{qB}\sqrt{v^2+\frac{2qEd}{m}}\text{〔m〕}$$

となる。これより，求める境界面Ⅰでの y 座標 y_2〔m〕は

$$y_2=y_1+2R_2=-\frac{2mv}{qB}+\frac{2m}{qB}\sqrt{v^2+\frac{2qEd}{m}}$$

$$=\frac{2m}{qB}\left(-v+\sqrt{v^2+\frac{2qEd}{m}}\right)\text{〔m〕}$$

(エ)　2度目に領域2を右に通過する際に電場から静電気力により $-qEd$〔J〕の仕事をされるので，領域3には初めの速さ v で進入し，再び半径 R_1 の円運動を行う。これより，原点を通過して領域2に入るためには $y_2=2R_1$ である必要があると判断できる。

$$\frac{2m}{qB}\left(-v+\sqrt{v^2+\frac{2qEd}{m}}\right)=\frac{2mv}{qB}$$

これより　$\sqrt{v^2+\frac{2qEd}{m}}=2v$

両辺を2乗して

$$v^2+\frac{2qEd}{m}=4v^2 \qquad \therefore \quad E=\frac{3mv^2}{2qd}\text{〔V/m〕}$$

(オ)　(ア)の考察より，荷電粒子の運動を xy 平面に投射した円運動の周期 T は

$$T=\frac{2\pi R_1}{v}=\frac{2\pi}{v}\frac{mv}{qB}=\frac{2\pi m}{qB}\text{〔s〕}$$

である（荷電粒子の速さ v に依存しないことに注意）。これより，領域3を半回転するのに要する時間 t_3〔s〕は

$$t_3=\frac{1}{2}T=\frac{\pi m}{qB}\text{〔s〕}$$

(カ)　領域3での荷電粒子の z 軸方向の運動は静電気力を受け等加速度運動となる。z 軸方向の加速度を a_z〔m/s^2〕とした運動方程式 $ma_z=qE_z$ より

$$a_z=\frac{qE_z}{m}\text{〔m/s}^2\text{〕}$$

原点での荷電粒子の速度の z 方向成分は 0 であるので，荷電粒子の境界面Ⅱでの z 軸方向への変位（座標）z_3〔m〕は

$$z_3=\frac{1}{2}a_z{t_3}^2=\frac{1}{2}\frac{qE_z}{m}\left(\frac{\pi m}{qB}\right)^2=\frac{\pi^2 mE_z}{2qB^2}\text{〔m〕}\quad\cdots\cdots①$$

(キ)　境界面Ⅱでの荷電粒子の z 軸方向の速度成分 v_z〔m/s〕は

$$v_z=a_zt_3=\frac{qE_z}{m}\times\frac{\pi m}{qB}=\frac{\pi E_z}{B}\text{〔m/s〕}$$

となる。さらに，領域 2 で x 軸方向に生じる加速度の大きさ a_x〔m/s^2〕は運動方程式と(エ)の結果を用いて

$$ma_x=qE$$

これより　　$a_x=\dfrac{qE}{m}=\dfrac{3v^2}{2d}$〔m/s^2〕

また，(エ)の考察で領域 1 での回転半径が領域 3 での回転半径の 2 倍であることと(ア)の考察から，領域 2 を通過し境界面Ⅰに達したときの速度の x 成分の大きさは $2v$〔m/s〕であると判断できる。

これらより，領域 2 を通過するのに要する時間 t_2〔s〕は，等加速度運動の公式を用いて

$$2v=v+\frac{3v^2}{2d}t_2$$

これより　　$t_2=\dfrac{2d}{3v}$〔s〕

と算出できる。これを用いて領域 2 で，z 軸方向の変位 z_2〔m〕は

$$z_2=v_z\times t_2=\frac{\pi E_z}{B}\times\frac{2d}{3v}=\frac{2\pi E_zd}{3vB}\text{〔m〕}\quad\cdots\cdots②$$

また，領域 1 では領域 3 と比べて電場の大きさが 2 倍で向きが逆となっているので，z 方向の加速度成分 a_z'〔m/s^2〕は $a_z'=-\dfrac{2qE_z}{m}$〔m/s^2〕となる。

z 座標成分が最大となるのは，荷電粒子の速度の z 方向成分が 0 となるときであるので，領域 1 での変位 z_1〔m〕は等加速度運動の公式を用いて

$$0^2-{v_z}^2=2\times\left(-\frac{2qE_z}{m}\right)\times z_1$$

これより

$$z_1=\frac{m{v_z}^2}{4qE_z}=\frac{m}{4qE_z}\left(\frac{\pi E_z}{B}\right)^2=\frac{\pi^2mE_z}{4qB^2}\text{〔m〕}\quad\cdots\cdots③$$

①～③より，最高点の座標 $z_{\max}$〔m〕は

$$z_{\max}=z_3+z_2+z_1=\frac{\pi^2 mE_z}{2qB^2}+\frac{2\pi E_z d}{3vB}+\frac{\pi^2 mE_z}{4qB^2}$$

$$=\frac{3\pi^2 mE_z}{4qB^2}+\frac{2\pi E_z d}{3vB}\text{〔m〕}$$

(ク)　領域1での電場の大きさが領域3の2倍であることから，領域1での z 方向の加速度の大きさは領域3での z 方向の加速度の大きさの2倍となる。よって，速度の z 方向成分が0になるのは領域3で半回転するのに要する時間 t_3 の半分であることがわかる。xy 平面内の回転周期は粒子の速度によらないので，この間に荷電粒子は領域1を4分の1回転することになる。ゆえに，求める y 座標は0であると判断できる。

III　解答

(ア) $n\sin\beta$　(イ) $\dfrac{l+R}{s}$　(ウ) $\dfrac{(l+R)s'}{(l'-R)s}$　(エ) $\dfrac{n-1}{R}$

(オ) $\dfrac{R}{n-1}$　(カ) $1+\sqrt{2}$　(キ) 30　(ク) $\dfrac{\sqrt{5}}{2}$

◀解　説▶

≪ガラス球での光の屈折≫

(ア)　空気に対するガラスの屈折率 $\dfrac{\sin\theta}{\sin\beta}=\dfrac{n}{1}$ より

$$\sin\theta=n\sin\beta$$

(イ)　三角形OQCに正弦定理を用いて　$\dfrac{s}{\sin\alpha}=\dfrac{l+R}{\sin(\pi-\theta)}$

ここで，$\sin(\pi-\theta)=\sin\theta$ であるので　$\dfrac{\sin\theta}{\sin\alpha}=\dfrac{l+R}{s}$

(ウ)　同様に三角形O′QCに正弦定理を用いて　$\dfrac{s'}{\sin(\pi-\alpha)}=\dfrac{l'-R}{\sin\beta}$

ここで，$\sin(\pi-\alpha)=\sin\alpha$ であるので　$\dfrac{\sin\beta}{\sin\alpha}=\dfrac{l'-R}{s'}$

これまでの結果より

$$n=\frac{\sin\theta}{\sin\beta}=\frac{\sin\theta}{\sin\alpha}\times\frac{\sin\alpha}{\sin\beta}=\frac{l+R}{s}\times\frac{s'}{l'-R}=\frac{(l+R)s'}{(l'-R)s}$$

(エ)　与えられた近似を用いて　$n=\frac{(l+R)s'}{(l'-R)s}\fallingdotseq\frac{(s+R)s'}{(s'-R)s}=\frac{1+\frac{R}{s}}{1-\frac{R}{s'}}$

$\therefore\quad \frac{1}{s}+\frac{n}{s'}=\frac{n-1}{R}$

(オ)　図①のガラス内を中心軸に平行で左に進む光が点Gから出て点Hに集まるとする。入射角をi，屈折角をrとおく。屈折の法則より

$$\frac{\sin i}{\sin r}=\frac{1}{n}$$

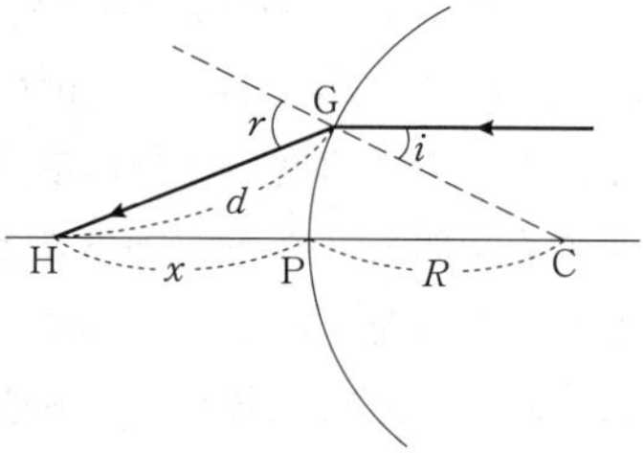

図①

PH$=x$，GH$=d$とおき，$\angle$GCH$=i$であることに注意して三角形CGHについて正弦定理を用いる。

$$\frac{x+R}{\sin(\pi-r)}=\frac{d}{\sin i}$$

ここで，$\sin(\pi-r)=\sin r$であるので　$\frac{\sin i}{\sin r}=\frac{d}{x+R}=\frac{1}{n}$

ここで，光は中心軸の近くを進んでいるので$d\fallingdotseq x$と近似すれば

$$\frac{d}{x+R}\fallingdotseq\frac{x}{x+R}=\frac{1}{n}$$

これより　$x=\frac{R}{n-1}$

(カ)　図②のように点Eを通る中心軸から$\frac{r}{\sqrt{2}}$だけ離れた球面上の点Jは中心から45°に位置する。屈折角をϕ〔°〕とすると

$$\frac{\sin 45^\circ}{\sin\phi}=\sqrt{2}$$

これより　$\phi=30^\circ$

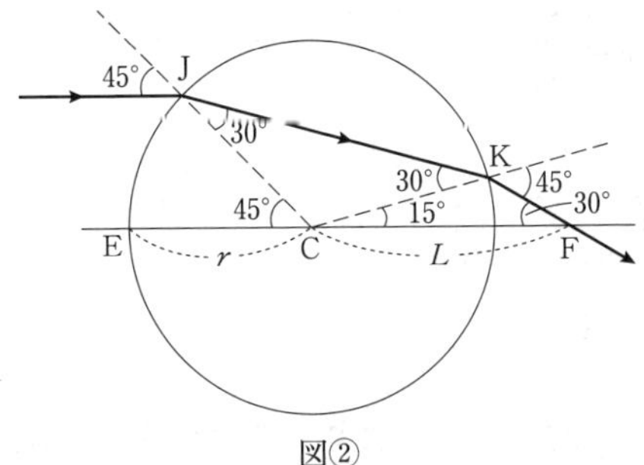

図②

となる。その後，光は図②のように進み，点 K から屈折角 45° でガラス球から出ていく。点 C から点 F 間の距離を L として三角形 CFK について正弦定理を用いると

$$\frac{L}{\sin(180°-45°)}=\frac{r}{\sin 30°}$$

これより　$L=\dfrac{\sin 45°}{\sin 30°}r=\dfrac{\frac{\sqrt{2}}{2}}{\frac{1}{2}}r=\sqrt{2}\,r$

これより，点 E から点 F までの距離は

$$r+L=r+\sqrt{2}\,r=(1+\sqrt{2})r$$

であるから，r の $1+\sqrt{2}$ 倍となる。

(キ)　図②のようにガラスファイバーには点 F から入射角 30 度で入射する。

(ク)　ガラスファイバーの端面で光が屈折したあと，側面に臨界角で入射するときのガラスファイバーの屈折率を n_G とする。その臨界角 θ_0 は $\sin\theta_0=\dfrac{1}{n_G}$ を満たす。

ガラスファイバーの屈折率が n_G のとき，ガラスファイバーの端面に 30° で入射した光の屈折角を r_G とすると

$$\frac{\sin 30°}{\sin r_G}=n_G$$

これより　　$\sin r_G=\dfrac{1}{2n_G}$

$r_G+\theta_0=90°$ の関係があるので　　$\sin(90°-r_G)=\dfrac{1}{n_G}$

これより　　$\cos r_G = \dfrac{1}{n_G}$

ここで，$\sin^2 r_G + \cos^2 r_G = 1$ を使って

$$\left(\frac{1}{2n_G}\right)^2 + \left(\frac{1}{n_G}\right)^2 = \frac{5}{4n_G{}^2} = 1$$

$n_G > 0$ より　　$n_G = \dfrac{\sqrt{5}}{2}$

ガラスファイバーの屈折率が n_G より大きければ，臨界角は小さくなり，ガラスファイバーの側面への光の入射角は大きくなるため，全反射が起こる。

❖講　評

2023 年度も設問量等に変化はなく，難易度も 2022 年度と同程度であった。題材として目新しいものはなく，数値計算を求められる問題や描図を求める問題は 2022 年度に引き続き 2023 年度も出題されなかったが，解答を作成する思考過程で描図が必要なものが多かった。

Ⅰ　設問の誘導に乗って解答していけば難しいものではない。エネルギー保存則・運動量保存則・相対運動・単振動の知識を有していれば解答できる。力学的エネルギーが保存する衝突は弾性衝突として取り扱ったほうが計算的には楽で，運動の向きも判断できる。

Ⅱ　サイクロトロンについての問題に取り組んだことのある生徒は取り組みやすかったのではないか。ローレンツ力による荷電粒子の円運動の回転半径は粒子の速さと比例の関係にあることを知っていれば，荷電粒子が 2 回目に領域 3 から領域 2 に出るときに原点から飛び出す条件に素早く気づけたはずである。さらに，回転周期は粒子の速さと関係ないことを知っていれば，後半の z 軸方向に電場がある設定でも時間を追って状況の把握ができたはずである。

Ⅲ　解答に必要な物理の知識としては屈折の法則のみであるが，近似や三角関数の公式，幾何学的な知識とうまく組み合わせて解答する必要がある。当然，作図を行いながら思考することになる。特に㈡で求めているものは球面レンズにおけるレンズの公式なのであるが，受験生には何かよくわからず，㈤は別に考察したほうが賢明であろう。後半の光フ

ァイバーの問題はよくある問題であるが，入射角が求められていないと手も足も出ない。

化学

I

解答 (1) あ．還元 い．酸化 う．還元 え．酸化
お．還元

(2) テルミット

(3) (A) $2I^- + H_2O_2 + 2H^+ \longrightarrow I_2 + 2H_2O$

(B) $5H_2O_2 + 2MnO_4{}^- + 6H^+ \longrightarrow 5O_2 + 2Mn^{2+} + 8H_2O$

(4) 塩酸の Cl^- は還元剤として，HNO_3 は酸化剤として作用するため，$KMnO_4$ と H_2O_2 の反応の量的関係を正確に判定できなくなるから。

(5)―(イ)・(ウ)

(6) 沈殿Ⅰ：Ag^+ 沈殿Ⅱ：Ba^{2+} 沈殿Ⅲ：Cu^{2+}，Fe^{3+}
沈殿Ⅳ：Fe^{3+}

(7) (i)―(オ)

(ii) $CuO > Cu_2O > Al_2O_3$

(iii) $P_3 = \dfrac{n_3 P_1}{2n_1}$

(iv) 1.5×10^2 Pa

◀解 説▶

≪酸化剤と還元剤の強さ，金属陽イオンの分析，固体を含む化学平衡≫

(1) う．炭素や炭化水素などは燃焼で O_2 と化合して酸化されるため，還元剤となる。

え・お．H_2O_2 は，反応相手が強い酸化剤である $KMnO_4$ の場合は還元剤，反応相手が還元剤である KI の場合は酸化剤として作用する。

(3)(A) 各物質の半反応式は

$$H_2O_2 + 2H^+ + 2e^- \longrightarrow 2H_2O \quad \cdots\cdots①$$

$$2I^- \longrightarrow I_2 + 2e^- \quad \cdots\cdots②$$

①＋② より，〔解答〕のイオン反応式が得られる。

(B) 各物質の半反応式は

$$MnO_4{}^- + 8H^+ + 5e^- \longrightarrow Mn^{2+} + 4H_2O \quad \cdots\cdots①$$

$$H_2O_2 \longrightarrow O_2 + 2H^+ + 2e^- \quad \cdots\cdots ②$$

①×2＋②×5より，〔解答〕のイオン反応式が得られる。

(5)(ア)　$FeS + H_2SO_4 \longrightarrow H_2S + FeSO_4$

酸化数が変化する元素がないことから，酸化還元反応でない。

(イ)　$2F_2 + 2H_2O \longrightarrow 4HF + O_2$

F_2 が酸化剤，H_2O が還元剤となる酸化還元反応である。

(ウ)　$6CO_2 + 6H_2O \longrightarrow C_6H_{12}O_6 + 6O_2$

酸素の化合物から酸素の単体が生成する酸化還元反応である。

(エ)　凝析で $Fe(OH)_3$ は変化していない。

(オ)　$CaO + H_2O \longrightarrow Ca(OH)_2$

酸化数が変化する元素がないことから，酸化還元反応でない。

(6)　①では，塩化物の沈殿として AgCl（沈殿Ⅰ）が生成する。②では，硫酸塩の沈殿として $BaSO_4$（沈殿Ⅱ）が生成する。③では，水酸化物の沈殿として，$Al(OH)_3$，$Cu(OH)_2$（沈殿Ⅲ），$Fe(OH)_3$（沈殿Ⅲ）が生成するが，過剰の NaOH の添加に対し，両性水酸化物の $Al(OH)_3$ は $[Al(OH)_4]^-$ となって溶解する。④では，水酸化物の沈殿として，$Cu(OH)_2$，$Fe(OH)_3$（沈殿Ⅳ）が生成するが，過剰の NH_3 の添加に対し，$Cu(OH)_2$ は $[Cu(NH_3)_4]^{2+}$ となって溶解する。

(7)(i)〜(iv)　操作1において，最初に入れた CuO（式量：80.0）の物質量〔mol〕は

$$\frac{48.0}{80.0} = 0.60\text{〔mol〕}$$

となる。容器Aの化学平衡における O_2 の物質量が n_1〔mol〕なので，CuO と Cu_2O の物質量はそれぞれ $0.60-4n_1$〔mol〕，$2n_1$〔mol〕となり，これらが等しいことから

$$0.60 - 4n_1 = 2n_1 \qquad n_1 = 0.10\text{〔mol〕}$$

となる。このときの容器A内の圧力 P_1(2.00×10^3〔Pa〕) は O_2 のみによるもので，容器Bと合わせた体積（容器Aの2倍の体積）中に存在する O_2 の物質量が n_3〔mol〕となったときの圧力 P_3〔Pa〕は

$$P_3 = P_1 \times \frac{n_3}{n_1} \times \frac{1}{2} = \frac{n_3 P_1}{2n_1}\text{〔Pa〕}$$

となる。

操作2では，すべてのCuOがCuとO_2に一旦分解し，さらに一部のO_2がAlと化合して平衡状態になったと考えることができる。操作3については，CuOからの分解で生成したO_2とガスボンベからのO_2が，すべてのAlと化合し，さらに残りの一部がCuと化合して平衡状態になったと考えることができる。0.60 molのCuOから生成したO_2の物質量〔mol〕は

$$0.60\times\frac{1}{2}=0.30\text{〔mol〕}$$

で，Cuの物質量は0.30 molとなる。また，Al（式量：27.0）と化合したO_2の物質量は

$$\frac{16.2}{27.0}\times\frac{3}{4}=0.45\text{〔mol〕}$$

となる。さらに，Cuと化合したO_2の物質量をx〔mol〕とすると，平衡状態におけるCu_2OとCuの物質量はそれぞれ$2x$〔mol〕，$0.60-4x$〔mol〕となり，物質量比から

$$2x:0.60-4x=1.00:2.00\qquad x=0.075\text{〔mol〕}$$

となる。よって，操作3で容器AおよびB内に存在するO_2の合計の物質量n_3〔mol〕は

$$n_3=0.30+0.24-0.45-0.075=0.015\text{〔mol〕}$$

となり，(iii)より，O_2の圧力P_3〔Pa〕は

$$P_3=\frac{n_3P_1}{2n_1}=(2.00\times10^3)\times\frac{0.015}{0.10}\times\frac{1}{2}=1.5\times10^2\text{〔Pa〕}$$

となる。反応②の圧平衡定数はP_3と同じで，1.5×10^2〔Pa〕となる。

AlとCuからの酸化物の生成のしやすさについては，操作2でCuOの分解で生成したO_2がAlを酸化していることから，AlがCuよりも酸化されやすく（Oとの結びつきが強く），Al_2O_3の酸化剤としての作用は最も小さい。また，操作1でCuOのみの状態からCu_2Oとの平衡状態が形成されることから，CuOよりもCu_2Oの方がCuとOとの結びつきが強く，Cu_2Oの酸化剤としての作用はCuOよりも小さい。よって，三者の酸化剤としての作用の強さは

$$CuO>Cu_2O>Al_2O_3$$

となる。

P_1，P_2，P_3 の大小関係については，P_1 と P_3 は数値が決定している。P_2 の圧力では Al，Al_2O_3，Cu が存在し，P_3 については Al_2O_3 と Cu_2O が存在することから，単体が存在しているときの O_2 の圧力 P_2 の方が，P_3 よりも小さいと考えられる。よって，$P_2<P_3<P_1$ となる。

II　解答

(1)　あ．16　い．貴ガス（希ガス）　う．過冷却　え．小さく

(2)　(i)(ア)SiH_4　(イ)HF　(ウ)HCl

(ii)—(ア)・(オ)

(3)　$NH_4{}^+ + H_2O \rightleftarrows NH_3 + H_3O^+$

(4)　(i)NaOH(固)＋aq＝NaOHaq＋44.5 kJ

(ii)　① $\dfrac{10dx}{M}$　② $\dfrac{1000x}{M(100-x)}$

(iii)　(イ)＜(ウ)＜(ア)

(iv)　5.0 mol/kg

(5)　(i)(ア) $\dfrac{[H^+]}{K_a}$

(ii)(イ)2.5　(ウ)4.5

(6)　1.2×10^{-1} g

◀解　説▶

≪気体の溶解度，溶液の濃度と性質，指示薬の電離平衡≫

(1)え・(3)　弱塩基の NH_3 から生じる $NH_4{}^+$ は，水溶液中で H^+ を H_2O に与えて NH_3 と平衡状態となる。水溶液中に H^+ が放出されることから，酸性となって pH は 7 よりも小さくなる。

(2)(i)(ア)　CH_4 と SiH_4 はともに正四面体形の無極性分子で，沸点に影響を与える分子間の引力はファンデルワールス力のみである。ファンデルワールス力は分子量が大きいほど大きくなるので，SiH_4 の方が分子間の引力が大きく，沸点が高い。

(イ)　HF は分子間に水素結合が形成されることで大きな引力が作用することから，分子量は HCl よりも小さいが，沸点は高くなる。

(ウ)　F_2（分子量：38.0）は HCl（分子量：36.0）よりも分子量が大きいが，HCl は極性分子で，極性による分子間の引力の影響が大きく，沸点

は無極性分子の F_2 よりも高くなる。

(ii)　一般に，混合物では一定の融点を示さない。石英ガラスは SiO_2 の造岩鉱物で，不純物を含む混合物である。水晶は純粋な SiO_2 の結晶，ソーダ石灰ガラスは SiO_2 を主成分とした Na^+ や Ca^{2+} を含む混合物である。

(4)(i)　NaOH(固) の溶解熱を x〔kJ/mol〕として，各変化を熱化学方程式で表すと

$$\mathrm{NaOH(固)+HClaq=NaClaq+H_2O(液)+101.0\,kJ} \quad \cdots\cdots ㋐$$

$$\mathrm{NaOHaq+HClaq=NaClaq+H_2O(液)+56.5\,kJ} \quad \cdots\cdots ㋑$$

$$\mathrm{NaOH(固)+aq=NaOHaq}+x\,\mathrm{[kJ]} \quad \cdots\cdots ㋒$$

となる。㋐－㋑ から㋒が得られるので

$$x=101.0-56.5=44.5\,\mathrm{[kJ]}$$

(ii)①　c_1 は 1L の水溶液に溶解している溶質の物質量〔mol〕に相当するので

$$c_1=\frac{1000d\times\dfrac{x}{100}}{M}=\frac{10dx}{M}\,\mathrm{[mol/L]}$$

②　c_2 は 1L の水溶液に溶解している溶質の物質量〔mol〕を，溶媒の質量〔kg〕で割ったものである。溶媒の質量〔kg〕は，溶液の質量から溶質の質量を差し引いたもので

$$\frac{1000d-10dx}{1000}\,\mathrm{[kg]}$$

となる。よって

$$c_2=\frac{\dfrac{10dx}{M}}{\dfrac{1000d-10dx}{1000}}=\frac{1000x}{M(100-x)}\,\mathrm{[mol/kg]}$$

(iii)　質量パーセント濃度 2.0% のグルコース（分子量：180）水溶液の質量モル濃度は，(ii)②より

(ア)　$$\frac{1000\times 2.0}{180\times(100-2.0)}=0.113\,\mathrm{[mol/kg]}$$

電解質の完全電離で 1mol の $CaCl_2$ は 3mol，1mol の NaCl は 2mol の溶質粒子となる。よって，水溶液の質量モル濃度〔mol/kg〕は

(イ)　$0.10\times 3=0.30\,\mathrm{[mol/kg]}$

(ウ)　$0.12\times2=0.24$〔mol/kg〕

となる。溶質粒子の質量モル濃度が大きいほど凝固点降下度が大きく，凝固点が低くなることから，凝固点の低い順に

(イ)＜(ウ)＜(ア)

となる。

(iv)　15℃の水100gに溶解するKNO_3は25.0g，析出しているKNO_3の質量が25.5gなので，50℃では100gの水にKNO_3が

$$25.0+25.5=50.5\text{〔g〕}$$

溶解していたことになる。このときの質量モル濃度〔mol/kg〕は

$$\frac{\frac{50.5}{101}}{0.100}=5.0\text{〔mol/kg〕}$$

(5)(i)　②式を変形して

$$\frac{[\mathrm{HA}]}{[\mathrm{A}^-]}=\frac{[\mathrm{H}^+]}{K_\mathrm{a}}$$

(ii)　$[\mathrm{H}^+]$に関する不等式は

$$0.10\leqq\frac{[\mathrm{H}^+]}{K_\mathrm{a}}\leqq10$$

$$0.10\leqq\frac{[\mathrm{H}^+]}{3.0\times10^{-4}}\leqq10$$

$$3.0\times10^{-5}\leqq[\mathrm{H}^+]\leqq3.0\times10^{-3}$$

$$-\log_{10}(3.0\times10^{-5})\geqq\mathrm{pH}\geqq-\log_{10}(3.0\times10^{-3})$$

$$-\log_{10}3.0+5\geqq\mathrm{pH}\geqq-\log_{10}3.0+3$$

$$-0.48+5\geqq\mathrm{pH}\geqq-0.48+3$$

$$4.52\geqq\mathrm{pH}\geqq2.52$$

(6)　N_2の分圧は

$$(1.0\times10^5)\times\frac{4.0}{4.0+1.0}=0.80\times10^5\text{〔Pa〕}$$

10Lの水に溶解するN_2（分子量：28.0）の質量〔g〕は

$$(5.5\times10^{-4})\times\frac{0.80\times10^5}{1.0\times10^5}\times10\times28.0=0.1232\fallingdotseq0.12\text{〔g〕}$$

Ⅲ 解答

(1) あ．ヒドロキシ　い．アルデヒド　う．ケトン　え．縮合　お．高く　か．低く

(2) a．2　b．1　c．1

(3) d．n　e．n　f．$2n$　g．$2n$　き．CO_2

(4)―(イ)・(オ)

(5) **A**：$CH_3-CH_2-\underset{\underset{\displaystyle O}{\|}}{C}-H$　**B**：$CH_3-\underset{\underset{\displaystyle O}{\|}}{C}-CH_3$

(6) (i) $C_6H_5-\underset{\underset{\displaystyle O}{\|}}{C}-OH + C_6H_5-CH_2-OH$

$\longrightarrow C_6H_5-\underset{\underset{\displaystyle O}{\|}}{C}-O-CH_2-C_6H_5 + H_2O$

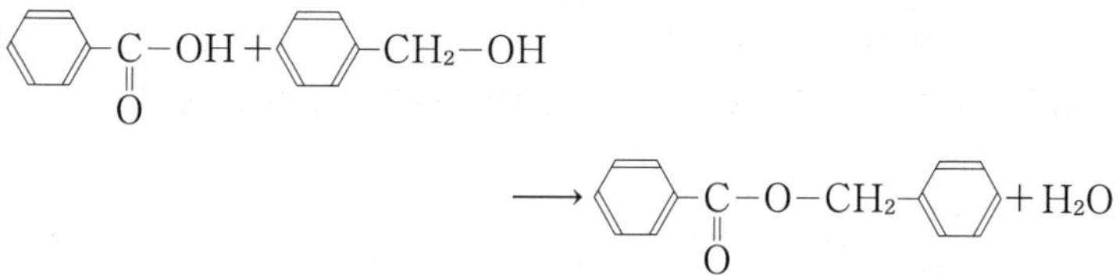

(ii) 80%

(7) (i) 802

(ii) $C_{16}H_{28}O_2$

(iii)

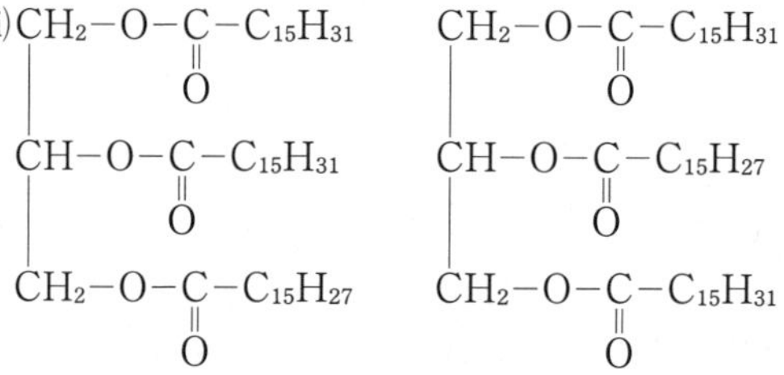

$$\begin{array}{l} CH_2-O-\underset{\underset{\displaystyle O}{\|}}{C}-C_{15}H_{31} \\ | \\ CH-O-\underset{\underset{\displaystyle O}{\|}}{C}-C_{15}H_{31} \\ | \\ CH_2-O-\underset{\underset{\displaystyle O}{\|}}{C}-C_{15}H_{27} \end{array} \qquad \begin{array}{l} CH_2-O-\underset{\underset{\displaystyle O}{\|}}{C}-C_{15}H_{31} \\ | \\ CH-O-\underset{\underset{\displaystyle O}{\|}}{C}-C_{15}H_{27} \\ | \\ CH_2-O-\underset{\underset{\displaystyle O}{\|}}{C}-C_{15}H_{31} \end{array}$$

◀解　説▶

≪アルコールの酸化，カルボニル化合物と還元，エステル合成と油脂≫

(1)お・か　油脂の融点について，構成する脂肪酸の炭素原子数が多いほど油脂の分子量が大きくなるため，ファンデルワールス力も大きくなって融点が高くなる。また，油脂の炭素間二重結合（C=C）は一般にシス形で，炭素鎖が折れ曲がった構造となり，油脂の分子全体がかさ高くなって分子が配列しにくくなることから，C=C を多く含む油脂の融点は低くなる。

(2) $C_4H_{10}O$ で表されるアルコールの構造式を以下に示す。

$CH_3-CH_2-CH_2-CH_2-OH$　（第一級）

$CH_3-CH_2-\underset{\underset{\displaystyle OH}{|}}{CH}-CH_3$　（第二級）

$$CH_3-\underset{\displaystyle CH_3}{\underset{|}{CH}}-CH_2-OH \qquad （第一級）$$

$$CH_3-\overset{\displaystyle OH}{\overset{|}{\underset{\displaystyle CH_3}{\underset{|}{C}}}}-CH_3 \qquad （第三級）$$

(3)　グルコースのアルコール発酵の化学反応式は

$$C_6H_{12}O_6 \longrightarrow 2C_2H_5OH+2CO_2$$

となる。

(4)　還元されて生成するアルコールの構造式を以下に示す。

(ア)　CH_3-CH_2-OH　　(イ)　$CH_3-CH_2-{}^*\underset{\displaystyle OH}{\underset{|}{CH}}-CH_3$

(ウ)　$CH_3-\underset{\displaystyle CH_3}{\underset{|}{CH}}-CH_2-OH$　　(エ)　シクロペンタノール（H_2C、CH_2、H_2C—CH_2 の五員環の頂点に $\overset{\displaystyle OH}{\overset{|}{CH}}$）

(オ)　$CH_3-CH_2-{}^*\underset{\displaystyle CH_3}{\underset{|}{CH}}-CH_2-OH$

(5)　プロピンに H_2O が付加する反応は

$$H-C\equiv C-CH_3+H_2O \longrightarrow \begin{matrix}H\\HO\end{matrix}\!\!>C=C<\!\!\begin{matrix}CH_3\\H\end{matrix}\ ,\ \begin{matrix}H\\H\end{matrix}\!\!>C=C<\!\!\begin{matrix}CH_3\\OH\end{matrix}$$

$$\longrightarrow \underset{\text{化合物}\mathbf{A}}{CH_3-CH_2-\underset{\displaystyle O}{\underset{\|}{C}}-H},\quad \underset{\text{化合物}\mathbf{B}}{CH_3-\underset{\displaystyle O}{\underset{\|}{C}}-CH_3}$$

となる。化合物 **A** でフェーリング液を還元する反応が起こることから，化合物 **A** はプロパナール（プロピオンアルデヒド），化合物 **B** はアセトンとなる。

(6)(ii)　1 分子の安息香酸（分子量：122）が反応して 1 分子の H_2O（分子量：18.0）が生成することから

$$\frac{\dfrac{2.16}{18.0}}{\dfrac{18.3}{122}}\times 100=80〔\%〕$$

(7)(i)　1 mol の油脂を完全にけん化するには，3 mol の KOH が必要なの

で，油脂 **Z** の分子量を M とすると

$$\frac{96.72}{M}\times3=2.0\times0.180\qquad M=806$$

油脂 **W** に付加した H_2（分子量：2.0）の物質量は

$$\frac{96.72-96.24}{2.0}=0.24\text{〔mol〕}$$

油脂 **Z** の物質量は

$$\frac{96.72}{806}=0.12\text{〔mol〕}$$

1カ所の C=C につき1分子の H_2 が付加することから，1分子の油脂 **W** に存在する C=C の数は

$$\frac{0.24}{0.12}=2$$

となる。よって，油脂 **W** に付加した H_2 は2分子で，油脂 **Z** は油脂 **W** よりも分子量が 4.0 増加しているので，油脂 **W** の分子量は

$$806-4.0=802$$

となる。

別解　1mol の油脂のけん化に必要な KOH は 3mol である。油脂 **W**（分子量 M）1mol から油脂 **Z** 1mol が生じるから

$$\frac{96.24}{M}\times3=2.0\times0.180=0.36\qquad\frac{96.24}{M}=0.12\qquad M=802$$

(ii)　完全燃焼で得られた CO_2（分子量：44.0）と H_2O（分子量：18.0）から，C（原子量：12.0）と H（原子量：1.00）の物質量〔mmol〕と質量〔mg〕をそれぞれ求めると

C の物質量：$\frac{17.6}{44.0}=0.40$〔mmol〕

C の質量：$0.400\times12.0=4.80$〔mg〕

H の物質量：$\frac{6.30}{18.0}\times2=0.70$〔mmol〕

H の質量：$0.700\times1.0=0.70$〔mg〕

ここから，O（原子量：16.0）の質量〔mg〕と物質量〔mmol〕を求めると

O の質量：$6.30-(4.80+0.70)=0.80$〔mg〕

Oの物質量：$\frac{0.80}{16.0}=0.05$〔mmol〕

C，H，Oの物質量比から

C：H：O＝0.40：0.70：0.05＝8：14：1

となり，組成式は $C_8H_{14}O$ と決定する。脂肪酸にはカルボキシ基が1つ存在し，O原子の数は必ず2個になることから，分子式は $C_{16}H_{28}O_2$ となる。

(iii) 脂肪酸 **Y** は $C_{15}H_{27}COOH$ と表すことができる。この分子に含まれる C=C の数は

$$\frac{(15\times2+1)-27}{2}=2$$

となる。油脂 **W** に存在する C=C は2カ所で，油脂 **W** に H_2 を付加した油脂 **Z** をけん化して得られる脂肪酸が脂肪酸 **X** のみであることから，油脂 **W** を構成する脂肪酸は，1つの脂肪酸 **Y** と2つの脂肪酸 **X** と決定する。脂肪酸 **X** は脂肪酸 **Y** に H_2 が2分子付加した化合物で，分子式は $C_{15}H_{31}COOH$ となる。

別解 油脂 **W** 1mol に付加した H_2 は

$$\frac{96.72-96.24}{0.12}=4.00\text{〔g〕}$$

より　2.0mol

化学式 $C_{15}H_{27}COOH$ の脂肪酸 **Y** 1分子には C=C が2個含まれるから，油脂 **W** 1分子中の脂肪酸 **Y** は1分子，残り2分子の脂肪酸 **X** は炭素数16の飽和脂肪酸 $C_{15}H_{31}COOH$ である。よって，油脂 **W** は

$C_{15}H_{31}COO-CH_2$　　$C_{15}H_{31}COO-CH_2$
$C_{15}H_{31}COO-CH$　と　$C_{15}H_{27}COO-CH$　の2種類がある。
$C_{15}H_{27}COO-CH_2$　　$C_{15}H_{31}COO-CH_2$

❖講　評

例年と同じく大問3題の出題で，試験時間は75分。難易度は例年並みで，基本～やや難しい内容であり，読解力が試される問題も含まれた，受験生の学力をはかる上での良問であった。2022年度に引き続き，2023年度も論述問題が出題されている。

Ⅰ　酸化・還元をメインテーマとして，金属イオンの分析の問題など

も合わせて出題されている。後半で，金属の単体と酸化物，酸素間での化学平衡から，Al_2O_3，Cu_2O，CuO の酸化力の差を考察する問題が出題された。長い文章から必要な情報を正確に読み取って解答する必要がある。

Ⅱ　物質の沸点や融点，水溶液の性質，指示薬の電離平衡など幅広い分野からの出題である。基本的な問題が多く，誘導に従って解答しやすい問題の構成となっているが，計算問題が多く，的確な立式と正確な計算の力が求められる。

Ⅲ　アルコールの酸化やエステル合成などを扱った有機化合物の問題で，Ⅱと同様，基本的な問題である。エステル合成の実験装置は見慣れないものであるが，問われているのは化学反応式と収率を求める単純な物質量計算である。また，油脂に関する問題は，計算量が多い印象であるが，問われていることは基本的な内容で，落ち着いて解答を処理すれば高得点が可能と思われる。

生物

I 解答

(1)　(ア)塩基（アデニン）　(イ)糖　(ウ)加水　(エ)3　(オ)2
(カ)2　(キ)二酸化炭素　(ク)1　(ケ)$FADH_2$　(コ)5
(サ)K^+　(シ)Na^+　(ス)能動　(セ)3　(ソ)2

(2)　計算式：$\frac{0.8\times24\times38\times30.5}{6}=3708.8\fallingdotseq3709$　答え：3709kJ

(3)　タンパク質名：ナトリウム-カリウムATPアーゼ

計算式：$\left(\frac{3.5}{2000}-\frac{1}{2000}\right)\div\left(\frac{3.5}{2000}-\frac{3}{2000}\right)=5$　倍数：5

(4)　(a)(あ)腱　(い)筋原繊維

(b)11 μm/秒

(c)（ミオシンフィラメント）はアクチン上にあるトロポミオシンによって結合を阻害されており，Ca^{2+} がその構造を変化させないと筋収縮は起こらない。(75字以内)

◀解　説▶

≪ATPの生成と消費，タンパク質のエネルギー消費，筋収縮≫

(1)(ア)～(ウ)　塩基（アデニン）と糖（リボース）が結合した物質をアデノシンという。ATPはアデノシンのリボースにリン酸が3分子連続して結合した化合物（アデノシン三リン酸）である。また，加水分解は以下のような式で示される。

$$ATP+H_2O\longrightarrow ADP(\text{アデノシン二リン酸})+\text{リン酸}+30.5\,kJ$$

(エ)～(カ)　解糖系については以下のような式で示される。

$$\underset{\text{グルコース}}{C_6H_{12}O_6}+2NAD^+\longrightarrow\underset{\text{ピルビン酸}}{2C_3H_4O_3}+2(NADH+H^+)+2ATP$$

(キ)～(コ)　クエン酸回路では，ピルビン酸から生じたアセチルCoAを完全に水と二酸化炭素に分解する酸化的過程で，この回路で生じるNADH，$FADH_2$ は電子伝達系の過程で分子状酸素によって酸化される。クエン酸回路については以下のような式で示される。1分子のピルビン酸からの反応式を示すと

$$C_3H_4O_3+3H_2O+4NAD^++FAD \longrightarrow 3CO_2+4(NADH+H^+)+FADH_2+ATP$$

還元型補酵素の合計は5である。

(サ)～(ソ)　ほとんど全ての動物細胞の細胞膜にはナトリウム-カリウムATPアーゼ（ナトリウムポンプ）がある。ATPを1分子消費するごとに3個のNa^+を細胞外に排出し，2個のK^+を細胞内に取り込む。その結果，多くの細胞で，Na^+濃度は内部が外部の10分の1以下であり，逆にK^+濃度は内部が外部の20倍以上になっている。

(2)　グルコースを基質とした呼吸では，取り込んだ酸素と産生されるATPの関係は以下のようになる。

$$\underset{}{C_6H_{12}O_6}+\underset{6\,mol}{6O_2}+6H_2O \longrightarrow 6CO_2+12H_2O+\underset{38\,mol}{38ATP}$$

またリード文には，1molのATPから30.5kJのエネルギーが生成されるとある。1日で取り込む酸素は0.8×24〔mol〕となるので

$$\frac{0.8\times24\times38\times30.5}{6}=3708.8\fallingdotseq3709\text{〔kJ〕}$$

(3)　この実験では，化合物**A**と**B**でATP合成を阻害してATPが産生できないようにした後，細胞内に限られた量のATPを用いて①～④の実験を行っている。通常では，アクチン結合やナトリウム-カリウムATPアーゼの代謝，さらにはその他の代謝が起こり，ATPが消費される。その際，ATPが消費された分だけMg^{2+}はATPと複合体を形成できなくなり，試薬**E**はMg^{2+}と結合して蛍光を発することになる。図1の化合物なしのグラフ（一番左）がそれである。しかし，化合物**C**を加えると通常の状態からアクチン結合のみが阻害され，その分消費されないATPとMg^{2+}が複合体を形成するため蛍光が減少する。すなわち，蛍光が3.5−3.0＝0.5減少したのは，細胞数2000個でのアクチン結合の代謝に必要なATP量を示すものである。同様に化合物**D**を加えると，ナトリウム-カリウムATPアーゼの代謝のみが阻害され，その分消費されないATP量がグラフに反映される。細胞数2000個では，3.5−1.0＝2.5低下している。すなわち，ナトリウム-カリウムATPアーゼの方がアクチン結合よりも生きた細胞1個あたりのATP消費量が多い。〔解答〕の式では生きた細胞1個あたりのATP消費量を示す表現としたが，相対値ではど

ちらも同じく

$2.5 \div 0.5 = 5$ 倍

また，化合物 **C＋D** では残存した生きた細胞の数がさらに減り，蛍光が $3.5 - 0.4 = 3.1$ 低下しているが，細胞 1 個あたりでは，$\frac{3.5}{2000} - \frac{0.4}{1600}$ の減少となる。

(4)　筋原繊維とサルコメアの図を以下に示す。左が収縮前，右が収縮後である。

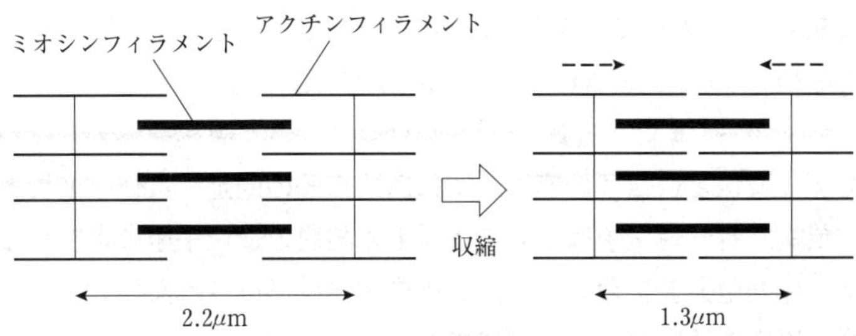

(b)　多数のサルコメアから形成される筋原繊維が集まった 36 mm の筋細胞があり，その筋細胞が 22 mm まで収縮したと考える。その際，2.2 μm のサルコメアも上図の破線矢印のように両側から滑り込みが起こり，

$2.2 \times \frac{22}{36} \fallingdotseq 1.3$〔μm〕に収縮しているはずである。すなわち両側から，

$2.2 \times \frac{36-22}{36}$〔μm〕滑り込んだので，片側で算出すると，その速さは

$2.2 \times \frac{36-22}{36} \div 2 \div 0.04 = 10.6 \cdots \fallingdotseq 11$〔μm/秒〕

(c)　筋収縮の流れは，運動神経からの刺激→筋小胞体からのカルシウムイオンの放出→カルシウムイオンのトロポニンへの結合→トロポミオシンの変形→ミオシン頭部とアクチンフィラメントの結合である。カルシウムイオン（Ca^{2+}）とトロポニン（トロポミオシン）がキーワードとなる。

II　解答

(1)―(ア)

(2)―(カ)

(3)　(あ)セントラルドグマ　(い)転写　(う)翻訳　(え)複製（半保存的複製）

(お)逆転写

(4)　(i)男性：AA　　女性：Aa

(ii)―(エ)

(iii)GG：7　AA：5　GA：8

(iv)筋肉細胞も白血球も受精卵の体細胞分裂で生じ，いずれも同じゲノムDNAを有するから。(45字以内)

(v)SNP4

(vi)―(ア)

(vii)塩基配列1：GGU CAU UGA GUC ACC
塩基配列2：GGU CAC UAG AGU CAC
塩基配列3：GGU CAU UAG AGU CAC

◀解　説▶

≪メンデル遺伝と遺伝子の連鎖，遺伝病遺伝子の同定，遺伝子変異≫

(1)　(イ)誤文。対立遺伝子は相同染色体上の相同の遺伝子座に存在する。

(ウ)誤文。体細胞分裂においては，二価染色体は形成されない。

(エ)誤文。優性の法則に関する記述である。

(2)　相同染色体間の組換えはランダムな場所で起こる。またその際，遺伝子間の距離が遠いほど組換えが起こる確率は高くなる。

(3)セントラルドグマとは，遺伝情報の流れは一方向的であるという原則をいう。タンパク質の情報はDNAに保存されており，RNAポリメラーゼにより情報が転写され，mRNAがつくられる。さらにリボソームにおいて，mRNAの情報に基づいたタンパク質が合成される。これを翻訳という。セントラルドグマに従えばDNAは自己の複製（半保存的複製）によってつくられ，娘細胞に配分される。各種のレトロウイルスの粒子中には，逆転写酵素（RNA依存性DNAポリメラーゼ）が含まれており，一本鎖RNAを鋳型として，これと相補的なヌクレオチド配列をもつDNAを逆転写によって合成することができる。

(4)(i)　第1世代の健常人男性と患者女性から第2世代に健常人と患者が生まれ，第2世代の患者女性と1の遺伝子型がAAである健常人男性からも第3世代で健常人と患者が生まれている。Aが優性であれば第3世代は健常人のみになるはずである。したがって，疾患発症遺伝子のaは優性遺伝子，Aは劣性遺伝子と考えられる。すなわち遺伝子型AAは健常人，遺伝子型Aaおよびaaが患者となる。

第 1 世代の患者女性の遺伝子型が aa ならば第 2 世代はすべて患者になるが，健常人と患者が生まれているので，この女性の遺伝子型は Aa である。また，男性は健常人なので，遺伝子型は AA である。

(ii)　図 2 より，下線で示された 2 種のプライマー間の塩基配列が増幅される。その中で，図 3 に示される *Sma* I が切断する SNP1 を探せばよい。すなわち，108C・C・C・G・G・G113 の部分が該当する。

(iii)　2 種のプライマー間の塩基配列は 11～160 の部分であるので，*Sma* I が切断しなければ電気泳動パターンは 150 bp のバンドのみとなる。*Sma* I が切断すれば，塩基配列 11～110，および 111～160 に分離し，電気泳動パターンは 100 bp と 50 bp の 2 つのバンドになる。したがって，2 つの染色体の SNP1 の塩基が（GG）であれば電気泳動パターンは 100 bp と 50 bp の 2 つのバンドがある 7 となり，（AA）は切断されないので 150 bp のバンドのみの 5，（GA）の場合は 2 種の染色体があるので，150 bp，100 bp，50 bp のバンドのある 8 となる。

(iv)　白血球 DNA は採血により容易に得ることができることや，感染症等において重要な情報を有しているので，遺伝子診断において最も重要な材料といえる。

(v)　本問のように優性遺伝病であれば，原因遺伝子の近傍にあるマーカーは，病気のヒトは皆，共通の先祖に由来するタイプの同じマーカーをもち，病気でないヒトは皆，それをもたないと考えられる。表 1 では 5 人の健常人がすべて A，患者がすべて T となる SNP4 が原因遺伝子と連鎖していると考えられる。

(vi)　DNA の情報は，イントロンを含んだまま mRNA 前駆体に転写された後，イントロンを切り離してエキソンのみをつなぎ合わせた mRNA ができる。この過程をスプライシングと呼ぶ。mRNA の情報を利用する利点を選べとあるから，スプライシング異常の検出が考えられる。

(vii)　1 塩基の変異とあるが，変異には置換，欠失，挿入がある。それらが起こることで，表 2 の遺伝暗号表にある STOP の塩基配列である UAA，UAG，UGA になる場合を考えればよい。〔解答〕の塩基配列 1 は図 4 のアミノ酸番号 303 の最初の塩基の置換（A → U），塩基配列 2 は 302 の 2 番目の塩基の次に挿入（C）がある場合，また，塩基配列 3 も同様に 302 の 2 番目の塩基の次に挿入（U）がある場合で，いずれもアミノ酸番号

301-302は，Gly-Hisのままであることを前提とする。欠失についてはアミノ酸番号303に停止コードが生じる場合は存在しない。

III 解答

(1)　①(あ)荒原　(い)ツンドラ　(う)一次（乾性）
(え)先駆（パイオニア）

②(お)地理的隔離　(か)生殖的隔離　(き)種分化

(2)　①―(カ)　②―(ウ)　③―(イ)

(3)　(く)糖　(け)アミノ酸　(こ)脂質（不飽和脂肪酸）　(さ)孔辺　(し)気孔
((く)・(け)は順不同)

(4)　(す)―(エ)　(せ)―(イ)　(そ)―(キ)

(5)　(た)富栄養化　(ち)アオコ

(6)　(つ)カンブリア　(て)紫外線　(と)オルドビス　(な)フロン　(に)温室効果

◀解　説▶

≪南極大陸の生態，進化と系統，植物の応答，富栄養化，オゾン層≫

(1)①　植生とは，荒原，草原，森林などと分けられる植物の集団のことであり，バイオームとは，ツンドラ，夏緑樹林，熱帯雨林などに分けられる動植物の生物群集の単位である。

設問の文章には，「土壌はほとんど発達していない」とあり，植物がまったく生育したことがない土地に始まる一次遷移が当てはまる。これは既存の植生のみが破壊されて，埋土種子や植物の根株などが残っている土地で始まる二次遷移と区別される。また，遷移が始まる基質が露岩であるため，その環境からは乾性遷移ともいえる。一次遷移では乾燥や貧栄養的条件に耐えうるものが多く，地衣類・シアノバクテリア・コケ植物，多年生草本などが先駆（パイオニア）種となる

②　隔離の要因としては，地理的な距離や障壁などに起因する外的なものである地理的隔離と，集団間の遺伝的な差異に起因する内的なものである生殖的隔離がある。単一種の集団間に生殖的隔離が生じて，2つ以上の数の種が形成されることを種分化というが，その過程は中立進化によって生じる場合や，異なる環境への適応による自然選択で生じることがある。

(2)①(ア)　コケ植物は胞子で繁殖するが，被子植物は胞子で繁殖しない。

(イ)　コケ植物は花が咲かず，種子もつけないが，被子植物は花が咲き，種子をつける。

(ウ)　コケ植物は胚珠をもたないが，被子植物はもつ。

(エ)　コケ植物は維管束をもたないが，被子植物はもつ。

(オ)　コケ植物の胞子体は配偶体に寄生するが，被子植物の配偶体は胞子体に寄生しない。

②　地衣類は藻類と菌類の共生体である。

(ア)　地衣類，藻類は細菌ドメインではなく，真核生物ドメインである。

(イ)　エーテル脂質をもつのは古細菌である。

(ウ)　藻類とシアノバクテリアはクロロフィル a をもつ。

(エ)　菌糸は糸状菌類の栄養体を構成するが，シアノバクテリアや藻類にはない。

(オ)　ペプチドグリカンは細菌やシアノバクテリアの細胞壁に含まれるが，藻類の細胞壁には含まれない。

③(ア)　偽体腔をもつのは線形動物で，節足動物は真体腔をもつ。

(イ)　線形動物と節足動物はともに脱皮により成長し，脱皮動物とも呼ばれる。

(ウ)　体節があるのは，環形動物と節足動物である。

(エ)　両者とも背骨はもたない。

(オ)　両者とも原口が口になる旧口動物である。

(3)　植物細胞の凍結を防ぐためには浸透圧を上げる必要があるので，糖やアミノ酸を合成する応答がある。また，細胞膜の脂質（不飽和脂肪酸）の組成を変化させ，膜の流動性を保つなどの応答もある。
アブシシン酸が孔辺細胞に作用して Ca^{2+} の濃度が上昇すると，Cl^- 等の陰イオンの排出が起こる。その結果，膜電位が変化して K^+ チャネルが開いて K^+ が細胞外へ排出されると浸透圧が下がる。その結果，孔辺細胞が変形して気孔が閉じる。

(4)　海洋において，生産者の光合成量と呼吸量がつりあう水深を補償深度という。それは，生産者が有機物を作るために必要な光の明るさ（補償照度）となる深度である。補償深度から水面までを生産層といい，生産者はこの層でしか生育できない。補償深度より深い部分を分解層という。

(5)　水中の窒素，リンが必要以上に増えると，それを栄養として利用する植物プランクトンが急速に増えてくる状態となり，これを富栄養化という。アオコとは，富栄養化が進んだ湖沼等において，主に浮遊性のシアノバクテリアが大発生し，水面を覆い尽くすほどになった現象を指す用語であるが，それらの藻類全体を指す用語でもあり，かつてはその代表種のミクロキスティスを指すこともあった。その他のシアノバクテリアとしては，アナベナ，アファニゾメノンなどが挙げられるが，アオコには黄緑色藻類，渦鞭毛類，ミドリムシ藻類，珪藻類も含まれる。

(6)　約27億年前に光合成により酸素を放出するシアノバクテリアが誕生して以来，酸素が増加し，カンブリア紀には藻類が繁栄して，大気中に酸素が放出されるとともにオゾン層が形成されていった。オゾンは太陽からの紫外線の作用により，酸素分子2個が酸素原子に分解し，酸素原子3個からなるオゾン分子が生まれる。初期のオゾン層は地上付近にあったが，オルドビス紀には空気中の酸素濃度が上昇し，成層圏にオゾン層が形成された。フロンガスが成層圏まで運ばれると，強い太陽紫外線を受けて分解されて塩素を発生する。この塩素が触媒としてはたらいてオゾンを次々に分解し，オゾン層が破壊される。地球に届く有害な紫外線の量が増加すると，生物に大きな影響を与えることになる。南極の上空にはオゾンの層がうすくなって穴のようにみえる場所があり，1982年に日本の観測隊がはじめてオゾンホールを発見した。また，フロンは強力な温室効果ガスであり，二酸化炭素の数百倍から1万倍以上の温室効果がある。

❖講　評

Ⅰ　代謝や筋収縮に関する広い分野からの出題である。(1)は知識問題，(2)は標準的な計算問題である。(3)は試薬の特性とグラフを十分に読み取る必要がある。計算は複雑ではない。(4)(b)の計算問題もアクチンフィラメントが両側から滑り込むことに注意したい。(4)(c)の論述は標準的である。キーワードを押さえたい。

Ⅱ　遺伝や分子遺伝に関する問題である。(1)～(3)は基本的である。(4)は連鎖解析に関するやや難しい問題である。(i)はaが優性遺伝子となるので注意したい。(ii)～(v)は実験の内容を理解できないと解答できないが，何とか(v)までたどり着きたい。(vi)は標準的である。(vii)は遺伝子の置換，挿入，欠失を想定して3種類の配列を導き出せばよい。

Ⅲ　生態系を中心とした総合的な問題である。知識問題が多いが，(3)植物の低温ストレスや(5)富栄養化では答えにくい問題もあり，注意を要する。それ以外は基本的な問題となっている。

2023 年度も全体的に標準的な問題が多いが，考察問題や深い知識が必要な問題が含まれる。Ⅲのような知識問題から取り掛かり，考察が必要な問題に時間を取りたい。

/////////////////// · memo · ///////////////////

2022年度

問題と解答

■全学部日程（文系）

問題編

▶試験科目・配点

●神，文，社会，法，経済，商，文化情報，スポーツ健康科，心理，グローバル・コミュニケーション（中国語コース），グローバル地域文化学部

教　科	科　目	配　点
外　国　語	コミュニケーション英語Ⅰ・Ⅱ・Ⅲ，英語表現Ⅰ・Ⅱ	200 点
地歴・公民・数学	日本史Ｂ，世界史Ｂ，政治・経済，「数学Ⅰ・Ⅱ・Ａ・Ｂ」から１科目選択	150 点
国　語	国語総合，現代文Ｂ，古典Ｂ	150 点

●政策学部（選択科目重視型）

教　科	科　目	配　点
外　国　語	コミュニケーション英語Ⅰ・Ⅱ・Ⅲ，英語表現Ⅰ・Ⅱ	200 点
地歴・公民・数学	日本史Ｂ，世界史Ｂ，政治・経済，「数学Ⅰ・Ⅱ・Ａ・Ｂ」から１科目選択	200 点[*1]
国　語	国語総合，現代文Ｂ，古典Ｂ	150 点

●グローバル・コミュニケーション学部　英語コース（英語重視型）

教　科	科　目	配　点
外　国　語	コミュニケーション英語Ⅰ・Ⅱ・Ⅲ，英語表現Ⅰ・Ⅱ	250 点[*2]
地歴・公民・数学	日本史Ｂ，世界史Ｂ，政治・経済，「数学Ⅰ・Ⅱ・Ａ・Ｂ」から１科目選択	150 点
国　語	国語総合，現代文Ｂ，古典Ｂ	150 点

▶備　考

• 法学部および経済学部は英語について基準点（80 点）を設けている。したがって英語が 79 点以下の場合，3 教科の総得点が合格最低点を上回っていても不合格となる。
•「数学Ｂ」は「数列」および「ベクトル」から出題する。

＊1　同日実施の共通問題（75 分，150 点満点）を使用し，配点を 200 点満点に換算する。

＊2　同日実施の共通問題（100 分，200 点満点）を使用し，配点を 250 点満点に換算する。

英語

(100分)

〔Ⅰ〕 次の文章を読んで設問に答えなさい。[＊印のついた語句は注を参照しなさい。](65点)

You can improve learning — and potentially remember more — by handwriting your class notes. Although computer technology is often necessary today, using a pen or pencil activates more areas of your brain than a keyboard does. These are findings of a new study.

As digital devices have taken over(a) society, "keyboard activity is now often recommended as a substitute for early handwriting," a new study notes. The idea is that typing may be easier for young children.

"Some schools in Norway have become completely digital," notes Audrey van der Meer, the new study's leader. The human brain has evolved to interact (W) the world in as many ways as possible, she notes. She believes that "young children should learn to write by hand successfully, and, at the same time learn to manage(b) a keyboard."

Van der Meer is a neuropsychologist*, someone who measures brain activity to better understand learning and behaviors. She works at the Norwegian University of Science and Technology in Trondheim.

Using a pen, or a digital stylus*, involves more of the brain than using a keyboard, her new findings show. This is because writing and printing involve intricate(c) movements that activate more areas of the brain. The increased brain activity "gives the brain more 'hooks' to hang your memories on,"(ア) she explains.

Think about it. The same movement is required to type each letter on a keyboard. (　X　) contrast, when we write, our brain needs to think about and retrieve memories of the shape of each letter. We also need to use our eyes to watch what shapes we're writing. And we need to control our hands to press a pen or pencil to shape the different letters. All of this uses and connects more areas of the brain.

Along the way, these processes appear to "open the brain up for learning," says Van der Meer. So learning (　Y　) only one format — digital — could be harmful, she worries.

Van der Meer also points out that taking notes by hand stimulates "visual notetaking." Rather than typing blindly, the visual notetaker has to think about what is important to write down. Then, key words can be "interlinked* by boxes, and arrows, and supplemented by small drawings."

The potential benefits of handwriting for learning and memory have been debated(d) for some time. The new study set out to answer two questions. How (　あ　) handwriting (　い　)(　う　) using a keyboard or (　え　) when it (　お　) to (　か　) new information? And how similar are handwriting and drawing?

In all, 12 adults and 12 seventh-graders* took part. All were used to writing in cursive*. Researchers asked each of them to write and draw with a digital pen. Each was also asked to type on a keyboard. While performing these tasks, each volunteer wore a cap that held electrodes* next to their head. It looked somewhat like a hair net fitted with 256 sensors.

Those sensors recorded the recruits' brainwaves, a type of electrical activity, as EEGs. That's short for electroencephalograms*. The electrodes noted which parts of the brain turned on during each task. And they showed that the brain activity was about the same in both the kids and the adults.

Writing turned on memory areas in the brain. Typing didn't. Drawing images and writing also turned on parts of the brain involved with learning. Writing even activated language areas.

This suggests, Van der Meer says, that when we write by hand, "we both learn better and remember better." Her team described its findings July 28 in *Frontiers in Psychology*. Her team now suggests "that children, from an early age, must be exposed to(イ) handwriting and drawing activities in school."

This study does not recommend banning(e) digital devices. In fact, its authors point out, computers and other devices with keyboards have become essential in many modern classrooms. Keyboarding also can be especially helpful for students with certain special needs (such as if they have trouble using their hands). But nearly all students will benefit (Z) learning handwriting and drawing at an early age, the researchers now conclude.

Based on her data, Van der Meer now says "I would use a keyboard to write an essay, but I'd take notes by hand [in class]."

These new findings back up(f) other studies showing potential benefits of handwriting, says Joshua Weiner. He noted that "different parts of the brain might work together during writing versus typing." Weiner works at the Iowa Neuroscience Institute in Iowa City. This institute is part of the University of Iowa's Carver College of Medicine. Although Weiner was not involved with the new study, his own research focuses on the formation of brain circuits.

His own students type faster than they can write, he finds. Slowing down seems to require them to "think more" when taking notes, he says. He adds that this could "improve memory and enhance(g) learning." Weiner concludes that "writing may be beneficial" as it involves more of a "brain response."

Van der Meer recognizes that learning to write by hand is a slower process. She also is aware that it requires fine motor skills*. But, she adds, that's good: "If we don't challenge our brain, it can't reach its full potential."

(By Diane Lincoln, writing for *Science News for Students*,
November 11, 2020)

［注］ neuropsychologist　神経心理学者
digital stylus　タッチペン、ペン型入力機器
interlinked　(interlink　繋げる、関連づける)
seventh-graders　米国における7年生(日本の中学1年生に相当する)
cursive　筆記体
electrodes　電極
electroencephalograms　脳波図
motor skills　運動技能

I－A　空所(W)～(Z)に入るもっとも適切なものを次の1～4の中からそれぞれ一つ選び、その番号を解答欄に記入しなさい。

(W)	1 among	2 from	3 toward	4 with
(X)	1 In	2 On	3 To	4 With
(Y)	1 against	2 around	3 behind	4 through
(Z)	1 before	2 from	3 of	4 with

I－B　下線部(a)～(g)の意味・内容にもっとも近いものを次の1～4の中からそれぞれ一つ選び、その番号を解答欄に記入しなさい。

(a) taken over
1 conquered　　2 defeated
3 emerged from　　4 succeeded to

(b) manage
1 avoid　　2 employ　　3 examine　　4 oversee

(c) intricate
1 complex　　2 exciting
3 linear　　4 unsophisticated

(d) debated

1 attacked　2 discussed　3 overlooked　4 proved

(e) banning

1 advertising　2 forbidding　3 ignoring　4 upgrading

(f) back up

1 challenge　2 copy　3 store　4 support

(g) enhance

1 boost　2 complicate

3 set aside　4 slow down

I－C　波線部 (ア) と (イ) の意味・内容をもっとも的確に表しているものを次の1～4の中からそれぞれ一つ選び、その番号を解答欄に記入しなさい。

(ア) gives the brain more 'hooks' to hang your memories on

1 enables the brain to focus on what you are learning

2 helps you write more clearly so you can remember things

3 makes it easier for the brain to memorize things

4 supplies the brain with nutrients necessary to memory

(イ) be exposed to

1 be encouraged to forget about

2 be given opportunities to engage in

3 be made to understand the importance of

4 be taught to fully concentrate on

I－D　二重下線部の空所(あ)～(か)に次の1～8の中から選んだ語を入れて文を完成させたとき、(あ)と(う)と(か)に入る語の番号を解答欄に記入しなさい。同じ語を二度使ってはいけません。選択肢の中には使われないものが二つ含まれています。

How (あ) handwriting (い)(う) using a keyboard or (え) when it (お) to (か) new information?

1 by　2 comes　3 compare　4 does

5 drawing　6 learning　7 to　8 we

I－E　本文の意味・内容に合致するものを次の１～８の中から三つ選び、その番号を解答欄に記入しなさい。

1　A new study shows that students should stop using computers since using a pen or a pencil stimulates more areas of one's brain than a keyboard does.

2　A recent study points out that in our digital age young people might find typing easier than writing by hand.

3　According to Van der Meer, taking notes by hand strengthens one's visual memory and helps one to type without looking at the keyboard.

4　Van der Meer indicates that, though writing can turn on parts of the brain associated with learning, neither drawing images nor typing can do so.

5　A new study suggests that learning handwriting and drawing at an early age is beneficial for most students.

6　Although Weiner was not involved with Van der Meer's research, he also claims that handwriting could be beneficial and could improve memory.

7　Weiner encourages his students to type faster than they can write since typing fast activates more areas of the brain than writing does.

8　Van der Meer admits that, since learning to write by hand is more challenging than learning to type, it is more realistic for students to master typing first.

〔Ⅱ〕 次の文章を読んで設問に答えなさい。[＊印のついた語句は注を参照しなさい。](85点)

Coffee is one of the world's most valuable traded natural commodities, second only to oil, and it is produced and consumed worldwide. The prized$_{(a)}$ bean is believed to have originally evolved in the wild in East Africa, but global exploration introduced it to many different cultures. Today, coffee is cultivated in more than seventy countries in an area known as "the bean belt."

(W) the precise origins of the consumption of coffee remain uncertain, it was likely first discovered in Ethiopia. It is thought that at some point before 1000 CE* Ethiopian tribes began to grind the coffee fruits containing the coffee seeds or beans and mix them with an animal fat, making a kind of energy bar to sustain$_{(b)}$ them on hunting trips or long journeys. Some nomadic* tribes continue to consume these bars even today. (中略)

The earliest evidence of human cultivation of the coffee plant has been traced back to the fifteenth century in Yemen. As with accounts of the discovery of coffee, just how it traveled to the Arabian Peninsula is largely a matter of conjecture(ア). Some stories tell of Sudanese slaves chewing on coffee fruits to help them survive the journey from Ethiopia to Arabia; some tell of an Islamic scholar observing the invigorating* effects of coffee on a trip to Ethiopia and bringing it back on his return to the Arabian Peninsula. Yet other tales view the spread of coffee simply as the result of the ongoing trade that existed between the two places.

Whatever the precise course of events, fifteenth-century Sufi* monks imbibed* coffee as a beverage to help keep them awake during their nighttime prayers. It wasn't long before the drink became popular with the rest of the population(イ), particularly the Muslims, who for religious reasons were barred$_{(c)}$ from consuming intoxicating* beverages, such as alcohol.

Coffeehouses, known as *kaveh kanes*, multiplied throughout the Arab world, becoming communal hubs for socializing, education, and general merriment*.

Coffee became known as "Arabian wine" or "wine of Araby," and tales of this dark, bitter, stimulating beverage returned home with the thousands of pilgrims who visited Mecca every year. Venetian traders first introduced coffee to Europe in 1615, probably bringing the beans from the Middle East into Venice, (X) coffee soon became a fashionable beverage. By the 1650s, it was sold on the streets of Venice by lemonade vendors, along with liquor and chocolate, and the first European coffeehouse was opened there in the mid-1600s. Believed to have medicinal benefits, coffee was claimed to cure drunkenness (中略).

While the drinking of coffee spread throughout the Middle East, westward into Europe, and eastward into Persia and India in the sixteenth and early seventeenth centuries, and thereafter to the New World*, the Arabs attempted to maintain a monopoly in the coffee trade by closely guarding its cultivation — they would boil or lightly roast coffee seeds before they were exported, to render them infertile*. (あ) their efforts, coffee cultivation began to extend (い) the Middle (う) in the seventeenth century, mainly (え) to the Dutch, (お) dominated international shipping trade at that time.

Attempts to cultivate coffee plants smuggled(d) from Yemen to Europe in the early seventeenth century failed. However, when the Dutch took control of parts of Ceylon (now Sri Lanka) from the Portuguese in the mid-1600s, they found small coffee plantations begun with plants brought in by Arab traders, which they subsequently developed along with plantations established in their colonies on the Malabar Coast of India. In the late 1690s, they took coffee plants to their colony of Batavia (now Java), which became their main source of supply. From there, seeds were taken back to the Hortus Botanicus (botanical gardens) in Amsterdam and were successfully cultivated in greenhouses in 1706.

The first botanical description of the coffee tree, *Coffea arabica*, was made in these gardens by French botanist Antoine de Jussieu in 1713, and today coffee-loving pilgrims can come to the gardens to gaze on plants that have a direct lineage back to the eighteenth century. Their progenitors* were to become the source of most of the cultivated coffee plants in the world today.

(Y) a separate occasion, in 1670, the Sufi mystic Baba Budan reputedly* smuggled seven coffee seeds from Yemen to the hills of Chikmagalur in Karnataka in southwest India, which was to become a <u>renowned</u>(e) coffee-growing region.

Meanwhile, coffee's spread to the West <u>is attributed to</u>(f) the Columbian Exchange: the transfer of plants, animals, ideas, and diseases between the Eastern and Western hemispheres that followed Columbus's voyage to the New World of the Americas in 1492. Coffee and tea flowed one way, and chocolate in the other direction. The Dutch established coffee cultivation in their South American colony of Dutch Guiana (now Surinam) in the early eighteenth century, and at the same time, the mayor of Amsterdam presented the Sun King of France, Louis XIV, with a coffee plant from the Hortus Botanicus. A cutting from this plant was taken to the French Caribbean colony of Martinique by French naval officer Gabriel Mathieu de Clieu in 1723, and from there coffee spread to other Caribbean islands and to French Guiana. The story goes that coffee plants were smuggled into Brazil in 1727, leading to the beginnings of the world's largest coffee industry. With a <u>happy</u>(g) circularity, Brazilian coffee plants were transported to Kenya and Tanganyika (now Tanzania) in East Africa in the late nineteenth century, bringing new coffee varietals* to the area of the plant's wild origins in Ethiopia. Ethiopia has since become one of the top ten commercial coffee producers in the world.

In the New World, coffee became popular in Central and South

America under the Spanish and Portuguese in the eighteenth century. In the British North American colonies, (ウ)tea was the drink of choice until 1773, when the settlers rebelled against the heavy (h)duty placed on it by the British government. Following the 1773 Boston Tea Party* protest, coffee became the patriotic drink in the Thirteen Colonies that formed the United States following the War of Independence (1775-83).

Today, the (i)vast coffee-cultivation area known as "the bean belt" sits almost entirely within the humid equatorial* region between the two tropics*, comprising growing regions that have steady temperatures of around 68℉ (20℃), rich soil, moderate sunshine, and rain. Many countries, economies, and about twenty-five million people now depend (Z) coffee cultivation and export.

(From *How to Make Coffee: The Science behind the Bean*, by Lani Kingston, 2015)

[注] CE (Common Era 西暦紀元)

nomadic 遊牧民の

invigorating 活力を与える、元気づける

Sufi スーフィー主義者(イスラム教の神秘主義者)

imbibed (imbibe 飲む)

intoxicating 人を酔わせる、夢中にさせる

merriment 笑い楽しむこと、陽気な騒ぎ

the New World 新世界(「旧世界」であるヨーロッパから見た南北アメリカ大陸)

infertile (動植物が)繁殖力のない

progenitors 人・動植物の先祖

reputedly 評判では、世評では

varietals ワインやコーヒーなどの特定栽培地域の品種

Boston Tea Party ボストン茶会事件(本国政府の植民地政策に憤った人々がボストン港でイギリス貨物船の積荷の紅茶を海に投棄した事件)

equatorial　赤道直下の

the two tropics　南北回帰線

Ⅱ－A　空所(W)～(Z)に入るもっとも適切なものを次の1～4の中からそれぞれ一つ選び、その番号を解答欄に記入しなさい。

	1	2	3	4
(W)	1 Although	2 For	3 Since	4 When
(X)	1 what	2 where	3 which	4 who
(Y)	1 Against	2 In	3 On	4 When
(Z)	1 by	2 in	3 to	4 upon

Ⅱ－B　下線部(a)～(i)の意味・内容にもっとも近いものを次の1～4の中からそれぞれ一つ選び、その番号を解答欄に記入しなさい。

(a) prized
1 admirable　2 enhanced　3 treasured　4 victorious

(b) sustain
1 entertain　2 guarantee　3 nourish　4 suspend

(c) barred
1 derived　2 driven　3 prohibited　4 suffered

(d) smuggled
1 converted systematically　2 introduced officially
3 traded openly　4 transported illegally

(e) renowned
1 contemporary　2 developed
3 famous　4 renewed

(f) is attributed to
1 contributes to　2 originates from
3 reinforces　4 resembles

(g) happy
1 bright　2 cheerful　3 fitting　4 joyous

(h) duty

1 fine　　2 obligation

3 punishment　　4 tax

(i) vast

1 best　　2 huge　　3 last　　4 narrow

II－C　波線部 (ア)〜(ウ) の意味・内容をもっとも的確に示すものを次の1〜4の中からそれぞれ一つ選び、その番号を解答欄に記入しなさい。

(ア) just how it traveled to the Arabian Peninsula is largely a matter of conjecture

1 how coffee beans became popular among people in the Arabian peninsula is fascinating

2 most indicate that the discovery of coffee beans in the Arabian peninsula was essentially accidental

3 our understanding of how coffee beans spread across the Arabian peninsula is mostly speculative

4 there is little doubt as to how coffee reached the Arabian peninsula

(イ) It wasn't long before the drink became popular with the rest of the population

1 Inspired by Sufi monks, religious people of all kinds regarded coffee as sacred

2 It took a long time for people to truly appreciate and enjoy coffee

3 Soon coffee was widely accepted, even among people other than Sufi monks

4 The caffeine in coffee opened the minds of most people in the region

(ウ) tea was the drink of choice until 1773

1 tea finally became available in 1773

2 tea was accessible until 1773

3　tea was hard to obtain in 1773

4　tea was preferred until 1773

Ⅱ－D　二重下線部の空所(あ)〜(お)に次の1〜8の中から選んだ語を入れて文を完成させたとき、(あ)と(え)と(お)に入る語の番号を解答欄に記入しなさい。同じ語を二度使ってはいけません。選択肢の中には使われないものが三つ含まれています。選択肢はすべて小文字にしてあります。

(　あ　) their efforts, coffee cultivation began to extend (　い　) the Middle (　う　) in the seventeenth century, mainly (　え　) to the Dutch, (　お　) dominated international shipping trade at that time.

1　age	2　because	3　beyond	4　despite
5　due	6　east	7　which	8　who

Ⅱ－E　本文の意味・内容に合致するものを次の1〜8の中から三つ選び、その番号を解答欄に記入しなさい。

1　Global demand makes coffee one of the world's most desired natural products, surpassed only by oil.

2　Some scholars state that coffee plants originated in the Middle East, and that the inhabitants of its mountainous regions chewed raw coffee beans for medicinal purposes.

3　Scientists have determined that coffee trees were cultivated by Europeans in the fifteenth century.

4　In the medieval era, Arabs made a dark, robust wine from coffee beans, which the French later imported into Europe.

5　During the eighteenth century, the practice of drinking coffee spread throughout the Middle East, then to Europe, then across the Atlantic to the New World.

6　The first botanist to give an accurate account of the coffee plant was Antoine de Jussieu.

7　The Dutch established coffee plantations in North America mainly for indigenous consumers.

8 The bean belt exists almost exclusively in the region between the tropics.

Ⅱ－F 本文中の太い下線部を日本語に訳しなさい。(本文の内容から the two places が具体的にどこかを明示して訳しなさい。)

Yet other tales view the spread of coffee simply as the result of the ongoing trade that existed between the two places.

〔Ⅲ〕 次の会話を読んで設問に答えなさい。(50点)

(*Jimmy spots his friend Georgia seated on a park bench, painting. He approaches, looks at what she's working on, and speaks.*)

Jimmy: How do you *do* that?

Georgia: I do it with a brush and a set of watercolor paints.

Jimmy: You know what I mean. I'm asking how you paint *so well*. I've never been able to sketch so much as a plausible tree.

Georgia: "Plausible Tree" sounds like a good name for a rock and roll band. Don't you play the guitar?

Jimmy: Yes. But don't change the subject. Really, you're so talented with a brush.

Georgia: I've been painting for years. ＿＿＿(a)＿＿＿ You just get better with practice.

Jimmy: If practice was all it took, I'd be pretty good myself. I took an art class. And I practiced long and often.

Georgia: Let me see what you can do. ＿＿＿(b)＿＿＿ Draw a picture of me.

(*Jimmy spends a few minutes sketching.*)

Jimmy: There. Give me your honest opinion.

Georgia: My honest opinion is that you're better at geometry than sketching. ＿＿(c)＿＿ Picasso would be ashamed. Here, let me sketch a picture of you.

(*She works for a few minutes, then shows Jimmy the result.*)

Jimmy: Oh, you're good for sure. ＿＿(d)＿＿ I'm not a handsome man, but I have to admit it. That's me. Mind if I use this in my new passport instead of a photo? No one will notice.

Georgia: You're welcome to try.

Jimmy: I wonder. How does talent relate to practice? I think you've got to be born with a gift for art. Talent is given to you. Then you work with it. ＿＿(e)＿＿

Georgia: My mother and sister do.

Jimmy: You see? A gift for art often runs in families, like the color of a person's eyes. Take those ice-blue eyes in the picture you drew of me. ＿＿(f)＿＿ People say I look like him.

Georgia: So, I'm a "natural-born" painter, as the saying goes? Is that your point?

Jimmy: Yes. Not that you haven't worked hard to develop your gift. I know you have. Your dedication is as admirable as your talent. I'm the laziest man on earth.

Georgia: Painting does come easily to me. Still, I love working at it. I'm glad you noticed.

Jimmy: *That* must be what talent is. [どんなにきつい練習をしてもそれを楽しく感じるなら、君は才能があるということだよ。]

Georgia: I think you may be right. And come on, Jimmy. You aren't lazy.

I walk by your apartment five or six times a week. ＿＿＿(g)＿＿＿ Loudly. And beautifully. Me? I can't whistle even the simplest of tunes. Any musicians in your family?

Jimmy: Come to think of it, there are. My cousin's a pianist. So is my uncle. And *his* father was in a rock and roll band. Way back in the 1960s. They had a number one hit record. All the radio stations played it. Didn't I ever tell you about that?

Georgia: No! That's really wild. Do you have a copy?

Jimmy: You bet I do. It's on CD now, of course. And I've got it loaded on my smartphone. Here, listen.

(*Georgia takes the phone, plugs in some headphones, starts to dance.*)

Georgia: Great stuff.

Jimmy: Why are you shouting?

Georgia: What? I can't hear you.

Jimmy: Take the headphones off, Georgia!

(*She does.*)

Georgia: Sorry about that. I was getting into it. ＿＿＿(h)＿＿＿ And as for you, Jimmy. You should start a band.

Jimmy: And call it "Plausible Tree"?

Georgia: Exactly.

Ⅲ－A　空所 (a)～(h) に入るもっとも適切なものを次の 1 ～10の中からそれぞれ一つ選び、その番号を解答欄に記入しなさい。同じ選択肢を二度使ってはいけません。選択肢の中には使われないものが二つ含まれています。

1 Does anyone else in your family paint?

2 Does my face really look like a bunch of triangles and cubes?

3 Does my face really look like a tree?

4 Here, take this pencil and sketch pad.

5 I might as well be looking into a mirror.

6 I might as well be looking out a window.

7 I started when I was just a kid.

8 They're my father's.

9 You're always playing the guitar.

10 You've got to give me a copy of that CD.

Ⅲ－B　本文中の［　　　］内の日本語を英語で表現しなさい。

どんなにきつい練習をしてもそれを楽しく感じるなら、君は才能があるということだよ。

日本史

(75分)

〔Ⅰ〕　次の①～⑤の文章を読んで、下記の【設問ア】～【設問テ】に答えよ。なお同一記号の空欄には同一の語句が入る。　(45点)

①　更新世には、日本列島は寒冷な氷期(ア)と比較的温暖な間氷期が繰り返し、現在の日本列島も大陸と陸続きになった時期もある。こうした時期に大陸から列島に渡来したのは、静岡県の（　イ　）人、沖縄県の（　ウ　）人(エ)や山下町洞人などの新人段階の化石人類であることが知られている。原日本人は、南方から渡来した人々と、主に弥生時代以降、北方から渡来した人々(オ)の混血により形成されたと考えられており、現在の日本語の特徴は、北方系の（　カ　）語の語法の特徴と、南方系の語彙の特徴を併せ持つとされる。

②　『魏志』倭人伝では、当時の日本列島の状況について、倭人が（　キ　）の東南方面、海中の山島に住んでいること、そこから海岸伝いに移動していくと（　ク　）があること、男性の多くが顔や身体に入れ墨をし、市で交易をしていること、一大率を配して(ケ)諸国を検察していたこと、身分差のある者(コ)同士が往来で出会えば、身分の低い者(サ)は尻込みして草むらに入ること、また何か申すときは両手を地につけ、蹲(うずくま)ったり跪(ひざまず)いたりして恭敬を表現する、などの倭の風俗が記されている。

③　4世紀から、朝鮮半島南部の鉄資源を確保することなどを目的に、倭は（　シ　）と早くから密接な関係を築いていたが、その後半には高句麗が南下政策を進め、倭は百済や（　シ　）とともに高句麗と争うこととなった。その記録は、かつての丸都にある好太王碑の碑文(ス)に残されている。この争いの中で、元々は乗馬の風習の無かった倭人達は、高句麗の騎馬軍団との戦いなどから技術を学び、日本の古墳でも馬具が副葬されるようになる。

④　5世紀以降、古墳時代中期の古墳では、あわせて武器や武具(セ)の副葬も顕著と

なり、首長が軍事的性格を帯びてくることも特徴である。『宋書』倭国伝では、この時期の雄略天皇に比定される倭王（　ソ　）の上表文とされる記録があり、そこには（　ソ　）が「使持節都督」「安東大将軍」「倭国王」を自称し使を遣わしたこと、先祖より国内や朝鮮半島における軍事的活動を継続して蛮夷を平定してきたこと、自らの朝貢を妨げる高句麗との戦いのために適切な官職を賜る願いをしていること、などが記されている。

⑤　6世紀には、継体天皇(タ)が、朝鮮半島南部地域の救済のため派兵したが、このとき、新羅と結んだ筑紫国造磐井が反乱を起こした(チ)ことが、『（　ツ　）』に記されている。また、この乱を平定したとされる物部麁鹿火は、それ以前におきた（　テ　）年の「任那四県」の割譲に際しても、宣勅使の役目に就く予定であったが辞任したとされている。

【設問ア】下線部アの地質学上の最後の氷期として正しいものを次のうちから選び、その番号を解答欄Ⅰ－Bに記入せよ。

1．ギュンツ　　2．リ　ス　　3．ヴュルム　　4．ミンデル

【設問イ】空欄（　イ　）に入る化石人類の名称を、解答欄Ⅰ－Aに漢字で記せ。

【設問ウ】空欄（　ウ　）には、八重瀬町に所在する石灰岩の割れ目から発見された化石人類の名称が入る。この名称を、解答欄Ⅰ－Aに漢字で記せ。

【設問エ】下線部エの化石人類の形質学的な特徴は、オーストラリア原住民やワジャク人に類似し、縄文人や中国南部に起源を持つ、ある化石人類とは相対的に似ていないことが知られている。この中国南部に起源を持つ化石人類名として正しいものを次のうちから選び、その番号を解答欄Ⅰ－Bに記入せよ。

1．明石人　　2．柳江人　　3．南斉人　　4．遼東人

【設問オ】下線部オについて、そうした渡来系の人々の人骨も多数発見された、山口県の海岸砂丘にある遺跡を次のうちから選び、その番号を解答欄Ⅰ－Bに記入せよ。

1．真脇遺跡　　2．山木遺跡　　3．上野原遺跡　　4．土井ヶ浜遺跡

【設問カ】空欄（　カ　）に入る言語を次のうちから選び、その番号を解答欄Ⅰ－Bに記入せよ。

1．アルタイ　　2．東　晋　　3．ジャワ　　4．北　魏

【設問キ】空欄（　キ　）に入る、現在の朝鮮半島のソウル周辺に設置されたとされる郡の名称を、解答欄Ⅰ－Aに漢字で記せ。

【設問ク】空欄（　ク　）に入る、ある女王が治める国の名を、解答欄Ⅰ－Aに漢字で記せ。

【設問ケ】下線部ケについて、この一大率が置かれた、現在の福岡県糸島市周辺に所在すると推定される国を次のうちから選び、その番号を解答欄Ⅰ－Bに記入せよ。

1．伊都国　　2．狗奴国　　3．奴　国　　4．一支国

【設問コ】下線部コについて、当時のこの地域の風俗として、身分差のある者の存在を示す考古学資料として適切な例を次のうちから選び、その番号を解答欄Ⅰ－Bに記入せよ。

1．叉状研歯によるアニミズムの表現　　2．土偶の出土

3．銅鐸を一括埋納する儀礼の存在　　4．墳丘を有する墓

【設問サ】下線部サについて、当時のこの地域での、この身分の低い者の階級をどのように記録しているか。その名称を次のうちから選び、その番号を解答欄Ⅰ－Bに記入せよ。

1．鬼　道　　2．匈　奴　　3．軍　尼　　4．下　戸

【設問シ】空欄（　シ　）に入る国（または地域総称）を、解答欄Ⅰ－Aに漢字で記せ。

【設問ス】下線部スについて、この碑文には辛卯の年から、倭が朝鮮半島南部に侵攻してきている、という状況が記録されている。その西暦年を次のうちから選び、その番号を解答欄Ⅰ－Bに記入せよ。

1．239年　　2．266年　　3．391年　　4．421年

【設問セ】下線部セについて、これには該当しないと考えられる考古学的な資料を次のうちから選び、その番号を解答欄Ⅰ－Bに記入せよ。

1．短　甲　　2．長　槍　　3．環頭大刀　　4．挂　甲

【設問ソ】空欄（　ソ　）に入る人物名を次のうちから選び、その番号を解答欄Ⅰ－Bに記入せよ。

1．珍　　2．済　　3．興　　4．武

【設問タ】下線部タの天皇を擁立したとされる大連の人物名を、解答欄Ⅰ－Aに漢字で記せ。

【設問チ】下線部チについて、この反乱が起きた西暦年と、平定されたのちに磐井が葬られたと考えられている古墳の組み合わせを次のうちから選び、その番号を解答欄Ⅰ－Bに記入せよ。

1．527年・岩戸山古墳　　2．527年・竹原古墳
3．572年・竹原古墳　　4．572年・岩戸山古墳

【設問ツ】空欄（　ツ　）に入る正史を、解答欄Ⅰ－Aに漢字で記せ。

【設問テ】空欄（　テ　）に入る西暦年を次のうちから選び、その番号を解答欄Ⅰ－Bに記入せよ。

1．512　　2．532　　3．540　　4．553

〔Ⅱ〕　次の【史料1】～【史料8】を読んで、下記の【設問ア】～【設問カ】および【設問a】～【設問g】に答えよ。なお、史料文には、省略したり、改めたりしたところがある。　(45点)

【史料1】

日本の農家は、秋に畓(た)を耕して大小麦を種(ま)き、明年初夏に大小麦を刈りて苗(びょう)種(しゅ)を種き、秋初に稲を刈りて木麦を種き、冬初に木麦を刈りて大小麦を種く。一畓に一年三たび種く。乃(すなわ)ち川塞がれば則(すなわ)ち畓と為し、川決すれば、則ち田となす。

【史料2】

一、(3条) 薪・すみは、惣のをたくべし。

一、(5条) 惣より屋敷請候て、村人にて無き物置くべからざる事。

一、(7条) 他所の人を地下に請人候わで、置くべからず候事。

一、(8条) 惣の地と私の地と、さいめ相論は、金にてすますべし。

一、(12条) 犬かうべからず事。

一、(20条) 堀より東をば、屋敷にすべからず者なり。

【史料3】

一天下の土民蜂起す。徳政と号し、酒屋・土倉・寺院等を破却せしめ、雑物等恣（ほしいまま）にこれを取り、借銭等悉（ことごと）くこれを破る。管領これを成敗す。凡そ亡国の基（もとい）、これに過ぐべからず。日本開白以来、土民蜂起是れ初めなり。

【史料4】

今晨（こんしん）、香厳院（こうげんいん）に於いて叔和西堂（しゅくわせいどう）語りて云く。今月五日越前府中に行く。それ以前越前の合力勢賀州に赴く。しかりといえども、一揆衆二十万人、富樫城を取り回（ま）く。故を以て、同九日城を攻め落さる。みな生害して、富樫一家の者一人これを取り立つ。

【史料5】

近日、四辺の土民蜂起す。土一揆と号し、御徳政と称して、借物を破り、少分をもって押して質物を請く。ことは江州より起る。…今日、法性寺の辺にこの事ありて火災に及ぶ。侍所多勢をもって防戦するもなお承引せず。土民数万の間、防ぎえずと云々。賀茂の辺か、今夜時の声を揚ぐ。去る正長年中この事あり、已（すで）に洛中に及び了（おわん）ぬ。その時は畠山管領たり、遊佐故河内守出雲路において合戦、静謐し了ぬ。今土民等、代始に此の沙汰先例と称すと云々。言語道断の事なり。

【史料6】

一　ヲンサイモクノコト。アルイワチトウノキヤウシヤウ、アルイワチカフトマウシ、カクノコトクノ人フヲ、チトウノカタエセメツカワレ候ヘハ、ヲマヒマ候ワス候。ソノヽコリ、ワツカニモレノコリテ候人フヲ、サイモクノヤマイタシエ、イテタテ候エハ、テウマウノアトノムキマケト候テ、ヲイモトシ候イヌ。ヲレラカコノムキマカヌモノナラハ、メコトモヲヲイコメ、ミヽヲキリ、ハナヲソキ、カミヲキリテ、アマニナシテ、ナワ・ホタシヲウチテ、サエナマント候ウテ、セメセンカウセラレ候アイタ、ヲンサイモクイヨイヨヲソナワリ候イヌ。ソノウエ百姓ノサイケイチウ、チトウトノエコホチトリ候イヌ。

【史料7】

我等は岐阜の町に着きたり。人口約一万なるべし。和田殿の指定したる宿に就きしが、其出入の騒しきことバビロンの混雑に等しく、各国の商人、塩・布其他の商品を馬に付けて来集し、家は雑踏して何も聞えず、或は賭博し、或は食し、或は売買し、或は荷造し、或は荷を解く者、昼夜絶ゆることなかりき。我等は他に静かなる室なきを以て皆二階にゐたり。

【史料8】

日本全国、当堺の町より安全なる所なく、他の諸国において動乱あるも、此の町には嘗(かつ)て無く、敗者も勝者も、此の町に来住すれば皆平和に生活し、諸人相和し、他人に害を加うる者なし。市街においては嘗て紛擾(ふんじょう)起ることなく、敵味方の差別なく皆大なる愛情と礼儀を以て応対せり。市街には悉(ことごと)く門ありて番人を付し、紛擾あれば直ちに之を閉づることも一の理由なるべし。紛擾を起す時は犯人其他悉く捕えて処罰す。然れども互いに敵視する者町壁外に出づれば、仮令(たとい)一投石の距離を超へざるも遭遇する時は互いに殺傷せんとす。町は甚だ堅固にして、西方は海を以て、又他の側の深き堀を以て囲まれ、常に水充満せり。

【設問ア】【史料1】は朝鮮回礼使の宋希璟が記した紀行文集である。史料文から日本の地域によっては三毛作が行われていたことがわかる。この地の農民が育てていた作物について「麦」と「稲」以外のもう1種類は何か、次のうちからその作物を選び、その番号を解答欄Ⅱ—Bに記入せよ。

1．あ わ　　2．ご ま　　3．そ ば　　4．ひ え

【設問イ】【史料1】・【史料2】・【史料6】・【史料7】について、それぞれの出典名はどれか、次のうちからそれぞれについての出典名を選び、その番号を解答欄Ⅱ—Bに記入せよ。

1．『今堀日吉神社文書』　2．『善隣国宝記』　3．『高野山文書』
4．『大乗院日記目録』　5．『耶蘇会士日本通信』　6．『蔭凉軒日録』
7．『東寺百合文書』　8．『老松堂日本行録』　9．『庭訓往来』

【設問a】【史料3】・【史料4】・【史料5】が説明しているできごとは、室町時代に起こった代表的な一揆である。それぞれ起こった一揆の名称を解答欄Ⅱ—Aに記せ。

【設問b】室町時代に入ると広い階層の百姓による自治的な村落が生まれ、【史

料２】のような内容の決まりが生まれるが、このような決まりを何と呼ぶか、解答欄Ⅱ－Ａに漢字で記せ。

【設問ｃ】【史料３】に記されている管領とは誰のことか、その人物名を解答欄Ⅱ－Ａに漢字で記せ。

【設問ｄ】【史料４】が説明しているように、富樫城は一揆勢に攻め落とされた。この時に攻め落とされた富樫城城主でありこの国の守護であった人物名を解答欄Ⅱ－Ａに漢字で記せ。

【設問ｅ】【史料５】は室町時代において最も大規模な一揆となったが、この一揆が起こるきっかけとなった事件によって亡くなった将軍の名前を解答欄Ⅱ－Ａに漢字で記せ。

【設問ｆ】【史料６】は荘民が荘園領主に地頭の乱暴を訴えた言上状である。この荘園名を解答欄Ⅱ－Ａに漢字で記せ。

【設問ウ】【史料６】の時代に入ると農業の発展がすすみ、下記の１～４の文章に記されたことなどが西日本から各地に広がっていった。これらのうち、この史料のなかで地頭が逃亡した百姓の耕地に対して命じた作業内容に最も関係の深い文を選び、その番号を解答欄Ⅱ―Ｂに記入せよ。

１．鉄製の農具や、牛馬を使った農耕が行われている。

２．麦を裏作とする二毛作が行われている。

３．刈敷や草木灰を肥料とする農業が行われている。

４．百姓の中から鍛冶や鋳物師などの手工業者が現れている。

【設問ｇ】【史料７】は1569年の出来事であり、ここで記されている岐阜は斎藤氏に代わり織田信長が支配をはじめた町である。史料にあらわれるような各国から来集する商人たちの活動を保証した信長の政策を解答欄Ⅱ－Ａに漢字で記せ。

【設問エ】【史料７】を記した人物は誰か、次のうちから選び、その番号を解答欄Ⅱ―Ｂに記入せよ。

１．ルイス＝フロイス

２．フランシスコ＝ザビエル

３．アレッサンドロ＝ヴァリニャーニ

4．ガスパル＝ヴィレラ

【設問オ】【史料8】を記した人物は誰か、次のうちから選び、その番号を解答欄Ⅱ—Bに記入せよ。

1．ルイス＝フロイス

2．フランシスコ＝ザビエル

3．アレッサンドロ＝ヴァリニャーニ

4．ガスパル＝ヴィレラ

【設問カ】【史料8】を記した人物は、訪れた堺をヨーロッパにある自由都市と似ていると評している。ヨーロッパのどの都市と似ていると評したのか、次のうちから選び、その番号を解答欄Ⅱ—Bに記入せよ。

1．ジェノバ　　2．ベネチア

3．フィレンツェ　　4．ナポリ

〔Ⅲ〕　次の（1）(2）の文章は、近世及び近現代の日本における政治の歩みについて述べたものである。これを読んで、以下の【設問1】～【設問24】に答えよ。

(60点)

（1）

西郷隆盛(a)は、藩主〔　b　〕の急死後も薩摩藩の出兵計画を立てていたが、安政の大獄で藩地へ帰り、勤王僧侶月照(c)とともに鹿児島湾に投身した。月照は死亡、西郷は一命を取りとめる。幕吏の追及を避けるために死んだことにされ、菊池源吾と変名して奄美大島へ三年間潜居させられた。薩摩藩では、安政の大獄による弾圧と前々藩主斉興の抑圧のもと、中下級武士である堀仲左衛門や有馬新七、〔　d　〕、松方正義ら四十余人が結束した。

彼らは〔　b　〕の「遺志」を継いで〔　e　〕・長州・越前などの諸藩と連携し、上京して江戸で〔　f　〕大老を、京都で関白九条尚忠と京都所司代酒井忠義(g)を襲撃する計画を実行しようとした。藩主島津忠義の実父久光(h)は、藩主忠義直筆の脱藩突出の中止を求める直書によって、〔　d　〕らを誠忠士とたたえ、自重を求めた。これを受け入れた〔　d　〕らは脱藩を中止し、藩とともに出兵する道を選び、誠忠組と称して薩摩藩の尊王攘夷派をつくる。しかし、〔　e　〕藩との提携を進めていた有村次左衛門は脱藩を強行した。下野と遠流、投獄を繰り返さざるをえなかった西郷とは対照的な、つねに実権派の道を歩く〔　d　〕がここに登場する。二人は同じ町内の幼なじみで、西郷も〔　d　〕も下級武士であった。

〔　e　〕藩でも、高橋多一郎や金子孫二郎らの激派が挙兵を計画していたが、戊午の密勅の返還問題で幕府の圧力が強まったため、〔　f　〕襲撃計画が具体化する。そして、1860年（安政7）には〔　e　〕藩と薩摩藩の尊攘激派との間に挙兵の盟約が成立する。3月3日、雪の降る朝、〔　e　〕藩士17名と薩摩藩士1名とが、登城する〔　f　〕の行列を短銃の音を合図に両側から襲い、有村が〔　f　〕を暗殺した。

（井上勝生『開国と幕末変革』講談社学術文庫、251～252頁より）

【設問1】下線部aは幕末の討幕運動などで活躍する薩摩藩士で、明治維新後参議に登用される。しかし、1873年の政変で板垣退助らとともに下野した。この時の西郷らの主張として適当なものを次の中から選んで、その番号を解答欄Ⅲ－Bに記入せよ。

1．天賦人権論　2．公議政体論　3．征韓論　4．日露協商論

【設問2】〔　b　〕は、幕末の薩摩藩で殖産興業をすすめ、造船所やガラス製造工場など一連の洋式工場群を整備したことで知られる。この藩主の人物名を漢字4字で解答欄Ⅲ－Aに記せ。

【設問3】〔　b　〕は、13代将軍徳川家定の後継者問題が起きた際、一橋慶喜を推したことから一橋派と呼ばれた。一橋家は三家に次いで将軍家を継ぐことができる家として立てられた三卿のひとつであるが、その祖は、幕政改革をすすめ米公方とも俗称された将軍の子から選ばれた。この将軍の諮問に答え、『政談』を記したことで知られる学者を何というか。その人物名を漢字4字で解答欄Ⅲ－Aに記せ。

【設問4】【設問3】の学者に学び、農政書『民間省要』を米公方に献じたことで知られる農政家を何というか。川崎宿の名主で、治水などに功績があったこの人物名を漢字4字で解答欄Ⅲ－Aに記せ。

【設問5】下線部cは、京都東山にあり、本堂が懸造の舞台になっていることで知られる寺院の子院の住職であった。その寺院の名称を次の中から選んで、その番号を解答欄Ⅲ－Bに記入せよ。

1．平等院　　2．醍醐寺　　3．南禅寺　　4．清水寺

【設問6】〔　d　〕は、幕末の政変で重要な役割を果たした薩摩藩士で、明治維新後参議に登用された。岩倉使節団にも参加し、新政府の実権を握るが、1878年に暗殺された。この暗殺事件を何というか。その事件の名称を解答欄Ⅲ－Aに記せ。

【設問7】〔　e　〕藩の藩主徳川斉昭は、一橋慶喜の実父でもあり、幕末の政変で重要な役割を果たした。この藩は、志士も多数輩出し、1864年に藤田小四郎や武田耕雲斎を中心に天狗党の乱を起こしたことでも知られる。この藩の名称を次の中から選んで、その番号を解答欄Ⅲ－Bに記入せよ。

1．水　戸　　2．土　佐　　3．肥　前　　4．宇和島

【設問8】〔　f　〕は、1858年に大老に就任後、アメリカとの通商条約を締結し、安政の大獄によって幕府の方針に反対する志士らを弾圧した。この人物名を漢字で解答欄Ⅲ－Aに記せ。

【設問9】下線部gは、安政の大獄の時期に京都所司代をつとめており、尊王攘夷派の志士の恨みを買うことになった。この人物は若狭国に古くからある港町に居城があった。中世以来の日本海交易で栄えた、この港町の名称を次の中から選んで、その番号を解答欄Ⅲ－Bに記入せよ。

1．小　浜　　2．福　井　　3．敦　賀　　4．三　国

【設問10】下線部hは、〔　b　〕の死後薩摩藩の実力者となったが、脱藩した志士らの突出を抑え、公武合体路線を推進しようとした。とくに、1862年に伏見に集まっていた志士を斬殺した事件は、朝廷や幕府に薩摩藩の存在を強く印象づけるものになった。この事件の名称を次の中から選んで、その番号を解答欄Ⅲ－Bに記入せよ。

1．池田屋事件　2．生麦事件　3．寺田屋事件　4．東禅寺事件

【設問11】下線部hの影響力のもと、文久の幕政改革が行われる。参勤交代の緩和などがそれであるが、この時将軍後見職に任じられたのが一橋慶喜、京都

守護職に任じられたのが松平容保であった。それでは、政事総裁職に任じられたのは誰か。その人物名を漢字4字で解答欄Ⅲ－Aに記せ。

【設問12】【設問11】の人物は、幕末の政情や外国との通商について独自の見解を持つ儒学者を顧問として迎えた。熊本藩出身のこの儒学者の人物名としてふさわしいものを次の中から選び、その番号を解答欄Ⅲ－Bに記入せよ。

1．藤田東湖　　2．平田篤胤　　3．佐久間象山　　4．横井小楠

(2)

明治維新によって成立した新政府は、廃藩置県後、大区・小区制という地方制度を採用したが、その実態は地域によって大きく異なっていた。そこで、1878年に三新法$_{\text{i}}$を制定し、地方制度の統一を図った。これにより、府県単位に議会が設置され、住民の意向が地方行政に反映される道がひらかれた。

さらに、1888年から1890年にかけて、内務大臣山県有朋$_{\text{j}}$を中心に、ドイツ人顧問モッセなどからの意見を参考にしながら、地方制度の改革がすすめられた。1888年には市制・町村制が、1890年には府県制・郡制が公布された。政党嫌いの山県がめざしたのは、いわばドイツ風の地方制度であり、地主らを中心とした有産者による「地方自治」であった。また、知事はこれまで通り、内閣が推薦した者を天皇が任命し、市長は市会が推薦する候補から天皇が任命することになり、住民の意向は大きく制約されることになった。

しかし、北海道と沖縄では、このような地方制度すら、その実施が見送られた。北海道では、開拓使$_{\text{k}}$廃止後、1886年に北海道庁が設置されたが、道単位で議会制度が導入されるのは、1901年に北海道会法が制定されてからであった。また、北海道全体に衆議院議員選挙法$_{\text{l}}$が施行されたのは、1904年からであった。

屯田兵の設置や囚人労働の利用、内地資本の導入によって、政府による北海道の開発がすすんだ一方で、先住民族のアイヌ$_{\text{m}}$は、みずからの生活の基盤である狩猟、漁業、山林伐採などの権利を失っていった。また、アイヌ固有の文化も尊重されず、日本人への同化を余儀なくされた。政府は1899年、北海道旧土人保護法$_{\text{n}}$を制定し、一定の土地を与えて農業に従事させるようにしたが、農業に適した土地にはすでに入植者があり、アイヌはかぎられた土地

に集住させられるなど、生活や文化の破壊をとめるものにはならなかった。

沖縄でも、山県が実施したような「地方自治」すら実現しないまま、旧来の土地制度や税制が温存された（旧慣温存策）。これに対し、〔　o　〕を中心として共有山林の官有地化に反対する運動がおこされたが、運動は挫折し、1899年には土地整理法p が公布された。また〔　o　〕らの運動の結果、1909年には制限つきで県会が開設され、1912年には衆議院議員選挙法が施行された。

【設問13】下線部 i は、府県会の設置を定めた府県会規則と、地方税の徴収について定めた地方税規則と、もうひとつの法律からなる。この、もうひとつの法律の名称は何というか。その名称を解答欄Ⅲ－Aに記せ。

【設問14】下線部 i により府県会が設置されたことで、自由民権運動家の一部は府県会に活動の基盤を移し、活発に活動した。一方、選挙権がなかった女性の中からも民権運動に参加する者があらわれた。大阪事件に連座し、のちに『妾の半生涯』を記したことでも知られるこの人物名を次の中から選んで、その番号を解答欄Ⅲ－Bに記入せよ。

1．景山英子　　2．岸田俊子　　3．楠瀬喜多　　4．伊藤野枝

【設問15】下線部 j は、幕末には奇兵隊に参加するなど討幕運動で活躍し、明治維新後は陸軍の確立に大きな役割を果たした。この内相が市制・町村制を公布したとき、総理大臣をつとめていたのは誰か。その人物名を次の中から選んで、その番号を解答欄Ⅲ－Bに記入せよ。

1．伊藤博文　　2．黒田清隆　　3．松方正義　　4．大隈重信

【設問16】下線部 k は、蝦夷地と呼ばれていた地域を北海道と改称した年に設置され、その後の開拓を推進した。最初の開拓長官には、幕末の佐賀藩で人材登用や殖産興業に尽力したといわれる人物が就いた。閑叟という号でも知られるこの人物名としてふさわしいものを次の中から選んで、その番号を解答欄Ⅲ－Bに記入せよ。

1．伊達宗城　　2．阿部正弘　　3．調所広郷　　4．鍋島直正

【設問17】下線部 k は、アメリカ式の大農場や畜産技術の移植を図り、クラークを招いて学校を設立したりした。1876年に設立されたこの学校は北海道大学

の前身としても知られる。この学校の名称を漢字で解答欄Ⅲ－Aに記入せよ。

【設問18】下線部ｌについて、日本政府が衆議院議員選挙を北海道や沖縄など以外で初めて実施したのは1890年だった。この時選挙人になるためには、性別、年齢、納入している直接国税の金額などが条件を満たしていなければならなかった。選挙人になるための年齢と直接国税の金額の組み合わせとして正しいものを次の中から選んで、その番号を解答欄Ⅲ－Bに記入せよ。

1．20歳以上 — 15円以上　　2．20歳以上 — 20円以上

3．25歳以上 — 15円以上　　4．25歳以上 — 20円以上

【設問19】下線部ｍは、現在の東北地方北部からサハリンにかけての広い地域で活動し、15～16世紀には首長に率いられた社会を形成していたといわれる。この社会において人びとが営んでいた共同体の名称としてふさわしいものを、次の中から選んで、その番号を解答欄Ⅲ－Bに記入せよ。

1．コタン　　2．グスク　　3．館　　4．商　場

【設問20】17世紀になっても首長を中心に独自の文化を守っていた下線部ｍは、松前藩とサケや鰊などの取引をおこなっていたが、1669年には松前藩と対立して戦いになった。この戦いの名称ともなっている、首長の人物名をカタカナで、解答欄Ⅲ－Aに記せ。

【設問21】明治政府による北海道開拓は、下線部ｍの文化や生活をますます追い詰めていった。下線部ｎも漁猟を生活の中心としてきた下線部ｍに農耕を推奨するものであり、しかも政府や道は和人による開拓を優先していたこともあり、根本的な解決にはならなかった。下線部ｎは1997年に新しい法律が成立するまで存続するが、アイヌ新法とも呼ばれるこの新しい法律の通称は何というか。その名称を解答欄Ⅲ－Aに記せ。

【設問22】〔　ｏ　〕は、沖縄で県政批判や参政権獲得運動に尽力した。沖縄倶楽部を組織したり、『沖縄時論』を発行するなど、沖縄の民権運動の父として知られるこの人物名を漢字で解答欄Ⅲ－Aに記せ。

【設問23】沖縄に対する同化政策が強化されたのに対して、〔　ｏ　〕のように琉球人のアイデンティティを模索する動きも起きた。言語学を修めた後、沖縄研究の振興に尽くし、沖縄学の父ともいわれたのは誰か。次の中から選ん

で、その番号を解答欄Ⅲ－Bに記入せよ。

1．柳田国男　　2．伊波普猷　　3．柳宗悦　　4．尚巴志

【設問24】下線部pの公布により、奈良原繁県政は土地整理事業をすすめるが、その専制的な手法に県民の批判は高まった。この事業は、沖縄や北海道など以外において1873年からすすめられた施策に比せられることがある。この施策の名称を漢字4字で解答欄Ⅲ－Aに記せ。

世界史

(75 分)

〔Ⅰ〕 次の文章を読み，設問 1 ～20に答えなさい。 (50点)

中世帝国を考察する際に，カロリング「中部王国」の持つ重みを充分に考慮する必要がある。八四三年の(a)ヴェルダン条約でフランク帝国が分割され，皇帝ルートヴィヒ一世の長子ロタール一世は，イタリアの他，(b)ロートリンゲン（ロタリンギア　その息子のロタール二世の名にちなむ「ロタールの王国」〈Lothari regnum〉に由来）と(c)ブルグントとを含む「中部王国」を得た。この国は北海沿岸から南伊ガエタ湾に及ぶ地域で，東はライン川とアルプスによって，西はスヘルデ，ミューズ，ローヌの流れによって限られていた。この不自然に細長い地域こそ，(d)カロリング帝国の中心地域であり，奇妙な人為的な複合地域として歴史の経過の中で生まれたが，中世を通じて重要な意味を持ち続けた。

(e)東フランク王権を継承したオットー朝のドイツにとって，常にカロリング「中部王国」は再統合の可能性が存在し，実現の気配も見えた。この動きは西ではフランス，東ではドイツの安定性と領域的統合を脅かすもので，特にドイツでは，王権の対外政策のみならず，国内政策の成否の根本に関わる重大問題であった。〔……中略……〕

ドイツ王の皇帝戴冠はイタリア情勢の急展開に即応したものと言える。ベレンガーリョの独立化の動きが再発し，教皇ヨハネス一二世の救援要請によりオットーは〔……中略……〕第二次イタリア遠征を行い，［ A ］年ローマで聖職者・市民の歓呼の中，教皇より皇帝冠を受ける。イタリアとブルグントの貴族の野望の対象，「中部王国」支配の根拠，更にはローマの党派争いの道具であった帝冠のドイツへの移転が成就した。それはまた八四三年のヴェルダン条約によるフランク帝国の分割以来の大きな国際的問題の解決でもあった。

オットーが倣ったのは(f)カール大帝だったが，目標としたのはロタール一世（中部王国初代）の「帝冠と結合した「中部王国」」である。ロタールの帝冠に政治権力の十分な支えがなかったが，オットーの皇帝戴冠はドイツ側の政策利害と結びついたものだった。なぜならばそれは，「中部王国」をドイツ王国と不可分とする方向で動いてきたオットーの政策を反映し，ドイツの帝国的覇権のシンボルだったからである。

ドイツ，ブルグント，イタリアの三国の関係の歴史が，(g)ドイツの有すべき覇権の象徴である皇帝冠獲得のためオットーを南進させた。彼が追求したのは，それ自身が覇権的であるドイツの王権の帝国政策であった。しかしこの政策は否応なく(h)ローマ教皇との複雑な提携関係を生み，ドイツ王をカトリック世界の保護者の地位に昇らせることになった。

〔……中略……〕

ドイツ王国がカトリック世界の主導勢力となることを選ばざるを得なかったのは，(i)旧西ローマ帝国の歴史的なりゆきでもあった。覇権的なドイツ王権が皇帝権として教会の守護を引き継ぎ，カトリック世界は皇帝と教皇の提携をその基調とするに至ったが，この西方世界はアルプスの北を根拠地とする。ギリシア正教会が東方世界の統治者である(j)ビザンツ皇帝を教会の支配者とするのに対して，ローマ司教（後の教皇）を首長とする西方教会は，(k)霊的首長（＝教皇）と世俗的首長（＝皇帝）の相互協力にのっとり，ローマ帝国の伝統を継承した教会の保護者である皇帝職を，戴冠を通じて教皇が授与する形式をつくり出した。教皇はキリストの代理として，この世の全権を掌握した［　B　］の正統な継承者であると主張し，自己の政治的保護者の選任を通じて，西方世界の政治的重心をローマへ引き戻そうとした。

(l)こうして生まれたカトリック世界は，教会的ローマ的理念においては中心をローマ及びイタリアに置いて展開するが，アルプスの北のフランク＝ドイツ的政治・軍事権力が，常にローマ・イタリア支配を要求した。

池谷文夫『神聖ローマ帝国—ドイツ王が支配した帝国』(刀水書房，2019年）による

設問1　下線部(a)について，この条約と合わせてフランク王国の分裂と関係する条約にメルセン条約があるが，ヴェルダン条約からメルセン条約による領

土の変更について，正しいものを次の１～５より一つ選び，番号を解答欄Ｉ－Ａの(あ)に記入しなさい。

1．アーヘンは中部フランク領から東フランク領となった。

2．ヴェルダンは西フランク領からイタリア王国領となった。

3．パリは中部フランク領から西フランク領となった。

4．メルセンは東フランク領からイタリア王国領となった。

5．ローマは中部フランク領から東フランク領となった。

設問２　下線部(b)について，この地域（仏名ロレーヌ）はアルザス地方とともに後年永く独仏間の係争の地となるが，プロイセン＝フランス（普仏）戦争では敗れたフランスは両地域をドイツに割譲させられた。この戦争が始まった年はいつであったか，解答欄Ｉ－Ｃの(ア)に記入しなさい。

設問３　下線部(c)について，ゲルマン人の大移動によるブルグント（ブルグンド）王国の建国はいつ頃のことであったか。正しいものを次の１～５より一つ選び，番号を解答欄Ｉ－Ａの(い)に記入しなさい。

1．１世紀前半　　2．３世紀前半　　3．５世紀前半

4．７世紀前半　　5．９世紀前半

設問４　下線部(d)について，カロリング朝と関係の深いピピン（小ピピン，ピピン３世）についての記述として，正しいものを次の１～５より一つ選び，番号を解答欄Ｉ－Ａの(う)に記入しなさい。

1．彼がフランク王国の王位についたのは，９世紀の初頭のことであった。

2．彼からの領土の寄進の見返りに，ローマ教皇はフランク王国の王位継承を彼に認めた。

3．ランゴバルド王国との戦いで奪ったラヴェンナ地方を，彼はローマ教皇に寄進した。

4．ウルバヌス２世からキリスト教の布教を依頼された彼は，聖像を用いてローマ人貴族層にはたらきかけた。

5．ゲルマニアの異教徒への伝道をボニファティウス8世から託された彼は，各地に修道院を建てて貢献した。

設問5　下線部(d)について，カロリング家のカール＝マルテルについての記述として，**誤っているもの**を次の1～5より一つ選び，番号を解答欄Ⅰ－Bの(1)に記入しなさい。

1．ピピン（小ピピン，ピピン3世）は彼の子である。

2．彼はメロヴィング朝の宮宰の職にあった。

3．ピレネー山脈をこえて侵入してきたウマイヤ朝の軍勢を，彼はトゥール・ポワティエ間の戦いで破った。

4．彼がイスラーム軍を撃退したことで，西方キリスト教世界が外部勢力から守られた。

5．彼は8世紀の半ば，メロヴィング朝を廃して，カロリング朝を開いた。

設問6　下線部(e)について，カロリング朝断絶後の東フランクについての記述として，正しいものを次の1～5より一つ選び，番号を解答欄Ⅰ－Aの(え)に記入しなさい。

1．金印勅書により国王の選出候補が定められていた。

2．東フランクの諸侯による選挙によって国王が選出された。

3．カロリング朝滅亡後の国王不在の時代は「大空位時代」と呼ばれる。

4．国王は聖職者・貴族・平民からなる三部会の推挙によって決められた。

5．フリードリヒ2世がフィリップ4世によって国王に推挙され，現国王が次の国王を指名する制度が始まった。

設問7　下線部(e)について，オットー朝の名称は教皇から帝冠を授かったオットー1世にちなんでいるが，この王朝の別称として，正しいものを次の1～5より一つ選び，番号を解答欄Ⅰ－Aの(お)に記入しなさい。

1．ザクセン朝　2．シュタウフェン朝

3．テューダー朝　4．ハプスブルク朝

5．ヤゲウォ（ヤギェウォ，ヤゲロー）朝

設問8 下線部(e)の東フランク王国から「中部王国」を挟んで西側に位置する西フランク王国についての記述として，正しいものを次の1～5より一つ選び，番号を解答欄Ⅰ－Aの(カ)に記入しなさい。

1．ロロが王国全域を征服し，ノルマン朝を興した。

2．アンリ4世は，支配領域をブリテン島に拡大した。

3．パリ伯ユーグ＝カペーが王位について，カペー朝を開いた。

4．ルイ9世はシチリア島を征服し，シチリア王を兼務した。

5．弱体化したカロリング家は，スペインとカルマル同盟（連合）を結んで同君連合となった。

設問9 空欄Aについて，当てはまる数字を解答欄Ⅰ－Cの(イ)に記入しなさい。

設問10 空欄Aについて，これは神聖ローマ帝国の始まりとなった年であるが，この帝国が名実ともに消滅する契機となった出来事として，正しいものを次の1～5より一つ選び，番号を解答欄Ⅰ－Aの(キ)に記入しなさい。

1．ナポレオンがライン同盟（連邦）を結成した。

2．ウィーン会議の合意事項として，ドイツ連邦が設置された。

3．フランクフルト国民議会が開かれ，ドイツの統一が議論された。

4．プロイセンを盟主とする北ドイツ連邦が結成された。

5．ヴィルヘルム1世がドイツ皇帝に即位し，ドイツ帝国が誕生した。

設問11 下線部(f)について，この人物についての記述として，**誤っているもの**を次の1～5より一つ選び，番号を解答欄Ⅰ－Bの(2)に記入しなさい。

1．彼はピピン（小ピピン，ピピン3世）の子である。

2．彼にローマ皇帝の帝冠を授けたのはレオ10世である。

3．彼はランゴバルド王国を征服した。

4．彼がローマ皇帝の帝冠を受けたのは西暦800年のことである。

5．彼の戴冠は西ヨーロッパが独自の政治的権威を得たことを意味した。

設問12　下線部(f)について，文化振興のためにこの人物の宮廷に招かれた人物は誰であったか，正しいものを次の1～5より一つ選び，番号を解答欄Ⅰ－Aの(く)に記入しなさい。

1．アベラール（アベラルドゥス）　2．アルクイン
3．アンセルムス　4．トマス＝アクィナス
5．ロジャー＝ベーコン

設問13　下線部(g)について，オットーはマジャール人との戦いに勝利して，外部勢力を退ける軍事的覇権を示すことになるが，そのマジャール人との戦いの名称として，正しいものを次の1～5より一つ選び，番号を解答欄Ⅰ－Aの(け)に記入しなさい。

1．イッソスの戦い　2．カタラウヌムの戦い
3．タンネンベルクの戦い　4．レヒフェルトの戦い
5．ワールシュタット（リーグニッツ）の戦い

設問14　下線部(h)について，6世紀末からゲルマン人への布教に積極的であったローマ教皇の名を，解答欄Ⅰ－Cの(ウ)に記入しなさい。

設問15　下線部(i)について，キリスト教と統治についての記述として，**誤っているもの**を次の1～5より一つ選び，番号を解答欄Ⅰ－Bの(3)に記入しなさい。

1．コンスタンティヌス帝はすべての異教と異端を禁止して，アタナシウス派キリスト教を国教とした。
2．西地中海地域では，多くのゲルマン部族王権が，キリスト教のうちアリウス派を信奉していた。
3．フランク王に即位したメロヴィング家のクローヴィスは，アタナシウス派に改宗した。
4．クローヴィスはアタナシウス派への改宗により，ローマ系貴族を支配層に取り込むことに成功した。

5．フランク王国はローマ教会との連携を強め，西ヨーロッパ世界を形成する中核となった。

設問16　下線部(j)について，イスラーム勢力への対抗や，ゲルマン人への布教に聖像を用いたローマ教会の動きに対応して，聖像禁止令を出したビザンツ皇帝は誰であったか，正しいものを次の1～5より一つ選び，番号を解答欄Ⅰ－Aの(こ)に記入しなさい。

1．フィリッポス2世　　2．メフメト2世
3．ユスティニアヌス帝　　4．ユリアヌス帝
5．レオン3世

設問17　下線部(k)にある教会権力と世俗権力の関係についての記述として，**誤っているもの**を次の1～5より一つ選び，番号を解答欄Ⅰ－Bの(4)に記入しなさい。

1．世俗権力の影響を受けた教会を改革しようとする運動は，クリュニー修道院での改革から発展していった。
2．教皇グレゴリウス7世は教会改革運動を推進し，聖職者を任命する権利（聖職叙任権）を世俗権力から教会の手に移して，教皇の力を強めようとした。
3．教皇グレゴリウス7世の政策にハインリヒ4世は反発し，二人の間で聖職叙任権をめぐる争いが始まった。
4．教皇グレゴリウス7世によって破門されたハインリヒ4世は，国内の諸侯の離反をおさめるため，イタリアのカノッサにいた教皇をたずねて謝罪した。
5．破門の解消を教皇グレゴリウス7世が約束したので，ハインリヒ4世は，聖職叙任権を教皇に引き渡すとしたヴォルムス協約を不承不承ながら締結した。

設問18　下線部(k)について，相互協力よりも「アルプスの北のフランク＝ドイツ的政治・軍事権力」を圧倒する教皇権を重視したインノケンティウス3世についての記述として，**誤っているもの**を次の1～5より一つ選び，番号を解答欄Ⅰ－Bの(5)に記入しなさい

1．彼がローマ教皇の位についたのは12世紀末のことである。

2．彼が提唱した十字軍は，第4回十字軍である。

3．彼が提唱した十字軍は，本来の目的であるイェルサレムの奪回に向かわず，コンスタンティノープルを占領した。

4．彼が提唱した十字軍には，フィレンツェ商人の意向が作用していた。

5．彼は南仏の異端カタリ派を撲滅するために，アルビジョワ十字軍を組織した。

設問19　空欄Bについて，適切な人名を，解答欄Ⅰ－Cの(エ)に記入しなさい。

設問20　下線部(l)にある「アルプスの北のフランク＝ドイツ的政治・軍事権力が，常にローマ・イタリア支配を要求した」について，神聖ローマ帝国のイタリア政策による介入を支持した皇帝党は何という名称で呼ばれるか，カタカナで，解答欄Ⅰ－Cの(オ)に記入しなさい。

〔Ⅱ〕　次の文章を読み，設問１～９に答えなさい。　(50点)

「君子儒となれ，小人儒となるな」(ア)(『論語』)と述べ，空虚な形式主義を批判する(1)儒教思想においては，たんに儀式や作法の正しいやり方にとどまらず，それがなぜ必要なのかという人間社会そのものへの眼差しが深められていく。「礼」という観点から人間社会の秩序を考察する儒教思想は，東アジア社会の政治道徳のあり方を強く規定した。なかでも，「朱子学の優等生」と評されることもある朝鮮社会は，いまなお儒教思想の影響を色濃く残している。では，もともと外来思想であった儒教思想は，どのように朝鮮社会に受容されたのであろうか。朝鮮半島の政治的動向を踏まえつつ，その一端を垣間見よう。

(2)新羅衰退後に生じた，後三国時代とも呼ばれる分裂状態を収拾したのは，(　**a**　)が建てた高麗である。高麗の建国は唐の滅亡とほぼ同時期であるが，自国の安定のため中国との関係を重視して後梁にはじめて入朝した。高麗は，933年にはトルコ系の(　**b**　)から冊封を受けた。建国当初は唐や新羅の政治体制を継承していたが，10世紀後半から11世紀にかけて文官登用手段としての科挙制度などを整備した。両班と呼ばれる官僚層中心の国家運営が行われ，11世紀半ばの文宗の治世を中心に全盛期を迎える。建国当初は数回にわたって北方の(イ)契丹から侵略を受けるなど，困難な対外関係を迫られたが，文宗の時代には，首都である(　**c**　)の西の玄関口に当たる礼成港に宋や日本，(3)西アジアなどから来た商船が出入りし，貿易がいっそう盛んとなった。外国からやって来た商人は，八関会と呼ばれる国家祭祀などの各種国家的行事にも参加し，朝賀を行った。

高麗時代の(4)仏教勢力は世俗世界においても強大であり，門閥官僚は仏教を安心立命の教えとして受け入れたが，同時に斉家治国の方法として儒教を重視した。また，科挙に合格するために，中国古典に通じる必要があったことも儒教の普及を後押しした。しかし全体としては仏教の指導性が強く，儒教は思想的な主流とはなり得なかった。朝鮮半島に儒教が本格的に定着するのは，次の朝鮮時代であった。

その後，高麗では支配層の内部分裂に伴って相次いで反乱が起き，武官らによる武臣政権が樹立され，１世紀にわたって政権を担った。一方，外部勢力の侵略を受けて支配体制は動揺した。なかでもモンゴルは高麗に対して大規模な侵攻を繰り返し，抵抗を繰り広げた三別抄を鎮圧して高麗を支配下に置くと（この間に国号を元と改めた），二度にわたる日本遠征(5)を実行した。元から高麗に導入された朱子学は14世紀になると徐々に盛んとなり，性理学の立場に立つ新興儒臣グループが形成された。

14世紀に（　**d**　）の乱をきっかけに元の支配力が衰えると，元との対応をめぐって支配層内では対立が続いた。そうしたなか，(ウ)（　**d**　）軍などの外部勢力を撃退して功績をあげた人物が高麗を倒して王位に就き，国号を朝鮮と定めた。彼は，新興儒臣の鄭道伝らを中心に，朱子学を採用し，科挙の整備を図るなど，明の制度を取り入れた改革を行った。15世紀前半，儒教による王道政治を標榜した（　**e**　）は，金属活字による出版や，(エ)朝鮮語を表記するための文字を制定するなど，各種の文化事業を活発に行った。

朝鮮は，国内の支配体制が安定すると，積極的な外交関係をとった。明との間に冊封関係を結ぶ一方，日本とは，室町幕府との間に対等な外交関係を開き，通信使(6)を派遣した。また，朝鮮の外交ルートは南方にも開かれており，1389年には，のちに琉球を統一する（　**f**　）の国王が使節を派遣して交流を求めた。朝鮮王朝が成立すると正式な外交関係が成立し，交易ルートが開かれた。この琉球ルートを通じて東南アジア(7)や中国南部との交流が盛んに行われた。

16世紀以降，両班と呼ばれる有力な家柄の出身者が官僚の大部分を占めるようになると，政治上の実権や学問上の指導権をめぐって党争と呼ばれる対立がくりかえされ，政治的混乱が続いた。その一方で，この党争を通じて朱子学にもとづく礼制が朝鮮社会に根付いていった側面も見逃せない。

しかし16世紀末から17世紀前半にかけて，朝鮮は外部勢力の相次ぐ侵攻を受ける。日本からの侵略により国土が荒廃して耕地面積が三分の一以下に減少し，土地台帳や戸籍も消失・散逸するなど，徴税に支障をきたすこととなり，疲弊した。また女真族のなかで頭角をあらわした（　**g**　）が後金を建てた。後金は明との連携を警戒して朝鮮に派兵した。その後後金から国号を改めた清は，朝鮮に服属国となることを求めて再度侵攻し，以後，朝鮮は清に臣従することとなった。清に服属せざるを得ない状況は，(オ)儒教的な文明観にもとづいて女真や清を「野蛮」

とみなしていた朝鮮の知識人にとって深刻な心理的葛藤をもたらすこととなった。

設問1　空欄（ **a** ）～（ **g** ）に入る最も適切な語句を次の選択肢1～4のうちから一つ選び，番号を解答欄Ⅱ－Aに記入しなさい。なお，同じ記号には同じ語句が入る。

(a)　1．王重陽　2．王建　3．大祚栄　4．李舜臣

(b)　1．後周　2．後唐　3．南漢　4．南唐

(c)　1．開城　2．漢城　3．慶州　4．平壌

(d)　1．黄巾　2．紅巾　3．三藩　4．赤眉

(e)　1．世祖　2．世宗　3．太宗　4．高宗

(f)　1．三山　2．中山　3．北山　4．南山

(g)　1．アルタン＝ハン　2．ジュンガル
　　3．ヌルハチ　4．ホンタイジ

設問2　波線部(1)の儒教思想に関する事項と人名との組合せとして正しいものを，次の選択肢1～4のうちから一つ選び，番号を解答欄Ⅱ－Aに記入しなさい。

1．考証学 —— 鄭玄　2．陽明学 —— 陸九淵
3．性善説 —— 荀子　4．「知行合一」 —— 周敦頤

設問3　波線部(2)の新羅について述べた次の文のうち，正しいものを，次の選択肢1～4のうちから一つ選び，番号を解答欄Ⅱ－Aに記入しなさい。

1．新羅では，唐の官僚制にならった骨品制による厳格な身分制の下で国家運営が行われた。
2．仏教が保護され，仏国寺に代表される仏教文化が繁栄した。
3．7世紀，新羅は隋と結んで百済，高句麗を滅亡させた後，隋の勢力を追い出して朝鮮半島を統一した。
4．白村江の戦いで対立した新羅と日本との間では，その後，使節の往来がなされることはなかった。

設問4　波線部(3)の西アジアと各地域との交流に関連する事項について述べた次の文X・Yと，それに該当する語句a～dの組合せとして正しいものを，次の選択肢1～4のうちから一つ選び，番号を解答欄Ⅱ－Aに記入しなさい。

X　モンゴル帝国が支配する陸上の交易と中国商人・ムスリム商人が担う海上の交易とが結びついて出現した大交易時代を背景に，イブン＝バットゥータが残した旅行記。

Y　インド洋と地中海とをつなぎ，ファーティマ朝期に繁栄するようになった交易路。

a　『世界の記述』　　b　『三大陸周遊記』

c　紅海ルート　　d　ペルシア湾ルート

1．X―a　Y―c　　2．X―a　Y―d

3．X―b　Y―c　　4．X―b　Y―d

設問5　波線部(4)に関連し，東アジアの仏教に関連して述べた文として正しいものはいくつあるか。次の選択肢1～4のうちから一つ選び，番号を解答欄Ⅱ－Aに記入しなさい。

①　16世紀後半にその地位が確立したダライ＝ラマは，チベットとモンゴルを中心に強い影響力を持った。

②　北宋治下の華北では，禅宗に影響を受けて道教を革新した全真教が創始された。

③　韓国の海印寺に現存する大蔵経は，モンゴルの撃退を祈願して彫られたものである。

1．1つ　　2．2つ　　3．3つ　　4．無し

設問6　波線部(5)の大陸側から日本列島に対して行われた軍事的攻撃について述べた次の文①～③について，古いものから年代順に正しく配列したものを，次の選択肢1～6のうちから一つ選び，番号を解答欄Ⅱ－Aに記入しなさい。

①　渤海滅亡後に契丹の圧力を受けるようになっていた女真が，北九州を攻撃した。

②　フビライがアイヌを攻撃し，降伏させた。

③　当時の朝鮮半島にあった政府が，倭寇の根拠地とみなす対馬を攻撃した。

1．①―②―③　　2．①―③―②　　3．②―①―③

4．②―③―①　　5．③―①―②　　6．③―②―①

設問7　波線部(6)に関連し，中近世の日朝関係に関連して述べた次の文X・Yについて，それぞれの正誤の組合せとして正しいものを，次の選択肢1～4のうちから一つ選び，番号を解答欄Ⅱ－Aに記入しなさい。

X　朝鮮と国交を結んだ江戸幕府は，朝鮮からの使節を，将軍の代替わりごとに，計15回迎えた。

Y　江戸幕府の下での朝鮮との交易は，対馬を通じて行われた。

1．X：正　Y：正　　2．X：正　Y：誤

3．X：誤　Y：正　　4．X：誤　Y：誤

設問8　波線部(7)に関連し，10～15世紀の東南アジアに関する次の文のうち，**誤っているもの**を，次の選択肢1～4のうちから一つ選び，番号を解答欄Ⅱ－Aに記入しなさい。

1．クメール王国から政治的自立を果たして多数の国家を形成したタイでは，13世紀末にはスコータイ王国が有力となった。

2．ジャワでは，元軍を撃退した勢力がマジャパヒト朝を建てた。

3．ビルマ中央平原で11世紀に成立したパガン朝は，南シナ海と雲南を結ぶ交易で栄えた。

4．ベトナムで成立した陳朝では，漢字にもとづくチュノムが作られるなど，中国文化を摂取しながらも独自の文化が形成された。

設問9　下線部(ア)〜(オ)について，次の問いに対する答えを解答欄Ⅱ－Bにそれぞれ記入しなさい。

ア　下線部(ア)は，朱子学が特に重視するようになった四書のうちの一つである。『論語』『孟子』『中庸』のほか，もう一つは何か。漢字２文字で書きなさい。

イ　下線部(イ)の契丹を統一し，916年に遼を建てた人物は誰か。漢字５文字で書きなさい。

ウ　下線部(ウ)の，後に太祖と呼ばれた人物は誰か。漢字３文字で答えなさい。

エ　下線部(エ)について，1446年に公布されたときの名称を何というか。漢字４文字で答えなさい。

オ　下線部(オ)に関し，朝鮮の知識人が，一方で清に朝貢しながら，他方で，明滅亡後，自らこそが中華文明の正統な継承者であると位置づけた自尊意識を何というか。漢字３文字で答えなさい。

〔Ⅲ〕　次の文章を読み，設問1～4に答えなさい。　(50点)

ヨーロッパ諸国の非ヨーロッパ地域への進出が始まったのは15世紀末であり，その先陣をきったのはスペインとポルトガルであった。17世紀以降は，さらにオランダ，フランス，イギリスが続いた。イギリスは19世紀半ばごろまでに，アメリカ・アジア・太平洋の各地域にまたがる一大植民地帝国を築きあげたが，1895年に植民相になった（　**a**　）のもとで植民地との連携強化をはかり，その結果，オーストラリア連邦，ニュージーランド，南アフリカ連邦がそれぞれ1901年，1907年，1910年にあいついで（　**b**　）になった。こうした諸国に加えて，アフリカ分割を契機として1880年代より始まるいわゆる「帝国主義」の時代においては，ドイツ・ベルギー・アメリカ・日本なども植民地の獲得に乗りだした。

(ア)アジアではすでにスペイン・オランダ・フランス・イギリスなどが東南・南アジア地域に植民地を保有していたが，列強が19世紀末に帝国的関心の対象にしたのは中国を中心とした東アジア地域であった。この地域が帝国主義の舞台となるきっかけをつくったのは，アジアの新興国である日本であった。朝鮮半島の支配権をめぐって清と対立した日本は，日清戦争を起こして勝利し，1895年の下関条約によって割譲された（　**c**　）に総督府をおき，植民地経営をはじめた。清朝の敗北をきっかけとして，すでに多くの利権を中国に有していたイギリスのみならず，他の列強も，清朝領土内での鉄道敷設・鉱山採掘などの利権獲得競争に乗りだした。1898年にドイツが宣教師殺害事件を口実に山東半島の膠州湾を租借すると，ロシアは（　**d**　）および大連，フランスは広州湾，イギリスは威海衛と九龍半島（新海）をあいついで租借した。(イ)アメリカ＝スペイン戦争でフィリピンを獲得したアメリカも中国への関心を強め，門戸開放通牒を発して他国を牽制した。このように列強による分割が進行するにつれ，中国では民衆の排外運動が激化していった。(1)キリスト教の布教に反発する義和団による動きが広まると，1900年，清朝はそれを支持して列強に対して宣戦を布告したが，各国は共同出兵に踏みきって清朝をやぶった。その後，東アジア地域では，日本とロシアが大韓帝国の支配権をめぐって対立し，1904年，日露戦争が勃発した。これに勝利した日本は，3次にわたる日韓協約によって統監府の設置や外交権の剥奪などを遂行して大韓帝国を（　e　）とし，さらに1910年に併合した。

グローバルに展開されるこうした植民地獲得競争は，列強のあいだに深刻な対立を生みだし，1914年に始まる第一次世界大戦の要因のひとつともなった。一方で，帝国主義の時代は，列強による世界分割と植民地主義下の搾取・暴力・差別に異議をとなえる動きが各地で顕在化した時代でもあった。こうした動きがすでに1880年代半ばから始まったのが，イギリス統治下のインドであった。大戦前，（　f　）で在留インド人の権利のために活動していたガンディーは，民族運動の指導者としてインド人のあいだで注目されるようになった。大戦中に彼はインドに帰国したが，戦後に制定された（　g　）に対抗するため，一般大衆を巻き込んだ運動を始めた。この法律は，令状なしでの逮捕，裁判抜きでの投獄を認めていた。

帝国主義に対抗するこうした動きは，他の地域でもみられた。戦後，反帝国主義は，1917年のロシア革命によって誕生したソヴィエト政府による「平和に関する布告」，および(ウ)アメリカ大統領ウィルソンが第一次世界大戦の講和のために打ち出した原則，の双方に含まれていた民族自決の理念の影響によって活発化した。1919年，日本の統治下の朝鮮では三・一独立運動が，そして，(2)イギリス帝国内ではインドだけでなく，アイルランドやエジプトでも抵抗運動がおこった。大戦の処理をめぐって開かれた（　h　）では，民族自決権の適用範囲が旧ロシア・オーストリアなどの諸民族独立に限定されることが決まった。植民地は解放されることはなく，敗戦国のドイツの海外領土やオスマン帝国の領土の一部も戦後に設立された国際連盟の（　i　）というかたちで，事実上，列強のあいだで再分配されることになった。(3)オスマン帝国内の領土に関しては，戦時中にすでに協定によってイギリスとフランスのあいだでの分配が決まっていた。(4)ドイツが所有していた海外領土も，戦後に日本などに分配されることになった。

（　h　）において民族自決の理念が限定的にしか実現されなかったことは，植民地支配からの解放を求めるアジア・アフリカの人々を失望させた。こうしたなか，不満がつのる各帝国の植民地では，自治・独立を目指す運動がさらに活発化した。(エ)インドでは，1927年，憲法改革調査委員会にインド人が含まれていなかったことから，民族運動はふたたび激化した。オランダ領東インドでは，現地人の相互扶助や啓蒙活動を目的とし，1910年代に急成長した（　j　）や，1920年に結成されたインドネシア共産党の活動など，さまざまな模索がなされた。そのなかから，地域・民族や階級・宗教の違いをこえた，一つの国民国家としての独立をめざす意識が生まれ，1927年にインドネシア国民党を結成した（　k　）らが，これを発展させた。

設問１　空欄（　a　）～（　k　）に入る最も適切な語句を次の選択肢１～37のうちから一つ選び，その番号を解答欄Ⅲ－Ａに記入しなさい。

【語群】

1．アギナルド　2．イギリス　3．イスラーム同盟
4．委任統治領　5．オーストラリア　6．樺太
7．グラッドストン　8．サンフランシスコ講和会議
9．自治領　10．上海
11．ジョゼフ＝チェンバレン　12．新インド統治法
13．審査法　14．スカルノ　15．スパルタクス団
16．スハルト　17．全権委任法　18．租界
19．台湾　20．タキン党　21．チャーチル
22．長春　23．ディズレーリ　24．ティラク
25．天津　26．統一と進歩委員会　27．ニュージーランド
28．ハーグ万国平和会議　29．パリ講和会議
30．バンドン会議　31．フィジー　32．保護国
33．ホセ＝リサール　34．南アフリカ　35．琉球
36．旅順　37．ローラット法

設問２　下線部(ア)～(エ)について，次の問いに対する答えを解答欄Ⅲ－Ｂにそれぞれ記入しなさい。

ア　イギリスがフランスの影響力をしりぞけ，インドにおける帝国的覇権をうちたてる契機となった軍事衝突は，それが起こった場所にちなんで「（　　　）の戦い」と呼ばれる。（　　　）に入る語句を記入しなさい。

イ　こうした動きの中心にいた当時のアメリカの国務長官の名前を記入しなさい。

ウ　ウィルソンによって打ち出されたこの原則は，その条項の数にちなんで「(　　　)の平和原則」と呼ばれる。(　　　)に入る語句を記入しなさい。

エ　これに関連して，1929年のインド国民会議ラホール大会でネルーらが宣言した要求は何か。

設問3　二重下線部に関連して，この時代のイギリスの政策およびインド人の政治運動について述べた次の文を年代順に正しく配列したものを，次の選択肢1～6のうちから一つ選び，解答欄Ⅲ－Cに番号を記入しなさい。

① カーゾン総督が，ヒンドゥー教徒とムスリムを反目させることで反英運動の勢力をそぐことを狙ったベンガル分割令を発表した。

② インド人の代表諮問機関としてのインド国民会議が設立された。

③ 少数派であるムスリムの地位向上を目的とする全インド＝ムスリム連盟が設立された。

【選択肢】

1．①―②―③　　2．①―③―②　　3．②―①―③

4．②―③―①　　5．③―①―②　　6．③―②―①

設問4　波線部(1)～(4)に関連する次の記述(i)(ii)について，(i)(ii)ともに正しい場合は数字**1**，(i)のみ正しい場合は数字**2**，(ii)のみ正しい場合は数字**3**，(i)(ii)ともに正しくない場合は数字**4**を，解答欄Ⅲ－Cに記入しなさい。

(1)

(i) 義和団は，「戊戌の変法」を唱え，教会や鉄道などを破壊した。

(ii) イギリスが派遣した兵士にはインド人が含まれていた。

(2)

(i) アイルランドでは，戦後の抵抗運動の結果，1922年にアイルランド自由国が発足した。

(ii)　大戦中にイギリスの保護国とされたエジプトでは，ワフド党を中心に独立運動が展開され，1922年にエジプト王国が成立した。

(3)

(i)　イギリスは，フサイン＝マクマホン協定を結び，フランス・ロシアとのあいだでオスマン帝国領を分割することを秘密裏に取り決めた。

(ii)　戦後，フランスはシリアとイラクを統治することになった。

(4)

(i)　日本は，赤道以北のドイツ領南洋諸島を統治する権利を得た。

(ii)　ワシントン会議で結ばれた四か国条約によって，日本はドイツから得た山東省における権益を失った。

政治・経済

(75分)

〔Ⅰ〕 次の文章を読み、下の設問（設問1～設問8）に答えよ。　(50点)

人間の生活や自由の実現には、安定的生活手段の獲得が必要であり、経済活動をおこなう自由も必須となる。日本国憲法は、第22条1項において、「(　ア　)、ⓐ移転及び職業選択の自由を有する」としている。経済活動をおこなう自由には、選択した職業を実際におこなう（　A　）も含まれる。

経済活動は日本国憲法第29条で保障される財産権の保障とも密接な関係がある。財産権は、近代では、不可侵とされ強く保障されていたが、そのことで貧富の差が拡大するなどして社会問題に発展した。20世紀に入って、（　B　）から福祉国家への国家観の変化に対応した経済的・社会的弱者救済政策を可能にするため、財産権の保障も一定の制限を受けるべきだとの考えが広まった。

このような変化を背景にして、経済活動の自由は、他の人権との調整という観点だけからではなく、社会政策的・公共政策的観点から、ⓑ精神的自由よりも広く公共の福祉による制限を受ける。このような制限として、生活環境を守るための建築規制や、独占や寡占による弊害防止のための私的独占の禁止などがおこなわれている。ただし、国民の所有する土地を、公に用いる場合には、日本国憲法第29条3項の定めるように「正当な（　イ　）の下に、これを公共のために用ひることができる」とされている。

企業は、生産数量を拡大し、大量生産をおこなって、商品1単位あたりの生産費用を低下させる現象である（　C　）の実現をはかることが可能である。このような企業は、商品の市場全体での総販売高や総販売量に占める自己の商品の販売高や販売量を示す数値である（　ウ　）を増大させようと競争を展開する。（　ウ　）は、市場での寡占度や生産の集中度を示すバロメーターとしても用いられる。その結果、単一の企業が市場を支配する独占や、少数の企業が市場を支配する寡占が生ずる。

独占などの形態として言及されるものには、カルテル、(　エ　)、ⓒコンツェルンがある。(　エ　)は、同一産業部門の複数企業が合併したり合同したりすることであり、各企業の独立性が失われて一つの企業になることである。寡占市場では価格について特定の企業が、一定の利潤を確保できるような価格を設定し、他の企業もそれに追従するような価格設定がおこなわれることがある。その場合、企業間では価格を固定するかわりに製品の品質・デザイン、広告・宣伝など価格以外の面での競争、すなわち(　D　)をおこなって規模拡大をはかろうとする傾向が強い。ⓓこのような状況で価格が伸縮的に変化しないと消費者の不利益となるおそれがある。ⓔ私的独占の禁止政策は、できるだけ競争を促進して価格が伸縮的に変化することを確保するための政策でもある。

企業が市場の中でカルテル行為をおこなうこともあるが、こうした行動は、(　E　)年に制定された「私的独占の禁止及び公正取引の確保に関する法律」によって禁止されている。小売店が商品を売る際の値段について、メーカーが指示する(　オ　)制度は、書籍・雑誌・新聞など一部のものでは例外としておこなうことができる。しかし、このような法律で規定された例外を除くと、(　オ　)制度を用いることは、原則的に禁止されている。この法律の運用のためⓕ公正取引委員会が設置されている。公正取引委員会は、問題となる企業の行動などに対し、審査をおこない、違反が認められれば、当該企業などに向けて排除措置命令を発したり、(　F　)を課したり、検察に対して刑事告発をおこなったりする。

【設問1】文中の(　ア　)～(　オ　)に入る最も適切な語句を、解答欄Ⅰ－甲のア～オに記入せよ。ただし、アとイは憲法上の語句を記入せよ。

【設問2】　文中の(　A　)～(　F　)に入る最も適切な語句や数字を、次の語群から1つ選び、その番号を、解答欄Ⅰ－乙のA～Fに記入せよ。

［語群］

1．依存効果	2．規模の利益	3．非関税障壁
4．経営者支配	5．営業の自由	6．供託金
7．国籍離脱の自由	8．課徴金	9．1945
10．経済的競争の自由	11．社会国家	12．夜警国家
13．報道取材の自由	14．賠償金	15．1947
16．競争的寡占	17．1949	18．単一国家
19．超過供給	20．消費の多様化	21．積極国家
22．非価格競争	23．1955	24．損失補填

【設問3】下線部ⓐに関連して、次の文章の（　カ　）と（　キ　）に入る最も適切な憲法上の語句を、解答欄Ⅰ－甲のカとキに記入せよ。

移転の自由は、身体の拘束を解くという意味をもつので、日本国憲法第18条の「何人も、いかなる（　カ　）も受けない。又、犯罪に因る処罰の場合を除いては、その意に反する（　キ　）に服させられない」に規定されるような人身の自由と密接に関連し、また広く知的接触の機会を得るためにも、この自由が必要であることから精神的自由とも関連している。

【設問4】下線部ⓑに関連して、経済活動の自由に対する制約の問題を扱った事件として、最も適切なものを、次の1～4のうちから1つ選び、その番号を、解答欄Ⅰ－乙に記入せよ。

1．袴田事件　　2．サンケイ新聞意見広告事件
3．薬事法薬局距離制限事件　　4．朝日訴訟事件

【設問5】下線部ⓒに関連して、最も適切なものを、次の1～4の記述のうちから1つ選び、その番号を、解答欄Ⅰ－乙に記入せよ。

1．いくつかの企業が、お互いに法的経済的独立性を完全に維持して、経営上の意思決定などで他社からの支配を受けることは一切ないが、事業活動の一部である価格・生産量・販売地域などについて話し合いをおこない、それについて競争を避ける行動をおこなう。
2．持株会社が親会社として、さまざまな分野の企業を傘下において系列化するなどして支配する。
3．国境を越えて経済活動をおこない、各国で事業を展開し、世界単位で経営戦略を実施する。
4．他産業からの参入を防ぐために低い価格を設定しつづける。

【設問6】下線部ⓓに関連して、企業間の価格競争が弱まり価格が変化する場合にも、上方には変化するが下方には変化しない場合が多くなることを何というか。解答欄Ⅰ－甲に記入せよ。

【設問7】下線部ⓔに関連して、アメリカの反独占政策のために用いられている法律として最も適切なものを、次の1～6のうちから2つ選び、その番号を、解答欄Ⅰ－乙に記入せよ。

1．全国産業復興法　　2．シャーマン法　　3．農業調整法
4．クレイトン法　　5．社会保障法　　6．失業救済法

【設問8】下線部ⓕに関連して、次のａ～ｃの記述について、**正しいものには数字の1**を、**正しくないものには数字の2**を、解答欄Ⅰ－乙のａ～ｃに記入せよ。

ａ．公正取引委員会は、組織上、内閣府の外局である行政委員会である。
ｂ．公正取引委員会は、違反行為者に排除措置命令などをおこなうが、例外的な場合に、その長官は内閣総理大臣の指示を受けることがある。
ｃ．公正取引委員会は、不当廉売（ダンピング）、優越的地位を利用する行

為を禁止するほかに、独占などにより市場での競争に悪影響が生じるおそれがあると判断した場合に企業合併を認めない権限をもつ行政委員会である。

〔Ⅱ〕 次の文章を読み、下の設問（設問1～設問9）に答えよ。　(50点)

ⓐ公害の歴史は、本格的な工業化社会のはじまる明治時代にさかのぼる。渡良瀬川流域で発生したⓑ足尾銅山鉱毒事件や愛媛県新居浜で起きた（　ア　）は、その代表例である。公害がより顕著な形で問題化したのは第二次世界大戦後である。1950年代中ごろから日本は高度経済成長期を迎え急速な経済発展をとげる一方、水俣病、新潟水俣病、（　イ　）、イタイイタイ病などの四大公害が発生した。それらの原因の究明はもとより、加害企業の責任追及や被害者への賠償を求めるⓒ四大公害訴訟が起きた。公害に対する批判の高まりを受けた政府は、1967年に公害対策を総合的に推進するため公害対策基本法を制定した。また1970年の通称「公害国会」において公害対策関連14法を成立させるとともに、1971年には公害行政を一元化して担う（　ウ　）を設置した。1973年には、公害発生地域の指定および公害被害者の認定と補償を進める公害健康被害補償法が制定された。このような一連の公害行政や法整備を進める過程において、ⓓ加害原因者の負う責任が厳しく問われるようになった。

このような公害対策が一定の成果をあげたため、重化学工業の生産活動による（　エ　）公害は減少したが、都市化の進展によりⓔ都市・生活型公害とよばれる公害が発生するようになった。加えて、経済のグローバル化の進展により、海外から多くの製品や原料が輸入されるにつれ、それらの使用後に発生する莫大な廃棄物問題が深刻化している。この状況に対応するため、2001年にはⓕ循環型社会形成推進基本法が施行された。同法の体系に整合する形でⓖ関連法の整備をすすめ、リデュース・（　オ　）・リサイクルからなる３Ｒ運動を促進し、廃棄物を出さないⓗゼロ・エミッション社会の実現を目指す政策がうち出されてきた。

【設問1】文中の（　ア　）～（　オ　）に入る最も適切な語句を、解答欄Ⅱ－甲のア～オに記入せよ。

【設問2】下線部ⓐに関連して、環境基本法において「典型七公害」に**該当しないもの**を、次の1～4のうちから1つ選び、解答欄Ⅱ－乙に記入せよ。

1．振動　　2．悪臭

3．騒音　　4．不法投棄

【設問3】下線部ⓑに関連して、次の文章の（　カ　）に入る最も適切な語句を、解答欄Ⅱ－甲のカに記入せよ。

栃木県選出の代議士である（　カ　）は、銅山の操業停止や損害賠償を求めて、住民運動の先頭に立ち、1891年には帝国議会で鉱毒問題を追及した。

【設問4】下線部ⓒに関連して、次のa～cの記述について、**正しいものには数字の1を、正しくないものには数字の2**を、解答欄Ⅱ－乙のa～cに記入せよ。

a．イタイイタイ病の裁判は、1968年3月、亜鉛鉱山の排水に含まれるカドミウム中毒をおこした神通川流域住民らが提訴して始まった。

b．水俣病をめぐる裁判において、原告は加害企業に対して勝訴したものの、熊本県の法的責任が認められたことはない。

c．新潟水俣病では、有機水銀を含む工場排水をおこなった三井金属工業に対し、操業停止と賠償を請求した。

【設問5】下線部ⓓに関連して、次の文章の（　キ　）と（　ク　）に入る最も適切な語句を、解答欄Ⅱ－甲のキとクに記入せよ。

大気汚染防止法や水質汚濁防止法には、過失の有無にかかわらず、加害原因者が損害賠償責任を負うべきとする（　キ　）の原則が明文化されている。また、1972年に、ＯＥＣＤは加盟国に対し、環境汚染の浄化に要する費用を加害原因者に負担させる（　ク　）の原則の導入を促す勧告をおこなっている。

【設問６】下線部ⓔに関連して、次のｄ～ｆの記述について、**正しいものには数字の１を、正しくないものには数字の２を**、解答欄Ⅱ－乙のｄ～ｆに記入せよ。

ｄ．建築材として多用されてきたアスベスト被害をめぐる訴訟において、最高裁判所は国の責任を認める判決を出していない。

ｅ．ごみ焼却のさいに発生する発がん性物質であるダイオキシンについては2000年にダイオキシン類対策特別措置法が施行されるなど、対策が講じられた結果、その排出量は減少した。

ｆ．ＰＣＢ（ポリ塩化ビフェニル）は、人体に取り込まれると肝機能障害などを引き起こす懸念が示されているにもかかわらず、広範囲に使用されてきたため、いまだに製造規制がなされていない。

【設問７】下線部ⓕに関連して、生産者が製品廃棄後の適正なリサイクルや処分について一定の責任を負う考え方がある。この考え方はどのようによばれているか。次の１～４のうちから最も適当なものを１つ選び、その番号を、解答欄Ⅱ－乙に記入せよ。

１．環境アセスメント　　２．ＥＰＲ
３．環境基準　　４．ＩＳＯ

【設問８】下線部ⓖに関連して、次の文章の（　Ａ　）～（　Ｃ　）に入る最も適切な語句を、下の語群から１つ選び、その番号を、解答欄Ⅱ－乙のＡ～Ｃに記入せよ。

1991年施行の再生資源の利用に関する法律を大幅に改訂した（　A　）を2001年に施行し、リサイクルの推進をはかる大枠が示された。より具体的なリサイクルの推進に向け、個別物品の特性に応じた規制を講じるリサイクル関連法が施行されている。たとえば、家庭ごみに占める割合の高いビン、ペットボトル、ダンボールなどのリサイクルを義務づけた2000年施行の（　B　）などはその一つである。また、国や地方公共団体などが、環境負荷低減に寄与する物品を率先して調達することを促す（　C　）も、2001年に実施されている。

［語群］

1．廃棄物処理法　　2．環境アセスメント法
3．資源有効利用促進法　　4．環境基本法
5．小型家電リサイクル法　　6．グリーン購入法
7．容器包装リサイクル法　　8．地方自治法
9．総量規制

【設問9】下線部ⓗに関連して、次の文章の（　D　）と（　E　）に入る最も適切な語句を、下の語群から1つ選び、その番号を、解答欄Ⅱ－乙のDとEに記入せよ。

ゼロ・エミッションは、生産過程における技術革新や産業間の連携強化をはかることで、廃棄物の排出をなくそうという概念である。しかし、その実現はたいへん難しい。回収が極めて困難な細分化された廃棄物が発生するためである。たとえば、昨今、（　D　）とよばれる大きさ5ミリを下回るごみが海洋に蓄積されつつある。他方、中国の大気汚染の一原因となっている（　E　）とよばれる微小粒子状物質については、花粉対策用のマスクでの防御が難しいといわれている。

［語群］

1．マイクロプラスチック　　2．COD

3．PM2.5　　4．フロン

5．CDM　　6．BOD

〔Ⅲ〕 次の文章を読み、下の設問（設問1～設問8）に答えよ。　(50点)

国民が政治に参加する最大の機会は選挙である。日本では、公正に代表者を選出するために、普通選挙、平等選挙、直接選挙、自由選挙、（　ア　）選挙という五つの原則が確立されている。

選挙制度には、それぞれの国の歴史的事情によって多様な形態があるが、一般に小選挙区制ⓐ、大選挙区制、比例代表制ⓑに区別される。小選挙区制は、1選挙区から1名の代表者を選出する制度である。大選挙区制は、1選挙区から2名以上の代表者を選出する制度で、かつて日本の衆議院で採用されていた中選挙区制はその一種に分類される。比例代表制は、各政党の得票数に応じて議席を配分する制度である。

日本では、1994年に公職選挙法が改正され、衆議院に小選挙区比例代表（　イ　）制が導入された。これは小選挙区制と比例代表制を組み合わせた制度で、現在では、小選挙区制で（　A　）議席を選出し、全国（　B　）ブロックからなる比例代表制で176議席を選出している。小選挙区の立候補者は、同時に比例代表の名簿登載者となることができるので、小選挙区で落選した場合でも、比例名簿登載順に当選する可能性がある。登載順位が同じ場合には、（　ウ　）率の高い順に当選する。

参議院は、全国を1単位とする比例代表と、原則として都道府県を単位とする選挙区とに分けて代表を選出する。比例代表では、候補者名簿に順位をつけない（　エ　）名簿式が導入されているが、2018年の公職選挙法改正により、あらかじめ政党が決めた順位に従って当選者が決まる「特定枠」が設けられた。なお、比例代表の議席配分に用いられる計算方式は、衆議院・参議院とも（　オ　）式である。

公職選挙法では、選挙の公正を確保するために、選挙運動に一定のルールが定められている。たとえば、大正期以来、選挙運動期間中の（　C　）は買収の温床になるという理由から禁止されているが、憲法の保障する表現の自由を侵害するという指摘もある。また、1983年の法改正では（　D　）が廃止されている。1994年の法改正では選挙違反に対する（　カ　）制が強化され、候補者自身が関与していなくても、選挙運動の総括主宰者や出納責任者などが買収等の選挙犯罪で刑に処せられた場合、当選は無効となる。

他方で、2013年の法改正により、ウェブサイトやブログなど ⓒインターネットを利用した選挙運動が解禁された。また2015年の法改正により、ⓓ選挙権年齢は満18歳以上に引き下げられた。このような ⓔ各種の制度改正を通して、国民の幅広い政治参加を実現し、ⓕ政治的無関心を克服することが求められている。

そのさい、政治と世論をつなぐマス・メディアの役割はますます重要になっている。たとえば、マス・メディアの選挙報道は有権者の投票行動に影響をおよぼす。事前に優勢と報道された候補者に対し、有権者が投票しがちになる傾向を（　E　）効果という。逆に、劣勢と伝えられた候補者に判官びいきで票が集まるのが（　F　）効果である。

【設問1】文中の（　ア　）～（　カ　）に入る最も適切な語句を、解答欄Ⅲ－甲のア～カに記入せよ。

【設問2】文中の（　A　）～（　F　）に入る最も適切な語句や数字を、次の語群から1つ選び、その番号を、解答欄Ⅲ－乙のA～Fに記入せよ。

[語群]

1．7	2．9	3．11
4．13	5．148	6．248
7．269	8．289	9．街頭演説
10．幕間演説	11．立会演説会	12．電話での投票依頼

13. 戸別訪問　14. 世論調査　15. 出口調査
16. 強制投票　17. デジタルデバイド　18. アンダードッグ
19. フィルタリング　20. ガバナンス　21. アカウンタビリティ
22. バンドワゴン　23. メディア・スクラム
24. カウンター・デモクラシー

【設問3】下線部ⓐに関する記述として最も適切なものを、次の1～4のうちから1つ選び、その番号を、解答欄Ⅲ－乙に記入せよ。

1．選挙区内での有権者と候補者との関係が希薄になる。
2．政党間の獲得議席比率が得票率以上に拡大される傾向がある。
3．小党乱立による政治の不安定を招きやすい。
4．多様な民意を正確に議会に反映させることができる。

【設問4】下線部ⓑに関連して、次のaとbの記述について、**正しいものには数字の1を、正しくないものには数字の2を**、解答欄Ⅲ－乙のaとbに記入せよ。

a．比例代表制は、もともとヨーロッパ諸国で普及した制度であり、日本では1983年におこなわれた参議院議員通常選挙ではじめて導入された。
b．比例代表制では、当選に結びつかない死票が少なくなる一方、ゲリマンダリングが生じやすいとされる。

【設問5】下線部ⓒに関連して、次のcとdの記述について、**正しいものには数字の1を、正しくないものには数字の2を**、解答欄Ⅲ－乙のcとdに記入せよ。

c．インターネットを用いることによって、満18歳未満の者でも選挙運動をおこなうことができるようになった。

d．インターネットを用いた投票制度は、国政選挙と地方選挙とを問わず、日本では現在まで実現されていない。

【設問6】下線部ⓓに関する記述として最も適切なものを、次の1～4のうちから1つ選び、その番号を、解答欄Ⅲ－乙に記入せよ。

1．満18歳以上の者であっても、高等学校在学中は選挙権を行使することはできない。

2．被選挙権年齢の引き下げはおこなわれなかったので、衆議院議員・都道府県知事の被選挙権年齢は満25歳以上である。

3．イギリスやドイツは、日本より早く18歳選挙権を実現していた。

4．選挙権年齢の引き下げ後、2017年に実施された衆議院議員総選挙の年代別投票率では、10歳代の投票率が最も高かった。

【設問7】下線部ⓔに関する記述として最も適切なものを、次の1～4のうちから1つ選び、その番号を、解答欄Ⅲ－乙に記入せよ。

1．1997年の公職選挙法改正により、午後6時までだった投票時間が3時間延長され、午後9時までとなった。

2．有権者は選挙当日に予定がある場合、それ以前に期日前投票所で投票をおこなうことができるが、旅行やレジャーを理由とする期日前投票は認められていない。

3．外国からでも投票できる在外選挙制度は、地方選挙のみを対象としており、国政選挙については対象外である。

4．有権者は不在者投票制度を利用することにより、入院・入所中の病院や老人ホームでも投票することができる。

【設問8】下線部ⓕに関連して、次の文章の（　キ　）と（　ク　）に入る最も適切な語句を、解答欄Ⅲ－甲のキとクに記入せよ。

アメリカの政治学者ラズウェルは政治的無関心を、現実の政治に失望した結果としての脱政治的態度、政治以外の価値に関心が集中してしまう無政治的態度、政治そのものに対して否定的になる（　キ　）的態度の三つに分類した。また、アメリカの社会学者（　ク　）は政治的無関心を、政治的無知に由来する伝統型無関心と、政治的知識はあるものの政治に冷淡な現代型無関心の二つに分類した。

数学

(75分)

〔Ⅰ〕 次の [　　] に適する数または式を，解答用紙の同じ記号の付いた [　　] の中に記入せよ。

(1) 7個の数字0，1，2，3，4，5，6を重複なく使って4桁の整数をつくる。千の位の数と百の位の数の和が3となる整数は [ア] 通りある。隣り合う位の数の和が3とならない整数は [イ] 通りある。また，4の倍数となる整数は [ウ] 通りある。

(2) $\log_2(x+1)$ と $\log_2(x-3)$ の真数条件が同時に成り立つ x の範囲は [エ] である。また，不等式 $\log_2(x+1)+\log_2(x-3) \geqq 2$ を満たす x の範囲は [オ] である。

(3) Oを原点とする座標平面上で，2点 $\mathrm{A}(-3,2)$，$\mathrm{B}(5,18)$ を通る直線 l の方程式は $y=$ [カ] である。l と放物線 $C: y=x^2$ との交点をP，Qとおく。ただし，Pの x 座標はQの x 座標より小さいとする。このとき，$\triangle \mathrm{OPQ}$ の面積は [キ] であり，l と C で囲まれた部分の面積は [ク] である。

(4) 関数 $f(x)$ は，$f(x)=|x|+\int_0^2 f(t)\,dt$ を満たすとする。このとき，$A=\int_0^2 f(t)\,dt$ とおくと，A の値が $A=$ [ケ] と求まり，$f(x)$ も求まる。また，この $f(x)$ を用いた定積分 $I=\int_{-3}^{3} f(x)\,dx$ の値は，$I=$ [コ] と求まる。

〔 II 〕 数列 $\{a_n\}$ の初項から第 n 項までの和を $S_n=\sum_{k=1}^{n} a_k$ とおくとき，数列 $\{S_n\}$ と $\{a_n\}$ は条件

$$a_1=2,\qquad a_n=\frac{n+1}{n-1}S_{n-1}\quad (n=2,3,4,\cdots)$$

を満たす。このとき，次の問いに答えよ。

(1) a_n を a_{n-1} と n を用いて表すことで $\{a_n\}$ の漸化式を求めよ。

(2) 数列 $\{b_n\}$ を $b_n=\dfrac{a_n}{n+1}$ $(n=1,2,3,\cdots)$ で定める。このとき，$\{b_n\}$ の一般項を求めよ。

(3) $\{a_n\}$ の一般項を求めよ。また，$\{S_n\}$ の一般項を求めよ。

〔 III 〕 正の実数 p に対して $f(x)=x^3-3px$ とおき，座標平面上の曲線 $y=f(x)$ を C とする。このとき，次の問いに答えよ。

(1) C 上の点 $(t, f(t))$ における C の接線の方程式を求めよ。

(2) 点 $(-1,3)$ を通る C の接線が，ちょうど 2 本であるとする。この条件を満たすような p の値をすべて求めよ。

(3) 点 $(-1,3)$ を通る C の接線が，ちょうど 3 本であるとする。それらの 3 本の接線と C との接点をそれぞれ $(\alpha, f(\alpha))$，$(\gamma, f(\gamma))$，$(\beta, f(\beta))$ とおく。ただし，$\alpha<\gamma<\beta$ を満たすように α，γ，β を選ぶとする。さらに，$\gamma=\dfrac{\alpha+\beta}{2}$ であるとする。これらの条件をすべて満たすような p の値を求めよ。また，そのときの α の値を求めよ。

5 番は妹の婚姻を聞いた当初は喜んだが、相手が遠景と聞いて急に怒りだした。

6 番は客人が来た時、見事に外すことなく鯉に矢を命中させ、みんなを驚かせた。

㈥ 傍線——「極めたるしれもの」とは、番のどのような行動について述べたものか、説明せよ(句読点とも三十字以内)。

(以上・六十点)

の迷いの気持ちを表している。

5　すぐにでも自ら命を絶つべきだと思いながらも、大きな戦に参加したいと考えて、今日まで生きていた番に対して、右大将が感謝する気持ちを表している。

(四)　傍線━━━「らる」と文法的意味・用法が同じものを、次のうちから一つ選び、その番号を記せ。

1　わがやどの影ともたのむ藤の花立ちよりくとも浪にをらるな

2　隣に、庭火の笛音するにも、年々内侍所の御神楽に、維盛の少将、泰通の中将などのおもしろかりし音どもまづ思ひ出でらる。

3　あさましやな、平治には悪源太義平、平家に生け取られ、元暦には大臣宗盛、源氏に囚はれて、大路を渡されて首を刎ねらる。

4　故式部卿の宮に、三条の右の大臣、こと上達部など類してまゐりたまうて、碁うち御遊びなどしたまひて、夜ふけぬればこれかれ酔ひたまひて、物語しかづけ物などせらる。

5　ありつるやう語り、わが面をおこしつること、上達部どものみな泣きらうたがりつることなど、かへすがへすも泣く泣く語らる。

(五)　本文の内容に合致するものを、次のうちから二つ選び、その番号を記せ。

1　番は、訪ねてきた義経に同情したことを後になって咎められた。

2　右大将は遠景が高麗国を攻めたことの褒美として番の妹と婚姻させた。

3　番の親類たちは、梶原に、番と面会したいと申し出た。

4　番は、何年も捕らえられている間に味方がいなくなり、親族からも次々と縁を切られた。

3　いちずにあなたを親としてお仕えしましょう。あなたが私の領地の中にいようと外にいようと不便はかけません
4　ただただ親のことを信じるべきです。身内の前であろうとなかろうとなげやりな態度はいけません
5　ほんとうに親のことを尊敬しなさい。親が敵となろうが味方となろうがいいかげんに扱うのはよくありません

B　いかにも、なほあしき事しいださんずるものにて候ふ
1　どんな境遇になろうとも、やはり悪い習慣をやめないような者でございます
2　どのような手を使っても、もはや悪い企てをすることのできない者でございます
3　なんとしても、これ以上の悪いことをするまいと考えている者でございます
4　なるほどそのとおりで、まだこれからも悪い運命をたどるはずの者でございます
5　まったくもって、いっそう悪い行いをしでかしそうな者でございます

㈢　傍線〰〰「汝をとうにいとまとらすべかりしかども、この大事を思ひて、今日まで生けておきたるなり」の説明として適当なものを、次のうちから一つ選び、その番号を記せ。
1　番をすぐに出家させるつもりであったが、いずれ大きな戦で名を揚げると考えて、今日まで武士としての責務を番に全うさせようとしてきた、右大将の主君としての情けを表している。
2　番に早く休暇をとらせてやるつもりであったが、大罪を犯しているかもしれないと考えて、今日まで先延ばしにしたという、番の人柄に対する右大将の不信感を表している。
3　番をすぐにでも断罪するはずであったが、ゆくゆく大きな戦があることを考えて、今日まで処分せずにおいたという、武士としての番の腕前に対する右大将の信頼感を表している。
4　番をすぐにでも赦したかったが、主人を裏切ったことの重大さを考えて、今日まで番の生死を決めかねたという、右大将

注　右大将（大将）　源頼朝のこと。
渡辺の後源次馬の允番　渡辺番のこと。
梶原　梶原景時のこと。
天野の式部の大夫遠景　天野遠景のこと。
泰衡　藤原泰衡のこと。
鯉はぜ　鯉が水面から跳ねるのを矢で射る遊び。

設問

㈠　傍線――ア・イの意味として適当なものを、次のうちからそれぞれ一つ選び、その番号を記せ。

ア　いかめし
1　爽快だ
2　低調だ
3　野蛮だ
4　強大だ
5　無限だ

イ　人わろかる
1　性格が悪い
2　体裁が悪い
3　容貌が悪い
4　縁起が悪い
5　行儀が悪い

㈡　傍線――A・Bの解釈として適当なものを、次のうちからそれぞれ一つ選び、その番号を記せ。

A　ひとへに親ともたのみたてまつるべし。内外につきて疎略を存ずべからず
1　ひたすら親だと思って頼りにいたしましょう。公私にわたってあなたをおろそかにはしないつもりです
2　いつでも私を親として頼りになさったらよいでしょう。どこにいても私のことを軽んじてはいけません

ひなんと、悦びあへりけり。遠景も、「宿縁あさからず。このうへは、かの御気色におきては、いかにも申しゆるすべし。御承引なくは、遠景申しあづかるべし」といひければ、いよいよよろこぶ事かぎりなし。

さて関東にくだりつきて、いつしか使ひを番がもとへ遣はしていひけるは、「思ひがけず、かく侍るゆかりになりまゐらせて候ふ。今におきては、Aひとへに親ともたのみたてまつるべし。内外につきて疎略を存ずべからず」といひやりたりけり。番、多年の召人にて、今日きらるべし、今日きらるべしといひて十余年に及びけれども、方人一人もなければ、申しなだむるものなし。たまたまかかる縁出で来たる事は、いかばかりかはうれしかるべきに、番がいひけるは、「弓矢とる身の、かかる目にあひて召し籠めにあづかる、恥にてあらず。さこそ無縁の身なれども、あながちにそのぬし、こひねがふべき聟(むこ)にあらず」とて、返事にいひけるは、「よろこびて承りぬ。誠に傍輩として申し承らん事、もつとも本意候ふ。したしくならせ給ふよしの事、存知しがたく候ふ。番は独身のものにて候へば、御ゆかりになりまゐらすべき事候はず」と、あららかにいひたりければ、遠景おほきにいきどほり、やすからぬ事に思ひて、ともすれば大将に、「番は極めたるしれものにて候ふ。Bいかにも、なほあしき事しいださんずるものにて候ふ。はなちたてらるまじきなり」と申しければ、いよいよおもくなりまさりにけり。されども番はすこしもいたまず、「をのこの身はいついかになるべしとても、イ人わろかるべき事はなし」とて、物ともせざりけり。

かかるほどに、大将、泰衡を討つとて、奥攻めを思ひたちて、兵をそろへらるべき事出で来にけり。その時、番を召して、のたまひけるは、「汝をとうにいとまとらすべかりしかども、この大事を思ひて、今日まで生けておきたるなり。このたびの合戦によるべし」とて、鎧・馬・鞍など給はりければ、かしこみよろこびて向かひけり。実に身命を惜しまず、ゆゆしかりければ、勘気ゆるして本領返し給ひて、ふたたび旧里に帰りき。

この番は無双の手ききにて侍りけり。渡辺にてしかるべき客人の来たりける時、鯉はぜをしけるには、矢をたばさみて、をどる鯉を一つもはづさで射けり。網に入るにはもるる方もおほし。これは、一つももらさず射とどめければ、皆人目を驚かしけり。

(橘成季『古今著聞集』)

1　食は、味覚や嗅覚はもとより、視覚、触覚、聴覚も深く関わる文化である。
2　食べものの色彩と配置は絵画にたとえられるので、世のグルメ本には写真が欠かせない。
3　長時間に及ぶシンポジウムでも、筆者の職場では休憩時を除いて飲食は禁じられている。
4　勇敢な戦士が放つ音に紛れるように研究会でせんべいを食べ切るのは、名誉ある行為である。
5　産婦人科医は、騒音で病になった胎児の治療に当たっている。
6　一九八〇年代以降、音楽が次第に環境化し、安易な涙や癒やしを誘うようになった。

㈦　傍線――について、現代社会において「食と音」の関係はどうあるべきか、筆者の考えを説明せよ（句読点とも四十字以内）。

（以上・九十点）

二　次の文章を読んで、後の設問に答えよ。

九郎判官義経、右大将の勘気の間、都を落ちて西国の方へ行きける時、渡辺の後源次馬の允番（じょうつがふ）がもとによりて、事のよしをいひければ、番あはれみて見おくりけり。後にその事聞こえて、番、関東へ召されて、梶原にあづけられにけり。十二年まで置かれたりけるに、番、毎日に髻（もとどり）を取りて、今日やきられんずらんとぞ待ちける。

さるほどに、右大将、高麗国を攻めし時の追討使に、天野の式部の大夫遠景向かひけり。大将家のきりものにて、次官の藤内といはれし藤内はこれなり。西国九国を知行の間、そのいきほひいかめし（ア）。高麗国うちしなへて上洛の時、渡辺にて、番が妹にとつぎにけり。相具して関東に下向しければ、番が親類・郎等どもよろこびをなして、さりとも今は馬の殿の召し籠めはゆり給恋人になったり、家族になったりするかもしれないが、いずれにしても、人間の「へり」であり「ふち」であるものが、ある場所の同じ時間に停泊しているにすぎない。これは「共存」と表現すると仰々しい。むしろ「並存」のほうがよい。そんなゆるやかな並存の場こそ、出会いも議論も、ますますSNSに回収される現代社会のなかで、今後あると助かる人が多いのではないか。子ども食堂のユニークさも、この縁食にあるのではないか。ちょっと立ち寄れる。誰かがいる。しかし、無理に話さなくてもいい。作り笑顔も無用。停泊しているだけなので、孤食を存分に楽しんで、ちょっと掲示板を眺めて、月でも眺めながら帰ってもいい。

1　孤食を存分に楽しめる人間が、ちょっと掲示板を眺めたり月を眺めたりする共存の場において、SNSでは得られない笑顔での会話ができる。

2　ある場所の同じ時間における人間と人間のめぐりあわせという並存の場があることで、現代社会のなかで助かる人が多くなる。

3　ちょっと立ち寄れる誰かがいる場所で、同じものを食べて話を交わすことで、複数の人間が共同体意識を醸し出す効能が生まれる。

4　恋人や家族など人間と人間の深くて重いつながりを生むためには、あっさりした「へり」や「ふち」に停泊する縁が必要である。

5　複数の人間がある場所の同じ時間に共食する公の場が新しい出会いを生み、SNSに回収されない現代社会の議論を活発にする。

㈥　本文の内容に合致するものを、次のうちから二つ選び、その番号を記せ。

のうちから一つ選び、その番号を記せ。

1　「もの」の性質を伝えてくれる、肌ざわりや着ごこちの表現が、歯ごたえや舌ざわりといった表現として用いられるようになった。

2　口から肛門までのチューブの外壁と内壁が食べものとこすれ合う皮膚感覚が、内なる肌を通して生きていることを確認させる。

3　生きる生命体と食べものが摩擦することで発した熱が、生命の兆しとなり、生命の証となるところに、食べることの意味がある。

4　根菜にある繊維は独特の歯ごたえを引きおこすが、体内で生命体の強烈な消化液を浴びて気体となり、微生物にごちそうを与える。

5　食べる主体を剝奪され、胃腸をいたわることが不可欠となり、生きる生命体とこすり合わない食が欠かせなくなってきている。

㈤　傍線――C「縁食」について、筆者は同じ本の別のところで次のように定義している。筆者の主張として適当なものを、後の1～5のうちから一つ選び、その番号を記せ。

縁食とは、孤食ではない。複数の人間がその場所にいるからである。ただし、共食でもない。食べる場所にいる複数の人間が共同体意識を醸し出す効能が、それほど期待されていないからである。

縁とは、人間と人間の深くて重いつながり、という意味ではなく、単に、めぐりあわせ、という意味である。じつはとてもあっさりした言葉だ。めぐりあわせであるから、明日はもう会えないかもしれない。場合によっては、縁食が縁となって

設問

(一) 空欄[　　]a・bに入る語句として適当なものを、次のうちからそれぞれ一つ選び、その番号を記せ。

1 もし　2 だが　3 だから　4 なぜなら　5 かえって　6 けっして

(二) 空欄〔　　〕に入る語句として適当なものを、次のうちから一つ選び、その番号を記せ。

1 奈落の底では　2 挙げ句の果てには　3 贅沢の限りでは　4 一日の長には　5 若気の至りには

(三) 傍線――A について、「食べる行為が音を発する行為である」とはどういうことか、適当なものを、次のうちから一つ選び、その番号を記せ。

1 動物として生まれてきた野蛮さを持つ人間は、リンゴやキュウリをかじる多彩な音から爽快さやスピード感を楽しむことができる。

2 食卓を思いながら、さまざまな音を立てて野菜を刻んだり、ハンバーグを捏ねポテトコロッケの具を整えたりすることが、料理の技術を高める。

3 人間が他者の食べる音に安らぐのは、母親の胎内にいたときのヴァラエティに富んだやかましさの記憶から逃れようとするためである。

4 食べることによって、歯や舌、喉、胃袋、腸など人間の体のなかが発する多彩な音が、本来、自分が動物として生まれてきたことを再確認させる。

5 母親の心臓の音を羊水の振動によって聴きながら、へその緒を通じてものを食べてきた胎児は、動物から人間への進化を追体験している。

(四) 傍線――B「食べもののテクスチュアとは、身体に対する抵抗を示すものとも言える」の説明として適当なものを、次もちろん、食材を洗い、切り、砕き、すりおろし、潰し、茹で、焼くことを特定単数の性に任せ続けることを主張しているわけではない。食の音を聴く暇を惜しんで、労働と消費時間を増やし続ける社会こそが問われなくてはならない。

いうまでもなく、食べることは本来的には消費ではない。そう錯覚するようになったのは、食が商品として大量に売られ捨てられるようになったこの数百年の限定された時代だけのことにすぎない。たとえば、調理員の畑から収穫されたサツマイモを食堂で用いるように、あるいは、持ち込んだ食べものと食堂の食べものを一緒に食べられるような、そんな食の空間の寛容さこそが縁食の必須の条件であるが、それは食からその商品性を引き剝がす試みでもあった。商品性の伴う、ピッというバーコードを読み取る音やカサカサと鳴る包装パックの音ではない食の音。売り手の世間話と一緒にリヤカーでガタゴト運んできた野菜のように、商品に還元しきれない音。農家の庭先と食べ手の玄関先を結ぶことによって、食が社会にもたらす摩擦の音を取り戻す試みだともいえよう。

最後に大急ぎで付け加えよう。一枚のせんべいを二人で食べるときに割る場面を想像していただきたい。あの音も、食の商品化の歴史よりもずっと昔から存在する、食の原初的な音、すなわち「分有」もしくは「共有」の音、もっといえば、ともに生存する音である。けっして真っ二つには割れないあの音、ちょっと地面を這う生きものへのおこぼれも生じてしまうあの音、微妙な調整と会話が必要になるあの音を、消していくのではなく、増幅させることもまた、食の音楽学の必須の課題と言えるだろう。

（藤原辰史「食を聴く」）

注　子ども食堂　　子供たちに食事を提供し、安心して過ごせるように工夫された場所。

てあらかじめドロドロにしてある食事は、胃腸を病む患者には不可欠の食事であるが、しかし、そうではない人にとっても欠かせなくなってきている。徐々に、食べる主体を剝奪され、「病院食」を食べる時代になりつつある。

子ども食堂で実践されているように、孤食ほど寂しくなく、共食ほど規制が強くない食のあり方を<u>「縁食」</u>(C)と名付け、ちょうど建てものの縁側のようなその食のあり方を考えてきた本書で、では、音とはどのような位置にあるのだろうか。

それはやはり、へその緒がつながっていたときに耳にした音のように、食の原初的な琴線に触れることではないだろうか。

子どもが好むお菓子には、内なる肌を刺激するものが少なくない。口のなかに入れて弾けるものもあるし、かじると派手な破裂音を立てるものもある。それを売り文句にする商品もある。おそらく、食べやすく、消化しやすく、嚙みやすく、溶けやすく、砕きやすい食べものがレストランから食卓まで闊歩している世の中で、食べものの抵抗を感じ、胎児の頃聴いていた食べものの「もの」性を感じなおすため、あるいは、食べるという行為の原始の音に再び触れたくなって、そういった食べものに魅力を感じているのではないか、とさえ考えたくなる。

音楽学者の岡田暁生は、『音楽と出会う——21世紀的つきあい方』のなかで、一九八〇年代以降、音楽が次第に環境化していくことを指摘している。耳触りが良く、スーッと流れていくような音楽が増え、癒やしブームがそれに乗っかり、〔　　　　〕心を癒やすための音波が垂れ流されるユーチューブの番組が大量に聴かれる時代。引っかかりのない、それゆえ、聴くものが考えなくてもよい音楽が市場に出回り、安易な涙やリラックスや癒やしを誘う。

食べものも同様だ。引っかかりのない食べもの。スーッと胃袋を通り抜けていくような清々しい食べもの。そこからは、生と死がギシギシと軋(きし)みながらこすれ合うあの音はしない。

料理もまた、洗わず、切らず、砕かず、すりおろさず、潰さず、茹でず、焼かずにただ電子レンジに入れるだけの食品が、家庭のみならず、レストランでも用いられている。食品産業にとって、家庭とレストランはもはやその工場の最終ラインとなった。

食べる音は、食べものの「もの」の性質を伝えてくれる。もののテクスチュアと言ってもよいだろう。「歯ごたえ」という言葉に見られるように、B食べもののテクスチュアとは、身体に対する抵抗を示すものとも言える。繰り返すがレンコンやニンジンなどの根菜にあるたくさんの繊維は、独特の歯ごたえとともに、断末魔の叫びではなく、あの爽快な音を引きおこす。しかもその「抵抗」は体内で続いていく。強烈な消化液のシャワーにも耐え、大腸まで運ばれて、微生物たちのごちそうとなる。食べ終えた微生物は気体を放出し、大腸を膨らませるのである。ガスが体外に出されるときの金管楽器に似たあの音も、食の交響楽団の構成員として認めるべきだろう。

鷲田清一は、「歯ごたえ、舌ざわり、喉ごしといったテクスチュアの表現はまた、そのまま肌ざわりや着ごこちの表現としても用いられるものが多い」と述べたうえで、人間は口から肛門までのチューブにたとえられるが、「チューブの外壁で起こる皮膚感覚が肌ざわりだとすれば、内壁で起こる皮膚感覚が口あたり」になる、と表現している(『ひとはなぜ服を着るのか』)。

着道楽と食道楽という言葉がともに存在するように、着心地という言葉があるのならば、食べ心地という言葉があってもよい。食べ心地は、ちょうど、朝起きてシャツの袖に腕を通すときの清々しい気持ちとどこかで通底している。死せる生命体の塊が、生きているにちがいない私の内なる肌を通っていき、生きていることを確認させる音。生きる生命体と死せる生命体がこすり合う音に耳をすませる、ということが、食を聴くということであり、ひいては、生を聴くということなのである。

こすり合うこととは、摩擦することである。摩擦は熱を生み出す。生命体は外界と摩擦するがゆえに熱を発する。熱は生命の兆しであり、生命の証である。摩擦のない世界は、アイスホッケーのパックのように、最初の一撃によって与えられた力のベクトルにしたがって、ひたすら滑り続ける。生命とは逆に、氷を削って氷山を登る人間のようだ。砕き、抗う。食べることの意味もまた、こうした抗いにあるはずである。

しかし、生きる生命体とこすり合わない食がとても増えているいまという時代は、どういう時代なのだろう。胃腸をいたわっこの一節を読んで考えた。他者が食べる音は、生まれたばかりの赤ちゃんが母親の心臓の近くに置かれると泣き止むように、安らぎのようなものを与えるのではないか。

たとえ胃腸の音が心臓音で掻き消されているとしても、心臓の鼓動は、胎児の栄養を送る音だ。私は、ともに食べることが、単に複数で食べること以上の何かをもたらす理由として、母親の胎内にいたときの「耳の体験」があるのだと考えている。子宮のなかで母親と一緒に食べていること。つまり、縁食の原型である。心臓の音を聴きながら、へその緒を通じて食べていることは、ともに食べることの原初的なかたちではないだろうか。

実際、食べる音は、歯にせよ、舌にせよ、喉にせよ、胃袋にせよ、腸にせよ、人間の体のなかが発する音である。食べる音は、本来、自分が動物として生まれてきたことをそっと私たちに再確認させる音だと言える。それはもっと多彩だったはずだ。

皮のついたリンゴを丸ごとかじる音は、切られたリンゴを食べる音よりも硬質で高い響きを持つ。氷を噛み砕く音は、かき氷を食べる音よりも低音で岩を砕くように口腔内に轟く。一本のキュウリを噛み切る音は、刻まれたキュウリを食べる音よりも折れる感じが出ていて爽快。焼き鳥の軟骨を噛み切るときの音は、わずかに歯が滑ったあとに、心地よい野蛮さを響かせる。喉から胃袋にかけてその通過の感覚が残り続けるのも軟骨のうまさである。トウモロコシをかじるとき、芯から実が外れる音はユニゾンを楽しめるし、とろろご飯を食べる音は蕎麦やうどんをすする音と似ていて、スピード感にあふれている。

話を料理技術にまで広げてみると、食の音はさらにヴァラエティを増す。心地よい音に思われる度合いが高いのは、まな板の上で野菜を刻む音だろう。野菜そのものの音に刃が板に当たる音がダブって響いてくる。ダイコンやショウガをおろす音は大地を鳴らす重低音に痛みの感覚をも伴う。鍋のなかで煮える煮物の音は冷えた心を温めてくれるし、かき氷を削る音は体と心に涼をもたらす。ハンバーグを捏(こ)ねる音、ポテトコロッケの具を整える音は、皮膚と湿り気とねっとりした具材との競演となる。多彩なパーカッションこそが、料理の音文化を豊かにしてくれるのだ。

が多いので、発表者や参加者がおやつや飲みものを持ってくることがある。

これを休憩時に食べるのが楽しみでもあるのだが、研究発表が三時間以上続くこともたびたびあって、そのときには小腹が減ってくるので、聴きながら食べることもある。研究会中にせんべいを食べる音は、部屋全体に響きわたる（と私は恐れる）。ので、できるだけ音を立てないように砕くのだが、［ a ］そのゆっくりと砕かれるせんべいの音が悪目立ちしてしまう（と私は恐れる）。しまったと口に含んだせんべいの行き場に自信を失った私は、悩む。このまま飲み込んでしまいたい。［ b ］、それは私の食道と胃袋を傷つけてやまないだろう。いっそのこと高速で噛み砕いてしまおうか。噛むべきか、噛まぬべきか。悩む私がふと目をあげると、目の前の参加者が、勇猛にもせんべいを噛み砕いていることに気づく。しかも破砕音があの独特のリズムを刻んで部屋に響いている。なんと勇敢なせんべいの戦士だろう。

生来気の弱い私は、勇敢な戦士の放つ音に紛れるように自分の口のせんべいを食べ切ることに成功するのである。私がこの間一言も漏らさぬように真剣に報告を聴いていることは、名誉のために付け加えておきたい。

A総じて静かな空間は、食べる行為が音を発する行為であることを思い起こさせてくれる。箸が茶碗に当たる音。ナイフとフォークが皿に当たる音。蕎麦をすする音。スープをすする音。キュウリの漬物を噛む音。レンコンを噛む音。肉を切り分ける音、骨についた肉をしゃぶる音。ビールが食道を通る音。バリボリ、カツカツ、コツコツ、ズズズズ、ギコギコ、シャキシャキ、ゴクリ。食卓は本来さまざまな音に囲まれている。

胎児は、あるときから子宮のなかで音が聴こえるようになるという。産婦人科医の増﨑英明はこう述べている。「子宮の中ってめちゃめちゃやかましいんですよ。お母さんの心臓は子宮に接してますから、おそらく、ドッコンドッコンドッコンドッコンってずーっと聞いてたら、たまらんですよ。ノイローゼになる」(増﨑英明・最相葉月『胎児のはなし』)。ならば、母親が食べたものが、食道を通って、胃や腸で揉まれる音も、心臓の鼓動の合間に、羊水の振動を通じてきっと聴いているのではないか、と

国語

（七五分）

一　次の文章を読んで、後の設問に答えよ。

食文化とは、人間のすべての感覚に訴えてくる総合的文化である。

味覚と嗅覚は言うまでもない。お椀の味噌汁から漂う大豆発酵の香りと、味噌汁を口につけたときに広がる濃厚な味わい。鼻と舌という器官は食の舞台では主役級だ。それ以外に、視覚、触覚、聴覚も深く関わる文化であることも、容易に理解できるだろう。一皿に載せられた食べものの色彩と配置は絵画にたとえられるし、歯ごたえや舌触りという名詞は世のグルメ本には欠かせない。二日酔いの朝、口に含んだ味噌汁は、まだ眠っている鼻腔の嗅細胞を挑発し、舌の真ん中あたりの痛覚をも刺激したあと、喉の上方から吸収されていくように、体に浸みわたる。

ただ、聴覚については、ほかの感覚と比べて、これまでほとんど掘り下げられてこなかったように思うので、ここでは食と音について考えてみたい。

食の「音」が意識されるのはどんなときだろう。私にとって真っ先に思い浮かぶ音は、せんべいを砕くあの音である。

私の職場は、定期的に研究会を運営したり参加したりして、その道のエキスパートの話を聴き、知見を蓄え、研究報告書やシンポジウムというかたちで社会に還元することを主な職務としている。研究会は平均四時間、場合によっては五時間に及ぶこと

解答編

英語

I **解答** A. (W)―4　(X)―1　(Y)―4　(Z)―2

B. (a)―1　(b)―2　(c)―1　(d)―2　(e)―2　(f)―4　(g)―1

C. (ア)―3　(イ)―2

D. (あ)―4　(う)―7　(か)―6

E―2・5・6

◆全　訳◆

≪手で書くことが脳を活性化させる≫

あなたは学習を改善することができる――そして，もしかすると，もっと多く覚えることができる――授業のノートを手書きすることによって。コンピュータ技術は今日しばしば必要であるけれども，ペンや鉛筆を使うことは，キーボードを使うより脳のもっと多くの領域を活性化する。これらは新しい研究の結果である。

デジタル機器は社会を支配しているので，「キーボード活動は，初期の手書きの代替物として，現在しばしば推薦されている」と，新しい研究は述べている。その意図は，タイピングの方が幼い子どもたちには簡単かもしれないということだ。

「ノルウェーのいくつかの学校は完全にデジタル化している」と，その新しい研究のリーダーのオードリー＝ファン・デル・ミーアは述べる。人間の脳はできるだけ多くの方法で世界と交流するために進化してきたと，彼女は述べる。「幼い子どもたちはうまく手で書くことを学ぶべきであり，それと同時に，キーボードを操作することも学ぶべきだ」と彼女は信じている。

ファン・デル・ミーアは神経心理学者で，学習と行動をよりよく理解するために脳活動を測定する人物である。彼女は，トロンハイムにあるノルウェー科学技術大学で働いている。

ペンやタッチペンを使うことは，キーボードを使うことよりも脳のより多くに関係していることを，彼女の新しい研究結果は示している。これは，筆記体や活字体で書くことが脳のより多くの領域を活性化させる複雑な運動を伴うからである。増加した脳活動は，「記憶をつなぎとめるためのより多くの『留め金』を脳に与える」と彼女は説明する。

それについて考えてみなさい。キーボードでそれぞれの文字を打つために同じ運動が求められる。対照的に，私たちが文字を書く時，脳はそれぞれの文字の形について考え，その形の記憶を取り戻す必要がある。私たちはまた，どんな形を書いているのかを見るために目を使う必要がある。そして，私たちはペンや鉛筆を押し当てて異なる文字を作るために手をコントロールする必要がある。これは全て脳のより多くの領域を使い連結するのである。

その間に，これらの過程は「学習に対して脳を活発にする」ように思われると，ファン・デル・ミーアは言う。だから，たった 1 つの方式——デジタル——による学習は害になりえるだろうと，彼女は心配する。

ファン・デル・ミーアはまた，手でノートを取ることは「目視によるノート取り」を刺激すると指摘する。やみくもにタイプすることよりもむしろ，目視によってノートを取る人は，書きとめるために何が重要かについて考えなければならない。それから，キーワードを「四角や矢印によって関連づけ，小さな線画によって補足する」ことができる。

学習と記憶のための手書きの潜在的な利点は，しばらくの間議論されてきた。新しい研究は 2 つの質問に答えようと試みた。新たな情報を学習するということになると，手で書くことはキーボードを使うことや線画を描くことと比較してどうなのか。そして，手で書くことと線画を描くことはどのように似ているのか？

全部で，12 名の大人と 12 名の中学 1 年生が参加した。全ての人は筆記体で書くことに慣れていた。研究者たちは，彼らの一人一人にデジタルペンで文字を書き線画を描くように求めた。それぞれの人はまたキーボードでタイプするように求められた。これらの課題を遂行している間，それぞれのボランティアは，頭に接して電極がついた帽子をかぶっていた。それは，256 個のセンサーが取り付けられたヘアネットのようにいくぶん見えた。

それらのセンサーは，ボランティアの脳波，つまり一種の電気活動をEEGsとして記録した。EEGsとは脳波図を省略したものである。電極は，それぞれの課題の間に脳のどの部分が活性化しているかを書きとめていた。そして，電極は，脳活動は子どもと大人の両方でだいたい同じであることを示した。

文字を書くことは，脳の記憶領域を活性化させた。タイピングは活性化させなかった。像を線画で描くことと文字を書くことは，学習と関係のある脳の部分も活性化させた。文字を書くことは言語領域を活性化させさえした。

これは，私たちが手で文字を書く時「私たちはよりよく学び，よりよく覚える」ことを示していると，ファン・デル・ミーアは言う。彼女のチームは『心理学のフロンティア』7月28日号で研究結果を説明した。彼女のチームは今，「子どもたちは，幼い年齢から，学校で手書きと線画の活動に触れなければならない」ことを示している。

この研究はデジタル機器を禁止することを奨励しているのではない。実際，研究の執筆者たちは，コンピュータやキーボードのついた他の機器は現代の教室の多くで必要不可欠になっていると指摘する。キーボード入力はまたある特別な必要性をもつ生徒にとって（手を使うのに苦労する場合のように）特に役に立つ可能性がある。だが，ほぼ全ての生徒たちは，幼い年齢で手書きと線画を学ぶことから恩恵を受けるだろうと，研究者たちは今結論づけている。

彼女のデータに基づいて，ファン・デル・ミーアは，目下「私はエッセイを書くためにキーボードを使うだろうが，（授業では）手でノートを取るだろう」と述べている。

これらの新しい研究結果は，手書きの潜在的な利点を示す他の研究を裏付けていると，ジョシュア＝ワイナーは述べる。彼は「タイピングに対比して手書きの際には，脳のさまざまな部分が協力し合うだろう」と述べた。ワイナーはアイオワ市にあるアイオワ神経科学研究所で働いている。この研究所は，アイオワ大学のカーバー医学部の一部である。ワイナーはその新しい研究に関わっていなかったけれども，彼自身の研究は脳の回路の形成に焦点を当てている。

彼自身の学生たちが文字を書くよりは速くタイプを打つことに，ワイナーは気づいている。ノートを取っているときに，速度を落とすことは彼らに「もっと考える」ように求めているように思われると，彼は言う。彼は，これが「記憶を改善し学習を高める」だろうと付け加える。ワイナーは，手で書くことは「脳の反応」のより多くに関わっているので「手で書くことは有益であろう」と結論づけている。

ファン・デル・ミーアは，手で書くことを学ぶことはよりゆっくりとした過程であることを認めている。彼女はまた，手で書くことには細かな運動技能が必要であることを知っている。だが，彼女は，それはいいことなのだと付け加える。「もし私たちが脳に挑戦しなければ，脳はその最大の可能性を発揮できない」

◀解　説▶

A．(W)空所の前に interact があるので，空所に with を入れると，interact with ～「～と交流する」という意の定型表現で「世界と交流する」となる。

(X)空所に in を入れると，in contrast「対照的に」という定型表現となり，前文のキーボードの話題から空所の文の手書きの話題に変わる導入部分に合う。

(Y)空所の後の only one format「たった 1 つの方式」に合う単語として，手段を表す単語の前にくる through「～を通じて，～によって」を空所に入れて，「たった 1 つの方式による学習」とする。

(Z)空所の前に benefit があるので，空所に from を入れると，benefit from ～「～から恩恵を受ける」という意の定型表現となる。

B．(a)taken over は take over ～「～を支配する」の過去分詞形で，「デジタル機器は社会を支配した」となっている。これに最も意味が近いのは 1 の conquered「～を征服した」である。2．「～を打ち負かした」 3．「～から現れた」 4．「～の跡を継いだ，～を相続した」

(b)manage は「～をうまく使う，操る」という意の他動詞で，「キーボードを操作する」となっている。この意味に最も近いのは，2 の employ「～を使う」である。1．「～を避ける，回避する」 3．「～を調べる，検査する」 4．「～を監督する」

(c)intricate は「複雑な」という意の形容詞で，これに最も意味が近いのは，1の complex「複雑な」である。2．「わくわくさせる，興奮させる」 3．「線の，直線的な」 4．「洗練されていない，野暮な」

(d) debated は debate「～を議論する」という意の他動詞の過去分詞で，debated に最も意味が近いのは，2の discussed「議論されて」である。1．「攻撃されて」 3．「見過ごされて」 4．「証明されて」

(e) banning は ban の動名詞で「～を禁止すること」という意味である。この意味に最も近いのは，2の forbidding「～を禁じること」である。1．「～を宣伝すること」 3．「～を無視すること」 4．「～を高めること，良くすること」

(f) back up は「～を裏付ける，支える」という意の定型表現である。これに最も意味が近いのは，4の support「～を支援する」である。1．「～に挑戦する」 2．「～をコピーする」 3．「～を蓄える」

(g) enhance は「～を高める」という意の他動詞で，「学習を高める」となっている。これに最も意味が近いのは，1の boost「～を促進する，持ち上げる」である。2．「～を複雑にする」 3．「～をわきに置く，取っておく」 4．「～の速度を落とす」

C．(ア)波線部は「記憶をつなぎとめるためのより多くの『留め金』を脳に与える」という意味である。よって，波線部の意味・内容を最も的確に示すものは，3の「脳がいろいろなことを記憶することをより簡単にする」である。it は形式目的語で，真目的語は to memorize things「いろいろなことを記憶すること」である。for the brain「脳が」は不定詞 to memorize の意味上の主語。1．「脳が学習していることに集中することを可能にする」 enable *A* to *do*「*A* が～するのを可能にする」 focus on ～「～に集中する」 2．「いろいろなことを覚えられるようにあなたがもっと明確に書くのに役立つ」 help *A* (to) *do*「*A* が～するのに役立つ，助ける」しばしば to が省略される。so (that) S can *do*「Sが～するために」 この例のようにしばしば that が省略されることに注意。4．「記憶に必要な栄養素を脳に提供する」 supply *A* with *B*「*A* に *B* を供給する」

(イ)波線部は「～に触れる，経験する」という意味である。よって，波線部の意味・内容を最も的確に表しているのは，2の「～にかかわる機会を与えられる」である。engage in ～「～にかかわる」 1．「～について忘れるよう奨励される」 encourage *A* to *do*「*A* に〜するよう奨励する」 3.「〜の重要性を理解させられる」 4.「〜に十二分に集中するよう教えられる」 concentrate on 〜 は「〜に集中する」という定型表現。

D. まず，文末にクエスチョンマークがあり疑問文なので，空所(あ)に does が入るのではないかと見当をつける。次に，handwriting を主語だと仮定すれば，空所(い)には述語動詞が入ることになる。この筋で考えると，選択肢の中で入る可能性のある単語は compare のみである。さらに，空所(う)に入る単語として，compare と共起する前置詞 to を選ぶ。compare to 〜「〜と比較する」 また，空所(え)の前に or があり，*A* or *B*「*A* それとも *B*」という形だと想定できるので，空所(え)に drawing「線画を描くこと」を入れる。次に，空所(お)に comes を入れると，when it comes to 〜「〜ということになると」という定型表現ができる。この場合 to の後には名詞がくるので，learning を入れると，when it comes to learning new information で「新たな情報を学習するということになると」となり，うまく意味が通じる。

以上より，(How) <u>does</u> (handwriting) compare <u>to</u> (using a keyboard or) drawing (when it) comes (to) <u>learning</u> (new information?)「新たな情報を学習するということになると，手で書くことはキーボードを使うことや線画を描くことと比較してどうなのか」となる。

E. 1.「ペンや鉛筆を使うことはキーボードより人の脳のもっと多くの領域を刺激するので，生徒たちはコンピュータの利用をやめるべきだと新しい研究が示す」 第1段第2文 (Although computer technology …)，第14段第1文 (This study does not …) と矛盾する。「コンピュータの利用をやめるべき」という主張はされていない。

2.「デジタル時代では，幼い人たちは手で文字を書くことよりタイプを打つことの方が簡単だと思うだろうと，最近の研究は指摘する」 第2段 (As digital devices … for young children.) と一致する。point out 〜「〜を指摘する」

3.「ファン・デル・ミーアによると，手でノートを取ることは目視による記憶を強化し，人がキーボードを見ないで打つのに役立つ」「目視による記憶を強化」は，第6段第4文 (We also need …) および同段最終文 (All of this …) に述べられているが，「人がキーボードを見ないで打つのに役立つ」という記述は本文中にない。

4.「ファン・デル・ミーアは，文字を書くことは脳の学習に関係する部分を活性化させるけれども，そのことが像を線画で描くこともタイピングもどちらもできないことを示す」 第12段（Writing turned on … activated language areas.）に，線画で描くことも脳の学習に関係する部分を活性化する，とあることと矛盾する。

5.「手で書くことと線画で描くことを幼い年齢で学習することはほとんどの生徒にとって有益であると新しい研究は示唆する」 第14段最終文（But nearly all …）と一致する。

6.「ワイナーはフォン・デル・ミーアの研究にかかわっていなかったけれども，彼もまた手で書くことは利点があり記憶を改善するだろうと主張する」 第16段最終文（Although Weiner was …）の前半部分と第17段最終の2文（He adds that … a "brain response."）と一致する。

7.「ワイナーは学生たちに手で書くより速くタイプを打つように奨励している。なぜならば速くタイプを打つことは文字を書くより脳のより多くの領域を活性化させるからだ」 このような記述は本文にない。

8.「フォン・デル・ミーアは，手で書くことを学ぶことはタイプを打つことを学ぶことよりもっと難しいので，生徒たちが最初にタイピングを習得することがもっと現実的であると認めている」 このような記述は本文にない。

II 解答

A．(W)―1　(X)―2　(Y)―3　(Z)―4

B．(a)―3　(b)―3　(c)―3　(d)―4　(e)―3　(f)―2　(g)―3　(h)―4　(i)―2

C．(ア)―3　(イ)―3　(ウ)―4

D．(あ)―4　(え)―5　(お)―8

E―1・6・8　F．全訳下線部参照。

◆全　訳◆

≪コーヒー豆の伝播の歴史≫

コーヒーは，石油に次いで，世界の最も価値のある天然交易品の1つであり，世界中で生産され消費されている。そのきわめて貴重な豆は東アフリカの荒地でもともと徐々に進化したと信じられている。だが，地球全体にわたる探検によって，多くの異なる文化にその豆は紹介された。今日，コーヒーは「ビーンベルト」として知られている地域にある 70 以上の国で栽培されている。

コーヒー摂取の正確な起源は依然として不確かであるけれども，それはエチオピアでおそらく最初に発見されたのであろう。西暦紀元 1000 年より前のある時期に，エチオピアの部族が，コーヒーの種や豆を含むコーヒーの果実を臼でひき，動物の脂肪とそれを混ぜて，狩猟の旅や長旅で体を維持するために，ある種のエネルギーバー（＝栄養補助食品）を作り始めたと考えられている。今日でさえこれらの食品を食べ続ける遊牧民族もいる。

人間によるコーヒーの木の栽培についての最も初期の証拠は，15 世紀のイエメンにたどることができた。コーヒーの発見の話と同様に，まさにどのようにコーヒーがアラビア半島へ進んでいったのかはほとんど推測の域を出ていない。エチオピアからアラビアへの旅で生き残るのに役立つように，コーヒーの果実をスーダン人の奴隷がかじっていたことについて語っている話もある。1 人のイスラムの学者が，エチオピアへの旅でコーヒーの活力を与える影響を観察し，アラビア半島へ帰った時それを持ち帰ったことについて語っている話もある。さらに，コーヒーが広まったことは，単にエチオピアとアラビア半島の間で存在していた継続的な貿易の結果だと考えている話もある。

事の正確な成り行きがどうであろうと，15 世紀のスーフィー主義者の修道士は，夜間の祈禱の間に目覚めておくのに役立つ飲み物としてコーヒーを飲んだ。まもなく，その飲み物はその他の人たちの間で人気になった。特に，宗教的な理由でアルコールのような人を酔わせる飲み物を摂取することを禁じられていたイスラム教徒たちの間で人気になった。喫茶店は，カベ・ケインとして知られていたが，アラブ世界のいたるところで数が増え，社交や教育や一般的な笑い楽しむことのための地域社会の中心地になった。

コーヒーは「アラビアのワイン」として知られるようになり，この黒くて苦い刺激的な飲み物の話は，毎年メッカを訪れた何千という巡礼者たちとともに母国へ伝わっていった。ベニスの貿易商が，おそらく中東からベニスに豆を持って帰って，初めて 1615 年にヨーロッパにコーヒーを紹介した。そのベニスで，コーヒーはまもなく流行の飲み物となった。1650年代までには，コーヒーはベニスの街角でレモネード売りによって蒸留酒やチョコレートとともに売られていて，最初のヨーロッパの喫茶店が1600年代の中頃にそこに開かれた。医学的な効用があると信じられ，コーヒーは酔いを治すと主張された。(中略)

コーヒーを飲むことは，16世紀並びに17世紀の初期に，中東じゅうに，西方のヨーロッパへ，東方のペルシアとインドへ，そしてその後新世界へ広がったのだが，アラブ人たちは，コーヒーの栽培をしっかりと守ることによってコーヒー貿易の独占を維持しようとした——種が繁殖力をもたないようにするために，アラブ人たちは輸出する前にコーヒーの種をゆでたり軽く炒ったりしたものであった。彼らの努力にもかかわらず，コーヒー栽培は，主にオランダ人によって17世紀に中東を越えて広がり始めた。なぜならばオランダ人がその当時国際的な海運貿易を支配していたからだ。

17世紀の初期にイエメンからヨーロッパにこっそり持ち出されたコーヒーの木を栽培しようとする試みは失敗した。しかしながら，オランダ人が，1600年代の中頃にポルトガル人からセイロン（現在のスリランカ）のいくつかの地方の支配権を獲得した時，彼らはアラブの貿易商によって持ち込まれたコーヒーの木で小さなコーヒー農園が始まっているのに気がついた。そして，その後に，インドのマラバル海岸の植民地に作った農園とともに，彼らはその農園を発展させた。1690年代の後半に，彼らはコーヒーの木を彼らのバタビア（今日のジャワ島）の植民地へ持っていった。そして，その地が彼らの主な産地となった。その場所から，種がアムステルダム植物園へ持っていかれ，1706年に温室でうまく栽培された。

アラビカコーヒーノキというコーヒーの木の最初の植物学的記述は，フランスの植物学者アントワーヌ＝ド・ジュシューによって1713年にこの植物園で行われた。そして，今日，コーヒーを愛する巡礼者たちは，18世紀と直接的なつながりを持つ植物をじっと見るために植物園へ来ることができる。それらの先祖は，今日の世界で栽培されているほとんどのコーヒーの木の源になる運命であった。

1670年の，別の機会に，スーフィー神秘主義者のババ＝ブダンは，世評では，イエメンから7粒のコーヒーの種をこっそり持ち出し，インド南西部のカルナタカのチクマガルルの丘陵へ持っていったということだ。そして，その地は名高いコーヒー栽培地域になることになった。

そして一方，西洋へのコーヒーの広がりはコロンブス交換に起因する。すなわち，それは，1492 年に南北アメリカという新世界へのコロンブスの航海に続く東半球と西半球の間の植物や動物や思想や病気の移動をいう。コーヒーと紅茶が片方に流れ，チョコレートがもう片方の方向に流れた。オランダ人が，18 世紀の初期にオランダ領ギアナ（今のスリナム）という南アメリカの植民地にコーヒー農園を作った。そして，同じころに，アムステルダム市長がフランスの太陽王ルイ 14 世に植物園のコーヒーの木を贈った。この木の挿し木用の切り枝が，1723 年にフランス海軍将校のガブリエル＝マチウ＝ド・クリューによってマルティニーク島というフランス領のカリブ海の植民地に持っていかれ，その地から，コーヒーは他のカリブ海の島々とフランス領ギアナに広がった。コーヒーの木が 1727 年にブラジルへこっそり持ち出され，世界で最大のコーヒー産業の始まりの原因になったという話が伝わっている。うまい具合の循環があって，ブラジルのコーヒーの木は，19 世紀の後半に東アフリカのケニアとタンガニーカ（今日のタンザニア）に運ばれて，エチオピアにあるその木の野生の原生地にコーヒーの新たな品種をもたらした。エチオピアは，それ以来，世界でトップテンの商業的なコーヒー生産国の 1 つになっている。

新世界で，コーヒーは，18 世紀にスペイン人とポルトガル人の支配下にあって，中央アメリカと南アメリカで人気になった。北アメリカのイギリス植民地では，紅茶は 1773 年まで選び抜かれた飲み物であった。その年に，定住者たちはイギリス政府によって紅茶にかけられた重い税金に対して反抗した。1773 年のボストン茶会事件の抗議の後で，コーヒーは，独立戦争（1775-83 年）の後でアメリカ合衆国を形成した 13 植民地における愛国的な飲み物となった。

今日，「ビーンベルト」として知られている広大なコーヒー栽培地域は，ほぼもっぱら，南北回帰線の間の湿気の多い赤道直下の地域に位置し，およそ華氏 68 度（摂氏 20 度）の安定した気温・豊かな土壌・適度な陽光・雨がある栽培地域からなる。多くの国々，経済圏，約 2500 万の人たちは，今コーヒーの栽培と輸出に依存している。

◀解　説▶

A．(W)空所を含む文全体を考えると，まず空所の後に従属節があり，次にコンマの後に主節があることがわかる。よって Although, For, Since, When という4つの接続詞を検討し, Although を選ぶと, コンマの前と逆接の内容になっているこの文で意味がつながる。

(X)空所の前に Venice という場所を示す名詞があり, 空所の後に SVC という文構造があるので, 意味を考えて where を空所に入れる。

(Y)空所の後の occasion と共起する前置詞 on を空所に入れると,「別の機会に」となる。

(Z)空所の前に depend という動詞があるので, この動詞と共起する前置詞として upon を選ぶ。depend upon ～「～に依存する, 頼る」 upon の基本的な意味はほぼ on と同じである。

B. (a)prized は「きわめて貴重な, 珍重される」という意の形容詞で, この意味に最も近いのは, 3 の treasured「貴重な」である。1.「称賛に値する」 2.「高められた, 改良された」 4.「勝利の」

(b)sustain は「～を維持する」という意の他動詞であり, ここでは「狩猟の旅や長旅で体を維持するために」となっている。この意味に最も近いのは, 3 の nourish「～に栄養を与える」である。1.「～を楽しませる」 2.「～を保障する」 4.「～を一時停止する, つるす」

(c)barred は bar「～を禁止する」の過去分詞形である。bar *A* from *doing*「*A* が～することを禁止する」よって, barred に最も意味が近いのは, 3 の prohibited「禁じられて」である。1.「得られて」 2.「運転されて, 操縦されて」 4.「経験して, 被って」

(d)smuggled は smuggle「～をこっそり持ち出す, 密輸する」の過去分詞形である。これに最も意味が近いのは, 4 の transported illegally「不合法に運ばれた」である。1.「体系的に変更された」 2.「公的に導入された」 3.「隠し立てしないで交易された」

(e)renowned は「名高い, 名声のある」という意の形容詞で, これに最も意味が近いのは, 3 の famous「有名な」である。1.「同時代の, 現代の」 2.「発達した」 4「新たな」

(f)is attributed to は「～に起因する」という意の定型表現である。attribute *A* to *B*「*A* は *B* のためだと考える」 下線部のこの表現に最も意味が近いのは, 2 の originates from「～に起因する, ～から生じる」である。1.「～に貢献する」 3.「～を強化する」 4.「～に似ている」

(g) happy は叙述用法の場合「うれしい，幸せな，満足して」という意味で使われることが多い。一方，名詞の前で用いられる限定用法の場合，happy は，通例「幸運な，幸福な，ふさわしい」という意味で用いられる。よって，これに最も意味が近いのは，3の fitting「(場面・状況などに) ふさわしい，適切な」である。1.「明るい，利口な」 2.「陽気な」 4.「楽しい，喜びに満ちた」

(h) duty は通例「義務」という意で使われることが多い名詞であるが，本文中では「税」という意味で用いられている。これに最も意味・内容が近いのは，4の tax「税」である。1.「罰金」 2.「義務」 3.「罰」

(i) vast は「広大な」という意の形容詞で，これに最も意味が近いのは，2の huge「巨大な，大規模な」である。1.「最善の」 3.「最後の」 4.「狭い」

C. (ア)波線部は「まさにどのようにコーヒーがアラビア半島へ進んでいったのかはほとんど推測の域を出ていない」という意味である。波線部の意味を最も的確に示すものは，3の「アラビア半島でコーヒー豆がどのように広がったかについての私たちの理解はほとんど推測によるものである」である。1.「アラビア半島の人々の間でコーヒー豆がどのようにして人気が出たかは興味をそそる」 become popular among ～「～の間で人気が出る」 2.「アラビア半島でのコーヒー豆の発見は基本的に偶然なものであったとほとんどの人が示している」 4.「コーヒーがどのようにしてアラビア半島に到達したかについてほとんど疑いはない」 as to ～「～について，関して」

(イ)波線部は「まもなく，その飲み物はその他の人たちの間で人気になった」という意味である。it is not long before ～「まもなく～」 become popular with ～「～に人気が出る」 the rest of the population の文字通りの意味は「人々の残り」つまり「他の人々」で，第4段第1文 (Whatever the precise …) の Sufi monks 以外の人々ということになる。この波線部に意味が最も近いのは，3の「まもなくコーヒーは，スーフィー主義者の修道士以外の人々の間でさえ広く受け入れられた」である。other than ～「～以外の」 1.「スーフィー主義者の修道士によって鼓舞され，あらゆる種類の信仰の厚い人々はコーヒーを神聖なものとみなした」 *A* of all kinds「あらゆる種類の *A*」 regard *A* as *B*「*A* を *B* だと考える，みなす」 2.「人々がコーヒーの価値を真に理解し楽しむには長い時間がかかった」 4.「コーヒーのカフェインがその地域のほとんどの人々の心を開かせた」

(ウ)波線部は「紅茶は 1773 年まで選び抜かれた飲み物であった」という意味である。choice は「選択」という意味の名詞だが，*A* of choice「選び抜かれた *A*，一般的に好まれる *A*」という定型表現であることに注意。波線部の意味を最も的確に示すものは，4 の「紅茶は 1773 年まで好まれた」である。1.「紅茶は 1773 年にやっと手に入るようになった」 2.「紅茶は 1773 年まで手に入れることができた」 3.「紅茶は 1773 年には手に入れるのが難しかった」

D. 二重下線部の前文に，アラブ人が「コーヒー貿易の独占を維持しようとした」という内容が記されている。一方，空所(あ)の後に coffee cultivation began to extend「コーヒー栽培は広がり始めた」と逆の状況が書かれているので，空所(あ)に despite「～にもかかわらず」が入るのではないかと見当をつける。次に，コーヒーの豆が中東以外にも漏れ出したという状況を考えて，空所(い)に beyond「～を越えて」を入れ，空所(う)に East を入れると，beyond the Middle East「中東を越えて」となり，意味をなす。さらに，空所(え)の後に to があるので，この空所に due を入れ due to ～「～のために」ではないかと推測する。最後に，dominated の主語は the Dutch と考えられるので，残った選択肢の中から，空所(お)に主格の関係代名詞 who を入れる。

以上より，Despite (their efforts, coffee cultivation began to extend) beyond (the Middle) East (in the seventeenth century, mainly) due (to the Dutch,) who (dominated international shipping trade at that time.)「彼らの努力にもかかわらず，コーヒー栽培は，主にオランダ人によって 17 世紀に中東を越えて広がり始めた。なぜならばオランダ人がその当時国際的な海運貿易を支配していたからだ」となる。

E. 1.「世界的な需要によって，石油に次いで，コーヒーは世界の最も望まれている自然の産物の 1 つである」 第 1 段第 1 文 (Coffee is one …) と合致する。

2.「コーヒーの木は中東に起源があり，山岳地域の住民たちが医療の目的のために生のコーヒー豆をかんでいたと述べる学者もいる」 第 2 段

((　W　) the precise … bars even today.) と矛盾する。

3.「コーヒーの木は15世紀にヨーロッパ人によって栽培されていたと科学者たちは結論を下した」 第3段第1文 (The earliest evidence …) と矛盾する。

4.「中世の時代に，アラブ人がコーヒー豆から黒い強力なワインをつくり，そのワインをフランス人がヨーロッパに後に輸入した」 第5段第1・2文 (Coffee became known … a fashionable beverage.) と矛盾する。

5.「18世紀に，コーヒーを飲む習慣が中東じゅうに，それからヨーロッパへ，それから大西洋を横切って新世界へ広がった」 第6段第1文 (While the drinking …) と矛盾する。18世紀ではなく，16世紀と17世紀の初期である。

6.「コーヒーの木の正確な説明を最初に行った植物学者は，アントワーヌ＝ド・ジュシューだった」 第8段第1文 (The first botanical …) の前半部分と一致する。the first *A* to *do*「最初に～した*A*」

7.「オランダ人は主に先住民族の消費者のために北アメリカでコーヒー農園を作った」 第10段第3文 (The Dutch established …) と矛盾する。北アメリカではなく南アメリカにコーヒー農園を作ったのである。また，「先住民族の消費者のため」という記述は本文にない。

8.「ビーンベルトは，ほとんどもっぱら南北回帰線の間の地域に存在する」 最終段第1文 (Today, the vast …) の前半部分と一致する。

F. 下線部はSome ～, and others …「～もあれば…もある」という構造の一部だと考える。すなわち，下線部の前文（第3段第3文）にあるSome stories tell of ～; some tell of ～「～について語っている話もあれば，～について語っているのもある」と，下線部のother tales view ～「～だと考えている話もある」が連動していると考えればよい。view *A* as *B*「*A*を*B*だと考える，みなす」 simply「単に (=only)」 the two placesは第3段第3文の内容より「エチオピアとアラビア半島」とする。

III　解答

A. (a)―7　(b)―4　(c)―2　(d)―5　(e)―1　(f)―8　(g)―9　(h)―10

B. 〈解答例〉 However hard your practice may be, if you feel it is enjoyable, it means you are talented.

◆全　訳◆

≪絵が好きな学生と音楽が好きな学生≫

(ジミーは友だちのジョージアが公園のベンチに座って絵を描いているのに気づく。彼は近づき，彼女が取り組んでいるものを見て，話しかける。)

ジミー　　：これってどうやってるの？

ジョージア：画筆と１組の水彩絵の具でするのよ。

ジミー　　：君は僕が言っていることがわかっているね。僕はどうして君がそんなに上手に絵が描けるのか尋ねているんだよ。僕はなるほどと思わせる木をスケッチすることさえできたことがなかったよ。

ジョージア：「なるほどと思わせる木」は，ロックンロールのバンドには良い名前のように聞こえるよ。あなたはギターを弾かないの？

ジミー　　：弾くよ。でも，話題を変えないで。実際，君は画筆に大変才能があるんだ。

ジョージア：私は何年もずっと絵を描いてきたのよ。ほんの子どもの時に始めたの。あなたは練習で今よりうまくなるわ。

ジミー　　：もし練習が必要な全てなら，僕自身かなりうまくなっているだろう。僕は美術の授業をとった。そして，よく長いこと練習した。

ジョージア：あなたができることを見せてよ。さあ，この鉛筆とスケッチ帳をとって。私の絵を描いてよ。

(ジミーは数分間かけてスケッチをする。)

ジミー　　：ほら。正直な意見を言ってね。

ジョージア：私の正直な意見は，あなたがスケッチよりは幾何学の方が得意だということよ。私の顔が実際たくさんの三角形と立方体のように見えるの？　ピカソでも恥ずかしく思うじゃない。ねえ，あなたの絵をスケッチさせてよ。

(彼女は数分間スケッチをして，それから，ジミーに結果を見せる。)

ジミー　　：ああ，確かに，君はうまいよ。僕が鏡をのぞき込んでいるのと同じだ。僕はハンサムな男ではないけど，そのことを認めなければならないな。その絵は僕だ。写真の代わりに僕の新しいパスポートにこれを使ってもいいかい？　誰も気がつかないだろう。

ジョージア：どうぞやってみて。

ジミー　　：やろうかな。才能は練習とどのように関連しているのかな？　君は美術の才能を持って生まれたに違いないと思うよ。才能が君に与えられている。それで，君はその才能で制作をする。君の家族で他に誰か絵を描くの？

ジョージア：私の母と妹がそうよ。

ジミー　　：わかっているかい？　美術の才能はしばしば人の目の色と同じように，家族で伝わっていくんだ。君が描いた僕の絵の薄青色の目を取り上げよう。目は僕の父親の目だ。僕は父と似ているとみんな言うよ。

ジョージア：すると，私は，ことわざにあるように，「生まれつきの」絵描きなのね。それが要点なの？

ジミー　　：そうだよ。才能を伸ばすために君が一生懸命に努力していないということではないよ。君が努力してきたのは知っているよ。君の熱心さは君の才能と同じぐらい称賛に値するよ。僕は世界で最も怠惰な人間だ。

ジョージア：絵を描くことは私にとって本当に容易なことなのよ。それでもやはり，私は絵を描くことに取り組むのが大好きだわ。気がついてくれてうれしいわ。

ジミー　　：そのことが才能の本質であるに違いない。どんなにきつい練習をしてもそれを楽しく感じるなら，君は才能があるということだよ。

ジョージア：あなたの言うことは正しいと思う。そして，ねえ，ジミー。あなたは怠け者ではないよ。週に5，6回，私はあなたのアパートのそばを歩くのよ。あなたはいつもギターを弾いているわ。大きな音で。そして見事に。私？　私は最も易しい曲でも口笛を吹けないわ。あなたの家族には音楽家がいるの？

ジミー　　：そういえば，音楽家はいるよ。従妹がピアニストだ。叔父さんもそうだ。そして叔父さんの父親はロックンロールのバンドにいたんだ。ずっと遡って1960年代に。彼らはナンバーワンヒットになったレコードを出したんだ。すべてのラジオ放送局がそれをかけたよ。それについて君に今までに言わなかったかな？

ジョージア：言っていないよ！　それは本当におもしろいね。コピーを持っているの？

ジミー　　：確かに持っているよ。もちろん，今はCDになっているけど。そして，僕はそれをスマートフォンに入れたよ。さあ，聞いて。

(ジョージアはそのスマートフォンを受け取り，ヘッドフォンのプラグを差し込み，踊り始める。)

ジョージア：すばらしいものだわ。

ジミー　　：なぜ君は叫んでいるの？

ジョージア：何ですって？　聞こえないわ。

ジミー　　：ヘッドフォンをはずしてよ，ジョージア！

(彼女はヘッドフォンをはずす。)

ジョージア：それについてはごめんなさい。その曲に夢中になっていたわ。そのCDのコピーを1つ私にくれない。そして，あなたに関しては，ジミー。バンドを始めるべきよ。

ジミー　　：そして，それを「なるほどと思わせる木」と呼ぶべきだと？

ジョージア：そのとおり。

◀解　説▶

A．(a)空所直前の「私は何年もずっと絵を描いてきたのよ」という発言を基にして，7の「ほんの子どもの時に始めたの」を入れると，うまくつながる。

(b)空所直前の「あなたができることを見せてよ」という発言を基にして，4の「さあ，この鉛筆とスケッチ帳をとって」を入れると，空所の直後の「私の絵を描いてよ」という発言とうまくつながる。here「さあ，ほら」は人の注意を引くときに用いる。

(c)空所の直前に「私の正直な意見は，あなたがスケッチよりは幾何学の方が得意だということよ」という発言がある。be better at ～「～の方が得意である」は be good at ～「～が得意である」という定型表現を基にしている。この直前の発言を基にして，空所に2の「私の顔が実際たくさんの三角形と立方体のように見えるの？」を入れると，空所直後の「ピカソでも恥ずかしく思うじゃない」という発言ともうまくつながる。選択肢3の「私の顔は実際木のように見えるの？」もこの空所に入るのではという考えもあると思われる。しかし，選択肢3では，空所の後の「ピカソでも恥ずかしく思うじゃない」というピカソに関する発言（ピカソは，対象を三角形や立方体などの幾何学的な形に還元した表現で有名）と合わない。

(d)空所の直前に「ああ，確かに，君はうまいよ」という発言がある。for sure「確かに」 この直前の発言を基にして，空所に5の「僕が鏡をのぞき込んでいるのと同じだ」を入れると，空所の後の，パスポートの写真代わりになるという発言と合い，会話がスムーズに流れる。might as well *do*「～するのと同じだ」 look into ～「～をのぞき込む」

(e)空所の直後で「私の母と妹がそうよ」とジョージアは答えている。この発言を基にして，空所に1の「君の家族で他に誰か絵を描くの？」を入れると，うまく話が流れる。

(f)空所直前の「君が描いた僕の絵の薄青色の目を取り上げよう」という発言を基にして，8の「それら（＝目）は僕の父親の目だ」を空所に入れると，空所後の「僕は父と似ているとみんな言うよ」という発言とうまく合う。look like ～「～に似ている」

(g)空所の直前で「週に5，6回，私はあなたのアパートのそばを歩くのよ」と言っている。その発言に続くものとして，空所に9の「あなたはいつもギターを弾いているわ」を入れると，直後の「大きな音で。そして見事に」と話がうまくつながる。

(h)空所の直前に「その曲に夢中になっていたわ」という発言がある。get into ～「～に夢中になる，のめり込む」 この発言とうまくつながる表現として，空所に10の「そのCDのコピーを1つ私にくれない」を選ぶ。have got to *do*「～しなければならない（=have to *do*)」

B．英訳する際に，文法的な間違いをしないように注意し，自分が自信をもって使える表現や文構造を用いて英語に直すこと。そのためには，難しい単語を使わずに，よく知っている単語やイディオムを使うことが望ましい。「どんなにきつい練習をしても」は「あなたの練習がどんなにきつくても」と考えて，however hard your practice may beとする。may beのように助動詞を使わずにisとするのも可。howeverの代わりにno matter howでも可。hardの代わりにtoughやchallengingでもよい。「それを楽しく感じるなら」はif you feel it is enjoyableとする。あるいはif you think it enjoyableでもよい。「君は才能がある」は，形容詞を使ってyou are talentedやyou are giftedにする。名詞を使えばyou have talent となる。「～ということだよ」は it means (that) ～ とする。

❖講　評

2022 年度も例年通り，やや長めの長文読解問題が 2 題，会話文問題が 1 題の計 3 題の出題であった。

Ⅰは「手で書くことが脳を活性化させる」ことに関する論説文。Aは空所補充問題であり，Bは同意語句を問うて語彙力や文脈把握力を試す問題である。Cは，Bと同様に同意表現を問う問題であるが，問われている箇所が長い。Dは語の並べ替えを問う語句整序問題である。Eは内容に合致するものを選ぶ内容真偽問題であり，解答に迷う選択肢はないように思われる。

Ⅱは「コーヒー豆の伝播の歴史」に関する論説文。Ⅰと比べて，内容・語彙・構文面でやや難しいレベルと考えられる。Aは空所補充問題であり，標準的である。Bは同意語句を問うて語彙力や文脈把握力を試す問題である。小問(g)が難しいと感じた受験生もいたかもしれない。同意語句といっても単純に語彙だけではなく，文脈の中での意味の理解が必要な問題である。Cは，Bと同様に同意表現を問う問題であるが，問われている箇所が長いのは，大問Ⅰと同様である。Dは語の並べ替えを問う語句整序問題である。Eは内容に合致するものを選ぶ内容真偽問題。Fは英文和訳問題であった。難しい語句や構文は使われていないので，スムーズに解答できた受験生が多かったのではないか。

Ⅲは「絵が好きな学生と音楽が好きな学生」という二人の学生の会話文問題である。Aの空所補充は，2021 年度と同様に，8 箇所の空所に 10 個の選択肢から 1 つを選んでいく標準的な問題であった。Bの和文英訳は標準的な問題。綴りや文法的なミスなどのケアレスミスに注意して，正確な英文を作成したい。

全体としてみると，出題傾向はほぼ例年通りであり，難易度の点では，2021 年度と同様であると考えられる。例年同様，受験生に高い英語力が求められる内容であるので，英語の基礎をしっかり身につけ，問題集や過去問演習などで十分に対策をとって臨んでほしい。

日本史

I　解答　【設問ア】3　【設問イ】浜北　【設問ウ】港川
【設問エ】2　【設問オ】4　【設問カ】1
【設問キ】帯方郡　【設問ク】邪馬台国　【設問ケ】1　【設問コ】4
【設問サ】4　【設問シ】加耶〔加羅〕【設問ス】3　【設問セ】2
【設問ソ】4　【設問タ】大伴金村　【設問チ】1　【設問ツ】日本書紀
【設問テ】1

◀解　説▶

≪原始・古代の遺跡，文化，政治≫

【設問ウ】港川人が正解。リード文に山下町洞人があることに注意。

【設問エ】やや難。2が正解。消去法で1・4は除外できる。南斉人が，倭の五王が朝貢した南朝の宋の次の王朝「斉」の人々を表すことに気づくことができれば，正答にたどり着ける。

【設問オ】難問。4が正解。設問文中「(山口県の）海岸砂丘」が手がかりにはなる。1．真脇遺跡は石川県能登町にある縄文前期の遺跡。2．山木遺跡は静岡県伊豆の国市にある弥生時代の遺跡。3．上野原遺跡は鹿児島県霧島市の台地上にある縄文早期の遺跡。

【設問ケ】難問。1が正解。2．狗奴国は邪馬台国と争った国。3．奴国は，1～3世紀頃，福岡県博多地方にあった小国で，57年，漢の光武帝から印綬を受領した。4．一支国は「魏志」倭人伝にみえる一大国（その他の中国文献では一支国）で，長崎県の壱岐島のこと。

【設問コ】4が正解。1・2は縄文時代のことで消去できる。3の銅鐸を一括埋納することと身分差の存在は関係ない。

【設問サ】4が正解。身分の高い者は，大人といった。

【設問シ】加耶（加羅）が正解。なお，加耶は『日本書紀』では任那と呼ばれており，また，リード文⑤中には「『任那四県』の割譲」という記述がある。

【設問セ】やや難。2が該当しない。文意から，5世紀頃の武器や武具ではないものを選ぶ。長槍は，例えば戦国大名が足軽に装備させたことなどで知られる武器。選択肢にはないが，旧石器時代からある石槍と混同しないこと。1．短甲は腹部を防御する甲冑。3．環頭大刀は，刀の把(つか)の頭部に環状の装飾が施されている。4．挂甲は，首からかぶって前後に垂らし使用する甲冑。

【設問タ】難問。大伴金村が正解。第25代武烈天皇の崩御（第16代仁徳系の断絶）に伴い，大伴金村，物部麁鹿火らが越前から第15代応神天皇の5世の子孫である男大迹王(おおどのおう)を迎え，第26代継体天皇（在位507～531年）として即位させた。継体天皇の治世中には，任那四県割譲（512年），五経博士の来日（513年），磐井の乱（527年）などがあった。

【設問チ】1が正解。新羅と結んだ筑紫国造磐井の反乱を継体天皇軍は，物部麁鹿火の活躍などによって2年がかりで鎮圧し，九州北部に天皇の直轄地である屯倉を設置した。岩戸山古墳（福岡県八女市）は，石の埴輪である石人・石馬が立てられていることでも有名である。竹原古墳（福岡県若宮市）には，横穴式石室の奥壁に馬・人・龍・船などの絵画が黒・赤2色で描かれている。

【設問ツ】『日本書紀』が正解。8～10世紀にかけて勅撰された6つの正史を六国史といい，すべて漢文・編年体で書かれている。①『日本書紀』（神代～持統天皇），②『続日本紀』（文武天皇～桓武天皇），③『日本後記』（桓武天皇～淳和天皇），④『続日本後記』（仁明天皇一代），⑤『日本文徳天皇実録』（文徳天皇一代），⑥『日本三代実録』（清和・陽成・光孝天皇）。

【設問テ】1が正解。物部麁鹿火は，宣勅使（任那四県割譲を正式に認めるという継体天皇の言葉を伝える者）に任命されたが辞退したという。

Ⅱ　解答

【設問ア】3

【設問イ】史料1：8　史料2：1　史料6：3　史料7：5

【設問a】史料3：正長の徳政（土）一揆　史料4：加賀の一向一揆　史料5：嘉吉の徳政一揆

【設問b】惣掟（村法・村掟）　【設問c】畠山満家　【設問d】富樫政親

【設問e】足利義教　【設問f】阿氏河荘　【設問ウ】2

【設問g】楽市・楽座（楽市令）　【設問エ】1　【設問オ】4

【設問カ】 2

◀解　説▶

≪中世～近世初めの社会，文化，政治≫

各史料の出典は以下の通り。史料1は『老松堂日本行録』，史料2は『今堀日吉神社文書』，史料3は『大乗院日記目録』，史料4は『蔭凉軒日録』，史料5は『建内記』，史料6は『高野山文書』，史料7・史料8は『耶蘇会士日本通信』。

【設問ア】 3が正解。三毛作とは，1年間で米・麦・そばを時期を違えて収穫すること。史料文中「木麦」が「そば」を指す。

【設問イ】 史料1：難問。8が正解。筆者の宋希璟（1376～1446年）は，足利義持の治世時におこった応永の外寇（1419年）に関わる日朝間の外交交渉で，義持の遣使に対する回礼使として，1420年に来日した朝鮮の文官。老松堂と号し，漢城と京都間の行程を記録した紀行文が『老松堂日本行録』。史料中「日本の農家は…」から，外国人の著作物と推定したいが，2・5との判別が難しい。室町時代には，畿内では二毛作に加え，三毛作もおこなわれた。提示されている部分にはないが，この史料には，「阿麻沙只村（あまがさき）」（現在の兵庫県尼崎市）という地名が見られる。

史料2：1が正解。鎌倉時代後期になると，荘園領主や地頭の支配から自立し，名主層を中心に自治的な村，惣（惣村）が自然発生的に生まれる。史料2は，その運営のための惣掟（村掟・村法）の例として代表的な近江国蒲生郡得珍保今堀郷のものである。得珍保は延暦寺の荘園で，今堀郷はその中にできた惣村のひとつであり，今堀日吉神社の宮座（農民たちの祭祀集団）を中核としている。

史料6：3が正解。1275（建治元）年，紀伊国の阿氐河荘の農民らが地頭である湯浅宗親の非法を領家（法勝寺の末寺である寂楽寺）に訴えている訴状であるが，領家側が農民を指導して訴状を書かせ，六波羅探題に提出させたものである。

史料7：5が正解。日本で布教活動をおこなっているイエズス会の宣教師が，インドやヨーロッパのイエズス会関係者に送った書簡集を『耶蘇会士日本通信』という。この書簡を書いたのは，ルイス＝フロイス（ポルトガル出身）で，1569年の岐阜城の城下町の賑わいの様子を書いている。書簡中の「バビロン」は，メソポタミア地方の古代都市（現，イラクの首都バグダッドの南方90km)。「家は雑踏して何も聞えず」は「自分の声が他人に伝わらないくらい騒々しい」という意味。

【設問a】史料3：正長の徳政（土）一揆が正解。「日本開白以来，土民蜂起是れ初めなり」で想起できる。『大乗院日記目録』は興福寺大乗院の尋尊が，『大乗院寺社雑事記』から重要事項を選んで再編集したもの。

史料4：加賀の一向一揆が正解。越前の合力勢は，室町幕府第9代将軍足利義尚の命令により富樫氏の援軍となった朝倉氏のこと。富樫城は，加賀国守護富樫政親の居城高尾城のこと。政親は自害し，一族のひとり富樫泰高が一揆勢によって，名目上の守護となったが，蓮如の子である実悟が書いた『実悟記拾遺』には，「百姓ノ持タル国ノヤウニナリ行キ候」とある。

史料5：嘉吉の徳政一揆が正解。出典の『建内記』は，建聖院内大臣万里小路時房の日記から。1441年の嘉吉の変により，6代将軍義教が赤松満祐に暗殺され，子の義勝が7代将軍に就任したが，この時に農民らが代始めの徳政を要求した。嘉吉の徳政一揆では，初めて幕府が徳政令を出したのだが，農民だけでなく公家や武家を含む，山城国「一国平均」の徳政令であった。これにより，室町幕府の政治的権威は失墜した。

【設問d】富樫政親が正解。蔭凉軒とは京都五山第二位相国寺山内の塔頭(寺内寺院)鹿苑院の南坊にあった寮舎（僧侶が寄宿する建物）で，将軍足利義満が設け，将軍義持が名をつけた。『蔭凉軒日録』は蔭凉軒主に任じられた者たちの約40年間にわたる公用日記である。

【設問ウ】2が正解。史料6の文中「テウマウノアトノムキマケ（逃亡の後の麦蒔け)」に着目すればよい。

【設問エ】やや難。1が正解。教科書にも掲載されているので，史料8が，自由都市堺についてのガスパル＝ヴィレラ（ポルトガル出身）の書簡であることは容易に判断できるが，2・3の判別は難しい。

【設問カ】2が正解。ヴェネツィア・ベニス（ヴェニス）ともいう。現在のイタリア共和国北東部に位置する都市。中世にはヴェネツィア共和国の首都として栄え，「アドリア海の女王」などと呼ばれるほどであった。

Ⅲ　解答

【設問 1】 3　【設問 2】島津斉彬　【設問 3】荻生徂徠
【設問 4】田中丘隅　【設問 5】 4
【設問 6】紀尾井坂の変　【設問 7】 1　【設問 8】井伊直弼　【設問 9】 1
【設問 10】 3　【設問 11】松平慶永　【設問 12】 4
【設問 13】郡区町村編制法　【設問 14】 1　【設問 15】 1　【設問 16】 4
【設問 17】札幌農学校　【設問 18】 3　【設問 19】 1
【設問 20】シャクシャイン　【設問 21】アイヌ文化振興法
【設問 22】謝花昇　【設問 23】 2　【設問 24】地租改正

◀解　説▶

≪近世～近現代の政治≫

【設問 2】島津斉彬が正解。島津斉彬は薩摩藩第 11 代藩主。「国父」として文久の改革を主導した島津久光の異母兄。

【設問 3】荻生徂徠が正解。米公方と俗称されたのは，江戸幕府第 8 代将軍徳川吉宗。

【設問 5】難問。4．清水寺が正解。「懸造の舞台」で想起してほしい。寛永期に徳川家光が再建した。

【設問 6】紀尾井坂の変が正解。〔 d 〕は大久保利通。

【設問 9】難問。1 が正解。小浜は若狭の港町。港町ではない 2 の福井は消去できるが，ともに越前の港町である 3 の敦賀と 4 の三国との判別は難しい。

【設問 10】 3 が正解。1866（慶応 2 ）年に坂本龍馬が襲撃された事件も寺田屋事件という。1．池田屋事件は 1864（元治元）年，京都守護職の指揮下にあった近藤勇ら新選組が，尊王攘夷派を京都の旅館池田屋で殺傷した事件。

【設問 12】難問。4 が正解。開国進取的思想を持つ熊本藩の横井小楠は，福井藩主であった松平慶永の招聘により，1858 年から福井藩に出仕する。その後，明治新政府の参与となったが，1869 年，保守派士族に暗殺された。1．藤田東湖（1855 年，安政の大地震で圧死），2．平田篤胤（1843 年病没）は時期が合わないので消去できるが，3・4 の判別は難しい。3．佐久間象山は信濃松代藩士で「東洋道徳，西洋芸術（技術）」を説いたことで有名な幕末の開国論者で，1864 年に一橋慶喜の求めに応じて上洛した際，攘夷派に暗殺された。

【設問13】郡区町村編制法が正解。1878年，廃藩置県後に設置された画一的な行政区画（大区・小区）を廃止し，旧来の郡・町・村を復活させた。1888年の市制・町村制（第1次伊藤博文内閣），1890年の府県制・郡制（第1次山県有朋内閣）と混同しないようにすること。

【設問14】やや難。1が正解。景山英子（1865〜1927年）は，自由民権運動に身を投じ，婦人解放運動の先駆者として「東洋のジャンヌ・ダルク」ともいわれている。民権運動家の福田勇作と結婚したので福田英子ともいい，死別後に『妾の半生涯』（1904年）を書いた。2．岸田俊子（1864〜1901年）は，京都出身の自由民権運動家で，男爵で自由党副総裁の中島信行と結婚したので，中島俊子ともいう。1883年，滋賀県大津での「箱入娘」という演説が集会条例違反とされ，拘引・入獄となった。1・2の判別は難しいが，「大阪事件に連座し」で想起したい。3．楠瀬喜多（1836〜1920年）は高知県出身の女性民権運動家で「民権ばあさん」の異名をもつ。4．伊藤野枝は，女性による日本初の社会主義団体赤瀾会を山川菊栄らと結成した（1921年）が，関東大震災による混乱期に，甘粕事件（1923年）で殺害された。

【設問15】難問。1が正解。市制・町村制の公布が，1888年4月25日。第1次伊藤博文内閣は，1885年12月22日から1888年4月30日まで。黒田清隆内閣は，1888年4月30日から1889年10月25日まで。1・2の判別は非常に難しい。

【設問16】4が正解。「最初の開拓長官」「幕末の佐賀藩」で正答を想起したい。鍋島直正は，幕末の佐賀藩主として均田制などを実施し，本百姓体制の再建をはかった。蝦夷地を北海道と改称し開拓使を置いたのは，1869年。

【設問18】3が正解。有権者は全人口の約1.1%に限られた。

【設問19】1が正解。2．グスクは，12〜15世紀に琉球で出現した集落や城のことで，支配者である豪族は按司という。3．館(たて)は，14世紀以降に蝦夷地に築かれた和人の館のこと。4．商場は，松前氏が江戸幕府から交易独占権を保障されたアイヌとの交易対象地域のこと。

【設問20】シャクシャインが正解。コシャマイン（の戦い）（1457年）との混同に注意すること。

【設問21】アイヌ文化振興法が正解。1997年に公布され，同化政策の一環として制定された北海道旧土人保護法（1899年）は廃止された。2019年に，アイヌを先住民族として初めて明記したアイヌ施策推進法（アイヌ民族支援法）が施行されると，アイヌ文化振興法は廃止された。

【設問22】やや難。謝花昇（1865～1908年）が正解。1892年に政府から沖縄県知事に任命された奈良原繁（薩摩藩出身）の専制的な手法に反対して，沖縄県庁職員を辞任したあとも，沖縄の自由民権運動・参政権獲得運動の伸長に大きく貢献した。沖縄の参政権は，1912年に宮古・八重山を除いて付与され，沖縄全域に付与されたのは1920年であった。

【設問23】やや難。2が正解。伊波普猷（1876～1947年）は，12～17世紀に歌われた琉球古代歌謡「おもろ」を集めた『おもろさうし』の研究でも知られ，沖縄における民俗学を確立した。1．柳田国男（1875～1962年）は，農商務省の役人で，日本の民俗学確立者のひとり。3．柳宗悦（1889～1961年）は，民芸運動の先駆者で，1922年，総合雑誌『改造』で「失われんとする一朝鮮建築のために」と題して，李朝の景福宮の正門である光化門の取り壊しに反対する論文を発表するなどした。1924年には，京城（現，ソウル）に朝鮮民族美術館を設立している。4．尚巴志は，1429年，三山（中山・南山・北山）を統一し，琉球王国を建国した。設問文から沖縄の人を想起し，2を選びたいが，2・3の判別は難しい。

【設問24】地租改正が正解。設問文中「土地整理事業」「1873年からすすめられた施策」より想起したい。

❖講　評

Ⅰ　原始は2020～2022年度と3年連続の出題となった。【設問ツ】では出典名『日本書紀』を記述法で答えさせる問題が出題されたが，同志社大学の全学部日程では珍しい。教科書レベルの地質学や人類学についても，しっかりと目を通しておきたい。

Ⅱ　全問史料からの出題であった。また，出典名を問う問題が4問出題（いずれも選択法）されたが，共通テストの日本史Bの出題傾向の変化に合わせているとも考えられるので，史料についてはこれまで以上に注意が必要である。

Ⅲ　⑴幕末の政治，⑵明治政府の地方行政に関連する出題であった。【設問5】・【設問9】・【設問12】・【設問15】など，教科書レベルでは判別ができない選択問題が例年より目立った。戦後史の比重は例年小さいが，2022年度は，橋本龍太郎内閣時のアイヌ文化振興法（1997年）を答えさせる出題があった。

Ⅰ～Ⅲを通して用語集レベルの問題も出題されているが，基本的には教科書の内容をしっかりと理解して，漢字で書けることが重要であり，教科書レベルの問題での取りこぼしを最小限にすることが合格への道に繋がると考える。2022年度は，史料からの出題が目立ち，難問も例年に比べて多かった。

世界史

I 解答 設問1．1 設問2．1870年 設問3．3
設問4．3 設問5．5 設問6．2 設問7．1
設問8．3 設問9．962 設問10．1 設問11．2 設問12．2
設問13．4 設問14．グレゴリウス1世 設問15．1 設問16．5
設問17．5 設問18．4 設問19．ペテロ 設問20．ギベリン

◀解 説▶

≪フランク王国とローマ=カトリック教会≫

設問1．難問。1．正文。アーヘンはカール大帝が宮廷をおいた場所で，10世紀以降，この地で神聖ローマ皇帝の戴冠式が行われた。

設問2．プロイセン=フランス（普仏）戦争は，スペイン王位継承問題から，1870年，フランスがプロイセンに宣戦し，1871年にフランスの敗北で終結した。

設問4．3．正文。8世紀，ローマ教皇がピピンのフランク王位継承を認めたことに対する返礼として，ピピンはランゴバルド王国を攻撃し，ラヴェンナ地方を教皇に寄進した。

設問5．5．誤文。メロヴィング朝を廃して，カロリング朝を開いたのはカール=マルテルの子ピピン。

設問6・設問7．カロリング朝が断絶した東フランクでは，各地を支配する大諸侯らが選挙により，ザクセン家のハインリヒ1世を国王に選出した。オットー1世はザクセン朝の第2代の王。

設問10．1．正文。1806年にナポレオンがライン同盟を結成すると，ドイツ諸邦の多くが神聖ローマ帝国を離脱し，帝国は消滅した。

設問11．2．誤文。カール大帝にローマ皇帝の帝冠を授けたのは，ローマ教皇レオ3世。

設問12．カール大帝によってアーヘンに招かれたアルクインは，カロリング=ルネサンスの中心的役割を果たした。

設問13．難問。レヒフェルトの戦いに敗れたマジャール人はパンノニアに定住し，のちにハンガリー王国を建国した。

設問15.　1．誤文。アタナシウス派キリスト教をローマ帝国の国教としたのはテオドシウス帝。コンスタンティヌス帝はローマ帝国においてキリスト教を公認した皇帝。

設問17.　5．誤文。ヴォルムス協約は，グレゴリウス7世やハインリヒ4世の死後，1122年に締結された。

設問18.　4．誤文。教皇インノケンティウス3世が提唱した第4回十字軍は，ヴェネツィア商人の意向でコンスタンティノープルを占領した。

設問19. ローマ教皇はイエスの使徒であったペテロの後継者であると称し，ローマ教会の首位権を主張した。

設問20. イタリア諸都市内部では，神聖ローマ皇帝の介入を支持したギベリン（皇帝党）と教皇を支持するゲルフ（教皇党）が対立した。

II　解答

設問1．(a)―2　(b)―2　(c)―1　(d)―2　(e)―2　(f)―2　(g)―3

設問2．2　設問3．2　設問4．3　設問5．2　設問6．1

設問7．3　設問8．3

設問9．ア．大学　イ．耶律阿保機　ウ．李成桂　エ．訓民正音　オ．小中華

◀解　説▶

≪朝鮮社会と儒教≫

設問1．(b)五代のうち，後唐，後晋，後漢はトルコ系（突厥系）の武将が建国しているが，文中に「933年」とあるので，後唐（923～936年）が正解。

(c)高麗の都となった開城は，現在，北朝鮮のケソン工業団地がある場所として知られる。

(d)白蓮教徒による紅巾の乱をきっかけに，その後明の成立で元はモンゴル高原へと追いやられた。

(f)琉球は北山，中山，南山に分かれていたが，15世紀に中山王によって統一された。

(g)女真を統一して後金を建国したヌルハチは，満州文字や八旗を制定した。

設問2．南宋の儒学者陸九淵は朱熹を批判し，その考えは明代の陽明学の源流となった。

設問3．2．正文。1．誤文。骨品制は唐の官僚制にならったものではなく，新羅独自の特権的身分制度である。

3．誤文。新羅は唐と結んで百済，高句麗を滅亡させた後，676年に唐軍を追い出し朝鮮半島を統一した。

4．誤文。白村江の戦い後，新羅と日本の間ではさかんな使節の往来がなされた。

設問4．Xには「イブン＝バットゥータ」とあるので『三大陸周遊記』と判断できる。また，Yにはエジプトを支配する「ファーティマ朝」とあるので，紅海ルートと判断できる。

設問5．難問。①正文。ダライ＝ラマは，16世紀後半の韃靼の指導者アルタン＝ハンがチベット仏教黄帽派の指導者におくった称号に始まる。

②誤文。全真教は金が支配する華北において，王重陽が創始した。

③正文。韓国の海印寺には，高麗版大蔵経の版木が保存されている。

設問6．①「渤海滅亡後」とあるので10世紀以降，②「フビライ」とあるので13世紀後半，③倭寇は14世紀以降に活動したことから，①→②→③と判断できる。

設問7．難問。X．誤文。朝鮮通信使は江戸幕府の将軍の代替わりの際に派遣されたが，計12回であった。Y．正文。

設問8．やや難。3．誤文。パガン朝は，雲南とベンガル湾を結ぶ貿易で栄えた。パガン朝の位置がわかっていれば，「南シナ海」が誤りであることに気づける。

設問9．ア．『大学』はもともと『礼記』の一篇で，儒学入門の書と位置づけられた。

ウ．倭寇討伐で名声を得た高麗の武将李成桂は，1392年，漢城を都に朝鮮を建国した。

エ．世宗が制定した訓民正音は，20世紀以降，ハングルと呼ばれるようになった。

Ⅲ　解答

設問1．a－11　b－9　c－19　d－36　e－32
f－34　g－37　h－29　i－4　j－3　k－14

設問2．ア．プラッシー　イ．ジョン＝ヘイ　ウ．十四カ条
エ．プールナ＝スワラージ

設問3．3　設問4．(1)－3　(2)－1　(3)－4　(4)－2

◀解　説▶

≪帝国主義時代から1920年代のアジア≫

設問1．a．ジョゼフ=チェンバレンは植民相としてイギリス帝国主義を推進し，南アフリカ戦争（1899～1902年）を引きおこした。

b．イギリスの自治領とは，自治権を与えられた白人中心の植民地のこと。外交面ではイギリス本国の意向が重視された。1931年のウェストミンスター憲章で完全な自治などが認められた。

d．旅順は遼東半島の最南端に位置し，租借後，ロシアが要塞を建設して日露戦争の激戦地となった。日露戦争後，旅順，大連ともに日本が租借権を得た。

e．保護国とは，国家の主権は確保され，独立国としての体裁は保っているが，外交権など国家の主権の多くを他国に奪われている状態の国家を指す。

g．イギリスはインドの民族運動を弾圧するため，令状なしの逮捕などを認めたローラット法を制定した。

k．インドネシア国民党を結成したスカルノは，第二次世界大戦後，インドネシア共和国の初代大統領となった。

設問2．ア．ヨーロッパでの七年戦争に連動して，英仏はインドにおける支配権をめぐりプラッシーで衝突した。

イ．ジョン=ヘイは19世紀末に，列強国に対し中国の門戸開放・機会均等・領土保全を提唱した。

エ．ネルーらは，1929年，完全独立を意味するプールナ=スワラージを宣言した。

設問3．②インド国民会議の設立（1885年）→①ベンガル分割令の発表（1905年）→③全インド=ムスリム連盟の設立（1906年）の順。

設問4．(1)(i)誤文。義和団は「扶清滅洋」を唱えた。

(ii)正文。イギリス軍の兵士はその大部分がインドからであった。教科書等に掲載されている8カ国共同出兵の写真には，ターバンを巻いたイギリス領インドの兵士が写っている。

(3)(i)誤文。イギリスが，ロシア，フランスとともにオスマン帝国領の分割を取り決めたのは，サイクス・ピコ協定。フサイン・マクマホン協定は，イギリスが戦後のアラブ国家の独立を認めた協定。

(ii)誤文。戦後，フランスはシリアを委任統治した。イラクはイギリスの委任統治領。

(4)(i)正文。(ii)誤文。日本が山東省における権益を失ったのは，中国に関して結ばれた九カ国条約。

❖講　評

Ⅰ　フランク王国とローマ＝カトリック教会による西ヨーロッパ世界の成立について問われた。この大問は，例年出題されている語群から選ぶ形式の空所補充問題がなく，設問数が20と非常に多くなっている。また，年代や時期を問う設問（設問2・設問3・設問9）や，地図学習の有無が試されている設問も見受けられる。設問1に動揺した受験生も多かったのではないだろうか。アーヘンの場所は，教科書の地図にはきちんと示されており，こうした部分までのきめ細かな学習を心がけたい。設問13も詳細な学習が必要な設問であった。例年と比べると難度が高い設問が見られたと言えよう。

Ⅱ　高麗，朝鮮における儒教の受容を軸とした大問。範囲としてはアジア史であるが，中国に関する出題が少なく，また，文化史や東南アジア，琉球など周辺地域の出題もあり，受験生には厳しい大問となった。設問6は，選択肢の文章が日本史寄りの内容で戸惑うかもしれないが，国名から正解を導ける。設問7のX「朝鮮からの使節を…計15回迎えた」の回数を判断するのは，受験生には厳しいだろう。設問8については，パガン朝がベンガル湾と雲南を結ぶ交易で栄えたことを記載した教科書もあるが，パガン朝の位置という地理的知識が求められていると言える。出題上の工夫から，例年に比べて受験生には厳しい大問となった。

Ⅲ　帝国主義時代から1920年代のアジアなどの民族運動に関する大問。出題形式，難易度ともに例年通りと言える。大問Ⅰ，Ⅱが非常に難しいので，この大問で高得点を取らないと全体的に厳しくなる。設問4の正誤問題も誤りが明確なので，判断しやすい。

2022年度は，例年よりも難度が高く，また，出題に工夫が見られるなど，受験生には厳しかった。

政治・経済

I 解答 【設問1】ア．居住　イ．補償
ウ．市場占有率（マーケットシェア，市場シェア）
エ．トラスト　オ．再販売価格維持（再販）
【設問2】A－5　B－12　C－2　D－22　E－15　F－8
【設問3】カ．奴隷的拘束　キ．苦役
【設問4】3　【設問5】2
【設問6】価格の下方硬直性
【設問7】2・4
【設問8】a－1　b－2　c－1

◀解　説▶

≪経済活動の自由と企業独占≫

【設問1】ア．居住の自由は，住居の選定と変更の自由である。憲法上，「居住・移転の自由」と一括して論じられる。資本主義経済の前提として経済活動の自由，経済的自由権の一つとして扱われることが多い。
イ．補償とは損失を補って償うという意味である。土地収用法に基づく土地の強制収用（公共収容）にともなって国民の財産に損失が生じたときは，日本国憲法第29条3項の規定「正当な補償」に基づく損失補償請求権が生じる。この「正当な補償」について，最高裁は「合理的に算出された相当な額」（農地改革事件判決，1953年）という見解をとっている。
【設問2】B．夜警国家は，国防や治安維持など最小限度の役割のみを果たす国家である。20世紀的な福祉国家に対して用いられる。自由主義が一般化した19世紀には「安価な政府」が求められ，国家は，ブルジョアを守る夜警国家（night-watchman state）のイメージとなった。ドイツの社会主義者ラッサールが自由主義国家を批判した言葉として知られる。
C．規模の利益は，スケールメリット，あるいは規模の経済ともいう。一般に産業界では生産規模の拡大によってより高い生産性が可能となるが，その性質をいう。
E．私的独占の禁止及び公正取引の確保に関する法律（独占禁止法）が制

定されたのは，1947年である。歴史的背景として，財閥解体（1945～51年）を進めていたGHQが，将来の財閥の復活を予防する意図で日本政府に独占禁止法の制定を急がせた事情がある。

F．課徴金は，国権に基づいて租税以外に国が国民から徴収する金銭的負担を意味する。司法権に基づくものには罰金，科料，裁判費用，行政権に基づくものには使用料，特許料などがある。公正取引委員会が課す課徴金は，カルテル・入札談合等の違反行為があった場合に不当な収得利益に相当する額を国庫に納付させるかたちをとる。

【設問3】カ．奴隷的拘束は，人間の人格的自由を奪う身体的拘束である。肉体的な苦痛をともなうか否かは問わない。

キ．苦役は，苦しい労役の意味である。「その意に反する苦役」は，本人の意志に反する強制労働のような状況を指している。「犯罪に因る処罰の場合」には，懲役の他，罰金などを払わない場合に労役を課す刑罰（労役場留置）がある。

【設問4】3．薬事法薬局距離制限事件は，経済活動の自由に対する制約を扱った事件として適する。最高裁は，薬局開設の許可基準として距離制限を設ける薬事法第6条2項の規定は，必要かつ合理的な規制にあたらず憲法第22条1項（居住・移転及び職業選択の自由）に反し無効であるとの判決を下している（違憲判決，1975年）。

1．袴田事件（1966年）は，死刑囚の再審請求によって再審が決定された（2014年）事件である。

2．サンケイ新聞意見広告事件（1973年）は，自民党の共産党を批判する意見広告に対し，共産党が反論権・アクセス権を主張して争った事件である。

4．朝日訴訟（1955～67年）は，生存権の保障と生活保護法の基準をめぐって争われた。社会保障を考えるうえで一大転機となった裁判である。

【設問5】2．正文。コンツェルンは，企業連携ともいい，持株会社（親会社）が中心となり，株式取得・役員派遣を通じて，各産業分野の子会社・孫会社をピラミッド型に支配する独占体である。

1．誤文。カルテル（企業連合）の説明である。

3．誤文。多国籍企業の説明である。

4．誤文。参入障壁を高くする企業戦略の一つを説明している。

【設問 6】価格の下方硬直性は，独占などによって企業が一方的な価格形成力をもつ場合，コストが下がっても価格が容易に下落しない状況をいう。

【設問 7】シャーマン法は，1890 年に成立したカルテルやトラストを禁止した法律である。シャーマン反トラスト法と言われることもある。ロックフェラー財閥のスタンダード石油を分割したことで知られるが，実際には私的独占の禁止に十分な成果をあげることはなかった。シャーマン法を補うかたちで制定されたのが 1914 年に成立したクレイトン法である。その内容はトラストや不当な取引制限を禁止するなど，日本の独占禁止法のモデルになったことで知られる。

【設問 8】 a．正文。

b．誤文。公正取引委員会は職権の独立性が保障されている（独占禁止法第 28 条)。同委員会に長官という職はないし，そのトップである委員長がその職務に関して内閣総理大臣の指示を受けることもない。

c．正文。大型の企業合併は届け出が義務化されており（独占禁止法第 15 条 2 項)，公正取引委員は一般の消費者にとって不利益になるような競争を実質的に制限する企業結合を禁止することができる。

II　解答

【設問 1】ア．別子銅山煙害事件　イ．四日市ぜんそく　ウ．環境庁　エ．産業　オ．リユース

【設問 2】 4

【設問 3】田中正造

【設問 4】 a－1　b－2　c－2

【設問 5】キ．無過失責任　ク．汚染者負担

【設問 6】 d－2　e－1　f－2

【設問 7】 2

【設問 8】A－3　B－7　C－6

【設問 9】D－1　E－3

◀解　説▶

≪日本の公害と廃棄物問題≫

【設問 1】ア．別子銅山煙害事件は，銅精錬の際に発生する亜硫酸ガスが原因とみられる煙害事件である。1893 年以降に被害が大規模化。1904 年，住友工業は精錬工場を別子銅山の麓から沖合の四阪島に移転し，その後も

亜硫酸ガスの発生を抑制する技術開発を進め被害の減少に努めた。別子銅山は 1973 年に閉山し 300 年にわたる鉱山の歴史に幕を閉じた。

イ．四日市ぜんそくは，三重県四日市市の石油化学コンビナートで排出された亜硫酸ガスが原因で起こった公害病である。

ウ．環境庁は，公害防止，環境保全等の行政を総合的に推進することを主たる任務とする行政機関である。2001 年の省庁再編により環境省になった。

エ．産業公害は，産業活動（とくに企業の生産過程）から生じる公害である。都市の過密化や都市生活に由来する都市公害と対比される。

オ．リユースは，一度使用したものをそのままのかたち，あるいは部分的に再利用することである。循環型社会形成推進基本法は，廃棄物の発生を抑制（削減＝reduce）することを最優先とし，廃棄物の再利用（＝reuse）を第 2 に，そして廃棄物の再生利用（再資源化＝recycle）することを第 3 に位置づける。

【設問 2】不法投棄はゴミ問題の一端である。ゴミの大半は産業廃棄物であり，1980 年代以降，産業廃棄物の不法投棄が各地で深刻化した。典型七公害（公害対策基本法第 2 条）を規定した 1967 年の段階では「不法投棄」は法的に例示できるような公害ではなかった。なお，典型七公害とは「大気の汚染，水質の汚濁，土壌の汚染，騒音，振動，地盤の沈下及び悪臭」（環境基本法第 2 条 3 項）の 7 つである。

【設問 3】田中正造（1841～1913 年）は，足尾銅山鉱毒事件反対運動の指導者である。1900 年の農民弾圧事件（川俣事件）後，議員を辞職し天皇に直訴を試みたが願いは果たせなかった。しかし，こうした事件を通して足尾銅山鉱毒事件は大きな社会問題となるにいたった。

【設問 4】ａ．正文。

ｂ．誤文。水俣病をめぐる裁判において，熊本県の法的責任を認めた判決（1976 年熊本県地裁判決）がある。水俣病の行政認定（公害健康被害補償法上の救済措置）を待っていた患者らが，熊本県を被告としてその行政上の不作為を訴えた裁判であった。

ｃ．誤文。三井金属工業ではなくて昭和電工が正しい。

【設問 5】キ．無過失責任の原則は，民法の損害賠償が過失を要件とする（過失責任の原則）のに対し，過失の有無を問わずに加害原因者に損害賠償責任を課す原則をいう。文章中の2法の他，製造物責任法（PL法）がこの原則をとる。

タ．汚染者負担の原則（PPP－Polluter Pays Principle）は，公害の元凶となる企業に，公害や環境汚染防止のための費用を負担させるものである。OECD（経済協力開発機構）は，公害防止と世界市場での公正競争確保のための国際ルールとしてこの原則を勧告している。日本では公害防止事業費事業者負担法によって法制化されている。

【設問6】d．誤文。2021年5月，最高裁は，建設アスベスト集団訴訟で，国の責任を認める判決を言い渡した。この訴訟は，アスベストを吸引して肺がんや中皮腫などの健康被害を受けた元建設作業員と遺族が訴えたものである。国には，アスベストを使う建設現場での危険性や防じんマスク着用に関し指導監督をすべき責任が問われた。

e．正文。

f．誤文。PCBの製造は，その摂取を原因とするカネミ油症事件（1968年）のあと1972年から禁止されている。

【設問7】EPRは，Extended Producer Responsibilityの略語で「拡大生産者責任」と訳される。OECDが提唱した製品に対する環境政策上の考え方である。生産者の責任を，製品の消費後の段階まで拡大させるというところが画期的であった。

【設問8】A．資源有効利用促進法（リサイクル法）は，資源の有効な利用の確保をはかるとともに，ゴミの発生の抑制並びに再生資源及び再生部品の利用の促進をはかる法律である。

B．容器包装リサイクル法によって，1997年からガラス瓶とペットボトルが，2000年からプラスチックと紙の容器包装（段ボール等）がリサイクルの対象となった。また，消費者がゴミを分別するとともに市町村の分別収集と事業者が再商品化するリサイクルシステムがつくられた。

C．グリーン購入法は，正式には「国等による環境物品等の調達の推進等に関する法律」といい，循環型社会形成推進基本法と一体的に成立した。この法律によって基準に適合したエコマーク認定商品の利用が進んだ。

【設問9】D．マイクロプラスチックは，ゴミとして排出されたプラスチックが紫外線や波などによって劣化・細分化し5mm以下の形状となったもので，多くは目に見えない。海洋生物の生物濃縮で海の生態系を破壊するだけでなく，最終的に魚介類を摂取する人体への影響も懸念されている。
E．PM2.5 は，大気中に浮遊している 2.5μm（1μm は 1mm の千分の 1）以下の微小粒子状物質（Particulate Matter）である。主に問題になっているのは中国から飛来する PM2.5 である。偏西風に運ばれて黄砂の飛来と重なる 2～5 月がとくに多い。原因物質は，発電所，工場の排煙，石炭暖房，自動車の排気ガスに含まれる硫黄酸化物（SOx）や窒素酸化物（NOx）などであるが，大気中で二次生成される物質もあって特定はできない。

III 解答

【設問 1】ア．秘密　イ．並立　ウ．惜敗　エ．非拘束　オ．ドント　カ．連座
【設問 2】A－8　B－3　C－13　D－11　E－22　F－18
【設問 3】2
【設問 4】a－1　b－2
【設問 5】c－2　d－1
【設問 6】3　【設問 7】4
【設問 8】キ．反政治　ク．リースマン

◀解　説▶

≪日本の選挙制度≫

【設問 1】ア．秘密選挙は，選挙人が誰に投票したかをわからないようにする秘密投票による選挙方法である。選挙人が誰に投票したかがわかる場合は，公開選挙という。

イ．並立制は，小選挙区と比例区が別々に選挙されるところに特徴がある。

ウ．惜敗率は，小選挙区でのその候補者の得票数の，最多得票者の得票数に対する割合のことをいう。

エ．非拘束名簿式は，候補者名か政党名のいずれかを記入する投票方式である。この方式では，政党の候補者名簿に当選順位が付けられていないので，記名によって支持の多かった候補者から順に当選する。

オ．ドント式は，19 世紀ベルギーの法学者ドントが考案した比例代表選挙における議席配分の決定方式である。各政党の得票数を順に整数で割っていき，商の大きい順に定数まで議席を配分する。

カ．連座制は，法的には公職選挙法上の連座制を指している。連座制の効

果として，候補者の当選が無効となるだけでなく，連座に関わる訴訟の確定後，その選挙について同一の選挙区から5年間立候補できなくなる。

【設問2】A．現在の小選挙区比例代表並立制は，2016 年の公職選挙法の改正によって，289 名を小選挙区制，176 名を比例代表制で選出する。全体の定数は 465 名である。

C．戸別訪問は，一軒ずつ住宅を訪問して行う選挙運動のやり方である。日本や韓国では買収や利益誘導の温床として禁止されているが，諸外国では市民の政治参加の方法として認められている。

D．立会演説会は，候補者が一堂に会して交互に行う演説会のことである。衆議院議員や参議院地方区選出議員，および都道府県知事の候補者については，公営の立会演説会が公職選挙法で義務づけられていた（1950～83 年）。演説会の形骸化や聴衆の減少などを理由としてこの制度は廃止された。

E・F．バンドワゴン（勝ち馬）効果は，マス・メディアの選挙予測報道が有権者の投票行動に影響を与え，優勢と伝えられた候補者に便乗して票が流れる場合をいう。バンドワゴンはパレードの先頭を行く楽隊車の意味で，「バンドワゴンに乗る」とは時流に乗る，勝ち馬に乗るという意味である。逆に，アンダードッグ（負け犬）効果は，マス・メディアの選挙予測報道により同情票が集まり，劣勢と伝えられた候補者が劣勢を挽回する場合をいう。いずれもマス・メディアの報道が有権者の投票行動に影響を与えるというアナウンスメント効果の現象である。

【設問3】2．適切。小選挙区制では各選挙区で少しでも優位に立った政党のみが議席を確保する。そのため全国的な規模では多数党に有利であり，政党間の獲得議席比率が得票率以上に拡大される傾向がある。

1．不適。小選挙区制では選挙区が小さくなるので，有権者と候補者との関係が密接になる。

3．不適。小選挙区制では小政党が議席を獲得しにくいので，二大政党制が形成されやすくなり，政局が安定する。

4．不適。小選挙区制では死票が多くなるので，多様な民意は反映されにくい。

【設問4】a．正文。1900 年のベルギーにおいて政党名簿による比例代表制が国政レベルで初めて採用された。それ以降，この制度はヨーロッパ諸国で普及した。日本における比例代表制の導入は1983年の参議院議員通常選挙のときで，それまでの全国区制に代わって採用された。

b．誤文。ゲリマンダリング（ゲリマンダー）が生じやすいのは小選挙区である。なお，ゲリマンダリングとは，特定の政党・候補者に有利となるように選挙区をつくることである。

【設問5】 c．誤文。満18歳未満は選挙運動ができない。このことはインターネット上でも同様である。d．正文。

【設問6】 3．正文。世界のほぼ9割が18歳の選挙権を認めており，イギリス（1969年から）やドイツ（1970年から）も例外ではない。

1．誤文。高等学校在学中であっても選挙権は行使できる。

2．誤文。都道府県知事の被選挙権年齢は満30歳以上である。

4．誤文。年代別投票率でみると，10歳代の投票率は20歳代よりも高いが下から2番目。20歳代から60歳代まで年代が上がるほど投票率は上昇する。

【設問7】 4．正文。入院・入所中の病院や老人ホームでの不在者投票は，それらが都道府県選管の指定した施設（指定施設）であれば可能である。

1．誤文。「3時間延長され，午後9時まで」ではなく「2時間延長され，午後8時まで」が正しい。

2．誤文。旅行やレジャーを理由とする期日前投票も認められる。

3．誤文。在外選挙制度は国政選挙のみを対象としている。

【設問8】キ．ラズウェル（1902～1978年）は，反政治的（anti-political）態度は，政治的なものに反感を覚えその価値を否定するもの，無政治的（apolitical）態度は，政治以外のことに関心が奪われているもの，脱政治的（de-political）態度は，政治に幻滅や失望を覚え意識的に政治から離脱しているものとして，政治的無関心の3類型を提唱した。

ク．リースマン（1909～2002年）は，1950年頃のアメリカ社会を分析して伝統型無関心と現代型無関心という政治的無関心の2類型を提唱した。彼の主著『孤独な群衆』（1950年）によれば，現代型無関心の人々の増加は他人指向型の社会的性格の拡大と密接に関連している。

❖講　評

2022年度は，Ⅰが経済活動の自由，Ⅱが日本の公害，Ⅲが日本の選挙制度と，大問ごとに一つのテーマに沿うかたちで出題されている。全体に政治分野の比重が高く，しかも法制中心の出題であった。高度な理解を要する国際関係や経済理論・経済分析に関連した出題は少なく，時事関連の出題も少ない。総じて教科書の内容でスムーズに解答できる箇所が多く，2021年度に比べ易化しているといえる。

Ⅰ　日本国憲法と経済分野の融合問題である。【設問1】・【設問3】は憲法条文の穴埋めをする従来からの頻出問題である。【設問8】b・cの正誤判断には詳細な知識を要するが，他は標準的な出題レベルである。

Ⅱ　日本の公害の歴史を問う出題をベースにしているが，後半では環境問題に関する知識が試されている。【設問1】アの公害事件は地理や日本史の知識がないとやや難しい。【設問4】・【設問6】の正誤問題はかなり詳細な知識を要する。【設問7】以降の選択問題は，文脈から選択すべき用語を推理したり，あるいは消去法を用いることで正解を導ける。

Ⅲ　主に公職選挙法の改正をめぐる法制的理解が試された。教科書の記述に沿った展開で，標準的なレベルの出題が多い。【設問2】Dは詳細な法改正の知識を要し，選択肢の判断（10か11）で迷う。【設問8】クの人名を問う出題は政治学・社会学に関連した知識で専門性が高い。

数学

I **解答** (1)ア．60　イ．522　ウ．208

(2)エ．$x>3$　オ．$x \geqq 1+2\sqrt{2}$

(3)カ．$2x+8$　キ．24　ク．36

(4)ケ．-2　コ．-3

◀解　説▶

≪小問4問≫

(1)　千の位，百の位の数字をそれぞれ a，b とすると，$a+b=3$ かつ $a \neq 0$ となる $(a,\ b)$ の組は

$$(a,\ b)=(3,\ 0),\ (1,\ 2),\ (2,\ 1)$$

の3通りである。

その各々の場合において，十の位と一の位の数字の決め方は ${}_5\mathrm{P}_2$ 通り。よって，千の位の数と百の位の数の和が3となる整数は，積の法則より

$$3 \times {}_5\mathrm{P}_2 = 60 \text{ 通り} \quad \to ア$$

次に，3と0が隣り合う4桁の整数の集合を A，1と2が隣り合う4桁の整数の集合を B とする。

集合 A については，右上表の5通りに対して，残りの位の決め方は，各々 ${}_5\mathrm{P}_2$ 通りあるので

$$n(A)=5 \times {}_5\mathrm{P}_2=100$$

千	百	十	一
3	0		
	3	0	
	0	3	
		3	0
		0	3

集合 B については，右中表の2通りに対しては，残りの位の決め方は ${}_5\mathrm{P}_2$ 通り。

千	百	十	一
1	2		
2	1		

右下表の4通りに対しては，残りの位の決め方は 4^2 通り。

千	百	十	一
	1	2	
	2	1	
		1	2
		2	1

よって　　$n(B)=2 \times {}_5\mathrm{P}_2+4 \times 4^2=104$

また，$A \cap B=\{3012,\ 3021,\ 1203,\ 1230,\ 2103,\ 2130\}$ より

$$n(A \cap B)=6$$

これより

$$n(A \cup B)=n(A)+n(B)-n(A \cap B)$$

$=100+104-6=198$

となるので，隣り合う位の数の和が 3 とならない整数は

$6\times{}_6\mathrm{P}_3-198=522$ 通り　→イ

最後に，4 の倍数となる整数については，下 2 桁が 4 の倍数であればよいので

下 2 桁が　04，20，40，60　…Ⓒ

12，16，24，32，36，52，56，64　…Ⓓ

Ⓒについては，千と百の位の数字の決め方は，各々 ${}_5\mathrm{P}_2$ 通り。

Ⓓについては，千と百の位の数字の決め方は，各々 4^2 通り。

よって，4 の倍数となる整数は

$4\times{}_5\mathrm{P}_2+8\times4^2=208$ 通り　→ウ

(2)　真数は正であるから　$x+1>0$　かつ　$x-3>0$

すなわち　$x>3$　……①　→エ

与えられた不等式を変形して

$\log_2(x+1)(x-3)\geqq2$

底 2 は 1 より大きいので

$(x+1)(x-3)\geqq2^2$ より

$x^2-2x-7\geqq0$　……②

ここで，$x^2-2x-7=0$ とおくと，$x=1\pm2\sqrt{2}$ より，②の解は

$x\leqq1-2\sqrt{2}$，$1+2\sqrt{2}\leqq x$　……②′

①と②′の共通範囲を求めると

$x\geqq1+2\sqrt{2}$　→オ

(3)　2 点 A$(-3,\ 2)$，B$(5,\ 18)$ を通る直線 l の方程式は

$y-2=\dfrac{18-2}{5+3}(x+3)$ より

$y=2x+8$　→カ

$\begin{cases}y=x^2\\y=2x+8\end{cases}$ を連立して，$x^2=2x+8$ より

$x^2-2x-8=0$　　$(x-4)(x+2)=0$

$\therefore$　$x=4,\ -2$

よって，P$(-2,\ 4)$，Q$(4,\ 16)$ となるので

$$\mathrm{PQ}=\sqrt{(4+2)^2+(16-4)^2}=\sqrt{180}=6\sqrt{5}$$

また，原点Oと直線 l との距離を d とすると

$$d=\frac{|8|}{\sqrt{2^2+(-1)^2}}=\frac{8}{5}\sqrt{5}$$

これより，△OPQの面積を S_1 とすると

$$S_1=\frac{1}{2}\times\mathrm{PQ}\times d=\frac{1}{2}\times 6\sqrt{5}\times\frac{8}{5}\sqrt{5}=24 \quad \to キ$$

また，l と C で囲まれた部分の面積を S_2 とすると

$$S_2=\int_{-2}^{4}\{(2x+8)-x^2\}dx$$

$$=\left[-\frac{1}{3}x^3+x^2+8x\right]_{-2}^{4}$$

$$=-\frac{1}{3}\{4^3-(-2)^3\}+\{4^2-(-2)^2\}+8\{4-(-2)\}$$

$$=-\frac{72}{3}+12+48$$

$$=36 \quad \to ク$$

(4) $f(x)=|x|+A$ となるので

$$A=\int_0^2(|t|+A)dt=\int_0^2(t+A)dt$$

$$=\left[\frac{1}{2}t^2+At\right]_0^2=2+2A$$

よって　$A=-2 \quad \to ケ$

このとき，$f(x)=|x|-2$ となるので

$$I=\int_{-3}^{3}(|x|-2)dx$$

$$=\int_{-3}^{0}(|x|-2)dx+\int_0^3(|x|-2)dx$$

$$=\int_{-3}^{0}(-x-2)dx+\int_0^3(x-2)dx$$

$$=\left[-\frac{1}{2}x^2-2x\right]_{-3}^{0}+\left[\frac{1}{2}x^2-2x\right]_0^3$$

$$=-\frac{3}{2}-\frac{3}{2}$$

$$=-3 \quad \to コ$$

II **解答** (1)　$a_n=\dfrac{n+1}{n-1}S_{n-1}$　……①より

$$S_{n-1}=\frac{n-1}{n+1}a_n \quad (n=2,\ 3,\ 4,\ \cdots)$$

$n\geqq 3$ のとき

$$a_{n-1}=S_{n-1}-S_{n-2}$$
$$=\frac{n-1}{n+1}a_n-\frac{n-2}{n}a_{n-1}$$

より

$$\frac{n-1}{n+1}a_n=\left(1+\frac{n-2}{n}\right)a_{n-1}=\frac{2n-2}{n}a_{n-1}$$

よって，$a_n=\dfrac{n+1}{n-1}\times\dfrac{2(n-1)}{n}a_{n-1}$ より

$$a_n=\frac{2(n+1)}{n}a_{n-1} \quad \cdots\cdots②$$

①において，$n=2$ を代入すると，$a_2=3S_1$ となるが，$S_1=a_1=2$ であるので　　$a_2=6$

また，②において，$n=2$ を代入すると，$a_2=\dfrac{6}{2}a_1=6$ となるので，②は $n=2$ のときも成立する。

これより，求める $\{a_n\}$ の漸化式は

$$a_1=2,\ a_n=\frac{2(n+1)}{n}a_{n-1} \quad (n=2,\ 3,\ 4,\ \cdots) \quad \cdots\cdots(答)$$

(2)　$a_n=\dfrac{2(n+1)}{n}a_{n-1}$ より，$\dfrac{a_n}{n+1}=2\times\dfrac{a_{n-1}}{n}$ となるので，$b_n=2b_{n-1}$ と変形できる。

よって，数列 $\{b_n\}$ は公比 2 の等比数列であり，初項は $b_1=\dfrac{a_1}{1+1}=1$ であるので

$$b_n=1\times 2^{n-1}=2^{n-1} \quad \cdots\cdots(答)$$

(3)　(2)の結果より，$\dfrac{a_n}{n+1}=2^{n-1}$ となるので

$$a_n=(n+1)\times 2^{n-1} \quad \cdots\cdots(答)$$

さらに，$S_n=\dfrac{n}{n+2}a_{n+1}=\dfrac{n}{n+2}\times(n+2)\times 2^n$ より

$S_n=n\times 2^n$　……(答)

◀解　説▶

≪数列の和と一般項の関係と漸化式≫

(1)　$n\geqq 2$ のとき，$a_n=S_n-S_{n-1}$ であることを用いて，a_n と a_{n-1} の関係式を導く。添字をずらして，$a_{n-1}=S_{n-1}-S_{n-2}$ とすれば，$n\geqq 3$ について成り立つことになる。

(2)　(1)で得られた漸化式を変形して，b_n と b_{n-1} の関係式を導く。

(3)　$\{a_n\}$ の一般項については，(2)の結果を利用する。また，$\{S_n\}$ の一般項については，$\{a_n\}$ の一般項と与えられた $a_n=\dfrac{n+1}{n-1}S_{n-1}$ の関係式を変形することにより導く。

III　解答

(1)　$f(x)=x^3-3px$ より

$f'(x)=3x^2-3p$

$x=t$ を代入すると　　$f'(t)=3t^2-3p$

したがって，点 $(t,\ f(t))$ における C の接線の方程式は

$y-(t^3-3pt)=(3t^2-3p)(x-t)$ より

$y=(3t^2-3p)x-2t^3$　……(答)

(2)　(1)で得られた接線の方程式に点 $(-1,\ 3)$ を代入すると

$3=(3t^2-3p)\times(-1)-2t^3$ より，整理して

$2t^3+3t^2+(3-3p)=0$　……Ⓐ

点 $(-1,\ 3)$ を通る C の接線がちょうど 2 本ある条件は，Ⓐを満たす実数 t の値が 2 個存在することと同値である。

$g(t)=2t^3+3t^2+(3-3p)$ とおくと

$g'(t)=6t^2+6t=6t(t+1)$

$g(t)$ の増減表を作成すると，右のようになる。

t	…	-1	…	0	…
$g'(t)$	$+$	0	$-$	0	$+$
$g(t)$	↗	極大	↘	極小	↗

$g(-1)=4-3p$，$g(0)=3-3p$ であり，求める条件は，$g(-1)=0$ または $g(0)=0$ より

$p=\frac{4}{3}$, 1 ……(答)

(3) 点 $(-1,\ 3)$ を通る C の接線がちょうど3本ある条件は，(2)の $g(t)$ において，$g(-1)>0$ かつ $g(0)<0$ となることであるので
$4-3p>0$ かつ $3-3p<0$ より

$$1<p<\frac{4}{3}$$

この条件を満たすときのⒶを満たす t の解が $t=\alpha,\ \beta,\ \gamma$ である。
解と係数の関係より

$$\begin{cases} \alpha+\beta+\gamma=-\dfrac{3}{2} & \cdots\cdots① \\ \alpha\beta+\beta\gamma+\gamma\alpha=0 & \cdots\cdots② \\ \alpha\beta\gamma=-\dfrac{3-3p}{2} & \cdots\cdots③ \end{cases}$$

さらに，$\gamma=\frac{\alpha+\beta}{2}$ であるので

$$\alpha+\beta=2\gamma \quad \cdots\cdots④$$

④を①に代入して

$$3\gamma=-\frac{3}{2} \qquad \therefore \quad \gamma=-\frac{1}{2}$$

このとき，①より　$\alpha+\beta=-1$ ……①′
②より　$\alpha\beta+\gamma(\alpha+\beta)=0$
$\alpha\beta+\left(-\frac{1}{2}\right)\times(-1)=0$ となるので

$$\alpha\beta=-\frac{1}{2} \quad \cdots\cdots②'$$

さらに，③より，$\alpha\beta\times\left(-\frac{1}{2}\right)=-\frac{3-3p}{2}$ となるので

$$\alpha\beta=3-3p \quad \cdots\cdots③'$$

①′，②′より，$\alpha,\ \beta$ は2次方程式 $t^2+t-\frac{1}{2}=0$ の解となり，これを解くと

$$t=\frac{-1\pm\sqrt{3}}{2}$$

$\alpha<\beta$ であるので　$\alpha=\dfrac{-1-\sqrt{3}}{2}$, $\beta=\dfrac{-1+\sqrt{3}}{2}$

このとき, ②′と③′より

$$3-3p=-\frac{1}{2} \qquad \therefore\ p=\frac{7}{6} \quad \left(これは\ 1<p<\frac{4}{3}\ を満たす\right)$$

これより　$p=\dfrac{7}{6}$, $\alpha=\dfrac{-1-\sqrt{3}}{2}$　……(答)

◀解　説▶

≪曲線外の点を通る接線の本数とそれを満たす条件≫

(1)　曲線 $y=f(x)$ 上の点 $(t,\ f(t))$ における接線の方程式は, $y-f(t)=f'(t)(x-t)$ で求めることができる。

(2)　(1)で求めた接線の方程式に点 $(-1,\ 3)$ を代入することにより得られた t についての 3 次方程式の実数解の個数が 2 個となればよい。

(3)　(2)と同様の t についての 3 次方程式が 3 個の実数解 α, β, γ をもち, $\gamma=\dfrac{\alpha+\beta}{2}$ となる条件を満たす p の値を求める。3 次方程式の解と係数の関係を利用する。

❖講　評

Ⅰは小問 4 問の出題である。(1)は条件を満たす 4 桁の整数の個数を求める問題である。千の位に 0 はこないことに注意して, 丁寧に場合分けして考えていくことが大切である。標準的な問題であるが, なんといっても焦らず落ち着いて考えること。(2)は対数不等式を解く問題である。真数条件を求める設問も用意されており, Ⅰの小問の中で一番平易な問題といえる。(3)も 2 点間の距離, 点と直線の距離を求めて三角形の面積を計算させる典型的な問題である。後半の直線と放物線で囲まれた部分の面積についても基本的である。(4)は定積分で表された関数についての問題である。$|x|$ についても積分する範囲に注意して, 絶対値記号を外せば計算は平易である。Ⅰについては, 少なくとも 4 問中 3 問は正解を目指したい。

Ⅱは和と一般項の関係から漸化式を導き, それを解いていく問題である。(1)・(2)・(3)と誘導の設問に従っていくことが大切である。(1)については, 和と一般項の関係から添字をずらして変形していくことになる。

レベル的には，標準的な問題であるが，文系の受験生にとって，数列そのものが苦手である場合が多いので，今後もこのタイプの設問には注意しておきたい。

Ⅲは曲線外の点を通る接線の本数についての問題である。(1)の接線の方程式は基本問題である。(2)は，(1)の接線の方程式に点 $(-1,\ 3)$ を代入して得られた t についての3次方程式の解が2個となる条件を微分を用いて求めていく問題である。微分法も応用としては典型的な問題である。(3)もベースは(2)と同様であるが，3次方程式の解と係数の関係を用いるので，文系の受験生にとっては大変だったかもしれない。

Ⅰ～Ⅲを難易度で平易な方から並べると，Ⅰ(2)(基本)＜Ⅰ(3)・(4)(基本～標準)＜Ⅰ(1)，Ⅱ(標準)＜Ⅲ(標準～やや難)である。

全体としては，2021年度よりやや平易な出題であったといえる。教科書の応用例題や章末問題などの典型的な問題を確実にし，数列の漸化式や微・積分法の応用などは過去問をじっくりやっておくことが大切である。

問題なく正答できるだろう。これらの設問は時間をかけず確実に得点しておきたい。㈤の内容真偽問題も、不正解の選択肢が明らかな誤りを含むものばかりなので難度はさほど高くないが、現代文同様こちらも文章自体が長いので、やはり時間との戦いになる。㈥の記述問題についても現代文と同様制限字数が短く、満点の答案はなかなか書きにくい。

現代文・古文に共通して、〈特別難しいわけではないが、文章が長く、読むのに時間がかかる〉ことが特徴といえるので、速読力を養っておくことが必要になる。また、古文の知識問題は時間節約のチャンスであるから、知識習得はしっかりやっておきたい。記述問題も、最低でも部分点が取れる答案を書けるように対策しておこう。

3は文脈上受身。

㈤　1、第一段落の内容に合致。2、遠景と番の妹との結婚が右大将の指示によるものとは書かれていない。3、番の親類たちは梶原に対して特に何も申し出てはいない。4、番の親類たちは、番が遠景に救われることを期待しているので、番と縁を切ったとは考えられない。5、番は妹の婚姻を喜んでもいないし、相手が遠景と聞いて怒ってもいない。6、最終段落の内容に合致。

㈥　「しれもの」は「痴れ者」で、〝愚か者〟の意。番のどこが愚かなのか、第三段落の遠景とのやりとりから考える。まず、番の妹と結婚した遠景が縁者として番の支援を申し出た。第二段落にあるように、遠景は幕臣の中でも権勢の強い人物であるから、幕府内に味方のいない番にとっては非常にありがたい話である。にもかかわらず、番は他人の世話になることを潔しとせず、〈あなたとは縁者ではない〉と言い放ち拒絶してしまう。そのような意地の張り方は、遠景にしてみれば腹立たしくもあり、また愚かにも思えただろう。遠景が妹婿（縁者）であること、権勢ある人物であること、その遠景の支援の申し出を断ったこと、の三点をまとめればよい。

❖講　評

一の現代文は、農業史研究者の藤原辰史が、食と音の関係について論じた文章からの出題。同志社大学は現代文の文章が長いのがひとつの特徴だが、二〇二二年度も例外ではなく、入試の現代文としてはかなり長い。しかし、長いのは具体例が豊富に挙げられているからであり、論理展開が特別複雑なわけではないので、読み切ることができればけっして理解しにくい文章ではない。設問も、設問自体の難度はさほど高くないが、㈢や㈣は解答根拠が傍線部から遠く離れているので時間がかかるかもしれない。㈥の内容真偽問題も同様で、難しいというよりは手間がかかる問題といえるだろう。㈦の記述問題は制限字数が短く、必要な要素をすべて盛り込むのが難しい。

二の古文は、入試頻出の説話集『古今著聞集』からの出題。㈠～㈣は単語・文法の知識がしっかり身についていればこの番は並ぶ者がない（弓矢の）名人でございました。渡辺でしかるべき客人が来ていたとき、鯉はぜをした際には、矢を手にとって、跳ねる鯉を一匹もはずさないで射た。網に入れようとすると（網から）もれる鯉も多い。（しかし）番は、一匹ももらさず射止めたので、人々はみな目を驚かした。

▲解　説▼

㈠　ア、「いかめし」は〝盛大だ・壮大だ・威厳がある〟などの意。
イ、「人わろし」は〝体裁が悪い・みっともない〟などの意。

㈡　A、四段活用の「たのむ」は〝あてにする・頼りにする〟の意。動詞の直下の「たてまつる」は謙譲の補助動詞。この両者をきちんと訳せている1が正解。3・4・5は「たのむ」の解釈がまちがっている。2は「たてまつる」を謙譲ではなく尊敬で訳してしまっている。
B、「しいだす」は〝作り上げる・なしとげる・しでかす〟などの意。「んずる」は助動詞「むず（んず）」の連体形。「むず」は「む」とほぼ同じ意味であり、打消が含まれているわけではない。この両者をきちんと訳せている5が正解。1・2・3は「むず」の「ず」を打消で訳してしまっている。4は「しいだす」の解釈がおかしい。

㈢　「生く」には四段活用（または上二段活用）と下二段活用があり、前者は〝生きる〟、後者は〝生かす〟の意。この波線部の「生け」は「て」の上にあり連用形なので下二段活用であるから、「今日まで生けておきたるなり」は〝今日まで生かしておいたのだ〟という意味になる。ここを「今日まで処分せずにおいた」と解釈している3が正解。他はみなこの箇所の解釈がおかしい。

㈣　二重傍線部は助動詞「らる」。主語が右大将であり、本文中の他の箇所でも彼の動作には尊敬語が用いられていることから、この「らる」は尊敬と判断できる。選択肢の中では4が、主語が大臣であり、他の箇所にも「たまふ」が用いられているので同様に尊敬である。1は動詞「をる」の未然形の一部と助動詞「る」、5は動詞「語る」の未然形の一部と助動詞「る」であり、どちらも助動詞「らる」ではない。2は「思ひ出づ」という心情動詞に下接して自発。

そして（遠景が）関東に到着して、さっそく使者を番のもとに遣わして言ったことは、「思いがけず、このようにございます縁者（＝あなたの妹婿）になり申し上げてございます。今となっては、ひたすら（あなたを）親とも思って頼り申し上げよう。公私にわたってあなたをおろそかにはしないつもりだ」と言い送った。番は、長年囚われの身で、「今日斬られるにちがいない、今日斬られるにちがいない」と言って十年以上になったが、味方する人が一人もいないので、（右大将に）寛大な処置を申し出る人もいない。たまたまこのような（遠景との）縁ができたことは、どんなにかうれしいにちがいないはずなのに、番が言ったことは、「弓矢を手にとる身の武士が、このような目にあって禁錮されることは、恥ではない。いくら無縁の身であっても、けっしてそのお方（＝遠景）は、（支援を）願うべき婿ではない」と思って、返事として言ったことは、「（お言葉は）よろこんで承った。まことに（あなたと）同輩として言葉をかわし申し上げることが、ほんとうに前からの望みでございます。（しかし、あなたが私の）近親者におなりになったということは、理解しがたいことです。私は独身の者でございますから、（あなたの）ご縁者になり申し上げるはずがありません」と、乱暴に言ったので、遠景は大いに憤り、おもしろくないことだと思って、どうかすると右大将に、「番はきわめて愚か者でございます。まったくもって、さらに悪いことをしでかしそうな者でございます。放免なさるべきではないのだ」と申したので、ますます（刑が）重くなってしまった。けれども番はすこしも嘆かず、「男の身はいつどのようになろうとも、みっともなくてよいことはない」と思って、気にもしなかった。

こうしているうちに、右大将が、（藤原）泰衡を討つということで、奥州攻めを思い立って、兵をそろえなさらなければならない事態が起こった。そのとき、番をお呼びになって、おっしゃったことは、「おまえをすぐに断罪するはずだったが、この大事（＝いずれ戦があるだろうということ）を思って、今日まで生かしておいたのだ。（おまえの）身の安否は、このたびの合戦（での働き）によるにちがいない」と言って、鎧・馬・鞍などをくださったので、（番は）かしこまりよろこんで（戦地に）向かった。（その戦いぶりは）ほんとうに身命を惜しまず、すばらしかったので、（右大将は）咎めを許して本領を（番に）お返しになって、（番は）ふたたび旧里に帰った。

二

出典　橘成季『古今著聞集』〈巻第九　三四〇「渡辺番、所縁による赦免を拒み、奥州攻めの勲功に依りて許さるる事」〉

解答

(一)　アー4　イー2

(二)　Aー1　Bー5

(三)　3

(四)　4

(五)　1・6

(六)　妹の夫であり権勢が強い遠景からの支援の申し出を拒絶した行動。(三十字以内)

◆全　訳◆

九郎判官（源）義経が、右大将（＝源頼朝）のとがめによって、都を落ちて西国の方へ行ったとき、渡辺の後源次馬允番のもとに立ち寄って、事情を述べたところ、番はしみじみと気の毒に思って見逃した。後にそのことがうわさになって、番は、関東（の幕府）に呼ばれて、梶原（景時）に預けられて（禁錮されて）しまった。十二年間も禁錮されていたが、番は、毎日髻を整えて、「今日斬られるだろうか」と待っていた。

そうしているうちに、右大将が高麗国を攻めたときの追討使として、天野の式部の大夫遠景が向かった。大将家の切れ者で、「次官の藤内」と言われた藤内はこの人である。西国九州を治めていたので、その権勢は大きい。高麗国を平定して上洛したとき、渡辺で、番の妹と結婚した。（その妻を）ともなって関東に下向したので、番の親類や郎等たちがよろこんで、「いくらなんでも（遠景の口添えがあれば）これで馬の殿（＝番）の禁錮はきっと許されなさるだろう」と、よろこびあっていた。遠景も、「（私と番との）宿縁は浅くない。こうなった以上は、あの（右大将の）ご意向に対しては、なんとしても（番を）許すよう（私が）申し上げよう。（右大将の）ご承諾がなかったら、私が（番を梶原から引き取って）預かると申し上げよう」と言ったので、（番の親類や郎等たちが）ますますよろこぶことはかぎりない。

い。作り笑顔も無用」と合致しない。2、引用文第二段落「ゆるやかな並存の場こそ……現代社会のなかで……あると助かる人が多い」と合致しており、これが正解。3、引用文第一段落「共同体意識を醸し出す効能が、それほど期待されていない」と合致しない。4、引用文第二段落「縁とは、人間と人間の深くて重いつながり、という意味ではなく」と合致しない。5、引用文第一段落「縁食とは……共食でもない」と合致しない。

㈥ 1、第二段落「味覚と嗅覚は言うまでもない。……それ以外に、視覚、触覚、聴覚も深く関わる」に合致。2、第二段落に「歯ごたえや舌触りという名詞は世のグルメ本には欠かせない」とあるが、写真については言及がない。3、第六段落「研究発表が三時間以上続くこともたびたびあって……聴きながら食べることもある」と合致しない。4、第七段落に「真剣に報告を聴いていることは、名誉……」とあるが、せんべいを食べ切ることが「名誉ある行為」とは書かれていない。5、第九段落に産婦人科医の話が引用されているが、騒音で病になった胎児を治療することは述べられていない。6、第二十二段落「一九八〇年代以降、音楽が次第に環境化していく……安易な涙やリラックスや癒やしを誘う」に合致。

㈦ 筆者は「縁食」を主張しており、その意義について最後から二つ目の段落末尾で「食が社会にもたらす摩擦の音を取り戻す試み」と述べている。では、なぜ「摩擦の音」が大事なのかというと、㈣で見たとおり、〈摩擦が熱を生み出し、熱は生命の証である〉からであり、さらにその音は我々が「ともに生存する」(最終段落) ことを確認させてくれる音であるからである。しかし最後から四つ目～二つ目の段落にかけてあるように、食が産業となった消費社会の現代においては、食から摩擦の音が失われてしまっている。だからそれを取り戻すべきだ、というのが筆者の主張である。筆者が重視する食の音とは摩擦の音であること、それが生命の証であり共存の証でもあること、消費社会の現代から失われたその音を取り戻すべきであること、の三点をまとめればよい。

▲解　説▼

(一) a、「できるだけ音を立てないように」したのに「音が悪目立ち」してしまうのだから、〝予期に反して・むしろ逆に〟の意である5「かえって」がふさわしい。

b、「このまま飲み込んでしまいたい」という思いと、「それは私の食道と胃袋を傷つけてやまないだろう」＝〈飲み込むべきではない〉という思いは対立しているので、逆接をあらわす2「だが」がふさわしい。

(二) 空欄を含む文は、前文の「音楽が次第に環境化していく」過程を述べており、空欄の後がその最終結果になっている。あまり好ましくない結果に至ることをあらわす2「挙げ句の果てには」がふさわしい。

(三) 傍線部A直後から第十段落まで「食べる音」の具体例がずっと述べられており、第十一段落で一般化されている。そこに「食べる音は……人間の体のなかが発する音である。……本来、自分が動物として生まれてきたことを……再確認させる」とあり、これにもっとも近い内容の4が正解。他は1「動物として生まれてきた野蛮さ」、2「料理の技術を高める」、3「やかましさの記憶から逃れようとする」、5「動物から人間への進化を追体験」など、いずれも誤りを含んでいる。

(四) 傍線部Bの「抵抗」は、第十七段落末尾「こうした抗い」と同内容。同段落に「生命体は外界と摩擦するがゆえに熱を発する。熱は生命の兆しであり、生命の証である」とあり、これにもっとも近い内容の3が正解。他は1「肌ざわりや着ごこちの表現が、歯ごたえや舌ざわりといった表現として用いられるようになった」、2「外壁と内壁が食べものとこすれ合う」、4「気体となり、微生物にごちそうを与える」、5「胃腸をいたわることが不可欠となり」など、いずれも誤りを含んでいる。なお、「テクスチュア」(Texture)は〝質感・触感〟といったような意味で用いられることが多いが、ここでは〝食感〟と理解しておけばよいだろう。

(五) 一見、共通テストの複数資料問題のように本文と引用文を照合する設問に見えるが、実はその必要はなく、引用文の内容に一致するものを選べ、という設問である。消去法が有効だろう。1、引用文第二段落「無理に話さなくてもい

国語

一

出典　藤原辰史「食を聴く」(『縁食論―孤食と共食のあいだ』ミシマ社)

解答

(一)　a―5　b―2

(二)　2

(三)　4

(四)　3

(五)　2

(六)　1・6

(七)　消費社会で失われた、生とその共有を実感させてくれる食の摩擦音を取り戻すべきだ。(四十字以内)

◆要　旨◆

食文化は人間のすべての感覚に訴える総合的文化であり、聴覚も食に深く関わっている。そもそも食べる行為は音を発する行為であり、その音は人間が本来動物として生まれてきたことを再確認させる。また、その音は生きる生命体と死せる生命体とがこすり合う摩擦の音であり、摩擦による発熱は生命の証となる。しかし、現代では食が商品となり食べることが消費行動となった結果、食から摩擦と音が失われてしまった。複数の人々がゆるやかに並存して食事する「縁食」などの試みを通じて食から商品性を引き剝がし、食が社会にもたらす摩擦の音を取り戻すべきである。

■全学部日程（理系）

問題編

▶試験科目・配点

●文化情報学部

教　科	科　　　　　目	配　点
外国語	コミュニケーション英語Ⅰ・Ⅱ・Ⅲ，英語表現Ⅰ・Ⅱ	200 点
数　学	数学Ⅰ・Ⅱ・Ⅲ・A・B	200 点
理　科	「物理基礎・物理」，「化学基礎・化学」，「生物基礎・生物」から1科目選択	150 点

●理工学部（英・数・理 総合型）

教　科	科　　　　　目	配　点
外国語	コミュニケーション英語Ⅰ・Ⅱ・Ⅲ，英語表現Ⅰ・Ⅱ	200 点
数　学	数学Ⅰ・Ⅱ・Ⅲ・A・B	200 点
理　科	機械システム工学科： 「物理基礎・物理」 電気工，電子工，機械理工学科： 「物理基礎・物理」，「化学基礎・化学」から1科目選択 インテリジェント情報工，情報システムデザイン，機能分子・生命化，化学システム創成工，環境システム，数理システム学科： 「物理基礎・物理」，「化学基礎・化学」，「生物基礎・生物」から1科目選択	150 点

●生命医科学部（英・数・理 総合型）

教　科	科　　　　　目	配　点
外国語	コミュニケーション英語Ⅰ・Ⅱ・Ⅲ，英語表現Ⅰ・Ⅱ	200 点
数　学	数学Ⅰ・Ⅱ・Ⅲ・A・B	200 点
理　科	「物理基礎・物理」，「化学基礎・化学」，「生物基礎・生物」から1科目選択	200 点*

●スポーツ健康科学部

教　科	科　　　　目	配　点
外国語	コミュニケーション英語Ⅰ・Ⅱ・Ⅲ，英語表現Ⅰ・Ⅱ	200 点
数　学	数学Ⅰ・Ⅱ・Ⅲ・A・B	150 点*2
理　科	「物理基礎・物理」，「化学基礎・化学」，「生物基礎・生物」から 1 科目選択	200 点*1

●心理学部

教　科	科　　　　目	配　点
外国語	コミュニケーション英語Ⅰ・Ⅱ・Ⅲ，英語表現Ⅰ・Ⅱ	200 点
数　学	数学Ⅰ・Ⅱ・Ⅲ・A・B	150 点*2
理　科	「物理基礎・物理」，「化学基礎・化学」，「生物基礎・生物」から 1 科目選択	150 点

▶備　考

•「数学B」は「数列」および「ベクトル」から出題する。

＊1　同日実施の共通問題（75 分，150 点満点）を使用し，配点を 200 点満点に換算する。

＊2　同日実施の共通問題（100 分，200 点満点）を使用し，配点を 150 点満点に換算する。

英語

(100分)

〔Ⅰ〕 次の文章を読んで設問に答えなさい。[＊印のついた語句は注を参照しなさい。](70点)

Imagine an elephant, but significantly taller and heavier and with longer tusks*. That's the Columbian mammoth, an imposing (a) animal that roamed much of North America during the most recent ice age.

When it comes to the mammoth family tree, it has long been believed that the Columbian mammoth evolved earlier than the smaller, shaggier* woolly mammoth. But now, using DNA that is more than a million years old — the oldest ever recovered from a fossil — researchers have turned that assumption on its head (ア): They found that the Columbian mammoth is in fact a hybrid of the woolly mammoth and a previously (b) unrecognized mammoth lineage*.

These results were published on Wednesday in the journal *Nature*. Mammoths are depicted (c) in many cave paintings, a reflection of their importance as a source of food, skin and bone during the Pleistocene*. During the last ice age, humans living in (W) is today the United States would have primarily encountered the Columbian mammoth, said Love Dalen, a paleogeneticist* at the Centre for Palaeogenetics* in Stockholm. "It's an iconic* species of the last ice age," he said.

Fossilized remains of mammoths, particularly those preserved in exquisite (d) detail, can shed light on how these animals lived and died. But analyzing an ancient creature's genetic code — by recovering its DNA and reassembling it into a genome* — opens up vast new research possibilities, said David Díez-del-Molino, another paleogeneticist at the Centre for

Palaeogenetics. “You can track the origin of species.”

A team of researchers, including Dr. Dalen and Dr. Díez-del-Molino, recently set (X) to do just that using three mammoth molars* unearthed* in northeastern Siberia. These teeth are old — about 700,000 years, 1.1 million years and 1.2 million years — and they're also impressive to look at, Dr. Dalen said. “They're the size of a carton of milk.” The researchers started by extracting (e) a bit of material from the interior of each tooth with a small dentist's drill. They then used chemicals and enzymes, followed by a washing protocol, (f) to isolate the DNA in the resulting tooth powder.

Most of the DNA they extracted consisted of sequences just a few tens of base pairs* long. That is to be expected because (イ) the passage of time is tough on DNA molecules. Bacteria and enzymes chop up DNA after an organism dies, and water and cosmic rays continue the (g) degradation process even after a sample is buried in permafrost*.

What started out as strands millions of base pairs long soon degrades, said Patricia Pecnerova, an evolutionary biologist at the University of Copenhagen and a researcher on the team. “The DNA is very fragmented,” she said.

But before everything can be put back together digitally, it's necessary to decontaminate* each sample, said Tom van der Valk, another team member and a bioinformatician* at the Science for Life Laboratory in Stockholm. That's because DNA from plants, bacteria and humans is wildly adept* at sneaking into fossils, he said. “A large fraction of our data doesn't come from the mammoth.”

To weed out interloping* DNA, the team compared the sequences with genetic code from an African elephant, a close relative of mammoths. They discarded (h) anything that didn't match. Furthermore, they threw out sequences that matched the human genome.

After removing the non-mammoth DNA, the team was left with

between 49 million and 3.7 billion base pairs in each of their three samples. (The mammoth genome is roughly 3.2 billion base pairs, which is slightly larger than the human genome.) The researchers compared their data with African elephant DNA a second time, which allowed them to put all their DNA fragments in the correct order.

This mammoth DNA smashes the record for(ウ) the oldest DNA ever sequenced, which was previously held by a roughly 700,000-year-old horse specimen, said Morten E. Allentoft, an evolutionary biologist at Curtin University in Perth, Australia, who was not involved in the research. "It's the oldest DNA that's ever been authentically identified," he said.

When the researchers looked at the three genomes they reconstructed, the oldest stood (　Y　). "The genome looked weird," Dr. Dalen said. "I think it's likely this is a different species." That was a shock: Researchers have long believed that there was only a single lineage of mammoths in Siberia that gave rise to woolly and Columbian mammoths. This discovery suggests that a previously undiscovered mammoth lineage existed as well. "It's a huge surprise," Dr. Dalen said. "It's completely unexpected from the paleontology* that there would be a second lineage."

The team next compared the three genomes with the genetics of the Columbian mammoth, which ambled* across much of North America as recently as 12,000 years ago. The goal was to determine how, (　Z　) at all, these two species were related. They found persuasive(i) evidence that the woolly mammoth and this new unknown lineage crossbred* to form the Columbian mammoth, a hybrid species. No one (　あ　)(　い　) and (　う　)(　え　) long this new mammoth lineage (　お　), Dr. van der Valk said. "It'd be absolutely amazing if we could get a few more samples of this lineage."

(By Katherine Kornei, writing for *The New York Times*, February 17, 2021)

［注］ tusks　象などの牙

shaggier　(shaggy　毛むくじゃらの)

lineage　血統、系統

Pleistocene　更新世（地質時代の一区分。約258万年前～約1万年前）

paleogeneticist　古遺伝学者

Centre for Palaeogenetics　古遺伝学センター

iconic　象徴的な

genome　ゲノム

molars　臼歯

unearthed　(unearth　発掘する)

base pairs　塩基対（核酸の水素結合による化合物）

permafrost　永久凍土

decontaminate　異質物除去をする

bioinformatician　生物情報学者

adept　熟達した

interloping　(interlope　侵入する)

paleontology　古生物学

ambled　(amble　ぶらぶら歩く)

crossbred　(crossbreed　異種交配する)

I－A　空所(W)～(Z)に入るもっとも適切なものを次の1～4の中からそれぞれ一つ選び、その番号を解答欄に記入しなさい。

(W)	1 that	2 what	3 where	4 which
(X)	1 at	2 by	3 out	4 through
(Y)	1 by	2 off	3 out	4 up
(Z)	1 by	2 for	3 if	4 not

I－B　下線部(a)～(i)の意味・内容にもっとも近いものを次の1～4の中からそれぞれ一つ選び、その番号を解答欄に記入しなさい。

(a) an imposing

1 a dangerous　　2 a formidable

3 an important　　4 an offensive

(b) previously

1 dubiously　　2 formerly

3 surprisingly　　4 widely

(c) depicted

1 caught　　2 eternalized　　3 portrayed　　4 reflected

(d) exquisite

1 eternal　　2 fancy　　3 necessary　　4 superb

(e) extracting

1 burning out　　2 finding out

3 lining out　　4 taking out

(f) protocol

1 device　　2 machine　　3 option　　4 procedure

(g) degradation

1 conflict　　2 decay　　3 fusion　　4 graduation

(h) discarded

1 excluded　　2 regarded　　3 reinforced　　4 stimulated

(i) persuasive

1 affluent　　2 convincing　　3 efficient　　4 forceful

I－C　波線部 (ア)～(ウ) の意味・内容をもっとも的確に示すものを次の1～4の中からそれぞれ一つ選び、その番号を解答欄に記入しなさい。

(ア) have turned that assumption on its head

1 have nearly forgotten that assumption

2 have put that assumption completely in doubt

3 have repeatedly thought about that assumption

4 have tirelessly promoted that assumption

(イ) the passage of time is tough on DNA molecules

1 DNA molecules are subject to deterioration

2 DNA molecules become more resistant to degradation

3 DNA molecules can be dated by the relative firmness of their shells

4 DNA molecules pass from generation to generation unchanged

(ウ) smashes the record for

1 dates back much farther than

2 destroys all evidence of

3 leaves us in ignorance about

4 reinterprets the music for

I－D 二重下線部の空所(あ)～(お)に次の1～8の中から選んだ語を入れて文を完成させたとき、(い)と(う)と(お)に入る語の番号を解答欄に記入しなさい。同じ語を二度使ってはいけません。選択肢の中には使われないものが三つ含まれています。

No one (あ)(い) and (う)(え) long this new mammoth lineage (お), Dr. van der Valk said.

1 exists	2 for	3 how	4 knows
5 thrived	6 what	7 where	8 which

I－E 本文の意味・内容に合致するものを次の1～8の中から三つ選び、その番号を解答欄に記入しなさい。

1 Until recently, the Columbian mammoth was thought to have a shorter history than the woolly mammoth.

2 Dalen suggests that ancient inhabitants of the region now known as America were likely to have encountered the Columbian mammoth.

3 Díez-del-Molino believes that examination of genes obtained from fossils will tell us much about the origins of mammoths.

4 DNA from plants, bacteria and humans often gets into fossils, but this does not affect scientific analysis.

5 The mammoth genome is short and irregular compared to the human genome.

6 Examining base pairs of selected specimens, scientists, including van der Valk, discovered a third lineage of the mammoth family in Siberia.

7 Allentoft and his research team showed that the 700,000-year-old mammoth DNA is more ancient than existing horse DNA.

8 Researchers had long asserted that woolly and Columbian mammoths descended from a single lineage in Siberia.

〔Ⅱ〕 次の文章を読んで設問に答えなさい。[＊印のついた語句は注を参照しなさい。](80点)

The statistics are grim. Collectively, the Antarctic* and Greenland ice sheets lose around 466 tons of ice a year on average. That's more than 1.1 billion tons every day. The water from those liquefying* ice sheets pours into the oceans, inching(a) sea levels higher and higher. There's little sign that the melting of the ice caps will slow any time soon. (W) anything, it's going to get exponentially* faster, scientists say. Like the glaciers themselves, it's a process that begins slowly but carries with it a terrifying momentum(ア).

The ice caps store(b) 99 percent of all the freshwater on Earth. (中略) Together, the ice in Antarctica and Greenland would raise Earth's sea levels by around 230 feet if it all melted. The seas would eat up an appreciable* portion of the planet's current land, drowning coastal cities like New York, Los Angeles and Houston. Low-lying Florida would simply disappear. And Antarctica, once a snowy wasteland, would become a rocky archipelago*, free of the overlying ice and partially submerged by rising seas.

(X) an Earth completely free of ice isn't going to happen within our lifetimes, or likely even within the next few thousand years. Most projections(c) put sea-level rise at around a foot by 2100 — far less than what's possible. By the next century, Earth's ice sheets will still be firmly in place, if diminished(d).

The last thing we should take away from that fact is a sense of complacency*, however. Even small changes in sea levels carry dire* consequences. That single foot of sea-level rise could devastate* low-lying coastal cities and force massive migrations inland. And melting glaciers have the potential to alter ocean currents(e), which could change global weather patterns in unpredictable ways.

The ice caps that adorn* Earth's North and South poles are so ingrained* into our mental geography that their presence is often no more than an afterthought. (イ)Even grade-schoolers know to splash some white on the top and bottom of a drawing of the Earth. But turn back the clock some 40 million years, and those icy promontories* disappear. Indeed, for the majority of Earth's existence, the poles have been ice-free.

In the times before our current Ice Age (which simply references the fact that permanent ice exists on the surface), dinosaurs roamed Antarctica and alligators swam in Alaska. (Y) in more recent times, the planet has been significantly warmer and wetter than it is now. (中略) It's not unusual for the ice sheets to be smaller and sea levels to be significantly higher than they are now. But, as with global temperatures, rapid changes to our natural world carry dire consequences for the ecosystems and organisms that depend on it.

The majority of the rise in sea levels today comes from two things: melting ice and expanding water. As water warms it becomes less dense, and some estimates suggest (あ)(い) much as half of sea-level rise this decade (う)(え) due (お) warmer ocean water taking up more space. But with melt rates only projected to increase, vanishing ice sheets will become the more important factor in sea-level rise in the future. The meltwater that's causing the oceans to rise comes from the Greenland and Antarctic ice sheets. While the Arctic ice cap is shrinking too, it doesn't contribute to sea-level rise because that ice is already floating(f) in the ocean — it's taking up all the space it can. (中略)

Most studies point out that ice loss and sea-level rise will keep increasing in magnitude as time goes (Z). One study finds a noticeable inflection point* in 2030, where under the worst-case scenario, the ice sheets begin adding tens of millimeters to sea levels every decade(g), ending up with over a foot of sea-level rise. That's roughly as much sea-level rise per decade as we've seen in the past 30 years. One reason for this could be that ice sheets are flowing into the ocean at ever-quickening rates. As warmer ocean water eats away at their base, the massive glaciers that sprawl(h) from mountains in Antarctica and Greenland and extend far out into the ocean have less holding them back. (中略)

Once begun, it's likely difficult to halt the process of ice sheet disintegration*. That means even getting our emissions(i) under control and putting a halt to global warming might not stop the ice sheets from melting. And, though some evidence has indicated Antarctica might be gaining more ice than it's losing as wetter conditions increase snowfall, more recent studies say that's not true. Though some parts of the continent have been seeing more precipitation*, Antarctica has lost ice, on average, since we began keeping tabs on(j) it.

So, while the ice caps aren't going to disappear, (ウ)that's largely beside the point. There's so much water locked in ice on Earth that releasing even a small portion of it can cause big changes. We need only look back in time to see what we might be in for. During the last interglacial period*, a bit over 100,000 years ago, global temperatures were around 3 degrees hotter than today. That's about as warm as the planet is projected to be in 2100, if we're lucky. Despite that relatively small change in temperature, sea levels may have been 10 feet higher than they are today.

Is it a glimpse of our future? Only time will tell.

(By Nathaniel Scharping, writing for *Discover Magazine*,
February 24, 2021)

[注] Antarctic 南極の
liquefying (liquefy 液化する)
exponentially 急激に
appreciable かなりの
archipelago 群島
complacency 油断
dire 悲惨な
devastate 破壊する
adorn 飾る
ingrained 深くしみ込んだ
promontories 岬
inflection point 屈曲点、転換点
disintegration 崩壊
precipitation 降水
interglacial period 間氷期

Ⅱ－A 空所(W)～(Z)に入るもっとも適切なものを次の1～4の中からそれぞれ一つ選び、その番号を解答欄に記入しなさい。

	1	2	3	4
(W)	As	For	If	Though
(X)	But	Once	Then	Therefore
(Y)	Best	Even	However	Only
(Z)	for	in	on	with

Ⅱ－B 下線部(a)～(j)の意味・内容にもっとも近いものを次の1～4の中からそれぞれ一つ選び、その番号を解答欄に記入しなさい。

(a) inching

1 dashing　2 measuring　3 moving　4 pinching

(b) store

1 export　2 hold　3 sell　4 supply

(c) projections

1 predictions　2 scenes　3 scientists　4 screenings

(d) diminished

1 completed　2 insignificant　3 reduced　4 replenished

(e) currents

1 banks　2 qualities　3 streams　4 tendencies

(f) floating

1 drifting　2 forming　3 freezing　4 sinking

(g) decade

1 hundred years　2 ten years

3 twenty years　4 year

(h) sprawl

1 crawl　2 form　3 spring　4 stretch

(i) emissions

1 release of emotions　2 release of gasses

3 sense of balance　4 sense of mission

(j) keeping tabs on

1 collecting parts of　2 having regrets about

3 paying attention to　4 taking control of

Ⅱ－C　波線部 (ア)〜(ウ) の意味・内容をもっとも的確に示すものを次の１〜４の中からそれぞれ一つ選び、その番号を解答欄に記入しなさい。

(ア) carries with it a terrifying momentum

1 brings with it a momentary fear

2 brings with it an unstoppable force

3 takes an unexpected action

4 takes off an immense pressure

(イ) Even grade-schoolers know to splash some white on the top and bottom of a drawing of the Earth.

1 Even the best students can tell the difference between the Arctic and Antarctic by examining their colors.

2 Even the worst students would know how to crush ice in the poles.

3 Students, even at a young age, can paint the simple but splendid colors of the poles.

4 Students, even at a young age, know that ice is present in the Arctic and Antarctic.

(ウ) that's largely beside the point

1 the fact that the ice caps will remain is relatively unimportant

2 the fact that the ice caps will remain is the second most important issue

3 the fact that the ice caps will vanish is relatively unimportant

4 the fact that the ice caps will vanish is the second most important issue

Ⅱ－D 二重下線部の空所(あ)～(お)に次の1～7の中から選んだ語を入れて文を完成させたとき、(あ)と(う)と(お)に入る語の番号を解答欄に記入しなさい。同じ語を二度使ってはいけません。選択肢の中には使われないものが二つ含まれています。

some estimates suggest (あ)(い) much as half of sea-level rise this decade (う)(え) due (お) warmer ocean water taking up more space

1 as	2 been	3 has	4 more
5 no	6 that	7 to	

Ⅱ－E 本文の意味・内容に合致するものを次の1～8の中から三つ選び、その番号を解答欄に記入しなさい。

1　Many signs show that the melting of the ice sheets in both Antarctica and Greenland will soon slow.

2　If all the fresh water trapped in the ice in Greenland melted, it would push up the sea levels by about 230 feet.

3　Though it is likely that some ice sheets will still be in place in the next century, we should not be lured into a sense of security.

4　The issue is not the melting of the ice sheet itself, since the Earth has been warmer in the past, but the speed at which the ice is melting.

5　Warmer, expanding water is unlikely to cause a rise in sea levels.

6　According to one study, the rise in sea levels will accelerate beginning in about 2030, partly due to ice flowing into the sea, in massive amounts, from Antarctica and Greenland.

7　Once rising sea levels reach a critical point, we can stop global warming and slow the disappearance of the ice sheets.

8　While some studies indicate that Antarctica is gaining more ice than it is losing, others suggest this has little to do with a wetter climate.

Ⅱ－F　本文中の太い下線部を日本語に訳しなさい。

Despite that relatively small change in temperature, sea levels may have been 10 feet higher than they are today.

〔Ⅲ〕 次の会話を読んで設問に答えなさい。(50点)

(*Ella, a university student, runs into her friend Adrian on campus at an American university.*)

Ella: Hey Adrian, how are you?

Adrian: Oh, hey Ella. I'm pretty good. I don't have class next period, so I was just going to read a little.

Ella: Oh yeah? ＿＿(a)＿＿ You really like books, don't you?

Adrian: Well, it's a fun way to pass the time, especially if you find a book you enjoy.

Ella: Yeah, maybe that's my problem. ＿＿(b)＿＿ So, what are you reading now?

Adrian: Oh, just some science fiction. ＿＿(c)＿＿

Ella: Oh, like *Star Wars* or something like that?

Adrian: No, not like that. I prefer hard science fiction.

Ella: What does that mean? Is it really difficult to read?

Adrian: No, that doesn't mean it's difficult. It just means that it tries to be scientifically accurate. [この種類の小説では、作家たちはいつの日か本当に存在しうる新しい技術について書くんだ。]

Ella: Oh, I see. So, what future technology is the book you're reading about?

Adrian: It's about robots. It's called *I, Robot*, and it's written by a famous author named Isaac Asimov. He was a professor of biochemistry. ＿＿(d)＿＿ A lot of people are worried about robots and artificial intelligence, and this book predicted all of that.

Ella: Yeah, I hear about AI all the time now. It's kind of scary that someday computers might be smarter than people. ＿＿(e)＿＿

Adrian: Right. That's what Asimov talks about in this book. He created something called the "Three Laws of Robotics." ＿＿(f)＿＿ These days people are thinking about how to control AI, and they still talk about Asimov's three laws.

Ella: So, what are the three laws?

Adrian: Well, the first law says that a robot should not hurt a human or allow a human to be hurt.

Ella: Well, that's a good first rule. What's the second law?

Adrian: It says that a robot must follow a human's orders, unless those orders would make it break the first law.

Ella: ＿＿(g)＿＿

Adrian: Exactly. So, robots should do what we tell them to do, unless we tell them to harm someone. In that case they shouldn't follow our order.

Ella: No killer robots? That's a relief. And what about the third law?

Adrian: A robot should protect itself as long as it doesn't break the first or second law.

Ella: I see. So, a robot needs to protect people first, and then protect itself. Those are well thought-out laws. ＿＿(h)＿＿

Adrian: Well, believe it or not, it was written in 1950.

Ella: 1950? People were thinking about this seventy years ago?

Adrian: Maybe not most people, but Asimov was. He had an incredible imagination. Actually, he wrote over 500 books.

Ella: And maybe you'll read them all someday.

Ⅲ－A　空所 (a)～(h) に入る最も適切なものを次の１～10の中からそれぞれ一つ選び、その番号を解答欄に記入しなさい。同じ選択肢を二度使ってはいけません。選択肢の中には使われないものが二つ含まれています。

1　I have trouble finding books I like.

2　I hope they don't try to take over the world!

3　It seems like you're always reading.

4 It's really interesting because the ideas in it are still relevant today.

5 Oh, I haven't seen that in a long time.

6 Oh, so that means no one could tell a robot to hurt other people.

7 That's what I usually read for fun.

8 They are a really simple but clear set of rules for robots.

9 Was that book written recently?

10 Wasn't that made into a movie by the same director?

Ⅲ－B 本文中の［　　　］内の日本語を英語で表現しなさい。

この種類の小説では、作家たちはいつの日か本当に存在しうる新しい技術について書くんだ。

数学

(100 分)

〔Ⅰ〕次の［　　］に適する数または式を，解答用紙の同じ記号のついた［　　］の中に記入せよ．

(1) 1 枚の硬貨と，1 から 4 までの異なる番号をつけた 4 枚のカードに対して,「硬貨を投げ，裏が出れば 0 点を獲得する．表が出れば，4 枚のカードから無作為に 1 枚を取り出して，取り出したカードの番号と同じ点数を獲得する．取り出したカードはもとに戻す」という試行を n 回繰り返す．この n 回の試行で獲得した点数の合計が 2 以上の偶数になる確率を p_n とおく．このとき，$p_1 =$ ［ア］, $p_2 =$ ［イ］ であり，p_{n+1} を p_n で表すと $p_{n+1} =$ ［ウ］ $p_n +$ ［エ］ となる．p_n を n の式で表すと，$p_n =$ ［オ］ である．

(2) i を虚数単位とする．複素数平面上の 3 点 A$(2i)$, B$(-1+i)$, C$(1+i)$ を考える．点 D と点 E は，点 A を原点を中心として，それぞれ $\frac{2}{3}\pi$ と $-\frac{2}{3}\pi$ だけ回転した点とする．点 D を表す複素数の実部は ［カ］, 点 E を表す複素数の虚部は ［キ］ である．点 F は，点 C を点 B を中心として $-\frac{\pi}{3}$ だけ回転し，点 B からの距離を $\frac{1+\sqrt{3}}{2}$ 倍した点とする．点 F を表す複素数の実部は ［ク］, 虚部は ［ケ］ である．六角形 ABDFEC の面積は ［コ］ である．

〔II〕 条件 (*) $t^2 \neq 5$ を満たす実数 t に対して，$f(t)=\dfrac{t^2-4t+5}{t^2-5}$，$g(t)=\dfrac{-2t^2+10t-10}{t^2-5}$ とする．次の問いに答えよ．

(1) 条件 (*) を満たすすべての t に対して，点 $(f(t),\ g(t))$ が双曲線 H: $\alpha x^2-\beta y^2=1$ 上にあるとき，定数 α, β の値を求めよ．

(2) 条件 (*) を満たすすべての t に対して，2つの等式

$$f(-t)=af(t)+bg(t),\quad -g(-t)=cf(t)+dg(t)$$

が同時に成り立つとき，定数 a, b, c, d の値を求めよ．

(3) (2) の定数 a, b, c, d を用いて，p', q' を2つの式 $p'=ap+bq$，$q'=cp+dq$ で定める．$p=1$，$q=2$ のとき，p', q' の値を求めよ．

(4) (1) の双曲線 H 上にある任意の点 (p, q) に対して，(3) の2つの式で定まる点 (p', q') も H 上にあることを示せ．

(5) $r_1=1$，$r_{n+1}=9r_n+4\sqrt{5{r_n}^2-1}$ $(n=1, 2, 3, \cdots)$ で定められる数列 $\{r_n\}$ の各項が正の整数であることを示せ．

〔 Ⅲ 〕 座標空間内の四面体 OABC は，$|\overrightarrow{\mathrm{OA}}|=|\overrightarrow{\mathrm{OB}}|=|\overrightarrow{\mathrm{OC}}|=1$，$\cos\angle\mathrm{AOB}=\cos\angle\mathrm{AOC}=\cos\angle\mathrm{BOC}=\dfrac{1}{3}$ を満たしている．この四面体に対して，辺 OA 上の点と辺 BC 上の点を結ぶ線分の長さを L とする．2 点がそれぞれ辺 OA，辺 BC 上の点全体を動いたとき，L を最小にする辺 OA 上の点を P，辺 BC 上の点を Q とする．次の問いに答えよ．

(1) $\overrightarrow{\mathrm{OP}}$，$\overrightarrow{\mathrm{OQ}}$ を $\overrightarrow{\mathrm{OA}}$，$\overrightarrow{\mathrm{OB}}$，$\overrightarrow{\mathrm{OC}}$ を用いて表せ．

(2) $(\overrightarrow{\mathrm{OA}}+x\,\overrightarrow{\mathrm{OB}}+y\,\overrightarrow{\mathrm{OC}})\cdot\overrightarrow{\mathrm{PQ}}=0$ かつ $(\overrightarrow{\mathrm{OA}}+x\,\overrightarrow{\mathrm{OB}}+y\,\overrightarrow{\mathrm{OC}})\cdot\overrightarrow{\mathrm{OB}}=0$ を満たす実数 x，y を求めよ．

(3) 3 点 R，S，T がそれぞれ線分 PQ，辺 OB，辺 OC 上の点全体を動いたとき，$|\overrightarrow{\mathrm{SR}}|^2+|\overrightarrow{\mathrm{TR}}|^2$ の最小値を求めよ．また，そのときの $\overrightarrow{\mathrm{SR}}$，$\overrightarrow{\mathrm{TR}}$ を $\overrightarrow{\mathrm{OA}}$，$\overrightarrow{\mathrm{OB}}$，$\overrightarrow{\mathrm{OC}}$ を用いて表せ．

〔Ⅳ〕 定数 a は $0<a<1$ とする．θ を実数とし，関数

$$f(\theta)=\frac{1-a^2}{2\pi(\,1+a^2-2a\cos\theta\,)}$$

とする．次の問いに答えよ．

(1) $t=\tan\dfrac{\theta}{2}\ \left(-\pi<\theta<\pi\right)$ とおいて，$f(\theta)$ を t の式で表す．この t の式を $f_1(t)$ とすると，t の関数 $f_1(t)$ はある定数 b を用いて，$f_1(t)=\dfrac{b(\,1+t^2\,)}{2\pi(\,b^2+t^2\,)}$ と表せる．b を a の式で表せ．

(2) $g(\theta)$ は連続で 2π を周期とする周期関数とする．c を実数とするとき，等式 $\displaystyle\int_0^{2\pi}g(\theta)\,d\theta=\int_c^{c+2\pi}g(\theta)\,d\theta$ が成り立つことを示せ．

(3) $-\pi<\theta<\pi$ のとき，実数 u $\left(-\dfrac{\pi}{2}<u<\dfrac{\pi}{2}\right)$ は (1) の b を用いて $b\tan u=\tan\dfrac{\theta}{2}$ を満たすとする．このとき，$f(\theta)$ を u で表した式を $f_2(u)$ とし，式 $f_2(u)\dfrac{d\theta}{du}$ の値を h とする．h を求めよ．

(4) r を実数とする．定積分 $\displaystyle\int_0^{2\pi}f(\theta-r)\cos\theta\,d\theta$ を a と r の式で表せ．ただし，必要ならば，(3) の h に対して，等式 $\displaystyle\int_{-\pi}^{\pi}f(\theta)\,d\theta=\pi h$ が成り立つことを証明なしで用いてよい．

物理

(75 分)

〔Ｉ〕　次の文中の空欄（ア）～（ケ）にあてはまる式を解答用紙（一）の該当する欄に記入せよ。ただし，万有引力定数を G とし，物体の大きさは無視できるとする。

図1のように，質量 m の物体 P が質量 M_A の物体 A を中心に，万有引力を向心力として半径 a の等速円運動をしている。ただし，m は M_A に比べて十分に小さい。P の速さは［（ア）］である。その後，P は物体 P_1 と P_2 に分裂した。質量 m_1 の P_1 は，円の接線方向の速度成分を変えずに，A から P_1 の向きへの速度成分 v_1 で円軌道から飛び出した。万有引力による位置エネルギーの基準を無限遠とすると，分裂したとき P_1 がもつ力学的エネルギーは，P_1 と P_2 の間にはたらく万有引力による位置エネルギーを無視すると［（イ）］である。分裂後 P_1 は無限遠まで飛び去ったので，v_1 は［（ウ）］より大きいことがわかる。

図2のように，物体 A と質量 M_B $(< M_A)$ の物体 B が，万有引力を向心力として，A と B の重心 C を中心とする等速円運動をしている。A と B の角速度は等しい。AB 間の距離を R とすると，AC 間の距離は［（エ）］であり，B の速さは［（オ）］である。

物体 A と B に物体 Q を加えた運動を考える。ただし，Q の質量 m' は A および B の質量 M_A，M_B に比べて十分に小さく，Q が A，B の運動に与える影響は無視できる。A，B に対して Q がある特定の位置にあるとき，A，B，Q は相対的位置を変えずに，C を中心とする周期［（カ）］の等速円運動を行う。この条件をみたす A, B に対する Q の位置は，図2の点 L_1 から L_5 の5点である。5点のうち，L_1，L_2，L_3 は A と B を結ぶ直線上にある。CL_1 間の距離を r とする。Q が L_1 の位置にあるとき，A および B から Q にはたらく万有引力の合力を向心力として Q は等速円運動を行うことから，Q にはたらく万有引力の合力の大きさは $Gm'(M_A + M_B)\times$［（キ）］と表せる。ただし，（キ）の解答には R と r のみを用いること。Q が L_2 もしくは L_3 の位置にあるときも同様に，A と B を結ぶ直線上の万有引力の合力を向心力として Q は等速円運動を行う。

一方，物体 A および B の位置と点 L_4 は正三角形の頂点をなす。物体 Q が L_4 の位置にあるとき，Q にはたらく万有引力の合力の大きさは [(ク)] である。このとき，Q にはたらく万有引力の合力の作用線が A と B を結ぶ直線となす角を $\phi\ (< \frac{\pi}{2})$ とすると $\tan\phi =$ [(ケ)] である。点 L_5 は A と B を結ぶ直線に対して L_4 の対称な位置にある。

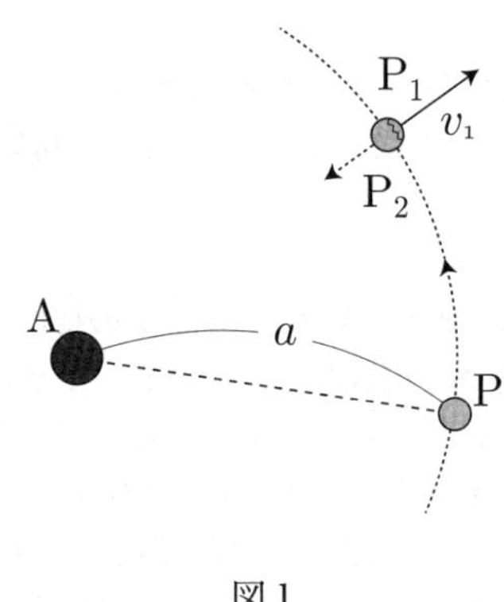

図 1

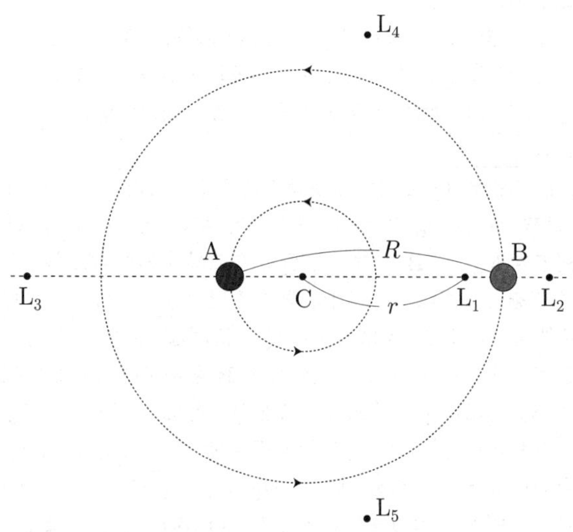

図 2

〔 II 〕　次の文中の空欄（ア）～（ク）にあてはまる式を解答用紙（一）の該当する欄に記入せよ。ただし，真空中の誘電率を ε_0 [F/m]，重力加速度の大きさを g [m/s^2] とする。

図 1 のように，真空中で面積 S [m^2] の 2 枚の軽い円形極板 A と B を間隔 d [m] だけ離して水平に固定した平行板コンデンサーに，抵抗値 R [Ω] の抵抗，起電力 V [V] が一定で内部抵抗の無視できる電池，スイッチが直列につながれている。はじめ，コンデンサーには電荷が蓄えられていないとする。スイッチを閉じて自由電子が移動しているとき，ある時刻で A に電荷が q [C] だけ蓄えられたとすると，このときに抵抗を流れる電流の大きさは［（ア）］[A] である。十分に時間が経過して極板間の電位差が V となったとき，コンデンサーが蓄えている静電エネルギーは［（イ）］[J] である。

コンデンサーの極板に電荷が蓄えられていると，極板間に引力がはたらく。スイッチを閉じたまま極板 A にこの引力と逆向きの外力を加え，A の固定をはずして極板間隔をゆっくりと微小距離 Δd [m] だけ広げた。$|x| \ll 1$ のとき $\dfrac{1}{(1+x)} \fallingdotseq 1-x$ の近似が成り立つことを用いると，極板間隔を広げたことにより静電容量は［（ウ）］[F] だけ減少した。また，この間に電池がされた仕事は［（エ）］[J] である。極板間隔をゆっくり広げるので，回路を流れる電流は十分に小さく，抵抗での電力消費は無視できる。したがって，外力がした仕事と電池がした仕事の和が静電エネルギーの変化となるから，極板間にはたらく引力の大きさは［（オ）］[N] と求められる。

スイッチを閉じたまま極板間隔を $3d$ にして十分に時間が経過すると，コンデンサーに蓄えられる電気量は［（カ）］[C] となる。つぎにスイッチを開き，極板間隔を d に戻した。極板間隔を d にした後の極板間の電場の強さは［（キ）］[N/C] である。

さらに，コンデンサーに蓄えられた電気量が 0 になるまで放電し，両極板を固定した。図 2 のように，質量 m [kg]，面積 a [m^2] で極板 A および B に比べて十分に小さく厚さが無視できる金属の円板 C を，B の上に中心が一致するように置いた。電池は内部抵抗が無視でき，起電力を変えることができる電池に置き換えた。電池の起電力を 0 V としてスイッチを閉じ，その後ゆっくりと起電力を大きくした。電池の起電力が［（ク）］[V] になったとき，C にかかる A からの引力と重力がつり合った。

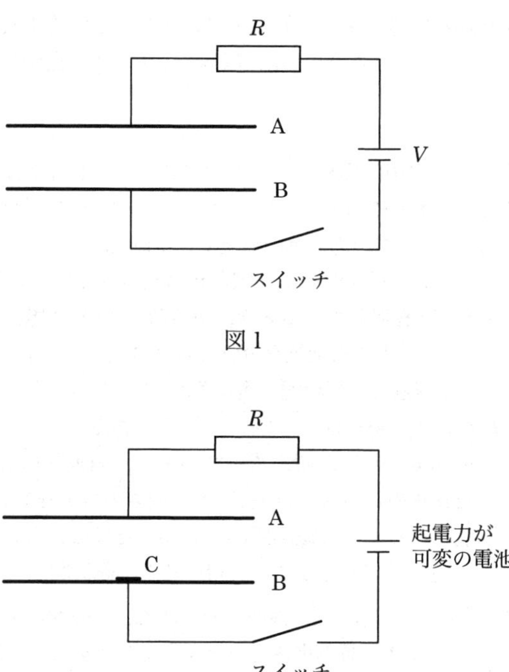

図 1

図 2

〔Ⅲ〕　次の文中の空欄（ア）～（ク）にあてはまる式を解答用紙（二）の該当する欄に記入せよ。ただし，気体は理想気体で，圧力 p [Pa]，比熱比 γ，温度 T [K] での密度は ρ [kg/m^3] で，音速は $\left(\frac{\gamma p}{\rho}\right)^{\frac{1}{2}}$ [m/s] と与えられる。

図1のように，内側が長さ L [m] の上面のみが開いた円筒容器が軸を鉛直方向にして置かれており，音源を上面の外側に置いた。円筒容器内の気体の温度は T で，密度，圧力，比熱比はまわりの気体に等しい。音源から正弦波を発生して振動数を変化させたところ，いくつかの振動数で定常波が発生し，固有振動が生じた。ただし，開口端補正は無視できるとする。正の整数 n を用いると，定常波の振動数は［（ア）］[Hz] と表せる。3倍振動が生じているとき，大きさの無視できるマイクを，円筒容器の底面から容器の軸に沿ってゆっくりと移動して音波を測定すると，マイクが底面から［（イ）］[m] だけ移動したとき初めて音波の圧力変化が極小となった。また，5倍振動が生じているとき，マイクを円筒容器の軸に沿ってゆっくりと移動して音波を測定すると，音波の圧力変化が極大となる位置の間隔は［（ウ）］[m] であった。

図2のように，内部の体積 V [m^3] の球状容器の上部に，内側の断面積 a [m^2]，長さ d [m] の円筒がついている。はじめ，球状容器および円筒の内部の気体の温度は T で，密度，圧力，比熱比はまわりの気体に等しい。円筒の部分の気体の質量は［（エ）］[kg] である。音源を円筒の外側におき，正弦波を発生して振動数を変化させると，ある振動数で共鳴が生じた。円筒の部分の体積は球状容器の体積に比べて十分に小さく，円筒の部分の気体はひとかたまりとして鉛直方向に d に比べて十分に小さい変位で運動する。一方，球状容器内の気体は，円筒の部分の気体の運動に応じて体積と圧力が微小変化する。体積が V から $V+\Delta V$ [m^3] に微小変化したとき，圧力の微小変化は $-\frac{\gamma p}{V}\Delta V$ [Pa] と与えられる。円筒の部分の気体が鉛直方向に微小距離 Δy [m] だけ変位したとき，球状容器内の気体の圧力が微小変化して，円筒の部分の気体には大きさ［（オ）］[N] の復元力がはたらき，円筒の部分の気体は振動数［（カ）］[Hz] で振動する。球状容器内の気体の体積も同じ振動数で変化し共鳴が生じる。

つぎに，球状容器，円筒およびまわりの気体の温度が T から T' [K] に上昇した。圧力および比熱比はそれぞれ p, γ のままであったとすると，温度の上昇により音速は［（キ）］倍となり，共鳴振動数も音速に比例して増加した。一方，温度は T のままで球状容器にある深さまで水をいれたところ，共鳴振動数が k 倍 $(k>1)$ になった。水の体積は［（ク）］[m^3] である。

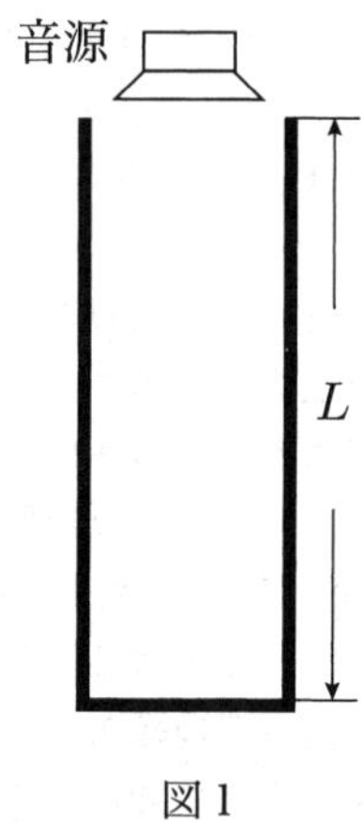

図 1

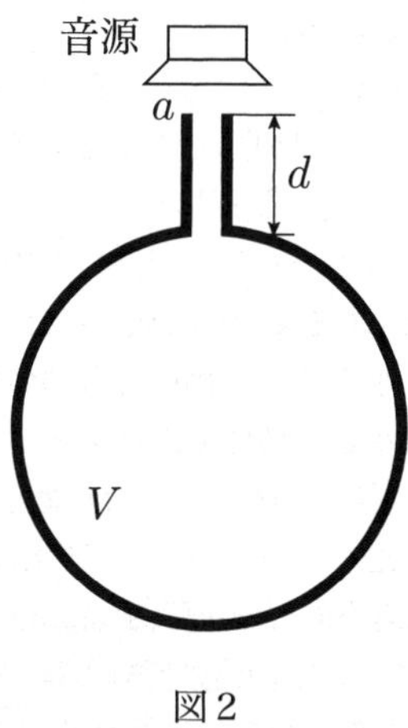

図 2

化学

(75 分)

[注意]

原子量は，C = 12，N = 14，H = 1.0，O = 16，Fe = 56 とし，アボガドロ定数は 6.0×10^{23} /mol とする。また $\sqrt{2} = 1.4$，$\sqrt{3} = 1.7$ とする。

気体定数は 8.3×10^3 Pa･L/(K･mol) とせよ。

〔I〕 次の文を読み，問い（1）～（5）の答えを，解答用紙（一）の〔I〕の該当する欄に記入せよ。

元素の周期表において，（　あ　）～ 11 族に属する元素を遷移元素とよぶ。第（　い　）周期の元素である鉄 Fe は，天然には酸化物や硫化物として存在する。地殻中に存在する各元素の総質量を比較すると，Fe は，酸素，（　う　），アルミニウムに次いで多い。

現代の鉄の工業的製法は，原料となる鉄鉱石を還元する方法である。鉄鉱石をコークス（炭素 C）や石灰石とともに高炉（溶鉱炉）内に入れ，空気に酸素を混ぜた熱風で加熱することにより，Fe に還元する。この反応の主な還元剤は，コークスの燃焼によって生じる（　え　）である。例えば，(a)加熱された磁鉄鉱（四酸化三鉄 Fe_3O_4）は，（　え　）による還元により，Fe になる。この操作により得られる Fe は銑鉄とよばれる。銑鉄は炭素をおよそ 4 %含み，もろく，融点が低いので，鋳物などに用いられる。銑鉄は，さらに転炉によって，炭素量が約 2 %以下の（　お　）となる。（　お　）は焼入れ，焼きなましなどとよばれる熱処理により，炭素量を調整し，結晶構造を変化させることができる。これらの操作により，（　お　）をさらに硬くしたり，強くしたりすることができる。

なお，純粋な Fe も温度を上げると結晶構造が変化することが知られている。室温における Fe は α-Fe ともよばれ，結晶構造は体心立方格子（図 1）

である。これを約910℃に加熱すると結晶構造が面心立方格子（図2）に変化し，γ-Feとよばれる。このような結晶構造の変化を構造相転移とよぶ。

Feは湿った空気中で徐々に酸化され，赤さびである（　か　）を生じる。（　か　）は，顔料などに用いられるべんがらの主成分である。一方，Feを空気中で強熱したり，(b)赤熱したFeに高温の水蒸気を吹きつけたりすると，黒さびである四酸化三鉄が得られる。表面の赤さびは徐々に内部に進行するが，黒さびは内部を保護する性質があるので，鉄製品の表面保護膜として利用される。また，Feに亜鉛Znをめっきした（　き　）は，雨水などによる腐食に強い。（　き　）に傷がつき，FeとZnが同時に雨水にさらされると，（　く　）から優先的に酸化（腐食）される。(c)このような金属の腐食は，空気中の酸素や水中に溶存する酸素が還元される反応とともに起こり，電池と同様の酸化還元反応である。

（1）文中の（　あ　）～（　き　）に最も適する語句，数字または化合物名を答えよ。また，（　く　）はFeまたはZnのいずれかで答えよ。

（2）遷移元素に関する次の（ア）～（オ）の文のうち，正しいものをすべて選び，記号で答えよ。

（ア）遷移元素の単体には金属元素が多いが，一部非金属元素もある。

（イ）遷移元素の同族元素の性質はよく似ているが，同一周期において隣接する元素とは，性質に共通点がない。

（ウ）遷移元素の最外殻電子の数は，同一周期において原子番号が増加するにともない，単調に増加する。

（エ）レアメタルは希少性が高く有用な金属であり，その中には遷移元素でない金属も含まれる。

（オ）三元触媒は自動車の排ガスの無害化に使用され，その主体となる貴金属は，遷移元素である。

（3）下線部(a)，(b)の化学反応式を答えよ。

（4）　Fe の構造相転移について，次の（ｉ）～（iii）の問いに答えよ。ただし，構造相転移前後で Fe の原子半径は変化しないものとする。

（ｉ）　α-Fe における単位格子の１辺の長さ（格子定数）を a〔cm〕とし，Fe のモル質量を M〔g/mol〕，アボガドロ定数を N_A〔/mol〕とする。α-Fe の密度 d〔g/cm^3〕を a，M，N_A を用いた式で表せ。

（ii）　原子どうしが互いに接しているとすると，α-Fe における格子定数 a〔cm〕は，Fe の原子半径 r〔cm〕を用いて，$a = (4/\sqrt{3})r$ と表せる。γ-Fe における格子定数 b〔cm〕を，同様に r を用いて表せ。

（iii）　Fe を加熱してすべて γ-Fe とした後，ゆっくり冷やして α-Fe にすると，少し膨張する。構造相転移直前に体積 1.0 cm^3 の γ-Fe は，構造相転移直後に何 cm^3 の α-Fe に変化するか。有効数字２桁で答えよ。

（5）　下線部(c)のような金属の腐食を確かめるために，金属や合金の板を，フェノールフタレイン液とヘキサシアニド鉄(Ⅲ)酸カリウムを含む食塩水（以下溶液Ａとする）に浸す実験①～③を行った。次の（ｉ）～（iv）の問いに答えよ。なお，いずれの実験においても，気体の発生は見られなかった。

実験①　図３(a)のように，Fe に Zn を接合した板を，溶液Ａに浸しておくと，溶液は赤くなり，Zn と Fe いずれの上にも沈澱は生じなかった。

実験②　図３(b)のように，実験①と同じ Fe に，ステンレス合金を接合した板を，溶液Ａに浸しておくと，溶液は赤くなり，Fe 上にのみ濃青色の沈澱が生じ，ステンレス合金に変化はなかった。

実験③　図３(c)のように，実験①と同じ Fe の板のみを，溶液Ａに浸しておくと，溶液は赤くなり，Fe 上に濃青色の沈澱が生じた。

（ｉ）　Zn および Fe を電池の電極として用いた場合，どちらが正極および負極となるか。実験①の結果から考えて，解答欄に正極または負極で答えよ。

（ii）　実験②において，ステンレス合金とFeとの間に電流が流れたと考えられる。図3(b)においてどちらの方向に電流が流れたか，左または右で答えよ。

（iii）　実験②のステンレス合金およびFe上において，流れた電流にともなって生じた反応を，電子を含むイオン反応式で答えよ。

（iv）　一般に金属表面には微小な凹凸が無数にあり，そのため腐食されやすい部分とされにくい部分が生じる。したがって，実験③では，Fe表面上の凹凸により微小な正極と負極が生じ，その結果Feの腐食が進行したと考えられる。ただし，実験②におけるFeに比べて，腐食の進行は遅かった。その理由を説明せよ。

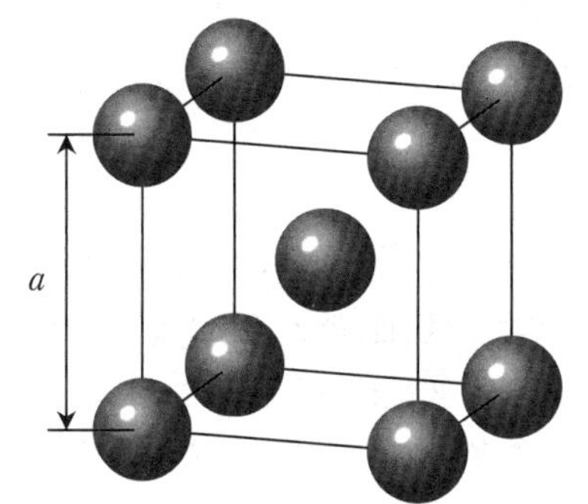

図1　α-Feの結晶構造（体心立方格子）

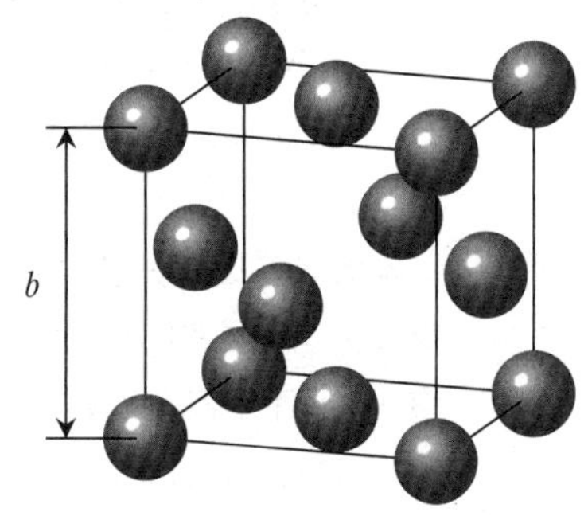

図2　γ-Feの結晶構造（面心立方格子）

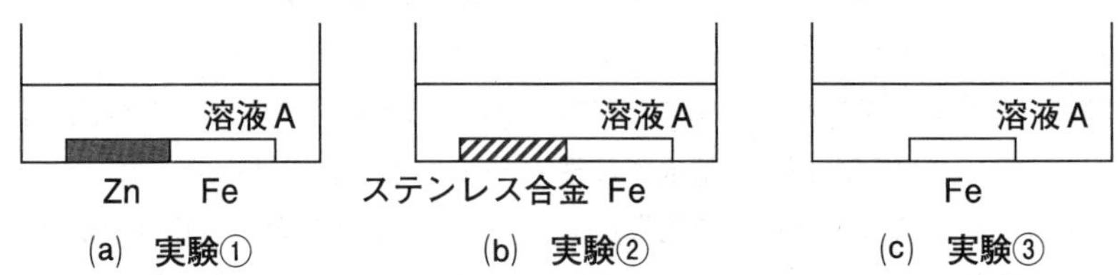

図3　フェノールフタレイン液とヘキサシアニド鉄(Ⅲ)酸カリウムを含む食塩水（溶液A）に，金属や合金の板を浸す実験

（50点）

〔Ⅱ〕 次の文を読み，問い（1）～（5）の答えを，解答用紙（一）の〔Ⅱ〕の該当する欄に記入せよ。

炭化水素の燃焼は最もよく知られた化学反応の一種であり，その燃焼熱は，暖房や熱機関に用いられている。炭化水素の一種であるプロパンの完全燃焼の反応式は次の①式で表され，生成したH_2Oが液体のときのプロパンの燃焼熱は2220 kJ/mol である。

$$C_3H_8 + 5\,O_2 \longrightarrow 3\,CO_2 + 4\,H_2O \qquad ①$$

(あ)圧力が常に1.00×10^5 Pa に保たれるように容積が変化する容器内で①式の反応が進む時を考える。熱が外に逃げないように容器が断熱されている場合，燃焼によって容器内が十分に高温となることが多く，この時，生成したH_2Oは全て水蒸気として存在する。一方，容器が断熱されていない場合，容器から熱が外部に伝わり，容器内の温度が室温になれば液体のH_2Oが現れることもある。しかし，この時でも液体となるのは生成したH_2Oの一部であり，残りのH_2Oは気体中に存在する。

燃焼熱の他にも反応熱や溶解熱は物体の加熱や冷却に用いられる。例えば，(い)固体の酸化カルシウムと液体の水から（　A　）が生成する反応は加熱に利用でき，固体の硝酸アンモニウムや尿素の水への溶解は冷却に利用できる。

（1） 空欄（　A　）にあてはまる最も適切な化合物名を記せ。

（2） 下線部(い)について，硝酸アンモニウム 1 mol および尿素 1 mol が水に溶解するときの溶解熱の絶対値は，それぞれ，26 kJ および 15 kJ である。また，（　A　）の固体が生成する反応の反応熱の絶対値は，酸化カルシウム 1 mol あたり 65 kJ である。硝酸アンモニウムの水への溶解，尿素の水への溶解，および（　A　）の固体が生成する反応の熱化学方程式を記せ。水への溶解の熱化学方程式は次の例にならって記せ。

例：NaOH(固) + aq = NaOH aq + 45 kJ

（3） 1.0 mol のプロパンと 50.0 mol の空気のみを下線部(あ)の容器に入れ燃焼させたところ，①式の反応のみが進んだ。反応前の気体の温度は 300 K であり，反応後の気体にはプロパンは含まれていなかった。空気は窒素と酸素のみから成り，物質量の比が 4.0（N_2）：1.0（O_2）の気体であるとして，次の問い（ⅰ）～（ⅲ）に答えよ。水の蒸発熱は 44.0 kJ/mol であり，気体は全て理想気体であるとせよ。

（ⅰ） 反応後の容器内に含まれる O_2，CO_2，H_2O，N_2 の物質量〔mol〕を，それぞれ，有効数字2桁で求めよ。

（ⅱ） 容器には断熱材が巻かれており，熱が外に逃げない。この時，反応後の容器内は高温となり，容器内の物質は全て気体であった。次の問い（a）および（b）に答えよ。

（a） プロパンの燃焼を表す次の熱化学方程式の空欄（　B　）の反応熱を整数で記せ。

$$C_3H_8(\text{気}) + 5\,O_2(\text{気}) = 3\,CO_2(\text{気}) + 4\,H_2O(\text{気}) + (\quad B \quad)\ \text{kJ}$$

（b） 反応後の容器内の気体の温度〔K〕を有効数字2桁で求めよ。気体 1 mol の温度を 1 K 上昇させるのに必要な熱量は，気体の種類と温度に関わらず 30.0 J/(mol·K) であるとせよ。

（ⅲ） 問い（ⅱ）の反応後の状態から断熱材を取り除きしばらく経過すると，温度が 300 K で一定となった。この時，容器内には 36.0 g の液体の水が生成していた。気体の水への溶解は無視できるとして，次の問い（c）～（e）に答えよ。

（c） 反応後に 300 K で水蒸気として存在している H_2O の質量〔g〕を有効数字2桁で求めよ。

（d） 反応後 300 K の容器内の気体の体積〔L〕を有効数字2桁で求めよ。

（e） 300 K における水の蒸気圧〔Pa〕を求め，有効数字2桁で記せ。

(4) プロパンと空気のみを下線部(あ)の容器に入れ燃焼させたところ，①式の反応のみが進み液体の水が生成した。二酸化炭素の水への溶解が無視できない時，この液体は酸性の水溶液として扱わねばならない。水溶液中の二酸化炭素の一部は水と反応して H_2CO_3 あるいは HCO_3^- として存在し CO_3^{2-} の生成は無視できるとする。H_2CO_3 と HCO_3^- には電離定数を K_a として②式の平衡が成り立っている。

$$H_2CO_3 \rightleftarrows H^+ + HCO_3^- \qquad ②$$

$$K_a = \frac{[H^+][HCO_3^-]}{[H_2CO_3]}$$

ただし，[X] はXのモル濃度〔mol/L〕を表す。次の文章の空欄について，(C) に適切な人名を，(D) に右あるいは左を，それぞれ記せ。また，(ア) ～ (ウ) にはあてはまる式を，それぞれ記せ。水に溶解する気体は二酸化炭素だけであるとせよ。

文章

気体の二酸化炭素の分圧が変われば水に溶解する二酸化炭素の濃度が変化し $[H_2CO_3]$ と $[HCO_3^-]$ も変化する。$[H_2CO_3]$ と $[HCO_3^-]$ の和が C_0〔mol/L〕のとき，$[H_2CO_3] = x$ とすると，K_a を x，C_0 と $[H^+]$ のみで表すことができ，これから，x の C_0 に対する比 x/C_0 は，K_a と $[H^+]$ を用いて次の③式で表すことができる。

$$\frac{x}{C_0} = \frac{[H^+]}{(\quad ア \quad)} \qquad ③$$

(C) の原理によれば，pH が低くなるほど，②式の電離平衡は (D) に移動するが，この結果は，③式から求めた x/C_0 の $[H^+]$ に対する依存性と定性的に同じである。

水溶液中の陽イオンがもつ総電気量と陰イオンがもつ総電気量とは絶対値が等しい。この水溶液の $[OH^-]$ は $[H^+]$ や $[HCO_3^-]$ に比べて無視できるとすれば，$[H^+]$ は x と C_0 を用いて，K_a を含まない次の④式で表すことができる。

$$[\mathrm{H^+}] = (\quad \text{イ} \quad) \qquad ④$$

③，④式を用いれば，C_0 と K_a のみから $[\mathrm{H^+}]$ を求めるための⑤式を得ることができる。

$$[\mathrm{H^+}] = \frac{-K_a + \sqrt{(\quad \text{ウ} \quad)}}{2} \qquad ⑤$$

気体中の二酸化炭素の分圧が変われば C_0 の値が変化するが，C_0 の値が分かれば，与えられた二酸化炭素の分圧における pH を⑤式から求めることができる。

（5） 炭素を含む物質の燃焼は大気中の二酸化炭素の増加を招くため地球温暖化の原因になると考えられている。メタン，プロパン，黒鉛の物質量を適切に調整し，完全燃焼させた時に発生する熱量が同じになるようにした。この時，燃焼で生成する二酸化炭素の物質量が多い順番に並べた次の関係の空欄（　x　）～（　z　）に，メタン，プロパン，黒鉛を記入せよ。メタンと黒鉛の燃焼熱は，それぞれ，890 kJ/mol（生成する水が液体の時）および 390 kJ/mol であるとし，生成した水は液体であるとして比較せよ。

（　x　）＞（　y　）＞（　z　）

（50点）

〔Ⅲ〕 次の文を読み，問い（1）～（7）の答えを，解答用紙（二）の〔Ⅲ〕の該当する欄に記入せよ。構造式および化学反応式は例にならって記すこと。

化学反応によって生成する化合物を予測することは重要である。たとえば，①式に示す反応のように，二重結合に対して分子構造が対称でないアルケンに臭化水素（HBr）が（　あ　）する場合，水素原子が二重結合の炭素原子のどちらに結合するかによって，２種類の化合物が生成することになる。それでは，どちらの化合物が優先して得られるか考えてみよう。この反応は，①式に示すように２段階で進行する。

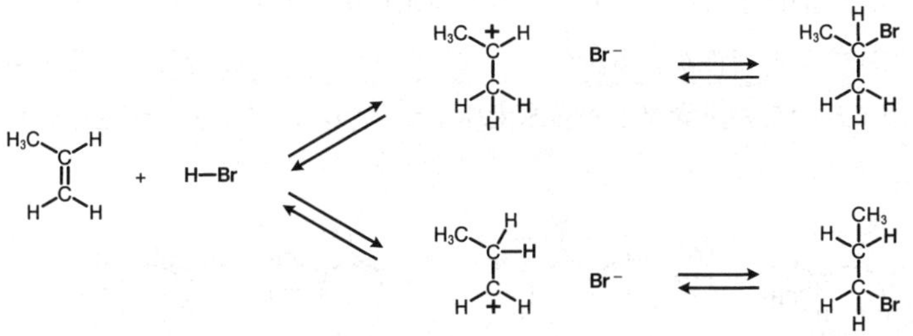

$$CH_3\text{-}CH{=}CH_2 + H\text{-}Br \rightleftarrows \begin{cases} CH_3\text{-}C^{+}H\text{-}CH_3 \quad Br^- \rightleftarrows CH_3\text{-}CHBr\text{-}CH_3 \\ CH_3\text{-}CH_2\text{-}C^{+}H_2 \quad Br^- \rightleftarrows CH_3\text{-}CH_2\text{-}CH_2Br \end{cases} \quad ①$$

１段階目では，二重結合で結びついている炭素原子の１つとHBrの水素イオン（H^+）が結びつき，正電荷をもつ炭素陽イオン（カルボカチオン）と臭化物イオン（Br^-）が生成する。この際，プロペンに含まれる二重結合の炭素原子のどちらにH^+が結びつくかによって，異なるカルボカチオンが生成するが，図１に示すように，結合しているメチル基などのアルキル基の多いカルボカチオンが，より安定であるために，（　い　）が優先して得られる。このように優先して得られる生成物を主生成物と呼ぶ。

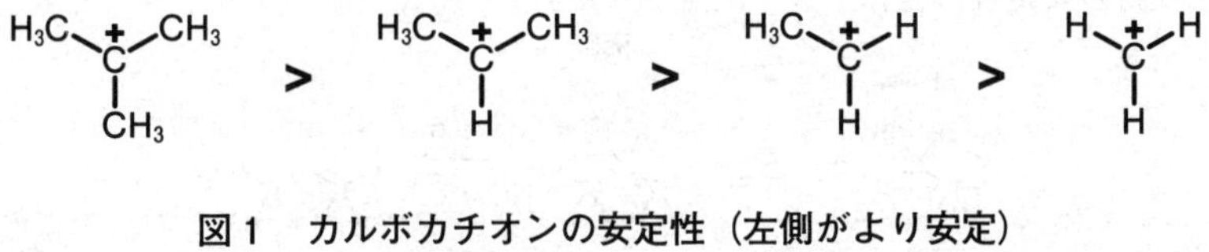

$$(CH_3)_3C^{+} > (CH_3)_2C^{+}H > CH_3C^{+}H_2 > C^{+}H_3$$

図１　カルボカチオンの安定性（左側がより安定）

ハロゲン化水素（HX）あるいは水（HOH）などがアルケンに（　あ　）するとき，二重結合を形成する炭素原子のうち，水素原子の多い方にHが，水素原子の少ない方にXあるいはOHが結び付きやすい。この規則は，これを見出したロシアの化学者ウラジミール・マルコフニコフにちなんでマルコフニコフ則と呼ばれている。

マルコフニコフはロシア化学の父と言われるアレクサンドル・ブートレロフに師事していたが，アレクサンドル・ザイツェフもブートレロフに師事していた。ザイツェフは，アルカンのハロゲン化物やアルコールから，（　う　）反応によってアルケンを生成する際の経験則を発表している。このザイツェフ則によれば，アルコールの脱水反応によって2種類以上のアルケンが生成する可能性がある場合，②式に示すように，結合している水素原子の数がより少ない炭素原子から水素原子が奪われたアルケンが主生成物となる。

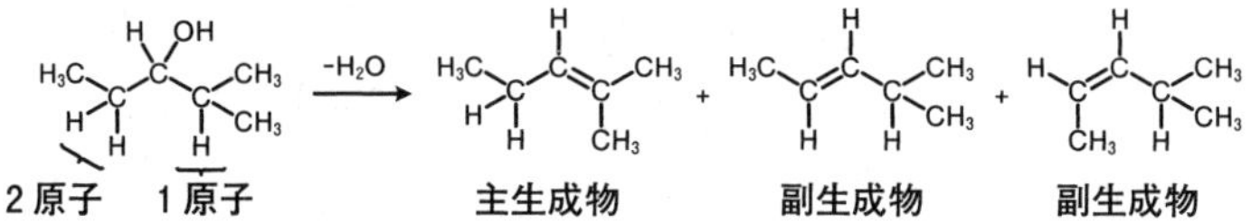

2原子　1原子　　主生成物　副生成物　副生成物　②

実際に，硫酸を触媒として用いた2–ブタノールの脱水反応では（　え　）と（　お　）とが82：18の比率で得られる。ただし，前者の生成物には，（　か　）異性体が存在する。2–ブタノールの脱水反応を詳しく見てみよう。この反応は，③式に示すように1）ヒドロキシ基の酸素原子とH^+との結びつき，2）脱水によるカルボカチオンの生成，(a)3）アルケンの生成の3段階で進行する。このように，共通のカルボカチオンから3種類の生成物が得られる。この反応は可逆反応であり，温度が十分高ければ，生成物の比率は生成物の安定性の差によって決定される。

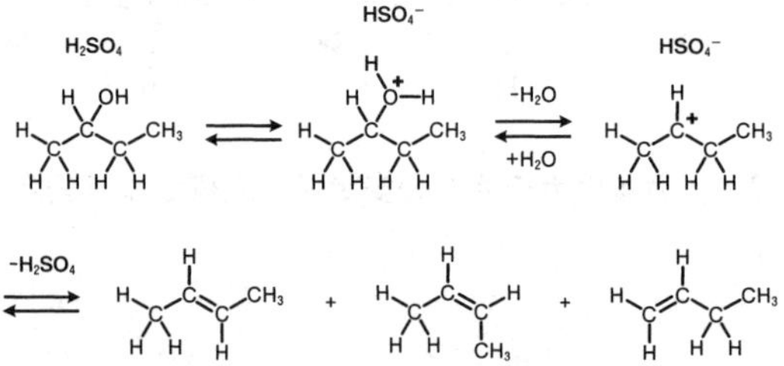

③

（1）　文中の空欄（　あ　）～（　か　）にあてはまるもっとも適切な語句および物質名を次の語群から選び，記号で記せ。

【語群】

（ア）　付加　（イ）　置換　（ウ）　縮合　（エ）　脱離

（オ）　光学　（カ）　回転　（キ）　幾何

（ク）　1-ブテン　（ケ）　2-ブテン

（コ）　1-ブロモプロパン　（サ）　2-ブロモプロパン

（シ）　1-ブロモ-1-プロペン　（ス）　2-ブロモ-1-プロペン

（2）　エチレンに関する記述として間違っているものを，次の（セ）～（チ）からすべて選び，記号で記せ。

（セ）　酢酸との反応によって酢酸エチルを生成することができる。

（ソ）　空気酸化によってアセトアルデヒドを得ることができる。

（タ）　3分子を重合するとベンゼンを得ることができる。

（チ）　炭化カルシウムに水を加えると生成する。

（3）　適切な触媒をもちいてベンゼンを水素と反応させるとシクロヘキサンを得ることができる。この反応は可逆反応であり，シクロヘキサンからベンゼンと水素を得ることができる。1 mol のメチルシクロヘキサン（$CH_3C_6H_{11}$）から，1 mol のトルエンと何 mol の水素を得ることができるか答えよ。

（4）　③式の3段階目の反応（文中の下線部(a)）における硫酸水素イオン（HSO_4^-）の働きとして正しいものを次の（ツ）～（ニ）から選び，記号で記せ。

（ツ）　酸化作用

（テ）　脱水作用

（ト）　酸としての作用

（ナ）　アレニウスの定義による塩基としての作用

（ニ）　ブレンステッド・ローリーの定義による塩基としての作用

（5）　次に示す化合物A～Dに関する次の問い（ i ）～（iv）に答えよ。

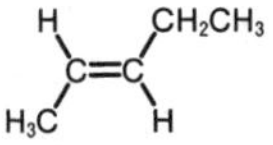

A 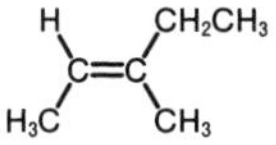　　B 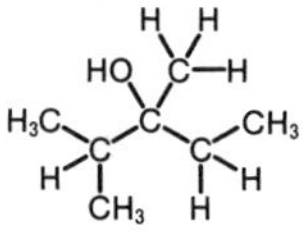　　C 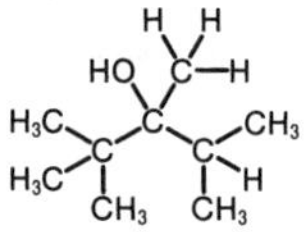　　D

（ i ）　化合物Aと臭化水素との反応により得られる化合物には立体異性体を含め何種類の異性体が存在するか答えよ。

（ii）　化合物Bと臭化水素との反応により得られる主生成物を，マルコフニコフ則をもとに予測し，化合物E～Gから選択し記号で記せ。

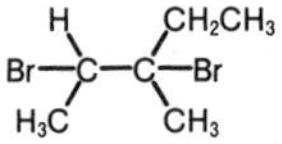

E 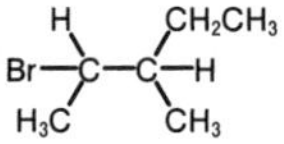　　F 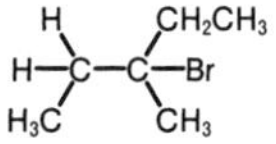　　G

（iii）　化合物Cの脱水反応により得られる主生成物を，ザイツェフ則をもとに予測し，化合物H～Kから選択し記号で記せ。

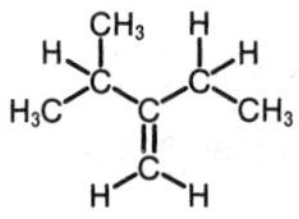

H 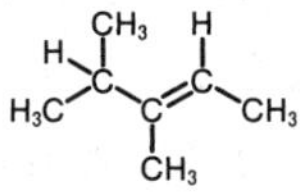　　I 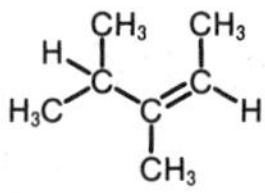　　J 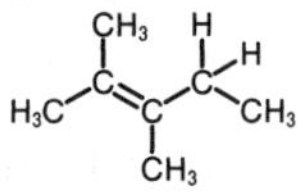　　K

（iv）　化合物Dの脱水反応により得られる主生成物を，ザイツェフ則をもとに予測し，化合物L～Nから選択し記号で記せ。

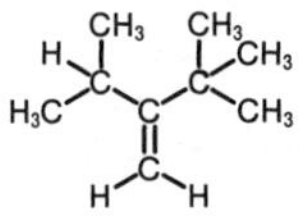

L 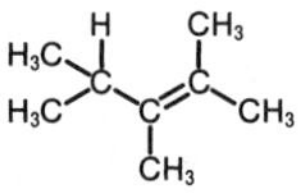　　M 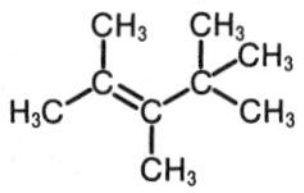　　N

（6） 化合物Oを塩基性の過マンガン酸カリウム水溶液と低温で反応させると，化合物Pとともに黒褐色の沈殿が生じる。この黒褐色の沈殿が生じる，次式に示した反応を過マンガン酸カリウムと化合物Oを左辺に含む化学反応式で記せ。

$$(H_3C)_2C{=}C(CH_3)_2 \ (\mathrm{O}) \xrightarrow{KMnO_4,\ H_2O} HO{-}C(CH_3)_2{-}C(CH_3)_2{-}OH \ (\mathrm{P})$$

（7） 炭素と水素，酸素のみからなる一価の第三級アルコールである化合物Qを2.64g完全燃焼させたところ，二酸化炭素が6.60g，水が3.24g発生した。化合物Qから脱水反応によってザイツェフ則に従う化合物Rを得た。化合物Rに対して(b)オゾン分解を行い，化合物Sと化合物Tを得た。化合物Sは銀鏡反応を示し，その結果，化合物Sは化合物Uとなった。一方，化合物Tはヨードホルム反応を示し，銀鏡反応を示さなかった。次の問い（i）～（iv）に答えよ。なお，下線部(b)に示したオゾン分解の反応条件では，次式に示す反応が進行するものとせよ。

$$R^1R^2C{=}CR^3H \xrightarrow[2)\ Zn,\ CH_3COOH]{1)\ O_3} R^1R^2C{=}O + O{=}CR^3H$$

（i） 化合物Qの組成式を記せ。

（ii） 化合物Rの構造式を記せ。

（iii） 化合物Tの化合物名を記せ。

（iv） 化合物Sから化合物Uの生成はどのような反応に分類されるか以下の語群より選択し，記号を記せ。

【語群】

（ヌ） 付加　（ネ） 置換　（ノ） 縮合　（ハ） 脱離

（ヒ） 酸化　（フ） 還元　（ヘ） 転移

構造式と化学反応式の例

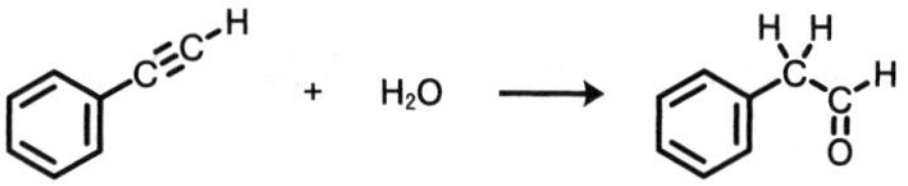

$C_6H_5-C{\equiv}C-H + H_2O \longrightarrow C_6H_5-CH_2-CHO$

（50点）

生物

(75分)

〔Ⅰ〕 次の文章を読み，問い（1）～（6）の答えを解答用紙の（一）の〔Ⅰ〕の該当する欄に記入せよ。

(A)イネ科の植物は，私たちの生活に深く関わっていると同時に，生態系の主要な構成要素となっている。例えば，イネ科のいくつかの種が(B)穀物や牧草として利用されており，なかでもイネ，コムギ，トウモロコシは世界三大主食に挙げられるほど生産量が多い。ススキ，ヨシ，タケ，ササも身近なイネ科植物であり，食糧や生活用品として利用されてきた。イネ科には8,000種以上が含まれるが，それらは(C)世界中のバイオームに分布し，それぞれの種が(D)地域ごとの環境に適応して生活を営んでいる。その重要性から，イネ科植物と(E)病原菌との関係や，イネ科植物の(F)個体群動態と物質生産について詳しく調べられてきた。

（1） 下線部（A）に関して，イネ科に分類される種を次の語群（ア）～（コ）から三つ選び，記号で答えよ。

語群：（ア） オジギソウ　（イ） サトウキビ
（ウ） ワラビ　（エ） チカラシバ
（オ） シソ　（カ） オナモミ
（キ） マカラスムギ　（ク） オオカナダモ
（ケ） ジャゴケ　（コ） シロイヌナズナ

（2） 下線部（B）に関して，栽培種のパンコムギは祖先種が雑種化と染色体の倍数化を繰り返すことにより生じたと考えられている。その過程を表した図1の空欄（あ）～（え）にあてはまるゲノムの組み合わせを表すアルファベットを答えよ。ただし，図1では祖先種のゲノムをA，B，Dで示す。

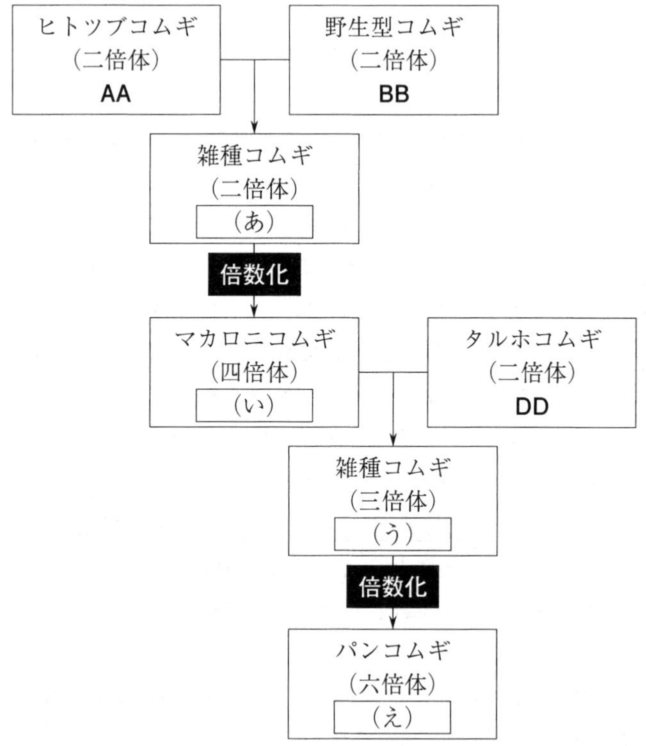

図1　コムギ染色体の倍数性

(3)　下線部(C)に関して，次の問い①～③に答えよ。

①　イネ科植物が主要な構成要素となる熱帯と温帯のバイオームの名称を，それぞれ一つずつ答えよ。

②　ススキ草原とヨシ原は，乾性遷移と湿性遷移のどちらの過程で一般的にみられるか，それぞれ答えよ。

③ 森林の階層構造をみたとき，ササが密に分布する層の名称を答えよ。

（4） 下線部（**D**）に関して，次の問い①と②に答えよ。

① イネ科植物の乾燥耐性に関与する植物ホルモンの名称を答えよ。また，その植物ホルモンのはたらきとして正しいものを，次の選択肢（ア）～（コ）からすべて選び，記号で答えよ。

選択肢：（ア） 種子の休眠の打破　（イ） 種子の発芽の抑制
（ウ） 気孔の閉鎖　（エ） 落葉の抑制
（オ） 果実の肥大の促進　（カ） 果実の成熟の促進
（キ） 花芽の形成の促進　（ク） 側芽の成長の促進
（ケ） 茎の正の光屈性　（コ） 茎の負の光屈性

② トウモロコシは，ホスホエノールピルビン酸カルボキシラーゼと呼ばれる酵素がはたらく特有の二酸化炭素固定経路をもつことで，高温や乾燥によって葉内の二酸化炭素濃度が低下した場合でも効率的に光合成を行うことができる。このような性質を有するイネ科植物は何と呼ばれるか答えよ。

（5） 下線部（**E**）に関して，次の問い①～③に答えよ。

① イネ科植物では，病原菌の感染に対するさまざまな応答が知られている。例えば，イネ馬鹿苗病菌に感染したイネでは，徒長（葉や茎が通常以上に長く伸びる現象）が認められる。イネ馬鹿苗病菌は子のう菌類に属するが，その菌体の培養ろ液に含まれる物質がイネの徒長に関わることが明らかにされた。この物質の名称を答えよ。また，植物ホルモンとしてのこの物質のはたらきとして正しいものを，問い（4）の①の選択肢（ア）～（コ）からすべて選び，記号で答えよ。

②　いもち病菌は子のう菌類に属し，稲作に甚大な被害を与える病害菌の一つである。いもち病菌に感染したイネの葉は，いもち病菌の成分に由来する物質を感知して過敏感反応を示す。次の文章（ア）～（エ）のうち，過敏感反応の説明として内容が正しい文章を一つ選び，記号で答えよ。

（ア）　抗菌物質であるファイトアレキシンの合成により，病原菌の増殖を阻害する。
（イ）　キラーT細胞の活性化により，病原菌を排除する。
（ウ）　自発的な細胞死により，病原菌を感染部位に閉じ込める。
（エ）　リグニンの合成により，病原菌に対する物理的な障壁を構築する。

③　ある実験で，いもち病菌に対して抵抗性の弱いイネの品種を単一で栽培すると，栽培している苗全体のうちの20％でいもち病の被害が認められた。これに対して，遺伝的に異なる別の品種のイネと混植すると抵抗性の弱い品種の被害率は1％に大きく低下した。次の文章（ア）～（エ）のうち，その理由として内容が誤っている文章を二つ選び，記号で答えよ。

（ア）　混植により，同じ品種の個体の間隔が広くなったから。
（イ）　混植により，いもち病菌の病原性が低下したから。
（ウ）　混植により，イネの遺伝的多様性が増加したから。
（エ）　混植により，イネがジャスモン酸を合成したから。

（6）　下線部（**F**）に関して，次の問い①～③に答えよ。

①　図2に関して述べた次の文章のうち，空欄（あ）～（え）にあてはまるもっとも適切な語句を次のページの語群（ア）～（シ）から一つずつ選び，記号で答えよ。

図２は，ある草原におけるススキの個体数を継時的に測定してグラフ化したものである。このようなグラフは，（　あ　）と呼ばれる。理論的には，曲線１のように，個体数は時間経過とともに一定の割合で増えていくと予想される。しかし，ある一定の個体数に達するとそれ以上は増加しなくなり，曲線２のように（　い　）型になる。曲線２が到達する個体数の最大値を（　う　）という。曲線２のように個体数の増加が頭打ちになる原因には，食物や生活場所の不足や老廃物の蓄積による生活環境の悪化などがあり，これらはまとめて環境抵抗と呼ばれる。環境抵抗によって個体群の成長率が変化することを（　え　）という。

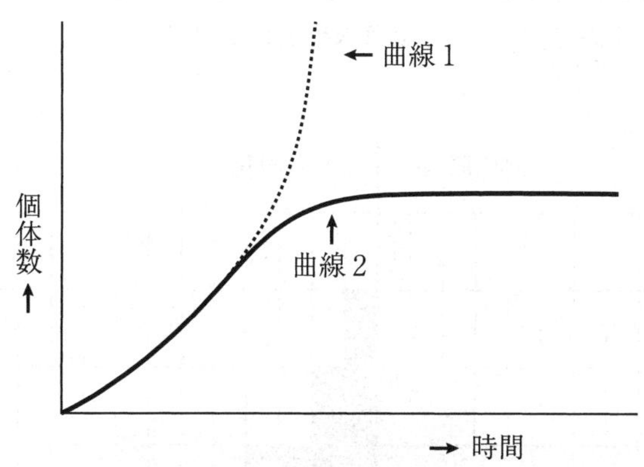

図２　時間経過に伴う個体数の変化

語群：（ア）　競争排除　　（イ）　最終収量一定の法則
（ウ）　密度効果　　（エ）　環境収容力
（オ）　相変異　　（カ）　復元力
（キ）　Ｓ字　　（ク）　成長曲線
（ケ）　生存曲線　　（コ）　Ｌ字
（サ）　アリー効果　　（シ）　かく乱

② 図3に関して述べた次の文章のうち，空欄（お）～（き）にあてはまるもっとも適切な語句を解答欄に記入せよ。また，空欄（く）と（け）にあてはまる整数をそれぞれ答えよ。

図3は，ある場所で測定されたススキのみからなる草原の生産構造図である。生産構造図は，（　お　）法を用いた調査により作成される。図の左側が同化部，右側が非同化部の単位面積当たりの生物量を表す。さまざまな植物群落で調べられた生産構造図は，大きく（　か　）型と（　き　）型に類別されることが知られるが，図3で示されているのは（　き　）型である。図3より，このススキ草原の単位面積当たりの生物量の合計は，同化部で（　く　）g，非同化部で（　け　）gと求められる。

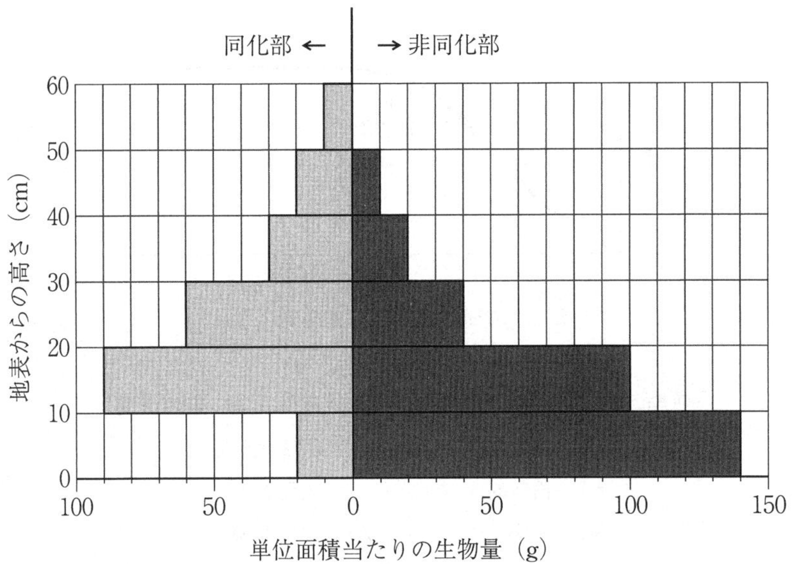

図3　生産構造図

③　ススキの同化部に感染するある病原菌は，同化部の単位面積当たりの生物量が多いほど感染率が高くなり，その結果，生物量のうち枯死する割合が増加する。ここでは，この生物量のうち枯死する割合を「枯死率」と呼ぶ。ススキの同化部の生物量と，病原菌が引き起こす枯死率との間には，図4に示す直線的な関係が認められている。この病原菌が，図3に示した生産構造図の草原にまん延した場合を考える。この病原菌が，草原のススキの全個体で同化部の枯死を引き起こしたときに予想される，同化部の単位面積当たりの生物量の合計を，四捨五入して小数点第一位まで求めよ。ただし，この病原菌はススキの同化部以外に感染せず，また，病原菌による枯死率は，地表からの高さごとの同化部の生物量に応じて変化するものとする。

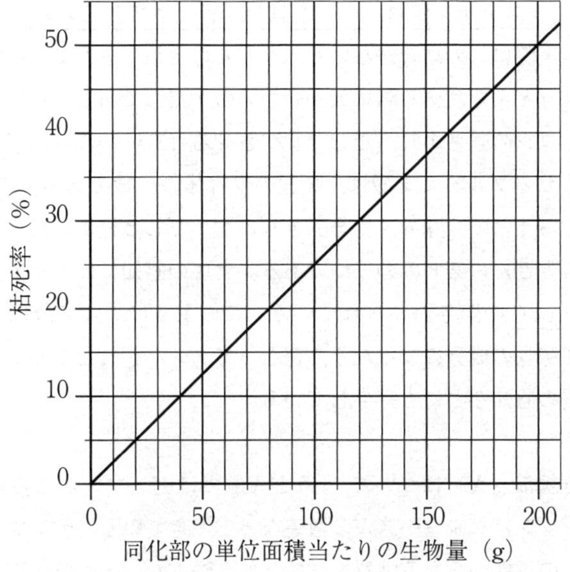

図4　同化部の単位面積当たりの生物量と枯死率の関係

（50点）

〔Ⅱ〕 次の文章を読み，問い（1）～（6）の答えを解答用紙の（一）の〔Ⅱ〕の該当する欄に記入せよ。

うどんは老若男女に人気の食材である。主な原材料が小麦粉であることから，うどんは$_{(A)}$炭水化物の塊と思われがちである。しかし，小麦粉にはアミノ酸が連なってできた$_{(B)}$タンパク質が10％ほど含まれており，このタンパク質がうどん特有の食感に大きな影響を与えていることはあまり知られていない。

小麦粉には，グリアジンとグルテニンという2種類の主要なタンパク質があり，小麦粉をこねる過程でこれらがからみあい$_{(C)}$グルテンと呼ばれる物質ができる。このグルテンがあの食感，いわゆるコシの鍵を握っている。グルテン中のグリアジンとグルテニン間の結合には，$_{(D)}$H原子を介した結合などの様々な結合様式があるが，食感にもっとも影響を与えているのが$_{(E)}$システイン側鎖どうしのH原子がとれて生じる結合と考えられている。実際にこの結合がないと，うどんの生地すらうまく形成されない。

さて，うどんを食べる際に欠かせないのがだしである。特に，関西のうどんは，コシの強さより，だしで食べさせるともいわれるほどだ。昆布だしに含まれるグルタミン酸は，味覚の受容体の一種である$_{(F)}$T1R1/T1R3に結合することで，味の感覚を引き起こす。だしと程よい食塩の絶妙なバランスもうどんの楽しみの一つである。食塩の感知にはチャネルの一種である$_{(G)}$ENaCの関与が知られている。このようにアミノ酸は，単体ではたらいて味覚の成分になったり，連なってタンパク質となって食感を与えたり物質の感知などにも寄与している。

（1） 下線部（**A**）について，「うどん」ではデンプンが知られている。デンプンはグルコースが多数連なってできている。デンプンのように多くの単糖からなる糖質を一般に何と呼ぶか，その総称を答えよ。また，多くの単糖からなる糖質で，デンプン以外の物質の名称を一つ挙げよ。

(2)　下線部(**B**)のアミノ酸の配列順序のことを何と呼ぶか答えよ。また，アミノ酸が5個連なって構成されるペプチドがあると仮定すると，そのペプチドの配列の種類は何通りになるか整数で答えよ。

(3)　下線部(**C**)は，セリアック病と呼ばれる遺伝性疾患において，腹痛や下痢などの症状を引き起こす物質としても知られている。セリアック病に関する次の文章を読み，以下の問い①と②に答えよ。

通常，グルテンは摂取されると，分解されて小腸に達する。セリアック病では，(**イ**)小腸の上皮細胞表面の受容体がグルテン分解物を受容すると，結果的に図1中の(**ロ**)特別な膜タンパク質どうしが結合して細胞間から物質が出入りすることを防ぐ構造が崩壊する。こうして上皮細胞間に隙間が生じて，様々な物質が血中に侵入し，これらがアレルギー反応を引き起こすことが知られている。

また，グルテン分解物は，特定の免疫系の細胞を活性化することで，小腸の上皮細胞の破壊も促してしまう。このようにして，セリアック病は自己の組織に傷害を与える免疫性の疾患でもあり，その予防のために生涯にわたりグルテン除去食を摂取する必要がある。

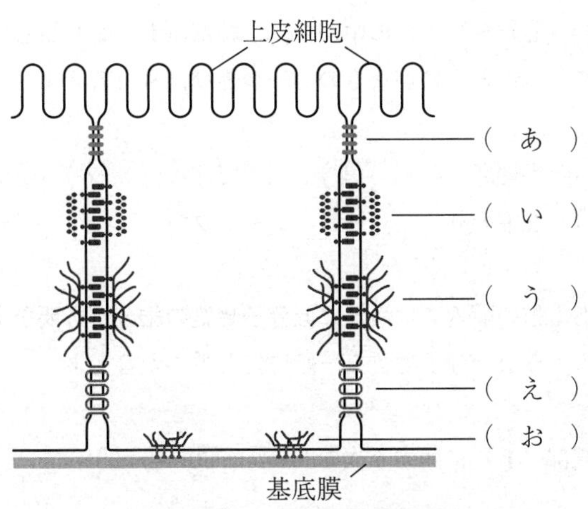

図1　小腸の上皮細胞の模式図

① 波線部（**イ**）は，原腸の形成過程で生じる三つの胚葉のうち，どれに由来するか答えよ。

② 波線部（**ロ**）の名称を答えよ。また，波線部（**ロ**）に該当する場所を図1の（あ）～（お）から一つ選び，記号で答えよ。

（4） 下線部（**D**）と下線部（**E**）やタンパク質の立体構造に関連する次の問い①～④に答えよ。

① 下線部（**D**）と下線部（**E**）の名称をそれぞれ答えよ。

② 下線部（**D**）と下線部（**E**）はタンパク質の正しい立体構造や機能の維持に必要とされている。化学物質や加熱により，タンパク質の立体構造が変化し，本来の機能が弱ったり失われる（失活）ことを何と呼ぶか答えよ。また，細胞内にはタンパク質の正しい立体構造の形成を促すタンパク質も知られている。このようなタンパク質を何と呼ぶか答えよ。

③ 下線部（**E**）は，うどん以外でも実生活で利用されることがある。次の（a）～（f）の中から，下線部（**E**）を利用しているものとして，もっとも適切なものを一つ選び記号で答えよ。

（a） 半熟卵　　（b） 固ゆで卵　　（c） 洗濯洗剤
（d） 洗濯のり　　（e） シャンプー　　（f） パーマ液

④ ある種の酵素では活性に低分子物質の結合が必要な場合がある。このような低分子物質を一般に何と呼ぶか答えよ。

（5） 下線部（**F**）に関する次の問い①～③に答えよ。

① 下線部（**F**）は五つの基本味のうち，どの味覚に関する受容体か

答えよ。

② 下線部（**F**）にグルタミン酸が結合すると，Gタンパク質が活性化して他の酵素に結合し，細胞外の情報を細胞内へと伝える。このようにGタンパク質が介在することで情報伝達を行う受容体の総称を答えよ。

③ 活性化する前のGタンパク質に結合している化学物質名と活性化したGタンパク質に結合している化学物質名をそれぞれ答えよ。

（6） 下線部（**G**）に関する次の文章を読み，以下の問い①～③に答えよ。

食塩の構成成分であるナトリウムイオンは，からだの細胞の機能と維持に必要である。このため適度な食塩の摂取は生存に必要不可欠である。味細胞上のENaCが細胞外のナトリウムイオンを選択的に細胞内に移動させると，膜電位が変化する。同じ細胞にある別のチャネルタンパク質が，この(ハ)膜電位の変化に反応し，さらにナトリウムイオンを細胞内に流入させる。これをきっかけに生じた活動電位が他のタンパク質に作用し，細胞外への(ニ)神経伝達物質の放出を促し，味神経を活性化させて，ヒトは食塩を感知できる。

① 下線部（**G**）は五つの基本味のうち，どの味覚に関する受容体か答えよ。

② 波線部（**ハ**）のようなチャネルの名称を答えよ。

③ 神経細胞どうしが直接つながらずに，波線部（**ニ**）を利用して情報を伝達する利点について，『シナプス』という語句を用いて，句読点を含め30字以内で答えよ。

(50点)

〔Ⅲ〕 次の文章を読み，問い（1）～（5）の答えを解答用紙の（二）の〔Ⅲ〕の該当する欄に記入せよ。

ヒトの体には，体内環境を一定に維持するために，外部環境の変化に対応するしくみが備わっている。生体防御機構には，(A)病原体などの異物の侵入を阻止し，侵入した異物を除去する役割がある。体内に病原体が侵入すると，細胞の食作用により病原体を排除する（　ア　）免疫がはたらく。食作用を担う白血球には，(B)マクロファージ，樹状細胞や（　イ　）がある。

さらに，体内に侵入した異物が抗原として認識されると，特定の異物を排除する獲得免疫がはたらく。獲得免疫には，（　ウ　）細胞が抗体をつくって抗原を除去する（　エ　）免疫と，(C)キラーT細胞がウイルスに感染した細胞を攻撃して除去する（　オ　）免疫がある。（　ウ　）細胞やキラーT細胞の活性化においては，組織の中で待機している樹状細胞が重要な役割を担っている。

体内に侵入した異物が消失すると，（　ウ　）細胞など免疫細胞の一部は(D)記憶細胞となって残り，そのほかは死滅する。

（1） 本文中の空欄（ア）～（オ）にあてはまるもっとも適切な語句を答えよ。

（2） 下線部（A）について，次の（あ）～（う）のはたらきに関連するものとして，もっとも適切なものをそれぞれ①～⑥から一つ選び，番号で答えよ。

（あ） 皮膚における直接的な物理的防御

① 角質層のアクチンフィラメント
② 真皮のアクチンフィラメント
③ 角質層の中間径フィラメント
④ 真皮の中間径フィラメント
⑤ 角質層の微小管

⑥　真皮の微小管

(い)　気管における異物の排除

①　アクチンフィラメントとミオシンフィラメントからなるべん毛

②　アクチンフィラメントとミオシンフィラメントからなる繊毛

③　微小管とダイニンからなるべん毛

④　微小管とダイニンからなる繊毛

⑤　中間径フィラメントからなるべん毛

⑥　中間径フィラメントからなる繊毛

(う)　化学的防御

①　涙に含まれるサイトカイン

②　血液に含まれるサイトカイン

③　涙に含まれるリゾチーム

④　血液に含まれるリゾチーム

⑤　涙に含まれるリソソーム

⑥　血液に含まれるリソソーム

(3)　下線部(**B**)に関連する次の文章を読み，以下の問い(a)～(e)に答えよ。

単球からマクロファージへの分化には，トル様受容体(TLR)が主要な役割を果たす。TLRが細菌類やウイルスなどの異物を認識すると，細胞内では細胞質に局在し，相互作用するタンパク質Iとタンパク質Nが機能する。TLRに対して異物が結合すると，図1に示すように，単球の細胞内では，タンパク質Iの減少に伴ってタンパク質Nが増加する。転写因子としてはたらくタンパク質Nが核へ移行し蓄積することによって転写が制御されることで，マクロファージへの分化に関連する遺伝子の発現が誘導される。

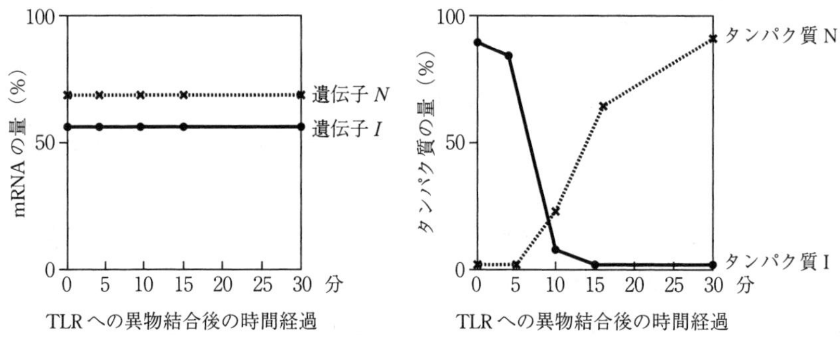

図1　マクロファージへの分化過程における細胞内の遺伝子Iと遺伝子Nに対するmRNAとタンパク質の量の変化

（a）図1に示す遺伝子Iおよび遺伝子Nに対するmRNAとタンパク質Iおよびタンパク質Nの量の時間経過に伴う変化から考えられるメカニズムとして正しいものを，次の選択肢①～⑥から三つ選び，番号で答えよ。

① TLRへ異物成分が結合後，核内では遺伝子Iの転写が抑制されることでタンパク質Iが減少する。

② TLRへ異物成分が結合後，細胞内ではタンパク質Iの翻訳が抑制されるもしくはタンパク質Iが分解されることで，タンパク質Iが減少する。

③ タンパク質Nの増加は，遺伝子Nの転写が促進されることで行われる。

④ タンパク質Nの増加は，タンパク質Nの翻訳が促進されるもしくはタンパク質Nの分解が抑制されることで行われる。

⑤ タンパク質Iとタンパク質Nが相互作用することで，タンパク質Iはタンパク質Nの蓄積を促進するはたらきがある。

⑥ タンパク質Iとタンパク質Nが相互作用することで，タンパク質Iはタンパク質Nの蓄積を抑制するはたらきがある。

（b） タンパク質Nの蓄積に伴って，エネルギー産生に関連する酵素の遺伝子の発現量の変化が起こることで，図2のようにエネルギー産生の様式が変化する。図2の空欄（あ）と（い）にあてはまるもっとも適切な物質名を答えよ。

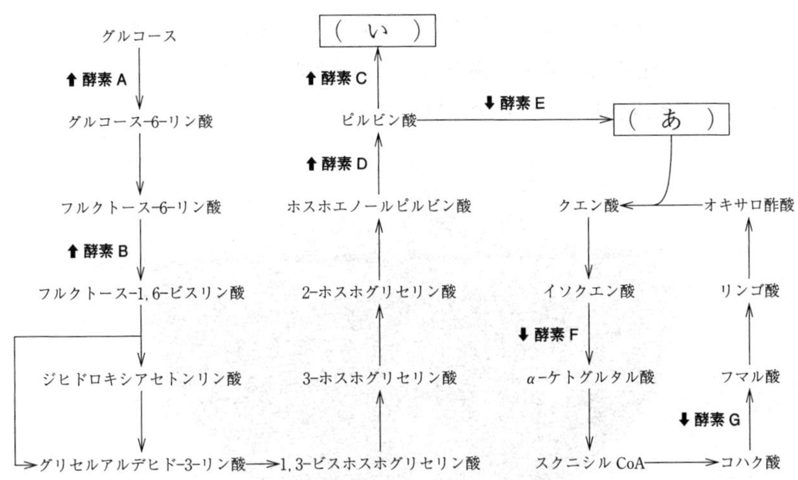

図2　マクロファージへの分化に伴うエネルギー産生様式の変化

反応経路に記載した「⬆酵素」は酵素活性の上昇，「⬇酵素」は酵素活性の低下を意味し，それ以外の記載のない反応経路にかかわる酵素の活性については一定である。

（c） 図2において，マクロファージへの分化に伴って引き起こされるエネルギー産生の様式の変化を示した文章として正しいものを，次の選択肢①～⑩から五つ選び，番号で答えよ。

① グルコースは分解され，ピルビン酸の生成が促進される。
② グルコースは合成され，ピルビン酸の生成が抑制される。
③ ホスホエノールピルビン酸からピルビン酸生成が促進される。
④ ホスホエノールピルビン酸からピルビン酸生成が抑制される。
⑤ ピルビン酸からクエン酸への代謝が促進される。
⑥ ピルビン酸からクエン酸への代謝が抑制される。

⑦　マクロファージの解糖系は促進される。

⑧　マクロファージの解糖系は抑制される。

⑨　マクロファージのクエン酸回路は促進される。

⑩　マクロファージのクエン酸回路は抑制される。

(d)　図3は，真核細胞の構造である。解糖系とクエン酸回路の反応が起こる細胞内区画を図3中の選択肢①〜⑦からそれぞれ番号で選ぶとともに，その名称を答えよ。

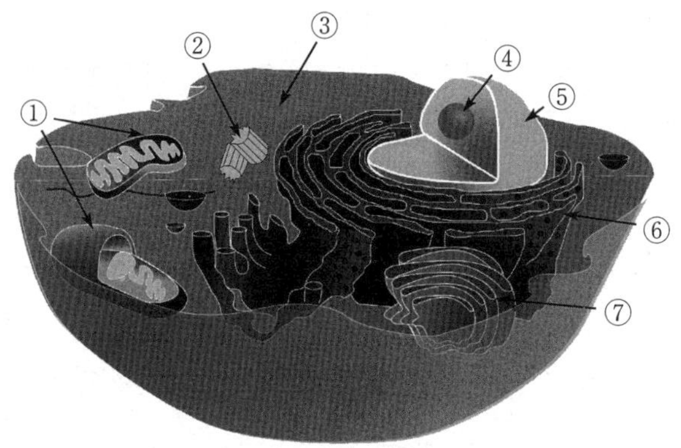

図3　真核細胞の構造

(e)　解糖系やクエン酸回路の活性は，細胞の種類や状態によって異なる。クエン酸回路が停止し，解糖のみで維持される細胞がある場合，グルコースからATPを産生するエネルギー効率がいくつになるかを答えよ。ただし，1分子のNADHあたり3分子のATPが，1分子の$FADH_2$あたり2分子のATPが合成されるとする。また，1モルのグルコースから産生されるエネルギーは2880 kJとする。1モルのADPをATPに変換するのに必要な化学エネルギーは31 kJとする。解答は，計算式を答えるとともに百分率で求め，小数点第一位を四捨五入して整数で示せ。

（4） 下線部（**C**）に関連する次の文章を読み，問いに答えよ。

T細胞の抗原認識は，T細胞受容体が主要組織適合性複合体（MHC）に結合した抗原分子と結合することで行われる。T細胞受容体の中には，自己の成分を抗原と認識する細胞も存在する。しかし，通常の免疫システムでは，自己の成分に対して攻撃するT細胞は存在しない。このような免疫寛容が成立する過程において，胸腺ではどのようなことが行われるか，句読点を含めて40字以内で説明せよ。

（5） 下線部（**D**）に関連する次の文章を読み，問いに答えよ。

無毒化あるいは弱毒化した抗原をワクチンといい，投与したワクチンに対して免疫記憶が生じることで，発病を防ぐことを予防接種という。結核は，結核菌によって引き起こされ，ヒトからヒトにうつる感染症である。弱毒化したBCG菌は結核に対するワクチンとして用いられており，BCG菌の接種によって結核に対する免疫を獲得することができる。このため，結核菌が実際に感染した場合でも，速やかに獲得免疫がはたらくことで結核を予防できる。このような獲得免疫が成立する過程を示した文章として内容が正しいものを，次の選択肢①～⑩から五つ選び，反応する順に番号を左から並べて記せ。

① BCG菌によって樹状細胞のTLRが活性化し，T細胞へと分化する。
② 増殖したT細胞がBCG菌に対する抗体を産生する。
③ 樹状細胞がBCG菌を分解する。
④ BCG菌に反応するT細胞が増殖する。
⑤ T細胞の一部が記憶細胞として残る。
⑥ BCG菌を取り込んだT細胞が樹状細胞を活性化する。
⑦ 活性化した樹状細胞がBCG菌の一部を抗原としてT細胞に提示する。
⑧ 樹状細胞が記憶細胞として残る。

⑨　BCG 菌に直接作用するサイトカインを樹状細胞が産生する。

⑩　樹状細胞が BCG 菌を食作用によって細胞内に取り込む。

(50点)

解答編

英語

I **解答** A. (W)—2　(X)—3　(Y)—3　(Z)—3

B. (a)—2　(b)—2　(c)—3　(d)—4　(e)—4　(f)—4　(g)—2　(h)—1　(i)—2

C. (ア)—2　(イ)—1　(ウ)—1

D. (い)—7　(う)—2　(お)—5

E. 2・3・8

◆全　訳◆

≪DNA 分析によるマンモスの系統の確定≫

象を，だが（普通より）かなり背が高くもっと重くてもっと長い牙をもった象を想像してみなさい。それはコロンビアマンモスで，最も近い氷河時代に北アメリカの大部分を歩き回っていた堂々とした動物である。

マンモスの系図ということになると，コロンビアマンモスは，もっと小さくもっと毛むくじゃらの毛で覆われたマンモスよりももっと初期に進化したと長い間信じられてきた。だが，今や，100 万年以上昔の DNA ――化石から今までに取り出した最古の DNA ――を用いて，研究者たちはその仮説をひっくり返した。彼らは，コロンビアマンモスが，実際その毛むくじゃらのマンモスと以前には存在が知られていなかった系統のマンモスとの交配種であることを発見したのだ。

これらの結果は，『Nature』誌に水曜日に掲載された。マンモスは多くの洞窟絵で描かれていて，更新世の間での食料源や皮や骨としての重要性を反映している。最後の氷河時代の間に今日のアメリカ合衆国であるところに住んでいた人類がコロンビアマンモスに主に遭遇したであろうと，Love Dalen は言った。彼はストックホルムの古遺伝学センターの古遺伝学者である。「それは最後の氷河時代の象徴的な種である」と彼は言った。

マンモスの化石化した遺骨，特に非常に繊細で細かく保存されている遺骨は，これらの動物がどのように生活し死んでいったのかに光を当てることができる。だが，古代生物の遺伝情報を―― DNA を取り出しそれを再び組み合わせてゲノムにすることによって――分析することは，広範囲にわたる新たな研究の可能性を開くのだと，David Díez-del-Molino は言った。彼は古遺伝学センターの別の古遺伝学者である。「あなたは種の起源をたどることができる」

Dalen 博士と Díez-del-Molino 博士を含む研究者のグループが，シベリア北東部で発掘されたマンモスの3個の臼歯を用いて，最近まさにそれをしようとし始めた。これらの歯は古く――約70万年前，110万年前，120万年前のものである――そして，それらの歯は眺めるのにまた印象深いものがあると，Dalen 博士は言った。「それらは，牛乳1パックの大きさである」 研究者たちは，初めに歯科医用の小さなドリルを用いて，それぞれの歯の内部から少しの物質を抜き出した。それから，彼らは化学物質と酵素，次に洗浄プロトコルを使って，結果としてできた歯の粉の DNA を分離した。

研究者たちが取り出した DNA のほとんどは，ほんの20か30の塩基対の長さの配列で構成されていた。時の経過が DNA 分子には厳しいので，そのことは予想することができる。生物が死んだ後，バクテリアと酵素が DNA を切り刻み，標本が永久凍土に埋まった後でさえ，水と宇宙線が分解過程を継続していく。

当初は数百万の塩基対の長さだったらせん構造がすぐに分解していくと，Patricia Pecnerova は言った。彼女はコペンハーゲン大学の進化生物学者であり，そのチームに所属する研究者である。「その DNA はとても断片化している」と彼女は言った。

だが，全てのものをデジタル的に組み合わせる前に，それぞれの標本から異質物除去をすることが必要であると，Tom van der Valk は言った。彼は別のチームメンバーであり，ストックホルムの生命科学研究所の生物情報学者である。それは，植物やバクテリアや人間の DNA は化石にこっそり入っていくことにむやみに熟達しているためであると，彼は言った。「私たちのデータのかなりの部分はマンモスのものではない」

侵入している DNA を除外するために，チームはその配列をマンモスの同属の動物であるアフリカ象の遺伝情報と比較した。彼らはマッチしない全てのものを除外した。さらに，彼らは，人間のゲノムとマッチした配列を捨て去った。

マンモスでないDNAを取り除いた後，チームには，3個の標本のそれぞれに4900万から37億個の塩基対が残された（マンモスのゲノムはおよそ32億の塩基対であり，それは人間のゲノムより少し多い)。研究者たちは再度それらのデータとアフリカ象のDNAとを比較した。それによって，正しい順序でDNAの断片を全て組み合わせることができた。

このマンモスのDNAは，今までに配列が決定された最古のDNAの記録を破る。最古のDNAは，以前は，ほぼ70万年前の馬の標本が有していたと，Morten E. Allentoftは言った。彼は，オーストラリアのパースにあるカーティン大学の進化生物学者であるが，その研究に関わっていなかった。「それは，今までに真に確定された最古のDNAである」と彼は言った。

研究者たちが，再構築した3個のゲノムを調べた時，最古のゲノムが際立っていた。「そのゲノムは奇妙に見えた」とDalen博士は言った。「これは異なる種である可能性が高いと思う」 それは衝撃だった。つまり，研究者たちは，シベリアにはたった1つのマンモスの系統があり，その系統が基になって毛むくじゃらのマンモスとコロンビアマンモスにつながったのだと長く信じていた。この発見は，以前は未発見だったマンモスの系統もまた存在していたことを示唆する。「それは大きな驚きだ」とDalen博士は言った。「別の系統があるだろうということは，古生物学の観点からは全く予想外であった」

チームは次に3個のゲノムとコロンビアマンモスの遺伝情報とを比較した。コロンビアマンモスは，1万2千年前まで北アメリカの大部分でゆっくり歩いていた。目標は，もしあるとするならば，これら2つの種がどのような関係にあったのかを決定することであった。彼らは，毛むくじゃらのマンモスとこの新しい未知の系統が異種交配して，交配種のコロンビアマンモスになったという説得力のある証拠を発見した。この新しいマンモスの系統がどこでどれくらい長い間栄えたのか誰も知らないと，van der Valk博士は言った。「もし私たちがこの系統のもう数個の標本を手に入れることができれば，それは全くすばらしいことだろう」

◀解　説▶

A．(W)空所後の would have primarily encountered が述語，空所をはさんで humans 以降 would までの部分は主語の humans を修飾していると考えられる。空所に2の what という関係代名詞を入れると，humans living in what is today the United States「今日のアメリカ合衆国であるところに住んでいた人類」となり，うまく通る。先行詞がないので where は使えない。

(X)空所に3の out を入れると空所の前の set と空所の後の to do とを連結して，set out to *do*「～し始める」という意の定型表現となり，「(研究チームは）最近まさにそれをしようとし始めた」と意味をなす。

(Y)再構築した3個のゲノムのうち最古のゲノムは，直後の第12段第2文（“The genome looked …）にあるように「奇妙に見えた」。したがって，空所に3の out を入れると空所の前の stood と連結して，stood out「際立っていた」という意の定型表現になり，意味をなす。

(Z)空所に3の if を入れると空所の後の at all と連結して，if at all「もしあるとするならば」という意の定型表現になり，直後の「2つの種がどのような関係にあったのか」にうまくつながる。

B．(a)imposing は「堂々とした」という意の形容詞で，2の a formidable「威圧する，圧倒する，畏怖の念を与える」が最も意味が近い。1．「危険な」 3．「重要な」 4．「不快な，いやな，侮辱的な」

(b)previously は「以前は」という意の副詞で，2の formerly「以前は」という副詞が意味が最も近い。1．「疑わしげに，あいまいに」 3．「驚くべきことに」 4．「広く」

(c)depicted は depict「～を描く」という他動詞の過去分詞形。depicted「描かれて」に意味が最も近いのは，3の portrayed（過去分詞）「描かれて」である。1．「捕まえられて」 2．「不滅にされて」 4．「反映されて」

(d)exquisite は「非常に繊細で細かい」という意の形容詞であり，4の superb「見事な，すばらしい」という形容詞が意味の上で最も近い。1．「永久の」 2．「高級な，特選の」 3．「必要な」

(e)extracting は extract「～を抜き取る，摘出する」という他動詞の動名詞で，4の taking out「～を取り出すこと」という表現が意味の上で最も近い。1．「～を焼き尽くすこと，焼いて駄目にすること」 2．「～を発見すること」 3．「～の概略を描くこと」

(f) protocol は通例「プロトコル」つまり「(実験などの) 実施計画，実施要領」を意味する。よって，4 の procedure「方法，やり方，手順」が意味が最も近い。1．「機器」 2．「機械」 3．「選択肢」 ついでながら，下線部を含む文の followed by a washing protocol という部分がやや理解しにくいかもしれない。followed の前に being を補い，分詞構文と考えるとよい。follow は多義語で，ここでは「～の後に続く」という意の他動詞である。簡単な例を出すと，The stew was followed by a cheese cake.「シチューはチーズケーキによって後を続かれた」つまり「シチューの後にチーズケーキが出た」となる。

(g) degradation は「崩壊，衰退，劣化，分解」という意味をもつ名詞で，2 の decay「衰退，崩壊，腐敗」が意味が最も近い。1．「いさかい，紛争」 3．「融合」 4．「卒業，卒業式」

(h) discarded は discard「～を除外する，除く，捨てる」という他動詞の過去形で，これに意味が最も近いのは，1 の excluded (過去形)「～を除外した」である。2．「～を見なした」 3．「～を補強した，強化した」 4．「～を刺激した」

(i) persuasive は「説得力のある」という意の形容詞であり，2 の convincing「説得力のある」という形容詞が意味の上で最も近い。1．「裕福な，豊富な」 3．「効率のよい」 4．「力強い」

C．(ア)「その仮説をひっくり返した」 turn *A* on its head「*A* をひっくり返す，新たな方法で解釈する」 この波線部の意味を最も的確に示すものは，2 の「その仮説を完全に疑ってしまった」である。in doubt「疑って，不確かで」 1．「その仮説を危うく忘れるところだった」 nearly「あやうく～するところで」 3．「その仮説について繰り返し考えてきた」 4．「倦むことなくその仮説を標榜してきた」

(イ)「時の経過が DNA 分子には厳しい」 この波線部の意味に最も近いのは，1 の「DNA 分子は劣化しやすい」である。be subject to ～「～の影響を受けやすい」 subject は形容詞であることに注意。2．「DNA 分子は劣化にもっと抵抗力がある」 be resistant to ～「～に抵抗力がある」 3．「DNA 分子はその外殻の相対的な硬さによって年代を算定することができる」 date は「～の年代を算定する」という意の他動詞。4.「DNA 分子は世代から世代へと変わることなく伝わっていく」
(ウ)「～の記録を破る」 波線後に「今までに配列が決定された最古の DNA」とあるため,「記録」とは最古の記録である。したがって，この波線部の意味を最も的確に示しているのは，1の「～よりもはるか昔にさかのぼる」である。date は自動詞で，date back で「さかのぼる」という意味である。farther は far「はるかに」という副詞の比較級である。2.「～の証拠全てを破壊する」 3.「～について私たちは知らないままである」 in ignorance about ～「～について知らないで」 4.「～の音楽を解釈し直す」
D. 空所(あ)の前に No one があり,「誰も～ない」という意味をもつと見当をつけると，空所(あ)に動詞が入ると考えられる。選択肢の中の3個の動詞（exists / knows / thrived）から，空所(あ)に入りそうな動詞として，knows を選ぶと，No one knows「誰も～を知らない」となる。次に，選択肢の中に，疑問代名詞だと考えられる単語（how / what / where / which）があるので，これらの単語が空所(い)，(う)，(え)に入らないかと考える。同時に空所(お)に thrived を入れると，this new mammoth lineage thrived「この新しいマンモスの系統が栄えた」となり，意味を成す。このように考えてくると，この英文の文構造が SVO であり，O が間接疑問ではないかと見当をつけることができる。この線で考えを進めて，空所(い)に where「どこで」を入れ，空所(え)の後に long があるので空所(え)に how「どれぐらい」を入れると，意味がほぼ通る。最後に，空所(う)に入る単語として for を選ぶと，for how long「どれくらい長い間」となり意味をなす。以上より，二重下線部は以下の文となる。
(No one) knows where (and) for how (long this new mammoth lineage) thrived (, Dr. van der Valk said.)「この新しいマンモスの系統がどこでどれくらい長い間栄えたのか誰も知らないと，van der Valk 博士は言った」
E. 1.「最近まで，コロンビアマンモスは毛むくじゃらのマンモスよりも短い歴史を有すると考えられていた」 第2段第1文（When it comes …）には，コロンビアマンモスと毛むくじゃらのマンモスを比較して，「コロンビアマンモスは，もっと小さくもっと毛むくじゃらの毛で覆われたマンモスよりももっと初期に進化した」と記されているが,「短い歴史を有する」などという主張は本文にない。when it comes to～「～ということになると」

2.「Dalenは,アメリカとして現在知られている地域の古代の住民はコロンビアマンモスと遭遇した可能性が大であったと示唆している」 be likely to *do*「～する可能性が大である」 第3段第3文(During the last …)と一致する。

3.「Díez-del-Molinoは,化石から得た遺伝子の検査はマンモスの起源について多くを私たちに語ってくれるだろうと信じている」 obtain *A* from *B*「*B*から*A*を得る」 第4段第2・3文(But analyzing an … origin of species.")と一致する。

4.「植物やバクテリアや人間のDNAはしばしば化石に入り込むが,このことは科学的分析に影響を与えない」 第8段第1・2文(But before everything … fossils, he said.)と矛盾する。「それぞれのサンプルから異質物除去をすることが必要である」と記されている。

5.「人間のゲノムと比較すると,マンモスのゲノムは短く不規則である」 compared to～「～と比較すると(=compared with～)」 このような記述は本文にない。

6.「選んだ標本の塩基対を調べて,van der Valkを含む科学者たちは,シベリアのマンモスの3つ目の系統を発見した」 第12段第4～最終文(That was a … a second lineage.")と矛盾する。2つ目の系統を発見したと記されている。

7.「Allentoftと彼の研究チームは,70万年前のマンモスのDNAが現存する馬のDNAよりも古いことを示した」 第11段第1文(This mammoth DNA …)と矛盾する。70万年前のDNAはマンモスのDNAではなく馬のDNAであると記されている。

8.「研究者たちは,毛むくじゃらのマンモスとコロンビアマンモスはシベリアのたった1つの系統に由来すると長い間主張してきた」 descend from～「～に由来する」 第12段第4文(That was a …)と一致する。

II 解答

A. (W)―3　(X)―1　(Y)―2　(Z)―3

B. (a)―3　(b)―2　(c)―1　(d)―3　(e)―3　(f)―1

(g)―2　(h)―4　(i)―2　(j)―3

C．(ア)―2　(イ)―4　(ウ)―1

D．(あ)―6　(う)―3　(お)―7

E―3・4・6　F．全訳下線部参照。

◆全　訳◆

≪氷が溶ける南極大陸とグリーンランド≫

統計は不愉快なものである。全体的に見て，南極とグリーンランドの氷床は，平均して年に約4660億トンの氷を失っている。それは，毎日11億トン以上である。それらの液化する氷床の水は海に注ぎ込み，海面を少しずつ上昇させている。氷冠（＝山頂や極地をおおう万年雪）が溶けるのがすぐにゆっくりになる兆候はほとんどない。むしろそれどころか，それが急激により速くなるだろうと，科学者たちは言っている。氷河それ自体のように，それは，ゆっくりと始まるが恐ろしいほどの勢いを伴う過程である。

氷冠は地球上の全ての真水の99パーセントを貯蔵している。（中略）南極とグリーンランドの氷は，合わせると，もし全てが溶けるならば，地球の海面を約230フィート上昇させるだろう。海は地球の現在の陸地のかなりの部分を飲み込み，ニューヨークやロサンゼルスやヒューストンのような沿岸都市を水浸しにするだろう。海抜の低いフロリダは単に消え去るだろう。そして，南極大陸は，かつては雪の積もった荒地だったが，全体をおおっている氷がなくなり，上昇する海によって部分的に海の下に消え，岩のごつごつした群島になるだろう。

しかし，氷が全くない地球は，私たちの一生の間には，あるいはおそらく次の数千年内でも起こらないだろう。ほとんどの予測は，2100年までには海面上昇が約1フィートだとしている――起こりうることよりもはるかに低く見積もっている。次の世紀までには，たとえ少なくなることがあるとしても，地球の氷床はまだしっかりと存在するだろう。

しかしながら，その事実から私たちが最も学ぶべきではないことは，自己満足感である。海面の小さな変化でさえ悲惨な結果を招く。たった1フィートの海面上昇は海抜が低い沿岸都市を破壊し，内陸への大移動が必ず起こる。そして，溶ける氷河は海流を変化させる可能性をもち，そうすると予測不能な方法で地球の気候のパターンを変化させるだろう。

地球の北極と南極を飾る氷冠は私たちの精神風土に大変深くしみ込んでいるので，氷冠の存在はしばしば付け足しにすぎない。小学生でさえ，地球の絵の上部と下部にいくらか白い絵の具を散らすことを知っている。だが，およそ4千万年前に時計を戻してみなさい。そうすれば，あれらの氷の岬は消え失せるのだ。実際，地球の存在の大部分の間，北極と南極には氷がなかったのだ。

私たちの現在の氷河時代（それは，地表に永続的な氷が存在するという事実に言及しているにすぎない）の前の時代には，恐竜が南極大陸を歩き回り，ワニがアラスカで泳いでいた。もっと最近の時代でさえ，地球は現在よりもかなり暖かくもっと雨が多かった。(中略) 現在より氷床が小さく現在より海面がかなり高いことは珍しいことではない。だが，地球の気温と同様に，自然界への急激な変化は，生態系とそれに依存する生物に悲惨な結果を招く。

今日の海面の上昇の大部分は2つのことから生じている。つまり，溶けている氷と膨張する水だ。水が温まるにつれて，水の密度がより小さくなっていく。いくつかの推定が示唆するように，この10年の海面上昇の半分もが，温かくなった海水がより多くのスペースを占めたためであった。だが，溶ける速度が上昇する一方であると予想され，消えていく氷床は未来の海面上昇におけるより重要な要因となるであろう。海が上昇する原因となっている溶けた水は，グリーンランドと南極大陸の氷床からきている。北極の氷冠も縮んでいるが，それは海面上昇の原因になっていない。なぜならばその氷はすでに海に浮かんでいるからだ——それは可能な全てのスペースを占めているからだ。(中略)

ほとんどの研究が指摘するように，時が過ぎるにつれて，氷の消失と海面上昇は規模において増加し続けるだろう。ある研究によると，注目すべき転換点は2030年であるとする。その際に，最悪のシナリオでは，氷床が10年ごとに海面を数10ミリ上げ始め，最終的には海面上昇が1フィートを超える。それは，過去30年で私たちが経験したのとだいたい同じぐらいの海面上昇である。このことに対する1つの理由は，氷床が絶えず速くなっていく速度で海に流れ込んでいるということであろう。より温かい海水がその土台を侵食するので，南極大陸やグリーンランドの山々から広がりはるか海に向かって伸びている巨大な氷河は，自らをくい止める力が

弱くなっている。(中略)

いったん始まると，氷床の崩壊の過程を止めることはおそらく困難であろう。それは，排出物を制御して地球温暖化を止めても，氷床が溶けるのを止めることはできないことを意味する。そして，雨がより多く降る状況が降雪を増やしているので，南極大陸は失っているよりもっと多くの氷を得ているようだと指摘した証拠もあるけれども，もっと最近の研究ではそれは正しくないということである。南極大陸のいくつかの地域にはより多くの降水があったけれども，私たちが南極大陸に注意を払い始めて以来，南極大陸は平均して氷を失ってきたのだ。

だから，氷冠が消えようとしていない間は，それはほとんど見当違いである。地球上ではたいへん多くの水が氷に閉じ込められているので，そのわずかな部分を解き放つことは大きな変化をもたらすかもしれない。私たちがどんなことに直面するかを調べるために，時を振り返って見さえすればよい。10万年をちょっと超える前の最後の間氷期では，地球の気温は今日よりおよそ3度暑かった。それは，もし幸運ならば，2100年に地球が予想されているのとだいたい同じぐらいの暖かさである。気温のそのような比較的小さな変化にもかかわらず，海面は今日より10フィート高かったかもしれない。それは私たちの未来をかいま見ているのか。時のみが語ってくれるだろう。

編集部注：英文2行目の466 tonsについて。466 billion tonsと解釈して訳している。

◀解　説▶

A. (W)空所に3のIfを入れると，If anything「むしろそれどころか，どちらかと言えば」という意の定型表現となり，氷冠の溶けるスピードが遅くなる可能性に触れた直前第1段第5文（There's little sign …）の内容から，速くなるという空所の文の内容へとうまくつながる。この表現は否定的な文脈の後で用いられることが多い。

(X)前段の第2段（The ice caps … by rising seas.）で，地球上の氷が全て溶けた時の惨憺たる状況が述べられている。それに対して，第3段（(　X　) an Earth …, if diminished.）で「氷が全くない地球」という状況はしばらく起こらないだろうという内容が描かれている。よって，前言からすると予想に反する内容を導入していて，逆接の接続詞Butを空所に入れると，話がうまくつながっていく。

(Y)第6段第1文（In the times …）では，「(現在の氷河時代の前の時代には）恐竜が南極大陸を歩き回り，ワニがアラスカで泳いでいた」などと記されている。一方，空所を含む同段第2文（(　Y　) in more …）でも，地球が現在よりもずっと暖かく雨が多いと記されている。前文を強調的に補足する形として，Even「～でさえ」を空所に入れると「もっと最近の時代でさえ」となり，うまく通る。

(Z)空所に on を入れると，go on「〈時が〉過ぎる，進む」という定型表現になる。

B．(a)inching は inch「～を少しずつ動かす」（他動詞）の現在分詞形で，分詞構文と考えて理解すればよい（inching＝and inches)。よって3の moving「～を動かす」が最も近い。1．「～をたたきつける，粉砕する」 2．「～を測定する」 4．「～をひねる，絞めつける」 ついでながら，inch は通例長さの単位を表す名詞としての用法が多く，1インチ＝2.54 cm である。1インチ＝短い長さ→動詞にすれば「～を少しずつ動かす」という意味になる。

(b)store「～を貯蔵する，蓄える」という他動詞に最も意味が近いのは，2の hold「～を持っている，保つ」である。1．「～を輸出する」 3．「～を販売する」 4．「～を供給する」

(c)projections は「突出，発射，投影，推定，立案」などの意味をもつ多義語である。ここでは「予測，見積もり」という意で，これに最も意味が近いのは，1の predictions「予想」である。2．「場面，光景」 3．「科学者」 4．「(映画の）上映，医学検査，適性検査」

(d)diminished は diminish「～を減らす，少なくする」（他動詞）の過去分詞形である。この単語の前に省略された部分を補うと，if（they are) diminished「たとえ氷床が少なくなることがあるとしても」となる。この diminished「少なくなって」に最も意味が近いのは，3の reduced「減らされて」である。1．「完成されて」 2．「重要でない」 4．「補充されて」

(e)currents は「流れ，電流」という意味の名詞で，3の streams「流れ，小川」が最も意味が近い。1．「銀行，土手」 2．「質，特質」 4．「傾向」

(f)floating は float「浮かぶ」（自動詞）の現在分詞形である。よって，

floating「浮かんで」に最も意味が近いのは，1のdrifting「漂って」である。2.「形成して」　3.「凍って」　4.「沈んで」

(g) decadeは「10年間」という意の名詞で，この単語に最も意味が近いのは，2のten years「10年」である。1.「100年」　3.「20年」　4.「年」

(h) sprawlは「広がる」という意の自動詞で，この単語に最も意味が近いのは，4のstretch「広がる，伸びる」である。1.「はう，はって進む」　2.「形成する，形作られる」　3.「跳びはねる」

(i) emissionsは「放出，排出物」という意の名詞で，この単語に最も意味が近いのは，2のrelease of gasses「ガスの放出」である。1.「感情の解放」　3.「バランス感覚」　4.「使命感」

(j) keeping tabs onはkeep tabs on～「～に注意を払う，注目する」という意の定型表現の動名詞である。この表現に最も意味が近いのは，3のpaying attention to「～に注意を払うこと」である。1.「～の部品を集めること」　2.「～について後悔の念をもつこと」　4.「～をコントロールすること」

C. (ア)波線部の意味は「恐ろしいほどの勢いを伴う」である。carryは「～を伴う」という意味の動詞で，目的語がa terrifying momentumである。with itのitは，前々文のthe melting of the ice capsを受ける。この波線部の意味を最も的確に示すのは，2の「止めることのできない力をもたらす」である。1.「一時的な恐怖をもたらす」　3.「意外な行動をとる」take an action「行動をとる」　4.「巨大な圧力を取り除く」take off～「～を取り除く」

(イ)波線部は「小学生でさえ，地球の絵の上部と下部にいくらか白い絵の具を散らすことを知っている」という意味である。この波線部の意味を最も的確に示すのは，4の「生徒たちは，幼い年齢でさえ，氷が北極と南極に存在していることを知っている」である。presentは「存在して」という意の形容詞。1.「最も成績の良い生徒たちでさえ，色を調べることによって北極と南極の違いを告げることができる」the difference between *A* and *B*「*A*と*B*の違い」　2.「成績が最も悪い生徒たちでさえ，北極と南極での氷のつぶし方を知っているだろう」　3.「生徒たちは，幼い年齢でさえ，北極と南極に単純だがすばらしい色を塗ることができる」

(ウ)波線部は「それはほとんど見当違いである」という意味である。largelyは「ほとんど，大いに，主として」という意の副詞。beside the point「見当違いで，無関係の，重要ではない」 thatは同文の前節（the ice caps aren't going to disappear）を指すので，この波線部の意味を最も的確に示すのは，1の「氷冠が残るだろうという事実は比較的重要ではない」である。the fact that～「～という事実」 thatは同格の接続詞。
2．「氷冠が残るだろうという事実は2番目に最も重要な問題である」 3．「氷冠が消えるだろうという事実は比較的重要ではない」 4．「氷冠が消えるだろうという事実は2番目に最も重要な問題である」

D．まず，空所(あ)に接続詞のthatを入れて，SVO（O＝that以下）という構造ではないかと見当をつける。また，空所(い)の後にmuch asがあるので，空所(い)にasを入れると，as much as「～も」という定型表現となると予想できる。次に，空所(お)の前にdueがあるので，空所(お)にtoを入れると，due to～「～のために」という定型表現となり，意味が通じる。最後に，残った選択肢の中から空所(う)，(え)にhas beenを入れると，うまくまとまる。
以上より，次のような文となる。(some estimates suggest) that as (much as half of sea-level rise this decade) has been (due) to (warmer ocean water taking up more space)「いくつかの推定が示唆するように，この10年の海面上昇の半分もが，温かくなった海水がより多くのスペースを占めたためであった」

E．1．「南極大陸とグリーンランドの両方にある氷床が溶けることが間もなくゆっくりになることを，多くの兆候が示している」 slowは「ゆっくりになる」という意の自動詞。第1段第5文（There's little sign …）と矛盾する。そのような兆候はほとんどないと記されている。
2．「もしグリーンランドの氷の中に閉じ込められている全ての真水が溶けるならば，それはおよそ230フィート海面を押し上げるだろう」 fresh water「真水」 第2段第2文（Together, the ice …）と矛盾する。南極大陸とグリーンランドの両方の氷が溶けた場合に，230フィートの海面上昇が起こりうると記されている。
3．「次の世紀では氷床がまだとどまっている可能性が大であるけれども，私たちはそそのかされて安心感をもつべきではない」 it is likely that～

「～する可能性が大である」 in place「その場にとどまって，あるべき場所に，適切で」 lure *A* into *B*「*A* をそそのかして *B* にさせる」 a sense of security「安心感」 第3段最終文（By the next …）並びに第4段第1・2文（The last thing … dire consequences.）と合致する。the last thing S V「最も S が V しそうにないこと」 take away *A* from *B*「*B* から *A* を学ぶ，受ける」

4．「地球が過去において今より暖かかったので，問題は氷床それ自体が溶けることではなくて，氷が溶ける速度なのである」 この文の構造は not *A* but *B*「*A* ではなくて *B*」であることに注意。第6段第2～最終文（(　Y　) in more … depend on it.）と一致する。

5．「より温かい膨張する水は海面上昇を引き起こす可能性は少ない」 be unlikely to *do*「～する可能性は少ない」 第7段第1文（The majority of …）と矛盾する。海面上昇の2つの原因の1つであると記されている。

6．「ある研究によると，南極大陸とグリーンランドからある程度氷が大量に海に流れ込むために，海面上昇はおよそ2030年に始まり，加速するだろう」 accelerate beginning in about 2030「〈海面上昇が〉およそ2030年に始まり，加速する」 accelerate の後にコンマを想定し，分詞構文であると考える。due to ice flowing into the sea「氷が海に流れ込むために」 ice は flowing「流れること」という動名詞の意味上の主語である。第8段第2～4文（One study finds … at ever-quickening rates.）と一致する。

7．「いったん上昇する海面が臨界点に到達するとしても，私たちは地球温暖化を止めて氷床の消失の速度を緩めることができる」 once は「いったん～すると」という意の接続詞。a critical point「臨界点」 第9段第1・2文（Once begun, … sheets from melting.）と矛盾する。get *A* under control「*A* を制御する」 put a halt to ～「～を止める」 stop *A* from *doing*「*A* が～するのを止める」

8．「南極大陸は失っているよりももっと多くの氷を増やしていることを示唆する研究もあるが，一方で，このことは雨がより多く降る気候とほとんど関係がないと示す研究もある」 while「…だが一方で～」 some … others ～「…のものもあれば，～のものもある」 have little to do with

～「～とほとんど関係がない」 第9段最後の2文（And, though some evidence … keeping tabs on it.）と矛盾する。

F. 最終段第4文（During the last …）の，最後の間氷期には現在より3度程気温が高かったということを受けての文である。despite は「～にもかかわらず（=in spite of ～)」という意の前置詞。change in ～「～における変化」 sea levels「海面」 ～than they are today「今日より～」 they は sea levels をうける。

III 解答

A. (a)―3　(b)―1　(c)―7　(d)―4　(e)―2　(f)―8　(g)―6　(h)―9

B.〈解答例〉In this kind of novel, writers write about new technologies that can come into existence someday.

◆全　訳◆

≪アシモフのロボット工学三原則≫

(アメリカの大学のキャンパスで，大学生のエラが友人のエイドリアンに偶然出会う。)

エラ　　　　：やあ，エイドリアン，調子はどう？

エイドリアン：おや，やあ，エラ。かなり調子いいよ。僕は次の時間は授業がないので，少し読書するつもりだったんだ。

エラ　　　　：あら，そうなの？　あなたはいつも読書しているようね。本当に本が好きなのね。

エイドリアン：ええっと，それは時間を過ごす楽しい方法だよ，特にあなたが楽しいと思う本が見つかるならばね。

エラ　　　　：そうね，おそらくそれが私の問題なのよ。好きな本を見つけるのに苦労するのよ。ところで，あなたは今何を読んでいるの？

エイドリアン：まあ，単なるSFだよ。それは僕が楽しみのためにふつう読むものだよ。

エラ　　　　：まあ，『スターウォーズ』やそのようなものなの？

エイドリアン：いや，そのようなものではないよ。僕はハードなSFの方が好きなんだ。

エラ　　　　：どういう意味なの？　それは読むのが実際難しいの？

エイドリアン：いや，難しいという意味ではないよ。科学的に正確に記述しようとするという意味だよ。この種類の小説では，作家たちはいつの日か本当に存在しうる新しい技術について書くんだ。

エラ　　　　：ああ，わかったわ。それで，あなたが読んでいる本はどんな未来の技術について書いてあるの？

エイドリアン：ロボットについてだよ。それは『われはロボット』という題名だよ。アイザック＝アシモフという名の有名な著者によって書かれたんだよ。彼は生化学の教授だった。その本の中のいくつもの考えが今日でもまだ実質的な価値があるので，本当におもしろいよ。多くの人たちがロボットと人工知能について心配している。この本はそうしたこと全てを予想していた。

エラ　　　　：そうね，今いつもAIについて耳にするわ。いつの日かコンピュータが人間より賢くなるかもしれないことはちょっと恐ろしいわ。コンピュータが世界を掌握しようとしないことを望むわ。

エイドリアン：そのとおりだ。それが，アシモフがこの本の中で語っていることだ。彼は「ロボット工学三原則」と呼ぶものをつくった。それは，実際単純だが明晰な1組のロボットの規則なんだ。近頃，人々はAIをコントロールする方法について考えていて，アシモフの三原則について今なお語っているよ。

エラ　　　　：で，三原則とは何なの？

エイドリアン：ええっと，第一原則は，ロボットは人間に危害を加えたり人間に危害が加えられたりするのを許すべきではないということだ。

エラ　　　　：そうね，それは良い第一原則ね。第二原則は何？

エイドリアン：もし人間の命令が第一原則に反することにならないならば，ロボットは人間の命令に従わなければならないということだよ。

エラ　　　　：まあ，で，誰もロボットに他の人たちを傷つけるように言うことはできないだろうということを意味するわけね。

エイドリアン：そのとおり。で，もし僕たちがロボットに誰かに害を与えるように言わなければ，ロボットは僕たちがロボットにするように言うことをするべきだ。人に害を与える場合は，ロボットは僕たちの命令に従うべきではない。

エラ　　　　：殺人ロボットはいないということ？　それは安心ね。そして，第三原則は何？

エイドリアン：ロボットが第一原則や第二原則に反しない限り，ロボットは自らを守るべきだというんだ。

エラ　　　　：わかったわ。つまり，ロボットは最初に人間を保護し，次に自らを保護する必要があるということね。よく考えられた原則ね。その本は最近書かれたの？

エイドリアン：えっと，信じられないかもしれないけれど，1950 年に書かれたんだよ。

エラ　　　　：1950 年？　70 年前に人々がこのことについて考えていたの？

エイドリアン：おそらくほとんどの人はそうじゃなかったけど，アシモフは考えていたんだよ。彼は信じられないほどの想像力をもっていたんだ。実際，彼は 500 冊以上の本を書いている。

エラ　　　　：すると，おそらくあなたはいつの日かそれらの本を全部読むのでしょうね。

◀解　説▶

A．(a)直前の「僕は次の時間は授業がないので，少し読書するつもりだったんだ」というエイドリアンの発言を基にして，3の「あなたはいつも読書しているようね」を選ぶと，空所直後の「本当に本が好きなのね」という発言につながる。it seems like ～「～のようね，～だと思われる」

(b)空所の前の「そうね，おそらくそれが私の問題なのよ」という発言の「それ」は，その前のエイドリアンの，気に入る本が見つかれば，読書はいい時間の過ごし方になるという発言を指しているので，空所に1の「好きな本を見つけるのに苦労するのよ」を選べば，話の筋が通る。have trouble *doing*「～するのに苦労する」

(c)直前でエラが「ところで，あなたは今何を読んでいるの？」と尋ね，エイドリアンは「まあ，単なる SF だよ」と答えている。この発言につながるものとして，7の「それは僕が楽しみのためにふつう読むものだよ」を選べば，話がうまく流れる。

(d)ここではエイドリアンがアシモフ著『われはロボット』の内容とそれに関連することを述べている。よって，その本を説明する内容となる4の「その本の中のいくつもの考えが今日でもまだ実質的な価値があるので，本当におもしろいよ」を空所に入れると，エイドリアンの発言の内容に合致する。

(e)空所の直前に「いつの日かコンピュータが人間より賢くなるかもしれないことはちょっと恐ろしいわ」というエラの発言がある。kind of「少し，幾分」 この発言に続くものとして，2の「コンピュータが世界を掌握しようとしないことを望むわ」を選べば，うまく話がつながる。take over ～「～を掌握する，～の支配権を握る」

(f)空所の直前に「彼は『ロボット工学三原則』と呼ぶものをつくった」というエイドリアンの発言がある。空所に8の「それは，実際単純だが明晰な1組のロボットの規則なんだ」を入れると，この三原則の説明となり，話がうまく流れる。

(g)その前の2つの発言で，エイドリアンが第一原則の説明をしている。「第一原則は，ロボットは人間に危害を加えたり人間に危害が加えられたりするのを許すべきではない」「もし人間の命令が第一原則に反することにならないならば，ロボットは人間の命令に従わなければならない」このようなエイドリアンの説明に結びつくものとして，6の「まあ，で，誰もロボットに他の人たちを傷つけるように言うことはできないだろうということを意味するわけね」を選ぶ。

(h)空所の後の「えっと，信じられないかもしれないけれど，1950年に書かれたんだよ」というエイドリアンの発言を基にして，9の「その本は最近書かれたの？」という質問を入れると，うまく話がつながる。believe it or not「信じられないかもしれないけれど」

B．細かい日本語の表現にこだわらず日本文の内容を正確な英語で書くことが必要である。そのためには，文法的なミスをしないように自分がよく知っている単語を用いて英語に直すこと。「この種類の小説」は this kind of novel とする。kind の代わりに sort や type でも可。「作家」は writers や authors にする。「いつの日か」someday 「存在する」exist 「存在する」を「現れる」と考えれば appear でも可。あるいは，come into existence や come into being という連語を用いる。「新しい技術」new technologies　この文脈での「技術」は「個々の技術」と考えて，複数形にする。

❖講　評

2022年度も例年通り，やや長めの長文読解問題が2題，会話文問題が1題の合計3題の出題であった。

Ⅰは「DNA分析によるマンモスの系統の確定」に関する論説文。Aは前後の文脈を読み取って答える空所補充問題である。BとCは同意表現の選択問題であるが，Cの方が問われている箇所が少し長い。どちらも標準的な問題であるが，選択肢の中の語句や本文中の語句に難度が高いものがあった。Dは語の並べ替えの空所補充問題である。Eは，本文の内容に合致する選択肢3つを選ぶ内容真偽問題で，これも標準的である。

Ⅱは「氷が溶ける南極大陸とグリーンランド」に関する論説文。Aは前後の文脈を読み取って答える空所補充問題で，Bは同意語句を問う問題である。Cは文脈の理解をもとにした同意表現を問う問題である。いずれも難度は高くなく，標準的である。Dは語の並べ替えの空所補充問題で，標準的である。Eは本文の内容に合致する選択肢3つを選ぶ内容真偽問題。Fは英文和訳問題で，標準的である。

Ⅲは「アシモフのロボット工学三原則」という会話文問題である。大学のキャンパスで，読書好きの大学生が今読んでいるアシモフのSFからロボット工学三原則について，もう一人の大学生に話していくという会話形式の問題である。Aは8カ所の空所に10個の選択肢から1つを選んでいくという空所補充問題で，難易度は標準的だと考えられる。Bの和文英訳は，2行ほどの日本語を英訳する問題で，この問題も標準的である。英作文では，自分が自信をもって用いることのできる語彙や構文を用いて英文に直すことが重要で，文法的な間違いやケアレスミスをしないように気をつけてほしい。

全体として，出題傾向はほぼ例年通りで，難易度も2021年度とほぼ同様であると思われる。受験生に高い英語力を求めているのも例年同様なので，過去問をしっかり研究して，十分に対策をとって臨みたい。

数学

I

解答 (1)ア. $\frac{1}{4}$　イ. $\frac{3}{8}$　ウ. $\frac{1}{2}$　エ. $\frac{1}{4}$

オ. $\frac{1}{2}-\left(\frac{1}{2}\right)^{n+1}$

(2)カ. $-\sqrt{3}$　キ. -1　ク. $\frac{\sqrt{3}-1}{2}$　ケ. $-\frac{\sqrt{3}+1}{2}$　コ. $\frac{9+3\sqrt{3}}{2}$

◀解　説▶

≪小問2問≫

(1)　1回の試行で

(i)得点が0点となるのは，硬貨を投げて裏が出る確率であるので，その確率は　$\frac{1}{2}$

(ii)得点が2以上の偶数となるのは，硬貨を投げて表が出て2または4のカードを取り出す確率であるので，その確率は　$\frac{1}{2}\times\frac{2}{4}=\frac{1}{4}$

(iii)得点が奇数となるのは，硬貨を投げて表が出て1または3のカードを取り出す確率であるので，その確率は　$\frac{1}{2}\times\frac{2}{4}=\frac{1}{4}$

そこで，p_1 は(ii)の場合であるので

$$p_1=\frac{1}{4}\quad\toア$$

次に，p_2 については，次のような場合がある。

(I)2回とも偶数のカードを取り出す場合（ただし，2回とも0点は除く）

その確率は　$\left(\frac{3}{4}\right)^2-\left(\frac{1}{2}\right)^2=\frac{5}{16}$

(II)2回とも奇数のカードを取り出す場合

その確率は　$\left(\frac{1}{4}\right)^2=\frac{1}{16}$

よって　$p_2=\frac{5}{16}+\frac{1}{16}=\frac{3}{8}\quad\toイ$

p_n と p_{n+1} の関係については，次の[1]〜[3]の場合がある。

[1] n 回後の試行で点数の合計が2以上の偶数であるとき

$n+1$ 回目で0か2か4を獲得する。

[2] n 回目の試行で点数の合計が0点であるとき

$n+1$ 回目で2か4を獲得する。

[3] n 回目の試行で点数の合計が奇数であるとき

$n+1$ 回目で奇数の点数を獲得する。

これより，$p_{n+1}=p_n\times\left(\frac{1}{2}+\frac{1}{4}\right)+(1-p_n)\times\frac{1}{4}$ より

$$p_{n+1}=\frac{1}{2}p_n+\frac{1}{4}\quad\to ウ，エ$$

これを変形して

$$p_{n+1}-\frac{1}{2}=\frac{1}{2}\left(p_n-\frac{1}{2}\right)$$

数列 $\left\{p_n-\frac{1}{2}\right\}$ は公比 $\frac{1}{2}$ の等比数列となり，初項は $p_1-\frac{1}{2}=\frac{1}{4}-\frac{1}{2}$ $=-\frac{1}{4}$ であるので

$$p_n-\frac{1}{2}=\left(-\frac{1}{4}\right)\times\left(\frac{1}{2}\right)^{n-1}=-\left(\frac{1}{2}\right)^{n+1}$$

$$\therefore\quad p_n=\frac{1}{2}-\left(\frac{1}{2}\right)^{n+1}\quad\to オ$$

(2)　点Dを表す複素数を d とすると

$$d=2i\times\left(\cos\frac{2}{3}\pi+i\sin\frac{2}{3}\pi\right)$$
$$=2i\times\left(-\frac{1}{2}+\frac{\sqrt{3}}{2}i\right)$$
$$=-\sqrt{3}-i$$

よって，点Dを表す複素数の実部は　　$-\sqrt{3}$　→カ

また，点Eを表す複素数を e とすると

$$e=2i\times\left\{\cos\left(-\frac{2}{3}\pi\right)+i\sin\left(-\frac{2}{3}\pi\right)\right\}$$
$$=2i\times\left(-\frac{1}{2}-\frac{\sqrt{3}}{2}i\right)$$

$$=\sqrt{3}-i$$

よって，点 E を表す複素数の虚部は　　-1　→キ

さらに，点 F を表す複素数を f とすると

$$f-(-1+i)$$
$$=\{(1+i)-(-1+i)\}\left\{\cos\left(-\frac{\pi}{3}\right)+i\sin\left(-\frac{\pi}{3}\right)\right\}\times\frac{1+\sqrt{3}}{2}$$
$$=2\left(\frac{1}{2}-\frac{\sqrt{3}}{2}i\right)\times\frac{1+\sqrt{3}}{2}$$
$$=\frac{1+\sqrt{3}}{2}-\frac{\sqrt{3}+3}{2}i$$

より

$$f=\frac{\sqrt{3}-1}{2}-\frac{\sqrt{3}+1}{2}i$$

よって，点 F を表す複素数の実部は　$\dfrac{\sqrt{3}-1}{2}$　→ク

点 F を表す複素数の虚部は　$-\dfrac{\sqrt{3}+1}{2}$　→ケ

最後に，六角形 ABDFEC の面積を S，△ABC の面積を S_1，台形 BDEC の面積を S_2，△DEF の面積を S_3 とすると

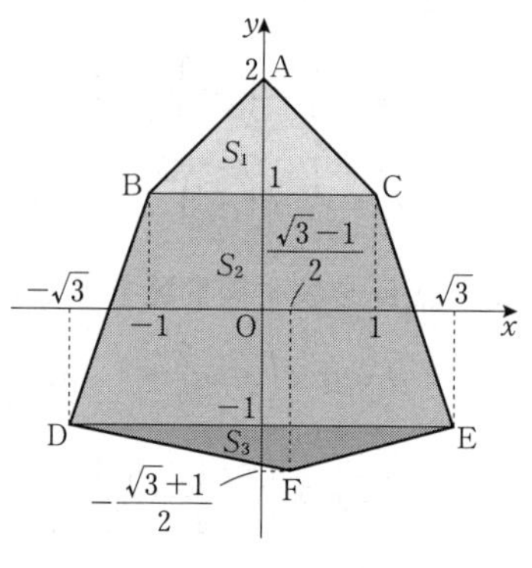

$$S_1=\frac{1}{2}\times2\times1=1$$

$$S_2=\frac{1}{2}\times(2+2\sqrt{3})\times2=2+2\sqrt{3}$$

$$S_3=\frac{1}{2}\times2\sqrt{3}\times\left(-1+\frac{\sqrt{3}+1}{2}\right)$$
$$=\frac{3-\sqrt{3}}{2}$$

これより

$$S=S_1+S_2+S_3=1+(2+2\sqrt{3})+\frac{3-\sqrt{3}}{2}$$
$$=\frac{9+3\sqrt{3}}{2}\quad\to コ$$

II **解答** (1)　点$(f(t),\ g(t))$が双曲線$H：\alpha x^2-\beta y^2=1$上にあるとき，$\alpha\{f(t)\}^2-\beta\{g(t)\}^2=1$より

$$\alpha\left(\frac{t^2-4t+5}{t^2-5}\right)^2-\beta\left(\frac{-2t^2+10t-10}{t^2-5}\right)^2=1$$

$$\alpha(t^2-4t+5)^2-\beta(-2t^2+10t-10)^2=(t^2-5)^2 \quad \cdots\cdots ①$$

①は$t^2\neq5$を満たすすべてのtに対して成り立つので

①に$t=0$を代入すると，$25\alpha-100\beta=25$より

$$\alpha-4\beta=1 \quad \cdots\cdots(\text{I})$$

①に$t=1$を代入すると，$4\alpha-4\beta=16$より

$$\alpha-\beta=4 \quad \cdots\cdots(\text{II})$$

(I)，(II)を解くと　　$\alpha=5,\ \beta=1$

このとき

$$\begin{aligned}①の左辺&=5(t^2-4t+5)^2-(-2t^2+10t-10)^2\\&=5(t^4+16t^2+25-8t^3-40t+10t^2)\\&\qquad-(4t^4+100t^2+100-40t^3-200t+40t^2)\\&=t^4-10t^2+25\\&=(t^2-5)^2\end{aligned}$$

となり，①は$t^2\neq5$を満たすすべてのtに対して成り立つ。

これより　　$\alpha=5,\ \beta=1$　……(答)

(2)　$f(-t)=af(t)+bg(t)$より

$$\frac{t^2+4t+5}{t^2-5}=a\times\frac{t^2-4t+5}{t^2-5}+b\times\frac{-2t^2+10t-10}{t^2-5}$$

両辺にt^2-5をかけて，tについて整理すると

$$(a-2b-1)t^2-2(2a-5b+2)t+5(a-2b-1)=0$$

これが$t^2\neq5$を満たすすべてのtに対して成り立つので

$$\begin{cases}a-2b-1=0\\2a-5b+2=0\end{cases}$$

これを解くと　　$a=9,\ b=4$　……(答)

$-g(-t)=cf(t)+dg(t)$より

$$-\frac{-2t^2-10t-10}{t^2-5}=c\times\frac{t^2-4t+5}{t^2-5}+d\times\frac{-2t^2+10t-10}{t^2-5}$$

両辺に t^2-5 をかけて，t について整理すると

$$(c-2d-2)t^2-2(2c-5d+5)t+5(c-2d-2)=0$$

これが $t^2\neq5$ を満たすすべての t に対して成り立つので

$$\begin{cases} c-2d-2=0 \\ 2c-5d+5=0 \end{cases}$$

これを解くと　　$c=20,\ d=9$　……(答)

(3)　(2)の結果より　　$p'=9p+4q,\ q'=20p+9q$

$p=1,\ q=2$ を代入して

$$\left.\begin{aligned} p'&=9\times1+4\times2=17 \\ q'&=20\times1+9\times2=38 \end{aligned}\right\}$$　……(答)

(4)　$H：5x^2-y^2=1$ であり

$$\begin{aligned} 5p'^2-q'^2&=5(9p+4q)^2-(20p+9q)^2 \\ &=5(81p^2+72pq+16q^2)-(400p^2+360pq+81q^2) \\ &=5p^2-q^2 \end{aligned}$$

となる。

これより，双曲線上にある任意の点 $(p,\ q)$ に対して，点 $(p',\ q')$ も H 上にある。　　（証明終）

(5)　$p_1=1,\ q_1=2,\ p_{n+1}=9p_n+4q_n,\ q_{n+1}=20p_n+9q_n$ で定義される数列 $\{p_n\}$ および数列 $\{q_n\}$ の各項はすべて正の整数であることは明らかである。

点 $(p_1,\ q_1)$ すなわち点 $(1,\ 2)$ は双曲線 H 上にあるので，(4)の結果より，点 $(p_n,\ q_n)$ はすべて H 上にある。

よって，$5p_n{}^2-q_n{}^2=1$ が成り立ち，$q_n>0$ より

$$q_n=\sqrt{5p_n{}^2-1}$$

これより　　$p_{n+1}=9p_n+4q_n=9p_n+4\sqrt{5p_n{}^2-1}$

$r_1=p_1=1$ であるので，数列 $\{r_n\}$ と数列 $\{p_n\}$ は一致する。

したがって，数列 $\{r_n\}$ の各項は正の整数である。　　（証明終）

◀解　説▶

≪双曲線の媒介変数表示と漸化式の利用≫

(1)　点 $(f(t),\ g(t))$ を双曲線 H の方程式に代入して，t について整理した式が t についての恒等式となればよい。係数比較よりも数値を代入して十分性を確認する方が簡単である。

(2)　与えられた等式をそれぞれ t について整理し，それが t についての恒等式となればよい。(1)より変形は平易であるので，係数比較すればよい。

(4)　(3)の p'，q' について，$5p'^2-q'^2=5p^2-q^2$ であることを示す。

(5)　$p_1=1$，$q_1=2$，$p_{n+1}=9p_n+4q_n$，$q_{n+1}=20p_n+9q_n$ で定義される数列 $\{p_n\}$，$\{q_n\}$ を考え，(4)を利用すれば数列 $\{r_n\}$ と数列 $\{p_n\}$ が一致することになり，数列 $\{r_n\}$ の各項が正の整数であることを示すことができる。

III　**解答**　(1)　$|\overrightarrow{\mathrm{OA}}|=|\overrightarrow{\mathrm{OB}}|=|\overrightarrow{\mathrm{OC}}|=1$,

$\cos\angle\mathrm{AOB}=\cos\angle\mathrm{AOC}=\cos\angle\mathrm{BOC}=\dfrac{1}{3}$ より

$$\overrightarrow{\mathrm{OA}}\cdot\overrightarrow{\mathrm{OB}}=\overrightarrow{\mathrm{OC}}\cdot\overrightarrow{\mathrm{OA}}=\overrightarrow{\mathrm{OB}}\cdot\overrightarrow{\mathrm{OC}}=1\times1\times\frac{1}{3}=\frac{1}{3}$$

辺 OA 上の動点 M，辺 BC 上の動点 N について

$$\overrightarrow{\mathrm{OM}}=m\overrightarrow{\mathrm{OA}}\quad(0\leqq m\leqq1)$$

$$\overrightarrow{\mathrm{ON}}=(1-n)\overrightarrow{\mathrm{OB}}+n\overrightarrow{\mathrm{OC}}\quad(0\leqq n\leqq1)$$

と表せるので

$$\begin{aligned}L^2&=|\overrightarrow{\mathrm{MN}}|^2=|\overrightarrow{\mathrm{ON}}-\overrightarrow{\mathrm{OM}}|^2\\&=|(1-n)\overrightarrow{\mathrm{OB}}+n\overrightarrow{\mathrm{OC}}-m\overrightarrow{\mathrm{OA}}|^2\\&=(1-n)^2\times|\overrightarrow{\mathrm{OB}}|^2+n^2\times|\overrightarrow{\mathrm{OC}}|^2+m^2\times|\overrightarrow{\mathrm{OA}}|^2+2(1-n)n\overrightarrow{\mathrm{OB}}\cdot\overrightarrow{\mathrm{OC}}\\&\qquad-2mn\overrightarrow{\mathrm{OC}}\cdot\overrightarrow{\mathrm{OA}}-2m(1-n)\overrightarrow{\mathrm{OA}}\cdot\overrightarrow{\mathrm{OB}}\\&=(1-n)^2\times1^2+n^2\times1^2+m^2\times1^2+2(1-n)n\times\frac{1}{3}\\&\qquad-2mn\times\frac{1}{3}-2m(1-n)\times\frac{1}{3}\\&=m^2-\frac{2}{3}m+\frac{4}{3}n^2-\frac{4}{3}n+1\\&=\left(m-\frac{1}{3}\right)^2+\frac{4}{3}\left(n-\frac{1}{2}\right)^2+\frac{5}{9}\end{aligned}$$

と変形できる。

よって，$m=\dfrac{1}{3}$，$n=\dfrac{1}{2}$ のとき，L^2 は最小値をとるので

$$\overrightarrow{\mathrm{OP}}=\frac{1}{3}\overrightarrow{\mathrm{OA}},\ \ \overrightarrow{\mathrm{OQ}}=\frac{1}{2}\overrightarrow{\mathrm{OB}}+\frac{1}{2}\overrightarrow{\mathrm{OC}}\quad \cdots\cdots(\text{答})$$

(2)　$(\overrightarrow{\mathrm{OA}}+x\overrightarrow{\mathrm{OB}}+y\overrightarrow{\mathrm{OC}})\cdot\overrightarrow{\mathrm{PQ}}=0$ より

$$(\overrightarrow{\mathrm{OA}}+x\overrightarrow{\mathrm{OB}}+y\overrightarrow{\mathrm{OC}})\cdot\left(\frac{1}{2}\overrightarrow{\mathrm{OB}}+\frac{1}{2}\overrightarrow{\mathrm{OC}}-\frac{1}{3}\overrightarrow{\mathrm{OA}}\right)=0$$

$$-\frac{1}{3}|\overrightarrow{\mathrm{OA}}|^2+\frac{1}{2}x|\overrightarrow{\mathrm{OB}}|^2+\frac{1}{2}y|\overrightarrow{\mathrm{OC}}|^2+\left(\frac{1}{2}-\frac{1}{3}x\right)\overrightarrow{\mathrm{OA}}\cdot\overrightarrow{\mathrm{OB}}$$
$$+\left(\frac{1}{2}x+\frac{1}{2}y\right)\overrightarrow{\mathrm{OB}}\cdot\overrightarrow{\mathrm{OC}}+\left(\frac{1}{2}-\frac{1}{3}y\right)\overrightarrow{\mathrm{OC}}\cdot\overrightarrow{\mathrm{OA}}=0$$

$$-\frac{1}{3}+\frac{1}{2}x+\frac{1}{2}y+\frac{1}{3}\left(\frac{1}{2}-\frac{1}{3}x\right)+\frac{1}{3}\left(\frac{1}{2}x+\frac{1}{2}y\right)+\frac{1}{3}\left(\frac{1}{2}-\frac{1}{3}y\right)=0$$

$$\frac{5}{9}x+\frac{5}{9}y=0$$

$$\therefore\quad x+y=0\quad\cdots\cdots①$$

$(\overrightarrow{\mathrm{OA}}+x\overrightarrow{\mathrm{OB}}+y\overrightarrow{\mathrm{OC}})\cdot\overrightarrow{\mathrm{OB}}=0$ より

$$\overrightarrow{\mathrm{OA}}\cdot\overrightarrow{\mathrm{OB}}+x|\overrightarrow{\mathrm{OB}}|^2+y\overrightarrow{\mathrm{OB}}\cdot\overrightarrow{\mathrm{OC}}=0$$

$$\frac{1}{3}+x\times1^2+y\times\frac{1}{3}=0$$

$$\therefore\quad x+\frac{1}{3}y+\frac{1}{3}=0\quad\cdots\cdots②$$

①，②を解くと

$$x=-\frac{1}{2},\ \ y=\frac{1}{2}\quad\cdots\cdots(\text{答})$$

(3)　3点R，S，Tはそれぞれ線分PQ，辺OB，辺OC上を動くので，$0\leqq r\leqq1$，$0\leqq s\leqq1$，$0\leqq t\leqq1$ を満たす実数 r，s，t を用いて

$$\overrightarrow{\mathrm{OR}}=(1-r)\overrightarrow{\mathrm{OP}}+r\overrightarrow{\mathrm{OQ}}=\frac{1-r}{3}\overrightarrow{\mathrm{OA}}+\frac{r}{2}\overrightarrow{\mathrm{OB}}+\frac{r}{2}\overrightarrow{\mathrm{OC}},$$

$$\overrightarrow{\mathrm{OS}}=s\overrightarrow{\mathrm{OB}},\ \ \overrightarrow{\mathrm{OT}}=t\overrightarrow{\mathrm{OC}}$$

と表すことができる。

ここで，(1)の結果より，点Qが辺BCの中点であることから，四面体OABCは，3点O，P，Qを通る平面に関して対称となり，$|\overrightarrow{\mathrm{SR}}|^2$ の最小値と $|\overrightarrow{\mathrm{TR}}|^2$ の最小値が一致し，その最小値の和が $|\overrightarrow{\mathrm{SR}}|^2+|\overrightarrow{\mathrm{TR}}|^2$ の最小値

である。

よって，$|\overrightarrow{SR}|$ が最小となる場合を考えると，それは，$\overrightarrow{SR}\cdot\overrightarrow{PQ}=0$ かつ $\overrightarrow{SR}\cdot\overrightarrow{OB}=0$ となる場合であるので，(2)の結果より

$$\overrightarrow{SR}/\!/\left(\overrightarrow{OA}-\frac{1}{2}\overrightarrow{OB}+\frac{1}{2}\overrightarrow{OC}\right)$$

$\overrightarrow{SR}=\overrightarrow{OR}-\overrightarrow{OS}=\dfrac{1-r}{3}\overrightarrow{OA}+\dfrac{r-2s}{2}\overrightarrow{OB}+\dfrac{r}{2}\overrightarrow{OC}$ より

$$\frac{1-r}{3}:\frac{r-2s}{2}:\frac{r}{2}=1:\left(-\frac{1}{2}\right):\frac{1}{2}$$

これより　$r=\dfrac{1}{4}$，$s=\dfrac{1}{4}$

よって，このとき $t=\dfrac{1}{4}$ となり

$$\overrightarrow{SR}=\frac{1}{4}\overrightarrow{OA}-\frac{1}{8}\overrightarrow{OB}+\frac{1}{8}\overrightarrow{OC}$$

$$\begin{aligned}\overrightarrow{TR}&=\overrightarrow{OR}-\overrightarrow{OT}\\&=\left(\frac{1}{4}\overrightarrow{OA}+\frac{1}{8}\overrightarrow{OB}+\frac{1}{8}\overrightarrow{OC}\right)-\frac{1}{4}\overrightarrow{OC}\\&=\frac{1}{4}\overrightarrow{OA}+\frac{1}{8}\overrightarrow{OB}-\frac{1}{8}\overrightarrow{OC}\end{aligned}$$

であり

$$\begin{aligned}|\overrightarrow{SR}|^2&=\frac{1}{16}|\overrightarrow{OA}|^2+\frac{1}{64}|\overrightarrow{OB}|^2+\frac{1}{64}|\overrightarrow{OC}|^2\\&\qquad-\frac{1}{16}\overrightarrow{OA}\cdot\overrightarrow{OB}-\frac{1}{32}\overrightarrow{OB}\cdot\overrightarrow{OC}+\frac{1}{16}\overrightarrow{OC}\cdot\overrightarrow{OA}\\&=\frac{1}{16}+\frac{1}{64}+\frac{1}{64}-\frac{1}{32}\times\frac{1}{3}\\&=\frac{1}{12}\end{aligned}$$

以上により，求める $|\overrightarrow{SR}|^2+|\overrightarrow{TR}|^2$ の最小値は　$\dfrac{1}{12}\times2=\dfrac{1}{6}$　……(答)

そのときの $\overrightarrow{SR}$ と $\overrightarrow{TR}$ は

$$\left.\begin{aligned}\overrightarrow{SR}&=\frac{1}{4}\overrightarrow{OA}-\frac{1}{8}\overrightarrow{OB}+\frac{1}{8}\overrightarrow{OC}\\\overrightarrow{TR}&=\frac{1}{4}\overrightarrow{OA}+\frac{1}{8}\overrightarrow{OB}-\frac{1}{8}\overrightarrow{OC}\end{aligned}\right\}\quad\cdots\cdots(答)$$

◀解　説▶

≪線分上を動く複数の動点を結んだ線分の最小値≫

(1)　辺OA上の動点のベクトルを $m\overrightarrow{OA}$ $(0\leqq m\leqq 1)$，辺BC上の動点のベクトルを $(1-n)\overrightarrow{OB}+n\overrightarrow{OC}$ $(0\leqq n\leqq 1)$ と表し，L^2 を m，n を用いて表す。2変数 m，n についての2次関数が最小となる場合を考えればよい。

(2)　(1)の結果を利用して，与えられた等式から x と y についての関係式を導き，それを解いていく。

(3)　$\overrightarrow{OR}$，$\overrightarrow{OS}$，$\overrightarrow{OT}$ をそれぞれ $0\leqq r\leqq 1$，$0\leqq s\leqq 1$，$0\leqq t\leqq 1$ を満たす実数 r，s，t と $\overrightarrow{OA}$，$\overrightarrow{OB}$，$\overrightarrow{OC}$ を用いて表す。対称性を考えると，$|\overrightarrow{SR}|^2$ が最小になるときと $|\overrightarrow{TR}|^2$ が最小になるときは一致するので，$|\overrightarrow{SR}|$ が最小となる場合を考えていけばよい。それは $\overrightarrow{SR}\cdot\overrightarrow{PQ}=0$ かつ $\overrightarrow{SR}\cdot\overrightarrow{OB}=0$ となるときであるので，(2)の結果を利用することにより，r，s，t の値を求めることができる。

Ⅳ　解答

(1)　半角の公式 $\tan^2\frac{\theta}{2}=\frac{1-\cos\theta}{1+\cos\theta}$ より

$$t^2=\frac{1-\cos\theta}{1+\cos\theta}$$

$$(1+\cos\theta)\times t^2=1-\cos\theta$$

$$(t^2+1)\cos\theta=1-t^2$$

$$\therefore\quad \cos\theta=\frac{1-t^2}{1+t^2}$$

よって

$$\begin{aligned}1+a^2-2a\cos\theta&=(1+a^2)\times\frac{1+t^2}{1+t^2}-2a\times\frac{1-t^2}{1+t^2}\\&=\frac{(1-2a+a^2)+(1+2a+a^2)t^2}{1+t^2}\end{aligned}$$

$$=\frac{(1-a)^2+(1+a)^2t^2}{1+t^2}$$

と変形できるので

$$f(\theta)=\frac{(1-a^2)(1+t^2)}{2\pi\{(1-a)^2+(1+a)^2t^2\}}=\frac{\frac{(1-a^2)}{(1+a)^2}(1+t^2)}{2\pi\left\{\left(\frac{1-a}{1+a}\right)^2+t^2\right\}}$$

$$=\frac{\frac{1-a}{1+a}(1+t^2)}{2\pi\left\{\left(\frac{1-a}{1+a}\right)^2+t^2\right\}}$$

これより　$b=\dfrac{1-a}{1+a}$　……(答)

(2)　$g(\theta)$ は連続で 2π を周期とする周期関数であるので，$g(\theta)=g(\theta+2\pi)$ が成り立つ。

ここで

$$\int_c^{c+2\pi}g(\theta)d\theta=\int_c^0 g(\theta)d\theta+\int_0^{2\pi}g(\theta)d\theta+\int_{2\pi}^{c+2\pi}g(\theta)d\theta$$

であり，$\displaystyle\int_{2\pi}^{c+2\pi}g(\theta)d\theta$ において，$t=\theta-2\pi$ とおくと

$dt=d\theta$，$\begin{array}{c|c} \theta & 2\pi \to c+2\pi \\ \hline t & 0 \to c \end{array}$ であるので

$$\int_{2\pi}^{c+2\pi}g(\theta)d\theta=\int_0^c g(t+2\pi)dt=\int_0^c g(\theta+2\pi)d\theta$$

$$=\int_0^c g(\theta)d\theta$$

となるので

$$\int_c^{c+2\pi}g(\theta)d\theta=\int_c^0 g(\theta)d\theta+\int_0^{2\pi}g(\theta)d\theta+\int_0^c g(\theta)d\theta$$

$$=-\int_0^c g(\theta)d\theta+\int_0^{2\pi}g(\theta)d\theta+\int_0^c g(\theta)d\theta$$

$$=\int_0^{2\pi}g(\theta)d\theta$$

(証明終)

(3)　$b\tan u=\tan\dfrac{\theta}{2}$ の両辺を u で微分すると

$\dfrac{b}{\cos^2 u}=\dfrac{1}{2\cos^2\dfrac{\theta}{2}}\cdot\dfrac{d\theta}{du}$ より

$$\frac{b}{\cos^2 u}=\frac{1}{2}\times\left(1+\tan^2\frac{\theta}{2}\right)\cdot\frac{d\theta}{du}=\frac{1+t^2}{2}\cdot\frac{d\theta}{du}$$

ここで，$\dfrac{1}{\cos^2 u}=1+\tan^2 u=1+\left(\dfrac{t}{b}\right)^2=\dfrac{b^2+t^2}{b^2}$ であるので

$$\frac{d\theta}{du}=\frac{b}{\cos^2 u}\times\frac{2}{1+t^2}=\frac{b^2+t^2}{b}\times\frac{2}{1+t^2}$$

$$=\frac{2(b^2+t^2)}{b(1+t^2)}$$

$f_2(u)=f_1(t)=\dfrac{b(1+t^2)}{2\pi(b^2+t^2)}$ であるので

$$f_2(u)\frac{d\theta}{du}=\frac{b(1+t^2)}{2\pi(b^2+t^2)}\times\frac{2(b^2+t^2)}{b(1+t^2)}=\frac{1}{\pi}$$

よって　　$h=\dfrac{1}{\pi}$　……(答)

(4)　関数 $f(\theta-r)\cos\theta$ は連続で 2π を周期とする周期関数であるので，(2)より，$c=r-\pi$ とすると

$$\int_0^{2\pi}f(\theta-r)\cos\theta d\theta=\int_{r-\pi}^{r+\pi}f(\theta-r)\cos\theta d\theta$$

また，$f(\theta)=\dfrac{1-a^2}{2\pi(1+a^2-2a\cos\theta)}$ より

$$2\pi(1+a^2)f(\theta)-4\pi af(\theta)\cos\theta=1-a^2$$

よって　　$f(\theta)\cos\theta=\dfrac{1+a^2}{2a}f(\theta)-\dfrac{1-a^2}{4\pi a}$

ここで，$t=\theta-r$ とおくと

$dt=d\theta$，$\begin{array}{c|c}\theta & r-\pi\to r+\pi\\ \hline t & -\pi\ \to\ \pi\end{array}$ となるので

$$\int_{r-\pi}^{r+\pi}f(\theta-r)\cos\theta d\theta=\int_{-\pi}^{\pi}f(t)\cos(t+r)dt$$

$$=\int_{-\pi}^{\pi}f(t)(\cos t\cos r-\sin t\sin r)dt$$

$$=\cos r\int_{-\pi}^{\pi}f(t)\cos tdt-\sin r\int_{-\pi}^{\pi}f(t)\sin tdt$$

となるが，$f(-\theta)=f(\theta)$，$\sin(-\theta)=-\sin\theta$ より，$f(-t)\sin(-t)=-f(t)\sin t$ であるので

$$\int_{-\pi}^{\pi} f(t)\sin t\,dt=0$$

よって

$$\int_0^{2\pi} f(\theta-r)\cos\theta d\theta=\cos r\int_{-\pi}^{\pi} f(t)\cos t\,dt$$
$$=\cos r\int_{-\pi}^{\pi}\left\{\frac{1+a^2}{2a}f(t)-\frac{1-a^2}{4\pi a}\right\}dt$$

$\int_{-\pi}^{\pi} f(\theta)d\theta=\pi h$ であることを用いると

$$\int_0^{2\pi} f(\theta-r)\cos\theta d\theta=\cos r\left(\frac{1+a^2}{2a}\times\pi h-\frac{1-a^2}{4\pi a}\times 2\pi\right)$$
$$=\cos r\left(\frac{1+a^2}{2a}\pi\times\frac{1}{\pi}-\frac{1-a^2}{2a}\right)$$
$$=\cos r\times\frac{(1+a^2)-(1-a^2)}{2a}$$
$$=a\cos r$$

これより　$\int_0^{2\pi} f(\theta-r)\cos\theta d\theta=a\cos r$　……(答)

◀解　説▶

≪周期関数の定積分の性質≫

(1)　半角の公式 $\tan^2\frac{\theta}{2}=\frac{1-\cos\theta}{1+\cos\theta}$ を用いて，$\cos\theta$ を t で表すことにより，$f(\theta)$ を t で表していく。それを $f_1(t)$ の右辺の形に変形することにより，b を a の式で表す。

(2)　$g(\theta)=g(\theta+2\pi)$ であり，$\int_c^{c+2\pi} g(\theta)d\theta=\int_c^0 g(\theta)d\theta+\int_0^{2\pi} g(\theta)d\theta+\int_{2\pi}^{c+2\pi} g(\theta)d\theta$ と変形し，置換積分法により $\int_{2\pi}^{c+2\pi} g(\theta)d\theta=\int_0^c g(\theta)d\theta$ を導く。

(3)　$b\tan u=\tan\frac{\theta}{2}$ の両辺を u で微分することにより，$\frac{d\theta}{du}$ を t を用いて表す。$f_2(u)=f_1(t)$ であることから，$f_2(u)\times\frac{d\theta}{du}$ を計算すればよい。

(4)　$f(\theta-r)\cos\theta$ は連続で周期 2π の周期関数なので，(2)を用いると，$c=r-\pi$ とすることにより，$\int_0^{2\pi} f(\theta-r)\cos\theta d\theta=\int_{r-\pi}^{r+\pi} f(\theta-r)\cos\theta d\theta$

と変形することができる。さらに，$t=\theta-r$ とおきかえ，$\cos(t+r)$ を加法定理で展開することにより，$\int_0^{2\pi} f(\theta-r)\cos\theta d\theta$ を a と h を用いて表す。その際に，$\int_{-\pi}^{\pi} f(t)\sin t dt=0$ や $\int_{-\pi}^{\pi} f(\theta)d\theta=\pi h$ を用いることになる。

❖講　評

Ⅰは小問 2 問の出題である。(1)は，硬貨の表裏の出方によって番号のついたカードを取り出す確率の問題である。後半は，n 回の試行後と $n+1$ 回の試行後の関係から漸化式を導き，それを解いていく確率と数列の融合問題でもある。獲得する得点によってうまく場合分けできたかどうかがポイントである。(2)は，複素数平面に関する問題である。原点を中心とする回転移動や平行移動など，基本的な事項を押さえておけば解答できる。理系としては平易な問題であったといえる。

Ⅱは双曲線の媒介変数表示に関する問題である。媒介変数で表された式が複雑で，うまく処理しないと計算が大変になる問題であった。また，最後の(5)については，(3)・(4)との関係が理解できたかどうかがポイントであった。ただ，なかなか奥深い設問であったことは事実である。

Ⅲは空間ベクトルに関する問題である。(1)から計算が複雑で，また，最後の(3)についても，図形の対称性と(2)を利用して解くことになり，全体的にはレベルの高い出題だったといえる。

Ⅳは周期関数の定積分についての性質を証明し，それを利用して定積分の値を計算する問題である。小問の誘導に従って解いていく形式であるが，計算等が複雑で難問の部類に入る問題であった。

Ⅰ～Ⅳを難易度で平易な方から並べると，Ⅰ(2)（平易）＜Ⅰ(1)（標準）＜Ⅱ，Ⅲ，Ⅳ（やや難）である。Ⅰの空所補充形式問題については，8 割程度の正解を目指し，Ⅱ～Ⅳの記述式問題については，すべて 5 割以上の点数を確保したいところである。微・積分法の問題を中心として，高い計算力が要求される問題が多い点に注意しておきたい。

物理

I

解答 (ア) $\sqrt{\dfrac{GM_A}{a}}$　(イ) $\dfrac{1}{2}m_1{v_1}^2-G\dfrac{m_1M_A}{2a}$　(ウ) $\sqrt{\dfrac{GM_A}{a}}$

(エ) $\dfrac{M_B}{M_A+M_B}R$　(オ) $M_A\sqrt{\dfrac{G}{R(M_A+M_B)}}$　(カ) $2\pi R\sqrt{\dfrac{R}{G(M_A+M_B)}}$　(キ) $\dfrac{r}{R^3}$

(ク) $Gm'\dfrac{\sqrt{{M_A}^2+{M_B}^2+M_AM_B}}{R^2}$　(ケ) $\dfrac{\sqrt{3}(M_A+M_B)}{M_A-M_B}$

◀解　説▶

≪連星の運動≫

(ア)　求めるPの速さを v_P として，万有引力を向心力とした等速円運動の運動方程式を立てると

$$m\frac{{v_P}^2}{a}=G\frac{mM_A}{a^2}$$

これより　　$v_P=\sqrt{\dfrac{GM_A}{a}}$

(イ)　P_1 の速さを v_{P_1} とすると，$v_{P_1}=\sqrt{{v_P}^2+{v_1}^2}$ である。求める力学的エネルギーを E とすると

$$E=\frac{1}{2}m_1{v_{P_1}}^2-G\frac{m_1M_A}{a}=\frac{1}{2}m_1{v_P}^2+\frac{1}{2}m_1{v_1}^2-G\frac{m_1M_A}{a}$$

ここで，(ア)で立てた運動方程式より，${v_P}^2=G\dfrac{M_A}{a}$ と求められるので

$$E=\frac{1}{2}m_1G\frac{M_A}{a}+\frac{1}{2}m_1{v_1}^2-G\frac{m_1M_A}{a}=\frac{1}{2}m_1{v_1}^2-G\frac{m_1M_A}{2a}$$

(ウ)　無限遠まで飛び去ったので，力学的エネルギー保存則より，(イ)で求めた力学的エネルギーが0より大きいことがわかる。

$\dfrac{1}{2}m_1{v_1}^2-G\dfrac{m_1M_A}{2a}>0$ より　　$v_1>\sqrt{\dfrac{GM_A}{a}}$

(エ)　重心CのAからの距離を X とすると，重心を求める公式より

$$X=\frac{M_A\times0+M_BR}{M_A+M_B}=\frac{M_B}{M_A+M_B}R$$

(オ)　Bの速さをv_{B}とする。BはA，B間にはたらく万有引力を向心力とした半径$R-X$の等速円運動をしているから，運動方程式は

$M_{\mathrm{B}}\dfrac{{v_{\mathrm{B}}}^2}{R-X}=G\dfrac{M_{\mathrm{A}}M_{\mathrm{B}}}{R^2}$ より

$${v_{\mathrm{B}}}^2=\frac{GM_{\mathrm{A}}(R-X)}{R^2}=\frac{GM_{\mathrm{A}}\left(R-\dfrac{M_{\mathrm{B}}}{M_{\mathrm{A}}+M_{\mathrm{B}}}R\right)}{R^2}=\frac{G{M_{\mathrm{A}}}^2}{R(M_{\mathrm{A}}+M_{\mathrm{B}})}$$

これより　　$v_{\mathrm{B}}=M_{\mathrm{A}}\sqrt{\dfrac{G}{R(M_{\mathrm{A}}+M_{\mathrm{B}})}}$

(カ)　A，B，Qは相対位置を変えずに，Cを中心とした等速円運動を行うので，求める周期をTとすると，TはBの円運動から求めることができる。

$$T=\frac{2\pi(R-X)}{v_{\mathrm{B}}}=\frac{2\pi R\left(\dfrac{M_{\mathrm{A}}}{M_{\mathrm{A}}+M_{\mathrm{B}}}\right)}{M_{\mathrm{A}}\sqrt{\dfrac{G}{R(M_{\mathrm{A}}+M_{\mathrm{B}})}}}=2\pi R\sqrt{\frac{R}{G(M_{\mathrm{A}}+M_{\mathrm{B}})}}$$

(キ)　求める万有引力の合力で，QはCを中心とした半径r，周期Tの等速円運動を行っており，その角速度をω，合力の大きさをFとすると，運動方程式から

$$F=m'r\omega^2=m'r\left(\frac{2\pi}{T}\right)^2=m'r\left(\frac{2\pi}{2\pi R}\sqrt{\frac{G(M_{\mathrm{A}}+M_{\mathrm{B}})}{R}}\right)^2$$

$$=Gm'(M_{\mathrm{A}}+M_{\mathrm{B}})\times\frac{r}{R^3}$$

(ク)　まず，$\mathrm{L_4}$の回転半径を求める。線分$\mathrm{CL_4}$の距離をr'とする。$\triangle\mathrm{ABL_4}$は正三角形となるので$\angle\mathrm{A}=60°$である。$\triangle\mathrm{ACL_4}$において余弦定理を用いると

$$r'^2=R^2+X^2-2RX\cos60°$$

$$=R^2+\left(\frac{M_{\mathrm{B}}}{M_{\mathrm{A}}+M_{\mathrm{B}}}R\right)^2-2R\frac{M_{\mathrm{B}}}{M_{\mathrm{A}}+M_{\mathrm{B}}}R\times\frac{1}{2}$$

$$=R^2\left\{1+\frac{{M_{\mathrm{B}}}^2}{(M_{\mathrm{A}}+M_{\mathrm{B}})^2}-\frac{M_{\mathrm{B}}}{M_{\mathrm{A}}+M_{\mathrm{B}}}\right\}=R^2\frac{{M_{\mathrm{A}}}^2+{M_{\mathrm{B}}}^2+M_{\mathrm{A}}M_{\mathrm{B}}}{(M_{\mathrm{A}}+M_{\mathrm{B}})^2}$$

これより

$$r'=\frac{R}{M_{\mathrm{A}}+M_{\mathrm{B}}}\sqrt{{M_{\mathrm{A}}}^2+{M_{\mathrm{B}}}^2+M_{\mathrm{A}}M_{\mathrm{B}}}$$

前問(キ)と同様に考えて，Q にはたらく万有引力の合力の大きさを F' とすると

$$F'=m'r'\omega^2=m'r\left(\frac{2\pi}{T}\right)^2$$

$$=\frac{m'R}{M_A+M_B}\sqrt{M_A{}^2+M_B{}^2+M_AM_B}\left(\frac{2\pi}{2\pi R}\sqrt{\frac{G(M_A+M_B)}{R}}\right)^2$$

$$=Gm'\frac{\sqrt{M_A{}^2+M_B{}^2+M_AM_B}}{R^2}$$

(ケ)　$M_B<M_A$ であるので $AC=X=\frac{M_B}{M_A+M_B}R<\frac{1}{2}R$ とわかる。

$\phi<\frac{\pi}{2}$ なので，求める ϕ は $\angle L_4CB$ となる。

L_4 から AB に垂線を引き，AB との交点を H とすると

$$CH=AH-AC=\frac{1}{2}R-X=\frac{M_A-M_B}{2(M_A+M_B)}R$$

$$L_4H=AL_4\sin 60°=\frac{\sqrt{3}}{2}R$$

$$\therefore\quad \tan\phi=\frac{L_4H}{CH}=\frac{\sqrt{3}(M_A+M_B)}{M_A-M_B}$$

II　**解答**

(ア) $\frac{1}{R}\left(V-\frac{qd}{\varepsilon_0 S}\right)$　(イ) $\frac{\varepsilon_0 SV^2}{2d}$　(ウ) $\frac{\varepsilon_0 S}{d^2}\Delta d$

(エ) $\frac{\varepsilon_0 SV^2}{d^2}\Delta d$　(オ) $\frac{\varepsilon_0 SV^2}{2d^2}$　(カ) $\frac{\varepsilon_0 SV}{3d}$　(キ) $\frac{V}{3d}$　(ク) $d\sqrt{\frac{2mg}{\varepsilon_0 a}}$

◀解　説▶

≪コンデンサーの極板間距離の変化を用いた極板にはたらく力の考察≫

(ア)　コンデンサーの電気容量 C〔F〕は $C=\varepsilon_0\frac{S}{d}$〔F〕であるので，このときのコンデンサーの極板間の電位差を V_{AB}〔V〕とすると

$$V_{AB}=\frac{q}{C}=\frac{qd}{\varepsilon_0 S}\,[\mathrm{V}]$$

となり，極板 A のほうが高電位である。これより，抵抗に加わる電圧 V_R〔V〕は

$$V_R = V - V_{AB} = V - \frac{qd}{\varepsilon_0 S}\,[\mathrm{V}]$$

であるので，求める電流の大きさ I〔A〕は

$$I = \frac{V_R}{R} = \frac{1}{R}\left(V - \frac{qd}{\varepsilon_0 S}\right)[\mathrm{A}]$$

(イ)　静電エネルギーの公式より，求める静電エネルギー U〔J〕は

$$U = \frac{1}{2}CV^2 = \frac{\varepsilon_0 S V^2}{2d}\,[\mathrm{J}]$$

(ウ)　静電容量の変化 $\varDelta C$〔F〕は，$\dfrac{\varDelta d}{d} \ll 1$ であることを考慮して

$$\varDelta C = \frac{\varepsilon_0 S}{d + \varDelta d} - \frac{\varepsilon_0 S}{d} = \frac{\varepsilon_0 S}{d}\left(\frac{1}{1 + \frac{\varDelta d}{d}} - 1\right)$$

$$\fallingdotseq \frac{\varepsilon_0 S}{d}\left(1 - \frac{\varDelta d}{d} - 1\right) = -\frac{\varepsilon_0 S}{d^2}\varDelta d\,[\mathrm{F}]$$

減少量を問われているので　　$\dfrac{\varepsilon_0 S}{d^2}\varDelta d$〔F〕

(エ)　コンデンサーに蓄えられた電気量の変化量 $\varDelta Q$〔C〕は

$$\varDelta Q = \varDelta C V = -\frac{\varepsilon_0 S V}{d^2}\varDelta d\,[\mathrm{C}]$$

となり，減少していることがわかる。

電位差 V〔V〕の電池がした仕事 W〔J〕は

$$W = \varDelta Q V = -\frac{\varepsilon_0 S V}{d^2}\varDelta d \times V = -\frac{\varepsilon_0 S V^2}{d^2}\varDelta d\,[\mathrm{J}]$$

電池がされた仕事を問われているので　　$\dfrac{\varepsilon_0 S V^2}{d^2}\varDelta d$〔J〕

(オ)　まず，静電エネルギーの変化 $\varDelta U$〔J〕を求めると

$$\varDelta U = \frac{1}{2}\varDelta C V^2 = -\frac{\varepsilon_0 S}{2d^2}\varDelta d \times V^2 = -\frac{\varepsilon_0 S V^2}{2d^2}\varDelta d\,[\mathrm{J}]$$

となる。大きさ F〔N〕の外力がした仕事 W_0〔J〕は　　$W_0 = F\varDelta d$〔J〕

$W_0 + W = \varDelta U$ の関係が成り立つので，これまでの結果より

$$F\varDelta d - \frac{\varepsilon_0 S V^2}{d^2}\varDelta d = -\frac{\varepsilon_0 S V^2}{2d^2}\varDelta d \qquad \therefore\ F = \frac{\varepsilon_0 S V^2}{2d^2}\,[\mathrm{N}]$$

極板間隔をゆっくり広げているので，求める極板間にはたらく大きさ

f〔N〕の引力と外力 F〔N〕はつりあっている。ゆえに

$$f=F=\frac{\varepsilon_0 SV^2}{2d^2}\text{〔N〕}$$

(カ)　極板間距離を 3 倍にしたので，静電容量は $\frac{1}{3}$ 倍となる。スイッチを閉じたままであるので，求める電気量 Q'〔C〕は

$$Q'=\frac{\varepsilon_0 SV}{3d}\text{〔C〕}$$

(キ)　スイッチを開いた状態で極板間距離を変化させても，極板に蓄えられた電気量 Q'〔C〕は変化しない。ガウスの法則により，電気量 Q'〔C〕から出ている電気力線の数 N 本は，$N=\frac{Q'}{\varepsilon_0}=\frac{SV}{3d}$ 本である。電場の強さ E〔N/C〕は単位面積当たりの電気力線の数で表すことができるので

$$E=\frac{N}{S}=\frac{\frac{SV}{3d}}{S}=\frac{V}{3d}\text{〔N/C〕}$$

(ク)　求める電圧を V_0〔V〕とする。(オ)での考察より電位差 V_0〔V〕のときに，極板間にはたらく引力の大きさ f'〔N〕は，$f'=\frac{\varepsilon_0 S{V_0}^2}{2d^2}$〔N〕となる。これより，極板に単位面積あたりにはたらく引力の大きさ f_0〔N/m^2〕は，$f_0=\frac{f'}{S}=\frac{\varepsilon_0 {V_0}^2}{2d^2}$〔N/m^2〕である。

面積 a〔m^2〕の円板 C に加わる力の大きさ f_{C}〔N〕は

$$f_{\mathrm{C}}=f_0 a=\frac{\varepsilon_0 {V_0}^2}{2d^2}\times a=\frac{\varepsilon_0 a {V_0}^2}{2d^2}\text{〔N〕}$$

これが重力とつりあうのであるから　　$\frac{\varepsilon_0 a {V_0}^2}{2d^2}=mg$

これより　　$V_0=d\sqrt{\frac{2mg}{\varepsilon_0 a}}$〔V〕

III

解答　(ア) $\frac{2n-1}{4L}\left(\frac{\gamma p}{\rho}\right)^{\frac{1}{2}}$　(イ) $\frac{1}{3}L$　(ウ) $\frac{2L}{5}$　(エ) ρad

(オ) $\frac{\gamma pa^2}{V}\Delta y$　(カ) $\frac{1}{2\pi}\sqrt{\frac{\gamma pa}{\rho dV}}$　(キ) $\left(\frac{T'}{T}\right)^{\frac{1}{2}}$　(ク) $\left(1-\frac{1}{k^2}\right)V$

◀解　説▶

≪円筒に続く球状容器での共鳴≫

(ア)　開口端補正を無視したとき，正の整数 n を用いると閉管に生じる音波の定常波の波長 λ_n〔m〕は，$\lambda_n=\frac{4L}{2n-1}$〔m〕と表される。

これより，音速 $v=\left(\frac{\gamma p}{\rho}\right)^{\frac{1}{2}}$〔m/s〕で求める振動数 f_n〔Hz〕は

$$f_n=\frac{v}{\lambda_n}=\frac{2n-1}{4L}\left(\frac{\gamma p}{\rho}\right)^{\frac{1}{2}}\text{〔Hz〕}$$

(イ)　圧力変化が極小となるのは，音波の定常波の腹の部分である。開口端補正を無視しているので，3倍振動のとき，閉管の底から $\frac{1}{3}L$〔m〕のところに最初の腹が存在する。

(ウ)　音波の圧力変化が極大となるのは，定常波の節の部分である。5倍振動のときの $n=3$ で，波長は $\lambda_3=\frac{4L}{2\times3-1}=\frac{4L}{5}$〔m〕となる。定常波の節の間隔は半波長に等しいので，求める間隔は $\frac{2L}{5}$〔m〕となる。

(エ)　円筒部の体積は ad〔m^3〕であるので，求める質量を m〔kg〕とすると

$$m=\rho ad\text{〔kg〕}$$

(オ)　円筒の気体が Δy〔m〕だけ変位したとき，その体積変化 ΔV〔m^3〕は，$\Delta V=a\Delta y$〔m^3〕となり，与式より圧力の変化 Δp〔Pa〕は

$\Delta p=-\frac{\gamma p}{V}a\Delta y$〔Pa〕となる。

これに伴い，気体に加わる力（復元力）F〔N〕は

$$F=a\Delta p=a\times\left(-\frac{\gamma p}{V}a\Delta y\right)=-\frac{\gamma pa^2}{V}\Delta y\text{〔N〕}\quad\cdots\cdots①$$

と表される。復元力の大きさを問われているので　$\frac{\gamma pa^2}{V}\Delta y$〔N〕

(カ)　質量 m〔kg〕の物体が角振動数 ω〔rad/s〕で単振動するときの復元力 F〔N〕は，変位 $\varDelta y$〔m〕に比例し

$$F=-m\omega^2\varDelta y\text{〔N〕}$$

と表される。①式と比較して

$$-m\omega^2\varDelta y=-\frac{\gamma p a^2}{V}\varDelta y \text{ より}$$

$$\omega=\sqrt{\frac{\gamma p a^2}{mV}}=\sqrt{\frac{\gamma p a^2}{\rho a d V}}=\sqrt{\frac{\gamma p a}{\rho d V}}\text{〔rad/s〕}$$

これより，求める振動数 f〔Hz〕は

$$f=\frac{\omega}{2\pi}=\frac{1}{2\pi}\sqrt{\frac{\gamma p a}{\rho d V}}\text{〔Hz〕}$$

(キ)　温度 T'〔K〕のときの体積を V'〔m^3〕とすると，シャルルの法則より

$$\frac{V'}{T'}=\frac{V}{T} \qquad \therefore \quad V'=\frac{T'}{T}V$$

となり，体積が $\frac{T'}{T}$ 倍になる。

一定質量の体積が $\frac{T'}{T}$ 倍になったのであるから，密度は $\frac{T}{T'}$ 倍になるので，そのときの音速 v'〔m/s〕は

$$v'=\left(\frac{\gamma p}{\frac{T}{T'}\rho}\right)^{\frac{1}{2}}=\left(\frac{T'}{T}\right)^{\frac{1}{2}}\left(\frac{\gamma p}{\rho}\right)^{\frac{1}{2}}=\left(\frac{T'}{T}\right)^{\frac{1}{2}}v\text{〔m/s〕}$$

これより，音速は $\left(\frac{T'}{T}\right)^{\frac{1}{2}}$ 倍になる。

(ク)　このときの球状容器の空気の体積を V''〔m^3〕とする。(カ)の結果を用いて

$$\frac{k}{2\pi}\sqrt{\frac{\gamma p a}{\rho d V}}=\frac{1}{2\pi}\sqrt{\frac{\gamma p a}{\rho d V''}} \text{ より} \qquad V''=\frac{1}{k^2}V\text{〔m}^3\text{〕}$$

求める水の体積 V_0〔m^3〕は

$$V_0=V-V''=V-\frac{1}{k^2}V=\left(1-\frac{1}{k^2}\right)V\text{〔m}^3\text{〕}$$

❖講　評

2022 年度は設問量等に変化はなく，それまでよりも難化した 2021 年度と比べても同程度の難易度であった。題材として目新しい設定の問題が多く，状況を理解するのに時間がかかり，解答時間的には厳しい設定であったのは変わりない。数値計算を求められる問題や描図を求める問題が，2022 年度は出題されなかった。

Ⅰ　(ア)～(カ)については，基本的な知識と理解を求められるもので，確実に解答しておきたい。後半の万有引力の合力を求める問題は，(カ)で求めた周期を用いた円運動の運動方程式から求めることに気づくことができたかがカギとなる。設問の流れをしっかりつかむ力と数学的な処理の正確さが必要である。

Ⅱ　前半はやはり基本的な設問であった。近似式もよく用いられるものなので，多くの受験生はうまく使いこなせたのではないか。中盤の極板間にはたらく力を求める問題は，設問の流れにうまく乗れば解答に至ることができる。後半の問題は電場の強さの捉え方がカギとなり，最後の問題は単位面積あたりにはたらく静電気力の大きさに注目できたかがポイントであろう。

Ⅲ　前半の閉管の共鳴問題は必ず解答しておきたい。中盤の問題は，微小量変化に対する取り扱いをうまく行わないと，単振動の式に持ち込めず解答には至らない。後半も変化した量に伴い何が変化したのかを確実に捉える力が必要である。

化学

I 解答

(1) あ．3　い．4　う．ケイ素　え．一酸化炭素
お．鋼　か．酸化鉄(Ⅲ)　き．トタン　く．Zn

(2)―(エ)・(オ)

(3) (a) $Fe_3O_4 + 4CO \longrightarrow 3Fe + 4CO_2$

(b) $3Fe + 4H_2O \longrightarrow Fe_3O_4 + 4H_2$

(4) (i) $d = \dfrac{2M}{a^3 N_A}$〔g/cm³〕 (ii) $b = 2\sqrt{2}\,r$〔cm〕 (iii) 1.1 cm³

(5) (i) Zn：負極　Fe：正極 (ii)右

(iii)ステンレス合金：$2H_2O + O_2 + 4e^- \longrightarrow 4OH^-$

Fe：$Fe \longrightarrow Fe^{2+} + 2e^-$

(iv)実験②ではFeの表面全体で $Fe \longrightarrow Fe^{2+} + 2e^-$ の反応が進行するが，実験③ではFeの凹凸部分で，$O_2 + 2H_2O + 4e^- \longrightarrow 4OH^-$ と $Fe \longrightarrow Fe^{2+} + 2e^-$ の反応がそれぞれ進行することになるため，腐食の進行が遅くなる。

◀解　説▶

≪鉄の単体と化合物の構造・反応≫

(1) え．Cの酸化を高温で行うと，CO_2 ではなく，COが生成する。

く．FeとZnではZnのイオン化傾向の方が大きく，トタンではFeよりも優先的に酸化される。

(2)(ア) 誤文。遷移元素はすべて金属元素である。

(イ) 誤文。遷移元素では，周期表の同一周期で隣接する元素間でも性質が類似することが多い。

(ウ) 誤文。遷移元素の最外殻電子は，1個または2個である。

(エ) 正文。典型元素では，Li，Be，Bなどがレアメタルに含まれる。

(オ) 正文。三元触媒は，Pt（白金），Pd（パラジウム），Rh（ロジウム）の3種類の遷移元素を主成分とする。

(3)(a) COが還元剤となって Fe_3O_4 を還元し，Feと CO_2 が生成する。

(b) H_2O が酸化剤としてFeを酸化し，自身は還元されて H_2 を生成する。

(4)(i)　α-Fe の結晶格子の中には，格子の重心（1 カ所）に 1 個，各頂点（8 カ所）にそれぞれ $\frac{1}{8}$ 個，合計で 2 個の原子が存在する。密度は，結晶格子内の全原子の質量を結晶格子の体積で割れば求まる。原子 1 個の質量は，原子のモル質量（原子量）をアボガドロ定数で割ったものなので

$$d=\frac{2\left(\frac{M}{N_A}\right)}{a^3}=\frac{2M}{a^3N_A}\,[\mathrm{g/cm^3}]$$

(ii)　結晶格子面の正方形に注目すると，正方形の対角線の長さが原子半径の 4 倍の長さに相当するので，正方形（結晶格子）の 1 辺の長さを b[cm] とすると

$$\sqrt{2}\,b=4r$$

となり，これを b について解く。

(iii)　体心立方格子には 2 個，面心立方格子には 4 個の原子が含まれることから，同じ数の原子で面心立方格子から体心立方格子に変化するような配列変換が起こったとすると，体積の増加は

$$\frac{a^3\times 2}{b^3}=\frac{\left(\frac{4}{\sqrt{3}}r\right)^3\times 2}{(2\sqrt{2}\,r)^3}=1.12\fallingdotseq 1.1\text{ 倍}$$

よって，1.1 $\mathrm{cm^3}$ の α-Fe に変化する。

(5)(i)　電池の反応では，イオン化傾向の大きい物質が電子を送り出す負極，小さい物質が電子を受け取る正極となる。

(ii)　Fe 上でのみ $K_3[Fe(CN)_6]$ による濃青色沈殿が生成していることから，Fe ではイオン化して電子を出す反応が起こっていると考えられる。よって，電子は Fe からステンレス合金へ移動することから，電流はステンレス合金から Fe に向かって流れる。

(iii)　ステンレス合金では，Fe から受け取った電子による H_2O の還元反応が起こる。

$$2H_2O+2e^- \longrightarrow H_2+2OH^-$$

気体の発生が見られなかったので，発生した H_2 は溶解している O_2 と反応して H_2O ができたと考えられる。よって，上式の両辺に $\frac{1}{2}O_2$ を加えて係数をすべて 2 倍して整理すると，〔解答〕の半反応式となる。

Ⅱ 解答

(1)　水酸化カルシウム

(2)　硝酸アンモニウム：

NH_4NO_3(固)＋aq＝NH_4NO_3aq－26 kJ

尿素：$(NH_2)_2CO$(固)＋aq＝$(NH_2)_2CO$aq－15 kJ

(A)の生成：CaO(固)＋H_2O(液)＝$Ca(OH)_2$(固)＋65 kJ

(3)(i)O_2：5.0 mol　CO_2：3.0 mol　H_2O：4.0 mol　N_2：40 mol

(ii)(a)2044　(b)1.6×10^3 K

(iii)(c)36 g　(d)1.2×10^3 L　(e)4.0×10^3 Pa

(4)　C．ルシャトリエ　D．左

ア．$K_a+[H^+]$　イ．C_0-x　ウ．$K_a{}^2+4K_aC_0$

(5)　x：黒鉛　　y：プロパン　　z：メタン

◀解　説▶

≪炭化水素の熱化学・蒸気圧，炭酸の電離平衡≫

(1)　化学反応式は

$$CaO+H_2O \longrightarrow Ca(OH)_2$$

(2)　固体のNH_4NO_3と$(NH_2)_2CO$の溶解は冷却に利用できることから，溶解は吸熱で，熱化学方程式の反応熱の符号は負となる。

(3)(i)　物質量の比でN_2：O_2＝4：1の空気50.0 molを用いたので，反応前でN_2は40.0 mol，O_2は10.0 mol存在している。化学反応における各物質の物質量の変化は次のようになる。

$$C_3H_8+5O_2 \longrightarrow 3CO_2+4H_2O$$

	C_3H_8	$5O_2$	$3CO_2$	$4H_2O$	
(反応前)	1.0	10.0	0	0	〔mol〕
(変化量)	−1.0	−5.0	+3.0	+4.0	〔mol〕
(反応後)	0	5.0	3.0	4.0	〔mol〕

N_2は反応で変化しないことから，反応後の物質量は40.0 molとなる。

(ii)(a)　C_3H_8の燃焼では，液体のH_2Oが4 mol生成して2220 kJの発熱となる。与えられた熱化学方程式ではH_2Oが気体なので，2220 kJの燃焼熱が出た後，その熱を使って4 molの液体のH_2Oが気体に状態変化したと考えると，反応で得られる熱量〔kJ〕は

$$2220-44.0\times4=2044〔kJ〕$$

(b)　気体のモル比熱が30.0 J/(mol･K)なので，反応後の気体の総物質量に注意して，反応による温度上昇をx〔K〕とすると，次の式が成り立つ。

$$30.0\times(40.0+4.0+3.0+5.0)\times x=2044\times10^3$$

$$\therefore\quad x=1310.2\fallingdotseq1310\text{〔K〕}$$

反応前の温度が 300 K なので

$$300+1310=1610\fallingdotseq1.6\times10^3\text{〔K〕}$$

(iii)(c)　反応後に H_2O（分子量 18）が 4.0 mol 生成したので，気体の H_2O の質量〔g〕は

$$18\times4.0-36.0=36\text{〔g〕}$$

(d)　気体の H_2O の物質量〔mol〕は

$$\frac{36}{18}=2.0\text{〔mol〕}$$

なので，反応後 300 K の容器内の気体の総物質量〔mol〕は

$$40.0+2.0+3.0+5.0=50.0\text{〔mol〕}$$

となる。全圧は 1.00×10^5 Pa なので，容器の体積を V〔L〕とすると

$$(1.00\times10^5)\times V=50.0\times(8.3\times10^3)\times300$$

$$\therefore\quad V=1245\fallingdotseq1.2\times10^3\text{〔L〕}$$

(e)　ドルトンの分圧の法則より，H_2O の分圧は

$$(1.00\times10^5)\times\frac{2.0}{50}=4000\fallingdotseq4.0\times10^3\text{〔Pa〕}$$

(4)　D．pH が低いと H^+ のモル濃度が大きくなるので，②式で H^+ のモル濃度が減少する方向の「左」に平衡が移動する。

ア．問題文の説明から

$$[H_2CO_3]=x$$

$$[H_2CO_3]+[HCO_3^-]=x+[HCO_3^-]=C_0$$

$$\therefore\quad [HCO_3^-]=C_0-x$$

となり，電離定数の式に代入すると

$$K_a=\frac{[H^+]\times(C_0-x)}{x}=\frac{C_0}{x}[H^+]-[H^+]$$

$$\frac{C_0}{x}=\frac{K_a+[H^+]}{[H^+]}$$

$$\frac{x}{C_0}=\frac{[H^+]}{K_a+[H^+]}$$

となるので，アに入るのは $K_a+[H^+]$ となる。

イ．$[OH^-]$ は無視できる程小さく，正負の総電荷量が等しいので

$$[H^+]=[HCO_3^-]=C_0-x$$

ウ．③，④式より

$$\frac{x}{C_0}=\frac{C_0-[H^+]}{C_0}=\frac{[H^+]}{K_a+[H^+]}$$

となり，$[H^+]$ に関する2次方程式として整理すると

$$[H^+]^2+K_a[H^+]-K_aC_0=0$$

$[H^+]>0$ であることに注意して，解の公式より

$$[H^+]=\frac{-K_a+\sqrt{K_a{}^2-4\times1\times(-K_aC_0)}}{2}$$

よって，ウに入るのは，$K_a{}^2+4K_aC_0$ となる。

(5)　発生する熱量を Q〔kJ〕とすると，各物質の物質量〔mol〕の比は

$$CH_4:C_3H_8:C(\text{黒鉛})=\frac{Q}{890}:\frac{Q}{2220}:\frac{Q}{390}$$

燃焼で発生する CO_2 の物質量は，各物質1molに対して，CH_4 では1mol，C_3H_8 では3mol，C(黒鉛)では1molなので

$$CH_4:C_3H_8:C(\text{黒鉛})=\frac{Q}{890}:\frac{Q}{2220}\times3:\frac{Q}{390}$$

$$=\frac{Q}{890}:\frac{Q}{740}:\frac{Q}{390}$$

よって，多い順に，C(黒鉛)$>C_3H_8$(プロパン)$>CH_4$(メタン)となる。

III　解答

(1)　あ―(ア)　い―(サ)　う―(エ)　え―(ケ)　お―(ク)　か―(キ)

(2)―(タ)・(チ)

(3)　3mol

(4)―(ニ)

(5)　(i) 3種類　(ii)：**G**　(iii)：**K**　(iv)：**N**

(6)　$2KMnO_4+3\,(H_3C)_2C{=}C(CH_3)_2+4H_2O$

$$\longrightarrow 2MnO_2+3HO-C(CH_3)_2-C(CH_3)_2-OH+2KOH$$

(7)　(i) $C_5H_{12}O$　(ii) $(H_3C)_2C=C(H)(CH_3)$

(iii)　アセトン　(iv)―(ヒ)

◀解　説▶

≪付加反応と脱離反応の法則性，有機化合物の酸化反応≫

(1)　い．①式でカルボカチオンに結合しているアルキル基が多いのは上の経路をとったときで，生成物は2-ブロモプロパンとなる。

え～か．2-ブタノールの脱水反応では，1-ブテンと2-ブテンが生成する可能性があり，2-ブテンについては，シス型とトランス型の幾何異性体が存在する。

$$CH_3-CH_2-CH(OH)-CH_3$$

$$\longrightarrow (H)(H)C=C(H)(CH_2-CH_3) \quad (H_3C)(H)C=C(CH_3)(H) \quad (H)(H_3C)C=C(CH_3)(H)$$

$$+4H_2O$$

(2)　(セ)　正文。エチレンに酢酸が付加すると酢酸エチルが得られる。

(ソ)　正文。エチレンを触媒を用いて空気酸化すると，アセトアルデヒドが得られる。

(タ)　誤文。アセチレンの3分子重合によってベンゼンが得られる。

(チ)　誤文。炭化カルシウムと水の反応では，アセチレンが得られる。

(3)　シクロヘキサンからベンゼンと水素を得る反応は

$$C_6H_{12} \longrightarrow C_6H_6+3H_2$$

となる。同様に，メチルシクロヘキサンからトルエンが得られることを考えると

$$CH_3C_6H_{11} \longrightarrow CH_3C_6H_5+3H_2$$

となり，1 molのメチルシクロヘキサンの反応では3 molの H_2 が得られる。

(4)　③式の3段階目では，カルボカチオンの中間生成物から H^+ が除かれて炭素間二重結合が形成されている。よって，HSO_4^- は H^+ を受け取る役割をしており，ブレンステッド・ローリーの定義による塩基と考えることができる。

(5)(i)　得られる化合物は

$CH_3-C^*HBr-CH_2-CH_2-CH_3$

$CH_3-CH_2-CHBr-CH_2-CH_3$

で，一方には不斉炭素原子が 1 つ存在することから光学異性体が存在し，合計で 3 種類が考えられる。

(ii)　マルコフニコフ則では，二重結合を形成する C 原子のうち，H 原子の多い方に H が結合する。化合物 **B** では，二重結合の C 原子の左側に H 原子が結合するので，化合物 **G** が主生成物となる。

(iii)　ザイツェフ則では，アルコールの脱水反応において，H 原子のより少ない C 原子から H 原子が奪われたアルケンが生成する。化合物 C では，OH が結合する C 原子の左側の C 原子で H 原子の結合数が少ないので，こちら側の H 原子を使って脱水した化合物 **K** が主生成物となる。

(iv)　(iii)と同様に考えると，化合物 **D** では，OH が結合する C 原子の右下側の C 原子で H 原子の結合数が少ないので，こちら側の H 原子を使って脱水した化合物 **N** が主生成物となる。

(6)　黒褐色の沈殿は MnO_2 である。酸化剤の MnO_4^- から MnO_2 が生成するときの半反応式は

$$MnO_4^- + 4H^+ + 3e^- \longrightarrow MnO_2 + 2H_2O$$

塩基性条件なので，H^+ は非常に少なく H_2O が反応したと考えて，両辺に $4OH^-$ を加えて整理すると

$$MnO_4^- + 2H_2O + 3e^- \longrightarrow MnO_2 + 4OH^- \quad \cdots\cdots ⓘ$$

となる。一方，化合物 **O** から化合物 **P** に変化するときの半反応式は

$$(H_3C)_2C=C(CH_3)_2 + 2H_2O \longrightarrow HO-C(CH_3)_2-C(CH_3)_2-OH + 2H^+ + 2e^- \quad \cdots\cdots ⓘⓘ$$

と考えられる。ⓘ×2＋ⓘⓘ×3 とした上で，両辺に K^+ を 2 個ずつ補って整理する。

(7)(i)　完全燃焼で得られた CO_2（分子量 44）と H_2O（分子量 18）から，C（原子量 12）と H（原子量 1.0）の物質量〔mol〕と質量〔g〕をそれぞ

れ求めると

C の物質量：$\frac{6.60}{44}=0.15$〔mol〕

C の質量：$0.15\times12.0=1.8$〔g〕

H の物質量：$\frac{3.24}{18}\times2=0.36$〔mol〕

H の質量：$0.36\times1.0=0.36$〔g〕

ここから，O（原子量 16）の質量〔g〕と物質量〔mol〕を求めると

O の質量：$2.64-(1.8+0.36)=0.48$〔g〕

O の物質量：$\frac{0.48}{16}=0.03$〔mol〕

C，H，O の物質量比から

C：H：O＝0.15：0.36：0.03＝5：12：1

となり，組成式は $C_5H_{12}O$ と決定する。

(ii)　化合物 **Q** は，ヒドロキシ基を 1 つもつ 1 価の第三級アルコールなので，分子式は組成式と同じ $C_5H_{12}O$ で，2-メチル-2-ブタノールとなる。H 原子のより少ない C 原子から H 原子が奪われたアルケンが生成するザイツェフ則に従うと，次に示すような反応が起こり，化合物 **R** が得られる。

$$CH_3-\underset{OH}{\overset{CH_3}{C}}-CH_2-CH_3 \longrightarrow \begin{matrix}H_3C\\H_3C\end{matrix}\!\!>C=C<\!\!\begin{matrix}H\\CH_3\end{matrix} + H_2O$$

化合物 **Q**　　　　化合物 **R**

(iii)　化合物 **R** のオゾン分解による生成物は

$$\begin{matrix}H_3C\\H_3C\end{matrix}\!\!>C=O \qquad O=C<\!\!\begin{matrix}H\\CH_3\end{matrix}$$

の 2 種類で，銀鏡反応を示す化合物 **S** はアルデヒド基をもつアセトアルデヒド，銀鏡反応を示さないがヨードホルム反応を示す化合物 **T** はアセトンである。

(iv)　オゾン分解では，酸素原子が化合した化合物が生成するので，酸化反応である。

❖講　評

例年と同じく大問3題の出題で，試験時間は75分。難易度は例年並みで，基本〜やや難しい内容であり，読解力が試される問題も含まれた，受験生の学力をはかる上での良問であった。また，2022年度は論述問題が出題されている。

Ⅰ　鉄に関する反応，構造などに関する問題で構成され，多くは基本的な問題である。ただ，結晶格子の構造変化に伴う体積変化率を求める問題や，鉄の単体表面の凹凸による腐食の進行を考察して論述する問題も出題され，これらの問題では思考力が試される。

Ⅱ　熱化学を扱った問題であるが，一部で気体の状態方程式や電離平衡も扱っている。熱化学の問題については多くが基本的な問題である。後半では炭酸の電離平衡を扱った問題が出題され，数式の変形を中心とした穴埋め形式のやや難しい問題であった。説明文中で示される文字式の関係や近似の考え方を正確に読み取る必要があり，式変形の際の正確な計算力も求められる。

Ⅲ　有機化合物の反応で，付加反応や脱離反応における主生成物の法則性について，やや長い説明文を読んで各反応での主生成物の構造を予測する問題が主である。説明文を正確に読み取る必要があるが，解答に必要な情報はすべて示されており，選択式の問題もあるので，比較的容易に解答できる。加えて基本的な問題も比較的多く出題されており，高得点を目指したい。

生物

I

解答

(1)—(イ)・(エ)・(キ)

(2)　(あ)AB　(い)AABB　(う)ABD　(え)AABBDD

(3)　①熱帯：サバンナ　温帯：ステップ

②ススキ草原：乾性遷移　ヨシ原：湿性遷移

③草本層

(4)　①名称：アブシシン酸　はたらき：(イ)・(ウ)

②C_4植物

(5)　①名称：ジベレリン　はたらき：(ア)・(オ)・(キ)

②—(ウ)　③—(イ)・(エ)

(6)　①あ—(ク)　い—(キ)　う—(エ)　え—(ウ)

②お．層別刈取　か．広葉　き．イネ科　く．230　け．310

③196.3g

◀解　説▶

≪イネ科植物の分類，系統と進化，生態，反応と調節≫

(1)　(ア)，(オ)，(カ)，(コ)は双子葉類である。オジギソウはマメ科，シソはシソ科，オナモミはキク科，シロイヌナズナはアブラナ科。(ウ)ワラビはシダ植物。(ク)オオカナダモは単子葉類であるがトチカガミ科である。(ケ)ジャゴケはコケ植物である。

(2)(あ)　ヒトツブコムギからA，野生型コムギからBを受け取りABとなる。

(い)　(あ)ABが倍数化するのでAABBとなる。

(う)　(い)AABBからAB，タルホコムギからDを受け取りABDとなる。

(え)　(う)ABDが倍数化してAABBDDとなる。

(3)①　バイオームとは「生物群系」あるいは「植物群系」のことであるから，イネ科植物が中心となる群系を示せばよい。

②　陸上で進行する乾性遷移において，ススキ草原は草原として最後の段階となる。一方，水圏で進行する湿性遷移では，プランクトンから沈水性の水草と進み，さらに堆積が進むと浮葉性の植物が見られるようになる。

さらに水深が浅くなると，抽水植物のヨシなどが侵入し，その後湿原へと進む。

③　森林の階層構造では，下から地表層（コケ植物が密生），草本層，低木層，亜高木層，高木層となる。冷温帯の森林ではチシマザサなどが草本層となる。

(4)①　植物の乾燥耐性に関与することから，アブシシン酸（ABA）とわかる。選択肢の(ア)と(オ)はジベレリン，(エ)と(ケ)はオーキシン，(カ)はエチレン，(キ)はジベレリンとフロリゲン，(ク)はサイトカイニンであるが，(コ)については，つる性植物などで確認されている現象である。

②　問題文中にある「特有の二酸化炭素固定経路」とは，葉肉細胞にあるC_4回路であり，二酸化炭素はホスホエノールピルビン酸カルボキシラーゼによって，オキサロ酢酸に固定される。オキサロ酢酸はリンゴ酸に変換されて，維管束鞘細胞へ運ばれ，リンゴ酸の脱炭素で二酸化炭素が生じ，カルビン・ベンソン回路に入る。

(5)①　馬鹿苗病菌からは，ジベレリンおよび生長抑制物質が単離されることが知られている。

②　いもち病は，いもち病菌がイネの表皮細胞を破って侵入し，葉や穂を枯らす病気である。ひどい場合は稲が萎縮して枯死することもある。選択肢の(エ)は植物の予防的な防御で，静的抵抗性に分類されるものである。それに対し，(ア)や(ウ)は動的抵抗性に分類されるものである。植物の病原体受容体からの情報は細胞内シグナル伝達によって核内に伝えられ，PRタンパク質やファイトアレキシンと呼ばれる抗菌作用を有する低分子化合物がつくられる。また植物ホルモンのサリチル酸が合成され，揮発物質が他の部位や他の植物体へ病原体抵抗性を誘導する。感染細胞では自己損傷を伴う急速な細胞壊死反応も見られ，これを一般に「過敏感反応」というので(ウ)を選ぶ。選択肢の(イ)は動物の免疫反応である。

③　混植により被害率が低下している。

(ア)　正文。2品種になるので同じ品種の個体の間隔は広くなる。

(イ)　誤文。混植しても，いもち病菌そのものの病原性が低下することはない。

(ウ)　正文。混植によって交配が起こる可能性がある。

(エ)　誤文。ジャスモン酸は昆虫の食害によって誘導される物質である。

⑹① 選択肢にある(ウ)密度効果は，増殖率だけではなく，動物の場合は各個体の性質にも影響を与える場合があり，(オ)相変異という。植物の場合も，同じ面積の畑に高密度で種をまいた場合と低密度でまいた場合では，前者の方は植物体が小さくなり実の大きさも小さくなるが，後者では植物体は大きくたくさんの実をつける。しかし，どの密度で生育しようが同じ面積あたりで収穫できる総重量は一定になる。それが(イ)最終収量一定の法則である。

② か・き．広葉型では同化部も非同化部も区画の高い位置に集まるのが特徴である。イネ科型は細長い葉が斜めについているので，光が区画の下部まで入り，同化部も非同化部も下部まであるのが特徴である。

く．図 3 の同化部では，高さ 50〜60 cm では，単位面積当たり 10 g，40〜50 cm では 20 g，30〜40 cm では 30 g，20〜30 cm では 60 g，10〜20 cm では 90 g，0〜10 cm では 20 g であるから

$$10+20+30+60+90+20=230〔g〕$$

け．非同化部でも同じように計算すると

$$10+20+40+100+140=310〔g〕$$

③ 図 3 の同化部では，高さ 50〜60 cm では単位面積当たり 10 g であるから，図 4 では枯死率 2.5% であり，生存割合は 97.5% となる。40〜50 cm では，単位面積当たり 20 g であるから枯死率は 5%，生存割合は 95%，30〜40 cm では 30 g で，枯死率 7.5%，生存割合 92.5%，20〜30 cm では 60 g であるから枯死率 15%，生存割合 85%，10〜20 cm では 90 g であるから枯死率 22.5%，生存割合 77.5%，0〜10 cm では 20 g であるから枯死率 5%，生存割合 95% である。したがって

$$10\times0.975+20\times0.95+30\times0.925+60\times0.85+90\times0.775+20\times0.95$$
$$=196.25\fallingdotseq196.3〔g〕$$

II 解答

⑴ 総称：多糖類

物質：グリコーゲン，セルロースなどから 1 つ

⑵ アミノ酸の配列順序：一次構造

ペプチドの配列の種類：3200000 通り

⑶ ①内胚葉　②名称：密着結合　　場所：あ

⑷ ①(D)水素結合　(E)ジスルフィド結合（S−S 結合）

②立体構造の変化：変性　タンパク質：(分子) シャペロン

③―(f)　④補酵素

(5)　①うま味　②G タンパク質共役型受容体

③活性化前の G タンパク質：GDP　活性化した G タンパク質：GTP

(6)　①塩味　②電位依存性ナトリウムチャネル

③シナプスにより，情報伝達の促進や抑制が可能となる。(30 字以内)

◀解　説▶

≪糖とタンパク質の構造，細胞間結合，刺激と受容の仕組み≫

(1)　単糖類が数個以上グリコシド結合によって脱水縮合した糖類を多糖類という。グリコーゲン，セルロースなどがよく知られている。

(2)　アミノ酸の配列順序を一次構造と呼び，複数のアミノ酸がつながって生じたポリペプチド鎖が曲折して，さらに立体的な構造をとることを高次構造と呼ぶ。配列の種類については，アミノ酸が 20 種あることから，5 個つながるのであれば，20^5 通りとなる。

(3)②　図 1 の(あ)は密着結合で，シート状の細胞層によって細胞膜を接着タンパク質が隙間なく結合する構造であり，これを選択する。(い)はカドヘリンが関与する接着結合で，カドヘリンの細胞内の端はアクチンフィラメントの束と結合している。(う)はデスモソーム結合，(お)はヘミデスモソーム結合と呼ばれ，両者ともカドヘリンがボタンのような円盤状のタンパク質と結合している。(え)はギャップ結合または連絡結合と呼ばれ，管状の膜貫通タンパク質が隣の細胞のものと結合した形をとり，化学物質や電気的信号を隣の細胞に伝える。

(4)①　水素結合はタンパク質の二次構造をもたらす結合で，α ヘリックスや β シートがある。また，システインはタンパク質の中の他のシステインとジスルフィド結合を作る。ジスルフィド結合は他の結合に比べてとても強く，折れ曲がりの構造である三次構造を形成する。

②タンパク質は分子構造が決定すると一定の形をとるが，これをフォールディングという。シャペロンはフォールディング途上の不安定な中間体や熱で変性したタンパク質が凝集しないように，ATP を使ってフォールディングを助けている。

③ジスルフィド結合を利用した例としてパーマ液がある。髪の毛を作っているタンパク質であるケラチンにはシステインが多く含まれているので，

このジスルフィド結合をいったん切って，髪の毛にくせをつけたままで結合させるのがパーマである。

④　補酵素は，コエンザイムとも呼ばれる。酵素のタンパク質部分と強い結合を行わず，可逆的に解離して遊離型になる。

(5)①　味覚には，甘味・酸味・塩味・苦味・うま味がある。基本味は，甘味，酸味，塩味，苦味の4つと言われてきたが，1908年，化学者の池田博士がこの4つだけでは説明のできない味覚があることに気がつき，第五の味覚を発見した。それは昆布に多く含まれるアミノ酸の一種グルタミン酸によることを解明し，うま味と名付けた。グルタミン酸の他，イノシン酸，グアニル酸の3つが代表的なうま味物質であることが解明されている。

②　Gタンパク質とは，GTPアーゼに属するグアニンヌクレオチド結合タンパク質の略称である。ヒトでは800種以上のGタンパク質共役型受容体が見つかっており，その半数は感覚（嗅覚，味覚，視覚，フェロモン）に対する受容体であり，残りの多くは様々な生理機能（神経系，内分泌系）に関与している。

③　情報伝達物質が受容体に結合すると受容体の構造が変化し，Gタンパク質が受容体から離れるとともにGDP（グアノシン2リン酸）が遊離し，それに代わって細胞内に高濃度で存在するGTP（グアノシン3リン酸）が結合する。これをGTP−GDP交換反応という。

(6)①　下線部(G)の前には「食塩の感知」とあるので塩味である。

②　活動電位の発生を思い出せばよい。

③　シナプスでの情報は神経伝達物質によって，興奮の情報と抑制の情報が伝達される。それらの特定の刺激量によって，神経細胞の働きが変化することをシナプス可塑性と呼び，学習や記憶のメカニズムにも関係がある。

III　解答

(1)　ア．自然　イ．好中球　ウ．B　エ．体液性　オ．細胞性

(2)　(あ)―③　(い)―④　(う)―③

(3)　(a)―②・④・⑥

(b)あ．アセチルCoA　い．乳酸

(c)―①・③・⑥・⑦・⑩

(d)（番号，名称の順に）解糖系：③，細胞質基質

クエン酸回路：①，ミトコンドリア

(e)計算式：31×2÷2880×100＝2.1…≒2　答え：2％

(4)　胸腺において自己反応を示すT細胞のクローンは，プログラム細胞死により除去される。（40字以内）

(5)　⑩→③→⑦→④→⑤

◀解　説▶

≪免疫の種類と仕組み，マクロファージの分化に関する遺伝子と代謝≫

(1)　ア・イ．自然免疫ではたらく細胞には，マクロファージ，好中球，樹状細胞，NK細胞，マスト細胞などがあるが，食作用を担うという点から好中球をあげる。

ウ・エ．B細胞が分化してできる抗体産生細胞でつくられる免疫グロブリンが体液中ではたらくのが，体液性免疫である。

オ．最近ではT細胞だけでなく，自然免疫に関するマクロファージやNK細胞などの免疫反応の総称として用いられることもある。

(2)(あ)　物理的には皮膚の最外層の角質層で防御される。角質層の細胞内は凝集したケラチン線維で満たされている。細胞骨格には微小管，中間径フィラメント，アクチンフィラメントの3種があるが，上皮細胞の中間径フィラメントを構成するタンパク質がケラチンであるので，③が正しい。

(い)　気管では，繊毛上皮による異物除去が行われる。繊毛や鞭毛は，9本の微小管が2本の微小管を取り囲む「9＋2構造」と呼ばれる構造をもち，モータータンパク質であるダイニンがATPエネルギーを利用して，隣り合う微小管の間に滑りを起こして屈曲運動が生じる。よって，④が正しい。

(う)　化学的防御としては，涙，唾液，汗などに含まれるリゾチームや，消化管の上皮や皮膚に存在する抗菌ペプチド（ディフェンシンなど）などがある。したがって，本問では③を選択することになる。

(3)(a)　図1の左のグラフでは，遺伝子Iと遺伝子NのmRNA量は変化していない。一方右のグラフではTLRへの異物結合後，タンパク質Ⅰは減少し，タンパク質Nが増加している。

①　誤文。細胞内において遺伝子IのmRNA量には変化がない。

②　正文。細胞内のタンパク質Ⅰが減少する理由と成り得る。

③　誤文。細胞内において遺伝子NのmRNA量には変化がない。

④　正文。タンパク質Nの翻訳が促進される，あるいはタンパク質Nの分解が抑制されれば，タンパク質Nは細胞内で増加する。

⑤　誤文。タンパク質Iがタンパク質Nの蓄積を促進するなら，タンパク質Iの減少でタンパク質Nが増加することはない。

⑥　正文。タンパク質Iがタンパク質Nの蓄積を抑制するなら，タンパク質Iの減少でタンパク質Nが増加することが考えられる。

(b)　グルコースからピルビン酸までの反応が解糖系である。図2では，酵素A・B・Dの活性が高まっており，グルコースは分解され，解糖系の反応は促進されている。ただし酵素Eは活性が低下しており，ピルビン酸からできる(あ)アセチルCoAの生成は促進されない。また，酵素Cの活性が高まっているので，ピルビン酸が(い)乳酸となる反応が進む。すなわちマクロファージの分化に伴い，グルコースが乳酸に異化される解糖が進むと考えられる。

(c)　(b)の〔解説〕にあるように酵素A・B・Dの活性が高いので，グルコースの分解は促進され，ピルビン酸の生成が促進されるため，①・③が正しい。またピルビン酸からアセチルCoAの産生は低下し，クエン酸回路の代謝は抑制されるので，⑥が正しい。すなわち，解糖系は促進され，クエン酸回路は抑制されるので，⑦と⑩が正しい。

(d)　①はミトコンドリアで，そのマトリックスでクエン酸回路がはたらく。③は細胞質基質であり，解糖系がはたらく。②は中心体，④は核小体，⑤は核，⑥は小胞体，⑦はゴルジ体である。

(e)　図2の酵素A，酵素Bがはたらく反応ではリン酸化がおこり，計2モルのATPの消費がある。また，酵素Dは基質レベルのリン酸化が起こり4モルのATPが産生されているので，解糖系では差引き2モルの産生となる。また，解糖系の反応式は以下に示される。

$$C_6H_{12}O_6+2NAD^+ \longrightarrow 2C_3H_4O_3+2NADH+2H^+$$

さて，この$2NADH+2H^+$であるが，本問は「解糖のみで維持される細胞」という条件なので，$2NADH+2H^+$は酵素Cによってピルビン酸を還元する反応で使われると考えられる。その結果，以下のように乳酸が生じる。

$$2C_3H_4O_3+2NADH+2H^+ \longrightarrow 2C_3H_6O_3+2NAD^+$$

したがって，$2NADH+2H^+$はミトコンドリアにおけるATP産生にはかかわらないと考えられる。よって，1モルのグルコースから2モルのATPが産生されたとして計算する。

$$31 \times 2 \div 2880 \times 100 = 2.1 \cdots \fallingdotseq 2〔\%〕$$

(4)　胸腺内では遺伝子組換えにより様々なT細胞受容体を発現したT細胞が産生されるが，MHCと結合して異物と認識する必要があるため，MHCに全く結合できないT細胞は除かれる。その後，異物を認識する能力をもったT細胞のみが成熟するが，次は自己を攻撃するT細胞を除外する必要がある。胸腺内では自己抗原と強く反応するT細胞に関してはアポトーシスのシグナルが送られて死滅してしまう。このしくみにより，自己抗原に反応しないT細胞のみが成熟できる。

(5)　以下に誤文を示す。

①　樹状細胞はT細胞に分化しない。

②　T細胞は抗体を産生しない。

⑥　T細胞が樹状細胞を活性化するのではなく，樹状細胞がT細胞を活性化する。

⑧　樹状細胞は記憶細胞にはならない。

⑨　樹状細胞はサイトカインを分泌するが，これは免疫反応を増強あるいは調節するもので，BCG菌に直接作用するものではない。

❖講　評

Ⅰ　イネ科植物に関する広い分野からの出題である。(1)は知識問題，(2)〜(4)は基本的な問題であるが，(5)②の過敏感反応や③の考察問題などはやや難しい。(6)の生産構造図は①，②は標準的であるが，③については計算に注意したい。

Ⅱ　うどんから始まる総合的な問題である。(1)は基本的である。(2)は計算結果を整数で解答する必要があるので注意したい。(3)の細胞接着については細かな知識が必要である。(4)ではジスルフィド結合に関与するパーマ液をあげることができるか。(5)では，②のGタンパク質共役型受容体や，それに関する③は難しいと思われる。また(6)③も30字でまとめるには難しいものがある。

Ⅲ　免疫から代謝に発展する総合的な問題である。(1)は基本的であるが，(2)は細かな知識が必要である。(3)の(a)は考察力が求められる問題である。(b)は標準的であるが，(c)は考察力を必要とする問題である。(e)の計算問題は，図を参考にした上で NADH についての判断をすればよい。(4)の記述はやや難しい。また，(5)では獲得免疫の仕組みを十分に理解しておきたいものである。

2022 年度も全体的に標準的な問題が多いが，考察問題や深い知識が必要な問題が含まれるので注意が必要である。

////////////////////// · memo · ////////////////////

/////////////////// · memo · ///////////////////

//////////////////// · memo · ///////////////////

/////////////////// · memo · ///////////////////

/////////////////// ·memo· //////////////////

/////////////////// ・memo・ ///////////////////

教学社 刊行一覧

2025年版 大学赤本シリーズ

374大学556点
全都道府県を網羅

国公立大学（都道府県順）

1 北海道大学（文系－前期日程）
2 北海道大学（理系－前期日程） 医
3 北海道大学（後期日程）
4 旭川医科大学（医学部〈医学科〉） 医
5 小樽商科大学
6 帯広畜産大学
7 北海道教育大学
8 室蘭工業大学／北見工業大学
9 釧路公立大学
10 公立千歳科学技術大学
11 公立はこだて未来大学 総推
12 札幌医科大学（医学部） 医
13 弘前大学 医
14 岩手大学
15 岩手県立大学・盛岡短期大学部・宮古短期大学部
16 東北大学（文系－前期日程）
17 東北大学（理系－前期日程） 医
18 東北大学（後期日程）
19 宮城教育大学
20 宮城大学
21 秋田大学 医
22 秋田県立大学
23 国際教養大学 総推
24 山形大学 医
25 福島大学
26 会津大学
27 福島県立医科大学（医・保健科学部） 医
28 茨城大学（文系）
29 茨城大学（理系）
30 筑波大学（推薦入試） 医 総推
31 筑波大学（文系－前期日程）
32 筑波大学（理系－前期日程） 医
33 筑波大学（後期日程）
34 宇都宮大学
35 群馬大学 医
36 群馬県立女子大学
37 高崎経済大学
38 前橋工科大学
39 埼玉大学（文系）
40 埼玉大学（理系）
41 千葉大学（文系－前期日程）
42 千葉大学（理系－前期日程） 医
43 千葉大学（後期日程） 医
44 東京大学（文科） DL
45 東京大学（理科） DL 医
46 お茶の水女子大学
47 電気通信大学
48 東京外国語大学 DL
49 東京海洋大学
50 東京科学大学（旧 東京工業大学）
51 東京科学大学（旧 東京医科歯科大学） 医
52 東京学芸大学
53 東京藝術大学
54 東京農工大学
55 一橋大学（前期日程）
56 一橋大学（後期日程）
57 東京都立大学（文系）
58 東京都立大学（理系）
59 横浜国立大学（文系）
60 横浜国立大学（理系）
61 横浜市立大学（国際教養・国際商・理・データサイエンス・医〈看護〉学部）
62 横浜市立大学（医学部〈医学科〉） 医
63 新潟大学（人文・教育〈文系〉・法・経済科・医〈看護〉・創生学部）
64 新潟大学（教育〈理系〉・理・医〈看護を除く〉・歯・工・農学部） 医
65 新潟県立大学
66 富山大学（文系）
67 富山大学（理系） 医
68 富山県立大学
69 金沢大学（文系）
70 金沢大学（理系） 医
71 福井大学（教育・医〈看護〉・工・国際地域学部）
72 福井大学（医学部〈医学科〉） 医
73 福井県立大学
74 山梨大学（教育・医〈看護〉・工・生命環境学部）
75 山梨大学（医学部〈医学科〉） 医
76 都留文科大学
77 信州大学（文系－前期日程）
78 信州大学（理系－前期日程） 医
79 信州大学（後期日程）
80 公立諏訪東京理科大学 総推
81 岐阜大学（前期日程） 医
82 岐阜大学（後期日程）
83 岐阜薬科大学
84 静岡大学（前期日程）
85 静岡大学（後期日程）
86 浜松医科大学（医学部〈医学科〉） 医
87 静岡県立大学
88 静岡文化芸術大学
89 名古屋大学（文系）
90 名古屋大学（理系） 医
91 愛知教育大学
92 名古屋工業大学
93 愛知県立大学
94 名古屋市立大学（経済・人文社会・芸術工・看護・総合生命理・データサイエンス学部）
95 名古屋市立大学（医学部〈医学科〉） 医
96 名古屋市立大学（薬学部）
97 三重大学（人文・教育・医〈看護〉学部）
98 三重大学（医〈医〉・工・生物資源学部） 医
99 滋賀大学
100 滋賀医科大学（医学部〈医学科〉） 医
101 滋賀県立大学
102 京都大学（文系）
103 京都大学（理系） 医
104 京都教育大学
105 京都工芸繊維大学
106 京都府立大学
107 京都府立医科大学（医学部〈医学科〉） 医
108 大阪大学（文系） DL
109 大阪大学（理系） 医
110 大阪教育大学
111 大阪公立大学（現代システム科学域〈文系〉・文・法・経済・商・看護・生活科〈居住環境・人間福祉〉学部－前期日程）
112 大阪公立大学（現代システム科学域〈理系〉・理・工・農・獣医・医・生活科〈食栄養〉学部－前期日程） 医
113 大阪公立大学（中期日程）
114 大阪公立大学（後期日程）
115 神戸大学（文系－前期日程）
116 神戸大学（理系－前期日程） 医
117 神戸大学（後期日程）
118 神戸市外国語大学 DL
119 兵庫県立大学（国際商経・社会情報科・看護学部）
120 兵庫県立大学（工・理・環境人間学部）
121 奈良教育大学／奈良県立大学
122 奈良女子大学
123 奈良県立医科大学（医学部〈医学科〉） 医
124 和歌山大学
125 和歌山県立医科大学（医・薬学部） 医
126 鳥取大学 医
127 公立鳥取環境大学
128 島根大学 医
129 岡山大学（文系）
130 岡山大学（理系） 医
131 岡山県立大学
132 広島大学（文系－前期日程）
133 広島大学（理系－前期日程） 医
134 広島大学（後期日程）
135 尾道市立大学 総推
136 県立広島大学
137 広島市立大学
138 福山市立大学 総推
139 山口大学（人文・教育〈文系〉・経済・医〈看護〉・国際総合科学部）
140 山口大学（教育〈理系〉・理・医〈看護を除く〉・工・農・共同獣医学部） 医
141 山陽小野田市立山口東京理科大学 総推
142 下関市立大学／山口県立大学
143 周南公立大学 新 総推
144 徳島大学 医
145 香川大学 医
146 愛媛大学 医
147 高知大学 医
148 高知工科大学
149 九州大学（文系－前期日程）
150 九州大学（理系－前期日程） 医
151 九州大学（後期日程）
152 九州工業大学
153 福岡教育大学
154 北九州市立大学
155 九州歯科大学
156 福岡県立大学／福岡女子大学
157 佐賀大学 医
158 長崎大学（多文化社会・教育〈文系〉・経済・医〈保健〉・環境科〈文系〉学部）
159 長崎大学（教育〈理系〉・医〈医〉・歯・薬・情報データ科・工・環境科〈理系〉・水産学部） 医
160 長崎県立大学 総推
161 熊本大学（文・教育・法・医〈看護〉学部・情報融合学環〈文系型〉）
162 熊本大学（理・医〈看護を除く〉・薬・工学部・情報融合学環〈理系型〉） 医
163 熊本県立大学
164 大分大学（教育・経済・医〈看護〉・理工・福祉健康科学部）
165 大分大学（医学部〈医・先進医療科学科〉） 医
166 宮崎大学（教育・医〈看護〉・工・農・地域資源創成学部）
167 宮崎大学（医学部〈医学科〉） 医
168 鹿児島大学（文系）
169 鹿児島大学（理系） 医
170 琉球大学 医

2025年版　大学赤本シリーズ

国公立大学 その他

- 171 〔国公立大〕医学部医学科 総合型選抜・学校推薦型選抜※ 医 総推
- 172 看護・医療系大学〈国公立 東日本〉※
- 173 看護・医療系大学〈国公立 中日本〉※
- 174 看護・医療系大学〈国公立 西日本〉※
- 175 海上保安大学校／気象大学校
- 176 航空保安大学校
- 177 国立看護大学校
- 178 防衛大学校 総推
- 179 防衛医科大学校（医学科） 医
- 180 防衛医科大学校（看護学科）

※No.171〜174の収載大学は赤本ウェブサイト（http://akahon.net/）でご確認ください。

私立大学①

北海道の大学（50音順）

- 201 札幌大学
- 202 札幌学院大学
- 203 北星学園大学
- 204 北海学園大学
- 205 北海道医療大学
- 206 北海道科学大学
- 207 北海道武蔵女子大学・短期大学
- 208 酪農学園大学（獣医学群〈獣医学類〉）

東北の大学（50音順）

- 209 岩手医科大学（医・歯・薬学部） 医
- 210 仙台大学 総推
- 211 東北医科薬科大学（医・薬学部） 医
- 212 東北学院大学
- 213 東北工業大学
- 214 東北福祉大学
- 215 宮城学院女子大学 総推

関東の大学（50音順）

あ行（関東の大学）

- 216 青山学院大学（法・国際政治経済学部－個別学部日程）
- 217 青山学院大学（経済学部－個別学部日程）
- 218 青山学院大学（経営学部－個別学部日程）
- 219 青山学院大学（文・教育人間科学部－個別学部日程）
- 220 青山学院大学（総合文化政策・社会情報・地球社会共生・コミュニティ人間科学部－個別学部日程）
- 221 青山学院大学（理工学部－個別学部日程）
- 222 青山学院大学（全学部日程）
- 223 麻布大学（獣医、生命・環境科学部）
- 224 亜細亜大学
- 226 桜美林大学
- 227 大妻女子大学・短期大学部

か行（関東の大学）

- 228 学習院大学（法学部－コア試験）
- 229 学習院大学（経済学部－コア試験）
- 230 学習院大学（文学部－コア試験）
- 231 学習院大学（国際社会科学部－コア試験）
- 232 学習院大学（理学部－コア試験）
- 233 学習院女子大学
- 234 神奈川大学（給費生試験）
- 235 神奈川大学（一般入試）
- 236 神奈川工科大学
- 237 鎌倉女子大学・短期大学部
- 238 川村学園女子大学
- 239 神田外語大学
- 240 関東学院大学
- 241 北里大学（理学部）
- 242 北里大学（医学部） 医
- 243 北里大学（薬学部）
- 244 北里大学（看護・医療衛生学部）
- 245 北里大学（未来工・獣医・海洋生命科学部）
- 246 共立女子大学・短期大学
- 247 杏林大学（医学部） 医
- 248 杏林大学（保健学部）
- 249 群馬医療福祉大学・短期大学部
- 250 群馬パース大学 総推
- 251 慶應義塾大学（法学部）
- 252 慶應義塾大学（経済学部）
- 253 慶應義塾大学（商学部）
- 254 慶應義塾大学（文学部） 総推
- 255 慶應義塾大学（総合政策学部）
- 256 慶應義塾大学（環境情報学部）
- 257 慶應義塾大学（理工学部）
- 258 慶應義塾大学（医学部） 医
- 259 慶應義塾大学（薬学部）
- 260 慶應義塾大学（看護医療学部）
- 261 工学院大学
- 262 國學院大學
- 263 国際医療福祉大学 医
- 264 国際基督教大学
- 265 国士舘大学
- 266 駒澤大学（一般選抜T方式・S方式）
- 267 駒澤大学（全学部統一日程選抜）

さ行（関東の大学）

- 268 埼玉医科大学（医学部） 医
- 269 相模女子大学・短期大学部
- 270 産業能率大学
- 271 自治医科大学（医学部） 医
- 272 自治医科大学（看護学部）／東京慈恵会医科大学（医学部〈看護学科〉）
- 273 実践女子大学 総推
- 274 芝浦工業大学（前期日程）
- 275 芝浦工業大学（全学統一日程・後期日程）
- 276 十文字学園女子大学
- 277 淑徳大学
- 278 順天堂大学（医学部） 医
- 279 順天堂大学（スポーツ健康科・医療看護・保健看護・国際教養・保健医療・医療科・健康データサイエンス・薬学部） 総推
- 280 上智大学（神・文・総合人間科学部）
- 281 上智大学（法・経済学部）
- 282 上智大学（外国語・総合グローバル学部）
- 283 上智大学（理工学部）
- 284 上智大学（TEAPスコア利用方式）
- 285 湘南工科大学
- 286 昭和大学（医学部） 医
- 287 昭和大学（歯・薬・保健医療学部）
- 288 昭和女子大学
- 289 昭和薬科大学
- 290 女子栄養大学・短期大学部 総推
- 291 白百合女子大学
- 292 成蹊大学（法学部－A方式）
- 293 成蹊大学（経済・経営学部－A方式）
- 294 成蹊大学（文学部－A方式）
- 295 成蹊大学（理工学部－A方式）
- 296 成蹊大学（E方式・G方式・P方式）
- 297 成城大学（経済・社会イノベーション学部－A方式）
- 298 成城大学（文芸・法学部－A方式）
- 299 成城大学（S方式〈全学部統一選抜〉）
- 300 聖心女子大学
- 301 清泉女子大学
- 303 聖マリアンナ医科大学 医
- 304 聖路加国際大学（看護学部）
- 305 専修大学（スカラシップ・全国入試）
- 306 専修大学（前期入試〈学部個別入試〉）
- 307 専修大学（前期入試〈全学部入試・スカラシップ入試〉）

た行（関東の大学）

- 308 大正大学
- 309 大東文化大学
- 310 高崎健康福祉大学
- 311 拓殖大学
- 312 玉川大学
- 313 多摩美術大学
- 314 千葉工業大学
- 315 中央大学（法学部－学部別選抜）
- 316 中央大学（経済学部－学部別選抜）
- 317 中央大学（商学部－学部別選抜）
- 318 中央大学（文学部－学部別選抜）
- 319 中央大学（総合政策学部－学部別選抜）
- 320 中央大学（国際経営・国際情報学部－学部別選抜）
- 321 中央大学（理工学部－学部別選抜）
- 322 中央大学（5学部共通選抜）
- 323 中央学院大学
- 324 津田塾大学
- 325 帝京大学（薬・経済・法・文・外国語・教育・理工・医療技術・福岡医療技術学部）
- 326 帝京大学（医学部） 医
- 327 帝京科学大学 総推
- 328 帝京平成大学 総推
- 329 東海大学（医〈医〉学部を除く－一般選抜）
- 330 東海大学（文系・理系学部統一選抜）
- 331 東海大学（医学部〈医学科〉） 医
- 332 東京医科大学（医学部〈医学科〉） 医
- 333 東京家政大学・短期大学部 総推
- 334 東京経済大学
- 335 東京工科大学
- 336 東京工芸大学
- 337 東京国際大学
- 338 東京歯科大学
- 339 東京慈恵会医科大学（医学部〈医学科〉） 医
- 340 東京情報大学
- 341 東京女子大学
- 342 東京女子医科大学（医学部） 医
- 343 東京電機大学
- 344 東京都市大学
- 345 東京農業大学
- 346 東京薬科大学（薬学部） 総推
- 347 東京薬科大学（生命科学部） 総推
- 348 東京理科大学（理学部〈第一部〉－B方式）
- 349 東京理科大学（創域理工学部－B方式・S方式）
- 350 東京理科大学（工学部－B方式）
- 351 東京理科大学（先進工学部－B方式）
- 352 東京理科大学（薬学部－B方式）
- 353 東京理科大学（経営学部－B方式）
- 354 東京理科大学（C方式、グローバル方式、理学部〈第二部〉－B方式）
- 355 東邦大学（医学部） 医
- 356 東邦大学（薬学部）

2025年版　大学赤本シリーズ

私立大学②

357 東邦大学(理・看護・健康科学部)
358 東洋大学(文・経済・経営・法・社会・国際・国際観光学部)
359 東洋大学(情報連携・福祉社会デザイン・健康スポーツ科・理工・総合情報・生命科・食環境科学部)
360 東洋大学(英語〈3日程×3カ年〉)
361 東洋大学(国語〈3日程×3カ年〉)
362 東洋大学(日本史・世界史〈2日程×3カ年〉)
363 東洋英和女学院大学
364 常磐大学・短期大学 総推
365 獨協大学
366 獨協医科大学(医学部) 医

な行(関東の大学)

367 二松学舎大学
368 日本大学(法学部)
369 日本大学(経済学部)
370 日本大学(商学部)
371 日本大学(文理学部〈文系〉)
372 日本大学(文理学部〈理系〉)
373 日本大学(芸術学部〈専門試験併用型〉)
374 日本大学(国際関係学部)
375 日本大学(危機管理・スポーツ科学部)
376 日本大学(理工学部)
377 日本大学(生産工・工学部)
378 日本大学(生物資源科学部)
379 日本大学(医学部) 医
380 日本大学(歯・松戸歯学部)
381 日本大学(薬学部)
382 日本大学(N全学統一方式−医・芸術〈専門試験併用型〉学部を除く)
383 日本医科大学 医
384 日本工業大学
385 日本歯科大学
386 日本社会事業大学 総推
387 日本獣医生命科学大学
388 日本女子大学
389 日本体育大学

は行(関東の大学)

390 白鷗大学(学業特待選抜・一般選抜)
391 フェリス女学院大学
392 文教大学
393 法政大学(法〈I日程〉・文〈II日程〉・経営〈II日程〉学部−A方式)
394 法政大学(法〈II日程〉・国際文化・キャリアデザイン学部−A方式)
395 法政大学(文〈I日程〉・経営〈I日程〉・人間環境・グローバル教養学部−A方式)
396 法政大学(経済〈I日程〉・社会〈I日程〉・現代福祉学部−A方式)
397 法政大学(経済〈II日程〉・社会〈II日程〉・スポーツ健康学部−A方式)
398 法政大学(情報科・デザイン工・理工・生命科学部−A方式)
399 法政大学(T日程〈統一日程〉・英語外部試験利用入試)
400 星薬科大学 総推

ま行(関東の大学)

401 武蔵大学
402 武蔵野大学
403 武蔵野美術大学
404 明海大学
405 明治大学(法学部−学部別入試)
406 明治大学(政治経済学部−学部別入試)
407 明治大学(商学部−学部別入試)
408 明治大学(経営学部−学部別入試)
409 明治大学(文学部−学部別入試)
410 明治大学(国際日本学部−学部別入試)
411 明治大学(情報コミュニケーション学部−学部別入試)
412 明治大学(理工学部−学部別入試)
413 明治大学(総合数理学部−学部別入試)
414 明治大学(農学部−学部別入試)
415 明治大学(全学部統一入試)
416 明治学院大学(A日程)
417 明治学院大学(全学部日程)
418 明治薬科大学 総推
419 明星大学
420 目白大学・短期大学部

ら・わ行(関東の大学)

421 立教大学(文系学部−一般入試〈大学独自の英語を課さない日程〉)
422 立教大学(国語〈3日程×3カ年〉)
423 立教大学(日本史・世界史〈2日程×3カ年〉)
424 立教大学(文学部−一般入試〈大学独自の英語を課す日程〉)
425 立教大学(理学部−一般入試)
426 立正大学
427 早稲田大学(法学部)
428 早稲田大学(政治経済学部)
429 早稲田大学(商学部)
430 早稲田大学(社会科学部)
431 早稲田大学(文学部)
432 早稲田大学(文化構想学部)
433 早稲田大学(教育学部〈文科系〉)
434 早稲田大学(教育学部〈理科系〉)
435 早稲田大学(人間科・スポーツ科学部)
436 早稲田大学(国際教養学部)
437 早稲田大学(基幹理工・創造理工・先進理工学部)
438 和洋女子大学 総推

中部の大学(50音順)

439 愛知大学
440 愛知医科大学(医学部) 医
441 愛知学院大学・短期大学部
442 愛知工業大学 総推
443 愛知淑徳大学
444 朝日大学 総推
445 金沢医科大学(医学部) 医
446 金沢工業大学
447 岐阜聖徳学園大学 総推
448 金城学院大学
449 至学館大学 総推
450 静岡理工科大学
451 椙山女学園大学
452 大同大学
453 中京大学
454 中部大学
455 名古屋外国語大学 総推
456 名古屋学院大学 総推
457 名古屋学芸大学 総推
458 名古屋女子大学 総推
459 南山大学(外国語〈英米〉・法・総合政策・国際教養学部)
460 南山大学(人文・外国語〈英米を除く〉・経済・経営・理工学部)
461 新潟国際情報大学
462 日本福祉大学
463 福井工業大学
464 藤田医科大学(医学部) 医
465 藤田医科大学(医療科・保健衛生学部)
466 名城大学(法・経営・経済・外国語・人間・都市情報学部)
467 名城大学(情報工・理工・農・薬学部)
468 山梨学院大学

近畿の大学(50音順)

469 追手門学院大学 総推
470 大阪医科薬科大学(医学部) 医
471 大阪医科薬科大学(薬学部) 総推
472 大阪学院大学 総推
473 大阪経済大学 総推
474 大阪経済法科大学 総推
475 大阪工業大学 総推
476 大阪国際大学・短期大学部 総推
477 大阪産業大学 総推
478 大阪歯科大学(歯学部)
479 大阪商業大学 総推
480 大阪成蹊大学・短期大学 総推
481 大谷大学 総推
482 大手前大学・短期大学 総推
483 関西大学(文系)
484 関西大学(理系)
485 関西大学(英語〈3日程×3カ年〉)
486 関西大学(国語〈3日程×3カ年〉)
487 関西大学(日本史・世界史・文系数学〈3日程×3カ年〉)
488 関西医科大学(医学部) 医
489 関西医療大学 総推
490 関西外国語大学・短期大学部 総推
491 関西学院大学(文・法・商・人間福祉・総合政策学部−学部個別日程)
492 関西学院大学(神・社会・経済・国際・教育学部−学部個別日程)
493 関西学院大学(全学部日程〈文系型〉)
494 関西学院大学(全学部日程〈理系型〉)
495 関西学院大学(共通テスト併用日程〈数学〉・英数日程)
496 関西学院大学(英語〈3日程×3カ年〉) 新
497 関西学院大学(国語〈3日程×3カ年〉) 新
498 関西学院大学(日本史・世界史・文系数学〈3日程×3カ年〉) 新
499 畿央大学 総推
500 京都外国語大学・短期大学 総推
502 京都産業大学(公募推薦入試) 総推
503 京都産業大学(一般選抜入試〈前期日程〉)
504 京都女子大学 総推
505 京都先端科学大学 総推
506 京都橘大学 総推
507 京都ノートルダム女子大学 総推
508 京都薬科大学 総推
509 近畿大学・短期大学部(医学部を除く−推薦入試) 総推
510 近畿大学・短期大学部(医学部を除く−一般入試前期)
511 近畿大学(英語〈医学部を除く3日程×3カ年〉)
512 近畿大学(理系数学〈医学部を除く3日程×3カ年〉)
513 近畿大学(国語〈医学部を除く3日程×3カ年〉)
514 近畿大学(医学部−推薦入試・一般入試前期) 医 総推
515 近畿大学・短期大学部(一般入試後期) 医
516 皇學館大学 総推
517 甲南大学 総推
518 甲南女子大学(学校推薦型選抜) 新 総推
519 神戸学院大学 総推
520 神戸国際大学 総推
521 神戸女学院大学 総推
522 神戸女子大学・短期大学 総推
523 神戸薬科大学 総推
524 四天王寺大学・短期大学部 総推
525 摂南大学(公募制推薦入試) 総推
526 摂南大学(一般選抜前期日程)
527 帝塚山学院大学 総推
528 同志社大学(法、グローバル・コミュニケーション学部−学部個別日程)

2025年版　大学赤本シリーズ

私立大学③

529 同志社大学(文・経済学部−学部個別日程)
530 同志社大学(神・商・心理・グローバル地域文化学部−学部個別日程)
531 同志社大学(社会学部−学部個別日程)
532 同志社大学(政策・文化情報〈文系型〉・スポーツ健康科〈文系型〉学部−学部個別日程)
533 同志社大学(理工・生命医科・文化情報〈理系型〉・スポーツ健康科〈理系型〉学部−学部個別日程)
534 同志社大学(全学部日程)
535 同志社女子大学 総推
536 奈良大学 総推
537 奈良学園大学 総推
538 阪南大学 総推
539 姫路獨協大学 総推
540 兵庫医科大学(医学部) 医
541 兵庫医科大学(薬・看護・リハビリテーション学部) 総推
542 佛教大学 総推
543 武庫川女子大学 総推
544 桃山学院大学 総推
545 大和大学・大和大学白鳳短期大学部 総推
546 立命館大学(文系−全学統一方式・学部個別配点方式)/立命館アジア太平洋大学(前期方式・英語重視方式)
547 立命館大学(理系−全学統一方式・学部個別配点方式・理系型3教科方式・薬学方式)
548 立命館大学(英語〈全学統一方式3日程×3カ年〉)
549 立命館大学(国語〈全学統一方式3日程×3カ年〉)
550 立命館大学(文系選択科目〈全学統一方式2日程×3カ年〉)
551 立命館大学(IR方式〈英語資格試験利用型〉・共通テスト併用方式)/立命館アジア太平洋大学(共通テスト併用方式)
552 立命館大学(後期分割方式・「経営学部で学ぶ感性+共通テスト」方式)/立命館アジア太平洋大学(後期方式)
553 龍谷大学(公募推薦入試) 総推
554 龍谷大学(一般選抜入試)

中国の大学(50音順)

555 岡山商科大学 総推
556 岡山理科大学 総推
557 川崎医科大学 医
558 吉備国際大学 総推
559 就実大学 総推
560 広島経済大学
561 広島国際大学 総推
562 広島修道大学
563 広島文教大学 総推
564 福山大学/福山平成大学
565 安田女子大学 総推

四国の大学(50音順)

567 松山大学

九州の大学(50音順)

568 九州医療科学大学
569 九州産業大学
570 熊本学園大学
571 久留米大学(文・人間健康・法・経済・商学部)
572 久留米大学(医学部〈医学科〉) 医
573 産業医科大学(医学部) 医
574 西南学院大学(商・経済・法・人間科学部−A日程)
575 西南学院大学(神・外国語・国際文化学部−A日程/全学部−F日程)
576 福岡大学(医学部医学科を除く−学校推薦型選抜・一般選抜系統別日程) 総推
577 福岡大学(医学部医学科を除く−一般選抜前期日程)
578 福岡大学(医学部〈医学科〉−学校推薦型選抜・一般選抜系統別日程) 医 総推
579 福岡工業大学
580 令和健康科学大学 総推

医 医学部医学科を含む
総推 総合型選抜または学校推薦型選抜を含む
DL リスニング音声配信　新 2024年 新刊・復刊

掲載している入試の種類や試験科目,収載年数などはそれぞれ異なります。詳細については,それぞれの本の目次や赤本ウェブサイトでご確認ください。

難関校過去問シリーズ

出題形式別・分野別に収録した

「入試問題事典」

20大学 73点

定価**2,310~2,640**円(本体2,100~2,400円)

先輩合格者はこう使った!
「難関校過去問シリーズの使い方」

61年,全部載せ!
要約演習で,総合力を鍛える

国公立大学

- 東大の英語25カ年[第12版] 改
- 東大の英語リスニング20カ年[第9版] DL 改
- 東大の英語 要約問題 UNLIMITED
- 東大の文系数学25カ年[第12版] 改
- 東大の理系数学25カ年[第12版] 改
- 東大の現代文25カ年[第12版] 改
- 東大の古典25カ年[第12版] 改
- 東大の日本史25カ年[第9版] 改
- 東大の世界史25カ年[第9版] 改
- 東大の地理25カ年[第9版] 改
- 東大の物理25カ年[第9版] 改
- 東大の化学25カ年[第9版] 改
- 東大の生物25カ年[第9版] 改
- 東工大の英語20カ年[第8版] 改
- 東工大の数学20カ年[第9版] 改
- 東工大の物理20カ年[第5版] 改
- 東工大の化学20カ年[第5版] 改
- 一橋大の英語20カ年[第9版] 改
- 一橋大の数学20カ年[第9版] 改
- 一橋大の国語20カ年[第6版] 改
- 一橋大の日本史20カ年[第6版] 改
- 一橋大の世界史20カ年[第6版] 改
- 筑波大の英語15カ年 新
- 筑波大の数学15カ年 新
- 京大の英語25カ年[第12版]
- 京大の文系数学25カ年[第12版]
- 京大の理系数学25カ年[第12版]
- 京大の現代文25カ年[第2版]
- 京大の古典25カ年[第2版]
- 京大の日本史20カ年[第3版]
- 京大の世界史20カ年[第3版]
- 京大の物理25カ年[第9版]
- 京大の化学25カ年[第9版]
- 北大の英語15カ年[第8版]
- 北大の理系数学15カ年[第8版]
- 北大の物理15カ年[第2版]
- 北大の化学15カ年[第2版]
- 東北大の英語15カ年[第8版]
- 東北大の理系数学15カ年[第8版]
- 東北大の物理15カ年[第2版]
- 東北大の化学15カ年[第2版]
- 名古屋大の英語15カ年[第8版]
- 名古屋大の理系数学15カ年[第8版]
- 名古屋大の物理15カ年[第2版]
- 名古屋大の化学15カ年[第2版]
- 阪大の英語20カ年[第9版]
- 阪大の文系数学20カ年[第3版]
- 阪大の理系数学20カ年[第9版]
- 阪大の国語15カ年[第3版]
- 阪大の物理20カ年[第8版]
- 阪大の化学20カ年[第6版]
- 九大の英語15カ年[第8版]
- 九大の理系数学15カ年[第7版]
- 九大の物理15カ年[第2版]
- 九大の化学15カ年[第2版]
- 神戸大の英語15カ年[第9版]
- 神戸大の数学15カ年[第5版]
- 神戸大の国語15カ年[第3版]

私立大学

- 早稲田の英語[第11版] 改
- 早稲田の国語[第9版] 改
- 早稲田の日本史[第9版] 改
- 早稲田の世界史[第2版] 改
- 慶應の英語[第11版] 改
- 慶應の小論文[第3版] 改
- 明治大の英語[第9版] 改
- 明治大の国語[第2版] 改
- 明治大の日本史[第2版] 改
- 中央大の英語[第9版] 改
- 法政大の英語[第9版] 改
- 同志社大の英語[第10版]
- 立命館大の英語[第10版]
- 関西大の英語[第10版]
- 関西学院大の英語[第10版]

DL リスニング音声配信
新 2024年 新刊
改 2024年 改訂

共通テスト対策関連書籍

共通テスト対策も赤本で

❶ 過去問演習

2025年版

共通テスト 赤本シリーズ

全12点

A5判／定価1,320円
（本体1,200円）

- 英国数には新課程対応オリジナル実戦模試 掲載！
- 公表された新課程試作問題はすべて掲載！
- くわしい対策講座で得点力UP
- 英語はリスニングを10回分掲載！赤本の音声サイトで本番さながらの対策！

- ●英語 リーディング／リスニング DL
- ●数学I, A／II, B, C
- ●国語
- ●歴史総合, 日本史探究
- ●歴史総合, 世界史探究
- ●地理総合, 地理探究
- ●公共, 倫理
- ●公共, 政治・経済
- ●物理
- ●化学
- ●生物
- ●物理基礎／化学基礎／生物基礎／地学基礎

DL 音声無料配信

❷ 自己分析

赤本ノートシリーズ 過去問演習の効果を最大化

▶共通テスト対策には

赤本ノート（共通テスト用）　赤本ルーズリーフ（共通テスト用）

共通テスト赤本シリーズ
新課程攻略問題集
全26点に対応!!

▶二次・私大対策には

大学赤本シリーズ
全556点に対応!!

赤本ノート（二次・私大用）

❸ 重点対策

共通テスト 赤本プラス

新課程攻略問題集

基礎固め&苦手克服のための分野別対策問題集!!
厳選された問題でかしこく対策

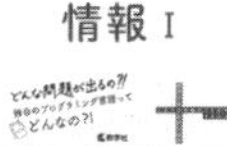

- ●英語リーディング
- ●英語リスニング DL
- ●数学I, A
- ●数学II, B, C
- ●国語（現代文）
- ●国語（古文, 漢文）
- ●歴史総合, 日本史探究
- ●歴史総合, 世界史探究
- ●地理総合, 地理探究
- ●公共, 政治・経済
- ●物理
- ●化学
- ●生物
- ●情報I

DL 音声無料配信

全14点 好評発売中！

A5判／定価1,320円（本体1,200円）

手軽なサイズの実戦的参考書

目からウロコのコツが満載！
直前期にも！

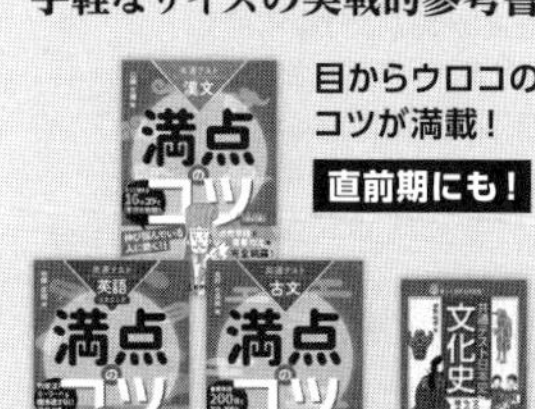

満点のコツシリーズ　赤本ポケット

いつも受験生のそばに—赤本

大学入試シリーズ＋α
入試対策も共通テスト対策も赤本で

入試対策

赤本プラス

赤本プラスとは，**過去問演習の効果を最大にする**ためのシリーズです。「赤本」であぶり出された弱点を，赤本プラスで克服しましょう。

- 大学入試 すぐわかる英文法 DL
- 大学入試 ひと目でわかる英文読解
- 大学入試 絶対できる英語リスニング DL
- 大学入試 すぐ書ける自由英作文
- 大学入試 ぐんぐん読める 英語長文〔BASIC〕 DL
- 大学入試 ぐんぐん読める 英語長文〔STANDARD〕 DL
- 大学入試 ぐんぐん読める 英語長文〔ADVANCED〕 DL
- 大学入試 正しく書ける英作文
- 大学入試 最短でマスターする 数学Ⅰ・Ⅱ・Ⅲ・A・B・C
- 大学入試 突破力を鍛える最難関の数学
- 大学入試 知らなきゃ解けない 古文常識・和歌
- 大学入試 ちゃんと身につく物理
- 大学入試 もっと身につく 物理問題集（①力学・波動）
- 大学入試 もっと身につく 物理問題集（②熱力学・電磁気・原子）

入試対策

英検® 赤本シリーズ

英検®（実用英語技能検定）の対策書。
過去問集と参考書で万全の対策ができます。

▶**過去問集（2024年度版）**
- 英検®準1級過去問集 DL
- 英検®2級過去問集 DL
- 英検®準2級過去問集 DL
- 英検®3級過去問集 DL

▶**参考書**
- 竹岡の英検®準1級マスター DL
- 竹岡の英検®2級マスター CD DL
- 竹岡の英検®準2級マスター CD DL
- 竹岡の英検®3級マスター CD DL

CD リスニングCDつき　DL 音声無料配信
新 2024年新刊・改訂

入試対策

赤本プレミアム

赤本の教学社だからこそ作れた，
過去問ベストセレクション

- 東大数学プレミアム
- 東大現代文プレミアム
- 京大数学プレミアム〔改訂版〕
- 京大古典プレミアム

入試対策

赤本メディカルシリーズ

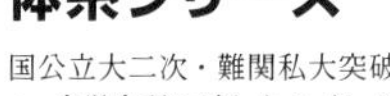

過去問を徹底的に研究し，独自の出題傾向をもつメディカル系の入試に役立つ内容を精選した実戦的なシリーズ。

- 〔国公立大〕医学部の英語〔3訂版〕
- 私立医大の英語〔長文読解編〕〔3訂版〕
- 私立医大の英語〔文法・語法編〕〔改訂版〕
- 医学部の実戦小論文〔3訂版〕
- 医歯薬系の英単語〔4訂版〕
- 医系小論文 最頻出論点20〔4訂版〕
- 医学部の面接〔4訂版〕

入試対策

体系シリーズ

国公立大二次・難関私大突破へ，自学自習に適したハイレベル問題集。

- 体系英語長文
- 体系英作文
- 体系現代文
- 体系世界史
- 体系物理〔第7版〕

入試対策

単行本

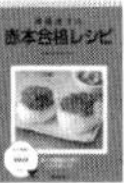

▶**英語**
- Q&A即決英語勉強法
- TEAP攻略問題集 CD
- 東大の英単語〔新装版〕
- 早慶上智の英単語〔改訂版〕

▶**国語・小論文**
- 著者に注目! 現代文問題集
- ブレない小論文の書き方 樋口式ワークノート

▶**レシピ集**
- 奥薗壽子の赤本合格レシピ

入試対策　共通テスト対策

赤本手帳

- 赤本手帳（2025年度受験用） プラムレッド
- 赤本手帳（2025年度受験用） インディゴブルー
- 赤本手帳（2025年度受験用） ナチュラルホワイト

入試対策

風呂で覚えるシリーズ

水をはじく特殊な紙を使用。いつでもどこでも読めるから，ちょっとした時間を有効に使える！

- 風呂で覚える英単語〔4訂新装版〕
- 風呂で覚える英熟語〔改訂新装版〕
- 風呂で覚える古文単語〔改訂新装版〕
- 風呂で覚える古文文法〔改訂新装版〕
- 風呂で覚える漢文〔改訂新装版〕
- 風呂で覚える日本史〔年代〕〔改訂新装版〕
- 風呂で覚える世界史〔年代〕〔改訂新装版〕
- 風呂で覚える倫理〔改訂版〕
- 風呂で覚える百人一首〔改訂版〕

共通テスト対策

満点のコツシリーズ

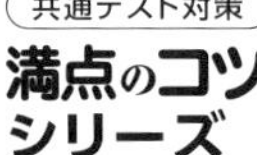

共通テストで満点を狙うための実戦的参考書。
重要度の増したリスニング対策は
「カリスマ講師」竹岡広信が一回読みにも
対応できるコツを伝授！

- 共通テスト英語〔リスニング〕 満点のコツ〔改訂版〕 新 DL
- 共通テスト古文 満点のコツ〔改訂版〕 新
- 共通テスト漢文 満点のコツ〔改訂版〕 新

入試対策　共通テスト対策

赤本ポケットシリーズ

▶**共通テスト対策**
- 共通テスト日本史〔文化史〕

▶**系統別進路ガイド**
- デザイン系学科をめざすあなたへ

2025 年版　大学赤本シリーズ　No. 534
同志社大学(全学部日程)

編　集　教学社編集部
発行者　上原 寿明
発行所　教学社
〒606-0031
京都市左京区岩倉南桑原町56
電話　075-721-6500
振替　01020-1-15695
印　刷　共同印刷工業

2024 年 6 月 10 日　第 1 刷発行
ISBN978-4-325-26592-4
定価は裏表紙に表示しています